पिछले संस्करणों की प्रशंसा

'यह पुस्तक भारतीय मीडिया कारोबार के कठिन, लेकिन गतिशील क्षेत्र पर अच्छी तरह से शोध करके लिखी गई एक गाइड है।'

–द फायनेंशियल एक्सप्रेस

सर्वाधिक बिकने वाली यह पुस्तक भारतीय मीडिया उद्योग की वर्तमान स्थिति का विस्तृत विश्लेषण प्रस्तुत करती है।

–द टाइम्स ऑफ इंडिया

'यह पुस्तक भारतीय मीडिया उद्योग के विस्तृत इतिहास और अद्यतन विश्लेषण को प्रस्तुत करती है।

–डीएनए

'यह पुस्तक प्रिंट, रेडियो, इंटरनेट, आउट ऑफ होम मीडिया व घटनाओं के कारोबारी इतिहास, तकनीक, मूल्यांकन मानदंडों और उद्योग के रुझानों की जानकारी प्रदान करती है, जिन्हें आज तक किसी भी व्यापारिक पुस्तक में शामिल नहीं किया गया था।'

–द पायनियर

'मीडिया कर्मियों और उन सभी के लिए इस पुस्तक को पढ़ना बहुत जरूरी है, जिनकी भारतीय मीडिया या मनोरंजन कारोबार में निवेश करने की योजना है।'

–फ्री प्रेस जर्नल

'यह पुस्तक भारत में मीडिया परिदृश्य का पूर्ण परिचय प्रस्तुत करने के लिए डाटा के साथ परिशुद्ध विश्लेषण प्रदान करती है।'

–द हिंदुस्तान टाइम्स

'वनिता कोहली के सतत परिश्रम का परिणाम इस पुस्तक में नजर आता है– इसमें वर्तमान मीडिया के कामकाज का विस्तृत विवरण प्रदान किया गया है।'

–डेक्कन हेराल्ड

भारतीय
मीडिया व्यवसाय

भारतीय मीडिया व्यवसाय

4e

वनिता कोहली-खांडेकर

SAGE | bhasha

Los Angeles | London | New Delhi
Singapore | Washington DC | Melbourne

Originally Published in 2013 in English by
SAGE Publications India Pvt Ltd as *The Indian Media Business, 4e*

This edition published in 2017 by

SAGE | bhasha

SAGE Publications India Pvt Ltd
B1/I-1 Mohan Cooperative Industrial Area
Mathura Road, New Delhi 110 044, India
www.sagepub.in

SAGE Publications Inc
2455 Teller Road
Thousand Oaks, California 91320, USA

SAGE Publications Ltd
1 Oliver's Yard, 55 City Road
London EC1Y 1SP, United Kingdom

SAGE Publications Asia-Pacific Pte Ltd
3 Church Street
#10-04 Samsung Hub
Singapore 049483

Published by Vivek Mehra for SAGE Publications India Pvt Ltd, typeset in 10.8/12.6 pt Kruti Dev 010 by Diligent Typesetter India Pvt Ltd, Delhi and printed at Repro India Ltd., Mumbai.

ISBN: 978-93-515-0685-0 (PB)

Translator: Sachin Rathore
SAGE Team: Sumona Kundu, Vinayak Dubey

सुमन कोहली और केदार खांडेकर के लिए

विषय वस्तु

रेखाचित्र

चित्र

तालिकाएं

केस

केस स्टडी

केसलेट

भूमिका

मीडिया और मनोरंजन जगत में काम करने वाले हम में से अधिकतर लोगों ने इस पेशे को इसलिए चुना क्योंकि हम एक ऐसी शानदार कहानी को बताने की संभावना को लेकर उत्साहित थे, जिसे पहले कभी नहीं बताया गया। हम महत्वपूर्ण क्षणों पर रोशनी डालना और लाखों लोगों की कल्पनाओं को प्रेरित करना चाहते हैं। हम मीडिया की लोगों के मन को प्रभावित करने और कहानियों को आकार देने की अहम भूमिका के बारे में अच्छी तरह से अवगत थे। हम यह भी जानते थे कि एक नया भारत गढ़ने के लिए हम एक पुरातन सभ्यता और युवा भारत की कहानी को जोड़कर एक नया अफसाना बताने में मदद कर सकते हैं।

इस उद्योग का हिस्सा बने रहने के दो कारण निरंतर बने हुए हैं– ईमानदार रहना और असरदार रहना। निस्संदेह, यह हमारे लिए बहुत ही शानदार समय है। हमारे समाचारों के दर्शक बढ़ रहे है। इस उद्योग में बेहतरीन प्रतिभाओं को आकर्षित करने की हमारी क्षमता निरंतर बनी हुई है। दुनिया में हमारी रुचि और हममें दुनिया की रुचि बढ़ रही है और यह नए संबंधों और गठबंधनों की परिपाटी को लिख रहा है। नए प्रयोग करने और जोखिम उठाने के प्रति हमारी सामूहिक भूख बहुत बड़ी है। और इन सब कारणों से इस उद्योग के हर क्षेत्र में भारी वृद्धि हुई है।

इसलिए, अब यह जरूरी है कि एक कदम पीछे जाएं और यह चिंतन करें कि सचमुच क्या महत्वपूर्ण और अनुगामी है। और मेरे हिसाब से दो महत्वपूर्ण बदलाव हैं, जो वर्तमान में उद्योग के अंदर चल रहे हैं और जिनका इसकी सेहत और दिशा पर गहरा असर दिखता है।

उद्योग एक वृहद आधुनिक संरचना के निर्माण के बीच है, जो कहानी सुनाने वालों को पूरे देश में नए दर्शकों के संग नए और पुराने प्रारूपों समेत जोड़ेगा। यह निर्माण विविध वितरण मंचों पर हो रहा है, जिनमें केबल और सेटेलाइट, फिक्स्ड और मोबाइल टेलीकम्युनिकेशन नेट्वर्क और डिजिटल व एनालॉग थिएटर सिस्टम शामिल हैं। यह बदलाव उपभोग की नई आदतों और व्यवहार सृजित करेंगे;, कुछ उपकरण चलन से बाहर होंगे, तो कुछ नए उपकरण अपनी जगह बनाएंगे; और नए विजेताओं की उभरने की राह सुलभ करेंगे। इन सबके बावजूद, असली ताकत एक बढ़िया कहानी बताने की क्षमता में ही रहेगी।

लेकिन, इन बदलावों के फलस्वरूप हम सबके पास उन तमाम पुरानी आदतों से छुटकारा पाने का मौका है, जो घातक रही हैं। अपने उपभोक्ताओं को न पहचानने से लेकर उनसे वसूला जाने वाला शुल्क न जानने तक, बौद्धिक संपदा अधिकार के हनन से लेकर हमारे कंटेन्ट का अनादर करने तक, कई खराब आदतें इस पुरानी वितरण प्रणाली का ही परिणाम थीं। वर्तमान में चल रहे ये नाटकीय बदलाव हमें नई प्रक्रियाएं गढ़ने का अवसर देते हैं, जिनसे मूल्य श्रृंखला में शामिल प्रतिभागियों को एक निष्पक्ष और पारदर्शी तरीके से पारितोषिक दिया जा सके, सीधे–सीधे उस मूल्य के अनुपात में जो वे हमारे उपभोक्ताओं के अनुभवों को आकार देने में ला रहे हैं।

एक और भी महत्वपूर्ण मुद्दा है– बोलने की आजादी। यह दुनिया में शायद एकमात्र प्रमुख लोकतंत्र है, जहां आजादी के 60 वर्षों के उपरांत भी यह बहस निरंतर चल रही है कि आखिर मीडिया को अभिव्यक्ति की कितली स्वतंत्रता दी जाए। यह देखकर बहुत हैरानी होती है कि अभी भी ऐसे समूह और हित हैं जो इस बहस को जारी रखे हुए हैं कि मीडिया को कितनी आजादी देना उचित हो सकता है; मानो यह कोई प्रदान करने योग्य चीज है या फिर इसका मोलभाव किया जाए।

रचनात्मकता और स्वतंत्र अभिव्यक्ति के बीच गहरा संबंध है। तो, परेशान करने वाली बात यह है कि एक बेहद प्रतिस्पर्धी जगत में हम स्वतंत्र अभिव्यक्ति की गुंजाइश के बारे में प्रश्न उठा रहे हैं– जो हमारे लिए चुनिंदा लाभदायक स्रोतों में से एक है। चीन और रूस व्यापार और उद्योग के अधिकांश क्षेत्र में हमसे बहुत आगे हैं। लेकिन वैश्विक रूप से मनोरंजन और मीडिया दिग्गज बनने के लिए हमें एक लोकतंत्र के रूप में निश्चित रूप से उस लोकतांत्रिक श्रेष्ठता का फायदा उठाना चाहिए जिनके कारण हम उन पर और अन्य प्रतिस्पर्धियों पर भारी हैं।

हम सभी इस बात पर सहमत हैं कि मीडिया का काम यथास्थिति पर सवाल उठाना है। लेकिन सवाल उठाने के अधिकार के साथ उकसाने और नाराज करने का अधिकार भी होना चाहिए। इनकी अनुपस्थिति में कोई बहस नहीं हो सकती और बिना बहस के स्पष्टता नहीं आ सकती। यह हमारे लिए ये जानने का वक्त है कि स्वतंत्र अभिव्यक्ति पवित्र अधिकार है, न कि अपमानित होने का अधिकार।

स्पष्ट रूप से यह भारतीय मीडिया और मनोरंजन उद्योग के लिए बदलाव का समय है। अपने लेखों और स्तंभों के माध्यम से वनिता ने अपने गहन शोध और विचारपूर्ण विश्लेषण से उद्योग पर प्रकाश डालने में एक महत्वपूर्ण भूमिका निभाई है। उनकी पुस्तक डाटा और शोध के माध्यम से ये समझाने की दिशा में एक कीमती प्रयास है कि मीडिया उद्योग कैसे कार्य करता है और उसमें कौनसे बदलाव हो रहे हैं।

उदय शंकर
सीईओ, स्टार इंडिया लिमिटेड

प्रस्तावना

आपके हाथों में जो किताब है, उसके अंग्रेजी संस्करणों का यह चौदहवां वर्ष है। जब मैंने 'भारतीय मीडिया व्यवसाय' किताब का पहला संस्करण लिखना शुरू किया था, तब मीडिया और मनोरंजन उद्योग का कवरेज बहुत अधिक नहीं था। बहुत कम लोग इसे आईटी या टेलीकॉम की तरह गंभीरता से देखते थे। 2003 में जब किताब के पहले संस्करण ने बाजार में कदम रखा, तब हम समाचार चैनलों में आए उछाल के मुंहाने पर थे, फिल्म उद्योग के प्रति बहुत उत्साह था, तो वहीं टेलीविजन एक बहुत ही फायदेमंद बाजार की शक्ल ले चुका था। जब 2010 में तीसरा संस्करण आया, तब तक हर प्रमुख विदेशी निवेशक यहां खड़ा था। मीडिया और मनोरंजन कारोबार केवल एक प्रतिशत जीडीपी के अंदर आता है और इसने लाखों नौकरियों उत्पन्न की हैं। इसमें कोई शक नहीं कि यह एक गंभीर व्यापार था, नाचने–गाने या आंसू बहाने वाली छवि से कहीं ज्यादा गंभीर।

तीसरा संस्करण यकीनन बहुत कठिन था। इसे लिखने में 18 महीनों से ज्यादा का वक्त लगा। किताब में ईवेंट और आउटडोर मीडिया पर दो नए अध्याय जोड़े गए और एक ऐसा प्रारूप बनाया गया जो विभिन्न वर्ग के पाठकों की जरूरतों को पूरा करे– चाहे वे विद्यार्थी हों, विदेशी निवेशक हों या फिर इस उद्योग में कदम रखने वाले। उस समय तक यह किताब अधिकतर मास कम्युनिकेशन स्कूलों में पाठ्यक्रम का हिस्सा बन चुकी थी। तो मैंने मीडिया जगत में हो रहीं विविध प्रकार की चीजों का वर्णन करने के लिए इसमें तमाम मामलों के अध्ययन समाहित किए हैं।

यह संस्करण तीसरे संस्करण में बनाए गए टेम्पलेट का अनुसरण करता है।[1] यह हर खंड पर नजर डालता है– प्रिंट, टीवी, फिल्म वगैरह – वह भी विविध परिप्रेक्ष्य में। ये हैं व्यापार की गतिशीलता, इतिहास, नियमन, बड़े बदलाव व चुनौतियां जिनका व्यापार सामना करता है, मूल्यांकन मानदंड और ऐसी ही तमाम बातें। यह किताब अपने उसी बुनियादी आधार से जुड़ी है, जिसके साथ

[1] इस पुस्तक के सभी तथ्य व आंकड़े वर्ष 2013 में प्रकाशित अंग्रेजी चतुर्थ संस्करण पर आधारित हैं। संभव है कि विगत चार वर्षों में तथ्यों व आंकड़ों में कुछ परिवर्तन हुआ हो।

2003 में इसकी शुरुआत हुई थी– यानि एक गहराई युक्त पुस्तक, उन लोगों के लिए सहायक जो इस कारोबार में कदम रखना चाहते हैं।

हालांकि चार मुख्य परिवर्तन आए हैं। पहला, मैंने इंटरनेट और टेलीकॉम वाले अध्याय को हटा दिया है। उसके स्थान पर एक विस्तृत अध्याय डिजिटल मीडिया पर लिखा है। दूसरा, मैंने संख्याओं को जहां तक हो सका है, मानक बनाने का प्रयास किया है। तो, भले ही मैं फिक्की–केपीएमजी 2013 रिपोर्ट के आंकड़ों से पूर्णतया सहमत नहीं हूं, फिर भी अनुरूपता बनाए रखने के लिए मैंने उन्हें प्रयोग किया है। तीसरा, चूंकि उद्योग के कई हिस्से अपनी उद्यमशीलता की अवस्था से कहीं अधिक परिपक्वता की ओर बढ़ गए हैं, तो प्रगति को सुगम बनाने के लिए नियमन और भी ज्यादा महत्वपूर्ण हो जाएगा। तो इस संस्करण में पहले संस्करणों की तुलना में नियमन से जुड़े और ज्यादा केसलेट दिए गए हैं। चौथा, यह संस्करण किसी भी अन्य संस्करण की तुलना में तमाम चीजों के साथ–साथ अन्य गुणात्मक मुद्दों से निपटने में एकदम स्पष्ट है, जैसे नैतिकता, पेड न्यूज, रेटिंग स्कैंडल।

और हमेशा की तरह आप मुझे vanitakohli@hotmail.com पर अपनी प्रतिक्रिया दे सकते हैं।

और आप मेरे काम को http://twitter.com/vanitakohlik पर फॉलो कर सकते है।

वनिता कोहली–खांडेकर

आभार

मैं उन सभी लोगों के प्रति अपना आभार व्यक्त करती हूं, जिन्होंने अपना कीमती समय मुझे दिया और मेरे साथ अपने ज्ञान को साझा किया। उनके सहयोग के बिना इस पुस्तक को लिख पाना संभव नहीं था:

ए.के. भट्टाचार्य– संपादक, बिजनेस स्टैंडर्ड, अनीश दयाल– अधिवक्ता, उच्चतम न्यायालय, अमीन सयानी– रेडियोकर्मी, अश्नी पारेख– मीडिया अधिवक्ता, ए. एस. रघुनाथ–मीडिया सलाहकार, अरविंद कालिया–पत्रिका ग्रुप, अमित खन्ना–रिलायंस एंटरटेनमेंट, अजय सेखरी– चार्टर्ड एकाउंटेंट, अजय शांघवी–मेटालाइट प्रोडक्शन, अजय बिजली–पीवीआर, अर्पिता मेनन–स्टार इंडिया, अपूर्व पुरोहित–रेडियोसिटी, आलोक मित्तल–कैनान पार्टनर, अमृत शाह–फिल्म उद्योग दिग्गज, अशोक मनसुखानी–हिंदूजा टीएमटी, अजित बालाकृष्णन–रेडिफ डॉट कॉम, अमित चोपड़ा–पूर्व सीईओ, हिंदुस्तान मीडिया वेंचर, अशोक देसाई–एबीपी प्राइवेट लिमिटेड, अमोल धारिया–डायरेक्टर आईडीएफसी कैपीटल, अजय गुप्ता–एबीपी प्राइवेट लिमिटेड, अजय उपाध्याय–मीडिया गुरू, अरविंद कालिया–नेशनल हेड ऑफ मार्केटिग, पत्रिका समूह, अश्विनी खांडेकर–टीएएम मीडिया रिसर्च, बसंत राठौर–जागरण प्रकाशन, भास्कर घोष–भूतपूर्व आई एंड बी सचिव, बाला देशपांडे– एनईए, भारत कपाड़िया–ideas@bharatkapadia.com, ब्रायन टेलिस–फाउंटेनहेड प्रमोशन, सी.ए. गुप्ता–डेलोइट हैस्किंस एंड सेल्स, साइरेक मैथ्यु–मिड डे, चंदन मित्रा–दि पायनियर, दिनायर कॉन्ट्रैक्टर–सेटेलाइट एंड केबल टीवी मैग्जीन, दीपक चौधरी–ईएमडीआई, दीपक नंदा–निवेश बैंकर, जीएस रंधावा–प्रेस इंफोर्मेशन ब्यूरो, जी. के. कृष्णन– पूर्व आज तक, गीता राम–ऑम्नीकॉम, जी.पी. सिप्पी–सिप्पी फिल्म्स, गिरीश अग्रवाल, निदेशक डीबी कॉरपोरेशन, हेमंत मेहता–आईएमआरबी, हरीश भिमानी–रेडियो कर्मी, हॉर्मुज्द मसानी–ऑडिट ब्युरो ऑफ सर्कुलेशन, हिरेन गादा–शेमारू, इंद्रजीत सेन–ओएएआई, ईशान रैना–ओओएच मीडिया, जगजीत कोहली–डिजिकेबल, जयदीप चक्रवर्ती–बीसीसीएल, कपिल ओहरी–अफाक्स! कैंपस, कैटी मर्चेंट–भूतपूर्व आईएमआरबी, कल्पेश वोहरा– क्रिएशन पब्लिसिटी, कंचन

सिन्हा–अमरचंद मंगलदास, एल.वी. कृष्णा– टीएएम मीडिया रिसर्च, एन मुरली–दि हिंदू, नितिन गुप्ता–अर्नेस्ट एंड यंग, नम्रता दत्त–अर्नेस्ट एंड यंग, महेश्वर पेरी–पाथ फाइंडर प्रकाशन के फाउंडर, मोहन नायर–मातृभूमि, रूप शर्मा–केबल ऑपरेटर फेडरेशन ऑफ इंडिया, श्री सक्सेना–प्रेस इंस्टीट्यूट ऑफ इंडिया, मैमेन मैथ्यू–मलयाला मनोरमा, मंगेश बोर्से–सिम्बॉयसिस, मैनेक दावर–स्पेंटा मल्टीमीडिया, मोहन महापात्रा–पूर्व वर्जिन म्यूजिक, मीनाक्षी माधवानी स्पैशल एक्सेस, महेन्द्र स्वरूप–स्माइल टेक्नोलॉजी, माइकल मेनेजज–शोटाइम ईवेंट, मोहित हीरा–जेडब्ल्युटी, मोहम्मद मोरानी–सिनेयुग, मंदर ठाकुर–टाइम्स म्यूजिक, नीरज रॉय–हंगामा डिजिटल मीडिया, नीरेन शाह–एनवीपी इंडिया, निखिल पाहवा–मीडियानामा, पंकज वाधवा–पूर्व किडस्टफ प्रोमोज, प्रदीप गुहा–कल्चर कंपनी, प्रताप पवार–सकाल, प्रदीप चंदा–सलाहाकार, प्रशांत पोवार–डब्ल्युपीपी, प्रेम पनिक्कर–स्वतंत्र पत्रकार, पुनीता अरमुघम–गूगल इंडिया, प्रशांत पांडे–ईएनआईएल, प्रकाश चाफलकर–मल्टीप्लेक्स एसोसिएशन ऑफ इडिया, आर.एस. नारायण–पूर्व स्टार इंडिया, राधा नंबूदरी–आकाशवाणी मुंबई, रमेश लक्ष्मण–आरएलसी, राज सिंह–अर्गो, राजेश जैन–इमर्जिक डॉट ऑर्ग, आरपी सिंह–सिरेज ग्रुप, राजेश ताहिल–हिलरोड मीडिया, स्व. राजेश कंवल–अफाक्स!, रतीश नायर एडमैग्नेट, रोशन अब्बास एन्कम्पास, श्रीकांत खांडेकर–अफाक्स!, संजय गुप्ता–जागरण प्रकाशन, शंकर पिल्लई–पूर्व ओआरजी मार्ग, श्याम मल्होत्रा पूर्व साइबरमीडिया, समीर कुमार–इन्वेंटस इंडिया एडवाइजर, सतीश शेनॉय–आईएल एंड एफएस बैंक के पूर्व सहयोगी, समीर काले–पीआर सलाहकार, श्रीधर पिल्लई–फिल्मी विशेषज्ञ, शोभा सुब्रमण्यम–पूर्व एबीपी प्राइवेट लिमिटेड, संजय चक्रवर्ती डब्ल्युपीपी मीडिया, सेवंती निनान–मीडिया स्तंभकार, श्रवण श्रॉफ–श्रीनगर सिनेमा, एस कीरतिवासन–पूर्व फीवर एफएम, सुरेश थॉमस–क्रेसेंडो म्यूजिक, सुनिल लुला–टाइम्स टीवी, शशि गोपाल–पूर्व मैग्नासाउंड, शाजू इग्नेशियस–मनोरंजन सलाहकार, सुप्राण सेन–फिल्म फेडरेशन ऑफ इंडिया, सिद्धार्थ दासगुप्ता–ब्लैकबेरी इंडिया, सिद्धार्थ रॉय कपूर–यूटीवी, संजीव शर्मा–एक्स नोकिया, सचिन कालबाग–मिड डे, एससी खन्ना–एयूएसपीआई, सुनील राजशेखर–बीसीसीएल, संजीव अग्रवाल–अर्नेस्ट एंड यंग, सिद्धार्थ मुखर्जी–टीएएम मीडिया रिसर्च, शब्बीर मोमिन–जेंगा टीवी, सुनामन सूद–एसेंडो कैपिटल, सिद्धार्थ जैन आईरॉक मीडिया, सुमंत्र दत्ता–स्टार ग्रुप, श्वेता अग्निहोत्री–बिग म्यूजिक एंड होम एंटरटेनमेंट, सजीथ पाई–बीसीसीएल, सुमीत चटर्जी–आरपीजी ग्रुप, तारिक अंसारी–मिड डे मल्टीमीडिया, तरूण कत्याल–बिग एफएम, तुषार ढींगरा–डीएचआर इंटरनेश्नल, उदय सिंह–एमपीएए, विनय कुमार–आईडीबीआई, विनोद मेहता–आउटलुक, वी सुंदर्शन–हंसा रिसर्च, विवेक काउटो–मीडिया पार्टनर्स एशिया, विजय दीक्षित–आकाशवाणी मुंबई, विकास जोशी–दैनिक जागरण, विकास मंत्री–आईसीआईसीआई सेक्युरिटीज,

वंदना बोर्से–सिम्बॉयसिस, यश खन्ना–स्वतंत्र सलाहकार, योगेश राधाकृष्णन–पूर्व ईटीसी नेटवर्क्स, योगेश शाह–पूर्व ईटीसी नेटवर्क्स।

इस किताब की शोध और कई संस्करण लिखने में पेशेवर व तार्किक सहयोग देने के लिए निम्न सभी लोगों का खास आभार प्रकट करती हूं:

ए.के. भट्टाचार्य • समित सिन्हा, अवीक सरकार, निरंजन राजाध्यक्ष, प्रोसेनजीत दत्ता, अविनाश सेलेस्टीन, शेरिल डायस • मंगेश बोर्से, वंदना बोर्से, योगेन्द्र व नमिता अरोड़ा • विजया खांडेकर।

विशेष आभार

शोध सहायक–सिंदूजा रंगराजन–ने टीएनएस इंडिया और कलर्स (वायकॉम 18 मीडिया) के साथ क्वालिटेटिव रिसर्चर के तौर पर काम किया है। वह वर्तमान में दक्षिणी कैलिफोर्निया विश्वविद्यालय में पत्रकारिता की पढ़ाई कर रही हैं। वह @cynduja के रूप में ट्विटर पर हैं और और musingmistletoes.wordpress.com पर ब्लॉग लिखती हैं।

बेंगलुरु में नंदन कामथ के लॉ ऑफिस में एसोसिएट के रूप में कार्यरत अभिनव श्रीवास्तव के द्वारा नियमन खंड को अपडेट किया गया है। उन से abhinav@lawnk.com पर संपर्क किया जा सकता है। उन्हें मीडिया, ब्रॉडकास्टिंग और टेक्नोलॉजी नियमन में विशेषज्ञता हासिल है।

बिजनेस स्टैंडर्ड के संपादक ए.के. भट्टाचार्य का हृदय से आभार, जो पिछले पांच वर्षों से अखबार के लिए मेरे काम से उद्धरण की अनुमति प्रदान कर रहे हैं। शुक्रिया एकेबी।

भारतीय मीडिया का भविष्य

भारतीय सिनेमा को 100 से ऊपर वर्ष हो चुके हैं।[1] निजी टेलीविजन प्रसारण ने भी अभी अपने 20 वर्ष पूरे किए हैं। इंटरनेट भी 18 का हो चुका है। और निजी रेडियो प्रसारण भी एक दशक से ज्यादा पुराना हो चुका है। आपके हाथ में जो किताब है, वह भी अपने चौदहवें वर्ष में है। तब यह सवाल उठाने का सही समय है कि हम कहां जा रहे हैं?

जो भी शोध हमने इस संस्करण में या पिछले संस्करणों में किये हैं, वह तीन रुझानों की ओर इशारा करते हैं:

एक, आने वाले दशक में और अधिक मीडिया व और अधिक मास मीडिया होगा।

दो, स्केल और मार्जिन के लिए लड़ाई जारी रहेगी।

तीन, हम एक स्थानीय मीडिया बस्तियों का देश बन जाएंगे[2]।

कुछ अन्य व्यापक रुझान भी हैं– डिजिटलीकरण, उपकरणों का विस्तार, डिजिटल मीडिया का उदय, समाचार मीडिया का बढ़ता राजनीतिक स्वामित्व व अन्य– जो इस किताब में विस्तार से बताया गया है। लेकिन इनमें से अधिकांश उन व्यापक रुझानों में सम्मिलित हैं, जिनकी इन पृष्ठों में बात की गई है। उदाहरण के लिए डिजिटल मीडिया को भी दूसरे मीडिया की भांति स्केल और लाभ के मुद्दों का सामना करना पड़ता है।

तो फिर भारतीय मीडिया और मनोरंजन व्यापार के लिए भविष्य के गर्भ में क्या छिपा है।

ज्यादा मीडिया, ज्यादा मास मीडिया और ज्यादा मज़ा

भारत एक बहुत ही कम पहुंच वाला मीडिया बाजार है (देखें तालिका 0.1)। शायद मोबाइल फोन और टीवी स्क्रीन को छोड़ दें तो हम अभी अपने संभावित बाजार के बहुत बड़े हिस्से तक नहीं पहुंच पाए हैं। उदाहरण के लिए, 60 प्रतिशत की साक्षरता दर के स्तर पर, प्रिंट मीडिया में और 30 करोड़ लोगों

तक पहुंच बनाने की गुंजाइश है। तो, उन्नति का एक हिस्सा विशुद्ध रूप से उन संख्याओं से आएगा जहां अभी तक मीडिया पहुंच नहीं पाया है (पिछले कुछ वर्षों में प्रगति के लिए देखें तालिका 0.1 क, ख, ग, घ और च)।

अब देखते हैं कि पैसा कहां जा रहा है। हालांकि, तालिका 0.3 में दिखाई गई संख्याएं कोई ब्रेकअप नहीं देती, लेकिन यह उन सौदों में स्पष्ट दिखता है, जो इनका कुल योग बनाते हैं। पिछले तीन वर्षों में प्रमुख निजी इक्विटी सौदे केबल के डिजिटाइजेशन, डीटीएच, डिजिटल सिनेमा या उन छोटी कंपनियों में रहे हैं जो भारत के उभरते डिजिटल मीडिया उद्योग को सेवा प्रदान करती हैं। एड नेटवर्क, पेमेंट गेटवे और इसी प्रकार के अन्य क्षेत्र निवेशकों के बीच काफी लोकप्रिय हैं। तमाम अन्य सौदों के बीच सबसे प्रमुख M&A (Mergers and Acquisitions) सौदे रहे डिज्नी–यूटीवी और पीवीआर–सिनेमैक्स। ये सौदे रणनीतिक कारणों या फिर आगे बढ़ने की इच्छा से प्रेरित। फिर वह पैसा है जो कंपनी ने ऋण, आंतरिक उपार्जन और निजी निवेशकों के माध्यम से उगाहे हैं। इनमें से किसी को भी कागजों में नहीं दिखाया जाता है और न ही कुल योग में जोड़ा जाता है। उदाहरण के लिए, डीटीएच में समाया चार सौ करोड़ डॉलर का मामूली हिस्सा भी सार्वजनिक की गई संख्याओं में नहीं दिखाया गया।

मीडिया और मनोरंजन (M&E: Media and Entertainment) उद्योग में हो रहे निवेश की बड़ी राशि प्रिंट, टीवी, मोबाइल और सिनेमा की पहुंच बढ़ाने खर्च हो रही है। यह निवेश प्रोडक्शन स्टूडियो, आउटसोर्सिंग सेवाओं, कार्यालयों की संख्या बढ़ाने, समाचार ब्यूरो या भारतीय व विदेशी बाजार में विस्तार पर भी खर्च हो रहा है। ये सभी चीजें मीडिया का एक बेहतर बुनियादी ढांचा खड़ा करने में असर डालती हैं। अगर हमें टीवी, अखबार और मोबाइल के क्षेत्र में दुनिया के दूसरे सबसे बड़े बाजार और फिल्मों के सबसे बड़े निर्माता या इंटरनेट के सबसे तेजी से बढ़ते बाजार होने का पूरा फायदा उठाना है तो यही वह चीज है जिसकी सबसे बड़ी आवश्यकता है। इन सभी विस्तारों का कोई मतलब नहीं, अगर हम उनसे आर्थिक फायदा न उठा सकें। हम उनसे तब तक आर्थिक फायदा नहीं उठा सकते, जब तक हम उन सभी उपभोक्ताओं तक न पहुंच जाएं जो पहले स्तर पर विज्ञापन का या विज्ञापन के लिए भुगतान कर सकते हैं।

ऐतिहासिक रूप से मीडिया के बुनियादी ढांचे में निवेश और श्रोताओं व मुनाफे की वृद्धि के बीच गहरा सहसंबंध है। तालिका 0.5 को देखें। मैंने सामान्य विश्लेषण करने के लिए 2002, जब इस किताब का पहला संस्करण आया था, और 2012 के बीच का दशक प्रयोग किया है कि हर मीडिया क्षेत्र मे हुआ क्या है। इनमें से हर क्षेत्र ने प्रगति की है क्योंकि डीटीएच, ब्रॉडबैंड नेटवर्क, मल्टीप्लेक्स, डिजिटल थिएटर आदि में पैसा लगाया गया था। कम से कम इस प्रगति को देखना बहुत सुखद है। लेकिन मैं यहां फिर से दोहराना

चाहूंगी, कि काश ये और भी ज्यादा लाभप्रद होता। उदाहरण के लिए, अमेरिका ने 136 करोड़ टिकट बेचकर 108 करोड़ डॉलर कमाए। और हमने 300 करोड़ टिकट बेचकर सिर्फ 1700 करोड़ डॉलर कमाए। और यह ध्यान रहे कि हॉलीवुड प्रतिवर्ष हम से आधी से भी कम फिल्मों का निर्माण करता है।

अगर आप अमेरिका को अनदेखा भी करना चाहें, क्योंकि वह ज्यादा परिपक्व और अमीर बाजार है, तो ब्राजील या इंडोनेशिया को ही देख लीजिएगा। उनके टीवी बाजार आकार में कहीं से भी हमारे बाजार के आसपास नहीं हैं, लेकिन हम से दोगुने लाभप्रद हैं। आप फायदे को हेय दृष्टि से देख सकते हैं, लेकिन बिना फायदे के आप लगाए हुए धन को कैसे वापस पाएंगे। टेलीविजन को हम एक उत्कृष्ट उदाहरण के रूप में ले सकते हैं, जिसके पास वृहद आकार और पहुंच तो थी, लेकिन वह तब तक दिशाहीन था जब तक कुछ वर्षों पहले एकीकरण और डिजिटलीकरण शुरू नहीं हुआ। (देखें अध्याय 2–टीवी)

स्केल की लड़ाई

और अब मैं यहां अपने दूसरे अनुमान पर आती हूं– आने वाले पांच या फिर दस वर्षों में स्केल और लाभप्रदता ही मुद्दे होंगे। तालिका 0.4 देखें। निजी मीडिया के तकरीबन दो दशकों की प्रगति के बावजूद, अंततः हमारे पास 100 करोड़ डॉलर की टॉप लाइन वाले दो मीडिया समूह हैं। देश के सबसे बड़े टेलीकॉम प्रदाता भारती एयरटेल की 2012 में की आमदनी समस्त मीडिया और मनोरंजन उद्योग की 86 प्रतिशत थी। फिर दोहराते हुए बताना है कि अमेरिकी फिल्म उद्योग ने भारत से आधी फिल्में बनाकर और आधे टिकट बेचकर भी हमसे लगभग 10 गुना पैसा कमाया। आप जिस भी निवेशक से बात करेंगे तो वह यही कहेगा कि स्केल एक बड़ा मुद्दा है, फिर चाहे वह फर्म के स्तर पर हो या उद्योग के स्तर पर।

तो स्केल एक मुद्दा क्यों हैं? क्योंकि उद्योग के पास मूल्य निर्धारण शक्ति नहीं है। अत्यधिक विखंडन और तदर्थ विनियमन उपभोक्ताओं और विज्ञापनदाताओं के साथ मूल्य निर्धारण शक्ति को सीमित करता है। मीडिया कारोबार के कुछ हिस्सों में विखंडन अब रिवायत बन चुका है। आपके मोहल्ले में हमेशा एक केबल वाला होता है, जो आपको एक बेहतर डील देने का इच्छुक रहता है। बिल्कुल वैसा ही डीटीएच के साथ है। प्रसारकों के बीच उच्च प्रतिस्पर्धा और विज्ञापन पर अत्यधिक निर्भरता का मतलब है विज्ञापन के सेकेंड की सूची बढ़ती जा रही है और दूसरी तरफ विज्ञापन के प्रति दस सेकेंड के मूल्य घटते जा रहे हैं। 2002 में 40.8 करोड़ टीवी दर्शक थे, लगभग 80 चैनल और विज्ञापन व आमदनी से मिलने वाला राजस्व रु. 9600 करोड़ था। उस समय ऑपरेटिंग मार्जिन 30 प्रतिशत या उससे ज्यादा था। 2012 में

800 से ज्यादा चैनल, 74 करोड़ दर्शक और कुल आय रु. 40 हजार करोड़ थी। लेकिन तमाम प्रसारणकर्ताओं के लिए औसतन 13 से 15 प्रतिशत का ही मार्जिन था।

इसमें से बहुत कुछ अब बदल रहा है। उदाहरण के लिए, टेलीविजन में एकीकरण और डिजिटलीकरण की शक्ति मुनाफे में वृद्धि लाएगी, जैसा कि संबंधित अध्याय में विस्तार से बताया गया है। टीवी के 65 प्रतिशत से ज्यादा दर्शक पांच टेलीविजन नेटवर्क के बीच बंटे हैं। यह उद्योग में मूल्य निर्धारण की शक्ति को वापस ला रहा है। शायद एक दशक में पहली बार 2012 में कुछ नेटवर्क ने विज्ञापन दरों में वृद्धि की। जबकि दूसरी ओर डिजिटलीकरण से पारदर्शिता आएगी और आमदनी बढ़ेगी। और इस सब का अर्थ है उपभोक्ताओं की पसंद का बेहतर प्रबंधन और कार्यक्रमों में अधिक विविधता।

फिल्म उद्योग में, निर्माण का हिस्सा मोटे तौर पर बिखरा हुआ रहा है, जबकि विक्रेताओं का भाग काफी हद तक संगठित है। इसके लिए वे विलय बधाई के पात्र हैं, जो गत वर्ष हुए थे। अखबार के बाजार में, चीजें तेजी से स्पष्ट होती जा रही हैं। हिंदी में, शीर्ष पांच ब्रांड दैनिक जागरण[3], दैनिक भास्कर, हिंदुस्तान, अमर उजाला और राजस्थान पत्रिका– बाजार की 60 प्रतिशत आमदनी और पाठकों पर नियंत्रण रखते हैं। अंग्रेजी में, दि टाइम्स, एचटी मीडिया और दि हिंदू के द्वारा कुल पाठकों और आमदनी का मोटा हिस्सा नियंत्रित है। और ज्यादा एकीकरण बढ़ रहा है क्योंकि ब्रांड या तो मर जाते हैं या अधिग्रहित कर लिए जाते हैं[4]।

आप इस पर बहस कर सकते हैं कि 85 प्रतिशत के स्तर पर टीवी और प्रिंट मीडिया व मनोरंजन कारोबार का सबसे बड़ा हिस्सा हैं। अगर वे अंत में समेकित होते है। अगर अंततः वे संगठित होते हैं, तो इसका मतलब हुआ कि स्केल और लाभप्रदता आनी आरंभ हो जाएगी।

निराशावाद का कारण हैः भारतीय मीडिया व मनोरंजन कंपनियों ने उन्नति के बाजार में बेहतर कर रही हैं। लेकिन उनकी संगठन, प्रक्रियाएं और प्रणालियां बनाने की क्षमता पर संदेह है, जिनके दम पर उन्नति को संभाला जा सकता है। अत्यधिक प्रतिस्पर्धा और प्रगति से नीतिगत, व्यापारिक और लोगों से जुड़े असमंस आते हैं, जिसके लिए मजबूत और परिपक्व संस्थानों की आवश्यकता होती है। लेकिन बार–बार भारतीय मीडिया कंपनियां संकट के पहले चरण में ही भरभरा कर गिर जाती हैं। तो कुछ अपनी नैतिकता और मूल्य के बिंदुओं पर समझौता कर लेती हैं या फिर दौड़कर नियामकों के पास जाती हैं कि उनके पक्ष में आवाज उठाएं। और अधिकांश कंपनियां जो ये सब नहीं कर पातीं, वे एक–साथ मिलकर चीजों को ठीक करने के बजाय कठोर मौन धारण कर लेती हैं।

तो 1.2 अरब उपभोक्ताओं की ताकत का सच्चा प्रतिनिधित्व करने वाली उन मल्टीबिलियन डॉलर मीडिया कंपनियों का उभार देखने से पहले एक लंबी और दर्दनाक प्रक्रिया से गुजरना होगा। इनसे नियमन के कुछ पेचीदे प्रश्न उठेंगे,

जैसे क्रॉस मीडिया नियमों से जुड़े प्रश्नों को इस खंड में एक केस स्टडी में दिखाया गया है (केस स्टडीः क्रॉस मीडिया या एक्रॉस मीडिया–मीडिया में विनियमन की दुखद कहानी)।

मीडिया के छोटे–छोटे द्वीप

और अंतिम टिप्पणी इस बारे में है कि उपभोक्ताओं और भारतीयों के रूप में मीडिया की प्रगति हमारे लिए क्या कर रही है। यह भारत को मीडिया बस्तियों का ऐसा जमघट बना देगी, जो या तो एक–दूसरे से बात नहीं करेंगे या फिर एक–दूसरे से परिचित भी नहीं होंगे। ऐसा क्यों है? मीडिया की पूरी प्रगति भारत की गहराइयों से निकल कर आ रही है, ज्यादा भाषाओं, क्षेत्रों, कस्बों, गांवों और शहरों से आ रही है। इस तथ्य को भी जोड़ा जाए कि डिजिटल तकनीक के कारण टीवी या रेडियो में, प्रिंट में या इंटरनेट या टेलीफोन पर, उपभोक्ताओं को विभाजित करना बहुत आसान हो गया है। तो मल्टीप्लेक्स विभिन्न प्रकार के दर्शकों के लिए विभिन्न प्रकार की फिल्मों का समय, मूल्य और शिड्यूल निर्धारित कर सकते हैं– जैसे *पीपली लाइव* ग्रामीण दर्शकों के लिए और *दबंग* छोटे शहरों के लिए। ऑनलाइन की दुनिया में, मैं ट्विटर पर केवल उन्ही समाचारों की लिस्ट बना सकती हूं जो मुझे केवल मीडिया और मनोरंजन की खबरें दें। आप ऐसी ऑनलाइन सेवा को सब्सक्राइब कर सकते हैं, जो आपको केवल आपकी पसंद का संगीत मुहैया कराए। आप ऐसा ऐप खरीद सकते हैं, जो आपको केवल गोल्फ पत्रिकाएं पढ़ने के लिए देगा। टीवी के डिजिटलीकरण के बाद आप केवल खेल के चैनल देख सकते हैं और बाकी चैनलों छोड़ सकते हैं।

बाजार के इस विभाजन और डिजिटल की व्यक्तिगत अनुकूलता का मतलब कि हमने खुद को अपनी भाषा, क्षेत्र, रुचियों, विश्वास और मूल्यों तक सीमित कर लिया है। दूसरे मीडिया को ब्लॉक करके हमने खुद को उन विचारों और चीजों से काट लिया है जिनमें पहले हमारी रुचि हो सकती थी। हमने केवल उन लोगों या विषयों या भाषाओं के साथ रहना चुना है, जो हमारे लिए मायने रखती हैं। जैसे, अबर मुझे चीजों को जोड़कर देखना है तो फार्मा या आईटी कारोबार में चल रही कुछ चीजों को सैद्धांतिक तौर पर मुझे जानना चाहिए। तब भी, चूंकि मुझे मीडिया कारोबार के बारे में ही पढ़ना पसंद है, तो मैं अपनी दुनिया को केवल मीडिया तक ही समेट लूंगी। इसी प्रकार, हममें से लाखों लोग अपने संसार को सीमित करते जा रहे हैं।

इस बारे में कुछ भी सही या गलत नहीं है। यही वह जगह है जहां बाजार, तकनीक और उपभोक्ता के रूप में हमारी प्रवृत्तियां हमें धकेल रही हैं। यह उपभोक्ताओं के ऐसे छोटे–छोटे समूह बना देगा, जो शायद किसी भी चीज की वृहद तस्वीर नहीं बनाएंगे। और सफर शुरू हो चुका है।

चित्र 0.1 मीडिया पर बिताया गया समय और मीडिया की पहुंच

चित्र 0.1क

कार्यदिवस

		2000	2001	2002	2003–04	2005	2006	2007	2008	2012
प्रेस	पाठकों की संख्या (मिलियन में)	232	233	231	252	360	300	302	320	351
	मिनटों में बिताया गया समय। अखिल भारतीय 12+	32	31	30	29	35	30	27	36	28
टीवी	दर्शकों की संख्या (मिलियन में)	333	343	350	370	386	423	437	460	569
	मिनटों में बिताया गया समय। अखिल भारतीय 12+	114	110	112	108	106	95	92	98	100
रेडियो	श्रोताओं की संख्या (मिलियन में)	122	105	101	138	153	162	173	178	158
	मिनटों में बिताया गया समय। अखिल भारतीय 12+	64	63	66	80	80	74	69	81	73
इंटरनेट	उपयोगकर्ताओं की संख्या (मिलियन में)	3	5	8	12	12	14	11	14	42
	मिनटों में बिताया गया समय। अखिल भारतीय 12+	65	65	66	58	60	61	69	58	79

स्रोतः हंसा रिसर्च और आईआरएस

नोटः 12+ आयु समूह को बताता है।

चित्र 0.1ख

रविवार / छुट्टियां

		2000	2001	2002	2003–04	2005	2006	2007	2008	2012
प्रेस	पाठकों की संख्या (मिलियन में)	223	225	222	261	370	291	298	317	348
	मिनटों में बिताया गया समय। अखिल भारतीय 12+	35	34	32	31	37	33	29	27	30
टीवी	दर्शकों की संख्या (मिलियन में)	334	349	357	376	390	418	431	462	564
	मिनटों में बिताया गया समय। अखिल भारतीय 12+	139	129	129	124	122	113	110	111	117
रेडियो	श्रोताओं की संख्या (मिलियन में)	120	104	103	131	149	156	166	175	152
	मिनटों में बिताया गया समय। अखिल भारतीय 12+	67	65	68	81	83	78	74	83	78
इंटरनेट	उपयोगकर्ताओं की संख्या (मिलियन में)	2	4	6	10	11	11	10	11	39
	मिनटों में बिताया गया समय। अखिल भारतीय 12+	68	66	69	57	59	60	68	68	81

स्रोतः हंसा रिसर्च और आईआरएस

नोटः 12+ आयु समूह को बताता है।

चित्र 0.1ग मीडिया में वृद्धि

अखिल भारतीय पहुंच (ग्रामीण+शहरी) मिलियन			
	2008	2012	प्रतिशत परिवर्तन
12+ भारत	842.9	909.3	7.9
साक्षरता	572.3	656.3	14.7
कोई भी प्रकाशन	323.4	353.3	9.2
कोई भी दैनिक	313.4	345.5	10.2
कोई भी पत्रिका	90.7	83.0	−8.5
टीवी	467.4	571.4	22.3
रेडियो	180.4	159.8	−11.4
थ्सनेमा	83.3	81.4	−2.3
इंटरनेट	17.3	42.3	144.5

स्रोतः हंसा रिसर्च और आईआरएस
टिप्पणीः 1– एआईआर है औसत इश्यु रीडरशिप, 2– 12+ आयु समूह को बताता है।

चित्र0.1घ प्रिंट पर बिताया गया समय बनाम पहुंच

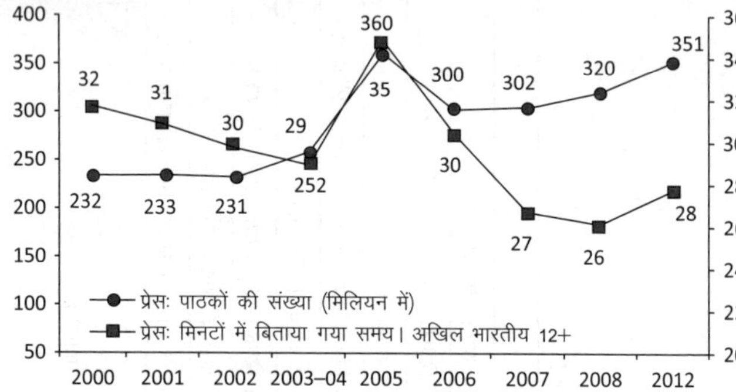

स्रोतः हंसा रिसर्च और आईआरएस

चित्र 0.1च टीवी पर बिताया गया समय बनाम पहुंच

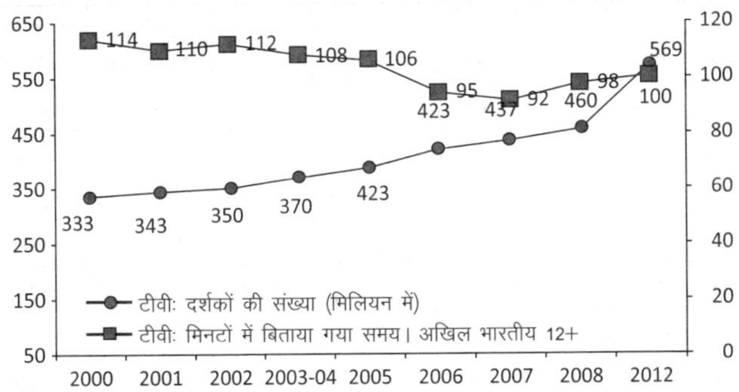

स्रोतः हंसा रिसर्च और आईआरएस

तालिका 0.1 भारतीय मीडिया और मनोरंजन परिदृश्य

क्षेत्र	मीडिया पहुंच (मिलियन लोगों तक)	मीडिया राजस्व (2012, रु बिलियन)		
		विज्ञापन	आमदनी	कुल
टीवी	765	125	245	400
प्रिंट	351	150	74	224
फिल्म	81.5	3	112.4	115.4
ईवेंट	उपलब्ध नहीं	उपलब्ध नहीं	उपलब्ध नहीं	28
डिजिटल	900	21.7	उपलब्ध नहीं	21.7
आउटडोर	लागू नहीं	18.2	कोई नहीं	18.2
रेडियो	158	12.7	कोई नहीं	12.7
संगीत	उपलब्ध नहीं	कोई नहीं	10.6	10.6
कुल				830.6

स्रोतः फिक्की–केपीएमजी 2013, ईवाई की द बिजनेस ऑफ एक्सपीरिएंसिस रिपोर्ट 2012, लेखक का अनुमान।
टिप्पणीः 1. सभी आंकड़े 2012 के लिए है। 2. प्रिंट की पहुंच का रीडरशिप के संदर्भ में है। टीवी के लिए व्युअरशिप, रेडियो के लिए लिसनरशिप के संदर्भ में है। डिजिटल के लिए (इंटरनेट और टेलीकॉम), मैंने केवल इंटरनेट के बजाय मोबाइल फोन की पहुंच का भी प्रयोग किया है। इंटरनेट 2012 में 120 मिलियन लोगों तक पहुंचा। डिजिटल में आमदनी का राजस्व वीएएस वाला होगा जैसे कॉलर ट्युन आदि। हालांकि चूंकि उन्हें पहले ही संबंधित उद्योगों के राजस्व में जोड़ा जा चुका है, जैसे रेडियो या संगीत, तो उस सेल को खाली छोड़ा गया है। 3. टीवी और फिल्म राजस्व फिक्की से अलग हैं, क्योंकि उनमें क्रमशः केबल विज्ञापन और सिनेमा विज्ञापनों को जोड़ा गया है।
आंकड़ों का संकलन और विश्लेषण वनिता कोहली–खांडेकर ने किया है। इन आंकड़ों को केवल या तो *भारत में मीडिया कारोबार* या वनिता कोहली खांडेकर को श्रेय देकर ही दोबार प्रयोग किया जा सकता है।

तालिका 0.2 मीडिया पर विज्ञापन खर्च (रु. मिलियन)

वर्ष	प्रिंट	टीवी	रेडियो	सिनेमा	आउटडोर	इंटरनेट/ डिजिटल	कुल (रु मिलियन)
1991	10690	3900	680	70	1584	उपलब्ध नहीं	16924
1992	13250	3950	590	80	1080	उपलब्ध नहीं	18950
1993	13250	4960	680	90	1632	उपलब्ध नहीं	22912
1994	22390	8480	1020	100	2152	उपलब्ध नहीं	34142
1995	27350	13450	1340	90	4064	उपलब्ध नहीं	46294
1996	30470	19570	1130	110	7072	उपलब्ध नहीं	58532
1997	31280	25840	1360	410	8800	उपलब्ध नहीं	67690
1998	35030	33670	1400	500	10512	उपलब्ध नहीं	81112
1999	39240	39410	1450	620	11200	उपलब्ध नहीं	91920
2000	43160	44390	1460	700	6400	उपलब्ध नहीं	96110
2001	43250	45640	1760	790	6400	300	98140
2002	44240	47170	2110	790	6400	500	99202
2003	46890	50940	2270	820	5488	540	106948
2004	60348	58020	2769	984	5488	540	106948
2005	79290	67460	3600	1160	9940	1229	162678
2006	84900	60500	6000	उपलब्ध नहीं	11700	2000	165100
2007	100200	71100	7400	उपलब्ध नहीं	14000	3900	196600
2008	108000	82000	8400	उपलब्ध नहीं	16100	6000	220500
2009	110400	88000	8300	उपलब्ध नहीं	13700	8000	228400
2010	126000	103000	10000	उपलब्ध नहीं	16500	10000	265500
2011	139400	116000	11500	उपलब्ध नहीं	17800	15400	300100
2012	150000	124800	12700	3000	18200	21700	330400

स्रोतः लोडस्टार यूनिवर्सल, फिक्की केपीएमजी 2013 और लेखक का अनुमान।

टिप्पणीः 2005 तक के आंकड़ों को लोडस्टार मीडिया (अब लोडस्टार यूनिवर्सल)। उसके बार से केपीएमजी की रिपोर्ट फिक्की के फ्रेम के लिए स्रोत है। 2. सिनेमा विज्ञापन के लिए मैने अपने अनुमानों को प्रयोग किया है। 3. चूंकि स्रोत कई हैं तो कई संख्याओं में अंतर है जो मुझे याद नहीं है।

आंकड़ों को वनिता कोहली–खांडेकर ने एकत्र किया है और विश्लेषण किया है। इन आंकड़ों को केवल या तो इंडियन मीडिया बिजनेस या वनिता कोहली खांडेकर को श्रेय देते हुए ही दोबार प्रस्तुत किया जा सकता है।

तालिका 0.3 मीडिया व मनोरंजन कारोबार में निवेश

वर्ष	पीई सौदे (रु0 बिलियन)	एम एंड ए सौदे (रु0 बिलियन)
2010	165.42	263.96
2011	300.33	774.3
2012	417.55	988.32

स्रोतः वीसीसी एज, वीसीसी सर्किल से एक डेटा सर्विस

PE: Private Equity; M&A: Mergers & Acquisitions

इन आंकड़ों को केवल या तो *भारत में मीडिया करोबार* या वनिता कोहली खांडेकर को श्रेय देते हुए ही दोबारा प्रस्तुत किया जा सकता है।

तालिका 0.4 भारत में अग्रणी मीडिया समूह

कंपनी/समूह	आय (रु बिलियन में)		
	वित्तीय वर्ष 2011	वित्तीय वर्ष 2012	वित्तीय वर्ष 2013
दि टाइम्स ग्रुप (बीसीसीएल, टीवी, इंटरनेट, ईएनआईएल)	उपलब्ध नहीं	55	67
जी समूह (प्रसारण, डीटीएच, केबल और समाचार)	50.27	56.48	63.5
स्टार इंडिया	29.52	42	61
भारती एयरटेल (सिर्फ वीएएस और डीटीएच)	29.56	37.14	42.7
सोनी (सिर्फ प्रसारण)	उपलब्ध नहीं	30	31.2
एचटी मीडिया समूह	18.1	20.78	20.48
नेटवर्क 18 (समूह)	16.93	20.77	24
सन नेटवर्क	20.13	18.48	19.23
टाटा स्काई	13.54	15.9	उपलब्ध नहीं
हैथवे समूह (प्रकाशन और केबल)	13.78	14.98	15
डीबी कॉरपोरेशन	12.79	14.75	15.92
प्रसार भारती कॉरपोरेशन	10.5	11.83	15.53
जागरण प्रकाशन	12.47	14.02	15.25

(तालिका 0.4 जारी)

(तालिका 0.4 जारी)

कंपनी / समूह	आय (रु बिलियन में)		
	वित्तीय वर्ष 2011	वित्तीय वर्ष 2012	वित्तीय वर्ष 2013
रिलाइंस (एडीएजी मीडिया)	9.76	11.29	14.9
मलयाला मनोरमा	7.27	8	उपलब्ध नहीं
कस्तूरी एंड संस (द हिंदू)	9.45	उपलब्ध नहीं	11
डिज्नी–यूटीवी	उपलब्ध नहीं	12.75	उपलब्ध नहीं
एबीपी लिमिटेड	उपलब्ध नहीं	10	उपलब्ध नहीं

स्रोतः सालाना रिपोर्ट, कंपनी की वेबसाइट और अधिकारीगण, बिजनेस स्टैंडर्ड रिसर्च ब्युरो, कैपिटलाइन, मीडिया पार्टनर्स एशिया, क्राइसिल और इंडियन टेलीविजन डॉट कॉम।

टिप्पणीः 1. द टाइम्स ग्रुप के आंकड़े का अनुमान इसके कुल सूचीबद्ध और गैर सूचीबद्ध करोबारों के अनुसार है। 2. स्टार इंडिया में ईएसपीएन–स्टार स्पोर्ट्स भी शामिल है, जो इसने पिछले ही साल खरीदा है। 3. भारती एयरटेल के वीएएस राजस्व का अनुमान भारतीय औसत के अनुसार मोबाइल सेवाओं के राजस्व का 10 प्रतिशत लगाया गया है। इसमें से पीयर–टू–पीयर एसएमएस भेजने का इंडस्ट्री का औसत हटा दिया गया है। बाकी बचा हुआ डीटीएच के आंकड़ों में जोड़ा गया है ताकि कुल मीडिया राजस्व का अनुमान लगाया जा सके। 4. हैथवे के आंकड़ों में उनकी सूचीबद्ध केबल कंपनी का राजस्व शामिल किया गया है और गैरसूचीबद्ध एशियानेट केबल और प्रकाशन (आउटलुक और अन्य) का अनुमान लगाया गया है। 5. रिलाइंस के आंकड़ों में उसके गैरसूचीबद्ध मीडिया कारोबारों को सम्मिलित नहीं किया गया है, जैसे कि फिल्म निर्माण और गेमिंग। ये आंकड़े दो कंपनियों का योग हैं– रिलायंस ब्रॉडकास्ट नेटवर्क और रिलायंस मीडियावर्क्स। रिलाइंस मीडियावर्क्स टॉपलाइन के आंकड़े 18 महीनों के है।

आंकड़ों का संकलन और विश्लेषण वनिता कोहली–खांडेकर ने किया है। इन आंकड़ों को केवल या तो *भारत में मीडिया कारोबार* या वनिता कोहली खांडेकर को श्रेय देते हुए ही दोबार प्रस्तुत किया जा सकता है।

तालिका 0.5 भारतीय मीडिया और मनोरंजन–अब तक का सफर

मीडिया	2002	2012
टीवी		
दर्शकों की संख्या (मिलयन दर्शक)	408	740
उद्योग का आकार (रु बिलियन)	96	400
प्रिंट		
पाठकों की संख्या (मिलयन पाठक)	252	351
उद्योग का आकार (रु बिलियन)	63	224

(तालिका 0.5 जारी)

(तालिका 0.5 जारी)

मीडिया	2002	2012
फिल्म		
दर्शकों की संख्या (मिलयन टिकट बिके)	2800	3000
उद्योग का आकार (रु बिलियन)	39	113
रेडियो		
श्रोताओं की संख्या (मिलयन श्रोता)	101	158
उद्योग का आकार (रु बिलियन)	2.1	13
डिजिटल		
उपयोगकर्ताओं की संख्या (मिलयन)	21	227
उद्योग का आकार (रु बिलियन)	0.5	22

केस क्रॉस मीडिया या एक्रॉस मीडिया–मीडिया में नियमन की दुखद कहानी[5]

1998 में सरकार ने फिल्म इंडस्ट्री को एक उद्योग का दर्जा दिया। दस सालों में ही कारोबार में लगभग आठ गुना राजस्व वृद्धि हुई, और वह ज्यादा लाभप्रद और पारदर्शी बना। यह परिणाम केवल एक मात्र सकारात्मक नियमन से निकलकर आया। टीवी पर नजर डालें। डिजिटलीकरण का शासनादेश जो 2011 में पारित हुआ, वह आने वाले पांच सालों में पूरे कारोबार को एकदम पारदर्शी कर देगा। 200 करोड़ अमेरिकी डॉलर से अधिक राजस्व अर्थव्यवस्था में आएगा क्योंकि पैसे का लीकेज रुकेगा और पारदर्शिता आएगी। सबसे महत्वपूर्ण यह कि डिजिटलीकरण टीवी के दर्शकों को चुनने का विकल्प और कार्यक्रमों में विविधता मिलेगी।

ये उदाहरण साबित करते हैं कि अच्छाई के लिए लागू किये गए कानूनों की शक्ति भी अभूतपूर्व हो सकती है।

इसलिए इस बारे में गहरी निराशा है कि भारत में कितने गिने–चुने मीडिया कानून हैं। मोटे तौर पर यह नियमन अनौपचारिक ही रहे हैं और राजनीतिक बाध्यता या भय से तय किये जाते रहे हैं। उद्योग में वृद्धि की जरूरत, दर्शकों की बेहतर मूल्य व विविधता की जरूरत और अर्थव्यवस्था की कर व उस रोजगार की जरूरत जो यह उद्योग सृजित करता है, की मोटे तौर पर उपेक्षा की जाती रही है।

(केस जारी)

(केस जारी)

उदाहरण के लिए क्रॉस मीडिया के मानदंडों को ही लें। भारतीय दूरसंचार नियामक प्राधिकरण (ट्राई), जो ब्रॉडकास्ट नियामक के रूप में कार्य करता है, उसने 2008 में इस पर एक पेपर प्रस्तुत किया था। सूचना एवं प्रसारण मंत्रालय के अनुरोध पर उसने एक बार फिर से एक पेपर 2013 में पेश किया। क्रॉस मीडिया एकाधिकार वाकई में चिंताजनक है और तमिलनाडु, आंध्र प्रदेश या पंजाब सहित कई राज्यों में उभार पर है। स्वामित्व वॉइस कैप के स्वामित्व और शेयर हासिल करके ठीक किया जा सकता है। तमाम देशों में मानदंडों को तय कर दिया गया है। हमें बस इतना करना है कि उन्हें भारत पर भी लागू करें। और जिन स्थानों पर क्रॉस मीडिया एकाधिकार पहले से विद्यमान हैं, वहां संबंधित कंपनियों को अपने होल्डिंग या बाजार में हिस्सेदारी कम करने के लिए पर्याप्त समय दिया जाना चाहिए।

हालांकि क्रॉस मीडिया एकाधिकारों का बनना मीडिया के स्वामित्व के बराबर चिंताजनक नहीं है। एक तिहाई से ज्यादा चैनलों पर राजनीतिज्ञों या उनसे जुड़े बिल्डरों का स्वामित्व है। कई चैनल केवल राजनीतिक वाहक हैं, तो कई बिल्डरों की तरफ से प्रभाव डालने का काम करते हैं। इसके परिणामस्वरूप जो कंपनियां एक पुराने तौर–तरीकों वाला समाचार चैनल चलाकर धन कमाना चाहती हैं, वे ऐसे चैनलों के संग होड़ में पड़ जाती हैं, जिनकी शेयरधारकों या निवेशकों के प्रति जवाबदेही नहीं होती। अनुमानित 60 प्रतिशत केबल वितरण प्रणालियां स्थानीय नेताओं के स्वामित्व में है। दर्जनों छोटे और बड़े अखबारों का स्वामित्व राजनेताओं या उनके परिवार वालों के पास है, जो तमाम स्थानीय चुनावों को प्रभावित करते हैं। राजनेताओं से संबद्ध कई समाचार पत्र श्रंखलाओं के अपने ब्रॉडकास्ट नेटवर्क भी हैं। अधिकांश के पास अपने इंटरनेट पोर्टल भी है।

यह बहुत ही आवश्यक है कि हम मीडिया के राजनीतिक स्वामित्व और उससे देश में चल रही बहस के स्वरूप, गुणवत्ता और दिशा पर पड़ने वाले प्रभाव की चर्चा करें। इस कारोबार की दूरगामी संरचना को यह क्या नुकसान पहुंचा रहा है? क्या आगे चलकर यह इस कारोबार को गैर–लाभदायक बना देगा, क्या यह भारतीय और विदेशी निवेशकों को दूर कर देगा क्योंकि इस श्रेणी के मालिकों को समायोजित करने के लिए नीतियों को बदला जा सकता है।

ट्राई ने चार सालों में दूसरी बार 2013 में सिफारिश करी कि राज्य या केन्द्र सरकारों को प्रसारण या टेलीविजन चैनलों के वितरण कारोबार

(केस जारी)

(केस जारी)

में अनुमति नहीं मिलनी चाहिए। इसपर अभी तक कोई प्रतिक्रिया नहीं आई है।

जहां सूचना एवं प्रसारण मंत्रालय को मीडिया में बढ़ते राजनीतिक स्वामित्व और इससे हो रहे लोकतंत्र के मूल सिद्धांतों के हनन पर ध्यान देना चाहिए, वहां मंत्रालय टीवी रेटिंग में अपनी टांग अड़ाने में व्यस्त है। पिछले पांच वर्षों में टेलीविजन रेटिंग प्रणाली के बारे में तीन रिपोर्ट और तमाम संदर्भ आ चुके हैं। यकीनन इस प्रणाली के साथ कुछ समस्या तो है। इन्हें आगे टेलीविजन पर आधारित अध्याय में विस्तार से बताया गया है। लेकिन यह तो उद्योग का मसला है। जब सरकार को किसी फिल्म की बॉक्स ऑफिस की कमाई या एक समाचार पत्र के पाठकों की संख्या की जांच करने की जरूरत नहीं है, तो उसे एक टीवी चैनल की रेटिंग की जांच करने की क्या जरूरत है। इसे उद्योग के द्वारा ही ठीक किया जाना चाहिए। सरकार ऐसा करने के लिए दबाव जरूर डाले, लेकिन स्वयं उससे दूर रहे।

फिर कंटेंट विनियमन का मामला है। सूचना एवं प्रसारण मंत्रालय इस बारे में कई बार उल्लेख कर चुका है, हालांकि उसने कभी कोई कदम नहीं उठाया है। टीवी और प्रिंट में आत्म सेंसरशिप के मानदंड हैं और वह काम कर रहे हैं, भले ही अपूर्ण ढंग से। बस हमें सरकार से यह जानने की जरूरत नहीं है कि हम कौन सा शो देखें और कौन सा नहीं।

कुछ चीजें हैं जिन पर सरकार ध्यान दे सकती है, लेकिन उन्हें पूरी तरह से नजरंदाज कर रही है– फिल्मों में मनोरंजन कर को तर्कसंगत बनाना, डीटीएच पर दोहरा कराधान समाप्त करना, किसी भी निजी उपग्रह से किराए पर स्पेस लेने को सरल बनाना, क्योंकि इसरो मांग पूरी करने में बहुत पीछे है। लेकिन ये किसी की प्राथमिकता में शामिल नहीं है। और यह हमें फिर उसी बिंदु पर लाकर खड़ा कर देता है कि भारत में मीडिया नियमन अपनी प्राथमिकताओं और मुद्दों को लेकर बहुत विकृत हैं, और जरूरत से ज्यादा अनौपचारिक है। ऐसा इसलिए क्योंकि किसी के दिमाग में इससे जुड़ी बड़ी तस्वीर नहीं है।

इसीलिए क्रॉस मीडिया के मानदंडों पर बहस शुरू करने से पहले, हमें एक सरकारी से स्वतंत्र मीडिया नियामक जैसे कि ऑफकॉम या फेडरल कम्युनिकेशन कमीशन चाहिए। किसी भी गठबंधन सरकार में ऐसे क्रॉस–मीडिया या अन्य मीडिया संबंधित नियमों को लेकर आम सहमति नहीं हो सकती, जिनमें किसी प्रकार के नियंत्रण की बात हो। मोटेतौर पर सरकारें या तो मीडिया को छूने से डरती हैं (पेड न्यूज कांड)

(केस जारी)

(केस जारी)

या इसमें हस्तक्षेप करती हैं (कंटेंट)। किसी भी तरह सरकार का हस्तक्षेप एक निष्पक्ष, वृहद तस्वीर के परिदृश्य को लेकर नहीं होता।

अगर मीडिया नियामक सचमुच स्वतंत्र है–जैसे SEBI (सेक्युरिटी एंड एक्सचेंज बोर्ड ऑफ इंडिया) या IRDA (इंश्योरेंस रेग्युलेटरी एंड डेवलपमेंट अथॉरिटी)–तो यह और शक्तिशाली होगा। ये संसद के अधिनियम द्वारा समर्थित हैं और आमतौर पर इनके फैसलों चुनौती देना मुश्किल होता है, जिससे और स्थिरता आती है। उदाहरण के लिए, TRAI (टेलीकॉम रेग्युलेटरी अथॉरिटी ऑफ इंडिया/भारतीय दूरसंचार नियामक प्राधिकरण) एक ऐसे प्रसारण नियामक के रूप मे सामने आया जिसने केबल के मामले में धरातल पर सफाई करने में काफी मदद की।

मीडिया नियामक भी फिर एक नीति का निर्धारण कर सकता है, स्वामित्व या उद्योग के समक्ष खड़े ऐसे ही अन्य दर्जनों मुद्दों से रू–ब–रू हो सकता है। सवाल यह है कि कौन सी सरकार मीडिया नियामक बनाने के लिए 'राजनीतिक' इच्छाशक्ति का प्रदर्शन करेगी।

टिप्पणियां

1. ये सभी भारत में इन मीडिया के लिए टाइमलाइन हैं। जब तक निर्दिष्ट न हो, मीडिया उद्योग, मीडिया एवं मनोरंजन (M&E) उद्योग भारतीय मीडिया कारोबार को संदर्भित करता है।
2. आप में से कई लोग मेरे कॉलम पढ़ते होंगे या मेरे विद्यार्थी रहे होंगे या मुझे किसी सार्वजनिक मंच पर सुना होगा, तो आप सबको यह बहुत परिचित लगेगा क्योंकि मैं यह काफी समय से कहती आ रही हूं।
3. घोषणाः मैं जागरण समूह के स्वामित्व वाले समाचारपत्र 'मिड डे' के लिए एक पाक्षिक कॉलम लिखती हूं।
4. प्रिंट वाले हिस्से को मेरे कॉलम 'कोपिंग विद कंसोलिडेशन', बिजनेस स्टैंडर्ड, 18 दिसंबर 2012 से लिया गया है।
5. नियमन पर मेरे लेखन का काफी हिस्सा मैं बिजनेस स्टैंडर्ड में लिखती रही हूं।

अध्याय 1

प्रिंट

भारतीय प्रिंट उद्योग की मृत्यु को भी पछाड़ देने वाली उन्नति लंबे समय तक बरकरार रहेगी।

इन दिनों प्रिंट मीडिया से जुड़ी किसी गोष्ठी में शामिल होना काफी थकाऊ होता है।[1] ऐसे मंचों पर बातचीत अक्सर 'प्रिंट मीडिया की मौत, ऑनलाइन के विकास', 'सोशल मीडिया के उत्थान', 'स्मार्टफोन और टैबलेट की पैठ' इत्यादि में बदल जाती है। इनमें से कोई भी गलत नहीं है। लेकिन कुछ ऐसे तथ्य भी हैं, जो अधिक महत्वपूर्ण हैं।

पहला तथ्य, विकासशील देशों में प्रिंट और ऑनलाइन के विकास का बढ़ता ग्राफ, अमेरिका और यूरोप के कुछ हिस्सों के गिरते बाजारों से बिल्कुल अलग है। भारत, चीन और ब्राजील समेत दर्जनों दूसरे देशों में प्रिंट तेजी से बढ़ रहा है और इसका बढ़ना ऑनलाईन व अन्य मीडिया के साथ–साथ लगातार जारी रहेगा। प्रति दिन ग्यारह करोड़ से ज्यादा प्रतियों की बिक्री के साथ, भारत विश्व का दूसरा सबसे बड़ा समाचारपत्र बाजार है। यह विश्व के उन चुनिंदा बाजारों में शामिल हैं, जिसकी वृद्धि दर दो अंकों में है। विश्व के 100 शीर्षस्थ भुगतान वाले दैनिकों में 19 भारत के हैं और यह चीन के बाद दूसरे नंबर पर है, जिसके दैनिकों की संख्या 25[2] है। हंसा रिसर्च और भारतीय रीडरशिप सर्वे के अनुसार, भारत में मात्र 38 प्रतिशत लोगों तक समाचार पत्रों की पहुंच है। विकास और राजस्व में बढ़ोतरी के कारण, भारत में कुछ शीर्षस्थ समाचारपत्र समूहों का संचालन मार्जिन 25 प्रतिशत है, यह वो आंकड़ा है जिसे अमेरिकी समाचार पत्रों ने अपने सुनहरे दौर में हासिल किया था (ये अब गिरकर 10 प्रतिशत पर आ गया है)। भारत की साक्षरता दर में वृद्धि के कारण 2012 से 2017 के बीच प्रिंट के कुल राजस्व में 8.7 प्रतिशत की CAGR[3] बढ़ोतरी का अनुमान है। 2012 में प्रिंट कारोबार 224 अरब रुपये का हो गया है (देखें तालिका 0.1)। कारोबार में नए विज्ञापनदाताओं के आने जाने के बावजूद, पुराने विज्ञापनदाता प्रिंट में और अधिक स्थान खरीदने के लिए और अधिक पैसा खर्च कर रहे हैं (देखिए तालिका 1.1क और 1.1.ख)।

दूसरा तथ्य, भारत में समाचारपत्र उद्योग मीडिया कारोबार का सर्वाधिक लाभकारी और स्थायित्व वाला अंग है। भारत ने प्रिंट मीडिया में जब से एफडीआई यानी प्रत्यक्ष विदेशी निवेश के लिए द्वार खोले हैं, विशेषकर पिछले पांच सालों में, तब से देश[4] में दर्जनों प्रिंट प्रकाशन, खासतौर से पत्रिकाओं का प्रकाशन व्यापक रूप से शुरू हुआ है। 2010 से 2012 तक, भारतीय मीडिया कारोबार ने एक अरब डॉलर से अधिक की प्राइवेट इक्विटी, विलय और अधिग्रहण (M&A) निवेश हासिल किया है। इसका बड़ा अंश प्रिंट मीडिया के हिस्से में आया है[5] (देखें तालिका 4.0)। इससे प्रिंट मीडिया में बहुत गति देखी गई। पिछले कुछ सालों में प्रिंट में दर्जनों नए संस्करण और ब्रांड शुरू हुए हैं। पश्चिम बंगाल में टाइम्स ग्रुप ने बांग्ला भाषा में ई–समय टेबलॉयड और एबीपी ने ईबेला की शुरुआत की। फॉर्च्युन और फोर्ब्स ने भारतीय संस्करणों की शुरुआत की है; कई हिंदी समाचार पत्र झारखंड पहुंचे और अन्य भाषाओं में अपना विस्तार किया। उदाहरण के लिए, जागरण ने 2010 में मुंबई के टैबलॉयड 'मिड–डे' को खरीद लिया।[6] वास्तव में, हिंदी समाचार पत्र बाजार, अपने सर्वाधिक प्रतिस्पर्धात्मक और रोमांचक दौर से गुजर रहा है (देखिए केसलेट 1ख)।

क्या हम विकसित देशों में समाचार पत्र कारोबार में छाई निराशा से बेवजह प्रभावित हो रहे हैं? संभवतः। यूरोप, यूके या यूएस में प्रायः हर सप्ताह समाचार पत्रों के प्रसार व राजस्व में गिरावट और कर्मचारियों की छंटनी की खबरें मिलती हैं। उदाहरण के लिए, प्रसार में भारी गिरावट के कारण अमेरिका में समाचार पत्रों का कुल राजस्व वर्ष 2005 में 60 अरब अमेरिकी डॉलर की तुलना में वर्ष 2011 में सिकुड़कर 33.8 अरब डॉलर (अधिक जानकारी के लिए केसलेट 1क देखिए)[7] हो गया। इसलिए हर किसी के मन में ये ख्याल आता है: क्या यह भारत में समाचार पत्र कारोबार का पूर्वानुभव है?

फिलहाल नहीं, प्रायः सभी विश्लेषण और रिपोर्ट यही कहते हैं। 'ब्राजील और चिली जैसी अर्थव्यवस्थाओं में प्रकाशन कारोबार को विज्ञापन और पाठकों की आसन्न नुकसान का खतरा नहीं है, जैसा कि कई पश्चिमी समाचार पत्रों को हो रहा है, और यहां प्रिंट कारोबार के भविष्य के बारे में सकारात्मक दृष्टिकोण है। वे अपने पाठकों का रुझान ऑनलाइन की तरफ देख सकते हैं। एशिया, अफ्रीका और दक्षिण अमेरिका में खबरों का बाजार भले ही अभी पूर्णरूपेण परिपक्व नहीं हो पाया है, लेकिन आगामी 10 से 20 सालों में इन बाजारों को भी पश्चिमी देशों के समाचार पत्र बाजार जैसी स्थिति का सामना करना पड़ सकता है', एक वैश्विक रिपोर्ट[8] में यह अनुमान लगाया गया है।

इसके दो कारण हैं। पहला बड़ा कारण, समाचार पत्रों की पहुंच बहुत कम होने की वजह से विकास की संभावना बना रहना। दूसरा, भारत में समाचारपत्र घर–घर पहुंचाए जाते हैं। अमेरिका या ब्रिटेन में, समाचार पत्रों की भारी मात्रा में बिक्री न्यूजस्टैंड से होती है। इसलिए भारत में यह पसंद

का मामला है। जब तक अखबारों को घर तक पहुंचाने की प्रणाली किफायती रूप से चल रही है, तब तक भारतीय परिवारों से अखबार छुड़ाना काफी मुश्किल होगा।

हालांकि, इस बात के तमाम संकेत हैं कि ऑनलाइन जल्द ही अंग्रेजी अखबारों के बाजार को प्रभावित कर सकता है। आईआरएस के आंकड़ों को देखें तो 2011 में समाप्त हो रहे पिछले छह वर्षों के दौरान, अंग्रेजी समाचार पत्रों का प्रसार 70 प्रतिशत तक बढ़ा है, लेकिन रीडरशिप में केवल दो प्रतिशत की ही वृद्धि हुई है। इसी दौरान, अंग्रेजी समाचार पत्र पर बिताए जाने वाले समय में 6.5 प्रतिशत की गिरावट आई है। तब तो, अंग्रेजी समाचार पत्रों को ऑनलाइन में सबसे बड़ा निवेशक होना चाहिए।

यद्यपि अखबार उद्योग डिजिटल सुरसा के सामने खड़ा है, फिर भी इस खतरे से निपटने के लिए के लिए ज्यादा कुछ नहीं किया। इसका कारण है कि उनका मुख्य व्यवसाय इतना लाभकारी और बड़ा है कि इंटरनेट का नुकसान उन्हें अब तक प्रभावित नहीं कर सका है। अधिकतर समाचार पत्र अपने डिजिटल पक्ष को मजबूत करने के बारे में सिर्फ जुबानी बातें करते हैं, लेकिन गंभीर निवेश बहुत कम किया गया है। यह खतरनाक है। भारतीय प्रकाशक देख सकते हैं कि यूरोप और अमेरिका में क्या हुआ। भारतीय प्रकाशकों के पास अपनी डिजिटल स्थिति सुधारने के लिए काफी समय है। अतः वे अपने समाचार पत्र–पत्रिकाओं को सीधे नेट पर डालने के बजाय बहुत कुछ अलग कर सकते हैं। इस ऑनलाइन अयोग्यता के लिए सबसे बड़ा कारण मानसिकता है। फोर्ब्स इंडिया जैसे नए प्रकाशक अपने ऑनलाइन का फायदा उठाने में ज्यादा बेहतर हैं, सिर्फ इसलिए क्योंकि उनके पास न तो विरासत है और न ही लाव–लश्कर।

दूसरी मुख्य चुनौती वही है जो किसी भी बढ़ते हुए उद्योग के समक्ष होती हैं। उदाहरण के लिए, स्केल का निर्माण अब भी एक बड़ा मुद्दा है। मोटी कमाई के बावजूद, समाचार पत्र कंपनियां मुनाफे के मामले में निवेशकों की उम्मीदों पर खरी नहीं उतर पा रही हैं, क्योंकि स्केल अब भी दुशप्राप्य है। भारत व्यापक रूप से एक खंडित प्रिंट बाजार है, जिसके बारे में आप आगे पढेंगे। बड़ी कंपनी बनने का सबसे अच्छा तरीका उन शहरों या भाषाओं में अपने छोटे प्रतिद्वंद्वियों को खरीदना है, जहां आपकी उपस्थिति नहीं है। हालांकि इस मामले में भारतीय समाचार पत्र प्रकाशक अधिक सौभाग्यशाली नहीं है। यह इसलिए कि कुछ शहरों और जिलों में प्रभुत्व रखने वाले छोटे समाचार पत्र अपनी जागीर छोड़ने के विचार से भी घृणा करते हैं।

परिपक्व होते अंग्रेजी समाचार पत्र बाजार या स्केल की चुनौती के अलावा एक और महत्वपूर्ण मुद्दा है जिसका प्रकाशक सामना करते हैं: कंटेंट का भ्रष्टाचार और मुद्रा का अवमुल्यन, जिसे आप आगे के भाग में पढ़ेंगे। पेड न्यूज कांड और इस पर प्रिंट मीडिया उद्योग की अति उत्साही प्रतिक्रिया,

कारोबार और नैतिकता दोनों ही दृष्टि से अच्छा संकेत नहीं है। यह एक ऐसी चीज है जो प्रिंट कंपनियों पर चोट करने के लिए सरकार को एक आसान हथियार देती है।

अभी उद्योग का स्वरूप

पिछले कुछ वर्षों में, भारत में प्रिंट उद्योग ने अपने आपको बिल्कुल अलग रूप में ढाला है, जो अधिकांश वैश्विक बाजारों से पूरी तरह अलग है। ऐसे कई कारक हैं जो हमें अलग करते हैं।

पहला कारक है, साक्षरता। अंग्रेजी के संपर्क भाषा होने के मिथ्याभिमानों के बावजूद सच्चाई यही है कि सिर्फ 60 प्रतिशत से कुछ ज्यादा भारतीय लिख या पढ़ सकते हैं। इनमें भी कुछ ही लोग समाचार पत्र में उठाए गए मुद्दों को पढ़ सकने में सक्षम होते हैं, क्योंकि साक्षरता की परिभाषा है– अपने हस्ताक्षर करने में सक्षम होना। रेडियो या टेलीविजन के विपरीत, यह कारक अपने आप प्रिंट के विकास को सीमित कर देता है। निराशाजनक पहलू यह भी है कि अंग्रेजी भाषा के प्रेस ने स्वतः वरीयता ले रखी है, क्योंकि विज्ञापनदाता उन्हें ही मान्यता देते हैं, जो अंग्रेजी समाचार पत्र पढ़ सकते हैं। निस्संदेह अंग्रेजी और गैर–अंग्रेजी भाषाई प्रकाशनों की विज्ञापन दरों का अंतर अब कम हो रहा है (देखिए, 'कारोबार की शैली')। ऐसा पूरे देश में लोगों की क्रयशक्ति बढ़ने से हुआ है और यह इतना मजबूत है कि अब मीडिया–क्रेता अंग्रेजी/मेट्रो पूर्वाग्रह की आड़ में छिप नहीं सकते हैं।

बीसीसीएल[9] के पूर्व अध्यक्ष प्रदीप गुहा एक दूसरे कारण की ओर संकेत करते हैं, जिसके चलते भारतीय प्रिंट बाजार विश्व में अलग पहचान रखता है: 'भारत में राष्ट्रीयता की भावना बहुत मजबूत है। और सभी समाचारपत्र समूहों की शक्तिशाली राष्ट्रीय उपस्थिति है'। टाइम्स ग्रुप, दि हिंदू, हिंदुस्तान टाइम्स, ये सभी अंग्रेजी के राष्ट्रीय समाचार पत्र होने के लिए मुकाबला करते हैं। बड़े भारतीय भाषाई समूहों, जैसे डीबी कॉर्पोरेशन या जागरण समूह, का भी विकास, राष्ट्रीय या वृहद क्षेत्रीय पहचान की क्षमता के कारण हुआ। विश्व में कहीं भी इस तरह बाजार का विकास नहीं हुआ है। अमेरिका में सिर्फ एक राष्ट्रीय समाचारपत्र है *यूएसए टुडे*, जो वहां के हजारों स्थानीय समाचार पत्रों, जो 80 प्रतिशत विज्ञापन राजस्व पर कब्जा जमाए हुए हैं, का एक कमजोर प्रतिद्वंद्वी है। इसलिए भारतीय विज्ञापनदाताओं के पास स्थानीय या समुदाय विशेष के विकल्प बहुत ही कम थे। रेडियो की दुनिया आकाशवाणी तक सीमित थी, जबकि टेलीविजन अभी तक इस रूप में विकसित नहीं हुआ था। हाल के वर्षों में इसमें कुछ बदलाव आया है। टेलीविजन, खासकर स्थानीय

केबल चैनलों के आ जाने से प्रिंट के तमाम विकल्प विकसित होने शुरू हुए। 1997 तक, शहरी या स्थानीय समाचार पत्र नजर आने लगे।

कस्तूरी एंड सन्स (*दि हिंदू के प्रकाशक*) के पूर्व संयुक्त प्रबंध निदेशक एन मुरली तीसरा कारक बताते हैं, 'विज्ञापन पर अति निर्भरता। यह बाजार को विकृत करता है और उसे मंदी की ओर धकेलता है'। ऐसा इसलिए क्योंकि जीडीपी यानी सकल घरेलू उत्पाद और विज्ञापन के बीच गहरा सकारात्मक सहसंबंध है। यह प्रकाशकों को 1 से 4 रुपये में अखबार बेचने के लिए मजबूर कर उसे कमजोर बनाता है, जबकि उसकी उत्पादन खर्च 15–20 रुपये प्रति है (इसमें फिक्स्ड लागत शामिल नहीं है)। इसका अर्थ है कि अखबार के प्रसार से अंग्रेजी भाषा के समाचार पत्र राजस्व का महज 5–15 प्रतिशत, जबकि भाषाई समाचार पत्र[10] महज 30–35 प्रतिशत ही जुटा पाते हैं। इससे भारत के अधिकांश अखबार विज्ञापनदाताओं की दया पर निर्भर हैं (अगला भाग देखें)। जबकि अमेरिका और ब्रिटेन में कवर प्राइस में कटौती सामान्य बात है (जहां राजस्व का 40–60 प्रतिशत प्रसार से आता है), ये प्रायः थोड़े समय के लिए होती है। भारत में कवर प्राइस में कटौती वर्षों–वर्ष तक चलती है, उदाहरण के लिए दिल्ली में टाइम्स ऑफ इंडिया। यहां आप तर्क कर सकते हैं कि कि मूल्य में कटौती से भी प्रिंट बाजार में विस्तार हुआ है जिससे स्थानीय विज्ञापन में बढ़ोतरी आई है।

मुद्दे

प्रिंट कारोबार के समक्ष दो प्रमुख मुद्दे हैं। ये सभी संरचनात्मक हैं, और इसलिए इनका सामना करना कठिन है। लेकिन अगर प्रिंट उद्योग इनका सामना कर लेता है, तो ये राजस्व और विश्वनीयता दोनों की वृद्धि में सहायक हो सकता है।

एकता का अभाव

भारतीय प्रिंट उद्योग की समस्याओं को समझने के लिए अमेरिकी या यूरोपीय प्रकाशन कारोबार का अध्ययन करने की कोशिश करिए। यूएस में न्यूजपेपर एसोसिएशन ऑफ अमेरिका (एनएए), दि न्यूजपेपर एडवर्टाइजिंग ब्यूरो, दि मैगजीन एडवर्टाइजिंग ब्यूरो आदि इतना ज्यादा शोध पर ध्यान देते हैं कि वह आश्चर्यजनक है। याद रहे कि अमेरिकी प्रिंट व्यवसाय ढलान की ओर है। लेकिन विज्ञापनदाताओं को समझाने के लिए भारी मात्रा में धन और समय खर्च किया जाता है कि यह माध्यम अब भी उनके लिए उपयोगी है। पेशेवर

रिसर्च एजेंसियों द्वारा कराए गए अधिकतर शोध अखबार या मैग्जीन का अन्य मीडिया के साथ हर संभव मानकों पर तुलनात्मक अध्ययन करते हैं जैसे पहुंच, पाठकों की संरचना, दक्षता, बिताया गया समय समय आदि।

पिछले कुछ सालों में, एनएए ने समाचार पत्र मालिकों, खासकर छोटे और स्थानीय ब्रांडों की मदद के लिए इंटरनेट पर सघन कदम उठाए हैं। इन कदमों में, सलाहकारों की नियुक्ति, वास्तव में ऐसे अखबार प्रबंधक जो अन्य अखबारों की परियोजनाओं में रहे हों, शामिल है, ताकि छोटे समाचार पत्र को इंटरनेट को समझने में मदद मिले। फिर डिजिटल एज रिपोर्ट, जैसी कुछ रिपोर्ट हैं, जो पाठकों को बढ़ाने और उन्हें बरकरार रखने के लिए चरणबद्ध मार्गदर्शन मुहैया कराती हैं। ये रिपोर्ट, ऑनलाइन निशुल्क उपलब्ध हैं, तथा बाजार की बनावट और उसकी कड़ी प्रतिस्पर्धा के बारे में उत्तम सामग्री का स्रोत हैं।

जब आप इन रिपोर्टों को पढ़ेंगे तो आपको मालूम होगा कि भारतीय समाचार पत्र, पत्रिकाएं या टीवी कारोबार एक उद्योग के रूप में विज्ञापनदाताओं के साथ अपने हितों की रक्षा के लिए या फिर आम जनता या सरकार के साथ कितनी कम लॉबिंग करते हैं। वास्तव में, मेरे सहयोगी द्वारा की गई शोध में सबसे ज्यादा ये उदाहरण निकले कि प्रिंट मीडिया ऑनलाइन[11] से कैसे मुकाबला कर सकता है, करना चाहिए या कर रहा है।

यह पहला बड़ा मुद्दा है, जिससे भारतीय प्रिंट उद्योग को निपटने की जरूरत है– विभिन्न मुद्दों पर एकजुट होकर कदम उठाने, सुदृढ़ मात्रा, क्रय–विक्रय में मानकीकृत यंत्रों को अपनाने, नियामकों में बदलाव के लिए लॉबिंग करने और सामग्री पर अलिखित सहमति की जरूरत है।

उदाहरण के लिए मात्रा को ही लीजिए। रीडरशिप और प्रसार दोनों के ही प्रचलित तरीके निरंतर उन लोगों के निशाने पर रहे हैं, जिन्हें इनका बेहतर विकास सुनिश्चित करना चाहिए था। अपने आंकड़े[12] दिखाने के लिए खुद की सुविधा के अनुसार प्रसार ऑडिट में शामिल होना या नहीं होना प्रकाशकों के लिए आम बात है। कई बार वे प्रसार और रीडरशिप की निगरानी करने वालों, पर मुकदमा दर्ज करते हैं, सवाल उठाते हैं और कटु आलोचना करते हैं और स्वयं नियमों को तोड़ते–मरोड़ते हैं। मेट्रो संस्करण का प्रसार ज्यादा दिखाने के लिए मेट्रो से उपनगरीय संस्करण भेज देना आम बात है। (उदाहरण के लिए, कोई प्रकाशक गुड़गाव संस्करण दिल्ली से भेज सकता है[17])। कुछ प्रकाशक तो रीडरशिप आंकड़े में बदलाव के लिए सर्वेक्षकों को ही घूस देने की कोशिश करते हुए पाए गए हैं। ऐसा तब है, जब लोक निगरानी करने वाले निकाय विज्ञापनदाताओं और मीडिया क्रेताओं के सहयोग से प्रकाशकों द्वारा चलाए जाते हैं[13]।

निष्पक्ष रूप से कहें तो शोध पक्ष में भी समस्याएं हैं। गुहा कहते हैं, 'चूंकि अधिकतर शोध एजेंसियां उस बाजार से आती हैं जहां समाचार पत्रों का

प्रसार लगातार गिर रहा है, उनमें समाचार पत्र शोध और मापन में निवेश के प्रति प्रोत्साहन काफी कम होता है, ताकि उसको ज्यादा वास्तविक बनाया जा सके'। यह बात सही हो सकती है, लेकिन सघन और सही शोध की जिम्मेदारी प्रकाशकों पर ही होती है, क्योंकि उन्हें ही इसका सर्वाधिक लाभ होना है। मीडिया रिसर्च यूजर्स काउंसिल (एमआरयूसी) के साथ ऑडिट ब्यूरो ऑफ सर्कुलेशन (एबीसी) रीडरशिप के मापन और विश्लेषण के उन तरीकों पर विचार कर रहा है, जिस तरह इनमें बदलाव आ रहा है।

कंटेंट से समझौता

दूसरा, कंटेंट को दूषित बनाने वाले दबाव को दूर नहीं रख पाने में प्रकाशकों की क्षमता या अक्षमता भी बड़ा मुद्दा है। यह एक संवेदनशील मामला है, जैसा कि पहले ही बताया जा चुका है कि यह विज्ञापन के राजस्व पर अति निर्भरता के कारण पैदा होता है। कंटेंट के साथ कई रूपों में समझौता हो सकता है।

मानक रूप– यह प्रायः खबरों में विज्ञापन की घुसपैठ या विशुद्ध रूप से विज्ञापन के लिए संपादकीय की बिक्री के रूप में होता है। कई विज्ञापनदाता इस पर खुलकर चर्चा करते हैं कि वे समाचार पत्र या पत्रिका में पैसे के बदले अपनी कंपनी के लिए कौन सा और कैसा आलेख चाहते हैं। अक्सर जिस समाचार पत्र या पत्रिका में वे विज्ञापन देते हैं उससे वे 'संपादकीय सहयोग' की अपेक्षा करते हैं। बड़ी और लाभ कमाने वाली मीडिया कंपनियों के द्वारा संपादकीय सहयोग का ऑफर देना आम बात है, इसलिए छोटे मीडिया संस्थान भी इसके लिए मजबूर हो जाते हैं[14]।

प्रायोजित न्यूज विवाद सामने आने तक इनमें से कोई भी संस्थागत या व्यापक रूप में नहीं था। ऐसा पाया गया कि अप्रैल–मई 2009 में लोकसभा चुनाव के दौरान नेताओं ने या तो अपने बारे में सकारात्मक खबरें प्रकाशित करवाने या फिर विपक्ष के बारे में नकारात्मक समाचार छपवाने के लिए अखबारों को जमकर पैसे दिए। जुलाई 2009 में, भारतीय प्रेस परिषद ने शिक्षाविद् व स्वतंत्र पत्रकार प्रांजॉय गुहा ठाकुरता और अरुणाचल प्रदेश यूनियन ऑफ वर्किंग जर्नलिस्ट्स के श्रीनिवास रेड्डी के साथ दो सदस्यीय उपसमिति बनाई। समिति के पास पार्टी लाइन से हटकर सांसदों, निर्दलीयों और पूर्व मंत्रियों समेत दर्जनों राजनीतिज्ञों के उपाख्यानात्मक साक्ष्य हैं, जिसमें उन्होंने चुनाव के दौरान मीडिया संस्थानों के साथ अपने अनुभवों को साझा किया है। कई के पास दर, तिथि और प्रकाशकों के रिकॉर्ड हैं, जिसमें प्रत्याशी या पार्टी को कवर करने के लिए पैसे मांगे गए। इनमें पंजाब, हरियाणा, उत्तर प्रदेश, आंध्र प्रदेश, महाराष्ट्र आदि कई राज्यों के नेता शामिल हैं। समिति के पास मीडिया कंपनियों के बयान या अभिवेदन भी हैं, जिनमें दैनिक जागरण,

पंजाब केसरी, हिंदुस्तान, ईनाडु और साक्षी आदि मीडिया कंपनियां शामिल हैं। इनमें से सभी ने किसी भी गलत काम से इनकार किया है[15]।

रिपोर्ट में किसी प्रकाशन के खिलाफ कोई ठोस प्रमाण नहीं थे। अधिकांश लेन–देन नकद में हुए थे और ज्यादातर प्रकाशकों द्वारा तथाकथित रूप से बेचे गए पैकेज के लिए कोई आधिकारिक मुद्रित रेट कार्ड नहीं था। ज्यादातर संभावित क्रेताओं से एक कागज के साथ संपर्क किया गया, जिसमें कुछ विकल्पों के साथ रेट लिखे गए थे। ज्यादातर प्रमाण शिकायतकर्ताओं द्वारा प्रदान किये गए और प्रत्याशी के पक्ष या विपक्ष में प्रकाशित सामग्री रूप में सामने आए।

मसौदा रिपार्ट की अनुशंसाओं में सबसे ज्यादा महत्वपूर्ण है जनप्रतिनिधित्व कानून, 1951 की धारा 123 में संशोधन। इस धारा में घूस, अनुचित प्रभाव और जाति धर्म के नाम पर वोट की अपील आदि तमाम चीजों को भ्रष्ट आचरण माना गया है। रिपोर्ट में सुझाव दिया गया है कि समाचार पत्रों व समाचार चैनलों को पैसा देकर कवरेज कराने की प्रथा को 'चुनावी कदाचार' या भ्रष्ट आचरण और दंडनीय अपराध माना गया है। इस रिपोर्ट पर सिर्फ भारत के निर्वाचन आयोग की ओर से प्रतिक्रिया आयी। आयोग ने 'प्रायोजित न्यूज बाजार' पर शिकंजा कसने की मांग की है। आयोग का मानना है कि पेड न्यूज उम्मीदवारों के लिए चुनाव प्रचार के लिए निर्धारित खर्च की सीमा को लांघने का एक माध्यम है।

इसके निहितार्थ स्पष्ट हैं। एक पाठक या दर्शक के रूप में, हमारी सोच, रहन–सहन, काम और पसंद–नापसंद पर व्यापक रूप से मीडिया का असर होता है। अगर पाठक का किसी मीडिया ब्रांड पर विश्वास टूट जाए, तो वे इसका उपयोग करना छोड़ देंगे, विज्ञापनदाता हट जाएंगे, विज्ञापन दरें घट जाएंगी, और अंततः मूल्यांकन भी गिर जाएगा। ऐसा सिद्धांततः माना जाता है। व्यावहारिक रूप से, ऐसा प्रतीत होता है कि खबरों की बिक्री इस तथ्य पर आधारित है कि पाठक इसे नहीं पहचानते हैं और अगर वो इसे पहचानते भी हैं तो वे इसकी परवाह नहीं करते हैं।

मीडिया प्रबंधकों का तर्क है कि अखबार भी शैंपू या नूडल के पैकेट की तरह हैं, इसलिए संपादकीय उनके लिए ईमानदार खेल है। अगर इस तर्क को बढ़ाया जाए, तो क्या नेस्ले खर्च में कटौती करने और लाभ बढ़ाने के लिए जानबूझकर नकली चीजें नूडल्स या सूप में मिलाएगा? मुझे ऐसा नहीं लगता है। मीडिया कंपनियां कंटेंट का निर्माण करती हैं; और बाकी सब उसकी पैकेजिंग और मार्केटिंग है। अगर कंटेंट अच्छा है, तो आमतौर पर कारोबार भी अच्छा चलता है। विश्व के कुछ सबसे अच्छे न्यूज ब्रांडों, *न्यूयॉर्क टाइम्स, वाशिंगटन पोस्ट, दि इकॉनोमिस्ट, दि वाल स्ट्रीट जर्नल* इत्यादि की सर्वाधिक विश्वसनीयता है। अच्छे, विश्वनीय मीडिया ब्रांड और मुनाफे के बीच हितों के संघर्ष जैसी कोई बात नहीं होती है। ये वह संघर्ष है जो भारतीय मीडिया

कंपनियां अपने दबाव के प्रत्युत्तर में पैदा कर रही हैं। वास्तव में भारतीय प्रकाशकों को तो अपने पश्चिमी समकक्षों की अपेक्षा काफी कम दबाव का सामना करना पड़ता है। पश्चिमी मीडिया को तो ऐसे बाजार में संघर्ष करना पड़ रहा है, जहां लोग समाचार पत्र और पत्रिकाएं उठाने को तैयार नहीं हैं। कम से कम भारत तो एक बढ़ता हुआ बाजार है।

अमानक रूप– अन्य मध्यम मार्ग, जिसकी मार अनेक मीडिया कंपनियों को झेलनी पड़ रही है, वह है निजी संधियां। 2005 में, बीसीसीएल ने सेलिब्रिटी फैशन्स या टुडेज राइटिंग प्रोडक्ट्स जैसी लघु और मध्यम कंपनियों में 5 से 15 प्रतिशत हिस्सेदारी खरीदनी शुरू की। इसका उद्देश्य उन कंपनियों में 'निवेश' करना है जिन्हें अपना ब्रांड बनाने के लिए मास मीडिया की जरूरत है, लेकिन वो संसाधनों के अभाव में ऐसा नहीं कर पाते हैं। इस हिस्सेदारी के बदले, बीसीसीएल ने अपने टाइम्स ऑफ इंडिया या इकॉनोमिक्स टाइम्स आदि ब्रांडों में एक निश्चित विज्ञापन स्पेस देने की पेशकश की। जब ये कंपनियां आईपीओ[16] के जरिए पैसा जुटाती हैं, तो बीसीसीएल अपनी हिस्सेदारी बेच देती है। यहीं पर वह पैसा कमाती है। कई मामलों में, मीडिया स्पेस के बदले इक्विटी की जगह रीयल एस्टेट या कार जैसी मूल्यवान वस्तुओं में सौदा होता है। आखिर बार जब गिनती की गई थी तब बीसीसीएल लगभग 175 कंपनियों में 'निवेश' कर चुकी थी। तब से यह न सिर्फ प्रिंट में, बल्कि कई मीडिया कंपनियों के लिए विज्ञापनदाताओं को आकर्षित करने का पसंदीदा तरीका बन गया। बीसीसीएल का तर्क है कि वह केवल विज्ञापनदाताओं की संख्या में विस्तार कर रही है और वास्तव में उन कंपनियों से विज्ञापन प्राप्त कर रही है, जिन्होंने शायद कभी मास मीडिया विकल्पों को तलाशा ही नहीं होता।

यह सच है। एक तरह से, बीसीसीएल बिल्कुल एक नए किस्म के विज्ञापनदाताओं की श्रेणी बना रही है–लघु एवं मध्यम कंपनियां–जो शीर्ष मीडिया ब्रांडों में पैसा खर्च में ठिठक जातीं। यद्यपि, मुझे लगता है निजी संधियों में एक अंतर्निहित हितों का संघर्ष होता है, चाहे वह कोई भी मीडिया कंपनी हो। निजी संधि की स्थिति में, एक मीडिया कंपनी की अपनी हिस्सेदारी बेचकर मुनाफा कमाने की क्षमता, अन्य बातों के अलावा, इस पर भी निर्भर करती है कि वह सुनिश्चित करे कि उसके स्टॉक को नकारात्मक कवरेज न मिले। हालांकि, एक समाचार पत्र कंपनी की संपादकीय नैतिकता और नीति कितनी ही मजबूत क्यों न हो, निजी संधि वाली कंपनियों की अच्छी खबरों की तारीफ करना और खराब समाचारों की अनदेखी करने का प्रलोभन बना ही रहता है। पूरी मीडिया इंडस्ट्री में इस मुद्दे पर ज्वलंत बहस उग्रता से जारी है। हालांकि, सार्वजनिक तौर पर भले ही सच का डंका बजाया जाता हो, लेकिन किसी भी मीडिया कंपनी ने इसके विरुद्ध आवाज नहीं उठाई है।

उपभोग समय में गिरावट और डिजिटल

कई विश्लेषक इन मुद्दों में एक तीसरी समस्या जोड़ेंगे– अखबार पढ़ने पर बिताए गए समय में गिरावट और इंटरनेट द्वारा प्रिंट के राजस्व हड़पना। आईआरएस डाटा के अनुसार, 2000 की अपेक्षा 2012 में पाठकों की संख्या 23.2 करोड़ से बढ़ कर 35.1 करोड़ भले ही हो गई, लेकिन समाचार पत्र पढ़ने पर बिताया गया समय 32 मिनट से घटकर 28 मिनट रह गया है। तो, पढ़ने वाले भारतीय तो बढ़ रहे हैं, यद्यपि पढ़ने का समय घट रहा है। हालांकि, इसे अन्य मीडिया पर बिताए गए समय के समानांतर रखकर देखना होगा। गौरतलब है कि जहां अन्य तमाम मीडिया में उछाल देखा जा रहा है, वहीं प्रिंट मीडिया ने आश्चर्यजनक रूप से कम पाठक समय खोया है (चित्र 0.1 में तालिकाओं व ग्राफ की श्रृंखला देखिए)।

जहां तक इंटरनेट की बात है, तो जब तक भारत में साक्षरता, बिजली और ब्रॉडबैंड की समस्याओं का निदान नहीं होगा, तब तक इससे प्रिंट मीडिया क्या, किसी भी मीडिया को खतरा नहीं है। दिसंबर 2012 में भारत में इंटरनेट उपभोक्ताओं[17] की संख्या 12.7 करोड़ थी। यह स्थिति तब है जब भारत में इंटरनेट को आए 18 साल से ज्यादा का समय बीत चुका है। आप तर्क कर सकते हैं कि अगर टेलीविजन, जो बिजली पर निर्भर है, 15.3 करोड़ घरों और 70 करोड़ लोगों तक पहुंच सकता है, तो इंटरनेट क्यों नहीं? बिजली के अलावा, इंटरनेट बनाम टेलीविजन के विकास को सीमित करने वाला बड़ा कारक है साक्षरता और कंप्यूटर एवं सॉफ्टवेयरों को इस्तेमाल करने की क्षमता। विशेषज्ञों का कहना है कि मोबाइल इंटरनेट इस खाई को आसानी से पाट सकता है। टैबलेट पहले ही यह काम अच्छी तरह कर रहा है। टैबलेट पर बहुत से पढ़ने वाले एप मौजूद हैं, जिसने प्रिंट बाजार में आशा पैदा की है। अमेरिकी अखबार किस तरह डिजिटल चुनौती का सामना कर रहा है, इस बारे में विस्तार से जानने के लिए पढ़िए केसलेट 1क।

प्रचलन, अवसर और विकास के क्षेत्र

प्रिंट मीडिया में जो कुछ घट रहा है और भारत में उसका जो आकार है, उसको देखते हुए इस उद्योग में प्रमुख अवसर एवं प्रचलन इस प्रकार हैं:

आउटसोर्सिंग

परिपक्व बाजारों में यह विश्वास तेजी से बढ़ रहा है कि समाचार पत्रों फिर से उछाल आएगा। हालांकि वे पहले की तरह 20 प्रतिशत से अधिक लाभ नहीं कमा पाएंगे। 20 प्रतिशत उप–मार्जिन अर्जित करने के लिए समाचार पत्रों को

लागत और निवेश के मोर्चे पर भी कदम उठाने की जरूरत होगी। इनमें से तमाम भारत में घरेलू बाजार से मिलने वाले अवसरों के अलावा अन्य अवसर भी उपलब्ध कराते हैं।

विदेशी प्रिंट बाजारों के सिमटने और इसके परिणास्वरूप नौकरियों में कटौती भारत में आउटसोर्स किए गए संपादकीय, विज्ञापन या सब्सक्रिप्शन कार्य को संभालने का अवसर पैदा करते हैं। माइंडवर्क्स ग्लोबल मीडिया सर्विसेज जैसी करीब आधे दर्जन से ज्यादा कंपनियां इन मांगों की पूर्ति कर रही हैं। कई मुख्यधारा की मीडिया कंपनियां भी इसमें संभावनाएं तलाश रही हैं। अमेरिका और यूरोप के कई समाचार पत्रों ने पैसे बचाने और उत्पादन बनाए रखने के लिए प्री–प्रेस, प्रेस और पोस्ट–प्रेस के कई छोटे–मोटे कामों को आउटसोर्स किया है[18]। कुछ समाचार पत्र भारतीय कंपनियों से विज्ञापन उत्पादन का काम भी आउटसोर्स कर रहे हैं। भारत और अमेरिकी समय में नौ से 12 घंटे का अंतर होने के कारण भारत स्थित किसी डिजाइन फर्म को 24 घंटे में विज्ञापन तैयार करने और अमेरिकी कार्यदिवस शुरू होने के पहले अमेरिका वापस भेजने का अवसर होता है। हालांकि आउटसोर्सिंग एक संवेदनशील मुद्दा है और अधिकतर अमेरिकी समाचारपत्र और पत्रिका प्रकाशक इस बात से इनकार करते हैं कि वे कोई काम आउटसोर्स करते हैं[19]। दूसरी बात यह है कि तेजी से बिखर रहे बाजार में, वे क्या आउटसोर्स कर सकती हैं? एक विश्लेशक के अनुसार, अगर लोग समाचार पत्र नहीं पढ़ रहे हैं तो मुद्दा लागत में कटौती का नहीं है, बल्कि समाचारपत्र को प्राथमिकता देने का है।

भाषाई समाचारपत्र

हालांकि यह नया–नया चलन है, फिर भी भाषाई समाचार पत्रों का विकास बाजार के लिए एक सुखद आश्चर्य है। हिंदी, बांग्ला, मलयालम और अन्य भारतीय भाषाओं के समाचारपत्रों का प्रतियोगियों के रूप में आगे बढ़ना जारी है। भाषाई अखबारों में भारत के द्वितीय और तृतीय श्रेणी के शहरों में उपभोक्ताओं को अपील करने की होड़ मची है। ये शहर भारत के विकास के नए इंजन साबित हो रहे हैं। फिक्की–केपीएमजी 2013 रिपोर्ट के अनुसार, वर्ष 2012 से 2017 में हिंदी समाचारपत्रों की वार्षिक चक्रवृद्धि विकास दर (CAGR) 10.8 प्रतिशत रहेगी, जबकि इस अवधि में अंग्रेजी में यह विकास दर 4.8 रहेगी। अन्य भाषाओं के लिए यह विकास दर 10.9 प्रतिशत रहने की संभावना है, दुर्भाग्य से रिपोर्ट में इसका ब्रेक–अप नहीं दिया गया है (तालिका 1.5 दिखिए)। वास्तव में हिंदी एक अच्छा उदाहरण है कि किस प्रकार प्रत्येक भाषाई बाजार में अति–प्रतिस्पर्धा और व्यापक विस्तार हो रहा है। इसलिए केसलेट 1–ख को पढ़िए। हालांकि दूसरे चरण की उच्च वृद्धि और प्रतिस्पर्धा बांग्ला, मराठी और मलयालम आदि बाजारों में देखने को मिलेगा, जहां पिछले दो सालों में काफी हलचल देखने को मिली है। इन बाजारों में विकास के

लिए पर्याप्त स्थान भी है। ऐसा इसलिए कि कुल रीडरशिप में 54 प्रतिशत हिस्सेदारी होने के बावजूद, गैर–हिंदी प्रिंट मीडिया की राजस्व में हिस्सेदारी महज 31 प्रतिशत है। जबकि कुल रीडरशिप में 36 प्रतिशत हिस्सेदारी रखने वाली हिंदी भाषा का कुछ राजस्व में 31 प्रतिशत का हिस्सा है। एक दशक पहले के मुकाबले यह अंतर काफी कम है। जिस तरह हिंदी में पाठकों और राजस्व की हिस्सेदारी का अंतर कम हुआ है, उसी प्रकार गैर–हिंदी प्रकाशनों में भी यही होगा।

आला पत्रिकाएं

2011 में, एसोसिएशन ऑफ इंडियन मैगजीन पब्लिशर्स (एआईएम) ने क्वांटम के जरिए एक गुणात्मक शोध कराया और इसके बाद मात्रात्मक शोध भी कराया गया। मात्रात्मक शोध इंडियन मार्केट रिसर्च ब्यूरो (आईएमआरबी) से कराया गया, जिसने 10 शहरों में 3600 लोगों पर सर्वेक्षण किया। 2012 में श्रृंखलाबद्ध तरीके से प्रस्तुत किए गए परिणाम चौंकाने वाले थे। शोध परिणाम हमारी धारणाओं को पुष्ट करते हैं– हम पत्रिकाओं को पढ़ने में अपना बहुमूल्य समय बिताते हैं और अन्य मीडिया की अपेक्षा यह मीडिया हमें ज्यादा बांधकर रखता है। पत्रिका पढ़ने वाले तीन चौथाई से ज्यादा लोग पत्रिकाएं आराम पाने के लिए पढ़ते हैं या फिर जब वे अकेले होते हैं। जबकि 87 प्रतिशत से ज्यादा लोग पत्रिका पढ़ते वक्त कोई दूसरा काम नहीं करते हैं। समाचार पत्र, टेलीविजन या रेडियो के मुकाबले पत्रिकाओं में विज्ञापनों को टालने की संभावना सबसे कम होती है[20]।

अब बात भारत में आने वाले विदेशी प्रकाशकों की संख्या, नई लॉन्च होने वाले पत्रिकाओं की संख्या और विज्ञापन खर्च में वृद्धि जैसे कारकों की करते हैं[21]। इस समय तकरीबन 6000 पत्रिकाएं 16.5 अरब रुपये (विज्ञापन और आमदनी) के राजस्व बाजार में अधिक से अधिक हिस्सेदारी के लिए संघर्ष कर रहे हैं। इस राजस्व में दोहरे अंक में बढ़ोतरी हो रही है[22]। इसलिए यह कहना कि 'सभी पत्रिकाओं में गिरावट' हो रही है, कदाचित अतिश्योक्ति होगी।

पाठकों के आंकड़ों में पत्रिकाओं के खराब प्रदर्शन का कारण आईआरएस है जो सिर्फ बड़े प्रसार वाले उत्पादों के लिए ही बना है। यह समाचार पत्रिकाओं में ठहराव और गिरावट को बिना चूके पकड़ लेता है, जो आंकड़ों पर भारी पड़ता है, और इसलिए विचारों पर भी।

विशेषीकृत उपभोक्ता पत्रिकाओं, जैसे जीक्यू, डाटाक्वेस्ट या कोस्मोपॉलिटन या फिर बिजनेस टू बिजनेस पत्रिकाओं जैसे पॉवर लाइन में भारी वृद्धि देखने को मिल रही है। हाल के समय तक उपभोक्ता विशेष लक्षित पत्रिकाओं के प्रकाशक, मौजूदा सर्वेक्षणों, पैमानों का उपयोग करते थे, जो पत्रिकाओं की बिक्री के लिए प्रोत्साहित नहीं करते। विदेशी प्रकाशकों, जैसे बीसीसी या

एक्सल स्प्रिंगर और एफआईपीपी (एक वैश्विक मैगज़ीन मीडिया संगठन) जिन्होंने पूरी दुनिया में ऐसी ही समस्याओं का सामना किया था, इस परिदृश्य को बदल दिया है। पाथफाईंडर पब्लिशिंग के प्रमुख महेश्वर पेरी कहते हैं कि एफआईपीपी ने एआईएम को उसी तरह सर्वेक्षण करने के लिए प्रेरित किया जैसा विश्व के अन्य मैगज़ीन संगठन करते हैं।।

सिकुड़ते घरेलू बाजार ने कई प्रकाशकों को भारत, चीन, ब्राजील और रूस जैसे अन्य देशों की तरफ देखने के लिए बाध्य किया। भारत के पास करीब 10 करोड़ से ज्यादा अंग्रेजी बोलने वाली आबादी का अतिरिक्त फायदा है। इसके अतिरिक्त, भारतीय बाजार उनके लिए एक ऐसा मंच है, जहां वो विशेष प्रकार की पत्रिकाओं को लांच करने का मौका देखते हैं, क्योंकि समाचार चैनलों और इंटरनेट के उभार से आम रुचि की पत्रिकाओं में गिरावाट आई है। भारत में पत्रिकाओं के लिए नियामक व्यवस्था काफी सरल है– विशेष प्रकार की पत्रिकाओं में 100 प्रतिशत विदेशी हिस्सेदारी की अनुमति है। आउटलुक ग्रुप, इंडिया टुडे ग्रुप और एबीपी लिमिटेड ब्रिटिश, अमेरिकी या जर्मन आदि प्रकाशकों के साथ कई पत्रिकाओं की शुरुआत कर रही हैं। पिछले पांच सालों में रॉब रिपोर्ट, जीक्यू, फोर्ब्स इंडिया आदि दर्जनों विदेशी पत्रिकाएं भारत में लांच हुईं।

ये विदेशी प्रकाशकों द्वारा लाइसेंस या फ्रेंचाइजी व्यवस्था, संयुक्त उपक्रम या स्वयं पत्रिकाओं की लांचिंग हो सकती है। भारत में सैकड़ों अनछुए या कम पहुंच वाले क्षेत्र हैं जैसे पालतू पशुओं से लेकर बच्चों तक, ऑफिस सज्जा से लेकर छुट्टियों तक। विशेष उपभोक्ता समूहों के लिए टेलीकॉम, रिटेल, गोल्फ और वैवाहिक पत्रिकाओं का आना या बिजनेस टू बिजनेस की तर्ज पर विशेष उपभोक्ता लक्षित दर्जनों तरह की पत्रिकाओं का आगमन स्वागतयोग्य बदलाव है।

स्थानीय समाचार पत्र

भाषाई प्रेसों की वृद्धि ने अप्रकट मांगों और भाषाओं में समाचार की जरूरत को साबित किया कि लोग इसके साथ सहज हैं। स्थानीयकरण अब भाषा तक ही सीमित नहीं रहेगा बल्कि इससे भी आगे जाएगा और क्षेत्र विशेष या सोच विशेष के लोगों भी इसमें जोड़ेगा। इसे परिपक्व बाजार में अति स्थानीय तरीका माना जाता है। पहले से ही, कई समाचार पत्र स्थानीय समाचार–कुछ निशुल्क, कुछ सशुल्क और कुछ राष्ट्रीय समाचार पत्रों के पूरक के रूप में पाठकों के समक्ष प्रस्तुत कर रहे हैं। उदाहरण के लिए, चेन्नई में अन्नानगर टाइम्स और हिंदी पट्टी के बारह शहरों में आईनेक्स्ट। इसके पीछे की सोच, स्थानीय समुदाय और उसकी समस्याओं से जुड़ने, स्थानीय और राष्ट्रीय दोनों विज्ञापनदाताओं को स्थानीय पाठक मुहैया करना है। जागरण प्रकाशन के संपादक और मुख्य कार्यकारी अधिकारी संजय गुप्ता कहते हैं कि राष्ट्रीय

विज्ञापनदाताओं के मुकाबले स्थानीय विज्ञापनदाता ज्यादा अपेक्षा करने वाले होते हैं क्योंकि वे बिक्री और विज्ञापन में सहसंबंध देखना चाहते हैं। एक बार यदि आप स्थानीय रूप से सफल हो जाते हैं तो आप राष्ट्रीय रूपों में भी सफल होंगे।

हालांकि, स्थानीय समाचारपत्रों के बारे में उतना उत्साह नहीं है। एक प्रकाशक के अनुसार, स्थानीय समाचार पत्र ज्यादा पैसा नहीं कमा पाते हैं क्योंकि विज्ञापनदाता इसे गंभीरता से नहीं लेते हैं। यह शायद इसलिए कि प्रकाशक द्वारा प्रसार के बारे में बढ़ा चढ़ा कर आंकड़े दिए जाते हैं या वितरक पैसा कमाने के लिए समाचार पत्र को रद्दी में बेच देते हैं। वास्तव में, कुछ स्थानीय प्रयोग, जैसे मुंबई में मिड–डे मल्टीमीडिया की ओर से मेट्रो, बिखर सा गया है।

निःशुल्क प्रकाशन

परिपक्व बाजारों में, निशुल्क समाचार पत्र गिरते सर्कुलेशन को सहारा देने का काम कर रहे हैं। इसकी शुरुआत 1999 में स्वीडिश *मेट्रो* से हुई। अब अमेरिका और यूरोप में दर्जनों समाचार पत्र– टाइम आउट मैगजीन से लेकर मैनचेस्टर ईवनिंग न्यूज तक– अपनी गिरती बिक्री को सहारा देने के लिए मुफ्त में वितरण कर रहे हैं। अधिकतर यूरोपीय समाचार पत्र इन मुफ्त पन्नों को नए पाठकों से जुड़ने का माध्यम मानते हैं, जो विज्ञापनदाताओं को एक अनछुए बाजार में पैठ कराता है, वह है– रोज यात्रा करने वाला शहरी युवा। मुफ्त अखबारों में अक्सर बड़ी मात्रा में मनोरंजन की खबरें और गपशप होती हैं। आलेख छोटे और हल्के फुल्के अंदाज में प्रस्तुत किए जाते हैं। यह अक्सर काम कर जाते हैं। मुफ्त अखबारों का चलन स्थानीय समाचार पत्रों की बढ़ती मांग के अनुरूप है। फिर भी भारत में बहुत ज्यादा अखबार कंपनियां इसमें रुचि नहीं ले रही हैं। यह इसलिए कि सबसे महंगा समाचारपत्र भी लागत के मुकाबले बहुत ही कम दाम में बिकता है। व्यवहारिक रूप से देखा जाए तो ज्यादातर समाचार पत्र मुफ्त ही हैं।

परिपक्व बाजार में, समाचार पत्रों की कीमत तय होती है, क्योंकि कंपनियां इससे पैसा कमाती है। भारत में, कीमत यह देखकर रखी जाती है कि वितरण प्रणाली को बढ़ावा मिल सके। इसका मतलब यह है कि किसी समाचार पत्र की कीमत 1–4 रुपये रखकर, प्रकाशक यह सुनिश्चित करता है कि खुदरा विक्रेता अखबार को रद्दी में बेचने के बजाय उपभोक्ता को बेचकर ज्यादा पैसा कमाए। 1990 के दशक में ऐसा खूब हुआ। प्रसार में वृद्धि दिखाने के लिए कई समाचार पत्रों ने कीमतों में भारी कटौती कर दी। इससे ऐसी स्थिति पैदा कर दी, जहां हॉकरों ने पैसा बनाने के लिए अतिरिक्त प्रतियां लेकर रद्दी में बेचना शुरू कर दिया। इसलिए समाचार पत्र पढ़े बिना ही, उसके प्रसार में वृद्धि देखी जाती रही। (संयोग से रद्दी पूरी तरह से एक भारतीय अवधारणा है।)

टैब्लॉयड

2012 के अंत तक, दुनियाभर में सौ से ज्यादा समाचार पत्र ब्रॉडशीट से कॉम्पैक्ट, बर्लिनर या टैब्लॉयड प्रारूप में परिवर्तित हो गए। अंतिम बार जिस बड़े ब्रांड ने ऐसा किया वो फेयरफैक्स मीडिया के *द एज* और *द सिडनी मार्निंग हेराल्ड* थे। ऐसा मुख्य रूप से, गिरते प्रसार को रोकने, लागत कम करने और युवा पाठकों को लुभाने के लिहाज से किया गया। रुपांतरण से प्रसार पर थोड़ा असर पड़ा। लंदन में *द टाइम्स* और *द इंडेपेंडेंट* दोनों ने प्रसार में दोहरे अंक का उछाल देखा, लेकिन यह काफी कम समय के लिए था[24]। दीर्घकालिक रूप से, बिक्री में गिरावट का सिलसिला लगातार जारी रहा। भारत में *मिड–डे* सबसे पुराने टैब्लॉयडों में से एक है। 2007 में, *मेल टुडे* टैब्लॉयड के रूप में लांच हुआ था। उसी साल, वित्तीय दैनिक मिंट (एचटी मीडिया से) ने बर्लिनर प्रारूप में अपनी उपस्थिति दर्ज कराई। मुद्रण कार्यक्रम को अस्तव्यस्त करने और समाचार पत्र को हाथ में पकड़ना आसान बनाने के अतिरिक्त, अखबार के आकार का राजस्व या लाभ पर कितना असर पड़ता, यह अस्पष्ट है। ब्रिटेन के बाजार में, समाचार पत्रों के आकार में कटौती से जुड़ी एक कमी साफ नजर आई और वह है ब्रॉडशीट के मुकाबले टैब्लॉयड में विज्ञापन के लिए 10 प्रतिशत जगह कम होना। समाचार पत्रों के छोटे होने के दीर्घकालिक असर के बारे में स्थिति स्पष्ट नहीं है।

अन्य मीडिया

इंटरनेट, मोबाइल और अन्य मीडिया के उदय से प्रकाशन कंपनियों को विकास का अवसर मिला है। कई कंपनियां आउटडोर, इवेंट और रेडियो में भारी निवेश कर रही हैं, क्योंकि इसमें स्थानीय जुड़ाव मजबूत है। बड़े विस्तार के साथ राष्ट्रीय विज्ञापनदाताओं के विज्ञापन लेना आसान हो जाता है, लेकिन जो विशिष्ट स्थानीय समाधान चाहते हों। जैसे, स्थानीय संस्करण का कानपुर में होर्डिंग लगाने और एक दो ब्रांड एक्टिवेशन से किसी भी समाचार पत्र को ज्यादा से ज्यादा विज्ञापन मिलना आसान हो जाता है।

अतीत

शुरुआत

एक 'घुमक्कड़ और बेबाक अंग्रेज' जेम्स ऑगस्टस हिक्की, ने जनवरी 1780 में भारत को पहला समाचार पत्र दिया[25]। साप्ताहिक *बंगाल गजट* जिसे *हिक्कीज गजट* के नाम से भी जाना जाता था, तत्कालीन ब्रिटिश ईस्ट इंडिया कंपनी के

केंद्र, बंगाल के अंग्रेजी समाज के बारे में गपशप से भरा होता था। एक वर्ष बाद, जून 1781 में हिक्की को मानहानि के मामले में जेल भेज दिया गया। इस सबसे बेपरवाह हिक्की जेल से ही अपने समाचार पत्र का संपादन करते रहे और उनका साहसिक स्तंभ लगातार छपता रहा। 1782 में दूसरे मुकदमे के बाद, उनकी प्रेस जब्त कर ली गई और संपादक के रूप में उनके करियर का अंत हो गया।

अगर वह भारत के प्रकाशन उद्योग के लिए एक निराशाजनक शुरुआत लगता है, तो ऐसा नहीं था। हिक्की ऐसा अंग्रेज था जो उसके अपने ही देश द्वारा नियुक्त गवर्नर जनरल एवं मुख्य न्यायाधीश से सवाल करने की धृष्टता कर सकता था। हिक्की कई तरह से जीवंत प्रिंट उद्योग के आवश्यक तत्व 'स्वतंत्रता' का प्रतीक था। उसे दूसरे तत्वों– सरकारी प्रतिबंध और नियंत्रण के साथ जोड़ दीजिए। विकसित और विकासशील दुनिया में प्रेस का इतिहास ऐसे उदाहरणों से भरा हुआ है, जहां सरकारें प्रेस की स्वतंत्रता को धमकाती, डराती, फुसलाती और चोटिल करने की कोशिश करती रही हैं। ये वो स्वतंत्रता है जिसे इस दुनिया के हिक्की चाहते हैं–अपनी मर्जी की लिखने की स्वतंत्रता–उन लोगों के लिए जो इसे पढ़ना चाहते हैं।

अंत में यह स्वतंत्रता बची रह गई। आंशिक तौर पर इसलिए भी क्योंकि पुस्तकों, सामयिकों, पम्फलेट्स, फ्लायर्स, और अन्य अध्ययन सामग्री को लोगों को बेचने का व्यवसाय था। यह इसलिए जीवित रही क्योंकि लोगों ने इन्हें पढ़ने के लिए अच्छे पैसे खर्च किये। इसलिए भी जीवित रही क्योंकि दूसरे लोगों– यानि विज्ञापनदाताओं ने पाठकों तक पहुंचने के लिए और ज्यादा पैसे खर्च किए। सरकार द्वारा न्यूजप्रिंट की आपूर्ति बाधित करने, बिजली काटने, और अखबारों पर प्रतिबंध लगाने की कोशिशों के बावजूद प्रेस की स्वतंत्रता जीवित रही, जैसा कि आपातकाल के दौरान (1975–77) हुआ।

भारत में जब तक पहले समाचार पत्र की शुरुआत हुई, तब तक विश्वभर में प्रिंटिंग उद्योग धूम मचा रहा था। जिस चीन ने 970 ईस्वी के आसपास मूविंग मेटल टाईप की खोज की, उन्होंने इसे बहुत उपयोगी नहीं पाया[26]। ना ही कोरियाई लोगों ने जिन्होंने 14वीं सदी में इसकी खोज की। चीनी भाषा करीब 40 हजार विशिष्ट भावसूचक अक्षरों से बनी हुई है। चीनियों ने पाया कि इस जटिल लिपि को परंपरागत वुड–ब्लॉक (लकड़ी के ठप्पे वाली) प्रिंटिंग से टाईप करना आसान था। कोरियाई भी इसी नतीजे पर पहुंचे और उन्होंने गतिशील टाईप तकनीक को छोड़ दिया। ऐसे में आश्चर्य नहीं होना चाहिए कि जर्मनी के मैन्ज़ शहर के रहने वाले जोहानिस गुटेनबर्ग को प्रिंटिंग का आविष्कारक माना जाता है। 1455 में, 'जंगम टाईप प्रेस' की मदद से *गुटेनबर्ग बाईबिल*, हस्तलिखित पुस्तक या पांडुलिपि पुस्तक का पहला विकल्प बनी। इसे पूरा होने में दो साल का समय लगा और इसके साथ ही, प्रिंटिंग व्यवसाय ने गति पकड़ ली। इसका पहला बड़ा ग्राहक चर्च बना, जो धार्मिक प्रकाशनों, पैंफलेट्स, किताबों और बुकलेट्स की प्रतियां चाहता था, जो प्रायः लैटिन में हुआ करती थी।

भारत में *हिक्कीज गजट* के बाद, कई समाचार पत्र और पत्रिकाएं आई, इनमें से कई बंगाल के बाहर प्रकाशित हुए और ज्यादातर अंग्रेजों द्वारा निकाले गए थे। 1970 में *इंडिया गजट* नाम का एक अन्य साप्ताहिक बी. मेस्सिंक वेल्बी और पीटर रीड द्वारा लाया गया। 1818 में जेम्स सिल्क बकिंघम ने अर्द्धसाप्ताहिक, *कलकत्ता जर्नल* का प्रकाशन शुरू किया। किसी भारतीय के स्वामित्व वाला पहला भारतीय भाषाई समाचारपत्र 1820 में प्रकाशित हुआ, जिसका प्रकाशन प्रसिद्ध समाज सुधारक राज राममोहन राय ने किया[27]। *संबाद कौमुदी* एक साप्ताहिक बंगाली समाचार पत्र था। 1780 से 1947 में भारत की स्वतंत्रता तक 120 से भी ज्यादा समाचार पत्र और पत्रिकाएं भारत की प्रायः सभी भाषाओं में लांच हुए। इनमें से कुछ अंग्रेजों के स्वामित्व वाले थे, तो कुछ भारतीयों के और कुछ ईसाई मिशनरियों के स्वामित्व वाले। उनमें से अधिकांश एक उद्देश्य के साथ शुरू हुए–उनका मकसद या तो अंग्रेजी साम्राज्यवाद के खिलाफ आवाज उठाना था या स्थानीय लोगों में ईसाइयत के संदेश को फैलाना था। प्रतीत होता है कि इनमें से किसी का भी प्राथमिक उद्देश्य पैसा कमाना नहीं था।

स्वतंत्रता–पूर्व का काल

उन दिनों भारत अपनी पहचान बनाने और ब्रिटिश शासन के विरुद्ध संघर्ष कर रहा था। उस समय की जरूरत स्वतंत्रता का संदेश फैलाना था। हर जगह समाचार पत्रों का अंकुरण हुआ और उसी गति से बंद भी कर दिए गए। बंद हुए समाचार पत्रों के कई संपादक दूसरा समाचार पत्र शुरू करने के लिए पैसा जुटाने में सफल हो जाते थे। राजा राममोहन राय ने भारतीय स्वामित्व वाला पहला अंग्रेजी दैनिक, *बंगाल गजट* 1816 में शुरू किया। जब यह समाचार पत्र बंद हो गया तो उन्होंने *संवाद कौमुदी* की शुरुआत की, जो 1823 में बंद हो गया। उससे पहले, 1822 में उन्होंने पर्सियन साप्ताहिक *मिरत–उल–अखबार* की शुरुआत की। अंततः ये भी बंद हो गया। उनका अन्य प्रकाशन धार्मिक पत्रिका *ब्रह्मिनिकल मैगजीन* था, जिसे मिशनरी दुष्प्रचार का मुकाबला करने के लिए निकाला गया था।

दक्षिण में, *मलयाला मनोरमा* की शुरुआत 1888 में एक साप्ताहिक के रूप में हुई थी, जो अब भारत के सर्वाधिक बिकने वाले दैनिकों में शामिल है। मलयाला मनोरमा के प्रबंध संपादक और समाचार पत्र के एक संस्थापक के पौत्र मेमन मैथ्यू बताते हैं कि पत्रिका का पहला संपादकीय अछूतों को निशुल्क शिक्षा के संबंध में था। अमीर परिवार के लोगों से कार या नाव मांगकर इस पत्रिका को बांटा जाता था। 1938 से 1947 के बीच, स्वतंत्र त्रावणकोर की मांग उठाने के कारण वहां के दीवान ने करीब नौ साल के लिए इसे बंद कर दिया था। उस परिवार के अन्य व्यवसायों में रबड़ की फैक्ट्री और एक बैंक

शामिल था, जिसकी बदौलत, 1947 में इस समाचार पत्र को फिर से शुरू किया जा सका। 1953 तक मलयाला मनोरमा का प्रसार 35000 प्रतियों तक पहुंच चुका था, लेकिन इसके बावजूद यह पैसा नहीं कमा पा रहा था। मैम्मन मैथ्यू कहते हैं 'साठ के दशक तक केवल निर्वाह करने लायक स्थिति थी'। तब परिवार के एक सदस्य ने फैसला किया कि इसे कमाऊ बनाना जरूरी है। इसका मतलब अनिवार्य रूप से विज्ञापन राजस्व जुटाने से था।

इन समाचार पत्रों का उद्देश्य हमेशा एक विद्रोह, एक संदेश देना था या दुष्प्रचार का मुकाबला करना या अपने विचार का प्रसार करना था। आज के शीर्ष प्रकाशनों में से कई ऐसे हैं जो स्वतंत्रता संग्राम से जुड़े रहे। *टाइम्स ऑफ इंडिया (टीओआई), मुंबई समाचार, मलयाला मनोरमा, आनंद बाजार पत्रिका* और *दि हिंदू* आदि सभी भारतीय स्वतंत्रता आंदोलन के दिग्गज रहे हैं। ये आश्चर्यजनक बात है कि ये उस समय उभरे और ब्रिटिश साम्राज्य को गिराने में अहम भूमिका निभाई, जब देश की ज्यादातर आबादी निरक्षर थी। उनमें से कई अखबारों को परोपकारी व देशभक्त व्यापारियों या सार्वजनिक दान से वित्तीय सहायता मिलती थी। स्वतंत्रता प्राप्ति के उपरांत भी, इनमें से ज्यादातर नए राष्ट्र का जन्म देखने और उसके शुरुआती वर्षों पर नजर रखने के उद्देश्य से जुड़े रहे। कई धनाढ्य व्यापारियों ने इन समाचार पत्रों को वित्तीय मदद देना जारी रखा। वे ऐसा कर पाने में सक्षम थे, क्योंकि ज्यादातर के पास दूसरे सफल व्यवसाय थे। उदाहरण के लिए, *इंडियन एक्सप्रेस* के स्वामी गोयनका परिवार के पास रियल एस्टेट का भी कारोबार था।

काफी लंबे समय तक भारतीय अखबार उद्योग इस विचारधारा से नहीं ऊबर सके या उबर सकेंगे कि 'मैं यहां एक लड़ाई लड़ने आया हूं, पैसा कमाने के लिए नहीं'। आजादी की लड़ाई के दौरान ये भावना होना एक बात थी, लेकिन ये भावना आजादी प्राप्ति के दशकों बाद भी बनी रही। चूंकि अखबार परिवार के स्वामित्व वाले थे, इसलिए समाचार पत्र कंपनियों ने कभी अपने सामान्य दायरे और स्वामी का विकास के प्रति सीमित दृष्टिकोण से बाहर कुछ नहीं देखा। उदाहरण के लिए, अमेरिका में ज्यादातर दैनिक पारिवारिक व्यवसाय के रूप में शुरू हुए, लेकिन जल्द ही वे बढ़ गए और लाभाकारी बन गए। उन्होंने बाजार से पैसा उठाया, स्टॉक एक्सचेंज में सूचीबद्ध हुए और दूसरे मीडिया के रूप में विस्तार किया और वो सब किया जो भारतीय प्रकाशन उद्योग नहीं कर सका।

1950 का दशक

प्रकाशन को कारोबार के तौर पर देखने का एकमात्र अभिलिखित उदाहरण मुझे 1953 के प्रथम प्रेस आयोग की रिपोर्ट में देखने को मिला। देश की स्वतंत्रता के आलोक में प्रेस कानूनों की समीक्षा के लिए भारत सरकार द्वारा

गठित प्रेस आयोग ने निवेशित पूंजी, अर्जित लाभ, राजस्व और समाचार पत्र की लागत का विस्तृत अध्ययन किया था। हालांकि, कई अन्य चीजों की तरह, ये रिपोर्ट भी अपने समय की उपज थी। समाजवाद के भारी प्रभाव और किसी भी बड़ी चीज के मुकाबले छोटी चीज की को बचाने की अवधारणा–इस रिपोर्ट में साफ नजर आती है। यह बड़े महानगरीय समाचार पत्रों के विकास को सीमित करने की दिशा में प्रयास करने की बात करती है। रिपोर्ट में बड़े समाचार पत्रों के लिए ये अनिवार्य बनाने का प्रस्ताव था कि पृष्ठों की संख्या में वृद्धि के अनुपात में समाचार पत्र के मूल्य में भी बढ़ोत्तरी हो। यह प्रस्ताव बाद में समाचार पत्र (दर एवं पृष्ठ) एक्ट[29] के रूप में सामने आया। उस समय क्या सोच थी, इसकी झलक रिपोर्ट की एक टिप्पणी में मिलती है: "महानगरीय प्रेस के पास उपलब्ध अत्यधिक अनूकूल परिस्थितियों के कारण उसने जिला स्तर से उन प्रतिभाओं को आकर्षित कर लिया जो शायद स्थानीय प्रेस के विकास में लग सकती थीं। हम नहीं मानते कि महानगरों में प्रेस का केंद्रीकरण वांछित लक्षण है, भले ही शुरुआती दिनों में ये कितना भी अनिवार्य रहा हो"।

हालांकि इस पुस्तक का उद्देश्य समाचार पत्रों के अर्थशास्त्र और पूंजी निवेश के बारे में अध्यायों में कुछ रोचक जानकारी देना है। कुछ 127 दैनिक समाचारपत्रों का कुल राजस्व 11 करोड़ रुपये था। प्रसार और विज्ञापन से प्राप्त हुए राजस्व का अनुपात 60रू40 था। इससे यह स्पष्ट था कि समाचारपत्र उद्योग पूर्ण रूप से विज्ञापन पर आधारित नहीं था, और समाचार पत्र के उत्पादन और बिक्री का अधिकांश खर्च पाठकों की जेब से आ रहा था। आज के समय में, एक अंग्रेजी समाचार पत्र का के कुल राजस्व का औसतन 5–15 प्रतिशत ही प्रसार से आता है यानि पाठकों की जेब से निकलता है। अधिकतर समाचार पत्रों के लिए राजस्व का सबसे बड़ा और एकमात्र वैकल्पिक स्रोत विज्ञापन है।

कुछ चीजें स्थिर रहती हैं। यह स्वामी–संचालित, पूंजी केंद्रित और लंबे समय में लाभ देने वाला व्यवसाय था और अब भी वैसा ही है। 47 कंपनियों (जिनके बारे में आयोग के पास आंकड़े उपलब्ध थे) में से केवल 19 कंपनियां जो पंद्रह साल से ज्यादा पुरानी थीं, उन्होंने निवेशित पूंजी का 10 प्रतिशत से ज्यादा लाभ कमाया। अगर संपूर्णता में बात करें तो समाचार पत्र उद्योग ने कुल सात करोड़ रुपये की लागत से छह लाख रुपये यानि 1 प्रतिशत से कम का लाभ अर्जित किया। यह गणना साधारण लग सकती है। हालांकि, यह एक मोटा संकेत प्रदान करती है कि 1951 में उद्योग का स्वरूप कैसा था, जिस वर्ष इन आंकड़ों की गणना की गई थी।

अब सवाल उठता है कि इतनी खराब हालत के बावजूद मालिकान इस व्यवसाय में क्यों बने रहे। प्रेस आयोग की रिपोर्ट के मुताबिक, इसके दो कारण थे। पहला, अन्य उद्योगों में द्वितीय विश्व युद्ध के बाद मुनाफे की भरमार थी, जो विभिन्न व्यवसायों में फैली हुई थी। इनमें प्रिंट भी एक था[30]। दूसरा, जैसा कि आयोग ने लिखा है, पैसा उन लोगों से भी आया जो 'सामाजिक मामलों

में अपना प्रभाव जमाने को इच्छुक थे। सच्चाई यही है कि नए समाचार पत्र उपक्रम में निवेश अधिक आकर्षक नहीं नजर आता'।

कई बातें जो प्रेस आयोग ने अपनी 1953 की रिपोर्ट में कहीं आज भी सत्य हैं। समाचार पत्र अब भी पूंजी–केंद्रित, लंबा समय लेने वाला और कम आमदनी का व्यवसाय है। तब भी लोग इस कारोबार में क्यों बने हुए हैं। पहले की तरह अब भी इसके दो कारण हैं।

पहला, अगर आप समाचार पत्र उद्योग में अग्रणी हैं तो आप लाभ और राजस्व का बड़ा हिस्सा ले सकते हैं। भारत का अग्रणी अंग्रेजी दैनिक टाइम्स ऑफ इंडिया प्रकाशित करने वाली बीसीसीएल संचालन खर्च का तकरीबन 25–35 प्रतिशत मुनाफा कमाती है। वित्तीय वर्ष 2011–12 में बीसीसीएल को 48.52 अरब रुपये के राजस्व में कर चुकाकर 5.71 अरब रुपये का शुद्ध लाभ हुआ।

दूसरा कारण वही है जो 1951 में था। समाचार पत्रों अब भी प्रभाव जमाने के औजार के रूप में दखा जाता है। इस व्यवसाय का वास्तविक घाटा उस शक्ति की अपेक्षा काफी कम लगता है, जो इस व्यवसाय से जुड़े कारोबारी घराने या व्यक्ति को सत्ता के गलियारों में मिलती है। वास्तव में आप कह सकते हैं कि उसे लॉबिंग में उतने पैसे खर्च करने पड़ते हैं। यह इस तथ्य से स्पष्ट होता है कि भारत के समाचार पत्र पंजीयक (आरएनआई) के पास दर्ज 86,754 से अधिक समाचार पत्रों में से सिर्फ 1000 ही आईएनएस के सदस्य हैं। ऑडिट ब्यूरो ऑफ सर्कुलेशन (एबीसी) के सदस्यों की संख्या तो सिर्फ 411 ही है[31]। सभी गंभीर प्रकाशक इन संगठनों के सदस्य होते हैं। कई कंपनियां और लोग केवल समाचार पत्र का पंजीयन मात्र कराते हैं। वे इसका उपयोग समाचार पत्र से पैसे कमाने बजाय दूसरी चीजों में करते हैं[32]।

1960 और 1970 के दशक

प्रकाशन 'कारोबार' में बने रहना काफी मुश्किलों भरा काम था। इस व्यवसाय का सबसे जरूरी कच्चे माल, न्यूजप्रिंट की भारी कमी के साथ कम लाभ और उच्च पूंजी निवेश बड़ी समस्या थी। न्यूजप्रिंट की कीमतों में उतार चढ़ाव के साथ इस व्यवसाय की कई बड़ी घटनाओं को जोड़ा जा सकता था।

मुश्किल दौर

उपरोक्त कारणों में, समाचार पत्रों पर सख्त सरकारी नियंत्रण की कोशिश को जोड़ दीजिए, जो 1962 के न्यूजप्रिंट कंट्रोल ऑर्डर के जरिए लागू किया गया। इसने समाचारपत्र उद्योग पर अप्रत्यक्ष नियंत्रण का काम किया। समाचार पत्र या पत्रिकाओं के पृष्ठों की संख्या और प्रसार के आधार पर कोटा तय कर

दिया गया। थोड़े–थोड़े महीनों पर, प्रकाशकों को चार्टर्ड एकाउंटेंट से प्रसार संबंधी प्रमाण के साथ आरएनआई से न्यूजप्रिंट कोटा के लिए आवेदन करना पड़ता था। अंदर के लोग कहते हैं कि प्रकाशक हर तरीका अपनाकर कोटा बढ़वाने की कोशिश करते थे। नियंत्रण आदेश के तहत अगर किसी प्रकाशक का कोटा बढ़ भी जाता तो भी उसकी जरूरत का 30 प्रतिशत न्यूजप्रिंट ही आयात किया जा सकता था और वह भी स्टेट ट्रेडिंग कॉर्पोरेशन के जरिए। शेष 70 प्रतिशत घरेलू बाजार से खरीदना पड़ता था, वह भी सरकार के अधीनस्थ न्यूजप्रिंट उत्पादकों से। इनमें से ज्यादातर घटिया गुणवत्ता वाला न्यूजप्रिंट बेचते थे, वह भी आयातित माल की कीमत पर[33]।

तब विदेशों से प्रिंटिंग मशीन मंगाना भी कटु अनुभव था, क्योंकि कुछ वर्षों में तो 100 से 150 प्रतिशत तक आयात शुल्क देना पड़ता था। लागत और परेशानियों के अलावा भारतीय रिजर्व बैंक (आरबीआई) और आरएनआई से विभिन्न अनुमतियों की आवश्यकता, विदेशों से उपकरण आयात करने के बावजूद दक्षता बढ़ाने में एक महंगा सौदा सिद्ध होता था। इसके अलावा न्यूजप्रिंट पर तमाम मनमाने कर, और वेतन न्यायाधिकरण की मनमानी ने भी व्यवसाय को अत्यंत जटिल बना दिया था। 1960 और 1970 दशक के बारे में किसी भी प्रकाशक से पूछिए, वे बताएंगे कि हर सुबह समाचार पत्र छाप कर बाजार में भेजना कितना भयानक अनुभव होता था। वे उन दिनों जैस प्रकार की चीजों से जूझते थे, उसमें तकनीकी, तंत्र, मानवशक्ति और विस्तार में निवेश करना उनके दायरे से बाहर की बात थी[34]।

सरकार का एक और अप्रत्यक्ष हथियार प्रेस परिषद थी, जिसे इंदिरा गांधी के शासनकाल में एक वैधानिक निकाय के तौर पर बनाया गया था। उनके पिता पंडित जवाहरलाल नेहरू साफ तौर प्रेस आयोग बनाने के पक्ष में नहीं थे। एक प्रधानमंत्री के रूप में उनको लगता था कि एक खराब प्रेस भी तब तक स्वीकार्य है, जब तक वे स्वतंत्र और आत्मनियंत्रित हैं। प्रथम प्रेस आयोग ने प्रेस परिषद के गठन को अनिवार्य कर दिया, लेकिन यह बिल लोकसभा में पारित नहीं हो सका और अंततः व्यपगत हो गया। फिर यह इंदिरा गांधी के शासन काल में अस्तित्व में आया।

इंदिरा गांधी का शासन काल राजनीतिक, सामाजिक और आर्थिक हलचल से भरा था, जिसके लिए मुख्य रूप से प्रेस को कसूरवार ठहराया गया। 25 जून 1975 को घोषित आपातकाल के दौरान यह सब समाप्त हो गया। उस दौरान प्रेस का उत्पीड़न करने का एक बड़ा हथियार था, नई दिल्ली के फ्लीट स्ट्रीट, बहादूर शाह जफर मार्ग की बिजली काट देना, जहां भारत की कुछ सबसे बड़ी प्रकाशन कंपनियों के कार्यालय थे। अगले 18 महीनों में भारतीय प्रेस के इतिहास का सबसे अपमानजनक दौर देखने को मिला। इस दौरान, कई कानूनों में संशोधन किए गए और कई कानून पारित किए गए, जिसके बाद सरकार के किसी काम की आलोचना करना तकरीबन असंभव था।

नियंत्रण का मतलब था कि जो कुछ हो रहा है, अखबार उसकी रिपोर्टिंग नहीं कर सकते थे। इन प्रतिबंधों के चलते देश की सच्चाई बताने के लिए भूमिगत मैगजीन रिपोर्टिंग को जन्म दिया[35]।

विकास, बदलाव और भाषा

1977 में आपातकाल हटने के बाद भारतीय प्रकाशन उद्योग का व्यवसाय के रूप में परिवर्तन शुरू हुआ। आपातकाल के बाद हुए चुनाव में जीतकर आई जनता सरकार ने मीडिया का उत्पीड़न करने वाले ज्यादातर कानूनों को निरस्त कर दिया। देश भर में लोगों ने अधिक से अधिक समाचार पत्र खरीदने शुरू कर दिए, क्योंकि वे जानना चाहते थे कि बीते महीनों में क्या–क्या हुआ। इस कालखंड का सबसे बढ़िया लेखा–जोखा भाषाई प्रेस पर रॉबिन जेफ्री (2000) के 11 लेखों की श्रृंखला और उन्हीं की एक पुस्तक में दर्ज है। इन लेखों और इसके बाद आई पुस्तक में रॉबिन जेफ्री ने 1977–99 के बीच भारतीय भाषाई प्रेस के विकास की रूपरेखा प्रस्तुत की है[36]। उन्होंने तीन कारकों का उल्लेख कियाः साक्षरता दर में बढ़ोत्तरी, पूंजीवाद का उदय और तकनीक का विस्तार। यहां तकनीक के विस्तार से उनका मतलब, ऑफसेट प्रिंटिंग तकनीक और संचार तकनीक से है, जिससे सैटेलाइट संस्करण के उपयोग को सुविधाजनक बनाता है। 1970 और 1980 का दशक नई कंपनियों और ब्रांडों के उदाहरणों से भरा है, जिन्होंने इस बढ़ते उद्योग का फायदा उठाने के लिए तेजी से इसमें आये और पैसा बनाया।

रामोजी राव शुरुआत से ही से स्पष्ट थे कि वह आंध्रप्रदेश के लिए एक ऐसा समाचार पत्र चाहते हैं जो स्थानीय लोगों को स्थानीय खबरें दे। उनके पास पहले से ही कई सफल कारोबार थे– मार्गदर्शी चिटफंड्स, प्रिया अचार और होटल समूह भी। 1974 में जब उन्होंने विशाखापत्तनम से एक समाचार पत्र शुरू करने का फैसला किया तो उस समय इंडियन एक्सप्रेस का *आंध्र प्रभा* 74 हजार पाठकों के साथ इस क्षेत्र में अग्रणी था। दूसरा समाचार पत्र, *आंध्र पत्रिका* का प्रसार घट रहा था। 1975 में जब रामोजी राव का *ईनाडु* हैदराबाद से शुरू किया गया, तो इसने शहर को लक्षित क्षेत्रों में बांट दिया, प्रकाशन से तीन महीने पहले अखबार बांटने वाले लड़कों की नियुक्ति कर दी गई और एक सप्ताह तक अखबार निशुल्क बांटा गया। उसके बाद जिस भी शहर से (तिरुपति, अनंतपुर, करीमनगर और अन्य) इसकी शुरुआत हुई, अखबार की मार्केटिंग बड़े रोचक ढंग से की गई। लांच होने के चार साल के भीतर 1978 में *ईनाडु* ने *आंध्र प्रभा* को प्रसार के मामले में पछाड़ दिया। 1995 तक इसके दो प्रतिद्वंद्वियों– *आंध्र पत्रिका* और *उदयम* ने बोरिया–बिस्तर समेट लिया और *ईनाडु* ने तेलुगु दैनिकों के प्रसार के 75 प्रतिशत हिस्से पर कब्जा कर लिया।

इसी बीच, 1979 में, मुंबई से पहले सफल अपराह्न दैनिक *मिड–डे* की शुरुआत हुई, जिसके कारण टाइम्स ऑफ इंडिया को अंततः अपना *इवनिंग न्यूज* बंद करना पड़ा। 16 पृष्ठीय टैब्लॉयड की कीमत पच्चीस पैसे रखी गई[38]। *मिड–डे* और *ईनाडु* की सफलता ने प्रेस मालिकों को प्रसार सुधारने के लिए ऑफसेट तकनीक, सैटेलाइट संस्करणों और वितरण में पैसा निवेश करने के लिए प्रेरित किया। पुराने मालिकों ने प्रकाशन को व्यवसाय के तौर पर देखना शुरू किया और नए मालिक तो यही मानकर बाजार में आए थे। आज यह भले ही बहुत सहज लगे, लेकिन यह बात उस समय की है जब संपादकीय, विपणन और प्रसार व्यवस्था की अलग–अलग दुनिया हुआ करती थी। इन चीजों के बीच कोई संबंध नहीं था कि पाठक क्या पढ़ना चाहता है और उत्पाद को बाजार में कैसे बेचा जाए।

पत्रिकाओं की उड़ान

स्पेंटा मल्टीमीडिया के मालिक माणिक दावर कहते हैं '*इंडिया टुडे* (जो 1970 के दशक के मध्य शुरू हुई) के साथ स्वतंत्र पत्रिका प्रकाशन को एक नई गति मिली'। तब तक ये धारणा थी कि सिर्फ बड़े प्रकाशकों के पास ही इतनी आर्थिक ताकत है कि वो अपनी स्वतंत्र पत्रिका शुरू कर सकें। *इंडिया टुडे* के साथ, *संडे, स्टारडस्ट, सैवी, डेबोनेयर* और *सोसाइटी* ने एक प्रकार का नया ट्रेंड स्थापित किया।

ये पत्रिकाएं इसलिए उड़ान भर पाईं क्योंकि उन्होंने पाठकों के सामने राजनीतिक मसाले से बहुत कुछ ज्यादा परोसा, जो उस समय के समाचार पत्र नहीं दे रहे थे। पत्रिकाओं ने पाठकों को राजनीति, फिल्म व मनोरंजन, घर–बार, महिलाओं और लाइफस्टाइल से जुड़े आलेखों की मिलीजुली खुराक दी। ज्यादातर पत्रिकाएं रंगीन होती थीं, जो उस समय एक नई चीज थी। इससे इस बात में काफी अंतर आया कि एक ही उत्पाद के लिए पाठक और विज्ञापनदाता कितना पैसा देने के लिए तैयार थे। एक छोटी सी गुजराती पत्रिका *चित्रलेखा* ने 1970 के दशक में सबसे पहले ऑफसेट प्रिंटिंग इस्तेमाल करने वालों में एक थी और 1981 में उसने अपना पहला कंप्यूटर खरीदा। परिणामस्वरूप अब वह रंगीन विज्ञापन ले सकती थी और इसने पत्रिका का मूल्य साठ पैसे से बढ़ाकर 1.80 रुपये कर दिया। पूर्व एसोसिएट प्रकाशक भरत कपाड़िया बताते हैं 'इससे बड़ा मुनाफा हुआ'[39]। गुणवत्ता और खबरों में सुधार आया और समय डेडलाइन सिमट गईं। एक आवरण कथा जिसे छपने के लिए पहले दस दिन पहले देना होता था, नई तकनीक आ आने से उसे पांच दिन पहले भी भेजा जा सकता था। नई तकनीक से पत्रिकाएं ज्यादा 'खबरात्मक' बन सकीं। इसने मार्केटिंग विभाग को भी यह छूट दी कि वह रंगीन विज्ञापन प्रेस की डेडलाईन से कुछ समय पहले तक ले सकते थे।

मौके को भांपते हुए समाचार पत्रों ने भी श्वेत–श्याम और रंगीन पृष्ठों के सप्लीमेंट देने शुरू कर दिये। मिड–डे मल्टीमीडिया के चीफ ऑपरेटिंग ऑफिसर सायरियक मैथ्यू कहते हैं कि 'रंग समाचारपत्रों में दूसरी बड़ी क्रांति थे'। 1990 के करीब सामान्य और विशिष्ट पत्रिकाओं की सफलता की प्रतिक्रिया में *द सटरडे टाइम्स, द संडे रिव्यू, ब्रांड इक्विटी* और कई दूसरे सप्लीमेंट दस्तक देने लगे। स्वाभाविक रूप से, ये सप्लीमेंट पत्रिकाओं से विज्ञापन राजस्व वापस खींचने में समाचार पत्रों की मदद करने लगे। यह एक निष्क्रिय काल था। उद्योग के पास अपनी समस्याओं के निपटने का पर्याप्त समय था, क्योंकि भारत में टेलीविजन ने अभी तक अपनी गति नहीं पकड़ी थी। 1980 में विज्ञापन पर कुल खर्च का 80 प्रतिशत या इससे भी ज्यादा प्रिंट को मिलता था। शेष बचा हुआ दूरदर्शन, रेडियो और सिनेमा के हिस्से में आता था।

समीर जैन का दौर

मिड–डे मीडिया के प्रबंध निदेशक तारिक अंसारी 1983 में अपने पिता के समाचार पत्र व्यवसाय से जुड़े। जब उनसे भारत में समाचार पत्र कारोबार के बड़े मील के पत्थरों के बारे में पूछा तो उन्होंने तुरंत कहा– समीर जैन का आना। पूरे प्रकाशन व्यवसाय में एक राय थी कि समीर जैन के आने से प्रकाशन 'कारोबार' में सबसे बड़ा बदलाव आया। 1990 के दशक में जिन युवा अखबार कारोबारियों ने अपने पिता के व्यवसाय को हाथों में लिए, वे अपने लक्ष्य निर्धारण के लिए जैन और बीसीसीएल BCCL को आदर्श मानते थे। मार्केटिंग के साधारण सिद्धांतों और कारोबारी समझ का उपयोग करके उन्होंने किस प्रकार धूल चाटती प्रकाशन कंपनी को लाभ कमाने की मशीम बना दिया, यह पूरी कहानी 1995 के *बिजनेसवर्ल्ड* मैगजीन के एक आवरण आलेख में संलेखित किया गया था[40]।

1987–88 में 4.7 रुपये करोड़ से बीसीसीएल का जुलाई 1994 में 4.79 अरब रुपये के राजस्व पर टैक्स से पहले का मुनाफा बढ़कर 1 अरब 30 करोड़ रुपये हो गया। इस समय 48.52 अरब रुपये के राजस्व के साथ बीसीसीएल भारत की सबसे बड़ी मीडिया कंपनियों में से एक है। जुलाई 2012 में इसे टैक्स भरने के बाद 5.71 अरब रुपये का मुनाफा हुआ[41]। अंसारी सोचते हैं कि 'पहली बार जैन ने ही निवेश, मूल्य निर्धारण और प्रोमोशन में अपना मुनाफा देखा। प्रकाशन व्यवसाय को ये उनका सर्वश्रेष्ठ योगदान है'।

हालांकि कई प्रकाशक प्राइस वॉर शुरू करने और प्रसार राजस्व घटाने के लिए जैन की आलोचना करते हैं, लेकिन ज्यादातर जैन के पथ का अनुसरण किया। उन्होंने अखबार में ज्यादा रंग भरे, प्रसार को बढ़ाया, मार्केटिंग में चतुराई बरती और मुनाफा कमाया। *दैनिक भास्कर, दैनिक जागरण* और *अमर उजाला* जैसे कई हिंदी दैनिकों ने टाइम्स ऑफ इंडिया की कई चीजों का

अनुसरण किया। मेमन मैथ्यू कहते हैं '90 के दशक में हमने विस्तार शुरू किया और पहली बार करोड़ों में लाभ कमाया'। *द हिंदू* के मुरली कहते हैं '90 के दशक व्यवसायिक मानसिकता आनी शुरू हो गई थी'। टाइम्स ऑफ इंडिया के एक पूर्व कर्मचारी और टीवी टुडे नेटवर्क के पूर्व सीईओ जी. कृष्णन कहते हैं 'तब तक बाजार मीडिया को चला रहा था; 80 के दशक अंत तक मीडिया ने बाजार को चलाना शुरू कर दिया। एबीपी की पूर्व कर्मचारी शोभा सुब्रह्मण्यम कहती है कि कीमत में कटौती एक संक्रामक बीमारी की तरह फैली, लेकिन जैन के योगदान का दूसरा पहलू यह रहा कि समाचार पत्र प्रबंधन हरकत में आ गया।

मुनाफे के प्रति अपने गहरे समर्पण के चलते जैन प्रकाशन उद्योग की मानसिकता बदलने में कामयाब रहे, जो उस समय बेहद जरूरी था। उनकी टाइमिंग एकदम सटीक थी। ऐसा नहीं था कि अखबार मालिक केवल जैन का ही अनुसरण कर रहे थे। आर्थिक उदारीकरण की बहती हवा भी उनके लिए अवसरों के दरवाजे खोल रही थी। 1992 तक न्यूजप्रिंट और प्रिंटिंग उपकरण दोनों को मुक्त सामान्य लाइसेंस के तहत ला दिया गया, जिससे इनका आयात आसान हो गया[42]। इसमें एक तथ्य और जोड़कर देखना होगा। बहुराष्ट्रीय कंपनियों के आ जाने से विज्ञापन जगत में भी बड़ा बदलाव आ रहा था। सुब्रह्मण्यम कहती हैं 'विदेशी एजेंसियों की सोच कुछ अलग ही थी।' वह थोड़ी टाइम्स ऑफ इंडिया से मिलती–जुलती थी।

साथ में, यह भी ध्यान देने योग्य है कि उन दिनों यह उद्योग प्रकाशन व्यवसाय में संभावनाएं तलाशने में इतना व्यस्त था कि इसने भविष्य का एक अवसर गंवा दिया, वह था टेलीविजन। यह वह दौर था जब भारत में केबल टीवी गति पकड़ रहा था। लेकिन बीसीसीएल, लिविंग मीडिया और बिजनेस इंडिया को छोड़कर किसी को प्रसारण या केबल में अवसर नहीं दिखा। प्रकाशकों को प्रसारण की शक्ति का एहसास दिलाने के लिए किसी सीएनएन या स्टार टीवी को आना पड़ा। तब जाकर कई मीडिया घरानों में धक्का–मुक्की शुरू हुई– हिंदुस्तान टाइम्स, ईनाडु और लिविंग मीडिया आदि इनमें शामिल थे।

सैटेलाइट टेलीविजन का दौर

1995 में अंततः जब भारत में टेलीविजन ने उड़ान भरी, तब प्रिंट तेजी से बढ़ रहा था– संस्करणों, उत्पादों, राजस्व और आकार में[43]। वह विज्ञापन बाजार में 70 प्रतिशत से भी ज्यादा की हिस्सेदारी के साथ वर्चस्व बनाए था। दरों पर मोल भाव सुनने को नहीं मिलता था। यद्यपि, टेलीविजन ने अंततोगत्वा प्रेस को बदल ही दिया। *आउटलुक* ग्रुप के पूर्व प्रधान संपादक विनोद मेहता कहते हैं 'टेलिविजन ने प्रिंट में खबर की परिकल्पना को बदल दिया और क्योंकि कुछ

चीजों में टेलीविजन अच्छा था, इसलिए उन चीजों को प्रिंट को भी अपनाना पड़ा'। टेलीविजन ने समाचार पत्र को कम खबरी बना दिया। वे खबरों की सिर्फ रिपोर्टिंग नहीं कर सकते थे; बल्कि उसका विश्लेषण और अपने विचार भी प्रकट करने पड़ते थे। खबरों के अलावा टेलीविजन सुरुचि पठन–पाठन पर भी सेंध लगा रहा था। टेलिविजन पर मनोरंजन, खेल और तमाम अन्य चीजों के साथ प्रसारित होने वाली खबरों के कारण आम रुचि की पत्रिकाओं को भी नुकसान हुआ। लेकिन विशेष रुचि वाली पत्रिकाओं में उछाल आया। 1992 के अंत तक, इस प्राथमिक कारण और तकनीकी धूम पर सवार होकर, विशेष विषयों पर आधारित पत्रिकाएं गति पकड़ रही थीं। *ए एंड एम, दलाल स्ट्रीट जर्नल, डाटाक्वेस्ट, हेल्थ एंड न्यूट्रीशन* आदि ने अपने पाठकों की मांग को पूरा किया और वास्तविकता में बाजार को विस्तार देने का काम किया[44]।

हालांकि 1997 आते–आते चीजें बिगड़ने लगीं। विज्ञापन उद्योग में मंदी छा गई; टेलीविजन ने प्रिंट के पाठकों और विज्ञापन खर्च में सेंध लगा दी। न्यूजप्रिंट के दाम एकबार फिर उछाल मारने लगे। इसके चलते प्रिंट कंपनियों ने विज्ञापन दरें बढ़ा दीं। इस साल एक और ट्रेंड देखने को मिला– देश भर में प्रिंट के स्थानीय ब्रांडों उभरने लगे। राष्ट्रीय समाचार पत्रों ने शहरी और उपनगरीय संस्करणों का प्रकाशन शुरू कर दिया, स्थानीय अखबार भी इस मैदान में कूद पड़े।

एफडीआई का दौर

भारत में, कंपनियों में हिस्सेदारी के प्रति मालिकों का प्रेम दमघोंटू साबित हुआ। इनमें से अधिकतर छोटे क्षेत्रीय बाजार में वर्चस्व बनाये हुए थे और देसी कंपनियों को छोड़कर किसी दूसरे प्रतिद्वंद्वी से ये सुरक्षित थे। यह वास्तव में उस धरोहर का हिस्सा था, जहां समाचार पत्र राष्ट्रीयता के वाहक के रूप में शुरू हुये। इसमें एक तथ्य यह भी है कि 1955 के एक कैबिनेट प्रस्ताव में प्रिंट में विदेशी निवेश की अनुमति नहीं दी गई। किसी भी स्थिति में, अधिकतर प्रकाशकों को पूंजी की आवश्यकता महसूस नहीं हुई, क्योंकि उनके दूसरे व्यवसाय इसका खर्च उठा रहे थे।

1990 के दशक की शुरुआत में जब प्रकाशन व्यवसाय का विस्तार आवश्यक हो गया, तब इसमें विदेशी निवेश की अनुमति देने की मांग जोर पकड़ने लगी। 1993 में, जब एबीपी समूह, *फाइनेंशियल टाइम्स* से गठजोड़ करना चाहता था, तो इस संबंध में सरकार को एक प्रस्ताव दिया गया। इससे प्रिंट में विदेशी निवेश की अनुमति देने की बहस फिर से तेज होने लगी। सन 2000 में जब मीडिया मूल्यांकन तेजी पर था, *मिड–डे* जैसे कुछ समूहों ने अपने शेयर सार्वजनिक बाजार में बेचने का निर्णय लिया। 2001 की शुरुआत में जब *मिड–डे* का पब्लिक इश्यू बाजार में दस्तक देने वाला था,

तो सरकार को एकाएक एहसास हुआ कि विदेशी संस्थागत निवेशक (FII) भी इसके शेयर खरीद सकते हैं और 40 प्रतिशत तक हिस्सेदारी उठा सकते हैं। रातोंरात आरबीआई ने नियमों में बदलाव करते हुये प्रकाशन कंपनियों में विदेशी संस्थागत निवेश को रद्द कर दिया।

अंततः कई प्रकाशकों के भारी दबाव में आकर, सरकार ने जून 2002 में भारतीय प्रिंट मीडिया में 26 प्रतिशत विदेशी निवेश की मंजूरी दे दी। चूंकि तब भी बहुत से प्रतिबंध थे, इसलिए बहुत ज्यादा निवेशकों ने इसमें रुचि नहीं दिखाई। 2005 में इसे और भी उदार कर दिया गया। इसी समय विदेशी संस्थागत निवेश को 26 प्रतिशत विदेश निवेश का हिस्सा बनाया गया। इन दो निर्णयों ने सुरक्षित वातावरण की जगह कंपनियों को प्रतियोगी वातावरण में बचे रहने के बारे में सोचने पर मजबूर किया।

इसी बीच पूरे देश में पीढ़ीगत बदलाव होने लगेः युवाओं ने कारोबार को अपने हाथों में लेना शुरू कर दिया। केरल में *मलयाला मनोरमा* से उत्तर प्रदेश में *जागरण प्रकाशन* तक, भारत के प्रायः सभी बड़ी प्रकाशन कंपनियों ने युवा प्रबंधक देखे, ये प्रायः प्रकाशकों के पुत्र, भतीजे या कंपनी के वारिस थे। इनमें से ज्यादातर विदेशों में पढ़े लिखे थे और अपने कारोबार को आगे बढ़ाना चाहते थे। वे युवा समीर जैन थे, जिन्होंने 1986 में बीमार बीसीसीएल को अपने हाथों में लिया और इसे भारत की सबसे बड़ी और सबसे ज्यादा लाभ वाली मीडिया कंपनी बना दिया। यह बदलाव भारत की प्रायः हर बड़ी प्रकाशन कंपनी में दुहराया गया।

प्रिंट के इन युवा दिग्गजों ने सक्रिय रूप से विस्तार, पूंजी, साझेदारों और प्रतिस्पर्धा की तलाश की, ये वे चीजें थीं जो उनकी पिछली पीढ़ी ने नहीं कीं। प्रिंट में पहला बड़ा निवेश 2003 में सामने आया जब हंडरसन एशिया पैसिफिट इक्विटी पार्टनर्स ने 1 अरब रुपये में *एचटी मीडिया* की 19 प्रतिशत हिस्सेदारी खरीद ली। इसके बाद *बिजनेस स्टैंडर्ड–फाइनेंशिया टाइम्स*[45] और *जागरण प्रकाशन–इंडेपेंडेन्ट* की साझेदारी सामने आई। 2004 में हैदराबाद स्थित डेक्कन क्रॉनिकल होल्डिंग्स के प्राथमिक इश्यू ने बाजार को बड़ी तेजी दी। इसके इश्यू की मांग अत्यधिक बढ़कर 9.5 गुना तक पहुंच हुई[46]। 2005 में एचटी मीडिया ने चार अरब रुपये जुटाए, जिसने इसे 2004 और 2005 में एशिया के शीर्ष 10 आईपीओ में ला खड़ा किया।

व्यापार की शैली

प्रभावकारी कारक

प्रकाशन उद्योग का राजस्व, लागत और लाभ कई कारकों पर निर्भर करता हैः

दर्जा

यह कारक सभी नहीं तो अधिकांश मीडिया पर लागू होता है। बाजार में पहले या दूसरे नंबर पर रहने वाले समाचार पत्र या पत्रिका को असंगत रूप से राजस्व की अधिक हिस्सेदारी मिल ही जाती है। नंबर तीन और चार पर रहने वालों के लिए सिर्फ खुद को बचाए रखने वाली स्थिति होती है। उदारहण के लिए, मुंबई के मार्केट लीडर टाइम्स ऑफ इंडिया को राजस्व का सबसे बड़ा हिस्सा मिल जाता है। *हिंदुस्तान टाइम्स, मिड–डे* या *डीएनए* को विज्ञापन बाजार का अभी तक सम्मानजनक हिस्सा नहीं मिलता है। यह बात करीब–करीब सभी शहरों पर लागू होती है।

भाषा

अंग्रेजी से दूसरी भाषाओं की तरफ जाने में लागत व राजस्व का पूरा समीकरण जबरदस्त रूप से बदल जाता है, कई बार तो भाषाओं के अंदर भी यह देखने को मिलता है। अंग्रेजी का प्रसार और रीडरशिप अनुपात 1:1.5 या 1:2 के करीब रहता है। जबकि हिंदी और दूसरी भारतीय भाषाओं में यह अनुपात 1रू4 या उससे ज्यादा है। दूसरा तथ्य है कि *मलयाला मनोरमा* या *दैनिक जागरण* जैसे दूसरे भाषाई प्रकाशनों का प्रसार बहुत ज्यादा है। इससे प्रिंटिंग लागत काफी बढ़ जाती है। सामान्य तौर पर, बड़े भाषाई ब्रांड भी अंग्रेजी प्रकाशनों की विज्ञापन दर का एक तिहाई से अधिक की भी मांग नहीं पाते हैं। एक आंकड़े के अनुसार, एक हिंदी पाठक की तुलना में अंग्रेजी पाठक को पांच गुना मूल्यवान समझा जाता है और गैर–हिंदी भाषाई पाठक से 13 गुना अधिक मूल्यवान समझा जाता है। यह बेहतर जनसांख्यिकीय अवधारणा के कारण है[47]।

भाषाई समाचार पत्र अखबार की कीमत से जो पैसा कमाते हैं वह उनके राजस्व का 30–45 प्रतिशत होता है। दूसरी ओर, अंग्रेजी के समाचार पत्र अखबार की कीमत से सिर्फ 5–15 प्रतिशत ही राजस्व की उगाही करते हैं। भाषाई प्रकाशनों का आकार बड़ा है और तेजी से बढ़ रहे हैं। आईआरएस 2012 के आंकड़ों के अनुसार, हिंदी के सबसे बड़े समाचार पत्र *दैनिक जागरण* के पास एक करोड़ 65 लाख से ज्यादा पाठक हैं, जबकि सबसे बड़े अंग्रेजी समाचार पत्र *द टाइम्स ऑफ इंडिया* के पाठकों की संख्या महज 76 लाख है[48]। (देखें केसलेट 1ख)।

समाचार पत्र बनाम पत्रिका

समाचार पत्र के मुकाबले पत्रिका में लागत–राजस्व का पूरा समीकरण यहां भी बदल जाता है, क्योंकि कागज की गुणवत्ता, आवृति और सामग्री की गहराई हर चीज में बदलाव आ जाता है। 2012 में, 16.5 अरब रुपये के संपूर्ण प्रिंटिंग

राजस्व में पत्रिका की हिस्सेदारी लगभग 7 प्रतिशत थी। सामान्य तौर पर, पत्रिका व्यापार को लगातार समाचार पत्र के प्रहार का सामना करना पड़ता है, क्योंकि पहले केवल पत्रिकाओं द्वारा दिए जाने वाले कई विशेष फीचर जैसे– विचार, विश्लेषण, विस्तृत सूचना आदि समाचार पत्रों द्वारा भी दिए जाने लगे हैं। उदाहरण के लिए, नए समाचार चैनलों, इंटरनेट और मोबाइल न्यूज के उभार का सबसे बुरा प्रभाव सामान्य समाचार पत्रिकाओं पर पड़ा है। परिणामस्वरूप पत्रिका का प्रसार 2008 में 9 करोड़ से घटकर 2012 में 8.3 करोड़ रह गया। हालांकि, इनमें सिर्फ मुख्य धारा की पत्रिकाएं ही शामिल हैं। जबकि, वास्तव में उपभोक्ता विशेष की पत्रिकाओं या बी टू बी टाइटल्स वाली पत्रिकाओं में हाल के वर्षो में काफी वृद्धि देखी गई।

अर्थशास्त्र

लागत

किसी समाचार पत्र या पत्रिका की उत्पादन–लागत कई चीजों पर निर्भर करती है, जैसे, पृष्ठों की संख्या, रंगों की मात्रा, कागज की गुणवत्ता, प्रचार और बाजार में प्रतिस्पर्धा आदि। यह साल दर साल बदलती रहती है। सामान्य तौर पर प्रमुख लागत इस प्रकार हैः

निर्माण या प्रिंटिंग– ये बदलते रहने वाली लागत है, जो प्रिंट रन के आकार पर निर्भर करती है। न्यूज प्रिंट पर कुल उत्पादन लागत का 50 से 60 फीसदी खर्च आता है, और इसकी कीमत 400 से 1000 अमेरिकी डॉलर प्रति टन के बीच रहती है। जितनी अधिक प्रतियां छपेंगी, उतना ही नुकसान होगा– हां अगर प्रसार में हुई वृद्धि के अनुरूप विज्ञापन राजस्व में बढ़ोतरी होती है, तो इस घाटे को पाटा जा सकता है।

मोटे तौर पर, विज्ञापन की कमाई ने पाठकों को लिए अखबार की असली कीमत घटा दी है। एक अनुमान के मुताबिक, एक समाचारपत्र की उत्पादन लागत 15 से 20 रूपये के बीच होती है, लेकिन इसे 1 से 4 रुपये में बेचा जाता है[49]। मान लीजिए ज्यादातर अंग्रेजी दैनिकों की तरह यह 1 से 2.5 रूपये में बिकता है। तो इसमें से बेचने का कमीशन काटकर 0.6 से 1.5 रुपये ही प्रकाशक की जेब में जाएगा। उन वर्षों में जब प्रिंट में विज्ञापन खर्च धीमी गति से बढ़ रहा था, तब समाचार पत्र के प्रसार में निवेश करना ज्यादा प्रेरक नहीं था, क्योंकि यह लाभ को ही खा जाता। बहुत से अग्रणी अखबारों और पत्रिकाओं ने जानबूझकर प्रसार सीमा को बांधा हुआ था। जब न्यूजप्रिंट की लागत बहुत ज्यादा थी, तब प्रकाशन कंपनियों के लिए ऑडिट ब्यूरो ऑफ सर्कुलेशन में आना और जाना सामान्य बात थी। उन दिनों प्रकाशक प्रसार बढ़ाने में खर्च नहीं करते थे।

यहां भाषाई और अंग्रेजी के समाचार पत्रों के बीच एक अंतर उल्लेखनीय है। विरोधाभासी रूप से भाषाई समाचार पत्र अपेक्षाकृत कम समृद्ध लोगों के पास पहुंचते थे, लेकिन उनकी कीमत ज्यादा थी। भाषा और साप्ताहिक संस्करण के अनुरूप इनकी कीमत 2.5 से 5 रुपये होती थी। यह इसलिए कि उच्च प्रसार के बावजूद, जो विज्ञापन दर इन्हें मिलती थी, वो अंग्रेजी समाचारपत्रों के मुकाबले बहुत कम थी। वास्तविक अनुपात ब्रांड, भाषा और क्षेत्र के अनुसार बदल जाता है। एक अनुमान के मुताबिक, अंग्रेजी समाचार पत्रों पर प्रति हजार 25–50 प्रतिशत ज्यादा लागत लगती है।

कर्मचारी लागत– कर्मचारी लागत और अन्य ऊपरी खर्चे मोटे तौर पर स्थिर रहते हैं। अंग्रेजी या भाषाई प्रकाशन के अनुरूप कर्मचारियों पर कुल राजस्व का 12–20 प्रतिशत खर्च होता है। हालांकि, पिछले कुछ सालों में, इस उद्योग में अधिक ब्रांड आने और प्रतिस्पर्धा बढ़ने के कारण इस व्यवसाय में कर्मचारियों की कमी हो गई है। इसलिए 2006 के मुकाबले, कर्मचारियों पर लागत 2–4 गुना बढ़ गई।

मार्केटिंग लागत– बहु–संस्करण और मल्टी मीडिया प्रतिस्पर्धा के युग में मार्केटिंग एक नई अनिवार्यता बन गई है। प्रिंट के अंदर और टेलीविजन, रेडियो व अन्य मीडिया से मिल रही प्रतिस्पर्धा से निपटने के लिए किसी ब्रांड को अपनी खुद की पहचान बनाना आवश्यक हो गया है। *टाइम्स आउट* जैसी पत्रिका को न सिर्फ अपने प्रमुख प्रतिद्वंद्वियों, *दिल्ली बीट* या *फर्स्ट सिटी* से प्रतिस्पर्धा करनी पड़ती है, बल्कि इसे मुख्यधारा के समाचार पत्रों के साप्ताहिक सप्लीमेंट्स से भी दो–दो हाथ करने पड़ते हैं। इस प्रकार, *दिल्ली टाइम्स, मुंबई टाइम्स* या *मुंबई मिरर* इसके सक्रिय प्रतिद्वंद्वी हैं। मगर, जब बात विज्ञापनदाताओं की प्राथमिकता की आती है, तो उसे लाईफ स्टाईल चैनल एनडीटीवी गुड टाईम्स से लेकर, लोकल केबल चैनलों, लोकल रेडियो स्टेशनों और आउटडोर मीडिया तक सबसे प्रतिस्पर्धा करनी पड़ती है। आगे, जब पाठक का ध्यान खींचने की बात आती है तो उसे आम पत्रिकाओं, *स्टार प्लस* या *जी टीवी* जैसे चैनलों, या फिर रंगमंच तक से भी मुकाबला करना पड़ता है। मुकाबला लोगों का समय लेने का है। पाठकों का ज्यादा से ज्यादा समय लेने के लिए, *टाइम्स आउट* को अलग दिखना होगा। अपनी प्रतियां बेचने और पढ़ाने के लिए दमदार कारण बताने होंगे, और यहीं मार्केटिंग काम आती है।

वितरण लागत– इसमें वितरक का लाभ और बिना बिकी प्रतियों की लागत शामिल है। एक अनुमान के मुताबिक, मुंबई में समाचार पत्र गट्ठर डालने के 70 डिपो या केंद्र हैं। तकरीबन 10,000 स्टॉल मालिक या फेरीवाले हैं जो सुबह तीन से साढ़े तीन बजे के बीच वहां से अखबार उठाते हैं। फेरीवाले इसे लाइन ब्वॉय को देते हैं, जो छह से सात बजे के बीच इन्हें घर–घर पहुंचाते हैं। प्रिंट उद्योग में इसे 'लाइन सेल्स' कहते हैं।

फेरीवाले या हॉकर जो पाठकों से पैसे इकट्ठा करते हैं, आमतौर पर उसमें से लाइन ब्वॉज को वेतन देते हैं। इस तरह हॉकर को अखबार की कवर कीमत का 18–25 प्रतिशत मुनाफा मिलता है। यह कमीशन प्रकाशन, क्षेत्र, शहर और नियमों के अनुरूप अलग–अलग हो सकता। अगर समाचार पत्र ABC (ऑडिट ब्यूरो ऑफ सर्कुलेशन) का सदस्य नहीं है, तो वह हॉकर को ज्यादा कमीशन दे सकता है, क्योंकि उसपर नियम लागू नहीं होंते। बिना बिकी प्रतियां इस व्यवसाय के अभिन्न अंग हैं; शहर और वहां के व्यापार नियमों के अनुरूप ऑसतन वापसी 1–5 प्रतिशत तक रहती है। पत्रिकाओं के मामले में बिन बिकी प्रतियों की संख्या 10–25 प्रतिशत हो सकती है और जैसे–जैसे पत्रिका की आवृति बढ़ती है, यह प्रतिशत भी बढ़ता जाता है।

एक विश्लेषण के अनुसार *टाइम्स ऑफ इंडिया* और *दैनिक जागरण*, जैसे बड़े ब्रांडों का बेचने व वितरण का खर्च सकल बिक्री का 7–8 प्रतिशत होता है।

राजस्व

समाचार पत्रों का राजस्व प्रमुख रूप से इन स्रोतों से आता है–

प्रसार– यह समाचार पत्र या पत्रिका की बिक्री से जुटाई गई राशि में से ट्रेड मार्जिन और बिन बिकी प्रतियों की कीमत घटाकर जमा किया गया धन है। यह अनुपात प्रसार, भाषा, कीमत या आवृति के अनुरूप बदल सकता है।

विज्ञापन– प्रकाशन के राजस्व का 80 प्रतिशत हिस्सा विज्ञापन और बीस प्रतिशत प्रसार से आता है। भाषा, आवृति, कीमत, बाजार की जरूरत की पूर्ति आदि के अनुसार इसमें अंतर हो सकता है। विज्ञापन वृद्धि को देखने का सर्वश्रेष्ठ तरीका विज्ञापन दर और मात्रा दोनों को देखा जाए।

सब्सक्रिप्शनः रीडर्स डाइजेस्ट जैसे प्रकाशनों से प्रेरित होकर *आउटलुक* और *फेमिना* ने आकर्षक सब्सक्रिप्शन स्कीम शुरू कीं। पहले इनको राजस्व का स्रोत समझा जाता था। वास्तविकता यह है कि ज्यादातर सब्सक्रिप्शन स्कीमों में रियायत होने के साथ–साथ उपहार का प्रलोभन भी होता है। ऐसा करने से प्रकाशकों को मोटा पैसा तो मिलता ही है, लेकिन ज्यादा प्रतियों की छपाई, मार्केटिंग और परिवहन के भारी खर्च की लागत भी बढ़ जाती है। इसलिए सब्सक्रिप्शन स्कीम वास्तव में प्रसार को खरीदना है– तब तक, जब तक पत्रिका प्रत्येक अतिरिक्त प्रति पर मुनाफा न कमा रही हो, मगर ऐसा होता नहीं है। ज्यादातर सब्सक्रिप्शन योजनाएं प्रसार की संख्या बढ़ाने और विज्ञापनदाताओं से उच्च दर मांगने के लिए शुरू की जाती हैं।

ब्रांड विस्तार– विभिन्न स्रोतों से राजस्व कमाने के लिए एक ही पत्रिका या अखबार कई तरीकों से एक ही ब्रांड का विस्तार कर सकते हैं। इनमें इवेंट्स,

टीवी कार्यक्रम, सीडी, संगोष्ठियां, गोलमेज सम्मेलन, प्रकाशनों का वितरण और शिक्षा आदि शामिल हैं। ये बातें विशेष वर्ग के लिए निकलने वाली पत्रिकाओं या अखबारों पर पूरी तरह खरी उतरती है। एक तकनीक विशेष प्रकाशक कंपनी, साइबर मीडिया के पूर्व निदेशक श्याम मल्होत्रा स्वीकार करते हैं 'हमारे लिए इनकी शुरुआत प्रिंट ब्रांड के विकास में मदद के रूप में हुई थी, लेकिन अब ये टॉप लाईन और बॉटम लाईन दोनों में योगदान देते हैं'। कई विशिष्ट मीडिया कंपनियों में ब्रांड विस्तार 30–40 प्रतिशत तक राजस्व जुटा सकता है।

इंटरनेट/मोबाइल/एप्स– ज्यादातर भारतीय समाचार पत्र और पत्रिकाएं राजस्व कमाने के लिए अपनी मौलिक सामग्री का इस्तेमाल कर इंटरनेट और मोबाइल पर अपनी उपस्थिति को बेहतर बना रहे हैं। हालांकि, अगर बीसीसीएल को छोड़ दें तो ये दोनों ही अभी राजस्व में बहुत ज्यादा योगदान नहीं दे पा रहे हैं। बीसीसीएल के संपूर्ण राजस्व में इंटरनेट 10 प्रतिशत तक योगदान देता है।

पैमाना

पृष्ठभूमि

विज्ञापनदाताओं के दृष्टिकोण से ब्रांड की प्रभावोत्पादकता मापने और मालिकाना दृष्टिकोण से व्यवसाय की प्रभावोत्पादकता मापने के लिए, प्रकाशन व्यवसाय में हर तरह के पैमाने का इस्तेमाल किया जाता है। मालिकाना दृष्टिकोण का अध्ययन हम मूल्यांकन वाले भाग में करेंगे; यहां हम विज्ञापनदाताओं के दृष्टिकोण से प्रकाशन व्यवसाय के पैमाने पर विचार करेंगे।

1992 में सैटेलाइट टेलीविजन के गति पकड़ने तक, अखबार में जगह खरीदना और बेचना आसान था। मीडिया क्रेता को यह समझना होता था कि एक ब्रांड किस बाजार की जरूरतों को पूरा करता है। तब वह उस बाजार के प्रमुख अखबारों और पत्रिकाओं में विज्ञापन देता और यह निर्णय करता कि वह अपने विज्ञापन बजट को उनमें किस तरह विभाजित करे। 1991 में मीडिया व्यवसाय में आए अपूर्व पुरोहित याद करती हैं कि महत्व के हिसाब से उस समय के प्रमुख मीडियाः दैनिक अखबार, पत्रिकाएं और दूरदर्शन थे[50]। पुरोहित कई वर्षों तक मीडिया क्रेता रही। उस वक्त पत्रिकाएं लगातार मजबूत होती जा रही थीं, इसलिए पत्रिकाओं को खरीदते समय वास्तविक विश्लेषण होता था। पुरोहित याद करती हैं 'विज्ञापन कवर पृष्ठ पर देना है या पिछले पृष्ठ पर, पत्रिका और ब्रांड के बीच संपादकीय उपयुक्तता है या नहीं' आदि जैसे निर्णय लिये जाते थे। कोई विज्ञापन किसी पत्रिका में कैसे छा सकता है, इस बात पर नई सोच की शुरुआत हो चुकी थी। त्वचा की देखभाल करने वाले एक उत्पाद के लिए, एक ब्रांड ने पाठकों के लिए एक टिशु दे दिया ताकि वे यह

जांच सकें कि उनकी त्वचा कितनी स्वच्छ है। पुरोहित याद करती हैं– 'हम उस समय पत्रिका का विश्लेषण किया करते थे, जिस तरह अब बड़े चैनलों का विश्लेषण किया करते हैं'।

1980 के दशक के उत्तरार्द्ध और 1990 के दशक के पूर्वार्द्ध में, विज्ञापनदाता अखबारों से मोल भाव नहीं करते थेः अमूमन वे उसी दर पर विज्ञापन देते थे, जो प्रकाशक मांगते थे। एक अन्य पूर्व मीडिया क्रेता गीता राम याद करते हैं– 'प्रिंट के साथ मोलभाव करना सबसे कठिन होता था'। हिंदुस्तान यूनीलीवर लिमिडेड (एचयूएल) जैसे एक बड़े मीडिया क्रेता को शायद अनुबंध करने पर छूट मिलती थी। अनुंबध का मतलब, जैसे, किसी प्रकाशन में एक साल तक 2000 कॉलम सेंटीमीटर विज्ञापन देना। इसका मतलब था कि मीडिया क्रेता को बड़ी छूट मिल सकती थी। सिर्फ पत्रिकाएं ही विज्ञापन दर में छूट देती थीं, जो 1980 के दशक में सभी रंगीन विज्ञापन अपने हिस्से में बटोर लेती थीं।

तब और अब में बड़ा अंतर ये है कि भाषाई प्रकाशनों ने सम्माजनक स्थान बना लिया है। 1980 के दशक के शुरुआती दिनों तक भाषाई पत्रिकाओं या अखबारों को रंगीन विज्ञापन नहीं मिलते थे। ऐसा इसलिए था क्योंकि मीडिया के योजनाकार मानते थे कि भाषाई पाठक वर्ग क्रय शक्ति नहीं रखता[51]। हालांकि अंग्रेजी प्रकाशन अभी भी विज्ञापन की प्रीमियम दरों पर कब्जा जमाए हैं, लेकिन भाषाई प्रकाशनों का वजन आज पहले से कहीं ज्यादा है।

तब और अब में एक बड़ी समानता यही बनी हुई हैः दैनिक पत्र विज्ञापन के सबसे शक्तिशाली वाहक थे और हैं। पुरोहित कहती हैं कि इसमें बदलाव नहीं आया है। वो कहती हैं कि अगर मुझे चार–मेट्रो प्लान करने हों तो दैनिक अभी भी ज्यादा प्रभावशाली हैं और अगर मैं क्षेत्र–विशेष में प्रभाव चाहूं तो दैनिक के साथ जाना सबसे बेहतर होगा'।

पहले, अधिकतर प्रिंट मीडिया क्रय गणना मात्र था और जोड़–घटा जानने वाला कोई भी व्यक्ति मीडिया प्लानर बन जाता था। महत्वपूर्ण काम यह निर्णय लेना नहीं था कि कौन सा ब्रांड खरीदना है, यह तो ए.बी.सी के आंकड़ों से पता चल जाता था। सबसे ज्यादा अहम बात ये थी कि पाठकों के दोहराव को रोका गया। अगर कोई मीडिया प्लानर दिल्ली में *टाइम्स ऑफ इंडिया* और *हिंदुस्तान टाइम्स* पर विचार करता है, तो मीडिया की पहुंच या प्रभाव तय करने से पहले उसे पाठकीय दुहराव को खत्म करना होता था। 1989 के आसपास, आईएमआरबी ने पीईएम नाम के एक सॉफ्टवेयर की शुरुआत की, जो 'डुप्लीकेशन टेबल' बनाने में मदद करता था।

पिछले कुछ सालों में खरीद और बिक्री कार्य में जो सबसे बड़ा बदलाव दिखा वह है मीडिया क्रय का समेकन। इसकी शुरुआत 1990 के मध्य में हुई। इससे प्रिंट समेत पूरे मीडिया का क्रय–विक्रय का तरीका पूर्ण रूप से बदल गया। वर्तमान में समस्त संगठित मीडिया क्रय का 60 प्रतिशत हिस्सा करीब आधा दर्जन मीडिया एजेंसियों द्वारा खरीदा जा रहा है।

प्रमुख मानदंड

प्रमुख मानदंड इस प्रकार हैं:

प्रसार

यह कारक ऑडिट ब्यूरो ऑफ सर्कुलेशन (एबीसी) द्वारा मापा जाता है। इसकी स्थापना 1948 में हुई थी, इसमें विज्ञापनदाता, विज्ञापन एजेंसियां और प्रकाशन कंपनियां शामिल होती हैं। एबीसी अपनी उन सदस्य प्रकाशन कंपनियों के प्रसार ऑडिट किये हुए शुद्ध भुगतान आंकड़ों को सत्यापित करता है, जो उनके साथ निरंतर और छह माह की ऑडिट अवधि तक बनी रहती हैं। इसके बाद यह एबीसी प्रमाणपत्रों को प्रत्येक सदस्य तक पहुंचाता है। प्रमाणपत्र में निःशुल्क वितरण या थोक बिक्री को अलग से दर्शाया जाता है। एबीसी प्रकाशक द्वारा भेजी गई प्रतियों, न्यूज प्रिंट की खरीद, मशीन रूम और यहां तक कि प्रिंटिंग प्रेस का औचक निरीक्षण के आधार पर प्रसार को सत्यापित करता है[52]।

रीडरशिप

यह पत्रिका या अखबार के खरीदारों की संख्या से अलग– पाठकों की संख्या होती है। यह प्रसार का गुणक है। उदाहरण के लिए, अंग्रेजी में प्रसार और रीडरशिप का अनुपात 1:1.5 या 2 होता है, जबकि हिंदी और अन्य भाषाओं में यह अनुपात 1:4 या उससे अधिक होता है।

1974 में, पहले नेशनल रीडरशिप सर्वे (एनाआरएस) की शुरुआत 50,000 के शहरी सैंपल साइज से हुई थी। यह ORG-MARG की सामान्य रिपोर्ट थी, जिसने मासिक घरेलू आय का इस्तेमाल करके क्रय–शक्ति निर्धारित की और सिनेमा जाने व पढ़ने की आदत का निर्धारण किया। उस समय गिने–चुने टेलीविजन होते थे, क्योंकि सिर्फ दूरदर्शन ही एक मात्र टीवी चैनल था। प्रेस में महज कुछ कंपनियों के पास सर्वाधिक रीडरशिप वाले ब्रांड थे–*एबीपी, द एक्सप्रेस ग्रुप* या *बीसीसीएल*। केटी मर्चेंट याद करते हुए कहती हैं 'हमने कभी नहीं सोचा था कि हम ऐसा लगातार करते रहेंगे'[53]। 1981 में हुए तीसरे नेशनल रीडरशिप सर्वे होने तक शोध काफी महत्वाकांक्षी हो चुकी था। उत्पादों को पढ़ने की आदत और जनसांख्यिकीय प्रोफाइल से जोड़ कर देखा गया। अगर, आप *द हिंदू* पढ़ते हैं और 1200 रुपये माह कमाते हैं, तो रिसर्च यह भी बताएगी कि आप हॉर्लिक्स के उपभोक्ता थे या नहीं। इसने विज्ञापनदाताओं को अपने संदेश पर ध्यान केंद्रित करने में मदद की। 1984 तक नेशनल रीडरशिप सर्वे ने सभी शहरों को कवर कर लिया।

यह तब की बात है जब कंप्यूटर उतना प्रचलित नहीं हुआ था, इसलिए इस सब को चलाने के लिए कोई सॉफ्टवेयर नहीं था। विस्तृत पैमाने पर आंकड़ों को इकट्ठा करने, जैसा कि नेशनल रीडरशिप सर्वे करता है, इसे सारणीबद्ध करने और इसका विश्लेषण करने में वर्षों लग जाते थे। मर्चेंट बताती हैं कि 1991 में आकर, नेशनल रीडरशिप सर्वे ने संख्याओं के प्रबंधन के लिए सॉफ्टवेयर का इस्तेमाल करना शुरू किया।

सर्वेक्षण की मौलिक बातें समान रहती हैं– मीडिया एक्सपोजर और उत्पाद के उपभोग में संबंध स्थापित करना। रीडरशिप को मास्टहेड नियम से मापते हैं। लोगों को समाचारपत्र या पत्रिका के मास्टहेड की ब्लैक एंड व्हाइट प्रति दिखाई जाती है। *टाइम्स ऑफ इंडिया* जैसे दैनिक के लिए, पाठकों की अनुमानित संख्या, उन पाठकों की संख्या के बराबर होती है जिन्होंने 'पिछले दिन' उस दैनिक का कोई अंक देखा हो। इसी तरह, किसी साप्ताहिक प्रकाशन के लिए समयांतर 'पिछले सात दिन' का होता है, पाक्षिक के लिए पिछले पंद्रह दिन होता है, और इसी तरह इसकी गणना की जाती है। यह 'ताजा पठन पद्धति' कहलाता है। 2001 के नेशनल रीडरशिप सर्वे में शहरी और ग्रामीण दोनों के 'औसत अंक रीडरशिप' (एवरेज इश्यू रीडरशिप) का अनुमान इसी पर आधारित था। औसत अंक रीडरशिप पाठकों को गंभीर, मध्यम और हल्के पाठक के रूप में विभाजित करता है। 'गंभीर' पाठक वे होते हैं जो प्रति सप्ताह दस से ज्यादा घंटे तक पत्र–पत्रिकाएं पढ़ते हैं, जबकि 'मध्यम' पाठक 3 से 10 घंटे प्रति सप्ताह और 'हल्के' पाठक प्रति सप्ताह तीन घंटे से कम पढ़ते हैं।

नेशनल रीडरशिप सर्वे, जो बड़े समाचार पत्र समूहों द्वारा समर्थित था, के जवाब में कुछ मीडिया उपभोक्ताओं ने 1994 में मीडिया रिसर्च यूजर्स काउंसिल (MRUC) की स्थापना की[54]। इसका उद्देश्य सदस्यों को NRS का मुकाबला करने के लिए रीडरशिप और बाजार का अध्ययन प्रदान करना था। MRUC ने 1995 में पहला IRS जारी किया। अगला सर्वे एक साल बाद आया। 1997 से यह अर्धवार्षिक हो गया और 2010 से तिमाही रिपोर्ट प्रकाशित होने लगी। यह एक सतत रीडरशिप अध्ययन है, जिसका सैंपल साइज 2,56000 है। सामयिक पक्षपात से बचने के लिए आंकड़े छह–छह महीने पर इकट्ठा और जारी किए जाते हैं। पिछले कुछ सालों में, आईआरएस ने विज्ञापनदाताओं को सामाजिक–आर्थिक वर्गीकरण या SEC से निपटने में मदद करने के लिए हाउसहोल्ड प्रीमियमनेस इंडेक्स (HPI) का एंगल जोड़ दिया[55]।

कई मीडिया रिसर्च उपभोक्ता और विज्ञापनदाता IRS और NRS दोनों का उपयोग करते थे। हालांकि, 2006 में, आंकड़ों में गड़बड़ी के कारण NRS को स्थगित कर दिया था। 2009 में मीडिया रिसर्च यूजर्स काउंसिल (MRUC), जो IRS का स्वामित्व रखता है, और ऑडिट ब्यूरो ऑफ सर्कुलेशन (ABC), जो प्रसार आंकड़े को सारणीबद्ध करता है, ने संसाधनों के समन्वित उपयोग का

फैसला किया। परिणामस्वरूप अक्टूबर 2011 में रीडरशिप स्टडीज काउंसिल ऑफ इंडिया (RSCI) की स्थापना हुई। मगर IRS को लाना अनिवार्य कर दिया गया। IRS में क्या बदलाव हो सकते थे, इसके लिए देखिए– केसलेट 1सी।

पहुंच

यह प्रसार और पाठकों की संख्या से मापा जाता है। इसे इस तरह भी मापा जा सकता है कि किसी लक्षित क्षेत्र में कितने प्रतिशत लोग किसी विशेष पत्र या पत्रिका को पढ़ते हैं। यह सिर्फ पाठकों की संख्या नहीं, बल्कि पाठकों का समानुपात भी है। जैसे, *इंडिया टुडे*, उस पाठक वर्ग में जाती है, जो मान लीजिए सैंट्रो कार का लक्ष्य समूह है। पूर्व मीडिया बायर अर्पिता मेनन बताती हैं 'अगर मैं सामाजिक–आर्थिक वर्गीकरण को देखूं तो *इंडिया टुडे* और *बिजनेस टुडे* के पाठकों की संख्या सबसे ज्यादा और *इंडिया टुडे प्लस* के पाठकों की संख्या सबसे कम है। फिर मैंने देखा कि मेरे लक्ष्य समूह में कितने लोग *इंडिया टुडे प्लस* और *इंडिया टुडे* के पाठक हैं और यह संख्या 5 प्रतिशत और 50 प्रतिशत हो सकती है। इसलिए इंडिया टुडे की ना सिर्फ पाठक संख्या ज्यादा है बल्कि मेरे लक्षित पाठकों का बड़ा हिस्सा भी इसे पढ़ता है'। पाठकों और उनकी क्रय शक्ति के बीच सटीक संबंध स्थापित करना आईआरएस के एचपीआई का लक्ष्य है।

प्रति हजार लागत

यह किसी एक पत्रिका या समाचार पत्र के माध्यम से एक हजार पाठकों तक पहुंचने की लागत होती है। आजकल, मीडिया प्लानर एक कदम आगे बढ़ कर यह देखते हैं कि प्रति अंक बनाम रीडरशिप की औसत लागत क्या है। टेलीविजन से अलग, जहां दिन प्रति दिन, घंटे प्रति घंटे के हिसाब से निगरानी होती है, प्रिंट मीडिया में आईआरएस से हर तीसरे महीने और एबीसी से हर छठे महीने आंकड़े मिलते हैं। अगर कोई दरों में कोई वृद्धि होती है, तब फिर प्रति हजार लागत की गणना फिर होती है।

हालांकि, बहुत से संस्करण होने और प्रकाशन कंपनियों द्वारा विभिन्न संस्करणों में स्थान खरीदने के लिए अलग–अलग दरों का प्रस्ताव रखने की वजह से योजना बनाना थोड़ा जटिल हो जाता है। अधिकतर योजनाकार *टाइम्स ऑफ इंडिया* से खरीदारी करना परेशानी भरा मानते हैं। ऐसा इसलिए कि यह कंपनी, जहां मजबूत है (मुंबई) और जहां कमजोर है (कोलकाता) दोनों में एक साथ विज्ञापन का प्रस्ताव देती है। यह अपने सभी ब्रांडों (टाइम्स

ऑफ इंडिया, इकोनॉमिक्स टाइम्स), सभी संस्करणों और उत्पादों (पत्रिकाओं और समाचारपत्रों) के लिए ऐसा करती है। इसलिए बीसीसीएल में प्रति कॉलम सेंटीमीटर वास्तविक लागत निकालना करीब–करीब मुश्किल हो जाता है।

सीपीटी और सीपीएम मीडिया के बीच तुलनात्मक अध्ययन का सबसे महत्वपूर्ण औजार बन गया है। अमेरिका में तीन चौथाई विज्ञापन सीपीएम के आधार पर ही दिए जाते हैं[57]।

समग्र पहुंच

जैसे–जैसे अखबार इंटरनेट और मोबाइल के साथ प्रयोग कर रहे हैं, वे अपने सभी मीडिया प्रारूपों पर मौजूद पाठकों को मापने का प्रयास करते हैं। 2007 में, अमेरिकी ऑडिट ब्यूरो ऑफ सर्कुलेशन, स्करबॉरो रिसर्च और एनएए ने समग्र पहुंच को मापने के लिए ऑडियंस–फैक्स की शुरुआत की थी। यह एबीसी की रिपोर्ट में प्रसार, पाठक संख्या और ऑनलाइन पाठकों को भी मापता है। कुछ अखबार जो इस पहल के अंग हैं, उन्होंने अपने प्रसार विभाग का नाम, 'ऑडियंस डेवलपमेंट एंड मेंबरशिप डिपार्टमेंट' रख दिया है। यह ऑनलाईन पहुंच (नील्सन/नेट रेटिंग) के अतिरिक्त है, जो सबसे महत्वपूर्ण है। यहां तक कि प्रिंट संस्करण के पाठकों की संख्या कम हो जाती है, लेकिन इनका ऑनलाईन संस्करण काफी बेहतर होता है[58]। ऑनलाईन आंकड़े और प्रसार की जानकारी के मिले जुले रूप को विज्ञापनदाता अन्य मीडिया, जैसे टेलीविजन और रेडियो से तुलना करते हैं।

नियमन[59]

इतिहास

यदि टेलीविजन–ब्रॉडकास्टिंग उद्योग पर शुरुआत में तकरीबन कोई नियमन नहीं था, तो वहीं प्रेस पर ऐतिहासिक रूप से अत्यधिक नियमन रहा है। 1798 तक, कुछ प्री–सेंसरशिप या मानहानि और कुछ अति के मामलों में निर्वासन को छोड़कर प्रेस को नियमित करने का कोई विशेष कानून नहीं था। कभी–कभी लोग इस बात से नाराज हो जाते थे कि प्रेस जो बड़ी सहजता से लिख देता है, उसका उन्हें खामियाजा भुगतना पड़ता है। आचार्य डॉ. दुर्गा दास बसु (1996) ने प्रेस को दबाने की शुरुआती कोशिशों का उल्लेख करते हुए लिखा है कि 1798 में तत्कालीन गवर्नर जनरल मार्क्विस वेलेस्ले ने सबसे पहले यह प्रयास किया। वह ईस्ट इंडिया कंपनी और टीपू सुल्तान की सैन्य शक्ति का खुलासा करने पर *द एशियाटिक मिरर* से बेहद नाराज थे।

संपादकों के कबीले को नियंत्रित करने के लिए गवर्नर जनरल वेलस्ले ने 1799 में नियमनों का एक संग्रह प्रस्तुत किया, जिसका उल्लंघन करने पर निर्वासन की सजा था। इसके तहत समाचार पत्र के मुद्रक, प्रकाशक और संपादक का नाम लिखना आवश्यक कर दिया गया, जो आज तक चला आ रहा है। सभी प्रकाशन योग्य सामग्री को प्री–सेंसरशिप के लिए भारत सरकार के पास भेजा जाना जरूरी था (जो अब आवश्यक नहीं है)। इसके बाद कई अन्य अध्यादेश और नियमन वर्ष 1823, 1835 (मेटकैफे अधिनियम), 1857, 1860 आदि में आए। इनमें महत्वपूर्ण हैं:

भारतीय दंड संहिता, 1860

वैसे यह विशेष रूप से प्रेस से संबंध नहीं रखता है, लेकिन इसके कुछ हिस्से किसी लेखक, संपादक या प्रकाशक को अश्लीलता के मामले में अपराधी बना सकता था। इसने *देशद्रोह के कानून* (यह भड़काने या सरकार के खिलाफ असंतोष की भावना पैदा करने के प्रयासों को प्रतिबंधित करता है)[60] को भी पेश किया। यह व्यापक संहिता, जो अब भी भारत में लागू है और आपराधिक कानून को अधिशासित करता है। इसी के तहत पहली बार मानहानि और अश्लीलता को अपराध माना गया।

प्रेस और पुस्तक प्रकाशन अधिनियम, 1867

इसका उद्देश्य प्रेस को उतना नियंत्रित करना नहीं था, जितना पंजीकरण की प्रक्रिया के जरिए समाचार पत्रों और प्रिंटिंग प्रेस को नियमित करना था। इसका उद्देश्य भारत में प्रकाशित पुस्तकों और अन्य सामग्रियों को सुरक्षित रखना था। यह अधिनियम अब भी यथावत है।

द वर्नाकुलर प्रेस एक्ट, 1878

इसका उद्देश्य भारतीय भाषाओं के समाचार पत्रों में कथित "राजद्रोही" आलेखों को छापने वालों को दंडित करना था। इस अधिनियम ने पहली बार भारत सरकार को बिना अदालती आदेश के किसी भी प्रेस के परिसर में घुसने और सर्च वारंट जारी करने की शक्ति दी। इस कानून को 1881 में खत्म कर दिया गया। एक दिलचस्प घटनाक्रम में 1868 में स्थापित बंगाली समाचार पत्र *अमृत बाजार पत्रिका* ने वर्नाकुलर प्रेस एक्ट के तहत दंडित होने से बचने के लिए स्वयं को 1978 में रातों–रात अंग्रेजी दैनिक में बदल लिया।

वर्नाकुलर प्रेस एक्ट 1878 की तरह ही 19वीं और 20वीं सदी में कई ऐसे कानून बने जिसमें 'राजद्रोही' लेखन के खिलाफ कार्रवाई के निर्देश थे। ये

कानून थेः *दि ऑफिशियल सेक्रेट्स एक्ट, 1889; दि न्यूजपेपर्स (इन्साइटमेंट टू ऑफेंसेज) एक्ट, 1908; दि इंडियन प्रेस एक्ट, 1910; दि इंडियन प्रेस (इमरजेंसी पावर्स) एक्टए 1931*। कुछ कानूनों के तहत मुद्रकों और प्रकाशकों को जमानत राशि जमा करनी होती थी, जिसने प्रकाशकों को इतना कंगाल बना दिया कि वे कुछ छाप ही नहीं सकते थे। जबकि कुछ में प्रेस को जब्त करने के भी प्रावधान थे। इनमें से कई कानूनों को बाद में खत्म कर दिया गया।

दशकों बाद, आपातकाल के दौरान 1975–77 में, प्रिंट मीडिया पर जितने क्रूरतापूर्ण अत्याचार हो सकते थे, किए गए। सरकार ने प्रिवेंशन ऑफ पब्लिकेशन ऑफ ऑबजेक्शनेबल मैटर ऑर्डिनेंस (आपत्तिजनक सामग्री प्रकाशन निषेध अध्यादेश) प्रस्तुत किया, जो 1951 के एक अधिनियम की प्रतिकृति थी, जो हटा दिया गया था क्योंकि यह सरकार को सेंसरशिप की अतिशय शक्ति देता था। 1977 में बनी जनता सरकार ने 1975 में लिए गए कई पतनकारी कदमों को समाप्त कर दिया। बगैर किसी कानून के भी सरकार प्रेस को सीधा रखने के लिए, न्यूजप्रिंट कोटा जैसे अप्रत्यक्ष तरीके अपनाती रही हैं।

प्रेस की स्वतंत्रता

स्वतंत्रता प्राप्ति के उपरांत, भारत सरकार ने भारत में प्रेस कानूनों की समीक्षा करने के लिए प्रेस लॉ इन्क्वायरी कमेटी का गठन किया। इसने कई कानूनों में बदलाव और कई को खत्म करने के सुझाव दिए। अंततः प्रेस की स्वतंत्रता के लिए अलग से कोई प्रावधान नहीं करने का फैसला हुआ, और इसे संविधान की धारा–19(1)(क) के तहत देश के प्रत्येक नागरिकों को प्रदत्त बोलने और अभिव्यक्ति की स्वतंत्रता के अधिकार का हिस्सा माना गया। संविधान की धारा–19(1)(क) के तहत प्रदत्त बोलने और अभिव्यक्ति की स्वतंत्रता के अधिकार में कुछ अपवाद धारा 19(2) में दिये गये हैं, जिसके तहत अभिव्यक्ति के अधिकार पर कुछ मामलों में 'वाजिब प्रतिबंध' लगाए गये हैं, जैसे– *भारत की संप्रभुता और एकता, राष्ट्र की सुरक्षा, विदेशों से मित्रतापूर्ण संबंध, सार्वजनिक व्यवस्था, शालीनता या नैतिकता, अदालत की अवमानना, मानहानि या अपराध के लिए भड़काने* के संदर्भ में। ये संवैधानिक प्रावधान उस अधिकार की बुनियाद हैं जो भारत में प्रेस को मिला हुआ है।

कई अवसरों पर इस अधिकार को न्यायिक समीक्षा के कटघरे में खड़ा होना पड़ा। उच्चतम न्यायालय ने प्रेस की स्वतंत्रता को कई अन्य सहवर्ती अधिकारों के साथ जोड़कर देखा है:[61]

1. सूचना और विचारों के प्रसार और प्रचार का अधिकार। कोई प्रतिबंधकारक कानून, जो अप्रत्यक्ष रूप से किसी अखबार के प्रसार को प्रभावित करता है, उसे सुप्रीमकोर्ट द्वारा अभिव्यक्ति की स्वतंत्रता का उल्लंघन माना गया है।[62]

2. समाचार पत्र या पत्रिका को अपने आकार, मात्रा, कीमत और विज्ञापन के विस्तार का निर्णय लेने का अधिकार।[63] इससे पहले 1956 में, सरकार ने न्यूजपेपर (प्राइस एंड पेज) एक्ट, 1956 के तहत प्रेस को नियंत्रित करने का प्रयास किया था, जिसे सुप्रीमकोर्ट ने 1962 में निरस्त कर दिया। 1956 के कानून के मुताबिक, कोई भी समाचार पत्र सही अनुपात में अपनी कीमत बढ़ाये बिना पृष्ठों की संख्या नहीं बढ़ा सकता है। यह अतार्किक कानून था, जिसे कथित तौर पर छोटे अखबारों की रक्षा के लिए लाये जाने का दावा किया गया था।
3. सरकार की आलोचना का अधिकार, बोलने की स्वतंत्रता का अभिन्न अंग माना गया और इस अधिकार में काट–छांट करने की दिशा में सरकार द्वारा उठाए गए किसी भी कदम (जैसे प्री–सेंसरशिप नियमनों) को सुप्रीमकोर्ट द्वारा अमान्य करार दिया गया है, बशर्ते इस अभिव्यक्ति की स्वतंत्रता से राज्य के बुनियादी ढांचे पर कोई गंभीर खतरा न हो।[64]
4. साक्षात्कार करने और अपनी सूचना के स्रोतों की रक्षा का अधिकार। सुप्रीमकोर्ट ने फैसला दिया कि इस संदर्भ में प्रेस के अधिकार सीमित हैं और साक्षात्कार के लिए उस व्यक्ति की सहमति आवश्यक है।[65] हालांकि स्रोतों के खुलासे के लिए दबाव बनाने से प्रेस को बचाने के लिए, आम तौर पर स्वीकृत सिद्धांतों के सिवा, कोई खास प्रावधान नहीं है।
5. सुप्रीमकोर्ट ने विज्ञापन देने के अधिकार को भी अभिव्यक्ति की स्वतंत्रता के साथ जोड़ते हुए इसे 'वाणिज्यिक अभिव्यक्ति'[66] के रूप में व्याख्यायित किया। सुप्रीमकोर्ट ने कहा कि *'किसी भी लोकतांत्रिक प्रेस के लिए विज्ञापन सब्सिडी महत्वपूर्ण है'*।
6. कॉपीराइट कानून के तहत प्रेस को अपनी बौद्धिक संपदा का अधिकार है, यानि अपने कंटेन्ट के संरक्षण का अधिकार। भारतीय कॉपीराइट अधिनियम, 1957 के तहत उसे यह अधिकार प्राप्त है, और यह सिर्फ सोच नहीं बल्कि विचारों की भौतिक अभिव्यक्ति पर निर्भर रहता है। समाचार पत्र, पत्रिका का मालिक कॉपीराइट का प्रमुख स्वामी होता है, क्योंकि जो भी सामग्री प्रकाशित होती है, भले ही यह विभिन्न पत्रकारों या संवाददाताओं द्वारा लिखा गया है, पत्र या पत्रिका ने एक अनुबंध के तहत लेखक से प्राप्त किया है। जिन आलेखों के लेखक बाहरी हैं, उस लेखक द्वारा अखबार को इसका कॉपीराइट दिया जाता है। प्रेस द्वारा 'सिंडिकेशन' की प्रक्रिया में किसी पत्र या पत्रिका द्वारा सामग्री, कार्टून, पहेली या फोटोग्राफ का इस्तेमाल एक अनुबंध के तहत सीमित उपयोग के लिए होता है।

प्रेस पर प्रतिबंध

इनमें शामिल हैं:

निजता का अधिकार

व्यक्ति की निजता के अधिकार का सम्मान करना प्रेस का कर्तव्य है। हालांकि भारत के संविधान में निजता के अधिकार की कोई विशेष परिभाषा नहीं है, लेकिन सुप्रीमकोर्ट ने संविधान की धारा 21 (जीवन और स्वतंत्रता का अधिकार) के तहत निजता का अधिकार सुनिश्चित किया है। *आर. राजगोपाल बनाम तमिलनाडु राज्य* (1994) 6एससीसी632 में सुप्रीमकोर्ट ने कहा कि एकांत रहना व्यक्ति का अधिकार है और व्यक्ति की जानकारी के बिना उसके बारे में कुछ भी प्रकाशित करने का अधिकार किसी को भी नहीं है, बशर्ते यह मामला सार्वजनिक अभिलेख का न हो या किसी लोक अधिकारी की ड्यूटी के निर्वहन से जुड़ा हुआ न हो। निजता के हित में, कई अन्य कानून भी प्रेस पर कई तरह के प्रतिबंध लगाते हैं। उदाहरण के लिए, बाल अधिनियम, 1860, अदालती कार्यवाही में संलिप्त बच्चों के नाम और उनसे जुड़ी निजी जानकारी के प्रकाशन को प्रतिबंधित करता है; हिंदू विवाह कानून, 1955, वैवाहिक विवादों से जुड़ी अदालती कार्यवाही से संबंधित रिपोर्ट के प्रकाशन को प्रतिबंधित करता है; कॉपीराइट अधिनियम, 1957, कुछ निश्चित दस्तावेजों और तस्वीरों के अनाधिकृत प्रकाशन को प्रतिबंधित करता है; अपराध प्रक्रिया संहिता, 1973, बलात्कार जैसे अपराध की विधिक कार्यवाही से संबंधित रिपोर्टों के प्रकाशन को प्रतिबंधित करता है; महिलाओं का अश्लील प्रतिनिधित्व (निषेध) अधिनियम, 1986, महिलाओं की अभद्र प्रस्तुति से संबंधित प्रकाशनों और विज्ञापन को प्रतिबंधित करता है।

विदेशी निवेश

1955 में, केंद्रीय कैबिनेट ने एक प्रस्ताव पारित कर विदेशी कंपनियों को भारत में अपने प्रिंट ब्रांड का भारतीय संस्करण शुरू करने और भारतीय प्रिंट कंपनियों में निवेश करने पर रोक लगता दी। हालांकि यह प्रस्ताव कभी कानून नहीं बन सका, लेकिन अगले सभी दशकों तक इसकी मान्यता बनी रही। तकनीकी रूप से, विदेशी पत्रिकाओं को भारत में बेचने या भारतीय संस्करण शुरू करने या भारतीय प्रकाशन कंपनियों में निवेश करने से कोई नहीं रोक सकता। हालांकि, 1955 का कैबिनेट प्रस्ताव, जो कभी कानून या अध्यादेश नहीं बना, दशकों तक इस मुद्दे का निर्धारक बना रहा। 1990 तक, बहुत सी

कंपनियां जो भारत में विदेशी प्रिंट ब्रांड शुरू करना चाहती थीं या विदेशी निवेशकों को भारत लाना चाहती थीं, उन पर रोक लगी रही।

अंततः जून 2002 में, कैबिनेट ने एक प्रस्ताव पारित कर प्रिंट में 26 प्रतिशत विदेशी निवेश को मंजूरी दी। 2005 में विदेशी संस्थागत निवेश को अनुमति देने के लिए इसमें संशोधन किया गया और फिर मार्च 2006 में भी इसका संशोधन किया गया।

भारतीय प्रिंट उद्योग में विदेशी निवेश की नीति की प्रमुख विशेषताएं इस प्रकार हैं–

1. भारत में वैज्ञानिक और तकनीकी पत्रिकाओं, सावधिक और जर्नल प्रकाशित करने के लिए सौ प्रतिशत तक विदेशी निवेश की अनुमति है।
2. समाचार और समसामयिक घटनाचक्र से जुड़े समाचार पत्रों और सामयिक पत्रों के प्रकाशन में 26 प्रतिशत तक विदेशी निवेश यानी एफडीआई की अनुमति है, बशर्ते सूचना एवं प्रसारण मंत्रालय द्वारा जारी दिशानिर्देशों का पालन किया जाए। इस 26 प्रतिशत निवेश में अप्रवासी भारतीय, विदेशी संस्थागत निवेश, भारतीय मूल के नागरिक द्वारा निवेश भी शामिल हैं, लेकिन इनकी प्रमाणिकता उत्तम और अंतर्राष्ट्रीय स्तर की होनी चाहिए।
3. 26 प्रतिशत प्रत्यक्ष विदेशी निवेश की अनुमति सिर्फ उस स्थिति में है, जब परिणामी कंपनी भारतीय कंपनी अधिनियम, 1956 के तहत पंजीकृत हो और प्रदत्त अंश 26 प्रतिशत का हिस्सा हो। आगे, सबसे बड़े भारतीय अंशधारक की हिस्सेदारी कम से कम 51 प्रतिशत होना चाहिए, इनमें सार्वजनिक क्षेत्र के बैंकों और सार्वजनिक वित्तीय संस्थानों की हिस्सेदारी शामिल नहीं है।
4. 26 प्रतिशत विदेशी निवेश का पचास प्रतिशत नया अंशदान होना चाहिए, जबकि शेष पचास प्रतिशत अंश मौजूदा हिस्सेदारी अंतरण के जरिए दिया जा सकता है।
5. 26 प्रतिशत का विदेशी निवेश इस शर्त के साथ होगा कि परिणामी कंपनी के निदेशक मंडल के तीन चौथाई सदस्य और सभी प्रमुख कार्यकारी और संपादकीय कर्मचारी भारतीय नागरिक हों।
6. किसी भारतीय कंपनी को किसी भी विदेशी अखबार की प्रतिकृति प्रकाशित करने की अनुमति होगी, बशर्ते परिणामी कंपनी के निदेशक मंडल के तीन चौथाई सदस्य, सभी प्रमुख कार्यकारी और संपादकीय कर्मचारी भारतीय नागरिक हों। प्रतिकृति संस्करण में भारतीय पाठकों को लक्षित किसी भी रूप में कोई विज्ञापन और कोई स्थानीय रूप से उत्पादित या भारत विशेष सामग्री नहीं होनी चाहिए, जो विदेशी अखबार के मूल संस्करण में एक साथ प्रकाशित नहीं हुआ हो।

प्रतिकृति संस्करण के लिए सूचना प्रसारण मंत्रालय से पूर्व अनुमति प्राप्त करना आवश्यक है और उसका शीर्षक आरएनआई के पास पंजीकृत होना चाहिए।

7. सिंडिकेशन व्यवस्था (सामग्री स्थानांतरण व्यवस्था), जिसमें विदेशी प्रकाशन के फोटोग्राफ, कार्टून, क्रॉसवर्ड पहली, आलेख और फीचर की अनुमति इस शर्त के साथ है कि कुछ सामग्री की खरीदी और वास्तविक छपाई, भारतीय प्रकाशन के किसी अंक के कुल मुद्रित क्षेत्र का बीस प्रतिशत से ज्यादा नहीं हो और इसमें विदेशी प्रकाशन के संपादकीय पृष्ठ या सम्मुख पृष्ठ की पूर्ण प्रति शामिल नहीं है। विदेशी प्रकाशक के मास्ट हेड का उपयोग नहीं किया जा सकता है और भारतीय प्रकाशन में विशिष्ट बाइलाइन के रूप में श्रेय दिया जाना चाहिए।

इसके अतिरिक्त, समेकित विदेशी निवेश नीति (2012 के परिपत्र–1), जो 10 अप्रैल 2012 को प्रभाव में आया, ने विदेशी निवेश नीति से जुड़ी सभी नीतियों की जगह ले ली। यह समेकित नीति, इस संबंध में सूचना एवं प्रसारण मंत्रालय द्वारा जारी दिशा निर्देश के अधीन, विदेशी पत्रिकाओं के भारतीय संस्करण में 26 प्रतिशत विदेशी निवेश (अप्रवासी भारतीय, विदेशी संस्थागत निवेश और भरतवंशी समेत) की अनुमति प्रदान करती है[67], बशर्ते सूचना एवं प्रसारण मंत्रालय के दिशा निर्देशों की पालना की जाए। इस समेकित नीति के अनुसार, पत्रिका की परिभाषा इस प्रकार है, कोई सावधिक प्रकाशन जो रोजाना प्रकाशित नहीं होता है और सार्वजनिक समाचार और उन समाचारों पर टिप्पणी प्रस्तुत करता है[68]।

सूचना एवं प्रसारण मंत्रालय द्वारा जारी दिशानिर्देशों के अनुसार, सांकेतिक रूप से आवश्यक है कि[69]–

1. भारतीय संस्करण छापने वाली कंपनी भारतीय कंपनी एक्ट, 1956 के अंतर्गत पंजीकृत एक भारतीय कंपनी होनी चाहिए।
2. कंपनी का टाइटल आरएनआई से पंजीकृत होना चाहिए।
3. विदेशी पत्रिका छापने वाले प्रकाशक की विश्वनीयता प्रमाणिक होनी चाहिए।
4. भारतीय कंपनी के निदेशक मंडल के कम से कम तीन चौथाई सदस्य और सभी कार्यकारी और संपादकीय कर्मचारी (सूचना एवं प्रसारण मंत्रालय द्वारा अनुमोदित विदेशी रेजिडेंट को छोड़कर) भारतीय होने चाहिए।
5. विदेशी पत्रिका पिछले पांच सालों से लगातार प्रकाशित होनी चाहिए और अपने मूल देश में किसी भी वित्तीय वर्ष में कम से कम दस हजार प्रतियों का प्रसार होना चाहिए।

अन्य प्रतिबंध

ऐसे कई कानून हैं जो प्रेस पर कई प्रतिबंध लगाते हैं। उनमें से कुछ प्रतिबंध इस प्रकार हैं–

1. प्रेस और रजिस्ट्रेशन ऑफ बुक्स एक्ट, 1876, भारत में सभी प्रकाशनों का पंजीकरण अनिवार्य बनाता है। इस कानून के तहत एक आरएनआई बनाया गया है।[70] इसके अलावा यह प्रावधान भारत में सभी पुस्तकों, समाचार पत्रों के प्रिंटर या प्रकाशक का नाम, प्रिंटिंग का स्थान छापना अनिवार्य बनाता है, अखबार के मामले में संपादक का नाम भी छापना अनिवार्य है।
2. भारतीय पोस्ट ऑफिस अधिनियम, 1898, ऐसी अश्लील सामग्री के संचरण को दंडनीय अपराध बनाता है, जो डाक द्वारा भेजे जाते हैं।
3. द कस्टम एक्ट, 1962, ऐसी सामग्रियों के आयात पर सरकार को प्रतिबंध लगाने की अनुमति देता है जिससे सभ्यता या नैतिकता का स्तर गिरता हो।
4. द ऑफिशियल सेक्रेट्स एक्ट, 1923, ऐसी गतिविधियों पर रोक लगाता है जो भारत की संप्रभुता व अखंडता और राष्ट्र की सुरक्षा के लिए हानिकारक हो।
5. प्रतीक और नाम (अनुचित उपयोग की रोकथाम) अधिनियम, 1950, प्रतीकों और नामों, जैसे राष्ट्रीय ध्वज व सरकारी मुहर के उपयोग को प्रतिबंधित करता है।
6. राष्ट्रीय गौरव अपमान निवारण अधिनियम, 1971, के तहम राष्ट्रीय गरिमा को अपमानित करना अपराध माना गया है।
7. पुस्तक व समाचार पत्र वितरण (सार्वजनिक पुस्तकालय) अधिनियम, 1954 के तहत प्रत्येक प्रकाशित समाचार पत्र को अखबार की एक प्रति चिह्नित पुस्तकालय को पहुंचाना अनिवार्य है।
8. दवा एवं जादुई उपचार (आपत्तिजनक विज्ञापन) अधिनियम, 1954 यौन दुर्बलताओं, मासिक गड़बड़ियों को दूर करने संबंधी या दवाओं के झूठे दावे करने वाले विज्ञापन छापने को प्रतिबंधित करता है।
9. द वर्किंग जर्नलिस्ट एंड अदर न्यूजपेपर इंप्लॉयीज (कंडीशन्स ऑफ सर्विस एंड प्रॉविजन्स) एक्ट, 1955 और, द वर्किंग जर्नलिस्ट्स (फिक्सेशन ऑफ रेट्स ऑफ वेजेज) एक्ट 1958 में पत्रकारों और समाचार पत्र कर्मचारियों के न्यूनतम मानक कार्यस्थिति का उल्लेख करता है।
10. द यंग पर्सन्स (हार्मफुल पब्लिकेशन) एक्ट, 1956, ऐसी सामग्री के प्रकाशन को अपराध मानता है, जिससे 20 साल से कम उम्र के किसी व्यक्ति को भ्रष्टाचार की ओर प्रवृत करता है।

11. परमाणु उर्जा अधिनियम, 1962, परमाणु संयंत्रों, उसके उद्देश्यों और उसकी संचालन विधि का खुलासा करने को प्रतिबंधित करता है।
12. नागरिक रक्षा अधनियम, 1968, सरकार को किसी समाचार पत्र के प्रकाशन या मुद्रण को रोकने की शक्ति देता है, जिसमें देश के रक्षा मामलों के बारे में पूर्वाग्रह से ग्रसित सामग्री हो।
13. ईनामी प्रतियोगिता अधनियम, 1955 और प्राईज चिट्स एंड मनी सर्कुलेशन स्कीम्स (बैंनिंग) अधिनियम, 1978, अवैध लॉटरी से संबंधित सामग्री के प्रकाशन को अपराध बनाता है।
14. राष्ट्रीय सुरक्षा अधिनियम, 1980, सरकार को भारत की रक्षा और राष्ट्र की सुरक्षा के खिलाफ पूर्वाग्रह से ग्रसित होकर कार्य करने से वाले व्यक्ति को हिरासत में लेने की अनुमति देता है।
15. लोकप्रतिनिधित्व अधिनियम, 1951, चुनाव से संबंधित अन्य प्रतिबंधों के अलावा, किसी उम्मीदवार के निजी आचरण या चरित्र के बारे में झूठे तथ्य के प्रकाशन को रोकता है।
16. पुलिस (असंतोष को भड़काने) अधिनियम, 1922, पुलिस बल के सदस्यों में असंतोष भड़काने वाले किसी कार्य को प्रतिबंधित करता है।
17. गैर कानूनी गतिविधि (निरोधक) अधिनियम, 1967, भारत के किसी भी हिस्से को अलग करने से जुड़े किसी भी कार्य को अपराध बनाता है।
18. जन अधिकारों की सुरक्षा अधिनियम, 1955, किसी ऐसे कार्य पर रोक लगाता है, जो छुआछूत प्रथा को बढ़ावा देता है।
19. प्रेस किसी भी व्यक्ति के अधिकारों का हनन नहीं करे और उसकी प्रतिष्ठा को नुकसान नहीं पहुंचाए, बल्कि व्यक्ति की प्रतिष्ठा और निष्ठा की रक्षा करे। भारत में मान हानि दावे के उपचार का अधिकार देता है और भारतीय दंड संहिता, 1860 के तहत यह अपराध है। समाचार पत्र में अवैधानिक सामग्री के प्रकाशन के लिए अभियोजन में प्रबंध संपादक, रेजिडेंट संपादक, या प्रधान संपादक किसी को भी कोई वैधानिक छूट नहीं है, जो व्यक्ति उस प्रकाशन पर नियंत्रण रखते हैं। मानहानि के लिए कार्रवाई के बचाव में ये सब बातें कही जा सकती हैं– तथ्य के सही होने के दावे के पक्ष में तर्क, जनहित के मामलों पर उचित टिप्पणी, विशेषाधिकार (उचित) और प्रकाशित तथ्य संबंधित व्यक्ति की जानकारी में होना आदि।
20. एचआईवी या एड्स से ग्रसित व्यक्ति या बच्चों की रिपोर्टिंग से जुड़ी चिंताओं के समाधान के लिए प्रेस काउंसिल ऑफ इंडिया ने दिशानिर्देश जारी किए। एचआईवी या एड्स के प्रभावित व्यक्तियों की रिपोर्टिंग से जुड़े दिशानिर्देश 2008 में संशोधित हुए और मीडियाकर्मियों (प्रिंट, विजुअल और इलेक्ट्रॉनिक मीडिया) को वस्तुनिष्ठ, उचित, सही और संतुलित रिपोर्टिंग करना आवश्यक है।

साथ ही, एचआईवी या एड्स के उपचारों और प्रसार से संबंधित मिथकों या अप्रमाणिक परंपरागत दवाओं को प्रोत्साहित करने के प्रति सावधान रहने की जरूरत है।

21. बच्चों के संबंध में, भारतीय प्रेस परिषद ने 2010 में पत्रकारीय आचरण पर बने नियमों को नवीनीकरण किया। बच्चों की रिपोर्टिंग के लिए आवश्यक है कि उनकी पहचान और निजता का सम्मान किया जाए, खासकर, उन मामलों में, जो बच्चों के यौन उत्पीड़न, यौन दुराचार जनित बच्चे, जबर्दस्ती विवाह या अवैध यौनाचार से जुड़े हों।

भारत में प्रेस के हितों और उससे जुड़े विवादों का प्रबंधन प्रेस परिषद करता है, जिसका गठन प्रेस परिषद अधिनियम, 1978 के तहत हुआ था। भारतीय प्रेस परिषद का काम प्रेस की स्वतंत्रता सुनिश्चित करना व उसके स्तर को सुधारना और उसकी निगरानी करना है। प्रेस के संबंध में लोक शिकायतों के निपटारे के लिए नियम और प्रक्रियाएं बनी हुई है।[74]

मूल्यांकन के मानक[75]

मुख्य कारक

2003 तक, कुछ ही प्रकाशकों ने बाजार से पैसा उठाया था। यहां यह भी उल्लेखनीय है कि प्रकाशन उद्योग आंकड़ों को लेकर काफी संरक्षणवादी था। इसलिए मूल्यांकन कैसे किया गया, इसका विश्लेषण करना बेहद कठिन था। बाजार में कुछ ही सूचीबद्ध कंपनियां थीं– संदेश, इंफोमीडिया और मिड–डे मल्टीमीडिया। 2002 में विदेशी निवेश को मंजूरी मिल जाने के बाद, कुछ निजी प्रिंट कंपनियों ने इक्विटी सौदे किये और बाद में आईपीओ लेकर आईं। हालांकि, 2005 के बाद, कई बड़ी प्रिंट कंपनियां– डेक्कन क्रॉनिकल होल्डिंग्स, एचटी मीडिया और जागरण प्रकाशन शेयर बाजार में सूचीबद्ध हुईं। अब ये बात पूरी तरह स्पष्ट हो गई है कि व्यवसाय में मूल्यांकन कैसे काम करता है।

प्रभावित करने वाली कुछ चीजें इस प्रकार हैं–

स्थान, मात्रा और बाजार में हिस्सेदारी

जैसा कि पहले ही बताया जा चुका है कि अगर कंपनी बाजार में अग्रणी है या दूसरे नंबर पर है तो राजस्व और लाभ का एक बड़ा हिस्सा उसके हाथ लगेगा। टाइम्स ऑफ इंडिया इसका अच्छा उदाहरण है। अंग्रेजी समाचार

बाजार में इसके अग्रणी होने का मतलब है, राजस्व और मुनाफे में ज्यादा बड़ा हिस्सा मिलना। इसकी अन्य सभी प्रकाशनों में सबसे अधिक बिक्री करने (उदाहरण के लिए, द इकोनॉमिक टाइम्स या नवभारत टाइम्स) अन्य मीडिया से आगे निकलने (टीवी, इंटरनेट, रेडियो) या इवेंट करने (फिल्म फेयर अवार्ड्स) की योग्यता इसे अपने सभी प्रतिद्वंद्वियों से बेहतर बनाता है।

व्यवसाय से व्यवसाय या व्यवसाय से ग्राहक

व्यवसाय से ग्राहक पत्रिका या अखबार का लक्ष्य मोटे तौर पर आम आदमी होता है, जैसे– *आउटलुक या इंडिया टुडे*। जबकि व्यवसाय से व्यवसाय प्रकाशन का लक्ष्य चुनिंदा व्यापार या व्यवसाय से जुड़े लोग होते हैं। व्यवसाय से व्यवसाय प्रायः लाभमूलक होता है। हालांकि, व्यवसाय से ग्राहक की पहुंच ज्यादा से ज्यादा लोगों तक होती है, इसलिए इसके मुनाफे का आकार अधिक होता है, बावजूद इसके कि व्यवसाय से व्यवसाय मूलक प्रकाशन की तुलना में इसकस लाभ प्रतिशत कम होता है। आईडीएफसी कैपिटल के निदेशक, अमोल ढारिया कहते हैं कि यह व्यवसाय का अधिक स्थायी हिस्सा होता है। वे कहते हैं कि चूंकि बिजनेस टू बिजनेस का अधिकतर उपयोग बिलो–द–लाइन गतिविधियों के लिए होता है, इसलिए मंदी की स्थिति में सबसे पहले इसे ही बंद किया जाता है।

निवेशित पूंजी पर लाभ (Return of Capital Employed-ROCE)

उन दिनों, प्रिंट में ज्यादा गतिविधियां नहीं थीं, इसलिए निवेशित पूंजी पर लाभ किसी भी कंपनी की क्षमता को मापने का अच्छा तरीका था, खासतौर से विलय एवं अधिग्रहण सौदों में। प्रिंट विशिष्ट रूप से एक पूंजी प्रधान और देर से फल देने वाला व्यवसाय है। इस व्यवसाय में अधिकतर कंपनियां लंबे समय से बनी हुई हैं, जिसकी वजह से उसके संयंत्र और संपत्ति का मूल्य घट गया। इसलिए निवेशित पूंजी पर अर्जित लाभ कंपनी के आर्थिक स्वास्थ्य का सूचक है। जो कंपनियां अपनी पूर्ण क्षमता से चल रही है वे 30–40 प्रतिशत मुनाफा कमा सकती हैं। हालांकि, जैसे ही प्रिंट मीडिया में विस्तार और अन्य मीडिया में विस्तार की आवश्यकता बढ़ी है, निवेशित पूंजी पर लाभ फॉर्मूला कारगर नहीं रहा। ढारिया कहते हैं कि प्रिंटिंग भी परिवर्तनशील खर्च हो गया है, क्योंकि इसे भी आउटसोर्स किया जा सकता है। एक समाचार पत्र विस्तार करते वक्त हर बार प्रिंटिंग प्रेस खरीदने में खर्च नहीं करता है। उनका कहना है 'निवेशित पूंजी पर लाभ महत्वपूर्ण है, लेकिन मीडिया व्यवसाय के मूल्यांकन में अब ये पक्ष प्रबल नहीं रह गया है।

बाजार की गतिशीलता

अगर बाजार खंडित है और उच्च वृद्धि की स्थिति में है तो आंतरिक वृद्धि और विलय एवं अधिग्रहण के संभावना बहुत ज्यादा होती है। इसके लिए मुक्त नकदी प्रवाह, प्रबंधन में गहराई और संतुलन बनाए रखने की क्षमता, ये सभी कारक अहम हैं। तब EBITD।[76] मूल्यांकन का मापक होता है और बाजार का विकास मूल्यांकन को प्रभावित करता है।

तालमेल

ढारिया के मुताबिक यह हर मीडिया पर लागू होता है। 'भले ही आप बाजार में अग्रणी न हों, लेकिन अगर आप में बहुमीडिया के स्वामित्व (जैसे टाइम्स ऑफ इंडिया) या मूल्य श्रृंखला में उर्ध्वाधर उपस्थिति (एक टेलीविजन कंपनी जिसके पास डीटीएच और केबल फर्म दोनों हों) से मुनाफा कमाने की योग्यता हो तो किसी क्षेत्र में अगुवाई की कमी को पूरा कर लेती है' ढारिया कहते हैं।

तालिका 1.1क प्रिंट में शीर्ष विज्ञापनदाता–उत्पाद श्रेणी

2010 में प्रिंट में टॉप 10 श्रेणियां		
स्थान	**शीर्ष श्रेणियां**	**% हिस्सेदारी**
1	सेवा	12
2	शिक्षा	12
3	बैंकिंग/वित्त/निवेश	11
4	ऑटो	7
5	खुदरा	5
6	व्यक्तिगत सामान	4
7	टिकाऊ वस्तुएं	4
8	व्यक्तिगत स्वास्थ्य संबंधी	3
9	वस्त्र	2
10	कॉर्पोरेट/ब्रांड छवि	2
2011 में प्रिंट में टॉप 10 श्रेणियां		
स्थान	**शीर्ष श्रेणियां**	**% हिस्सेदारी**
1	सेवा	14
2	शिक्षा	11
3	बैंकिंग/वित्त/निवेश	9

(तालिका 1.1क जारी)

(तालिका 1.1क जारी)

स्थान	शीर्ष श्रेणियां	% हिस्सेदारी
4	ऑटो	8
5	खुदरा	5
6	व्यक्तिगत सामान	5
7	टिकाऊ वस्तुएं	4
8	व्यक्तिगत स्वास्थ्य संबंधी	3
9	वस्त्र	2
10	खाद्य और पेय	2
2012 में प्रिंट में टॉप 10 श्रेणियां		
स्थान	**शीर्ष श्रेणियां**	**% हिस्सेदारी**
1	सेवा	14
2	शिक्षा	11
3	ऑटो	9
4	बैंकिंग/वित्त/निवेश	8
5	व्यक्तिगत सामान	5
6	खुदरा	5
7	टिकाऊ वस्तुएं	4
8	निजी स्वास्थ्य संबंधी	2
9	खाद्य और पेय	2
10	वस्त्र	2

स्रोतः एडेक्स इंडिया, टैम मीडिया रिसर्च का एक प्रभाग

नोटः रैंकिंग विज्ञापन की मात्रा पर आधारित है। मात्रा को कॉलम सेंटीमीटर के हिसाब से मापा गया है।

तालिका 1.1ख प्रिंट में शीर्ष विज्ञापनदाता–कंपनियां

2010 में प्रिंट में टॉप 10 विज्ञापनदाता		
स्थान	**विज्ञापनदाता**	**हिस्सेदारी (%)**
1	नापतौल डॉट कॉम	1
2	टाटा मोटर्स	1
3	पैंटालून रिटेल इंडिया लिमिटेड	1
4	मारूति उद्योग लिमिटेड	1

(तालिका 1.1ख जारी)

(तालिका 1.1ख जारी)

स्थान	विज्ञापनदाता	हिस्सेदारी (%)
5	एलजी इलेक्ट्रोनिक्स लिमिटेड	1
6	गीतांजलि जेम्स लिमिटेड	1
7	डेल कंप्यूटर कॉर्पोरेशन	1
8	एसबीआई (स्टेट बैंक ऑफ इंडिया)	0.5
9	जनरल मोटर्स इंडिया लिमिटेड	0.5
10	वीडियोकोन इंडस्ट्रीज लिमिटेड	0.4
2011 में टॉप 10 विज्ञापनदाता		
स्थान	**विज्ञापनदाता**	**हिस्सेदारी (%)**
1	टाटा मोटर्स लि.	2
2	नापतौल डॉट कॉम	1
3	गीतांजलि जेम्स लि.	1
4	टीवीसी स्काईशॉप डॉट कॉम लि.	1
5	जनरल मोटर्स इंडिया लि.	1
6	सैमसंग इंडिया इलेक्ट्रॉनिक्स लि.	1
7	मारूति उद्योग लि	1
8	पैंटालून रिटेल इंडिया लि.	1
9	महिंद्रा एंड महिंद्रा	0
10	वीडियोकॉन इंडस्ट्रीज लि.	0
2012 में प्रिंट में शीर्षस्थ विज्ञापनदाता कंपनियां		
स्थान	**विज्ञापनदाता**	**हिस्सेदारी (%)**
1	गीतांजलि जेम्स लि	2
2	नापतौल डॉट कॉम	2
3	टाटा मोटर्स लि	1
4	मारूति उद्योग लि.	1
5	एसबीआई (स्टेट बैंक ऑफ इंडिया)	1
6	हीरो मोटरकॉर्प लि.	1
7	सैमसंग इंडिया इलेक्ट्रोनिक्स लि	1
8	हिंदुस्तान लीवर लि.	0
9	एसबीएस बायोटेक ग्रुप ऑफ कंपनीज	0
10	बजाज ऑटो लि.	0

स्रोतः एडेक्स इंडा, टैम मीडिया रिसर्च की एक शाखा

नोटः रैंकिंग विज्ञापन की मात्रा पर आधारित है। मात्रा कॉलम सेंटीमीटर में मापा जाता है।

तालिका 1.2 भारत में प्रिंट उद्योग–व्यापक परिदृश्य

भाषा	राजस्व (अरब रुपये)		रीडरशिप हिस्सेदारी %	विज्ञापन राजस्व हिस्सेदारी %
	2011	2012		
इंग्लिश (कुल)	83	86	10	39
विज्ञापन	57	59		
प्रसार	26	27		
हिंदी (कुल)	62	69	36	30
विज्ञापन	41	45		
प्रसार	22	24		
अन्य भारतीय भाषाएं (कुल)	63	69	54	31
विज्ञापन	42	46		
प्रसार	21	23		
कुल विज्ञापन राजस्व	139	150		
कुल प्रसार राजस्व	69	74		
समग्र प्रिंट उद्योग राजस्व	209	224		

स्रोतः फिक्की–केपीएमजी रिपोर्ट 2013, आईआरएस एंड हंसा रिसर्च

नोटः रीडरशिप प्रतिशत 2012 में आईआरएस के तीसरे चरण के औसत अंक रीडरशिप को बतलाता है।

केसलेट 1क डिजिटल विध्वंस–अमेरिकी कहानी*

'भविष्य में हम न्यूयॉर्क टाइम्स का मुद्रण बंद कर देंगे, तारीख निर्धरित नहीं है' अंतर्राष्ट्रीय न्यूजरूम शिखर सम्मेलन में संबोधित करते हुए प्रकाशक और चेयरमैन अर्थर सल्जबर्गर ने कहा। अखबारों के भविष्य की झलक देखने के लिहाज से, अमेरिका जैसा कोई बाजार नहीं हो सकता। यह एक ऐसी परख नली है जिसमें हम देख सकते हैं कि इंटरनेट क्या कर सकता है और समाचार कंपनियों को क्या करना या क्या नहीं करना चाहिए।

सबसे पहले तथ्यों को देखते हैं। अमेरिका में अखबार व्यसाय सिकुड़ गया है, यहां तक कि संचालन मुनाफा भी 25 से गिरकर 15 प्रतिशत रह गया है। सकल विज्ञापन राजस्व का गिरना लगातार जारी है और 2006

(केसलेट जारी)

(केसलेट जारी)

में 49.3 बिलियन डॉलर से गिरकर आधे से भी कम होकर 2011 में 24 बिलियन डॉलर रह गया है। ऑनलाइन राजस्व में लगातार वृद्धि हो रही है, लेकिन ये प्रिंट के राजस्व में हुए नुकसान की भरपाई नहीं करता है। वस्तुतः 2012 में, न्यूज मीडिया की स्थिति पर आई रिसर्च रिपोर्ट के मुताबिक, मीडिया कंपनियों के प्रिंट और ऑनलाइन राजस्व का अनुपात 10:1 था। पेड सर्कुलेशन (भुगतान प्रसार) में व्यापक रूप से गिरावट आ रही है। 1990 में 62.3 मिलियन से गिरकर 2000 में 55.0 मिलियन और 2010 में 43.4 मिलियन रह गया है। इंटरनेट पर समाचार पत्र पढ़ने में व्यतीत समय 2006 में औसतन 41 मिनट के मुकाबले 2011 में बढ़ कर 66 मिनट प्रति व्यक्ति प्रति माह हो गया। यह संकेत करता है कि लोग ऑनलाइन की तरफ तेज़ी से बढ़ रहे हैं।

इसी बीच, ऑनलाईन विज्ञापन में साल दर साल बढ़ोतरी हो रही है। इंटरेक्टिव एडवरटाइजिंग ब्यूरो के लिए प्राइसवाटरहाउसकूपर्स द्वारा कराई गइ एक शोध के अनुसार, अमेरिका में साल 2011 में इंटरनेट विज्ञापन खर्च में 22 फीसदी और मोबाइल विज्ञापन खर्च में 149 फीसदी का इजाफा हुआ है। ऑनलाइन विज्ञापन से पैसा बनाने का समय है, क्योंकि समाचार पत्र अब भी इसे पकड़ नहीं पा रहे हैं।

अमेरिकी समाचार पत्र उद्योग बड़ी उथल–पुथल और बदलाव के दौर से गुजर रहा है। ग्राहक जिस तरह से खबरों को लेते हैं उस तौर–तरीके में आमूल–चूल परिवर्तन देखा जा रहा है। *न्यूयॉर्क टाइम्स* के निक क्रिस्टॉफ ने एक बार एक साक्षात्कार में कहा कि, 'हम तय समय पर घोषणात्मक खबरों के फॉर्मेट से 24×7 न्यूज फॉर्मेट में तब्दील हो रहे हैं, जहां हम हर वक्त दुनिया से वार्तालाप कर रहे हैं'[77]। इसका पत्रकारिता के परिदृश्य और समाचार पत्र व्यवसाय पर व्यापक असर डालता है। असंख्य स्रोतों से भारी मात्रा में निशुल्क सूचनाएं इंटरनेट पर उपलब्ध होने और 2008 के वैश्विक आर्थिक मंदी ने अखबार के पाठकों को पलायन के लिए एक महत्वपूर्ण कारण दे दिया।

समाचार पत्र कंपनियां अपना राजस्व बढ़ाने के लिए विभिन्न रणनीतियों का इस्तेमाल कर इस बदलाव का मजबूती से मुकाबला कर रही हैं। इन रणनीतियों को मोटे तौर पर तीन भागों में बांटा जा सकता हैः

पहलाः तकनीक और सोशल मीडिया में निवेशः नाइट फाउंडेशन फॉर जर्नलिज्म ने भविष्य की पत्रकारिता का रास्ता प्रशस्त करने के लिए तकनीक से जुड़ी परियोजनाओं में करीब 15 करोड़ डॉलर का निवेश

(केसलेट जारी)

(केसलेट जारी)

किया। अनेक पत्रकारिता विद्यालयों ने अंतर्विषयक पाठ्यक्रमों शुरू किये हैं, जिसमें कंप्यूटर, पत्रकारिता और डिजाइन के छात्रों की मिलीजुली आवश्यकता है ताकि वे डिजिटल पत्रकारिता के अनुकूल सॉफ्टवेयर और तकनीक विकसित करें। इन परियोजनाओं में से एक नॉर्थवेस्टर्न यूनिवर्सिटी के छात्रों द्वारा विकसित की गई "न्यूजफीड" वेबसाइट है, जिसे आईफोन के लिए बनाया गया है, जो ऐसे पाठकों को न्यूज पैकेज देती है जिनके पास समय का अभाव है। इस वेबसाइट पर आर्टिकल को 'एप्टाइजर्स' (पांच मिनट में संक्षिप्त समाचार), 'इंट्री' (चार विस्तृत समाचार) और डेज़र्ट (दो मजेदार और हल्की फुल्की सामग्री)। कंपनियां सुविचारित सोशल मीडिया रणनीति और इसमें निवेश करने के महत्व को स्वीकारने लगी हैं। सोशल मीडिया प्रोमोशन को बेहतर बनाने, ब्रांड को इंटरएक्टिव बनाने, सूचनाओं के व्यापक प्रसार में मदद करता है। जब ग्राहक इन अखबारों से किसी आर्टिकल पर टिप्पणी करते हैं, उसकी रेटिंग करते हैं, लिंक पोस्ट करते हैं, आर्टिकल शेयर करते हैं, तो इनकी वेबसाइट पर और अधिक पाठक आने लगते हैं।

दूसराः मीडिया और गैर मीडिया व्यवसाय में समाचार आपूर्ति और सामग्री सृजन से इतर विविधता लाना। वर्ल्ड न्यूजमीडिया रिसर्च ग्रुप (डब्ल्यू.एन.आर.जी) के लिए कैप्स्टोन द्वारा किए गए एक शोध के अनुसार, कंपनियां अपने उत्पाद विस्तार के लिए अपने ब्रांड के नाम का उपयोग कर रही हैं। *द न्यूयॉर्कर* और जर्मनी के समाचार पत्र *फ्रैंकफर्टर ऑलजैमिनी जैटुंग* फीस लेकर अपने ऑनलाइन अभिलेख लोगों के लिए पेश करते हैं। उनमें से कुछ कंपनियां वित्त या विधि जैसे विषयों पर विशेषीकृत गहन रिपोर्ट (स्पेशलाइज्ड इन डेप्थ रिपोर्ट) फीस लेकर मुहैया करा रही हैं। चिली का एक अखबार *अल मर्क्युरियो* ने अपनी दूसरी वेबसाइट शुरू की है, जहां सभी सामग्री सशुल्क है, जबकि केवल कुछ क्षेत्रों में विश्लेषण और विस्तृत सामग्री उपलब्ध कराती हैं। व्यवसाय अपने ब्रांड का नाम अपने ऑनलाईन स्टोर के सामान बेचने के लिए भी करते हैं। उदाहरण के लिए, *न्यूयॉर्क टाइम्स* के पास एक स्टोर है, जहां मग से लेकर सब सामान बिकते है। अपने खाने पीने के विभाग में, वह अमेरिका से अन्यत्र स्थानों से वाइन बेचते हैं। दूसरी ओर, *द गार्जियन* समीक्षा की हुई पुस्तकें बेचता है, जबकि जर्मन अखबार, *सुड्डेत्च जेटुंड* किताबों और डीवीडी की संस्तुति और बिक्री करता है। कई दूसरे समाचार पत्र दूसरे तरह के व्यवसाय में भी हाथ आजमा रहे

(केसलेट जारी)

(केसलेट जारी)

हैं, जैसे स्थानीय सोशल नेटवर्क तैयार करना, जिसका इस्तेमाल स्थानीय विज्ञापनदाता विशेष लक्ष्य हासिल करने के लिए करते हैं या मेडिकल सम्मेलन समेत एडिटिंग कक्षाओं की कार्यशाला आयोजित करने में कर रहे हैं।

तीसराः पैसा वसूली की विभिन्न रणनीति अपनाना। कंपनियों को अपने कंटेंट के लिए पाठकों से पैसा मांगने में जरा भी संकोच नहीं है, लेकिन समस्या ये है कि जब इतने सारी सामग्रियां ऑनलाईन निशुल्क उपलब्ध हैं, तो ग्राहक इन कंपनियों की सामग्री के लिए पैसा क्यों चुकाएगा। बाल्टीमोर के पूर्व समाचारपत्र मालिक सायमन ने अमेरिकी सीनेट की सुनवाई में कंटेंट संकलनकर्ता को जोंक की संज्ञा दी। '....वेबसाइटों और ब्लॉगों का संग्रह करना कंटेंट के दोहराव और टिप्पणी से कुछ ज्यादा योगदान करता है। इस बीच, पाठक, संग्राहक से समाचार जान लेते हैं और इसके मूल स्रोत को छोड़ देते हैं, यानी समाचारपत्र को। ये परजीवी धीरे–धीरे अपने पोषक को खा रहे हैं"।

अखबार ने अपने कंटेंट के लिए अपने पाठकों से दूसरे तरीके से पैसा वसूलना शुरू कर दिया है। उदाहरण के लिए *न्यूयॉर्क टाइम्स* आपको अपने कुछ लेख निशुल्क पढ़ने देता है, अगर आप और ज्यादा पढ़ना चाहते हैं तो आपको पैसे देने के लिए कहता है या वही आर्टिकल आपको पढ़ने देता है जो ऑनलाईन सर्च या सोशल मीडिया वेबसाइट द्वारा अनुप्रेषित होते हैं। न्यूयॉर्क टाइम्स अपने सभी प्रिंट सब्सक्राइबरों को डिजिटल सब्सक्रिप्शन मुफ्त देता है। लेकिन डिजिटल सब्सक्राइबरों को प्रिंट सब्सक्रिप्शन मुफ्त नहीं देता। ग्राहकों के पास डिजिटल सब्सक्रिशन में अनेक विकल्प चुनने की आजादी है। *यूएसए टुडे* या *द गार्जियन* पूर्ण रूप से विज्ञापन पर आश्रित है और अपने पाठकों को संपूर्ण सामग्री निशुल्क मुहैया कराता है। दूसरी ओर, *वाल स्ट्रीट जर्नल* विशेषीकृत लेखों के लिए ग्राहकों से भुगतान की उम्मीद करता है, जबकि कुछ सामान्य लेख निशुल्क होते हैं। टाइम्स ऑफ लंदन जैसी कंपनियां पूरी तरह भुगतान आधारित हैं– यानी अगर इनके वेबसाइट से आपको कुछ पढ़ना है, तो आपको पैसे चुकाने होंगे।

ये देखना बाकी है कि ये रणनीति दीर्घकाल में राजस्व पर कितना प्रभाव डाल पाएंगी।

**केसलेट, टीएनएस इंडिया और कलर्स के पूर्व क्वालिटेटिव रिसर्चर सिंदुजा रंगराजन द्वारा शोध कर लिखा गया है। वह इस समय यूनिवर्सिटी ऑफ सदर्न कैलिफोर्निया में जर्नलिज्म की पढ़ाई कर रही हैं।*

केसलेट 1ख हिंदी समाचारपत्रों की शक्ति का अभ्युदय[§]

2005 तक, भारत में प्रिंट मीडिया विज्ञापन का 60 प्रतिशत हिस्सा अकेले अंग्रेजी अखबारों को मिलता था। बाकी 40 प्रतिशत हिस्सा, हिंदी समेत अन्य भारतीय भाषाओं की झोली में आता था। अब यह अनुपात ठीक इसके विपरीत है। डीबी कॉर्पोरेशन (दैनिक भास्कर) के निदेशक गिरीश अग्रवाल कहते हैं, 'बाजार की क्षमता, आकार और जीवंतता अब प्रतिबिम्बित होने लगी है'।

छोटे शहरों का मध्यवर्गीय परिवार समृद्ध हो रहा है और विज्ञापनदाता उन तक पहुंचना चाहते हैं। हालांकि यह उछाल सभी भारतीय भाषाओं में देखा जा रहा है, लेकिन हिंदी सबसे ऊपर है। हिंदी भाषा देश के तेरह राज्यों और केंद्र शासित प्रदेशों की पचास करोड़ आबादी द्वारा बोली जाती है। इतनी बड़ी आबादी ने प्रिंट मीडिया का विज्ञापन आकार 75 अरब रुपये का बन गया है, जो 10.8 प्रतिशत की दर से बढ़ रहा है, जबकि भारत में प्रिंट विज्ञापन की औसत वृद्धि दर 8.7 प्रतिशत है[78]। भारत की शेष सभी भाषाएं मिलकर भी उतना ही विज्ञापन राजस्व पाती हैं, जितना अकेली हिंदी को मिलता। अगर कोई प्रकाशन कंपनी राष्ट्रीय स्तर पर उभरना चाहती है तो उसके लिए हिंदी बाजार सबसे अहम है। 2012 के आंकड़ों के मुताबिक, 224 अरब रुपये के समाचारपत्र कारोबार में हिंदी की हिस्सेदारी 31 प्रतिशत है, जो 2008 में महज 20 प्रतिशत थी।

तीन सूचीबद्ध प्रकाशक, *दैनिक जागरण, दैनिक भास्कर* और *हिंदुस्तान,* काफी तेजी से विस्तार कर रहे हैं। गैर–सूचीबद्ध कंपनियों में *राजस्थान पत्रिका* और *अमर उजाला* भी अपना धरातल बचाने में कामयाब हो रही हैं और नये कदम भी उठा रही हैं। ज्यादातर को यह पता चल रहा है कि भारत का खंडित अखबार कारोबार एक भयावह विलय एवं अधिग्रहण बाजार बन रहा है। भारत में 32000 से भी अधिक हिंदी प्रकाशन हैं (इनमें से ज्यादातर अखबार हैं)। इनमें अधिकतर अप्रासंगिक हैं। कई अच्छे ब्रांड, *अमर उजाला, राजस्थान पत्रिका या प्रभात खबर* बिक्री के लिए उत्सुक नहीं हैं। दूसरे जैसे, *नई दुनिया* पहले ही बिक चुका है (2012 में जागरण ने खरीदा)।

अधिग्रहण और आकार इतना महत्वपूर्ण क्यों है? 6 करोड़ 40 लाख पाठकों के साथ, हिंदी अखबारों के पास अंग्रेजी की तुलना में तीन गुना से ज्यादा पाठक हैं। इसके बावजूद अंग्रेजी अखबारों की विज्ञापन दर हिंदी अखबारों की विज्ञापन दर पांच गुना से ज्यादा है। सात साल पहले

(केसलेट जारी)

(केसलेट जारी)

तो यह अंतर 10–12 गुना था। पत्रिका समूह के राष्ट्रीय मार्केटिंग हेड, अरविंद कालिया कहते हैं 'सुधार इसलिए आया है क्योंकि इस समय हिंदी अखबारों के बारे में विज्ञापनदाताओं की धारणा में सकारात्मक परिवर्तन आया है'। आगे ज्यों–ज्यों साक्षरता दर बढ़ेगी और छोटे शहरों का विस्तार होगा, हिंदी और भारतीय भाषाओं के अखबारों में अतिरिक्त बढ़ोतरी होगी और विज्ञापन दर में भी बेहतरी आएगी, वहीं अंग्रेजी अखबारों का दायरा सिमटेगा।

ऐसा सिर्फ उन ब्रांडों के लिए होगा जो हिंदी बाजार की मांग को पूरा करते हैं। उदारहण के लिए, *दैनिक भास्कर* अगर मध्यप्रदेश के सभी शहरों में हिंदी अखबारों की अगुवाई नहीं करता है, लेकिन राज्य में अग्रणी बना रहता है तो विज्ञापनदाता उसी में पैसा लगाएंगे। इसी तरह बिहार में अग्रणी *हिंदुस्तान* के मामले में होगा। लेकिन अगर राष्ट्रीय स्तर पर विज्ञापन योजना बनाने की बात आती है तो *दैनिक भास्कर* जो हिंदी पट्टी में *हिंदुस्तान* से ज्यादा संस्करण निकालता है, वह आगे निकल जाएगा। इससे पता चलता है कि हर अखबार विस्तार क्यों कर रहा है।

जब पांच बड़े ब्रांड ऐसा करेंगे, तो अखबार की कीमत में अवश्य ही घटेगी। आईसीआईसीआई सिक्योरिटीज के उपाध्यक्ष विकास मंत्री कहते हैं, 'बड़ी समस्या यह है कि ये एक दूसरे के क्षेत्र में घुस रहे हैं, जिसके कारण हिंदी प्रिंट का प्रसार राजस्व पिछले पांच सालों में 25–30 प्रतिशत से गिरकर 20 प्रतिशत रह गया है'। यहां यह उल्लेखनीय है कि परंपरागत भाषाई समाचार पत्रों का सब्सक्रिप्शन राजस्व अच्छा रहा है, जबकि अंग्रेजी के मामले में यह मात्र 10 प्रतिशत है। इस वार्षिक आय में गिरावट, निवेशकों के लिए चिंता का विषय है।

2011 तक, जब विज्ञापन 10–12 प्रतिशत की दर से बढ़ रहा था, तब तक इसका खास असर नहीं था। लेकिन जब विज्ञापन में बढ़ोतरी सात प्रतिशत तक आ सिकुड़ी और न्यूज प्रिंट की लागत में 20 प्रतिशत का इजाफा हो गया है, उस पर रुपये के अवमूल्यन के कारण मुनाफा काफी कम हो गया है। इस स्थिति में हिंदी प्रकाशक दो काम कर सकते हैं।

पहला, अधिग्रहण या कायिक विस्तार (ऑर्गेनिक ग्रोथ) के जरिए रीडरशिप और प्रसार में वृद्धि करें, ताकि बेहतर विज्ञापन दर मिल सके। अधिकतर प्रकाशक इस दिशा में गंभीरता से प्रयास कर रहे हैं। उदारहण के लिए 2012 में *अमर उजाला* के अधिग्रहण के लिए जागरण और ज़ी के बीच काफी जोर आजमाईश हुई। 86 लाख पाठकों के साथ अमर

(केसलेट जारी)

(केसलेट जारी)

उजाला, जम्मू कश्मीर, हिमाचल प्रदेश और उत्तराखंड में अग्रणी स्थिति है। सर्वाधिक पढ़ा जाने वाला हिंदी अखबार *दैनिक जागरण,* की पंद्रह राज्यों में मौजूदगी है। हालांकि सिर्फ उत्तर प्रदेश में ही यह नेतृत्व की स्थिति में है। *अमर उजाला* को अधिग्रहण करने से यह दिल्ली समेत पांच अहम राज्यों में नेतृत्व की स्थिति में आ जाता। मीडिया कंसलटेंट ए.एस. रघुनाथ कहते हैं, 'अमर उजाला और दैनिक जागरण मिलकर राष्ट्रीय रैंकिग में दैनिक भास्कर और हिंस्दुस्तान को काफी पीछे छोड़ देते। ज़ी समूह के लिए, हिंदी टेलीविजन न्यूज व्यवसाय और उसके अंग्रेजी समाचार पत्र डीएनए के साथ इस पत्र का बेहतर सहकार्य हो जाता।

एक अन्य मीडिया विश्लेषक कहते हैं, 'जागरण सिर्फ उत्तर प्रदेश में अपनी विज्ञापन दर पर नियंत्रण रखता है, जबकि अन्य राज्यों में उसे मोल भाव करना पड़ता है'। उत्तर प्रदेश में उसका एचटी मीडिया के *हिंदुस्तान* से मुकाबला है। हिंदुस्तान लखनऊ जैसे कुछ शहरों में दैनिक जागरण से भी आगे है। एक अन्य मीडिया कंसल्टेंड कहते हैं, 'अगर अमर उजाला का अधिग्रहण हो जाता है तो दैनिक जागरण, हिंदुस्तान पर आसानी से बढ़त बना लेगा'।

दूसरा, प्रकाशन करते रहना और स्वयं को मजबूत करना। 2012 तक, पिछले पांच वर्षों में, सिर्फ चार राज्यों, बिहार, झारखंड, उत्तर प्रदेश और उत्तराखंड में टिके रहने से *हिंदुस्तान* का राजस्व दुगुना हो गया है और संचालन लाभ दस गुना बढ़ गया है। उत्तर प्रदेश में उसकी मौजूदगी अब कुल मिलाकर पूरी हो चुकी है। इन राज्यों के बाहर विस्तार की उसकी कोई योजना नहीं है। हिंदुस्तान मीडिया वेंचर के पूर्व सीईओ, अमित चोपड़ा बताते हैं 'एक राज्य जहां पहले से ही तीन या इससे ज्यादा खिलाड़ी मौजूद हों, वहां नए खिलाड़ी के लिए इतने बड़े पैमाने पर व्यवसाय करना आसान नहीं होगा। साथ ही यह बहुत महंगा भी होता है।' अमित कहते हैं कि किसी भी दैनिक के लिए नए राज्य में व्यवसायिक सफलता हासिल करने में कम से कम पांच साल लगते हैं।

क्या इन चीजों का तब भी कोई महत्व है, जब इंटरनेट पाठकों के एक बड़े समूह को अपनी ओर खींच रहा है? अमित चोपड़ा कहते हैं कि मेट्रो–इंग्लिश भाषी बाजार के लिए ये बात सही है, लेकिन 'हिंदी पट्टी के लिए समाचार पत्र के शब्द अंतिम होते हैं'। इंटरनेट से ठीक अलग, समाचार पत्रों का आकांक्षापूर्ण मूल्य और सीधे घर तक पहुंच

(केसलेट जारी)

(केसलेट जारी)

इसे शक्तिशाली माध्यम बनाती है। यही बात नब्बे के दशक में मुंबई और दिल्ली जैसे महानगरों में अंग्रेजी अखबारों पर लागू थी। इसके अलावा, हिंदी समाचार पत्र मुश्किल से बाजार के 20 प्रतिशत हिस्से तक ही पहुंचते हैं, जब कि साक्षरता दर 65 प्रतिशत है। इसलिए इसमें अभी भी विकास की बहुत संभावना है।

§ *13 दिसंबर, 2012, बिजनेस स्टैंडर्ड,से उद्धृत।*

केसलेट 1ग द इंडियन रीडरशिप सर्वे और यह क्यों बदल रहा है±

भारतीय रीडरशिप सर्वे वह मुद्रा है जिसका इस्तेमाल 224 अरब रुपये के भारतीय प्रिंट उद्योग में विज्ञापन की खरीद–फरोख़्त के लिए होता है (विज्ञापन और भुगतान)। यह हर तिमाही पर अखबारों, पत्रिकाओं, टेलीविजन, रेडियो, इंटरनेट और सिनेमा आदि के पाठक और दर्शकों की संख्या मापता है। यह भारतीय ग्राहकों का जनसांख्यिकीय आंकड़ा मुहैया कराता है और सभी श्रेणियों, उपभोक्ता टिकाऊ वस्तुएं, कार, ग्राहक उत्पाद आदि सभी श्रेणियों में ग्राहकों का उपभोग पैटर्न मुहैया कराता है।

2009 में, आईआरएस के स्वामित्व वाले, मीडिया रिसर्च यूजर्स काउंसिल (एमआरयूसी) और ऑडिट ब्यूरो ऑफ सर्कुलेशन (एबीसी) जो प्रसार आंकड़ों को सारणीबद्ध करता है, ने संसाधनों का समग्र उपयोग करते हुए मिलकर यह सर्वे किया। इसका नतीजा रीडरशिप स्टडीज काउंसिल ऑफ इंडिया (आरएससीआई) के रूप में सामने आया, जिसे अक्टूबर 2011 में गठित किया गया। यह आईआरएस को नए व बेहतर रूप में सामने लाने के लिए अधिकृत था।

आरएससीआई के टेक्नीकल समिति के प्रमुख परितोष जोशी कहते हैं कि आईआरएस के साथ सैंपलिंग और नॉन–सैंपलिंग को लेकर समस्या थी।

सबसे पहले बात नॉन–सैंपलिंग की बात करते हैं। एक प्रश्नावली का बंदोबस्त करे में करीब डेढ़ घंटे लगते हैं। प्रत्युत्तर की गुणवत्ता में संदेह होता है, क्योंकि अक्सर 30–45 मिनट के बाद अधिकतर उत्तर देने वाले ऊब जाते हैं। जोशी कहते हैं, 'अंतर्राष्ट्रीय स्तर पर यह मान्यता है कि एक ही बार में हर प्रश्न का उत्तर लेने के बजाय डेटा फ्यूजन पर

(केसलेट जारी)

(केसलेट जारी)

जोर दिया जाना चाहिए। इसके पीछे सोच है कि प्रश्नों के एक सेट में से प्रत्येक का अध्ययन करना चाहिए और फिर डेटा का फ्यूजन करना चाहिए। डेटा संग्रह विभिन्न नमूनों से हो सकता है। आरएससीआई के अध्यक्ष, लिन डिसूजा कहते हैं, 'इस तरह से सैंपल का आकार बढ़ाए बिना और उत्तरदाताओं का भार बढ़ाए बगैर आप बहुत सा डेटा प्राप्त कर सकते हैं।

इसके बाद संदेह पैदा होता है कि आईआरएस के आंकड़ों के साथ छेड़छाड़ की जा सकती है। सैद्धांतिक रूप से, प्रत्युत्तर में छेड़छाड़ करने के लिए फील्ड रिसर्चर को प्रभावित किया जा सकता है। इसलिए, तकनीति समिति ने कलम और कागज के बजाय डेटा संग्रह के लिए तकनीक के इस्तेमाल की सिफारिश की। जोशी कहते हैं, 'आप प्रत्येक साक्षात्कार का भौगोलिक टैगिंग कर सकते हैं। किसी शहर या नगर में साक्षात्कार खत्म होते ही आप उसे लॉक कर सकते हैं। एकबार सील हो जाने के बाद इसे किसी भी तरह बदला नहीं जा सकता है। इससे छेड़छाड़ की संभावना कम हो जाती है।

इसलिए तकनीक समिति ने उत्तरोत्तर बदलाव की धारणा को त्याग दिया और आईआरएस को दोबारा गठित करने का फैसला किया। समिति ने जिन प्रमुख बदलावों की अनुशंसा की और जिन्हें लागू किया गया वो इस प्रकार हैं–

1. कलम और कागज के स्थान पर CAPI (Computer Assisted Personal Interviewing) का उपयोग किया जाए। जैसे डबल स्क्रीन CAPI, इतने बड़े पैमाने पर विश्व में कहीं भी तकनीकी विकल्पों का इस्तेमाल नहीं हुआ।
2. सहायक प्रश्न, रीडरशिप की नवीनता और आवृति, CAPI सिस्टम द्वारा कभी कभार पूछे जाएं, इससे पक्षपात से बचा जा सकेगा।
3. साक्षात्कार की अवधि चालीस मिनट से भी कम की जाए। इस सयम आईआरएस का साक्षात्कार एक घंटे से अधिक का होता है।
4. डेटा फ्यूजन और जोड़ना प्रत्येक साक्षात्कार में उच्चर क्षमता लेकर उसे व्यापकता प्रदान करेगा।
5. सुरक्षा और ईमानदारी पर ज्यादा जोर देने की बात कही गई है। भौगोलिक–टैगिंग, वॉयस–रिकॉर्डिंग और लाइव इंटरव्यूर

(केसलेट जारी)

(केसलेट जारी)

रूट की ट्रैकिंग से संभावित धोखाधड़ी की संभावना खत्म हो जाती है।

6. आईआरएस की तकनीकी समिति अध्ययन के एक प्रशासनिक निरीक्षक से विचारों की प्रयोगशाला के रूप में सामने आए, जो निरंतर विकासपरक और परिवर्तनवादी कदम उठाए, ताकि अध्ययन के एजेंडे को आगे बढ़ाया जा सके।

±*केसलेट का पहला भाग बिजनेस स्टैंडर्ड के मई, 18, 2012 अंक के ए न्यू रीडरशिप सर्वे इन द वर्क्स और दूसरा भाग, जो आईआरएस में मुख्य बदलावों पर है, उसे प्रोवोकाट्यूर एडवाइजरी के प्रमुख परितोष जोशी द्वारा लिखित है।*

टिप्पणियां

1. इस पूरे अध्याय में प्रकाशन या प्रिंट उद्योग का तात्पर्य भारतीय अखबार और मैग्जीन उद्योग से है। इसमें पुस्तकें शामिल नहीं हैं।
2. World Press Trend 2008.
3. चक्रवृद्धि वार्षिक वृद्धि दर।
4. 2005 में जब विदेशी संस्थागत निवेश को अनुमति मिली तब वास्तव में निवेश आना शुरू हुआ।
5. तलिका 0.4 में 2010–2012 के दौरान मीडिया में हुए कुल निवेश की जानकारी है।
6. प्रकटनः मैं *मिड डे* के लिए पाक्षिक लेख लिखती हूं।
7. नेट के असर पर बेहद स्पष्ट विश्लेषण के लिए पढ़ें 'The State of the News Media, 2013' (thestateofthenewsmedia.org) यह ऑनलाइन निशुल्क उपलब्ध है। अमेरिका के बाजार की अधिकांश समझ मुझे वहीं से मिली।
8. The Future of Print Media, The Capstone Report 2011.
9. बीसीसीएल के बाद गुहा कुछ वर्षों के लिए ज़ी समूह के साथ थे, फिर उन्होंने 2008 में अपनी फर्म खोली– कल्चर कंपनी।
10. सर्कुलेशन का मतलब है कि अखबार या पत्रिका द्वारा कितनी प्रतियां बांटी जाती हैं। इनमें से बहुत बड़ा हिस्सा पाठकों द्वारा खरीदा जाता है। इसमें निशुल्क प्रतियां शामिल नहीं होती हैं। सर्कुलेशन राजस्व का तात्पर्य वह पैसा है जो अखबार की कंपनियां उसके कवर प्राइस से कमाती हैं।
11. सिदुजा रंगराजन ने टीएनएस इंडिया के साथ क्वालिटेटिव रिसर्चर के तौर पर काम किया, साथ ही वायकॉम मीडिया में कलर्स की रिसर्च टीम में भी रहीं। फिलहाल वह यूनिवर्सिटी ऑफ सदर्न कैलिफॉर्निया में पत्रकारिता पढ़ रही हैं।
12. अधिक जानकारी के लिए मेट्रिक्स वाला भाग देखें।

13. प्रकाशक क्या करते हैं, इस पर अधिक जानने के लिए पढ़ें– 'Time to grow up, Indian Media,' Mint, September 22, 2008 by Pramath Raj Sinha. सिन्हा फिलहाल नाइन डॉट नाइन मीडियावॉर्क्स के सीईओ हैं। पहले वह एबीपी के प्रमुख थे, जो *दि टेलिग्राफ* और *बिजनेसवर्ल्ड* जैसे कई प्रकाशन निकालता है।
14. इस भाग में जो लिखा गया है उसका अधिकांश हिस्सा मेरे लेखों में पिछले कुछ वर्षों के दौरान छप चुका है। इसलिए जो लोग मुझे पहले पढ़ चुके हैं उनको यह जाना–पहचाना लगेगा।
15. http://presscouncil.nic.in/HOME.HTM वेबसाइट पर रिपोर्ट पढ़ने के लिए 'पेड न्यूज' सब–हेड के अंतर्गत सब कमेटी रिपोर्ट लिंक पर जाएं।
16. शुरुआती पब्लिक ऑफर या स्टॉक मार्केट में कंपनी की प्रथम लिस्टिंग।
17. नेट प्रयोक्ताओं का तात्पर्य है सर्फ करने वाले। यह आमतौर पर सब्स्क्राइबर की संख्या से कई गुना होता है। भारत में माना जाता है कि प्रति नेट सब्स्क्रिप्शन पांच लोग है, इसलिए 12.7 करोड़ प्रयोक्ता (2.53 करोड़ सब्स्क्राइबर संख्या के हिसाब से) स्रोतः ट्राई की वेबसाइट।
18. यह अखबारों और पत्रिकाओं के उत्पादक की प्रक्रियाएं हैं– प्रि–प्रेस का मतलब है उत्पादन से पहले की प्रक्रिया, प्रेस का अर्थ है उत्पादन और पोस्ट प्रेस का मतलब है उत्पादन उपरांत।
19. 2008 में आठ ट्रेंड ट्रैक किये गए, कुल पाठकों को मापने से लेकर अत्यंत स्थानीय खबरों तक, अखबार 2008 में नए कारोबारी तरीके आजमाने लगे, प्रेसटाइम स्टाफ राइटर्स, न्यूजपेपर एसोसिएशन ऑफ अमेरिका।
20. इस लिंक पर लॉग ऑन करें: http://www.aim.org.in/aim_cms/uploaded_files/ engagementguide.
21. टाइटल कोई अखबार या पत्रिका ब्रांड होता है। उदाहरण के लिए जागरण प्रकाशन का एक टाइटल है दैनिक जागरण या टाइम आउट नाम का टाइटल पैपरिका मीडिया को दिया गया है।
22. फिक्की–केपीएमजी 2013 की रिपोर्ट में आपको दिख रहे 13 अरब रुपये के आंकड़े के समक्ष ये संख्याएं आपको अजीब लग सकती हैं।
23. एक बिजनेस टू कंज्यूमर पत्रिका या अखबार एक बड़ी संख्या में आम लोगों को लक्षित करता है, जैसे आउटलुक या इंडिया टुडे। एक बिजनेस टू बिजनेस प्रकाशन केवल एक सीमित दायरे के लोगों को लक्षित करता है।
24. 'Size Matters, but for who?' Jim Chisolm, futureofthenewspaper.com
25. जगन्नाथन, एन.एस. 1999।
26. मोटेतौर पर धातु के ढले हुए प्रत्येक अक्षर को जोड़कर एक वाक्य बनाया जाता है। इस तरह बने हुए पेज को किसी भी प्रकार के पदार्थ पर छापा तैयार किया जाता है, जैसे ब्रोमाइड या रबड़ प्लेट। इससे फिर कागज पर छपाई की जाती है।
27. इनमें से कई अखबारों की शुरुआती तिथियों को लेकर मतभेद है। अलग–अलग स्रोतों के मुताबिक *संबाद कौमुदी* की शुरुआत 1820 और 1821 में हुई। समानता बनाए रखने के लिए मैं एक स्रोत का अनुसरण करूंगी–एन.एस. जगन्नाथन, 1999।
28. मैमन मैथ्यू के दादा के भाई, कंडाथिल वर्घीज मप्पिल्लई मलयालम मनोरमा के संस्थापक थे। मैमन मैथ्यू के पिता केसी मैमन मप्पिल्लई ने उनका अनुसरण किया।
29. नियमन वाला भाग देखें।

30. इस दौर में फिल्म उद्योग युद्ध उपरांत के फायदे मिले। अधिक जानकारी के लिए देखें अध्याय फिल्म।
31. यह आंकड़ा आईएनएस, आरएनआई और एबीसी की वेबसाइट से मार्च 2013 में लिया गया। आरएनआई देश के सभी प्रिंट टाइटलों का पंजीकरण करती है। ऑडिट ब्यूरो ऑफ सर्कुलेशन प्रसार के आंकड़ों का परीक्षण करता है। इंडियन न्यूजपेपर सोसायटी एक उद्योग निकाय है।
32. संयोग से अब यह टीवी समाचार चैनलों के मामले में भी सत्य है।
33. इसके अधिकांश भाग का कारण था देश में विदेशी मुद्रा की कमी, जो उस समय स्थायी थी।
34. प्रकाशक भी इसमें दोषरहित नहीं है। उद्योग के अधिकांश अंदरूनी लोग मानते हैं कि गई प्रकाशन कंपनियां न्यूज प्रिंट के बिलों में कम दर्शाती थीं। बचा हुआ न्यूज प्रिंट काले बाजार में बिकता था। कुछ वर्ष ऐसे भी थे जब प्रकाशकों ने प्रकाशन से ज्यादा न्यूज प्रिंट बेचकर कमाया। अन्य पंजीकृत अखबारों को न्यूज प्रिंट आयात करने का लाइसेंस मिल जाता था, जिसे वे बाद में ऊंचे दामों में बेचते थे।
35. नई दिल्ली स्थित प्रेस इंस्टीट्यूट ऑफ इंडिया में अभी भी इंमरजेंसी के दौरान निकली पत्रिकाओं को रखे हुए है।
36. जनवरी–मार्च 1997 के दौरान इकॉनोमिक एंड पॉलिटिकल वीकली में 11 लेख प्रकाशित हुए। भारतीय प्रेस के बारे में मैंने जितना भी लेखन देखा उसमें जैफ्री का काम सबसे ज्यादा व्यापक है।
37. ईनाडु का अधिकांश अनुभव जैफ्री के लेखों से मिला।
38. मिड–डे ने 2011 से खुद को दिन में प्रकाशित होने वाला अखबार बना लिया। अब वह 70 प्रतिशत से ज्यादा प्रतियां होम डिलिवरी से बेचता है।
39. चित्रलेखा एक अग्रणी गुजराती एवं मराठी साप्ताहिक है। कपाड़िया अपनी कंपनी बनाने से पहले लोकमत समूह और डीबी कॉर्प के साथ थे। ideas@bharatkapadia.com की मीडिया परामर्श में विशेषज्ञता है।
40. इस हिस्से के लिए ज्यादातर आंकड़े बिजनेसवर्ल्ड के पुराने लेखों और बीसीसीएल की वार्षिक रिपोर्ट से मिला है।
41. बीसीसीएल का वित्तीय वर्ष जून–जुलाई है।
42. भले ही न्यूजप्रिंट ओपन जनरल लाइसेंस के अधीन हो, पर अब भी यह सीमित वस्तु है। एक प्रकाशन कंपनी को न्यूजप्रिंट आयात करने से पहले आरएनआई से अधिकृत पत्र लेना होता है।
43. भले ही सैटेलाइट टीवी 1991 में भारत आए, लेकिन इनमें वास्तविक उछाल तब आया जब ज़ी टीवी व कई अन्य निजी प्रसारणकर्ता जैसे सोनी, होम टीवी या सन टीवी 1991 और 1995 के बीच बाजार में उतरे। इसीलिए मैं 1995 को उड़ान का वर्ष कहती हूं।
44. ए एंड एम और कई अन्य पत्रिकाएं तब से लेकर अब तक बंद हो चुकी हैं।
45. दोनों 2008 में अलग हो गए।
46. डेक्कन क्रोनिकल ने बदहवास विस्तार किया और अपने ऊपर अत्यधिक कर्जा कर लिया। अब वह वित्तीय समस्याओं से गुजर रही है और उसका अधिग्रहण हो सकता है।
47. अधिक जानकारी के लिए ईवाई में छोटे शहरों में बढ़ रहे भारत पर छपी एक रिपोर्ट 'दि धोनी इफेक्ट' पढ़िये और मेरे द्वारा अगस्त 2008 में आफाक्स! के लिए दो भागों में की गई श्रृंखला 'इज रीजनल दि न्यू नेशनल', जिसमें भारत के छोटे शहरों में बढ़ रहे मीडिया के बारे में बताया गया, इसको पढ़ सकते हैं।

48. 2002 की तीसरी तिमाही के आईआरएस आंकड़े–एमआरयूसी की वेबसाई से लिए गए हैं।
49. वास्तविक लागत पृष्ठों की संख्या और रंगों की मात्रा पर निर्भर करेगी।
50. बाद में उन्होंने जी टीवी ज्वाइन किया, फिर जूम और 2005 में उन्होंने बतौर सीईओ रिडियो सिटी ज्वाइन किया।
51. एक कारण यह भी था कि भाषाई अखबारों के पास रंगीन पुनःउत्पादन के लिए श्रेष्ठ तकनीक नहीं थी।
52. दिशानिर्देशों के लिए देखें– http://www.auditbureau.org/guide/
53. मर्चेंट पहले आईएमआरबी के साथ थीं और उन्होंने एनआरएस के साथ उसके शुरुआती दिनों से काम किया। अब वह सेवानिवृत्त हैं।
54. आईआरएस पर जानकारी एमआरयूसी की वेबसाइट से ली गई है।
55. एचपीआई 50 चर वस्तुओं पर आधारित होता है, जो आईआरएस से ली गई हैं।
56. वह वर्तमान में स्टार इंडिया के साथ हैं।
57. प्रति मिल्ले लागत या प्रति हजार लागत या लागत प्रतिशत
58. 2008 में आठ ट्रेंड ट्रैक किये गए, कुल पाठकों को मापने से लेकर अत्यंत स्थानीय खबरों तक, अखबार 2008 में नए कारोबारी तरीके आजमाने लगे, प्रेसटाइम स्टाफ राइटर्स, न्यूजपेपर एसोसिएशन ऑफ अमेरिका।
59. 2008 तक यह भाग मैंने अपने सहयोगी अनीश दयाल के साथ तैयार किया। अनीश उच्चतम न्यायालय में अधिवक्ता है और मीडिया–मनोरंजन कानून के विशेषज्ञ हैं। 2008 के बाद की सभी जानकारी अभिनव श्रीवास्तव की मदद से दी गई हैं, जो बेंगलुरु में नंदन कामथ के विधि कार्यालय में एसोसिएट हैं।
60. यह प्रावधान भारतीय दंड संहिता की धारा 124ए के अधीन अभी भी कानूनी पुस्तक में है और इसमें आजीवन कारावास तक का प्रावधान है।
61. इस पूरे अध्याय में उच्चतम न्यायालय का मतलब भारत का उच्चतम न्यायालय से है।
62. See Bennett Coleman vs Union of India (1972)2 SCC 788, AIR 1973 SC 106; Sakal Papers vs Union of India AIR 1962 SC 305; Indian Express Newspapers vs Union of India (1985) 1 SCC 641.
63. Express Newspapers vs Union of India AIR 1958 SC 578
64. See Romesh Thapar vs State of Madras AIR 1950 SC 124; Brij Bhushan vs State of Delhi AIR 1950 SC 129
65. Prabha Dutt vs Union of India (1982) 1 SCC 1; State vs Charulatha Joshi (1999) 4 SCC 65.
66. Tata Press Ltd. Vs Mahanagar Telephone Nigam Ltd. (1995) 5 SCC 139.
67. देखें समेकित एफडीआई पॉलिसी, अनुच्छेद 6.2.8.2 वाणिज्य एवं उद्योग मंत्रालय, भारत सरकार।
68. देखें समेकित एफडीआई पॉलिसी, अनुच्छेद 6.2.8.2 वाणिज्य एवं उद्योग मंत्रालय, भारत सरकार।
69. Guidelines for Publication of Indian Editions of Foreign Magazines Dealing with News and Current Affairs, Number 14/4/2008-Press (Part-1) dated December 4, 2008, issued by the Ministry of Information and Broadcasting.
70. आरएनआई एक कठिन निकाय है और जरूरत से ज्यादा नौकरशाही की शिकार है। अधिकांशतः नए टाइटल की अनुमति या किसी का नाम बदलवाने में ज्यादा नहीं तो 6–12 महीने का वक्त लग जाता है।

71. K.M. Mathew vs K.A. Abraham (2002) 6 SCC 670
72. Guidelines on HIV/AIDS and the Media, Press Council of India, available at http://presscouncil.nic.in/guidelines%20on%20HIVAIDS.pdf
73. See Media Reporting on Children, Press Council of India, available at http://presscouncil.nic.in/Guidelines_on_Media_Reporting_on_Children.pdf
74. The Press Council (Procedure for Inquiry) Regulations 1979.
75. इस भाग में मदद करने के लिए आईडीएफसी कैपिटल के अमोल धारिया का बहुत–बहुत आभार।
76. Earnings Before Interest, Taxes, Depreciation and Amortisation.
77. http://www.fastcompany.com/1806749/new-york-timess-nick-kristofjournalism-digital-world-and-age-activism
78. फिक्की–केपीएमजी रिपोर्ट 2013

अध्याय 2

टेलीविजन

भारतीय टेलीविजन बाजार अंततः अपने आप में उभर रहा है।

ऊपरी तौर पर देखा जाए तो टेलीविजन[1] बाकी के मीडिया और मनोरंजन उद्योग की तरह उतना ही अच्छा या उतना ही खराब प्रदर्शन कर रहा है। यदि संख्या की बात की जाए तो टेलीविजन 12.5 प्रतिशत सीएजीआर के साथ बाकी उद्योग के जैसा ही है।[2] हालांकि यह भ्रामक है। मीडिया कारोबार का यदि कोई खंड ऐसा है जिसने इस पुस्तक के पिछले संस्करण और इस संस्करण के बीच सुधार किया है तो वह टेलीविजन ही है। संचालन और संरचनात्मक दृष्टि से भारतीय टेलीविजन कारोबार अंततः ऐसे स्तर पर पहुंच चुका है जहां से उच्चतर वृद्धि संभव है। अब यह प्रसारण और वितरण के क्षेत्र में पूर्ण रूप से समेकित है।

प्रसारण के क्षेत्र में, पांच नेटवर्क– स्टार, सोनी, ज़ी, सन तथा नेटवर्क18, का कुल प्रसारण के तकरीबन 65 प्रतिशत हिस्से पर कब्जा है। वितरण के क्षेत्र में छह बड़ी डीटीएच संचालक कंपनियों की 5.1 करोड़ घरों तक पहुंच है।[3] केबल में भी कुछ बड़े खिलाडी जैसे– हैथवे, इनकेबल, डेन नेटवर्क उभर कर सामने आ रहे हैं। कई तरह से डिजिटाइजेशन टीवी व्यवसाय में समेकन और बहुत बड़ा बदलाव ला रहा है। इसका श्रेय डीटीएच और 2011 के डिजिटाइजेशन कानून को जाता है, जिसकी वजह से केबल व्यवसाय मे आमूलचूल परिवर्तन हुआ है और व्यवसाय में व्याप्त अस्थिरता दूर हुई। सामान्य शब्दों में कहा जाए तो डिजिटाइजेशन का लाभ ये है कि वह आपके घर तक प्रसारित होने वाले टीवी सिग्नलों की क्षमता को 10 गुना तक बढ़ा देता है। (इस बारे में अधिक जानने के लिए देखें केसलेट 2क– डिजिटाइजेशन के बारे में वह सबकुछ जो आप जानना चाहते हैं)। इसलिए यह दोनों चीजें–समेकल और डिजिटाइजेशन– आने वाले वर्षों में 400 अरब रुपये के इस कारोबार पर हावी रहेंगे।

पिछले संस्करण में मैंने इस बात की चर्चा की थी कि यह उद्योग खराब प्रदर्शन क्यों कर रहा है– वह संक्रमण काल से गुजर रहा था। 2010 में समाप्त हुए पांच वर्षों में भारतीय प्रसारणकर्ताओं के लिए संचालन लाभ तकरीबन आधा घटकर 13 प्रतिशत पर आ गया था। उनका लाभ प्रिंट मीडिया की कमाई का

आधा था और ब्राजील के टीवी उद्योग से जुड़ी कंपनियों की तुलना में आधे से भी कम। वह संक्रमण अब भी चल रहा है, लेकिन बुरा वक्त बीत चुका है। सरकार द्वारा तय की गई समयसीमा के अनुसार 2014 के अंत तक देश के टीवी वाले 15.3 करोड़ घरों में डिजिटाइजेशन अनिवार्य होगा। 2016 के अंत तक डिजिटाइजेशन के तमाम लाभ नजर आने लगेंगे।

यह तब होगा जब समेकन और डिजिटाइजेशन के दो–तरफा प्रभाव होने शुरू होंगे। और तब दुनिया का दूसरा सबसे बडे टीवी बाजार अपनी क्षमता के अनुसार पेश आता नजर आएगा (देखें तालिका 2.2)। हमें टेलीविजन बाजार के उभार को इस तरह देखना चाहिए जिसमें ज्यादा राजस्व लचक, विज्ञापन राजस्व पर कम निर्भरता, प्रोग्राम में ज्यादा विविधता, आला दर्जे के अधिक प्रोग्राम और बेहतर मुनाफे की गुंजाइश हो।

शुरुआती लक्षण दिखने भी लगे हैं। 2012 में बच्चों के लिए तीन नए चैनलों की शुरुआत, युवाओं पर आधारित प्रोग्राम पर ध्यान देना और अंग्रेजी मनोरंजन उन आंकड़ों का नतीजा हैं, जो डिजिटल घरों से एकत्र हुए हैं, हालांकि ऐसे घर अभी एक तिहाई ही हैं। डिजिटाइजेशन के कुछ सप्ताह बाद लिए गए टीएएम (टेलीविजन ऑडियन्स मेजरमेंट) के आंकड़ों के अनुसार कई चौंकाने वाली चीजें हैं।[4] उदाहरण के लिए, दिल्ली में तमिल भाषा के कार्यक्रमों को देखा जाना बढ़ रहा है (देखें केसलेट 2क)। फिर राजस्व पर भी असर पड़ा हैः अधिकांश प्रसारणकर्ताओं के लिए डीटीएच से प्राप्त राजस्व केबल की तुलना में कहीं ज्यादा है।[5] (देखें कारोबार कैसे चलता है।) भारत में डीटीएच डिजिटल वितरण का पहला माध्यम था जो 2003 में शुरू हुआ। नए कानून की बदौलत केबल का भी डिजिटाइजेशन हो गया, जिससे अधिकांश शीर्ष प्रसारणकर्ताओं के लिए राजस्व 10–15 प्रतिशत से बढ़कर 30–40 प्रतिशत तक हो जाएगा।

इससे अच्छी खबर और कुछ नहीं हो सकती। मनोरंजन में 46 प्रतिशत जगह रखने वाले टीवी उद्योग का उसकी मनोदशा और आकार पर गहरा प्रभाव है (देखें तालिका 0.1)। फिल्मों के साथ, यह वह खंड है जो भारतीय बाजार के ढांचे, आकार और अभिरुचि को तय करता है।

हालांकि यहां पर अच्छी खबर समाप्त हो जाती है।

डिजिटाइजेशन तथा समेकन के संयुक्त फायदों को ठीक ढंग से भुनाने के लिए कई चीजों को ठीक करना होगा। नियमन, मूल्य निर्धारण तथा मेट्रिक्स उन्हीं में से कुछ हैं। ये सारी चीजें अभी अस्त–व्यस्त हालत में हैं, शायद इसलिए क्योंकि उद्योग एकजुट होकर इनका सामना नहीं करना चाहता या फिर नियामक को अभी इस बारे में पता नहीं है। उदाहरण के लिए मेट्रिक्स को लीजिए। जब एनडीटीवी ने 2012 में नीलसन होल्डिंग्स के खिलाफ रेटिंग में भ्रष्टाचार का अरोप लगाते हुए एक अरब डॉलर से ज्यादा मुकदमा ठोका तब बड़ा हंगामा खड़ा हो गया। रेटिंग में गड़बड़ी का प्रश्न आज भी ज्यों का

त्यों है।[6] लेकिन हैरानी की बात ये है कि आज भी उद्योग बीएआरसी[7] का गठन करने में पीछे हट रहा है, एक ऐसा निकाय जो नये रेटिंग सिस्टम को बनाएगा और लागू करेगा।

समाचार प्रसारणकर्ताओं का मामला लीजिए। जहां टीवी समाचारों को विभिन्न कारणों से झिड़का जाता है, जिसकी चर्चा बाद में की गई है, कुछ प्रसारणकर्ता उन प्रयासों में बाधा डाल रहे हैं, जिनसे बदलाव आ सकता है। वे कैरिएज फीस और लागत में इतने फंसे हुए हैं कि वे अगले छह माह से आगे पूर्ण डिजिटल भविष्य की ओर नहीं देख पा रहे, जहां लाभ देने वाली खबरें व्यर्थ हो जाएंगी। उन्हें जिस चीज पर काम करना चाहिए वह है अपने कंटेंट में विभिन्नता प्रदान करना, उसमें निवेश करना और अभी के लिए अल्पावधि के विज्ञापन लाभ का त्याग। वे समाचार प्रसारणकर्ता जो इस प्रक्रिया को अभी शुरू कर देंगे उनका अस्तित्व बचे रहने की अधिक संभावना है।

या फिर भारतीय टेलीकॉम नियामक प्राधिकरण को ही लीजिए। ट्राई भी इस बात पर आमदा है कि जो नियम उसने संचार क्षेत्र पर थोपे वही नियम टीवी पर भी लागू किये जाएं। अब तक हुए इसके प्रभाव ज्यादातर खतरनाक रहे हैं–खासतौर से मूल्य नियमन।

कारोबार का वर्तमान आकार

मुद्दे

सच कहा जाए, तो टीवी उद्योग अपनी दो प्रतिनिधि संस्थाओं इंडियन ब्रॉडकास्टिंग फाउंडेशन (आईबीएफ) और न्यूज ब्रॉडकास्टर्स एसोसिएशन (एनबीए) के साथ अच्छा तालमेल बैठाया और उनको चला रहा है। ये उद्योग के लिए विभिन्न मुद्दों पर लॉबी करती हैं, मीडिया को अपने रुख के बारे में बताती हैं और वास्तव में, टेलीविजन कारोबार के विवादग्रस्त वातावरण में एक महत्वपूर्ण भूमिका निभाती हैं। डिजिटाइजेशन कानून के लिए दबाव बनाने में वास्तव में आईबीएफ ही जिम्मेदारी है।

इसलिए कहा जा सकता है कि बहुत सार स्वास्थवर्धक कारक हैं, किन्तु अभी भी बहुत कुछ किया जाना बाकी है।

एकता का अभाव

2012 के मध्य में एनडीटीवी ने नीलसन होल्डिंग्स के खिलाफ एक कानूनी मुकदमा दायर किया जिसमें यह आरोप लगाया गया कि नीलसन के आंकड़े फर्जी थी। उसके बाद से टैम के (टीएएम) के खिलाफ आरोपों की बाढ़ आ

गई और बदलाव के स्वर मुखर हो गए। हालांकि, सच्चाई यह है कि टैम की नियुक्ति एक संयुक्त ओद्योग निकाय द्वारा की गई थी, जिसने अपना काम ठीक ढंग से नहीं किया (देखें अनुभाग मेट्रिक्स)। छह साल से भी पहले बीएआरसी (ब्रॉडकास्ट ऑडियन्स रिसर्च काउंसिल) का विचार दिया गया था। यह इंडियन सोसायटी ऑफ एडवर्टाइजर्स (आईएसए), एडवर्टाइजिंग एजेंसीज एसोसिएशन ऑफ इंडिया (एएआई) तथा इंडियन ब्रॉडकास्टिंग फाउंडेशन (आईबीएफ) का संयुक्त उद्यम है। इसका काम मुख्य रूप से लोगों द्वारा देखे गए चैनलों का आंकड़ा उपलब्ध कराना है। लेकिन यह लंबे समय से ठंडे बस्ते में है। 2008 में, किन्हीं कारणवश, ट्राई ने रेटिंग को लेकर सबसे पहले नीति पत्र पेश किया। 2010 में अमित मित्रा के अधीन समिति ने भी यही काम किया। अंततः उद्योग की नींद टूटी। कानूनी प्रक्रिया और सरकार की बढ़ती रुचि के दबाव में उसे फिर से बीएआरसी पर विचार करना पड़ा, जो अब काम कर रहा है (रेटिंग पर अधिक जानकारी मेट्रिक्स अनुभाग में)।

रेटिंग का पूरा प्रकरण महज एक उदाहरण है, जो इस ऊर्जावान उद्योग के परेशानी भरे लक्षणों को उजागर करता है। जरूरी से जरूरी मुद्दों पर यह उद्योग एक स्वर में नहीं बोल सकता। मूल्य नियमन और सर्विस टैक्स से लेकर रेटिंग और कैरिएज फीस तक किसी भी मुद्दे पर टेलीविजन कारोबार को एक सहमति बनाने में दिक्कत होती है, इसलिए यह एक होकर लॉबी नहीं कर पाता। समाचार प्रसारणकर्ताओं की कुछ अलग मांगें है, जबकि मनोरंजन खंड की अलग; डीटीएच कंपनियों के अपने अलग एजेंडा हैं और मल्टी सिस्टम संचालक या केबल वितरक अपना अलग ही राग अलाप रहे हैं। यह ऐसी परिस्थिति है जिसे कोई भी सरकार पसंद करना चाहेगी। इससे सरकार को मौका मिल जाता है कि वह ऐसी नीतियां बनाए जिससे राजनीतिक लाभ हों, बजाय इसके कि टीवी उद्योग का लाभ प्राथमिकता हो। व्हाट्स ऑन इंडिया के सीईओ अतुल फणनीस कहते हैं, 'टैम पर आरोप लगाना बहुत आसान है, लेकिन बड़ा मुद्दा कार्य पद्धति और जवाबदेही है। और इस मामले में पूरी जवाबदेही एक संस्था के कंधों पर नहीं डाली जा सकती। उद्योग के स्तर पर हमें सामूहिक रूप से जवाबदेह बनने कि जरूरत है'।[8]

विश्व के अधिकतर हिस्सों में, इस लड़ाई को लड़ने के लिए उद्योग एकजुट होकर शोध, लॉबी तथा आपसी सहयोग से काम करती हैं। उदाहरण के लिए, अमेरिका में फेडरल कम्युनिकेशन कमीशन (एफसीसी) बहुत ही ताकतवर नियामक निकाय है। जब एफसीसी अमरीका में केबल तकनीक में अलग–अलग मूल्य लागू करना चाहा, तो नेशनल केबल एंड टेलीकम्युनिकेशन एसोसिएशन (एनसीटीए) ने बाहर और अंदर शोधकर्ताओं की एक पूरी सेना के साथ काम किया ताकि यह सिद्ध किया जा सके कि वॉयस टेलीफोनी के सिद्धांतों टेलीविजन के मूल्य निर्धारण में प्रयोग नहीं किया जा सकता। भारत

में इस बारे में आंकड़े उपलब्ध हैं। फिर भी ट्राई के खिलाफ कोई संगठित आर्थिक तर्क नहीं दिया जा रहा। आप उद्योग के अंदर से अलग–अलग आवाजें सुन सकते हैं या कभी–कभी किसी सार्वजनिक मंच पर कैरिएज फीस को लेकर सीईओ समुदाय का रोना सुनने को मिलता है। लेकिन जब अपने तर्कों को सिद्ध करने के लिए उचित शोध करवाने की बारी आती है, तो सब कन्नी काटने लगते हैं।

एनबीए और आईबीएफ द्वारा कंटेंट कोड जारी कर दिये जाने के साथ कुछ बदलाव हो रहा है। फिर बीएआरसी भी है। जैसा कि मैंने कहा कि कुछ मुद्दों का मुकाबला किया जा रहा है, पर उसकी गति धीमी है। इससे यही सिद्ध होता है कि उद्योग अगर चाहे तो उसमें एकजुट होने की क्षमता है।

नियमन के मुद्दे

जहां नियमन से जुड़े तमाम मुद्दे हैं, लेकिन बात घूम–फिर कर एक ही चीज़ पर आ जाती है–तदर्थता। मीडिया का नियमन उस समय की सरकार की मानसिकता पर निर्भर करता है। जहां, प्रसारण नियामक ट्राई प्रसारण के मुद्दों पर बेहतरीन सुझाव पत्र और सिफारिशें पेश करता है, लेकिन सूचना एवं प्रसारण मंत्रालय या तो उस पर ध्यान नहीं देता या फिर उनको पूरी तरह बदल देता है। प्रसारण की मूल्यांक श्रृंखला के विभिन्न प्रखंडों के लिए कोई ऐसा व्यापक कानून नहीं है जो सबको बराबर अवसर प्रदान करे, चाहे वह निवेश के मामले में हो या प्रौद्योगिकी मानदंड हों। इन दो आधारभूत संबलों के बिना, तदर्थता को एक मुक्त वातावरण मिल जाता है। कम्युनिकेशन कनवर्जेंस बिल जो शायद इन सभी मर्जों का इलाज था, उसको ठंडे बस्ते में डाल दिया गया और बदले में अधपका प्रसारण बिल पेश किया गया, जो सौभाग्य से गिर गया।

विश्वभर के प्रसारण बाजारों का अध्ययन दर्शाता है कि जहां नियामक प्रोद्यौगिकी में निष्पक्ष था और जिसने विभिन्न वितरण प्रौद्योगिकी में समान अवसर दिए, वहां डिजिटाइजेशन ज्यादा बढ़ा। हांग–कांग और यूके में केबल एंड सैटेलाइट एसोसिएशन ऑफ ऐशिया (सीएएसबीएए) द्वारा किए गए एक अध्ययन से यह सिद्ध भी होता है। इसलिए वहां के बाजारों में उपभोक्ताओं को विविध, प्रतिस्पर्धी प्रौद्योगिकी से पे–टीवी चैनल व अन्य सेवाएं मिलती हैं। हांग–कांग के शत–प्रतिशत पे–टीवी घरों में डिजिटाइजेशन हो चुका है। आप यह तर्क कर सकते हैं कि सीएएसबीएए एक औद्योगिक निकाय है, जो अधिक स्वतंत्रता के लिए लॉबी करेगी और साथ ही हांग–कांग भारत के आकार और जटिलताओं के सामने बहुत छोटा है। फिर भी सच्चाई यह है कि अमेरिका जैसे बड़े लोकतांत्रिक बाजारों में भी नियमन में समानता के चलते वहां के टीवी बाजार में जबरदस्त उछाल आया है।

भारत से जुड़ी कुछ मुख्य नियामक समस्याएं निम्नलिखित हैं:

मूल्य निर्धारण: 2004 में केबल के बढ़ते दामों के विरोध को देखते हुए ट्राई ने 2005 में टीवी के शुल्क में वृद्धि को 7 प्रतिशत अनिवार्य कर दिया। बाद में 2007 में इसे भारत के पूरे केबल नेटवर्क के क्षेत्र में लागू कर दिया गया। हालांकि, टेलीकॉम डिस्प्यूट एंड सेटलमेंट ट्रिब्यूनल (टीडीएसएटी) ने इस आदेश को खारिज कर दिया, लेकिन फिर मार्च 2009 में उच्चतम न्यायालय ने पुनः ट्राई के निर्णय पर मोहर लगा दी।[9]

हालांकि, उद्योग की प्रकृति को देखते हुए ट्राई द्वारा मूल्य निर्धारण बिलकुल अप्रासंगिक है। ट्राई मूल्य निर्धारण में वही तर्क अपना रहा है, जो उसने वॉइस सेवा के लिए अपनाए, जबकि वह एक कॉमोडिटी सेवा है। उसने संचार के क्षेत्र में अनिवार्य मूल्य निर्धारण लागू किया और जब इस क्षेत्र में प्रतिस्पर्धा बढ़ी तो ग्राहकों को लाभ हुआ, विस्तार बढ़ा और कंपनियों ने स्वयं मूल्य कम करने लगीं। इसके बावजूद भी कंपनियों को लाभ प्राप्त हुआ क्योंकि उद्योग का विस्तार बहुत बड़ा हो चुका था।

हालांकि टेलीविजन में उत्पाद एक कॉमोडिटी नहीं होता– टेलीविज की सामग्री विभिन्न आकार, प्रकार और संरचना में होता है, और उसकी लागत भी अलग–अलग होती है। उदाहरण के लिए, कुछ दिन चलने वाला क्रिकेट टूर्नामेंट लाखों डॉलर की लागत होती है, जबकि एक शीर्ष टॉक–शो के प्रति एपिसोड में महज पांच लाख रुपये की लागत लगेगी। इसलिए ज्यादातर इस बात पर निर्भर करेगा कि उसमें कलाकार कौन हैं, प्रोडक्शन हाउस कैसा है, चैनल द्वारा उसके प्रोमोशन में कितना खर्च किया गया और फिर विज्ञापनदाताओं द्वारा उसके लिए भुगतान करने की इच्छा कैसी है। इन कार्यक्रमों को प्रसारित करने वाले टीवी सिग्नलों का मूल्य निर्धारण करना बिल्कुल वैसा ही है जैसे सभी फल और सब्जियां एक ही दाम में बेचने का दबाव बनाया जाए। लंबे समय से प्रसारणकर्ता इस बात की शिकायत करते आ रहे हैं, लेकिन कोई असर नहीं हुआ।

इसको समझने का सबसे अच्छा तरीका है, अमेरिका में कुछ वर्षों पहले एनसीटीए और एफसीसी के बींच हुई बहस। एफसीसी अलग–अलग मूल्य निर्धारण करने का दबाव बना रहा था, क्योंकि उसको लगता था कि अमेरिका में केबल के दाम निरंतर बढ़ रहे हैं। दूसरी तरफ एनसीटीए ने तर्क दिया कि एफसीसी केबल के दामों को देखने में गलत तरीके अपना रही है। उसने एफसीसी के उस तर्क पर सवाल खड़े किए जिसमें एफसीसी ने केबल वीडियो दामों का नियमन करने के लिए टेलीकॉम को मानदंड माना था। प्रमि मिनट औसत राजस्व और उपभोक्ता मूल्य सूचकांक यह दोनों ही वॉइस के लिए प्रयोग होने वाले मापन हैं। एनसीटीए ने प्रस्ताव दिया कि प्राइस पर व्यूयिंग आवर (पीपीवीएच)[10] का इस्तेमाल किया जाए, जैसा कि वायरलेस टेलीफोन उद्योग में प्रति मिनट औसत राजस्व के रूप में प्रयोग किया जाता है।

क्योंकि एफसीसी के पास ऐसा कोई तरीका नहीं था, जो गुणवत्ता के साथ तालमेल खाता हो, इसलिए उसने दिखाया कि केबल के दाम बढ़ रहे हैं। जब पीपीवीएच का उपयोग करके इसे मापा गया जो पता चला कि विस्तारित केबल सेवाओं का वास्तविक मूल्य अमेरिका में निरंतर घट रहा था। दुर्भाग्य से भारत में ऐसे आंकड़े उपलब्ध होने के बावजूद प्रसारण संगठन मूल्य नियमन में आर्थिक तर्क प्रयोग नहीं करते। वे केवल अपने लंबे समय से चले आ रहे तर्कों के लिए लॉबी करते हैं। यदि वे प्रति घर औसत केबल मूल्यों का भी अवलोकन करते और उसको महंगाई के साथ जोड़ा जाता, तो यह दिखने के आसार थे कि सचमुच दामों में गिरावट आई है।

उन आंकड़ों के बिना भी, विश्वभर में ऐसे पर्याप्त साक्ष्य हैं जिनसे सिद्ध होता है कि ऑस्ट्रेलिया, न्यूजीलैंड, हांग–कांग, यूके, मलेशिया तथा सिंगापुर जैसे लचीजे व खुले बाजारों में डिजिटल पे–टीवी पहुंच की सर्वोच्च दरें हैं।

सैटेलाइट स्पेस[11]: एक अन्य प्रमुख नियामक मुद्दा जो विकास को प्रभावित करता है, खासतौर से भुगतान राजस्व को, वह है कू–बैंड ट्रांसपोंडर। दरअसल, ये वे उपग्रह हैं, जो डीटीएच प्रसारण के लिए जरूरी होते हैं। प्रत्येक कू–बैंड ट्रांस्पोंडर एमपीईजी2 (मूविंग पिक्चर एक्सपर्ट ग्रुप) की अच्छी गुणवत्ता के साथ 9–14 तक चैनलों को समेट सकता है और एमपीईजी4 के साथ इससे दुगनी संख्या तक। एमपीईजी2 तथा एमपीईजी4 ऑडियो तथा वीडियो डाटा को संपीड़ित करने में मदद करते हैं और इनको "कम्प्रेशन तकनीकी" कहा जाता है। भारत में ज्यादातर डीटीएच सेवा प्रदाता एमपीईजी 2 तकनीकी से सेवा प्रदान करते हैं, इसलिए मौजूदा ट्रांसपोंडर पर चैनल बढ़ाने की उनकी क्षमता बहुत सीमित है।

इसके साथ ही उपग्रह क्षमता की बाध्यता भी है। नियमन कहते हैं कि लाइसेंस की अर्जियों में उन कंपनियों को प्राथमिकता दी जानी चाहिए जो भारतीय उपग्रह इस्तेमाल करती हैं। हालांकि भारतीय अंतरिक्ष अनुसंधान संस्थान के इन्सैट उपग्रह सिस्टम ने बहुत अच्छा काम किया है, तथापि समस्या यह है कि वे डीटीएच लाइसेंस धारकों के लिए जरूरी कू–बैंड हेतु वो बहुत कम हैं। सीएएसबीएए की एक रिपोर्ट[12] के अनुसार 73 में से मात्र 18 ट्रांस्पोंडर ही भारतीय उपग्रह पर हैं। 2017 तक भारत में लाइसेंस धारी कम से कम 1600 चैनल होने कि उम्मीद है, जिसमें से 1300 संचालन की स्थिति में होंगे। इस स्थिति में डीटीएच सेवा प्रदाताओं को 222 ट्रांसपोंडरों की आवश्यकता होगी। जबकि इसरो की क्षमता 2017 तक 50 से ज्यादा बढ़ने की उम्मीद नहीं है। इसके लिए भारत के ऊपर पर्याप्त विदेशी उपग्रह उपलब्ध हैं, जो कू–बैंड क्षमता प्रदान करते हैं। वैसे विदेशी उपग्रहों के उपयोग की तकनीकी रूप से अनुमति है, हालांकि यह इसरो के माध्यम से है। तो प्रभावी रूप से, विदेशी उपग्रह संचालकों को भारत में डीटीएच संचालकों को सीधे सेवा प्रदान करने की अनुमति नहीं है।

प्रौद्योगिकी

बहुत सारी स्ट्रीमिंग तकनीक (जैसे आईपीटीवी या मोबाइल टीवी) या वे जो निजी/डिजिटल वीडियो (पीवीआर/डीवीआर) प्रदान करता है जैसे डीटीएच पर TiVo, ग्राहकों को विज्ञापन छोड़ने का अवसर देता है। अमेरिका में हुई एक शोध के मुताबिक जिन घरों में डीवीआर थे वहां उन घरों के मुकाबले 25 प्रतिशत कम विज्ञापन देखे गए जहां डीवीआर नहीं थे। इसका विज्ञापनदाताओं पर जबरदस्त प्रभाव पड़ सकता है। अगर एक की बात करें तो वे अपनी दरें वास्तविक देखे गए विज्ञापन के हिसाब से तय कर सकते हैं। और वे ऐसे घरों को भी लक्षित कर सकते हैं जो केवल उनके विज्ञापन देखते हों। लेकिन यह माध्यम की व्यापक प्रकृति को नष्ट करता है। हालांकि, प्रभाव तब ही स्पष्ट होगा जब आईपीटीवी जैसी स्ट्रीमिंग टेक्नोलॉजी को बड़े स्तर पर अपनाया जाएगा।

विश्लेषक कहते हैं कि इंटरनेट की वृद्धि से विज्ञापन राजस्व को भी खतरा है, खासतौर से परिपक्व बाजारों में। उदाहरण के लिए, अमेरिका में, केबल नेटवर्क दर्शकों का आकार इंटरनेट की कुछ चीजों से मेल खाता है।[13] इसमें इंटरनेट की वह क्षमता भी जोड़िए जिसमें वह एक निर्णय को तुरंत लागू करने का अवसर देता है (कुछ खरीदना या साइन अप करना)। यह इंटरनेट को केबल नेटवर्क विज्ञापन से ज्यादा आकर्षक विकल्प बनाता है (देखें केसलेट 2ग)।

अवसर और रुझान

जैसा कि मैंने पहले बताया था कि समेकन और डिजिटाइजेशन दो सबसे बड़े रुझान हैं। और ये राजस्व उत्पन्न करने एवं मुनाफे को बेहतर बनाने की दिशा में तमाम अवसर प्रदान करते हैं।

समेकन

टीवी देखने वाले समस्त दर्शकों की संख्या के 65 प्रतिशत पर पांच बड़े नेटवर्कों का नियंत्रण हैः स्टार इंडिया, सोनी, नेटवर्क 18, सन और जी समूह। ध्यान रहे कि इसका तात्पर्य यह है कि वे नेटवर्क के तौर पर इन दर्शकों पर नियंत्रण रखते हैं। जैसे, स्टार के कुल 35 चैनल हैं, सोनी के 6 और सन के 30।[14] इन सबको मिलाकर उनकी कुल व्यूअरशिप 65 प्रतिशत तक बैठती है। डिजिटाइजेशन भी अपने तय समय से हो रहा है। इसका मतलब है कि इस कारोबार में बंटा हुआ वितरण पक्ष भी समेकित हो जाएगा। वर्तमान में 6 डीटीएच प्रदाता कंपनियां 5.1 करोड़ टेलीविजन वाले घरों या कुल टीवी वाले

घरों के एक तिहाई पर नियंत्रण किए हुए हैं। यह अनुमान लगाना ठीक होगा कि जब तक दिसंबर 2014 में डिजिटाइजेशन पूरा होगा, चार बड़ी केबल कंपनियां और छह डीटीएच ऑपरेटर 15.3 करोड़ टीवी वाले घरों के भारतीय बाजार पर नियंत्रण बनाए रखेंगे।

विखंडन और अत्यधिक प्रतिस्पर्धा के कारण प्रसारणकर्ताओं को बढ़ती लागत और घटती विज्ञापन दरों की मार झेलनी पड़ रही है। राजस्व भुगतान में यह कारक परिणाम नहीं दे सका है। इससे पता चलता है कि 2010 में समाप्त हुए पांच वर्षों के दौरान संचालन लाभ क्यों घट गया। जैसे–जैसे उनके नेटवर्क का पैमाना बढ़ेगा, प्रसारणकर्ताओं को विज्ञापनदाताओं के साथ मूल्य निर्धारण की शक्ति मिलेगी। ज्यों–ज्यों केबल, डीटीएच और अन्य कंपनियों का आकार बढ़ेगा, त्यों–त्यों उनकी प्रसारणकर्ताओं को बेहतर हिस्सा देने की क्षमता बढ़ेगी। फिर जब डिजिटाइजेशन बढ़ेगा और वे डीटीएच या केबल ऑपरेटर के साथ मिलकर चैनलों का विपणन कर सकेंगे, तो प्रति प्रयोक्ता औसत राजस्व भी बढ़ेगा।

डिजिटाइजेशन

कृपया केसलेट 2क देखें–डिजिटाइजेशन के बारे में वह सब कुछ जो आप जानना चाहते हैं।

कुछ अन्य अवसर इस प्रकार हैं:

आईपीटीवी

यह ऐसी तकनीक है जिसमें इंटरनेट प्रोटोकॉल का प्रयोग करके उसी नेटवर्क पर टीवी सिग्नल प्रदान किये जाते हैं जिस पर आप इंटरनेट या टेलीकॉम सेवाएं ले रहे हैं। इसलिए, आईपीटीवी संचार कंपनियों तथा इंटरनेट सेवा प्रदाता द्वारा उपलब्ध करवाया जा सकता है। डीटीएच ऑपरेटर की तरह उपभोक्ता के पास एक सेट टॉप बॉक्स डाटा को डिकोड करता है और उसे टेलीविजन सिग्नल में तब्दील कर देता है। यह सेट टॉप बॉक्स आपके टीवी से जुड़ा होता है और उसमें एक हार्ड डिस्क होती है, जो कार्यक्रमों संरक्षित और स्ट्रीम करती है।

स्टोर किए गए कार्यक्रम को बाद में कभी भी देखा जा सकता है। कार्यक्रम को आगे, पीछे और रोक–रोक कर भी देखा जा सकता है। अमेरिका में डीटीएच या सैटेलाइट टीवी उपभोक्ताओं को पीवीआर या डीवीआर इसी तरह की सुविधा प्रदान करते हैं। भारत में इस तरह की सुविधा टाटा स्काई अपनी टाटा स्काई प्लस सेवा के साथ यह सुविधा देता है।

आईपीटीवी की सफलता के बारे में अभी मिश्रित जानकारियां मिली हैं। वर्तमान में, 2.3 करोड़ सब्सक्राइबर के साथ चीन और 65 लाख सब्सक्राइबर के साथ कोरिया विश्व के सबसे बड़े आईपीटीवी बाजारों में से हैं (देखें तालिका 2.2)।

इंटरनेट पर टीवी

सर्वर के गिरते दामों, ब्रॉडबैंड में उछाल और पीयर टू पीयर वितरण में वृद्धि के कारण बहुत सारे नए उद्यमी इंटरनेट पर टीवी सुविधा में निवेश कर रहे हैं। इन सभी तत्वों का मिश्रण इंटरनेट टीवी को कम लागत के अंदर बढ़ाने में सहायक हैं। ये सब इस विचार पर आधारित है कि भविष्य में उपभोक्ता अपना मनोरंजन उन उपकरणों और उस समय के हिसाब से चाहेंगे जो उनके अनुकूल हो।

यू–ट्यूब पर उपलब्ध कुछ प्रसिद्ध चैनल जैसे, टी–सीरीज, राजश्री टीवी, शेमारू से अंदाजा लगा सकते हैं कि क्या चल रहा है। लेकिन ये केवल टीवी कार्यक्रम नहीं है। साथ ही इस स्रोत से आने वाला उनका राजस्व भी नगण्य है।

मोबाइल टीवी

मोबाइल टीवी एक तरह का स्थलीय प्रसारण है। वर्तमान में स्थलीय प्रसारण पूर्ण रूप से प्रसार भारती के अधीन डीडी के पास है। ट्राई के अनुसार अधिकतर मोबाइल पर मोबाइल टीवी सुविधा का लाभ उठाया जा सकता है और इसके लिए 3जी वाला कोई नया मोबाइल खरीदने कि आवश्यकता नहीं है। मोबाइल टीवी सेवा प्रदान करने के दो माध्यम हैं:[15]

पारंपरिक मोबाइल नेटवर्क से: एक मोबाइल उपभोक्ता के पास एयरटाइम ऑपरेटर के साथ दो–तरफा लिंक होता है। यही टेलीकॉम लिंक से वीडियो सामग्री प्राप्त की जा सकती है। सामान्य भाषा में कहा जाए तो एक मोबाइल उपभोक्ता अपने एयरटाइम संचालक के सर्वर पर उपलब्ध किसी भी वीडियो को अपनी सुविधा अनुसार डाउनलोड कर कभी भी देख सकता है। यह सिस्टम स्टोर की हुई फिल्में, स्पोर्ट्स या खबरें उपलब्ध करा सकता है।

हालांकि, यह लाइव टीवी नहीं होता है। यह स्ट्रीमिंग सामग्री होती है, जो सूचना, मनोरंजन की तमाम जरूरतों को पूरा कर सकती है और मोबाइल व टीवी कंपनियों के लिए राजस्व का स्रोत बन सकती है, जैसे वर्तमान में संगीत या वॉलपेपर करते हैं। इससे उपभोक्ता को कार्यक्रम की समय की बाध्यता से मुक्ति मिलती है और वह अपने पसंद के कार्यक्रमों को अन्य उपकरणों पर स्टोर कर सकता है।

इस तकनीक के साथ सबसे बड़ी समस्या ये है कि इसको अलग–अलग उपभोक्ता से जुड़ने के लिए अलग अलग चैनल चाहिए होता है। मतलब यह कि यदि 10 लोग मोबाइल पर किसी समाचार को देख रहे हैं तो 10 अलग–अलग माध्यम से ये उन तक पहुंचता है, और हर चैनल स्पेक्ट्रम के अलग–अलग हिस्से का उपयोग कर रहा होता है। इसलिए यदि बहुत सारे लोग इस सेवा का उपयोग करने लग जाएं तो इस तकनीक के तहत नेटवर्क में भीड़ के कारण समस्या हो सकती है, आईपीटीवी की तरह यह स्पेक्ट्रम के लिए अप्रभावी तकनीक है। भीड़ और खराब सेवाओं के कारण आवाज में गड़बड़ी के चलते संचालकों के लिए उसी 2जी–2.5[जी] व्यवस्था में मोबाइल टीवी सेवा प्रदान करना असंभव लग रहा है। हालांकि, जेंगा टीवी जैसी कुछ कंपनियों, 2जी में भी टीवी, ने ऐसे तकनीकी समाधान खोज लिए हैं जो 2जी पर ही मोबाइल ब्रॉडकास्टिंग उपलब्ध करवा सकते हैं।[16] इसके अलावा, 3जी की भी शुरुआत हो गई है, और तमाम कंपनियां मोबाइल पर संपादित फिल्में और अन्य लंबे प्रकार की सामग्रियां प्रदान कर रही हैं।

क्योंकि यह लाइव ब्रॉडकास्टिंग नहीं है, इसलिए इस पर कुछ ऐसी चीजें प्रदान करना कठिन है जो मोबाइल उपभोक्ता को अपील कर सकती हैं– ताजा समाचार, खेल– ऐसी सामग्री जो उपभोक्ता चलते–चलते देखना चाहेंगे।

प्रसारण तकनीकः एक वन–वे ब्रॉडकास्ट नेटवर्क मोबाइल टेलीविजन की बिक्री करने के लिए भी प्रयोग किया जा सकता है। यहां दी जाने वाली सामग्री मोबाइल फोन में एफएम रेडियो की तरह होती है। अपने मोबाइल पर एफएम रेडियो सुनने वाला उपभोक्ता फोन की बैट्री और स्पीकर का प्रयोग करता है, लेकिन उसकी सामग्री एफएम ब्रॉडकास्ट स्पेक्ट्रम पर चलती है। इसी प्रकार, हैंडसेट पर टेलीविजन ब्रॉडकास्ट फ्रिक्वेंसी का प्रयोग करके, उसको मोबाइल टीवी देखने में प्रयोग किया जा सकता है।

विश्व भर में आजकल बहुतेरे मोबाइल टीवी तकनीकों का इस्तेमाल किया जा रहा है। मोबाइल ब्रॉडकास्टिंग पर ट्राई के एक शोध के अनुसार, यूरोपीय देशों मे डिजिटल वीडियो प्रसारण–हैंडहेल्ड (डीवीबी–एच) बहुत ज्यादा लोकप्रिय है, अमेरिका में मीडिया फॉर्वरड लिंक ओनली (मीडिया एफएलओ) का प्रयोग किया जाता है। कोरिया में टेरेस्ट्रियल डिजिटल मल्टीमीडिया ब्रॉडकास्टिंग (टी–डीएमबी) और सैटेलाइट–डिजिटल मल्टीमीडिया ब्रॉडकास्टिंग (एस–डीएमबी) प्रयोग में है। जापान में यह वन सेगमेंट ब्रॉडकास्टिंग (ओएसबी) के रूप में है।

मोबाइल टेलीविजन सेवाओं में ब्रॉडकास्टिंग तकनीकों के प्रयोग से 3जी वीडियो स्ट्रीमिंग के मुकाबले ज्यादा बेहतर तस्वीरों की गुणवत्ता मिलती है। हालांकि, ये तकनीकें बहुत कम इंटरएक्टिविटी या पर्सनलाइजेशन के साथ लाइव प्रोग्रामिंग प्रदान करती हैं। दूसरी तरफ स्ट्रीमिंग वीडियो पर इंटरएक्टिविटी और पर्सनलाइजेशन दोनों मिलते हैं, भले ही उस पर लाइव टेलीकास्ट नहीं मिल सकता।

राजस्व की अन्य संभावनाएं

निरंतर उभर रहीं राजस्व की कुछ संभावनाएं इस प्रकार हैः

संयुक्तिकरण– जैसे–जैसे पोर्टल टीवी सामग्री प्रदान कर रहे है। या फोन सेवाएं समाचार दे रही हैं, इससे अधिकांश टेलीविजन प्रसारकों के साथ–साथ कंटेंट कंपनियों के लिए संयुक्तिकरण के अवसर बढ़ रहे हैं। इसलिए मोबाइल संचालकों या राजश्री जैसे पोर्टलों (देखें अध्याय फिल्म और दूरसंचार) से मिलने वाला राजस्व अब जुड़ना शुरू हो गया है। साथ ही विदेशी बाजारों में भी संयुक्तिकरण के अवसर हैं, खासतौर से एशियाई बाजारों में जहां भारतीय सामग्री के साथ सांस्कृतिक जुड़ाव बेहतर होता है। उदाहरण के तौर पर सिंहली में अनुवादित *क्योंकि सास भी कभी बहू थी* और *कहानी घर घर की* भारतीय धारावाहिक श्रीलंका में शीर्ष रैंकिंग वाले शो थे। उसी प्रकार सिंगापुर और मलेशिया में तमिल धारावाहिकों का अच्छा प्रदर्शन रहा और मलयालम धारावाहिक मध्य–पूर्व में लोकप्रिय हैं।

पे–पर–व्यू : तमाम डीटीएच संचालक अब भारत में पे–पर–व्यू सेवाएं दे रहे हैं। इस सेवा के तहत आप भुगतान करके अपने टीवी पर एक बार फिल्म देख सकते हैं। भारत में एक अच्छी फिल्म को औसतन 2–3 लाख बार देखा जाता है। 30–50 रुपये प्रति घर के हिसाब से अधिकतम 1.5 करोड़ रुपये बनते हैं। इसको ऐसी दस फिल्मों से गुणा करिये और आपको पता चल जाएगा कि इसमें क्यों संभावना नजर आती है। 2013 में कमल हसन की फिल्म *विश्वरूपम* को डीटीएच पर 1000 रुपये में उसी दिन रिलीज करने का प्रयास किया गया जिस दिन उसको थिएटर में रिलीज होना था। हालांकि थिएटर मालिकों ने *विश्वरूपम* के साथ ऐसा नहीं होने दिया, लेकिन एक बार डिजिटाइजेशन पूरा होने के बाद पे–पर–व्यू की टिकट खिड़की महत्वपूर्ण बनकर उभरेगी (देखें केसलेट 2क– डिजिटाइजेशन के बारे में वह सबकुछ जो आप जानना चाहते हैं)।

मोबाइल जब भी किसी डांस या रिएलिटी शो में वोटिंग कराई जाती है, तो यह टेलीविजन स्टेशन के लिए राजस्व का अवसर होता है, जिसको इसमें से हिस्सा मिलता है। अधिकांश प्रसारणकर्ता, यहां तक कि डीटीएच संचालक भी, अपने कार्यक्रमों में अब प्रतियोगिता, वोटिंग के अवसर या एसएमस के अवसर रखने का प्रयास करते हैं। उदाहरण के लिए, फिल्म दिखाने वाले कई टेलीविज स्टेशनों पर 'प्रश्न का उत्तर दीजिए' जैसी प्रतियोगिता रखते हैं, जिसमें

फिल्म से जुड़े किसी दृश्य या तथ्य के बारे में प्रश्न पूछा जाता है। लोकप्रिय धारावाहिकों के कथानक में दर्शकों का फीडबैक लेने के लिए बदला जाता है।

कार्यक्रमों में अवसर

तालिका 2.3 पर नजर डालें। पिछले पांच सालों में एक चीज स्पष्ट दिख रही हैः कार्यक्रमों की तमाम अन्य शैलियां सामने आई हैं और उनको दर्शक भी मिले हैं। किड्स, समाचार और भाषाई कार्यक्रमों में खासतौर से उछाल नजर आया है। अब इसको डिजिटाइजेशन के साथ जोड़िए, जो अपने खुद के अलग पैटर्न दिखा रहा है (देखें केसलेट 2क)। डिजिटल घरों में जो पैटर्न नजर आ रहा है उसमें युवा, खेल और आला कार्यक्रमों के प्रति झुकाव नजर आता है। यह सब दर्शाता है कि इस विशाल देश के दर्शक अब मापन पर नजर आने लगे हैं। इसलिए, अधिक कार्यक्रम अब लोगों की मांग के अनुरूप नजर आने लगेंगे।

अतीत

शुरुआत

भारत में टेलीविजन प्रसारण का पहला प्रयोग नई दिल्ली स्थित आकाशवाणी भवन के अस्थायी स्टूडियो में हुआ। इसमें एक कम क्षमता वाला ट्रांसमीटर और 21 टीवी सेट प्रयोग में थे। ये टीवी सेट विभिन्न मंत्रियों और नौकरशाहों के घरों में लगाए गए थे। उनमें से कुछ उपकरण पश्चिम यूरोपीय सरकार से उपहार में मिले थे। भास्कर घोष, जो बाद में सूचना प्रसारण सचिव बने, उस समय छोटे बच्चे थे। वो याद करते हुए बताते हैं कि उनको वह सब याद है जब वे टेलीविजन पर वीडियो देखते हुए संगीत सुना करते थे। उसके साथ ग्रामोफोन लगा होता था।

हालांकि आज यह सुनने में बहुत विचित्र लगता है, लेकिन सितंबर 1959 में भारत के टीवी कुछ ऐसे ही दिखते थे। एक पूरी पीढी जो टीवी पर कृषि दर्शन और फिल्म डिवीजन के कार्टून देखते हुए बड़ी हुई, आज याद कर सकती है कि कार्यक्रमों में किस कदर रचनात्मकता का अभाव था। उस शुरुआत को देखकर यह यकीन करना मुश्किल है कि आज भारत में टीवी उद्योग किस तरह पांव पसार चुका है– और सबसे अविश्वसनीय तो यह है कि टीवी पर न तो सरकार का स्वामित्व है और न नियंत्रण (देखें तालिका 2.1)।[17]

निसंदेह सरकार ने, अपने पूरी समझदारी और नादानी के साथ, तीन दशकों से ज्यादा तक टीवी उद्योग पर पूर्ण रूप से नियंत्रण रखा। कुछ

शुरुआती प्रयोगों के दो साल बाद पहली स्कूल टेलीविजन सेवा नई दिल्ली में अधिकृत की गई। यह दिल्ली नगर निगम द्वारा संचालित स्कूलों के लिए थी। 1965 तक टेलीविजन प्रसारण एक घंटे की सेवा में परिपक्व हुई, जिसमें एक समाचार बुलेटिन भी शामिल था। 1972 में टीवी भारत की वाणिज्यिक राजधानी बम्बई (अब मुंबई) पहुंचा और 1975 तक देश के पांच अन्य शहरों में टीवी स्टेशन बने, जिनको दूरदर्शन केंद्र कहा जाता था।

इस पूरे काल में टीवी प्रसारण मोटेतौर पर स्थलीय प्रक्रिया ही थी, जो ऐसे शहरों में उपलब्ध थी जहां सरकार ने विभिन्न दूरी के ट्रांसमीटर स्थापित किये थे। दूरदर्शन की वेबसाइट पर दिए गए आंकड़े के अनुसार वर्तमान में देश के अंदर 1400 ट्रांसमीटर हैं। टीएएम के मुताबिक टीवी वाले 13.4 करोड़ ऐसे घर हैं जो डीडी द्वारा भेजे गए सिगनलों को पकड़ सकते हैं।[18] 21 टीवी सेट से 13.4 करोड़ तक के सफर में गई मील के पत्थर रहेः क्षेत्रीय केंद्र, पहले विज्ञापन, राष्ट्रीय नेटवर्क, डीडी मेट्रो और रंगीन टीवी आदि शामिल हैं।

दूरदर्शन के वर्ष

आज हम में से बहुत लोग दूरदर्शन चैनल को देखते ही बदल देते हैं। लेकिन यह दूरदर्शन ही था जिसने भारत में टीवी प्रसारण उद्योग की नींव रखी–केवल डिजाइन की ही नहीं, बल्कि इसके पूरे अस्तित्व की। अमेरिका को छोड़कर विश्व के अन्य देशों में पब्लिक सर्विस ब्रॉडकास्टर ने ही प्रसारण के क्षेत्र में अग्रणी कार्य किया। बीबीसी से लेकर कनाडाई प्रसारण निगम तक, पीएसबी ने निजी प्रसारणकर्ताओं के लिए उच्च मानदंड स्थापित किये। बीबीसी की भले ही यूके की मीडिया में निंदा होती है, फिर भी वह खुद को डूबने से बचाए हुए है और पब्लिक सर्विस ब्रॉडकास्टर की भूमिका अच्छी तरह निभा रहा है। यह तर्क दिया जा सकता है कि बिटिश करदताओं द्वारा दी जाने वाली लाइसेंस फीस उसका अस्तित्व बचाए हुए है। उसके खातों को नजदीक से देखने पर पता चलता है कि बीबीसी अपनी कमाई का काफी बढ़ता हुआ भाग अपनी सामग्री के समूहन से प्राप्त कर रहा है। भारत में भी दूरदर्शन ने शुरुआती दिनों में अच्छी संभावानाएं प्रदर्शित की थीं।

डीडी द्वारा पहला सैटेलाइट टीवी प्रयोग 1975–76 में कर लिया गया था। भारत सरकार गांवों में शैक्षणिक कार्यक्रमों के प्रसारण हेतु नासा द्वारा प्रक्षेपित उपग्रह एटीएस–6 का प्रयोग करने लगी थी। स्थलीय नेटवर्क के माध्यम से यह गांवों तक कमजोर ट्रांसमिशन की समस्या को सुलझाने का प्रयास था। भारत सरकार का एसआईटीई कार्यक्रम यह जांच रहा था कि सैटेलाइट से सिगनल बाउन्स करने से क्या उसका दायरा बढ़ेगा। एसआईटीई अपने इस प्रयोग में सफल भी रहा।

1978 तक सरकार अपना खुद का उपग्रह सिस्टम इस्तेमाल करने के लिए प्रेरित हो चुकी थी। इसका ठेका फोर्ड ऐरोस्पेस एंड कम्युनिकेशन कॉर्पोरेशन को दिया गया। जिसके परिणामस्वरूप भारत का अपना इन्सैट (इंडियन नेशनल सैटेलाइट) कार्यक्रम लांच किया गया। यह कार्यक्रम इसरो तथा भारतीय डाक तथा तार विभाग, नागरिक उड्डयन मंत्रालय और सूचना एवं प्रसारण मंत्रालय का संयुक्त प्रयास था। इन्सैट श्रृंखला के उपग्रह ने डीडी के विस्तार में अभूतपूर्व योगदान निभाया और अधिकतम सामुदायिक टीवी सेट लगाए गए।

रंगीन प्रसारण का युग 1982 में शुरू हुआ। इसके लिए दिल्ली मे आयोजित एशियाई खेलों का आभार किया जा सकता है। इसी समय के आसपास 1980 के दशक की शुरुआत में उद्योग के व्यवसायिक आकृति आकार लेने लगी। इन्हीं वर्षों में डीडी उपन्यासों व अन्य साहित्यिक कार्यों पर आधारित धारावाहिक चला रहा था। लेकिन डीडी के इन प्रयासों से आमदनी नहीं हो रही थी। 1983 में भारत का पहला प्रायोजित कार्यक्रम हुआ–*शो थीम*। इस शो की निर्माता मंजु सिंह थीं।[19] 1984 में एक अमरीकी एनजीओ ने एक धारावाहिक के लिए सूचना एवं प्रसारण मंत्रालय से संपर्क किया। यह मनोरंजन के साथ एक परिवार नियोजन का संदेश देने वाला कार्यक्रम था। इस तरह का पहला प्रयास मेक्सिको में सफलतापूर्वक किया जा चुका था। कैथोलिक देश मेक्सिको में परिवार नियोजन के अपरोक्ष संदेश नहीं दिए जा सकते थे। तो जन्म–दर पर काबू पाने के लिए इस तरह के धारावाहिकों का प्रयोग किया गया। यह विचार भारत सरकार को अपील कर गया। इस तरह से भारत का पहला धारावाहिक "हम लोग" जुलाई 1984 में प्रसारित किया गया।

इसके पीछे का विचार मुख्यतः बड़े और मध्यम–वर्गीय भारतीय परिवार के साथ जुड़ी समस्याओं जैसे गरीबी, नशा तथा अशिक्षा को उजागर करना था। ये समस्याएं भारत की आबादी के साथ तब से लेकर आज तक जुड़ी हुई हैं। शो के अंत मे अभिनेता अशोक कुमार आकर अपरोक्ष रूप में बताते नजर आते कि बड़ा परिवार सभी सामाजिक समस्याओं का मूल है। यह धारावाहिक इतना ज्यादा प्रचलित हुआ कि धारावाहिक का मूल संदेश कहीं पीछे छूट गया। उन दिनों कुल उपलब्ध 36 लाख टीवी सेटों में से 80 प्रतिशत पर इस साप्ताहिक धारावाहिक को देखा जाता था।

भूतपूर्व अधिकारी घोस कहते हैं कि सीरियल अपने आप में एक जीवन बन गया था। नेस्ले कंपनी के मैगी नूडल्स ने भारतीय टीवी के इस प्रथम धारावाहिक का प्रयोजक था। इस बहुराष्ट्रीय कंपनी ने हम लोग के प्रसारण शुल्क और निर्माण का खर्च उठाया और बदले में उसे पांच मिनट का विज्ञापन समय दिया गया। यह समय उसने अपने ब्रांड का विज्ञापन करने में प्रयोग किया।

हम लोग की सफलता ने डीडी को और इसी तरह के कार्यक्रम तैयार करने को उत्साहित किया। इसके परिणामस्वरूप 80 के दशक के मध्य में कई प्रचलित धारावाहिक जैसे बुनियाद, कथा सागर, खानदान, नुक्कड़ आदि तमाम लोकप्रिय धारावाहिक प्रसारित किये गए। डीडी पर प्रसारण शुल्क और विज्ञापन की दरें भी धीरे–धीरे बढ़ती गईं। डीडी का राजस्व 1983–84 में 17 करोड़ रुपये से बढ़कर 1989–90 में 2.1 अरब रुपये हो गया। 1990 के दशक की शुरुआत तक डीडी न्यूनतम गारंटी या प्रसारण शुल्क के तौर पर 1–5 लाख रुपये तक लेने शुरू कर दिये। इसके बदले वह कार्यक्रम के एयरटाइम का कुछ हिस्सा निर्माता को देता था।

केबल के वर्ष

यदि भारत मे व्यावसायिक टेलीविज़न का आगमन एक सुखद दुर्घटना जैसा लगती है, तो केबल का विस्तारीकरण भी अपने आप में और ज्यादा सुखद है। हालांकि, केबल टीवी की शुरुआत की सटीक तारीख तो बता पाना मुश्किल है, लेकिन यह तो स्पष्ट है कि इसकी शुरुआत 80 के दशक की शुरुआत में मुंबई में हुई। सैटेलाइट एंड केबल टीवी मैगजीन के संपादक दिनयार कॉन्ट्रैक्टर बताते हैं कि रंगीन टीवी आने और 1982 में नई दिल्ली में एशियाई खेलों के कारण केबल को उछाल मिला। जबकि श्योगेश राधाकृष्णन का मानना है कि इसकी शुरुआत 1984 के लॉस एंजेल्स के ओलंम्पिक खेलों के बाद हुई, जिसके बाद रंगीन टीवी के बिक्री में दूसरा उछाल आया। ऐसा हो सकता है कि इन दोनों ही आयोजनों का इस प्रक्रिया में योगदान दिया। केबल के वर्षों को निम्न तीन चरणों में बांटा जा सकता है :

साधारण केबल

साल भले ही न पता हो, लेकिन केबल टीवी का विस्तार दर्शकों की बेहतर सिगनलों की इच्छा से हुआ, खासकर मुंबई में, जहां ऊंची–ऊंची इमारतें ट्रांसमिशन को बाधित करती थीं। जिसके परिणाम स्वरूप नए नए उद्यमी जैसे सिद्धार्थ श्रीवास्तव, राधाकृष्णन, जगजीत कोहली, योगेश शाह, रौनी स्क्रूवाला आदि ने केबल के व्यवसाय में प्रवेश किया।[20] शाह और कोहली ने पूरी बिल्डिंग की छत पर एक मास्टर एंटीना लगाने की पेशकश की, जिसमें से एक केबल निकलेगा। इससे विभिन्न फ्लैटों के लिए बहु एंटीना लगाने की समस्या समाप्त हो गई, जिनमें से टेढ़े–मेढ़े ढेरों तार निकलते थे और पूरी छत को ढक लेते थे। जो भी कोई मुंबई में रहता है यह जानता होगा कि छत एक कीमती स्थान होती है। जो कॉपरेटिव सोसायटी इन बिल्डिंगों को चलाती

थीं, वे इन तारों की सफाई से खुश नजर आईं। इस तरह के एंटीना लगाने के बदले 500 रुपये स्थापन शुल्क और प्रत्येक घर से 40 रुपये के आसपास मासिक शुल्क लिया जाता था।[21]

इसलिए विकास की दृष्टि से देखा जाए तो शुरुआत के दिनों में भारत में केबल का विकास अमेरिका की तरह था। अमेरिका में केबल का विस्तार इसलिए हुआ क्योंकि पहाड़ी क्षेत्र में बने घरों में सिगनल ठीक से नहीं आते थे। दोनों की बाजारों में शुरुआत के लिए केबल स्थीलय नेटवर्क पर चला। अंतर यही है कि अमेरिका में केबल का विस्तार 1960 और 1970 के दशक में हो गया था और भारत में यह 1980 के दशक के मध्य में हुआ। दूसरा बड़ा अंतर यह है कि अमेरिका में केबल के विस्तार के तुरंत बाद ही बोली लगाकर एक केबल ऑपरेटर को एक इलाका नियंत्रित करने का अधिकार दे दिया गया लेकिन भारत में ऐसा नहीं हो पाया। चूंकि कोई सरकारी तंत्र इसके नियंत्रण के लिए नहीं बनाया गया था, इसलिए भारत में केबल ऑपरेटर कुकरमुत्तों की तरह फैल गए।

केबल टीवी का वीडियो क्षेत्र में आगमन

जिस समय मुंबई में केबल का विस्तार हो रहा था, उसी समय भारत में वीडियो ने उछाल भरा। चूंकि पूरी बिल्डिंग एक तार से जुड़ी होती थी इसलिए एक छोर पर वीसीआर से एक फिल्म चलाने से यह सब जगह प्रसारित हो सकी थी, और केबल ऑपरेटर को इससे अतिरिक्त आमदनी हो सकती थी। यहां से भारत में केबल टीवी का सही विकास शुरू हुआ। हर क्षेत्र का स्थानीय केबल ऑपरेटर प्रतिदिन एक–दो हिन्दी फिल्में दिखाने लगा। हालांकि वीडियो टेप बहुत ही खराब गुणवत्ता के हुआ करते थे और उसमें बहुत विज्ञापन भी होते थे, तब भी मनोरंजन के भूखे देश के लिए यह स्वर्ग से उतरा भोज था। भारत में केबल के उद्भव तथा विस्तार को लेकर बहुत सी कहानियां हैं, उनमें से कई रोचक कहानियां कॉन्ट्रैक्टर ने सुनाईं।

नेल्को की कहानी : कॉन्ट्रैक्टर उन दिनों तंगी से गुजर रही कलर टीवी निर्माता कंपनी नेल्को (टाटा समूह की कंपनी) के साथ काम कर रहे थे। कंपनी के वरिष्ठ प्रबंधन ने रंगीन टीवी सेट बेचने के लिए केबल को एक माध्यम की तरह देखा। कंपनी ने पांच सितारा होटलों को मय–केबल का आइडिया देना शुरू किया। यदि होटल वाले उनका टीवी खरीदते हैं तो वे टीवी के साथ तीन वीसीआर चैनल और दो डीडी चैनल 20 रुपये प्रति दिन प्रति कमरे के हिसाब से प्रदान करेंगे। तीन वीसीआर चैनल विदेशों में फिल्माई गई फिल्में और कार्यक्रम होंगे। गर्म पानी या टेलीफोन की तरह होटल अपने ग्राहकों को केबल टीवी भी प्रदान कर सकते थे। इस संकल्पा को बेचने के

लिए नेल्को के प्रबंधकों जयपुर, उदयपुर जैसे शहरों की यात्राएं कीं और होटल मालिकों से बात की। टाटा समूह के तकरीबन सभी होटलों, जैसे ताज, दि प्रेसिडेंट, इस संकल्पना को खरीद लिया। उस समय उभरे कई उद्यमियों में से एक रौनी स्क्रूवाला ने कार्यक्रम के टेप तैयार किये और उनका रखरखाव किया। इस काम के लिए रौनी को सवा रुपया प्रति दिन प्रति कक्ष के हिसाब से प्रदान किया गया। कॉन्ट्रैक्टर याद करते हैं 'दो सालों के अंदर हमारा कारोबार शीर्ष पर पहुंच गया।'

केबल उद्यमी : केबल संचालक किस तरह उभरे इसको लेकर भी बड़ी रोचक कहानियां हैं। उदाहरण के लिए, युवावस्था में योगेश शाह के पास टेक्सटाइल केमिकल और डाई के अपने पारिवारिक कारोबार में काम करने के बाद पर्याप्त समय बचता था। जब उन्होंने देखा कि दक्षिणी मुंबई के शांतिनगर में स्थित उनके चाचा के घर पर कुछ लोग सामूहिक एंटीना सिस्टम के लिए उनका टीवी देखने आए हैं, तो उन्होंने उमंग में यह काम करने की पेशकश कर दी। कुछ ही दिनों में उनको ठेका मिल गया, 120 कनेक्शन वाली बिल्डिंग में तार बिछाया गया और वह प्रतिदिन दो फिल्में दिखाने के बदले प्रत्येक घर से 60 रुपये शुल्क वसूलने लगे।

इसी तरह टेक्सटाइल इंजीनियर जगजीत कोहली ने 1986 में दक्षिणी मुंबई में केबल सिस्टम का संचालन देखा—और वो इससे आकर्षित हुए। उन्होंने खुशी—खुशी में ही मुंबई के उत्तरी उपनगर अंधेरी में एक बिल्डिंग में तार बिछाने का निर्णय लिया। एक साल बाद, 1987 में उन्होंने अपना छोटा सा टेक्सटाइल कारोबार बंद कर दिया और पूरी तरह से केबल संचालन पर ध्यान देने लगे। अब तक उनके पास उपनगरों में 700 केबल कनेक्शन हो चुके थे, जो 70 रुपये प्रति माह प्रति कनेक्शन की दर से भुगतान करते थे। कोहली याद करते हैं, 'उस समय 500 कनेक्शन का आकार बहुत अच्छा माना जाता था'।

इन सभी युवाओं के लिए केबल के प्रति आकर्षण का कारण स्पष्ट था, यानि पैसा। इसमें बहुत ज्यादा निवेश की आवश्यकता नहीं थी, सिर्फ यह निर्णय लेने का साहस चाहिए था कि पेड़ों और सड़कों पर केबल बिछाना पूरी तरह सुरक्षित था। यह कोई नहीं जानता था कि यह वैधानिक था या नहीं (जैसा कि बाद में पता चला कि वह गैरकानूनी था)। इसके लिए केवल एक वीसीआर चाहिए था, वीडियो टेप किराए पर लेने के लिए थोड़े से पैसे और एक आदमी जो घर—घर जाकर महीने के पैसे इकट्ठे कर सके। इसके लिए मोटेतौर पर 1500 रुपये का निवेश चाहिए था और 3000 से 5000 का अतिरिक्त संचालन खर्च, यानि तकरीबन 20 हजार रुपये प्रति माह। इससे प्रति घर से 50 से 80 रुपये तक कमाए जा सकते थे। इसको 100—150 प्रयोक्ताओं से गुणा करिए, जो अमूमन हर संचालक के पास होते थे। इस तरह का कारोबार स्थापित करने वाले तमाम युवाओं ने 50 हजार से 75 हजार रुपये प्रति माह कमाए, जो उस समय एक बड़ी रकम थी।

इस क्षेत्र में मुनाफे को देखते हुए बाद में हजारों लोग इस व्यवसाय में कूद पड़े। जिससे भीड़ बढ़ी, प्रतिस्पर्धा बढ़ी और एक–दूसरे के ग्राहक चुराए जाने लगे। 1990 तक मुंबई में 3500 केबल ऑपरेटर थे, हालांकि उस साल कितने घरों तक उनकी पहुंच थी यह स्पष्ट नहीं है। संयोग से, इस समय तक केबल टेलीविजन मुंबई से बहार बहुत ज्यादा नहीं फैला था। एक बिल्डिंग में तार बिछाकर एक जगह दर्जनभर से ज्यादा ग्राहक मिलना वहीं संभव था। 1980 के दशक के अंत और 90 के दशक के शुरुआती वर्षों में केबल टीवी दिल्ली व अन्य शहरों में आया।

साथ ही, 1990 के दशक के शुरुआती दिनों में सिनेमा दिखाने वाले छोटे उद्यमियों तक ही सीमित था। लिविंग मीडिया समूह की *न्यूजट्रैक* जैसी एक वीडियो मैगजीन थी। हालांकि, बीसीसीएल और लिविंग मीडिया को छोड़कर किसी बड़े मीडिया हाउस ने इस नए अवसर में जरा सी भी रुचि नहीं दिखाई। अन्य खिलाड़ी जो इस कारोबार में उतरे वे या तो फिल्म निर्माता थे या छोटे उद्यमी या फिर अमित खन्ना जैसे रचनात्मक लोग।[22]

केबल और विवाद

उसी समय का कुछ महत्वपूर्ण इतिहास है– फिल्म निर्माता, केबल संचालक और वीडियो अधिकारों के स्वामी के बीच झगड़े। अमूमन वीडियो अधिकार बाकी अधिकारों के साथ दिए जाते थे। हालांकि, अधिकांश निर्माताओं या वीडियो अधिकार के मालिकों ने कभी नहीं सोचा था कि एक टेप को एक ही बार में सैकड़ों घरों में दिखाया जाएगा। इससे उनका वह राजस्व लुट गया जो वे टेप को प्रत्येक घर को अलग–अलग किराये पर देने से प्राप्त करते, क्योंकि सबने एक ही बार में उसको केबल पर देख लिया। कानूनी मुकदमों, विवादों और झगड़ों के तमाम उदाहरण हैं, जो इस दौरान उद्योग के अंदर नजर आए। 1989 में बॉम्बे हाई कोर्ट की जस्टिस सुजाता मनोहर ने अपने ऐतिहासिक फैसले में व्यवस्था दी कि केबल के माध्यम से प्रसारण सार्वजनिक प्रदर्शन के लिए है और केबल ऑपरेटर को फिल्में दिखाने के लिए कॉपीराइट हासिल करना होगा।

सैटेलाइट के वर्ष

इस तरह, अपने आप में बेतरतीब, फिर भी उद्यमी तरीके से केबल निरंतर फलता–फूलता रहा। विडंबना यह थी, बात–बात पर नियमन करने वाली सरकार ने मानो इस पूरी प्रक्रिया पर ध्यान ही नहीं दिया। पहला कानून 1995 में आया। उद्योग के पर्यवेक्षक चुटकी लेते हैं कि नियमन न होने के कारण ही आज टेलीविजन इतना विकास कर पाया है।

भारत में सीएनएन का पदार्पण

हालांकि केबल को जिस चीज ने वृद्धि प्रदान की वह था अमेरिका के लोकप्रिय केबल न्यूज चैनल का सैटेलाइट प्रसारण! यहां इतिहास की एक बहुचर्चित घटना बतानी होगी, 1991 में जब प्रथम खाड़ी का युद्ध छिड़ा तो पांच सितारा होटलों ने अपने मेहमानों को युद्ध का सीधा प्रसारण दिखाने के लिए डिश एंटीना खरीद लिये। इन होटलों में पहले से ही केबल लगा हुआ था, इसलिए सीएनएन के प्रसारण के लिए इनको बस एक एंटीना की आवश्यकता थी।

केबल ऑपरेटर भी तुरंत सैटेलाइट प्रसारण की ओर अग्रसर हो गए। उन दिनों इसके लिए उन्हें डिश एंटीना में 2 लाख रुपये का निवेश करना पड़ता था, जिसकी कीमत जल्द ही 25 हजार रुपये हो गई। उनको बस इतना करना था कि सिगनल को पकड़ कर केबल तारों के माध्यम से अपने कंट्रोल रूम से से जुड़े हर घर तक पहुंचा देना था। और कुछ हजार रुपयों की जरूरत उनको एंप्लिफायर खरीदने के लिए थी, जिससे सिगनलों को और मजबूत किया जा सके। जल्द ही सैटेलाइट प्रसारण पूरे देश में आम हो गया। इस तरह, अमेरिका का पहला केबल न्यूज चैनल सीएनएन भारत में सैटेलाइट टीवी के विस्तार का कारक बना।

उन समय की समाचार खबरों के मुताबिक, ऐसी चर्चाएं थीं कि सीएनएन होटलों से प्रति कमरा एक अमेरिकी डॉलर शुल्क वसूलता था। कुछ चुनिंदा कंपनियां जो डिश एंटीना बेचती थीं, उनमें से कैटविजन सीएनएन की एकमात्र लाइसेंस धारक थी। वस्तुतः, कैटविजन की फ्रेंचाइजी रखने वाले लोग ही डिश एंटीना के साथ सीएनएन प्रदान कर सकते थे। खबरों में उन समस्याओं का भी विवरण मिला जो इसलिए पैदा हुईं क्योंकि कैटविजन खुद को सीएनएन की तरफ से भुगतान राजस्व वसूलने के लिए अधिकृत होने का दावा करने लगा।

इस कारोबार में किसी के लिए भी अगला तार्किक कदम एक सैटेलाइट चैनल शुरू करना था। दुर्भाग्यवश, ऐसे सैटेलाइट बहुत कम थे जिनकी पहुंच भारतीय उपमहाद्वीप तक थी। ज्यादातर गॉरिज़ोंट जैसे चुके हुए रूसी सैटेलाइट थे और वे भू–स्थिर नहीं थे। ऑपरेटरों को बेहतर सिगनल प्राप्त करने के लिए बार–बार अपने डिश को घुमाना पड़ता था क्योंकि आकाश में उपग्रह का स्थान बदल जाता था। एक केबल नेटवर्क के स्वामी सिद्धार्थ श्रीवास्तव ऐसे ही एक सैटेलाइट पर एटीएन चैनल लांच किया, लेकिन जल्द ही उसे बंद करना पड़ा।

स्टार और ज़ी का जन्म

1990 के दशक के शुरुआती दिनों में, हांग–कांग के अरबपति ली–का शिंग के हचिसन व्हाम्पोआ समूह ने एशियसैट–1 को खरीद लिया, जो उस समय हिंद महासागर के ऊपर एकमात्र भू–स्थिर उपग्रह था। यह एक बेकार चीनी उपग्रह

था, जिस पर कुछ अपनी जगह खाली थी। शिंग ने इसकी मरम्मत करवाकर इसे अपने पुत्र रिचर्ड ली को दे दिया। जिसने बाद में स्टार (सैटेलाइट टेलीविजन एशियन रीजन) की शुरुआत की, जो अगस्त 1991 में चीन और भारत में प्रसारित एकमात्र चैनल था। स्टार ने अपनी शुरुआत प्राइम स्पोर्ट्स से की; बाद में इसने एमटीवी, बीबीसी और स्टार टीवी को अपने गुच्छे में जोड़ा।

उसी समय के आसपास ली का शिंग ऐसी कंपनियों को तलाश रहे थे, जो उनके उपग्रह पर जगह खरीद सकें। भारत के तकरीबन हर बड़े केबल ऑपरेटर ने बारे में ली का शिंग से संपर्क साधा। बीसीसीएल के टाइम्स टीवी और एक कम पहचाने जाने वाले उद्यमी सुभाष चंद्रा ने भी संपर्क किया। आखिरकार सैटेलाइट पर वह बहु–प्रतिष्ठत स्थान सुभाष चंद्रा ने जीता, जिन्होंने ज़ी टीवी का प्रसारण शुरू किया। स्आर और ज़ी के बीच 50:50 की संयुक्त साझीदारी पर एशिया टुडे नाम के एक नेटवर्क की भी स्थापना की गई। अक्टूबर 1992 में शुरू हुआ सुभाष चंद्रा का ज़ी टीवी भारत का पहला ऐसा सैटेलाइट चैनल बना जो निजी स्वामित्व वाला था। शुरूआत में ज़ी टीवी फिल्मी कार्यक्रमों पर आधारित 3–4 घंटे का चैनल था, बाद में 24 घंटे प्रसारण करने वाला चैनल बना।

ज़ी वही चैनल था, जिसका भारतीय टीवी दर्शक इंतजार कर रहे थे। ज्यों ही लोग इस रोमांचकारी नए चैनल को अपने टेलीविजन पर देखने को आतुर हुए, केबल ऑपरेटर पनपने लगे और केबल पहुंच भी बढ़ गई। 1992 के अंत तक भारत में 12 लाख केबल वाले घर थे; 1993 में यह संख्या दुगुनी से भी ज्यादा बढ़कर 30 लाख हो गई। 1994 में यह आंकड़ा भी चार गुना बढ़कर 1.18 करोड़ कनेक्शन पर आ गया (देखें तालिका 2.1)।

विदेशी मुद्रा का संकट, मर्डोक का आना और अन्य घटनाएं

होनी को जो मंजूर था, 1991 में भारत में विदेशी मुद्रा का गहरा संकट खड़ा हो गया। इसका असर 1993 में तब दिखा जब भारतीय रिजर्व बैंक ने एक सर्कुलर जारी कर कहा कि सिर्फ वही कंपनियां जिन्होंने पिछले 2 सालों में निर्यात का प्रति वर्ष 10 लाख से ज्यादा का कारोबार किया है, वही स्टार या जी चेनल पर विज्ञापन चलाने के लिए आवश्यक डॉलर खरीद सकती थीं। कुछ लोग ये मानते हैं कि विदेशी मुद्रा की तंगी का बहाना बनाकर सरकार डीडी चैनल के सामने प्रतिस्पर्धा कम कर रही थी। इससे बड़ी विचित्र स्थिति खड़ी हो गई, जब बहुराष्ट्रीय कंपनियां भी बिना आरबीआई की मंजूरी के इन चैनलों पर विज्ञापन नहीं दिखा पा रही थीं। कुछ विज्ञापनदाताओं ने हर केस के हिसाब से आरबीआई की मंजूरी ली, जबकि कुछ अन्य ने स्टेट ट्रेडिंग कॉर्पोरेशन का इस्तेमाल किया, जिसको इस उद्देश्य के लिए डॉलर का प्रयोग करने की अनुमति थी।[23]

इसी समय ली का शिंग ने स्टार के 63.6 प्रतिशत हिस्सेदारी को 52.5 करोड़ अमेरिकी डॉलर में रूपर्ट मर्डोक के न्यूज कार्पोरेशन को बेच दिया। उसी साल मार्च में स्टार बीबीसी तथा एमटीवी से अलग हो गया। 1994 तक फिर से भुगतान और एन्क्रिप्शन की बातें होने लगीं। स्टार मूवीज दावा करती है कि उसने सबसे पहले अपने ऐनेलॉग सिगनल्स को एन्क्रिप्ट किया। यह इसलिए था क्योंकि उसके पास कुछ ही देशों में फिल्में दिखाने का अधिकार था, लेकिन सैटेलाइट की छाप उनसे भी आगे तक पहुंच गई। इससे अधिकार धारकों को भुगतान करने का जटिल मुद्दा खड़ा हो गया। क्योंकि मान लीजिए उनके पास भारत में फिल्म दिखाने का अधिकार है, तो फिर अफगानिस्तान में यदि फिल्म नजर आती है तो उनको भुगतान करना हो होगा। इसलिए, उसको अपने सिगनल को एन्क्रिप्ट करना ही होगा।

इसी समय गैर हिन्दी चैनल ने कदम रखा, जो अब भारत में सबसे बड़े गैर हिंदी प्रसारक हैं। सन टीवी ने एक तमिल चैनल के साथ प्रसारण शुरू किया। यह संख्या अब बढ़कर 30 हो गई है।[30] सन टीवी दक्षिण के चारों प्रमुख राज्यों में देखे जाने वाला सबसे बड़ा टीवी चैनल है और भारत के सबसे बड़े प्रसारकों में से एक है। इसके साथ ही क्षेत्रीय बाजारों में केबल का तेजी से विस्तार भी देखने को मिला, जिसमें ज्यादातर प्रसारक ही अग्रणी होते थे, जैसे सन टीवी क सुमंगली केबल। अन्य मामलों में, यह केबल टीवी की लोकप्रियता का स्वाभाविक परिणाम था। उदाहरण के लिए, आंध्र प्रदेश में ईनाडु टीवी की शुरुआत से केबल की पहुंच बहुत तेजी से बढ़ी।

विकास के वर्ष

1995 तक भारत एक सम्मानजनक प्रसारण बाजार के तौर पर नजर आने लगा था। इससे रिसर्च एजेंसियों को इलेक्ट्रॉनिक रेटिंग सिस्टम प्रदान करने का मौका मिला। इससे मीडिया की खरीद–फरोख्त दुनिया में भी छीना–झपटी मच गई, क्योंकि प्रिंट और आउटडोर से इतर ढेरों विकल्प सामने आ गए। जल्द ही, बड़े भारतीय खिलाड़ी इस बाजार में कूद पड़े। हिंदुस्तान टाइम्स के तबेले से होम टीवी निकला, सोनी कॉर्प सब्सिडियरी कोलंबियां ट्रिस्टार की ओर से सोनी एंटरटेनमेंट, आंध्र प्रदेश के सबसे बड़ी प्रकाशन कंपनी की ओर से ईनाडु टीवी और अन्य तमाम गंभीर खिलाड़ी मनोरंजन के बाजार में आ गए। जो अब तक एक कुटीर उद्योग की तरह था, जिसे स्टार, ज़ी या स्थानीय केबल चैनल प्रदान करने वाले केबल ऑपरेटरों द्वारा चलाया जा रहा था, वह बड़ा और बड़ा होता जा रहा था। इस वर्ष भी केबल अधिनियम पारित किया गया है (देखें 'नियमन')।

जैसे–जैसे चैनलों की संख्या बढ़ती गई, वैसे–वैसे छोटे केबल ऑपरेटरों कि समस्याएं भी बढ़ गईं, जिनके पास इतना स्थान या पैसा नहीं था कि वे

बड़े–बड़े डिश एंटीनाख केबल तार और एंप्लिफायर खरीदने में निवेश करते जाएं। साथ ही, जब प्रसारण कंपनियों द्वारा केबल ऑपरेटरों से उनके चैनल को प्रसारित करने शुल्क मांगना शुरू कर दिया, उसके दो मायने थे। पहला, ऑपरेटरों को चैनलों के समूह के लिए 2 से 30 रुपये का भुगतान करना था और दूसरा, उनको डिकोडर में निवेश करना पड़ता। सबसे पहले एन्क्रिप्ट करने वालों में एक स्टार मूवीज ने ऑपरेटरों को 40 हजार रुपये के एक पैकेज की पेशकश की, जिसमें से 23,750 रुपये डिकोडर की लागत थी। सार यह था कि 200–300 उपभोक्ताओं वाले छोटे केबल ऑपरेटरों के लिए यह पूरा संचालन संभालना मुश्किल होता जा रहा था।

एमएसओ का जन्म[25]

यही वो समय था जब मल्टी सिस्टम ऑपरेटर (एमएसओ) का उदय हुआ। प्रमुख प्रसारक या केबल कंपनियों ने बड़े निगमों या केबल ऑपरेटरों के सहायता संघों के बल पर बड़े नियंत्रण कक्ष स्थापित करने लगे। इन बड़े नियंत्रण कक्षों की क्षमता बहुत सारे चैनल को प्राप्त करने की थी, जो एक छोटे केबल ऑपरेटर के लिए मुमकिन नहीं था। वे छोटे केबल ऑपरेटरों को प्रति उपभोक्ता शुल्क के हिसाब से सिगनल प्रदान करने लगे। उसके बाद छोटे केबल ऑपरेटर उन सिगनलों को उन घरों तक पहुंचाने लगे जहां उनकी पहुंच थी। उदाहरण के लिए, 1994 में दक्षिणी मुंबई की पांच ऑपरेटरों के संघ– यूनाइटेड केबल नेटवर्क उन शुरुआती कंपनियों में से था जिन्होंने इस तरह का मास्टर नियंत्रण कक्ष बनाया। जी जैसे प्रसारकों ने सीटी केबल (अब वायर एंड वायरलेस लिमिटेड) की स्थापना की। ऐसे ही कुछ बड़े खिलाड़ियों में राजन रहेजा समूह की हैथवे, हिंदुजा की आरपीजी केबल और इनकेबल ऐसे नाम हैं, जिन्होंने छोटे ऑपरेटरों को शुल्क लेकर सिगनल या फीड प्रदान करना शुरू किया।[26] चूंकि छोटे केबल ऑपरेटर एमएसओ के साथ जुड़ने लगे, इसलिए उनकी संख्या देश भर में 60 हजार से घटकर अब 30 हज़ार रहा गई है।[27]

ये पूरी प्रक्रिया यदि पेचीदी लगती है, तो भारत में केबल टीवी वितरण को एक श्रृंखला के रूप में देखिए, जो एक सिगनल से शुरू होती है, जिसको प्रसारक केबल ऑपरेटर को भेजते हैं। 1995–96 के बीच इस पूरे श्रृंखला के बीच में एक नया खिलाड़ी आ गया, एमएसओ। एमएसओ सिगनलों का थोक विक्रेता है और छोटे केबल ऑपरेटर खुदरा विक्रेता। इस श्रृंखला में छोटे केबल ऑपरेटर सबसे शक्तिशाली कड़ी हैं। क्योंकि आखिर में घर तक कनेक्शन पहुंचाने में उन्हीं का योगदान होता है। यही वह व्यक्ति है जो हर महीने आपसे पैसे एकत्रित है। इसलिए वह टीवी प्रसारण कारोबार में राजस्व के महत्वपूर्ण हिस्से पर उसका नियंत्रण होता है। यदि हम बहुत कम औसत

लेते हुए 150 रुपये प्रति घर प्रति माह के हिसाब से केबल की आय जोड़ें, तो 15.3 करोड़ केबल और सैटेलाइट धारक घरों से एक साल में कुल 275 अरब रुपये की उगाही होती है।

भुगतान के तर्क

इस 275 अरब रुपये में से 15–20 प्रतिशत ही एमएसओ और प्रसारण कंपनियों तक पहुंचता है।[28] ऐसा इसलिए होता है क्योंकि छोटे केबल ऑपरेटर अक्सर अपने कुल कनेकशनों का गलत ब्यौरा देते हैं। आप बस इस मुद्दे को छेड़ दीजिए, प्रसारक, एमएसओ और केबल ऑपरेटर सब बचाव में उतरने लगते हैं, सबके पास अलग–अलग कारण होते हैं। जहां, कई सारे तर्क भारत में तेजी से बढ़ते डिजिटाइजेशन के सामने शायद नहीं ठहर पाते, इसलिए इस आलोक में ये समझना अत्यंत आवश्यक है कि भारत में डिजिटाइजेशन वरदान क्यूं साबित होगा।

केबल ऑपरेटरों का तर्क: केबल ऑपरेटरों को विकसित देशों के बाजारों की ओर इशारा करना बहुत पसंद है। अमेरिका में आमतौर पर केबल कंपनियां कुछ चैनलों के बेसिक पैकेज पर एक निश्चित शुल्क लेती हैं। बाकी बचे हुए एक साथ अलग पैकेज में अलग दाम पर बेचा जाता है। जिन घरों में जिस पैकेज की आवश्यकता होती है, वे वही पैकेज लेते हैं और उसी का दाम देते हैं। यह ऐसे सेट टॉप बॉक्स से संभव हो पाया जिसे कंडिशनल एक्सेस सिस्टम–सीएएस कहते हैं। इसका तात्पर्य 'एड्रसेबिलिटी' से है। आप सेट टॉप बॉक्स को एक बिजली के मीटर की तरह सोच सकते हैं। इससे ऑपरेटर को आपकी मर्जी के चैनल प्रदान करने में मदद मिलती है। विश्व के अधिकांश बाजारों में पे–टीवी, डिजिटल या गैर–डिजिटल, केवल सेट टॉप बॉक्स से ही संभव है। वरना एक घर का बिल कैसे तय होगा? जब केबल ऑपरेटर जब इस ओर इशारा करते हैं, तो यह उनका जायज तर्क होता है।

भारत में अधिकतर टीवी चैनलों ने बिना एड्रसेबिलिटी दिए खुद को एन्क्रिप्ट कर लिया। इसका नतीजा ये हुआ कि यदि एक केबल ऑपरेटर 1000 घरों में कनेकशन देता है और सिर्फ 600 घरों में ही एक चैनल देखा जाता था, उसके बावजूद भी केबल ऑपरेटर को प्रसारकों और वितरण नेटवर्क को 1000 घरों का चार्ज देना होता था। इसलिए, अगर केबल ऑपरेटर के पास 1000 घर होते तो वह केवल 250 ही दर्शाता। अगले साल के मोलभाव में 100 और बढ़ जाते। उपभोक्ताओं की संख्या की घोषणा पर वार्षिक समझौता झगड़ों से भरा होता और कई बार केबल प्रसारण बंद रहता। ईएसपीएन–स्टार स्पोर्ट्स का केबल ऑपरेटरों के साथ शायद सबसे ज्यादा बार विवाद हुआ। महाराष्ट्र केबल सेना ने तो इसपर 1996 में ही प्रतिबंध ही लगा दिया। बाद मे बंबई उच्च न्यायालय ने एक फैसला सुनाया कि केबल

ऑपरेटर प्रसारणकर्ताओं से अपनी आपसी लड़ाई के दौरान सिगनल नहीं काट सकते क्योंकि इससे दर्शकों को परेशानी होती है, जिनका इस लड़ाई से कोई लेना–देना नहीं होता।

प्रसारकों/एमएसओ की अवस्थितिः अधिकांश प्रसारक/एमएसओ एड्रेसेबिलिटी से होने वाली पारदर्शिता से डरते थे। 2002 में जब भारत सरकार ने केबल अधिनियम में सीएएस संशोधन किया तो उनमें से तमाम ने इसके खिलाफ कड़ी लामबंदी की। साथ ही, इसमें प्रति घर प्रति बॉक्स पर 3000–5000 रुपये का निवेश भी था। यदि 3000 रुपये की निम्न स्तर भी लेते हैं, तो पूरे उद्यम में कुल खर्च तकरीबन 126 अरब रुपये का आता। इसके अलावा 50 हजार से एक लाख रुपये तक का खर्च प्रति चैनल प्रति केबल सिस्टम में हार्डवेयर पर आता और 10 लाख का खर्च उपभोक्ता प्रबंधन सॉफ्टवेयर में केबल ऑपरेटर के स्तर पर आता।[29] एमएसओ या प्रसारक जब तक यह सुनिश्चित नहीं कर पा रहे थे कि उनकी राजस्व के अंतिम छोर तक उनकी पकड़ बन सकती है, वे इतना बड़ा निवेश करने को तैयार नहीं थे।

विकास की वेदना

स्टार और जी के बीच संयुक्त साझेदारी के करार से प्रसारण इतिहास की रोचक घटनाएं सामने आईं। उदाहरण के तौर पर, उसमें एक शर्त यह थी स्टार के 50 प्रतिशत से ज्यादा कार्यक्रम हिंदी में नहीं होंगे। ठीक उसी प्रकार ज़ी कोई भी स्पोट्र्स चैनल नहीं दिखाएगा क्योंकि स्टार पहले से ही प्राइम स्पोट्र्स चला रहा था। लेकिन 1999 में स्टार और ज़ी के बीच करार टूट गया और दोनों अलग हो गए। ज़ी ने स्टार को अपनी हिस्सेदारी के 32.2 करोड़ अमेरिकी डॉलर प्रदान किए और चंद्रा व मर्डोक दोनों ने राहत की सांस ली–और दर्शकों को आकर्षित करने का युद्ध एक नई ऊंचाई तक पहुंच गया। एकबार जब स्टार हिंदी की 50 प्रतिशत की शर्त से मुक्त हो गया तो फिर उसने पूर्णकालिक तौर पर हिंदी कार्यक्रमों का प्रसारण शुरू कर दिया।

इसी समय में, क्षेत्रीय चैनलों का भी विस्तार हो रहा था और वे थोड़े–थोड़े अंतराल पर उभर कर सामने आ रहे थे। सन और ईनाडु के अलावा तकरीबन हर भारतीय भाषा में चैनल उभर आए। क्षेत्रीय चेनलों के इस विस्तार के पीछे का कारण आसानी से समझा जा सकता था। ट्रांस्पोंडर के दाम 30 लाख अमेरिकी डॉलर से तीव्र रूप से घटकर 2003 में 2–3 लाख अमेरिकी डॉलर तक आ गए। दूसरा कारण था विज्ञापन बाजार का विस्तार जो अधिक चैनलों को समाहित करने में सक्षम था। कुल बाजार के प्रतिशत के हिसाब से, टीवी अपनी हिस्सेदारी तेजी से बढ़ा रहा था। इसके परिणामस्वरूप कुछ शैलियों में ज्यादा लाभ हुआ–उदाहरण के लिए समाचार और बच्चों के चैनल (देखें तालिका 2.3 और 2.4 क, ख)।

डीडी का हिट होना

सार्वजनिक क्षेत्र के चैनल दूरदर्शन को सैटेलाइट तथा केबल चैनलों के आने से बहुत गहरा आघात लगा और इसके दर्शक बहुत कम हो गए। उसने डीडी मेट्रो के माध्यम से अपने राजस्व को बढ़ाने का प्रयास किया, जो पूरी तरह एक मनोरंजन चैनल था; और यह कुछ हद तक सफल भी रहा। फिर जुलाई 2000 में डीडी मेट्रो पर तीन घंटे प्रति दिन के हिसाब से एक वर्ष के लिए एचएफसीएल–नाइन ब्रॉडकास्टिंग के साथर प्रसारण का अनुबंध हुआ। इसके परिणामस्वरूप, पांच सालों में पहली बार, डीडी ने सैटेलाइट व केबल वाले लाभदायक घरों में अपने पैठ बना ली, और इसके कुछ कार्यक्रम तो टीवी रेटिंग में 6 तक का आंकड़ा छूने लगे। इसके बावजूद डीडी ने अगले वर्ष 2001 एचएफसीएल–नाइन के अनुबंध का नवीनीकरण करने से इंकार कर दिया और नए सिरे से बोली लगवाई। इसके बाद एचएफसीएल–नाइन ने अपना भारतीय संचालन बंद कर दिया। यह कंपनी कैरी पैकर्स पब्लिशिंग एंड ब्रॉडकास्टिंग लिमिटेड और भारतीय स्वामित्व की हिमाचल फ्यूचरिस्टिक कम्युनिकेशन लिमिटेड का संयुक्त उद्यम थी।

आज डीडी के बस वही एक करोड़ दर्शक हैं, जिनके पास कोई दूसरा विकल्प नहीं है। आईआरएस 2005 की रिपोर्ट के अनुसार ग्रामीण क्षेत्रों में, जहां डीडी कि पकड़ सबसे मजबूत थी, वहां केबल का विस्तार शहरी क्षेत्रों की तुलना में दो गुनी रफ्तार से हुआ है। मई 2000 में पूर्व नैसकॉम अध्यक्ष किरण कार्णिक, इंफोसिस संस्थापक नारायण मूर्ति तथा शुणु सेन ने प्रसार भारती पर अपनी एक रिपोर्ट सौंपी।[30] इस रिपोर्ट में प्रसार भारती की प्रमुख समस्याओं का विश्लेषण थाः जरूरत से ज्यादा स्टाफ और सही दिशा की कमी। रिपोर्ट में कुछ विवेकपूर्ण सिफारिशें की गईं थी कि किस प्रकार प्रसार भारती को बेहतर बनाया जा सकता है। लेकिन इस रिपोर्ट को मोटेतौर पर अनदेखा कर दिया गया।

सरकार हर समय यही निर्णय लेने में व्यस्त रहती है कि किस प्रकार भारत की सबसे बड़ी प्रसारण कंपनी को चलाया जाएगा। यह बड़ा दुःखद है, क्योंकि डीडी इस व्यवसाय जगत की एक बहुमूल्य संपत्ति है। शुणु सेन कमेटी की रिपोर्ट के मुताबिक यदि इसके 1400 टावर वाले नेटवर्क को ठीक तरह से संचालित किया जाए तो ये न सिर्फ यह सार्वजनिक सेवा प्रसारण बेहतरीन ढंग से कर पाएगा बल्कि इससे अच्छा राजस्व भी प्राप्त हो सकेगा। अब तक डीडी सरकारी अनुदान पर निर्भर रहता है, जो हर साल बढ़ता जाता है। 2011–12 में डीडी का कुल राजस्व संग्रह 14 अरब रुपये था। जबकि इसका संचालन लागत तकरीबन इसकी दोगुनी 28.9 अरब रुपये थी। बाकी का पैसा करदाताओं की जेब से निकाला जाता है। इसकी बजटीय अनुदान में कम करने की बातें चल रही हैं। जब तक डीडी वित्तीय तौर पर आत्म निर्भर नहीं

होता, तब तक यह प्रशासनिक या दूसरी तरह से सरकारी नियंत्रण से बाहर निकल पाएगा; और क्योंकि यह वित्तीय तौर पर सरकार पर निर्भर करता है, तो यह पैसा कमाने के लिए कभी स्वतंत्र नहीं हो सकता। डीडी पर एक और नई समिति बनाई गई, जिसकी अध्यक्षता सैम पित्रोदा ने की। डीडी से एक अच्छी खबर यह है कि उसने 2004 में डीडी डायरेक्ट प्लस लांच किया। जो मुफ्त सेवा प्रदान करता है। इसके लिए उपभोक्ता को बस एक सेट टॉप बॉक्स खरीदने कि आवश्यकता है। जानकारी के मुताबिक यह अच्छा काम कर रहा है। 2012 में यह अनुमान था कि डीडी डायरेक्ट प्लस भारत के 80 लाख से एक करोड़ घरों में लग चुका है।

एड्रेसेबिलिटी पर जोर

एक गंभीर प्रतिस्पर्धी स्थलीय प्रसारक के अभाव में, केबल को भारत में खुला खेलने का मौका मिला। 2000–02 के समय में जब ब्लैक आउट, अदालती मुकदमे और उपभोक्ताओं की शिकायतें बहुत ज्यादा बढ़ गईं, तब सरकार ने एड्रेसेबिलिटी में प्रवेश करने का प्रयास किया। 2002 में केबल टेलीविजन नेटवर्क (नियंत्रण) अधिनियम, 1995 में संसोधन कर यह अनिवार्य कर दिया गया कि पेड चैनलों को सिर्फ सेट टॉप बॉक्स के साथ ही देखा जा सकता है।

सीएएस में त्रुटियां: यह संशोधन और सरकार द्वारा बल पूर्वक इस अधिनियम को लागू करने की कोशिश से दो समस्याएं पैदा हुईं, जो इसके विफल होने का कारण बनीं। पहली, कानून और इसके बाद आई अधिसूचना के अनुसार यह अनिवार्य था कि चार मेट्रो शहरों के 67 लाख घरों में मध्य–जुलाई 2003 तक या इस संशोधन के छह माह के अंदर सीएएस लगा दिये जाएं। विश्व के अन्य तमाम देशों में सीएएस के प्रसार में कई वर्ष लगे, जहां एक चरण में मुश्किल से 1 से 2 लाख घरों तक सीएएस लगाया गया। यह देखते हुए कि भारत एक बंद बाजार है, जहां कंडिश्नल एक्सेस तकनीक को परखा नहीं गया था, तो यह उचित रहता कि इसे एक बार में एक शहर/क्षेत्र में लागू करके देखा जाता।

दूसरी समस्या ये थी कि संसोधन इस बात पर मौन था कि कि इसमें व्याप्त लागत का निर्वहन कौन करेगा। चूंकि एमएसओ और प्रसारण कंपनियों की अंतिम घरों तक पकड़ नहीं थी, इसलिए वे इसमें कोई भी पैसा लगाने से हिचक रहे थे। इसलिए उपभोक्ता को ही पैसा लगाना पडता। वैश्विक स्तर पर एड्रेसेबिलिटी का अधिकतम लाभ उद्योग को मिलता है। इसलिए सेट बॉक्स को लगाने का कुछ हिस्सा वह अपनी जेब से देता है। वास्तव में, ज्यादातर बाजारों में एड्रेसेबिलिटी की मांग और पहल उद्योग के अंदर से ही हुई, न कि उसको थोपा गया।

जमीनी स्तर पर भी, केबल ऑपरेटरों और प्रसारकों ने इस बात कि बहुत लॉबी करती रही कि किसी तरह इस संसोधन अधिनियम को निरस्त कर दिया जाए। दोनों में से कोई पारदर्शिता नहीं चाहते थेः क्योंकि ऑपरेटरों के कुल कनेक्शनों की संख्या उजाकर हो जाती और प्रसारकों के दर्शक आधार की पोल खुल जाती। केवल हैथवे और इनकेबल जैसे एमएसओ ने सीएएस बॉक्स और सिस्टम खरीदने में पैसा निवेश किया। और अंततः वही हुआ कि इस संशेधन अधिनियम को बाद में पूर्ण रूप से नजरंदाज कर दिया गया। इसी झमेले के बीच प्रसारण नियामक के तौर पर ट्राई का गठन हुआ, जो कैरिएज के लिए था (कंटेंट के लिए नहीं)।

गतिरोध और बिगड़ा

2003 तक ये स्पष्ट हो चुका था कि जिस तरह भारत में टीवी सिगनल बेचे जा रहे हैं उसमें कुछ गंभीर गडबड़ियां जरूर हैं। केबल पर तब से लेकर अब तक गतिरोध कायम है। 800 से ज्यादा टीवी चैनल ऐसे हैं जो भारत को लक्षित करते हैं, जबकि एक टीवी सेट 56 से 106 ही दिखा सकता है। ये उन सैकड़ों स्थानीय चैनलों के अतिरिक्त हैं जो दिन भर पायरेटेड फिल्में दिखाते रहते हैं। एमएसओ और ऑपरेटरों ने कैरिएज शुल्क लगाना शुरू कर दिया, यानि उनके सिस्टम पर एक चैनल को चलाने का शुल्क। कई तो इसके अतिरिक्त प्लेसमेंट शुल्क की भी मांग करने लगे। यह प्लेसमेंट शुल्क वह था जिसके तहत एमएसओ अलग–अलग चैनल को मांग के हिसाब से ऊपर नीचे प्लेस करते थे, जैसे आईबीएन7 को एनडीटीवी इंडिया से पहले या स्टार न्यूज को खराब फ्रिक्वेंसी पर लगा देना और आज तक को बेहतर पर दिखाना।

इससे छोटे प्रसारणकर्ताओं पर जबर्दस्त असर पड़ा। प्रत्येक चैनल के लांच होने से एमएसओ और केबल ऑपरेटर को अच्छा पैसा प्राप्त होने लगा क्योंकि अंतिम तौर पर प्रसारण की नियंत्रण तकनीक उनके पास ही थी। जब तक चैनलों की संख्या 50–60 थी तब तक इसका ज्यादा असर नहीं पड़ा, किन्तु जब चैनलों की संख्या बढ़ने लगी तो नियंत्रण तथा प्रसार की समस्याएं दुरूह होती गईं। केबल की खंडित, बेतरतीब और बंद प्रकृति ने विज्ञापन और भुगतान राजस्व पर असर डालना शुरू कर दिया।

केबल ऑपरेटरों द्वारा बार–बार चैनलों का स्थान बदलने से उद्योग के विज्ञापन राजस्व में भी गिरावट दर्ज की जाने लगी और दर्शक घट गए। 2002–2004 के बीच टीवी पर विज्ञापन की बढ़त गिरने लगी। 2003 से शुरू हुए दो वर्षों तक टीवी पर विज्ञापन समय में प्रति 10 सेकेंड में होने वाली कमाई अधिकांश प्रसारकों के लिए वास्तव में घट गई। प्रचलित चैनलों की राजस्व प्राप्ति में गिरावट आई क्योंकि अब उनको भी अपने लाभ से काट कर

प्लेसमेंट शुल्क भरना पड़ता था। क्योंकि ट्राई ने केबल की दरों में अनिवार्य रूप से 7 प्रतिशत की वृद्धि की थी, इसलिए प्रसारकों द्वारा अपने दाम बढ़ाने की गुंजाइश सीमित ही थी।[31]

टीवी सेट पर सीमित स्थान होने के कारण ये समस्या और बढ़ती गई। विश्व के अन्य देशों की तरह, भारत में टीवी सेट सिर्फ ऐनेलॉग सिगनल को ही ग्रहण कर पाते हैं। इसी वजह से 550–750 मेगा हट्र्ज स्पेक्ट्रम होने के बावजूद टीवी में सिर्फ 56–106 चैनल तक ही प्रसारण संभव हो पाता है। वर्तमान में सभी चैनल डिजिटल मोड में ट्रांसमिट होते हैं। अधिकांश एमएसओ उनको ऐनेलॉग में परिवर्तित करते हैं और फिर उन्हें ऑपरेटरों को प्रदान करते हैं।

गतिरोध से निकलने का रास्ता

इसलिए डिजिटाइजेशन अवश्यंभावी था। उपभोक्ताओं के घर में किसी भी डिजिटल सिगनल का प्रसारण केवल और केवल सेट टॉप बॉक्स द्वारा ही संभव था। इससे इस बात का कोई असर नहीं पड़ता की सिगनल कौन बेच रहा है– स्थलीय, केबल, ब्रॉडबैंड या डीटीएच ऑपरेटर। यदि डिजिटल टीवी सिगनल लेने वाले हर घर में सेट टॉप बॉक्स लगा दिया जाता, तो एड्रेसेबिलिटी और शत प्रतिशत पारदर्शिता निश्चित थी। इसलिए इस समस्या के तीन समाधान थे: पहला, केबल का डिजिटाइजेशन कर दिया जाए; दूसरा, प्रसारण के दूसरे तरीकों पर बल दिया जाए जैसे कि डीटीएच या आईपीटीवी द्वारा प्रसारण; तीसरा, डिजिटल टेरेस्ट्रियल टेलीविजन।

पहला विकल्प: डिजिटल केबल सिस्टम को आसानी से टू–वे बनाया जा सकता है। इसका मतलब है कि ये वॉइस तथा इंटरनेट दोनों ही सुविधाएं मुहैया कारवा सकता है। लेकिन सबसे महत्वपूर्ण, केबल के डिजिटाइजेशन से प्रसारण कि क्षमता में 10–14 गुना वृद्धि हो जाती है। यह इसलिए क्योंकि जितनी जगह एक ऐनेलॉग चैनल लेता है, उसमें 10–14 डिजिटल चैनल आ जाते हैं। वर्तमान नेटवर्क के डिजिटाइजेशन मात्र से 560–1000 चैनल तक क्षमता बढ़ जाती है। हालांकि, इसके साथ भी दो समस्याएं थीं।

डिजिटाइजेशन पर ट्राई के पेपर के अनुसार एक अच्छे शहरी नेटवर्क में उपभोक्ताओं के संख्या के अनुसार डिजिटाइजेशन में तकरीबन 700–3000 रुपये प्रति उपभोक्ता तक खर्च आता। इसका अर्थ था कि कुल खर्च तकरीबन 42–180 अरग रुपये।[32] उसके बाद सेट टॉप बॉक्स का खर्च अलग से। ट्राई के पेपर के अनुसार जितने ज्यादा लोग होंगे, उतना ही कम खर्चा होगा। उस समय केबल व्यापार में विदेशी निवेश 49 प्रतिशत तक सीमित था। सरकार के इस डिजिटाइजेशन प्रयास का मतलब था कि डिजिटाइजेशन के प्रत्येक पहलू

में सरकार द्वारा कर में ढील दी जाती और इससे केबल कंपनियों के पास इस व्यवसाय में घुसने का अच्छा अवसर था। मल्टीप्लेक्से में भी जब कुछ बाजारों में करों की छूट दी गई तो उनमें अच्छी वृद्धि हुई।

इसके बाद समय और धैर्य की जरूरत थी जो डिजिटाइजेशन की मांग थी (और आज भी है)। लेकिन भारत जैसे अस्त–व्यस्त बाजार की क्षमता से ये बाहर की बात थी। विकसित देशों में भी डिजिटाइजेशन में कम से कम 7–15 वर्ष तक का समय लगा। जबकि ये नहीं भूलना चाहिए कि वे भारत की तुलना में बहुत ही छोटे और कम जटिल बाजार हैं। यूके में डिजिटाइजेशन की प्रक्रिया 1998 में शुरू की गई थी और यह 2012 तक चलने की उम्मीद है। भारत में, 20 साल की अनियमित वृद्धि के बाद यह अनुमान लगाना गलत होगा कि यह आसानी से हो जाएगा।

समस्याएं प्रत्यक्ष दिख रही हैं। 2009 में डिजिटाइजेशन को अनिवार्य करने के 7 साल बाद भी सिर्फ 13 लाख घरों का डिजिटाइजेशन हो पाया है, जबकि 2 करोड़ डीटीएच वाले घर हैं। 13 लाख घरों में वह क्षेत्र भी आते हैं जो अनिवार्य सीएएस जोन में नहीं आते।

दूसरा विकल्पः यह मेरा पसंदीदा विकल्प है, जिसके तहत एक प्रसारणकर्ता या एमएसओ कम से कम एक करोड़ घरों में सेट टॉप बॉक्स लगवाएं और अपना पैसा तथा ऊर्जा खर्च करें। अगर उनके पास इतने घर हैं, तो उनकी एआरपीयू स्वतः बढ़ जाएगी क्योंकि वो बहुत सारे घरों में इंटरनेट तथा गेम जैसे विकल्प कि पूर्ति कर पाएंगे, जिससे उसका प्रचलन बढ़ेगा और वह इन सुविधाओं के लिए अतिरिक्त चार्ज कर सकता है, जिससे उसके कुल लाभ में वृद्धि दर्ज होगी। इससे अन्य कंपनियां भी इस तरह की प्रक्रिया में कूदेंगी और फिर प्रतिस्पर्धा भी बढ़ेगी जैसा कि डिजिटल सिनेमा के क्षेत्र में हुआ था।[33] मुक्ता–एडलैब्स ने उस समय संभावना को देखते हुए 70 थिएटरों में 10 लाख कीमत के उपकरण लगवाए। जब सिनेमा मालिक ज्यादा पैसा कमाने लगे, तो दूसरी कंपनियों में होड लग गई और भारत दुनिया के सबसे बड़े डिजिटल सिनेमा बाजारों में शुमार हो गया। यदि ऐसा ही केबल के क्षेत्र में भी होता है, तो यह बहुत ही अच्छा कदम होगा। यह इसलिए क्योंकि तकनीकी दृष्टि से केबल मनोरंजन का श्रेष्ठ ब्रॉडबैंड वाहक है।

तीसरा विकल्पः केबल के विकल्पों को प्रोत्साहित किया जाएः शायद यह विकल्प सबसे व्यवहारिक है। इस दिशा में 2004 तक कार्य बहुत मंद गति से हुआ। जब 2001 में डीटीएच पॉलिसी की घोषणा की गई तो इसमें कई पाबंदियां थीं, जिसके कारण निवेशक नहीं मिले। तभी अक्टूबर 2003 में एस्सेल समूह, जो जी का मालिक है, ने डिश टीवी को लांच कर दिया। 2006 में एक अन्य ऑपरेटर टाटा स्काई के रूप में बाजार में आया। 2008 तक भारत में ऐसे आधा दर्जन बड़े खिलाड़ी आ गए, जैसे एयरटेल का डिजिटल टीवी और

सन टीवी का सन डायरेक्ट– ये सभी घरों में सेट टॉप बॉक्स लगाने और टीवी सिगनल बेचने के लिए आपस में जूझने लगे। इससे 2005 7.5 लाख घरों का बाजार 2012 में बढ़कर 5.1 करोड़ घरों का बाजार बन गया।[34]

डीटीएच के अलावा एक और तकनीक जिसको प्रोत्साहित किया जा सकता है, वह है आईपीटीवी। 2004 में जब ट्राई ने टेलीकॉम कंपनियों द्वारा अंतिम मिले को खोलने की सिफारिशें कीं, तो आईपीटीवी के पनपने की उम्मीद जगी थी। लेकिन यह नीति नहीं बन पाई। यदि भारत मे किसी केबल ऑपरेटर या इन्टरनेट सेवा प्रदाता कंपनी को एमटीएनएल या बीएसएनएल के लास्ट मिले कॉपर को उनके 3.2 करोड़ घरों में टीवी प्रदान करने के लिए इस्तेमाल की अनुमति दी जाती है, तो केबल के क्षेत्र में अकस्मात ही प्रतिस्पर्धा आ जाती।

निसंदेह डिजिटाइजेशन डीटीएच के फलस्वरूप ही था। केबल अधिनियम 2011 में संशोधन ये अनिवार्य करता है कि भारत में सभी टीवी वाले घरों में डिजिटल एड्रेसेबल सिस्टम होना चाहिए। इसका अर्थ है कि ऐनेलॉग केबल का भी डिजिटाइजेशन करना होगा। और यह प्रक्रिया शुरू हो चुकी है (देखें केसलेट 2क)।

कारोबार कैसे चलता है

जिस उत्पाद की शुरुआत 1959 में हुई थी, 1984 में वह आगे बढ़ा और 1992 में उसमें उछाल आया, उसे हम भारतीय टेलीविजन प्रसारण उद्योग के नाम से जानते हैं। अमेरिका की तुलना में भारत में इसका स्वरूप थोड़ा बेतरतीब है। लेकिन भारत में जिस तरह इस व्यवसाय का उदय हुआ वो पूर्ण रूप से स्वदेशी पद्धति पर हुआ और इसका अमेरिकी विकास से कोई लेना देना नहीं रहा। अमेरिका में दर्शकों के आधार पर कई क्रॉस मीडिया प्रतिबंध भी हैं। लेकिन भारत में कुछ अपवादों को छोड़कर जैसे 1885 तथा 1993 के अधिनियम, मीडिया पर कभी इस तरह का राज्य नियंत्रण नहीं रहा। विकास के लिए उसकी अनिवार्यता, प्रैद्योगिकी या कारोबार को अपनाना काफी हद तक स्वदेशी रहा। उदाहरण के लिए, अमेरिका के विपरीत भारत में टेलीविजन सॉफ्टवेयर उद्योग एक अलग स्वाधीन उद्योग है, किन्तु अमेरिका में टेलीविजन सॉफ्टवेयर उद्योग भी मुख्य रूप से मीडिया द्वारा नियंत्रित है।

इस तरह भारत में टेलीविजन प्रसारण उद्योग को एक ऐसी श्रृंखला के रूप में देख सकते हैं जिसमें तीन कड़ियां हैं: प्रसारक, वितरक तथा टेलीविजन सॉफ्टवेयर निर्माता। दर्शक को अच्छी गुणवत्ता देने के लिए तीनों का योगदान परस्पर तथा समतुल्य है। टीवी सॉफ्टवेयर उद्योग इस श्रृंखला की पहली कड़ी है। यही वह बिंदु है कारोबार के समस्त मूल्य का निर्माण होता है–यानि प्रोग्रामिंग। इसको बाद में प्रसारक को बेचा जाता है, जो चैनल को इस

प्रोग्रामिंग के इर्द–गिर्द पैकेज करते हैं; टीवी टॉवर या सैटेलाइट को सिगनल भेजते हैं। इनको कई तरह से डाउनलिंक और वितरित किया जा सकता है।

सॉफ्टवेयर

भले ही यह श्रृंखला की सबसे छोटी कड़ी हो, तब भी टेलीविजन सॉफ्टवेयर प्रसारण उद्योग में मूल्य निर्माण का स्रोत है। आज जब प्रसारण उद्योग में मुख्यतः तमाम निवेश वितरण की आधारभूत संरचना तैयार करने में निवेश किया जा रहा है, तो सॉफ्टवेयर के महत्व पर अत्यधिक बल नहीं दिया जा सकता। चीन को देखने से यह बात सिद्ध होती है, क्योंकि चीन में लोकतंत्र का अभाव है, इसने सॉफ्टवेयर उद्योग की जबरदस्त वृद्धि में रोड़ा लगाया है (जटिल नियमों का मतलब होता है कि प्राधिकारी प्रोग्रामों की विशाल विविधता पर त्योरियां चढ़ाते हैं, जबकि भारत में इसे बिल्कुल अहानिकर माना जाता)। इस वजह से चीन में एक मांग–आपूर्ति में खाई उत्पन्न हो गई, जो अब चीन के टीवी उद्योग पर बहुत ही नकारात्मक प्रभाव डाल रहा है। बेहतरीन टीवी वितरण तैयार करने में लगाया गया सारा पैसा बेकार है, अगर नेटवर्क पर चलाने के लिए प्रोग्रामिंग ही नहीं है।

पृष्ठभूमि

भारतीय टेलीविजन सॉफ्टवेयर उद्योग मुख्य रूप से फिल्म उद्योग से निकली एक शाखा ही है। शुरुआती दिनों में जब डीडी सॉफ्टवेयर की तलाश में था, तो फिल्म उद्योग में ही ऐसे लोग, कौशल और साधन पाये गए जिससे मनोरंजन सॉफ्टवेयर को चलाया जा सकता था। आज भी यह सिलसिला जारी है। टीवी सॉफ्टवेयर उद्योग में आज जो कुछ बड़े नामचीन लोग हैं, उनकी जड़ें फिल्म उद्योग से आती हैं।

याद करें कि "बुनियाद" की पटकथा मनोहर श्याम जोशी ने लिखी थी और इसका निर्देशन 'शोले' के रमेश सिप्पी ने किया था। फिल्म अभिनेजा रहे धीरज कुमार ने अपना स्वयं का प्रोडक्शन हाउस खोला, जिसका नाम क्रिएटिव आई था। डीडी के स्वर्णिम दिनों में क्रिएटिव आई द्वारा निर्मित 'अदालत' जैसे धारावाहिकों का सफल प्रसारण किया जाता था। बाद में इसने *ओम नमः शिवाय* तथा *श्री गणेश* जैसे बहुत ही सुप्रसिद्ध पौराणिक धारावाहिकों का भी निर्माण किया। बाद मे सुप्रसिद्ध अभिनेत्री आशा पारेख ने स्टार प्लस के लिए बहुत ही प्रचलित धारावाहिक 'कोरा कागज' तथा 'कंगन' का निर्माण किया। अन्य अभिनेत्री, अरुणा ईरानी ने, 'देश में निकला होगा चांद' जैसा बहुत ही प्रचलित धारावाहिक दिया। अभिनेत्री राधिका की सॉफ्टवेयर कंपनी रदान पिक्चर्स ने तमिल और तेलुगु में कुछ सबसे हिट

सीरियल दिए। और निसंदेह भारत की सबसे बडे टीवी सॉफ्टवेयर कंपनी, बालाजी टेलीफिल्म्स का निर्माण एकता कपूर ने किया, जो स्वयं सुप्रसिद्ध अभिनेता जितेंद्र की बेटी हैं।

आकारः भारत में 1991 में जब से सैटेलाइट टीवी का गुबार आया, तब से सॉफ्टवेयर उद्योग में भी जबर्दस्त विकास हुआ है। मनोरंजन सॉफ्टवेयर, फिल्मों, नाटकों, धारावाहिकों की मांग निरंतर बढ़ रही है। डीडी पर कुछ घंटों से लेकर अन्य 50 निजी चैनलों तक कम से कम 5–8 घंटे प्रति दिन के हिसाब से मौलिक प्रोग्रामिंग की आवश्यकता है। इस तरह यदि देखा जाए तो साल भर में कुल 91,250 घंटे बनते हैं, इसमें समाचार चैनलों को शामिल नहीं किया गया है, जो अपनी प्रोग्रामिंग खुद करते हैं।[35] 1.5 लाख रुपये प्रति 30 मिनट की औसत दर से, उद्योग की कुल क्षमता 13.68 अरब रुपए की है। विकास की इस दर ने 1980 में चंद सॉफ्टवेयर उद्योग कंपनी की संख्या आज बढ़ाकर 6000 तक कर दी है। ये सभी मुख्यतः एक व्यक्ति पर आधारित हैं। इसका मतलब है बहुत ज्यादा विखंडन और व्यक्तिगत कंपनियों के लिए हल्का मुनाफा। ऐसी कंपनियां बहुत कम हैं, जो लंबे समय तक पैसा निवेश करके, कई वर्षों तक निरंतर सैकड़ों घंटों के सॉफ्टवेयर तैयार करती रहें, जैसे कि 1.2 अरब रुपये की बालाजी टेलीफिल्म्स (2011–12 के अनुसार)।

लागतः मांग को पूरा करने के लिए जब आपूर्ति तेजी से हुई तो जो दूसरी चीज हुई वह थी लागत में अत्यधिक उछाल। 1990 के दशक में जहां प्रति 30 मिनट एपिसोड में औसतन 30 हजार से 50 हजार तक रुपया लगता था, वहीं अब यह लागत 50 हजार से 10 लाख प्रति तीस मिनट तक पहुंच गई है। अलग–अलग तरह के कार्यक्रमों के लिए अलग–अलग तरह की लागत है। उदाहरण के लिए एक सिटकॉम या टॉक शो अपेक्षाकृत सस्ते में तैयार हो जाते हैं।

एक काल्पनिक धारावाहिक के एक एपिसोड के लिए जो पैसा दिया जाता है वह 4 से 12 लाख रुपये के बीच है। गैर–काल्पनिक धारावाहिक के लिए यह रकम एक करोड़ तक चली जाती है, क्योंकि उन कार्यक्रमों में समान्यतः बड़े–बड़े नामचीन अभिनेता आते हैं। निसंदेह, यह कार्यक्रम की शैली, भाषा, प्रोडक्शन हाउस और प्रसारक पर निर्भर करता है।

सॉफ्टवेयर राजस्व के स्रोत

सॉफ्टवेयर हाउस मुख्य रूप से राजस्व के लिए दो स्रोतों पर निर्भर रहते हैं–

बिक्री या किराया[36] बिक्री का अर्थ प्रसारकों को सीधे सॉफ्टवेयर बेचने से है, इसमें सभी अधिकार समाहित होते हैं। या फिर सॉफ्टवेयर

कंपनी प्रसारकों से किराए पर कुछ प्रसारण समय लेते हैं। और फिर वो इस एयरटाइम को बेच सकता है। डीडी में इसी तरह काम होता है और सन टीवी के 50 प्रतिशत कार्यक्रम इसी पद्धति पर कार्य करते हैं। इस तरह के मामले में, सॉफ्टवेयर कंपनियों के पास एक बार प्रसारण के बाद कार्यक्रम का अधिकार सुरक्षित रहता है।

सिंडिकेशन, डबिंग तथा विदेशी बाजारः ये कुछ अन्य राजस्व के स्रोत हैं, जिनसे सॉफ्टवेयर कंपनियां कुछ और कमा सकती हैं, जैसे प्रसारक करते हैं। यह पैसा शुद्ध लाभ में आता है, क्योंकि सॉफ्टवेयर की लागत आमतौर पर पहले प्रसारण से वसूल हो जाती है। क्रिएटिव आई और सिनेविस्टाज जैसी कंपनियों के पास बहुत सारे ऐसे सॉफ्टवेयर हैं जो उन्होंने डीडी के लिए बनाए थे, लेकिन कॉपीराइट उनके ही पास है। इन्हें सिंडिकेशन, डबिंग या यूट्यूब जैसे ऑनलाइन माध्यम से और पैसा कमाने में प्रयोग किया जा सकता है। सॉफ्टवेयर हाउस या प्रसारकों की ओर से आजकल बहुत सारे शो तमिल, तेलुगु या अन्य भाषाओं में डब किये जा रहे हैं, ताकि उन्हें भारत के अंदर या फिर विदेशी बाजारों में बेचा जा सके। उदाहरण के तौर पर, हाल के वर्षों में जी टीवी प्रसारित प्रसिद्ध धारावाहिकों में से एक था *पवित्र रिश्ता*। ये सन टीवी पर प्रसारित *'थिरुमति सेल्वम'* का री–मेक था, जिसे विकटन टेलीविस्टाज ने बनाया था। मलेशिया में एक बड़ी तमिल आबादी रहती है या फिर मध्य–पूर्व में मलयालम बोलने वालों के समूह हैं। बालाजी टेलीफिल्म्स जैसी कई भारतीय सॉफ्टवेयर कंपनियां ऐसी हैं जो अपने भारतीय शो विदेशी बाजारों के प्रसारकों को बेचती हैं।

प्रसारण

श्रृंखला की दूसरी कड़ी हैं प्रसारणकर्ता।

प्रसारण कारोबार का मॉडल

टेलीविजन प्रसारण उद्योग मुख्य रूप से दो कारोबारी मॉडल प्रयोग किये जाते हैं:

खरीदो और दिखाओ– प्रसारक सीधे टेलीविजन सॉफ्टवेयर कंपनियों से कार्यक्रम खरीदते हैं। इसकी कीमत प्रति एपिसोड 50 हजार से 10 लाख रुपये या इससे अधिक तक हो सकती है। दाम कई चीजों

पर निर्भर करता है जैसे कि भाषा, निर्माता आदि। सिटकॉम तथा टॉक शो मुख्यतः कम खर्चीले होते हैं क्योंकि ये कार्यक्रम स्टूडियो आधारित होता है। काल्पनिक धारावाहिक काफी महंगे होते हैं। उसी तरह, सामान्य तौर पर गेम शो सस्ता होते हैं क्योंकि वे मुख्य रूप से स्टूडियो आधारित होते हैं, लेकिन गेम शो में एंकर कोई बड़ा नाम हो, जैसे *कौन बनेगा कारोड़पति,* तो, लागत बढ़ जाती है। दूसरी ओर मराठी या बंगला भाषा में निर्मित धारावाहिक या सिटकॉम हिन्दी कार्यक्रमों की तुलना में बहुत ही सस्ते में बन जाते हैं।

प्रसारक उसके बाद कार्यक्रम को प्रोमो के साथ पैकेज करते हैं, जो चैनल या नेटवर्क के अपने कार्यक्रम के विज्ञापन होते हैं। स्टार न्यूज, स्टार प्लस के धारावाहिकों या स्टार गोल्ड की फिल्मों के प्रोमो चला सकता है।

किराया और प्रसारणः व्यापार का दूसरा मॉडल वो है जो डीडी तथा सन टीवी इस्तेमाल करते हैं।[37] डीडी टेलीकास्ट फीस या न्यूनतम गारंटी के बदले 30–60 मिनट के स्लॉट में एयरटाइम प्रदान करता है। यह शुल्क 3–4 लाख रुपये तक हो सकता है, जो मुख्यतः वितरण किए गए टाइम स्लॉट और उस कार्यक्रम से अपेक्षित विज्ञापन राजस्व पर निर्भर करता है। डीडी निर्माता को एक फ्री कमर्शियल टाइम (एफसीटी) भी प्रदान करता है, जिसके माध्यम से निर्माता अपनी लागत वसूलता है। निर्माता कुछ अतिरिक्त मूल्य चुका कर अतिरिक्त सेकेण्ड भी खरीद सकते हैं। जिन सेकेण्डों का वह इस्तेमाल नहीं कर सके उनको वो भविष्य के लिए इकट्ठा भी कर सकते हैं।

बालाजी टेलीफिल्म्स तथा क्रिएटिव आइ जैसी निर्माता कंपनियां जो डीडी तथा सन टीवी के परंपरागत प्रदाता रहे हैं, उन्होंने अपनी खुद की विज्ञापन बिक्री टीम बना रखी है, जो एयर टाइम बेचती है। चूंकि डीडी और सन टीवी कार्यक्रम को खरीदते नहीं हैं, इसलिए एक बार शो के प्रसारण के बाद उनके पास उस शो के पुनः प्रसारण का अधिकार नहीं होता। सन टीवी इसको 'कमीशन मॉडल' पर प्राथमिकता देता है, जिसमें कार्यक्रम चैनल का रहता है। सन के चेयरमैन कलानिधि मारन बताते हैं कि प्रसारण मॉडल आधारभूत नगद प्रवाह सुनिश्चित करता है, क्योंकि निर्माता स्लॉट के लिए सीधे पैसा देते हैं। अमेरिका में भी बहुत दिनों तक इसी मॉडल को अपनाया गया, फिर बाद में यह निर्णय हुआ कि अपने कार्यक्रम बनाने या उनको सीधे खरीदने में ज्यादा फायदा जुड़ा है। एचबीओ जैसे चैनल ऐसे कार्यक्रमों पर बल देने लगे जो सिर्फ उनके चैनल पर ही प्रसारित किये जा सकें।

प्रसारण राजस्व स्रोत

इस तरह से पैकेज कार्यक्रम फिर निम्नलिखित तरीके से राजस्व संग्रह करने में मदद करते हैं:

विज्ञापन– यह वह राजस्व है जो विज्ञापनदाताओं को एयर टाइम बेचकर वसूला जाता है। यह विज्ञापन एजेंसियों के माध्यम से किया जाता है या फिर मीडिया हाउस के जरिए जैसे ग्रुपएम या मैडिसन। वैसे तो वैश्विक स्तर पर प्रति 30 मिनट में 5 मिनट विज्ञापन दिखाने के मानदंड हैं, किन्तु भारतीय परिप्रेक्ष्य में ये सामान्य परंपरा है कि किसी अत्यंत लोकप्रिय शो के लिए विज्ञापन समय को बढ़ा दिया जाता है। भारत विश्व के शायद उन गिने–चुने बाजारों में से एक है, जहां पिछले कुछ वर्षों में टेलीविजन पर बिके विज्ञापन में नाटकीय उछाल आया है, लेकिन विज्ञापन दरों में गिरावट दर्ज की गई है, क्योंकि यहां बहुत ज्यादा छूट और बोनस दिये जाते हैं। इसका तात्पर्य सहयोगी चैनल पर विज्ञापन दिखाने के लिए दिये गए बोनस सेकेण्ड से है। टेलीविजन रेटिंग टार्गेट पर उचित प्रदर्शन न करने पर भी बोनस सेकेण्ड दिये जाते हैं। बोनस सेकेण्ड प्रति 10 सेकेण्ड औसत प्राप्ति को नीचे ले जाते हैं।

दूसरी जगह जा रहे पैसे को भी हासिल करने के लिए प्रसारण कंपनियों ने पूरा गुच्छा एक साथ प्रस्तुत करना शुरू कर दिया। उदाहरण के तौर पर, जी टीवी के पास एक सामान्य मनोरंजन चैनल है, जी सिनेमा, जी न्यूज, जी कैफे, क्षेत्रीय चैनल आदि, जिनका कुल योग 34 बनता है। इस प्रकार जी के पास क्रॉस बिक्री के लिए अधिक विज्ञापन सेकेण्ड हैं। इस प्रकार यदि कोई विज्ञापनदाता जी और ईटीवी मराठी का पैकेज खरीदना चाहता है, तो जी उसे जी मराठी के साथ जी टीवी का सम्पूर्ण पैकेज उपलब्ध करवा सकता है, ताकि सारा पैसा जी की झोली में गिरे।

भुगतानः यह वह राजस्व है जो सब्स्क्रिप्शन से मिलता है। वैश्विक स्तर पर विज्ञापन और भुगतान का राजस्व अनुपात 55:45 के आसपास रहता है। भारत में यह 80:20 है।

विदेशी बाजारः पिछले कुछ वर्षों में विदेशी बाजार एक प्रमुख राजस्व स्रोत बनकर उभरा है। जी टीवी या सन टीवी जैसे भारतीय टीवी चैनल यूके और यूएस में अच्छे खासे दर्शक जुटा रहे हैं। उदाहरण के लिए, जी टीवी 168 विदेशी बाज़ारों में 65 करोड़ लोगों तक पहुंचता है।[38] कंपनी की वार्षिक रिपोर्ट के मुताबिक, मार्च 2012 में समाप्त हुए वर्ष में कंपनी का विदेशी कारोबार 4 अरब रुपये का था या कंपनी के कुल राजस्व का 13 प्रतिशत। कंपनी अलग–अलग माध्यमों से 22 अंतर्राष्ट्रीय चैनल विदेशों में प्रसारित करती है।

इसका अर्थ ये है कि यूके में यदि कोई दर्शक जी टीवी देखना चाहता है, तो उसे अपने स्थानीय केबल ऑपरेटर को 9.99 पाउंड से लेकर 16.99 पाउंड

तक देना होगा। यह इसपर निर्भर करता है कि वो पैकेज कौन सा चुनता है। इसका एक हिस्सा जी टीवी को भी प्राप्त होता है। विदेशों में टीवी चैनलों का वितरण प्रसारकों के लिए अत्यंत मुनाफेदायक है, क्योंकि कार्यक्रम की लागत नगण्य होती है और पूरा बाजार लगभग भुगतान आधारित होता है। अधिकांश प्रसारक भारतीय बाजार के लिए बनाए गए धारावाहिकों को नए प्रोमो के साथ वहां फिर से चलाते हैं। इनके लिए वहां के बाजार से नए विज्ञापन जुटाते हैं। पिछले कुछ वर्षों में सभी बड़े प्रसारकों– स्टार, कलर्स, सन टीवी, एनडीटीवी आदि, ने विदेशी बाजारों की ओर रुख किया है।

मोबाइल तथा इंटरनेटः ये प्रसारण के उभरते हुए माध्यम हैं और विभिन्न प्रारूप ले सकते हैं। चाहे कार्यक्रम का पूर्ण प्रसारण हो अथवा कोई प्रतियोगिता, किसी शो में एसएमएस के जरिये वोटिंग की बात हो या कोई खबर मोबाइल तथा इंटरनेट काफी कारगर सिद्ध हो रहे हैं। उदाहरण के लिए, वायकॉम18 का जेंगा टीवी के साथ करार है, जो कलर्स चैनल को मोबाइल पर बेचता है।

वितरण

प्रसारण उद्योग में अन्य महत्वपूर्ण घटक होता है– वितरक। यह कोई केबल ऑपरेटर हो सकता है या एमएसओ, या डीटीएच ऑपरेटर या फिर टेलीकॉम या ब्रॉडबैंड कंपनी (देखें तालिका 2.5)।

वितरक

भारत में वर्तमान में इस्तेमाल किए जाने वाले तीन वितरण प्रणाली निम्नलिखित हैं–

केबल– "अतीत" विषय के अंदर इस बारे में बहुत विस्तार से पहले ही चर्चा की जा चुकी है। इसमें यह जोड़ना है कि हमें जो केबल सिगनल प्राप्त होता है वह सी–बैंड में प्रसारित किया जाता है, जिसका घेराव विस्तृत होता है, इसलिए पहुंच भी बड़ी होती है। पहले एमएसओ सिगनल प्राप्त करते हैं, फिर वो केबल ऑपरेटर को बेचते हैं और फिर ऑपरेटर घरों तक पहुंचाते हैं। जब ये सिगनल बिना सेट टॉप बॉक्स के बेचे जाते हैं तो ये नॉन–एड्रेसेबल बाजार बनाते हैं। ऐनेलॉग या डिजिटल सेट टॉप बॉक्स के माध्यम से ये समझना आसान हो जाता है कि कौन उपभोक्ता क्या खरीद रहा है।

डीटीएच– डीटीएच भी सामान्य प्रसारण पद्धति पर ही काम करता है, इसमें सबसे मुख्य अंतर यह है कि ये अलग फ्रिक्वेन्सी पर काम करता है और सिग्नल को अलग तरीके से ग्रहण करता है। दर्शक को एक डिश एंटीना

तथा सेट टॉप बॉक्स खरीदना होता है और उसके बाद वो सिगनल को ग्रहण करने लगते हैं जो डीटीएच ऑपरेटर सीधे भेजता है। जहां केबल ऑपरेशन में 2 बिचौलिए होते हैं एमएसओ और केबल ऑपरेटर, वहीं डीटीएच में केवल एक होता है– डीटीएच ऑपरेटर।

हर एक डीटीएच सेवा का एक एलेक्ट्रोनिक प्रोग्राम गाइड (ईपीजी) होता है। ईपीजी इंटरनेट पर किसी वेबसाइट के होम पेज की तरह होता है। ईपीजी स्क्रीन पर एक गाइड की तरह काम करता है, जो कार्यक्रमों की जानकारी उनकी शैली, समय और चैनल के अनुसार प्रदान करता है। टीवी और डीटीएव के लिए एक ही रिमोट कंट्रोल से इनके विकल्पों को चुना जा सकता है। अगर कोई रोचक फिल्म है, तो ईपीजी उसके बारे में संक्षिप्त जानकारी दे देता है, ताकि दर्शक उस हिसाब से अपना मन बना सकें। विभिन्न चैनलों पर क्या प्रसारित हो रहा है यह आप छोटी सी तस्वीरों और टेक्स्ट के माध्यम से देख सकते हैं। उदाहरण के लिए, टाटा स्काई पर एक्टिव न्यूज पर उपभोक्ता ये देख सकते हैं कि न्यूज चैनल क्या कर रहे हैं, और उसी हिसाब से चुन सकते हैं, ऐसा ही फिल्मों के लिए भी कर सकते हैं। टाटाइ स्काई के पे–पर–व्यू चैनल शोकेस पर दर्शकों हर आधा घंटे पर फिल्में चुनने का अवसर मिलता है।

इसी तरह एक उच्च स्तर की सेवा है डिजिटल वीडियो रिकॉर्डर (डीवीआर)।[39] इस सेवा के माध्यम से दर्शक किसी चलते हुए कार्यक्रम को बीच में रोक सकते हैं और फिर वापस आने पर वहीं से फिर से चालू करके देख सकते हैं।[40] इसके तहत किसी कार्यक्रम को रिकॉर्ड करने की भी व्यवस्था है, यह तब भी किया जा सकता है जब दर्शक घर पर न हो। यह 100 घंटे तक के कार्यक्रम को रिकॉर्ड कर सकता है। टाटा स्काइ प्लस के माध्यम से इसी प्रकार की सेवा प्रदान की जा रही है। इसका नियंत्रण डीटीएच ऑपरेटर द्वारा होता है। इसके लिए एक डिश एंटीना तथा सेट टॉप बॉक्स की आवश्यकता होती है। एक स्मार्ट कार्ड होता है, जिसमें पेमेंट करके दर्शक वो कार्यक्रम देख सकते हैं जिसके लिए उन्होने पैसा दे रखा है।

टेरेस्ट्रियल– इस प्रकार का प्रसारण अभी पूर्ण रूप से सरकारी नियंत्रण वाले डीडी के हाथ में है। यह अपने 1400 टावरों के माध्यम से सिगनल प्रसारित करता है। सिगनल के डिजिटाइजेशन से सिगनल की क्षमता को बढ़ाया जा सकता है। इसे डिजिटल टेरेस्ट्रियल ब्रोडकास्टिंग कहा जाता है। टेरेस्ट्रियल नेटवर्क के माध्यम से मोबाइल टेलीविजन प्रसारण भी किया जा सकता है।

वितरण के राजस्व स्रोत

अधिकांश वितरकों के लिए तीन प्रमुख राजस्व के स्रोत होते हैं:

सब्क्रिप्शन– वितरक के लिए यह आज के दिन सबसे बड़ा राजस्व का स्रोत है। यह वो शुल्क है जो डीटीएच ऑपरेटर, एमएसओ या केबल ऑपरेटर हर

घर से वसूलते हैं। वे तकरीबन 100–500 रुपये प्रति घर प्रति माह की दर से वसूलते हैं, शुल्क शहर और केबल के प्रकार पर निर्भर करता है। यदि केबल ऑपरेटर किसी एमएसओ के साथ जुड़ा हुआ है, तो 50–100 रुपये प्रति घर एमएसओ के पास जाता है। 5–40 रुपया प्रत्येक प्रसारण कंपनी को जाता है। डिश टीवी, डीटीएच ऑपरेटर के मामले में, वह उन डीलरों को को कमीशन दे सकते हैं जो उनके डिश और सेट टॉप बॉक्स बेचते हैं।

विज्ञापन– यह दूसरा सबसे महत्वपूर्ण स्रोत है। ज्यादातर केबल ऑपरेटर और एमएसओ का अपना चैनल होता है, जैसे कि हैथवे का सीसीसी। ये सामान्य तौर पर स्थानीय खुदरा विक्रेता या स्थानीय ब्रांड के विज्ञापन चलाते हैं। जैसे कि दक्षिणी दिल्ली के केबल ऑपरेटर से लाजपत नगर के विक्रेता प्रचार करवाएंगे जहां उनके संभावित उपभोक्ता रहते हैं। ये विज्ञापन सामान्य रूप से चल रही फिल्मों के साथ चलाए जाते हैं। केबल विज्ञापन में सटीक आंकड़े थोड़े धुंधले हैं, लेकिन एक सुरक्षित अनुमान तकरीबन 11.71 अरब रुपये का है।

कैरिएज तथा प्लेसमेंट राजस्व– वर्तमान में भारत की केबल पाइप लाइन में बहुत गतिरोध है। चूंकि बैंडविड्थ सीमित है, इसलिए केबल ऑपरेटर और एमएसओ प्लेसमेंट तथा कैरिएज से पैसा कमा रहे हैं। किसी चैनल को चलाने के दाम को कैरिएज फीस कहा जाता है। प्लेसमेंट उस चैनल को पसंदीदा स्लॉट मे रखने की प्रक्रिया को कहा जाता है। यह एक अस्थाई राजस्व स्रोत है, जब तक डिजिटाइजेशन पूरा नहीं हो जाता। किसी बड़े एमएसओ द्वारा वसूली जाने वाली कैरिएज दर 5 लाख से 30 करोड़ प्रति नेटवर्क प्रति वर्ष तक होती है। नए चैनलों के लिए यह दरें अधिक हो सकती हैं, जो कैरिएज के लिए बहुत ज्यादा उत्सुक होते हैं।

अपने चैनल को अच्छी फ्रिक्वेंसी पर चलाने के लिए दिया जाने वाला शुल्क प्लेसमेंट, अलग से भी दिया जा सकता है। प्लेसमेंट शुल्क यह सुनिश्चित करने के लिए भी दिया जा सकता है जैसे सीएनबीसी–टीवी18 चैनल दर्शक के टीवी पर खुद को अपने प्रतियोगी चैनल एनडीटीवी प्रॉफिट से पहले स्थापित करवाला चाहें।

वैसे शिफ्टिंग तीन मामलों में होती है।

पहला, जब बहुत ज्यादा नए चैनल शुरू हों, जैसा कि 2007 में हुआ। पुराने चैनल खुद को उसी स्थान पर रखने के लिए पैसा देते हैं और नए चैनल खुद को लोकप्रिय चैनलों के पास रखने के लिए, ताकि उनके दिखने की संभावना अधिक रहे।

दूसरा, 225 टीवीआर शहरों में:[42] यानि जहां टीएएम लोगों के टीवी देखने के पैटर्न का मापन करता है। कई प्रसारक केबल सिस्टम पर अपनी उपस्थिति सुनिश्चत करना चाहते हैं, ताकि उनकी दर्शक संख्या न घटे। अगर संख्या घटती है तो उनका विज्ञापन भी घट जाएगा।

तीसरा, लोखंडवाला, बांद्रा या वरसोवा जैसे इलाकों में, जहां तमाम विज्ञापनदाताओं और मीडिया क्रेताओं के घर हैं। यह सुनिश्चित करता है कि चैनल उन सभी स्थानों पर उपलब्ध रहें, जहां प्रमुख विज्ञापन पर निर्णायक भूमिका निभाने वाले लोग देख रहे हों।

मेट्रिक्स

बेसिक मेट्रिक्स

टेलीविजन उद्योग में कैसे खरीद–फरोख्त होती है और क्यों एक चैनल को दूसरे से बेहतर दरें मिलती हैं, यह जानने के लिए रेटिंग, एयरटाइम और विज्ञापन दरों को समझना आवश्यक है।

रेटिंग

आज–कल रेटिंग पद्धति को लेकर बहुत विवाद है। इसलिए रेटिंग के इतिहास को थोड़ा समझना आवश्यक है। लेकिन पहले एक परिभाषाः

टीआरपी क्या होती है? हम में से बहुत लोग अक्सर टीआरपी तथा रेटिंग के बारे में बात करते रहते हैं, लेकिन वास्तव में ये है क्या?[43] टीवीआर समय के औसत से निकाली गई वो इकाई है जो लोग अक्सर निर्धारित समय में अपने घरों मे किसी खास कार्यक्रम को देखने में व्यतीत करते हैं। यदि 10 अलग–अलग घर में 10 लोग सन टीवी पर कोलंगल कार्यक्रम देखने में अलग–अलग समय व्यतीत करते हैं, तो समय के अनुपात में इसका औसत रेटिंग कहलाता है। रेटिंग 1 मिनट के लिए हो सकती है, 5 मिनट के लिए हो सकती है, 15 मिनट के लिए हो सकती है या फिर 24 घंटे के लिए हो सकती है। जब कोई चैनल अपनी रेटिंग बताता है, तो वो सामान्य तौर पर उस समय को दिखाता है, जब उसकी रेटिंग सबसे ज्यादा होती है।

यदि रात मे 7–8 बजे के बीच सबसे ज्यादा संगीत चैनलों को देखा जाता है, तो एमटीवी अपनी रेटिंग दर्शाने के लिए वही समय चुनेगा जब वह शीर्ष पर होगा। संभव है कि उस विशेष अंतराल में एमटीवी की रेटिंग 5 हो, लेकिन 24 घंटे के अंतराल में संभव है कि एमटीवी की रेटिंग 0.06 ही हो। इसलिए यह समझना बहुत ही आवश्यक है कि कब, कैसे और क्यूं रेटिंग निकाली जाती है। यह इसलिए क्योंकि हर निर्णय– चैनल पर विज्ञापन देना है या नहीं, किन उत्पादों और ब्रांड का विज्ञापन देना है, उनको किस समय दिखाना है और कौन से कार्यक्रम चुनने हैं– यह सभी रेटिंग पर आधारित होता है। रेटिंग यह निर्णय लेने में मदद करती हैं कि कौन से प्रकार के कार्यक्रम फायदेमंद होंगे,

कौन से नहीं, इससे चैनल के प्रति रणनीति बदलने तथा तय करने में योगदान मिलता है। 2004–2005 में जब कॉमेडी अच्छी चलने लगी थीं, तमाम चैनलों ने सिटकॉम लांच कर दिए। उसी प्रकार 2007 और 2008 में तमाम तरह के रिएलिटी शो की भरमार हो गई।

रेटिंग की शुरुआत कैसे हुई भारतीय प्रसारण उद्योग में शुरुआत से ही लोग क्या देखते हैं और क्या पसंद करते हैं, इसको मापने की कोशिश की जाती रही। हेमंत मेहता जो आईएमआरबी अंतर्राष्ट्रीय के वरिष्ठ उपाध्यक्ष हैं, उनके अनुसार मापन की पहली कोशिश 1983 में की गयी थी। आईएमआरबी ने दर्शकों पर अध्ययन किया था कि लोग क्या देखतें हैं और कब। निरंतर रेटिंग मापन प्रणाली की शुरुआत की सटीक जानकारी थोड़ी धुंधली है, लेकिन ओआरजी–एमएआरजी के पूर्व महाप्रबंधक शंकर पिल्लई के अनुसार इसकी शुरुआत 1986 में हुई।

तीन शोध संस्थानों, आईएमआरबी, एमआरएएस–बुर्के और समीर ने डीडी पर चल रहे कार्यक्रमों की लोकप्रियता को मापने की प्रणाली दी। उन दिनों भारत में डीडी एकमात्र ब्रॉडकास्ट चैनल था बाकी सब केबल चैनल थे। पिल्लई जो उस समय आईएमआरबी में थे याद करते हुए बताते हैं कि शुरुआती दिनों में कंपनी द्वारा प्रमुख शहरों में डायरी बंटवाई गई थी, कुल 3600 डायरी बांटी गई थीं और दर्शकों से अनुरोध किया गया था कि वो इस डायरी में इस बात का विवरण दें कि वे किस समय पर क्या देखते हैं। बहुत सारे ऐसे दर्शक थे जिनके पास अपना टीवी नहीं था और वो पड़ोसी के यहां जाकर टीवी देखते थे, उनके लिए भी अलग से डायरी दी गयी और उनसे भी आंकड़ा मांगा गया था।

कोई भी जो 5 मिनट या उससे अधिक किसी कार्यक्रम को देखता था उसे दर्शक माना जाता था। लिंग, आय तथा उम्र के साथ लोगों को उस डायरी में यह लिखना होता कि उन्होंने 5 मिनट से ज्यादा क्या–क्या देखा। डायरी में पहले से टाइम स्लॉट बना होता था, उनको बस उसमें यह लिखना होता था कि उस समय वे क्या कार्यक्रम देख रहे थे। यदि *रामायाण* की रेटिंग 80 प्रतिशत थी, तो इसका मतलब था कि 80 प्रतिशत लोगों ने उसे पांच मिनट या उससे अधिक समय तक देखा। इन रिपोर्टों को फिर इकट्ठा किया जाता था, आंकड़ों की परितुलना की जाती और रेटिंग निकाली जाती थी। शुरुआत में अमेरिका में भी रेटिंग निकालने का कुछ इसी प्रकार का तरीका अपनाया गया था।

टीएएम का जन्म– 1991 के बाद यह भी महत्वपूर्ण हो गया कि लोग केबल और सैटेलाइट टीवी पर क्या देख रहे थे। उसी समय आईएमआरबी और एमएआरजी जैसी संस्थाएं केबल तथा सैटेलाइट के लिए भी रेटिंग रिपोर्ट लेकर आईं। पद्धति कमोबेश पहले जैसे ही थी, बस इस बार दर्शकों को

केवल डीडी के बजाय यह लिखना था कि वे स्टार या सीएनएन या एमटीवी पर क्या देख रहे थे। 1995 तक उपग्रह चैनलों की लोकप्रियता इतनी बढ़ गयी कि आईएमआरबी तथा ओआरजी–एमएआरजी ने अंततः पीपुलमीटर में निवेश करने का निर्णय लिया। हालांकि सटीक मूल्य तो ज्ञात नहीं है, लेकिन एक मीटर को लगाने तथा चलाने में दसों लाख रुपये की लागत आती थी।

विज्ञापनदाताओं, एजेंसियों और चैनलों आदि को मिलाकर एक ज्वाइंट इंडस्ट्री बॉडी (जेआईबी) का गठन किया गया। इससे ठीक पहले, ए.सी. नील्सन और आईएमआरबी ने साझेदारी में टेलीविजन ऑडियन्स मेजरमेंट (टीएएम) सेवा प्रदान करना शुरू किया। जुलाई 1996 में जेआईबी ने इसको चुन लिया। चूंकि उस समय पैसों की कमी थी इसलिए टीएएम में तुरंत उछाल नहीं आ पाया।

इस बीच ओआरजी–एमएआरजी ने आईएनटीएएम लांच किया और सेवा प्रदान करना शुरू कर दिया। जेआईबी के प्रस्ताव के एक साल बाद टीएएम को अपनी सेवाएं शुरू करने के लिए पैसा मिला। और इस तरह भारत में टीवी दर्शक को मापने की दो व्यवस्थाएं शुरू हो गईं। टीएएम मीडिया रिसर्च के सीईओ एल.वी. कृष्णन कहते हैं, 'ज्यादातर देशों में केवल एक सिस्टम होता है'। बाद में वीएनयू द्वारा अंतर्राष्ट्रीय स्तर पर ए.सी. नील्सन को अधिग्रहीत कर लिये जाने के बाद इन दो सेवाओं का 2002 में विलय हो गया। भारत में वर्तमान में टीएएम ही रेटिंग देने वाली एजेंसी है, हालांकि 2004 में एमैप ने भी इस तरह की सेवा की शुरुआत कर दी।

टीएएम की कार्य प्रणाली– टीएएम फ्रिक्वेन्सी मैचिंग तकनीकी पर काम करता है। सरल शब्दों में कहें तो, दर्शकों के घरों में टीवी सेट से लगा मीटर टीवी में एक मिनट से ज्यादा देर तक चल रही फ्रिक्वेन्सी को अपने अंदर स्टोर कर लेता है। और फिर अपने अंदर पहले से स्टोर हर चैनल की फ्रिक्वेन्सी से इसे मिलाता है। यदि आप जी टीवी को एक मिनट से ज्यादा देख रहे हैं तो आप जी टीवी के दर्शक हैं। इस प्रणाली के साथ एक समस्या यह हो सकती थी कि केबल ऑपरेटर अक्सर चैनलों की फ्रिक्वेन्सी बदलते रहते हैं। कृष्णन समझाते हैं कि केबल ऑपरेटरों की नियमित निगरानी से, टीएएम फ्रिक्वेंसी में किसी भी बदलाव को पकड़ लेता है और अपने सिस्टम को उसी हिसाब से अपडेट कर लेता है।

इस आंकड़े को टेप द्वारा या लैपटाप के जरिये एजेंसी के सर्वर पर डाउनलोड कर लिया जाता है। और फिर इसे एकत्र करके इसका विश्लेषण किया जाता है। इन आंकड़ों के अनुसार कई तरह के निष्कर्ष निकाले जा सकते हैं, जैसे शैली, संख्या, चैनल, भाषा, शहर, राज्य, इलाके आदि के बारे में। इन आंकड़ों के बडे उपभोक्ता सॉफ्टवेयर हाउस, टेलीविजन चैनल, विज्ञापनदाता,

विज्ञापन एजेंसियां और मीडिया क्रेता एजेंसियां होती हैं। 2006 के उपलब्ध आंकड़ों के हिसाब से इन्होंने सब्स्क्रिप्शन फीस के तौर पर तकरीबन 4 लाख से एक करोड़ रुपये प्रतिवर्ष तक। यह रेट इस पर निर्भर करता है कि वे किस प्रकार की रिपोर्ट खरीदते हैं। फिर इन आंकड़ों का उपयोग विपणन, कार्यक्रम, वितरण या विज्ञापन रणनीतियां बनाने में किया जाता है।[44]

जुलाई 2013 में टीएएम ने इस तरह का सर्वे भारत के 225 शहरों मे किया था, जिनमें 9500 पीपुलमीटर लगाए गए और 36000 लोग इसमें शामिल हुए थे।[45]

एमैप का उत्थान–पतन: 2004 के मध्य में अहमदाबाद आधारित ऑडिएंस मेजरमेंट एंड एनेलिटिक्स ने एक वैकल्पिक व्यवस्था स्थापित की जिसका नाम एमैप था। इसने मुंबई, दिल्ली और अहमदाबाद में 1000 मीटरों से शुरुआत की, और जब अंतिम बार इसे 2008 ट्रैक किया गया तो 6000 मीटर थे। हालांकि इसने वही तरीका अपनाया जो टीएएम का था, लेकिन एक मामले में यह अलग था। टीएएम दर्शके के घर से हर शनिवार को आंकड़ा लेता था। किसी शो या मैच कैसा रहा यह जानने में एक सप्ताह का वक्त लग जाता था। जबकि, एमैप सर्वर मीटर में प्रतिदिन सुबह के 2 से 4 बजे के बीच लॉग इन करके आंकड़ा लेता था। यह इसलिए संभव हो पाया क्योंकि वह रीयल टाइम डाटा लेने के लिए जीएसएम मोडेम का प्रयोग करता था। तो, क्रेता और विज्ञापनदाता ऑनलाइन रेटिंग देख पाते थे और यह निर्णय ले सकते थे कि उन्हें अपना मीडिया प्लान बदलना है कि नहीं। यह खासतौर से किसी बड़े रियलिटी शो या चुनाव के दौरान या बजट विश्लेषण के वक्त विशेष रूप से उपयोगी था, क्योंकि इनमें विज्ञापन तय करने के लिए सीमित अवसर होते थे। रेटिंग पर ऑनलाइन नजर डालने से उसे बेहतर ढंग से प्रयोग करने में मदद करती थी। हालांकि, बाजार दो तरह के रेटिंग सिस्टम को सहारा नहीं सका और एमैप का अब कोई अस्तित्व नहीं है।[46]

अन्य रेटिंग सिस्टम : इन दो प्रणालियों के अलावा डीडी अपनी दूरदर्शन ऑडिएंस रिसर्च टेलीविजन रेटिंग है।

रेटिंग के साथ दिक्कत[47]– 2005 तक टीएएम रेटिंग से संबंधित बहुत कम शिकायतें थीं। समस्या तब शुरू हुई जब प्रतिस्पर्धा और फिर अत्यधित प्रतिस्पर्धा शुरू हो गई। 2006 में जहां भारत मे 354 चैनल थे, वहीं 2012 में ये बढ़कर 700 हो गये। टीएएम ने इस हिसाब से सैंपल मीटरों की संख्या बढ़ाकर 9602 कर दी। ये मीटर 35000 लोगों को शामिल करते हैं, लेकिन 15.3 करोड़ टीवी वाले घरों और 70 करोड़ दर्शकों से भरे इस विशालकाय बाजार में यह सैंपल संख्या अत्यंत अपर्याप्त है। जल्द ही तमाम लोगों को दिक्कतें होनी शुरू हो गईं।

न्यूज को ही लीजिए। 2005 में भारत में कुल 39 समाचार चैनल थे और अब ये 135 से भी अधिक हो गये हैं। प्रतिस्पर्धा और राजस्व के बढ़ते दबाव ने कारोबार प्रमुखों को आंकड़ों की काट–छांट करने पर मजबूर कर दिया, ताकि वे किसी तरह यह सिद्ध कर सकें कि वे अपने प्रतियोगियों से आगे थे। हालांकि, छोटे से सैंपल साइज पर आंकड़ों में ज्यादा बारीकी निकालने पर तमाम अजीब नजरिए सामने आते हैं। उदाहरण के लिए, एक खराब शो चार्ट में टॉपर पर नजर आ सकता है। टाइम्स टेलीविजन नेटवर्क के ग्रुप सीईओ, सुनील लुल्ला कहते हैं कि 'अगर आप आंकड़ों की महत्ता देखते हैं, तो न्यूज जैसे क्षेत्रों में सैंपलिंग एरर 34 प्रतिशत तक होता है।'

फिर डाटा फिक्सिंग को लेकर दबी जुबान में बातें होने लगीं। इसी के नतीजतन सरकार ने हस्तक्षेप किया। 2008 में ट्राई रेटिंग पर एक नीतिगत पत्र लेकर आई। 2010 में अमित मित्रा की अध्यक्षता में ये तय किया गया कि सैंपल मीटरों की संख्या को बढ़ाकर 30,000 किया जाए और बीएआरसी की स्थापना की हुई। साथ ही विकास में मदद के लिए उद्योग पर सेस भी लगा दिया गया। 2012 में एनडीटीवी ने टीएएम की एक पैतृक कंपनी नील्सन पर न्यूयॉर्क की एक अदालत में मुदकमा ठोक दिया।

बीएआरसी का जन्म– 2007 में, विज्ञापन और मीडिया उद्योग की औद्योगिक संस्थाओं ने मिलकर ब्रॉडकास्ट ऑडियंस रिसर्च एसोसिएशन (बीएआरसी) की स्थापना की। इसकी स्थापना मूलतः टीवी दर्शकों के मापन सिस्टम की निगरानी और नियंत्रण करना था। इसके पीछे सोच यह थी कि एक गैर लाभकारी निकाय बनाया जाए, जिसमें इंडियन सोसायटी फॉर एडवर्टाइजर्स, आईबीएफ और एडवर्टाइजिंग एजेंसीज एसोसिएशन ऑफ इंडिया की ओर समान रूप से पूंजी लगाए जाए। लेकिन स्थापना के 6 सालों तक कुछ नहीं हुआ। जब सरकार ने रेटिंग में रुचि दिखानी शुरू की और एनडीटीवी नील्सन के बीच विवाद हुआ, तब जाकर उद्योग ने बीएआरसी को फिर से जीवंत किया।

बीएआरसी को लागू करने से तीन सकारात्मक बदलाव होने के आसार थेः

पहला, ये कि ये टीएएम जैसे शोध कर्ताओं को उन पेशेवर लोगों से अलग करता है, जो कार्यप्रणाली तैयार करते हैं। प्रोवोकेटर के प्रधान पारितोष जोशी कहते हैं, 'एक ही संस्था द्वारा मालिकाना और प्रबंधन हक रखना किसी भी संस्था को अन्यथा शक के दायरे में खडा करता है। एमआरयूसी की वजह से इंडियन रीडरशिप सर्वे पर हमले होने की संभावना कम है'। एमआरयूसी एक औद्योगिक निकाय है, जिसने हाल ही में रीडरशिप रिसर्च करवाई है।

दूसरा, उद्योग द्वारा कराया गया शोध, पूरी प्रक्रिया को बदल देता है और इस प्रकार गलती और भ्रष्टाचार की संभावना को कम हो जाती है। बीएआरसी ने पूरी प्रक्रिया को 4 भागों में विभाजित कर दिया है। आईबीएफ ब्रॉडकास्ट इंडिया द्वारा किया जाने वाला स्थापना सर्वे सैंपल के आकार, पैनल के घरों आदि को तय करेगा। उसके बाद सर्वे को डिजाइन करने की बात आती है।

और तीसरे चरण में घरों में मीटर लगाने की प्रक्रिया है। और आखिरी चरण में प्राप्त आंकड़ों को स्वरूप देना है। वैश्विक स्तर पर चार ही कंपनियां हैं जो टीवी मेट्रिक्स पर काम करने में सक्षम है। वे हैं, आरएसएमबी, ईपसोस मोरी, नील्सन और कांटर। टीएएम नील्सन और कांटर के बीच संयुक्त साझेदारी से बना है, ये दोनों विश्व की बड़ी रेटिंग एजेंसी हैं। इस प्रकार किसी भी नई व्यवस्था में टीएएम हमेशा एक सदस्य रहेगा ही।

तीसरा, बीएआरसी जैसी एजेंसी प्रक्रिया की निरंतर निगरानी सुनिश्चित करेगी। यह सैंपल साइज के अलावा अन्य मुद्दों को सुलझाने में महत्वपूर्ण है। इन मुद्दों में ग्रामीण क्षेत्रों का प्रतिनिधित्व शामिल है, जहां अलग दर्शक और उनकी अलग पसंद हैं। उदाहरण के लिए गई विज्ञापनदाता डिजिटल मीडिया पर अपना खर्च बढ़ाते जा रहे हैं। वह इसका विस्तृत आवलोकन चाहते हैं कि लोग क्या देख रहे हैं। वर्तमान व्यवस्था यह सब प्रदान नहीं करती।

बड़ा मुद्दा वित्त पोषण का है। लुल्ला कहते हैं 'बीएआरसी की स्थापना तभी हुई, जब प्रसारकों ने पैसे लगाए'। इसलिए जो सवाल टीएएम लगातार उठाता रहा है कि पैसा कौन देगा, यह सवाल आने वाले समय में फिर से उद्योग को परेशानी में खडा करेगा। अतिरिक्त 22000 मीटर का अनुमानित दाम 6.6 अरब रुपये है। और जैसा लुल्ला कहते हैं कि अगर कर 1000 घर पर एक मीटर स्थापित करना चाहिए, तो इस हिसाब से खर्च 30 अरब रुपये तक पहुंच सकता है। इस विषय पर कोई भी स्पष्ट जवाब नहीं है। जोशी के अनुसार यदि हर प्रसारण कंपनी अपने कुल लाभ का 0.5 प्रतिशत भी अनुसंधान में खर्च करें तो वित्त कि समस्या नहीं पैदा होगी, अभी कंपनियां सिर्फ 0.01 प्रतिशत इस दिशा में खर्च करती हैं। याद रहे कि विज्ञापनदाता कभी रेटिंग के आंकड़े नहीं खरीदते, प्रसारक और मीडिया एजेंसी खरीदती हैं।

विज्ञापन दरें

विज्ञापन दरें, प्रति 10 सेकेंड या 30 सेकेंड के लिए निर्धारित की जाती हैं। इसे तकनीकी भाषा में स्पॉट कहा जाता है। विज्ञापन दरें समय के हिसाब से ऊपर नीचे होती हैं कि दिन के किस भाग में विज्ञापन दिखाना है। विश्व भर में रात्रि 8 से 11 बजे तक प्राइम टाइम होता है, उस समय विज्ञापन दरें सबसे अधिक होती हैं। यह वो समय होता है जब पूरा परिवार अमूमन टीवी देख रहा होता है। और इसके अलावा दिन के अन्य समय को नॉन–प्राइम टाइम कहतें और इस दौरान दरें कम होती हैं। यदि दिन के किसी भाग में अधिक दर्शक मिलने लगें तो उस हिसाब से उस समय में विज्ञापन दर भी बढ़ जाती है। सभी टीवी कंपनियों के पास एक रेट कार्ड होता है, आमतौर पर कोई भी इसका अनुपालन नहीं करता। डिस्काउंट देना बहुत आम है और प्रति 10 सेकेंड औसत प्राप्ति चैनल से चैनल बहुत अलग हो सकती है।

छूट प्रदान करने के भी कई तरीके होते हैं।

पहला, कार्ड दर पर सीधे छूट। यह चैनल से चैनल अलग–अलग हो सकता है और इस तरह की छूट 20–70 प्रतिशत तक हो सकती है। यह इस पर निर्भर करेगा कि चैनल कौनसा है, दिन का कौनसा भाग और वह विज्ञापन के लिए कितना बेकरार है।

दूसरा, छूट बोनस सेकेंड के रूप में भी दी जा सकती है। यदि एचयूएल स्टार प्लस पर प्राइम टाइम में विज्ञापन के 20 स्पॉट खरीदती है, तो इसे नॉन–प्राइम टाइम में 5 बोनस स्पॉट मिल सकते हैं या दूसरा कारण ये हो सकता है कि जिस शो में उसने विज्ञापन दिया उसकी टीवीआर कम रही। बोनस देने में एकमात्र भारत ही नहीं है। अमेरिका के चार नेटवर्कों एबीसी, एनबीसी, सीबीएस, और फॉक्स पर स्पॉट के लिए पहले ही बोली लगाई जाती है।[48] इस अग्रिम खरीद पर 15 प्रतिशत तक छूट मिल सकती है। और बाकी के स्पॉट के लिए प्रसारण के दिन के पास बिक्री की जाती है। कोई कार्यक्रम बहुत ज्यादा हिट होता है तो उस कार्यक्रम के विज्ञापन दरें नाटकीय ढंग से बढ़ा दी जाती हैं, ताकि मोट मुनाफा कमाया जा सके।

भारत में इस तरह का सिस्टम है। हालांकि इनको रेटिंग के प्रदर्शन के साथ बांधा गया है। यदि पेप्सी जी टीवी पर किसी धारावाहिक के लिए स्पॉट खरीदती है, तो वो अगले 13 एपिसोड तक अपना विज्ञापन एक खास रेटिंग की गारंटी पर दिखाएगी। यदि टीवी चैनल उस रेटिंग पर खरा नहीं उतरता है, तो फिर पेप्सी को उसे अतिरिक्त बोनस स्पॉट प्रदान करने पड़ेंगे। इससे बिना राजस्व प्राप्ति के विज्ञापन समय का आयतन कैसे बढ़ाया जा सकता है, ये स्पष्ट होता है।

एयर टाइम

सम्पूर्ण विश्व में एयरटाइम के क्रय–विक्रय से जुड़ी आर्थिक प्रक्रिया एक जैसी ही है। किसी भी टीवी चैनल के लिए एयरटाइम ठीक उसी तरह है जिस तरह किसी होटल में कमरों की संख्या या विमान में सीट। किसी भी एयरलाइन के लिए छूट या घाटे पर टिकट बेचना बिल्कुल टिकट न बेचने से बेहतर होता है, क्योंकि क्षमता को भरना आवश्यक है। उसी प्रकार, यदि चैनलों पर बहुत सारा एयरटाइम खाली होता है, तो उसको कम दर पर भी बेचा जाता है, ताकि लागत का कुछ हिस्सा तो नकिले। निसंदेह, भारत के तमाम प्रसारणकर्ता इस तर्क को दूसरी तरह से भी लागू करते हैं। उनके लिए यह आम है कि किसी हिट शो से पैसा बनाने के लिए वे कार्यक्रम का समय खा लेते हैं। जहां, अंतर्राष्ट्रीय मानक प्रति 30 मिनट में 5 मिनट विज्ञापन दिखाने का समय होता है, लेकिन भारत में बड़े चैनलों पर भी 30 मिनट के किसी लोकप्रिय कार्यक्रम में 10–15 मिनट तक का विज्ञापन दिखाया जाता है। हालांकि इससे दर्शकों की संख्या में

भी गिरावट आती है। 2012 में ट्राई ने एक परामर्श पत्र निकाला, जिसमें 1995 के केबल अधिनियम में दिए गए विज्ञापन कोड के तहत टीवी चैनलों पर प्रति घंटा विज्ञापन को 12 मिनट रखने के नियम को लागू करने की बात कही गई। मार्च 2013 में इसी को लागू करने के लिए एक नोट भी जारी किया गया। ट्राई की तरफ से प्रसारण कंपनियों को ये भी सुनिश्चित करने को कहा गया कि वे वास्तव में कितना प्रचार चला रहे हैं इसकी एक रिपोर्ट भी नियमित अंतराल पर पेश करें। प्रसारणकर्ताओं और ट्राई के बीच हुए समझौते के मुताबिक प्रसारकों ने अक्टूबर 2013 तक धीरे–धीरे यह समय घटाने पर सहमति जताई। 1 अक्टूबर 2013 से ट्राई विज्ञापन के इस मुद्दे को बहुत गंभीरता से लेगी और उल्लंघन करने वालों को कारण बताओ नोटिस जारी करेगी।[49]

दक्षता मेट्रिक्स

जब डीडी अपने स्वर्णिम दिनों में था, उन दिनों मीडिया नियोजन या क्रय इस बात पर निर्भर नहीं करता था कि ज्यादा से ज्यादा लोगों तक पहुंचे, दक्षता या प्रभाव कैसा है–जो अन्यथा किसी मीडिया क्रेता के लिए आम लक्ष्य होते हैं। उन दिनों विज्ञापन का समय सबसे अच्छे शो के लिए तय करना जरूरी समझा जाता था। कोई प्रचलित शो या कोई हिन्दी फिल्म आमतौर पर 70–80 प्रतिशत दर्शकों को सुनिश्चित करती थी। उन दिनों मीडिया प्रबन्धकों का बस यही काम था कि डीडी और प्रिंट मीडिया के बीच पैसा किस तरह बांटा जाए। उनमें से ज्यादातर पूरे साल के लिए स्लॉट बुक कर लेते थे। फिर वह सही विज्ञापन को सही शो में दिखाने के लिए योजना बनाते थे। निसंदेह, कुछ अनुमान लगाना पड़ता था कि कौन सा धारावाहिक अच्छा प्रदर्शन कर सकता है। एक पूर्व मीडिया क्रेता अर्पिता मेनन कहती हैं कि 'धारावाहिक निर्माण में मीडिया नवाचार आ रहा था।'[50] वह इसलिए कि डीडी किसी भी शो का व्यवसायिक समय प्रायोजक को दे देता था। इसलिए, विज्ञापनदाता निर्माता का वित्त पोषण करने को प्राथमिकता देते थे और शो का सारा व्यवसायिक समय ले लेते थे।

1992 के बाद मीडिया नियोजक का कार्य और जटिल हो गया। उसको डीडी और प्रिंट के साथ–साथ कुछ अन्य चैनलों के बीच अपना दिमाग लगाना पड़ता था। और फिर तभी से एयर टाइम खरीदने–बेचने का पूरा विज्ञान शुरू हो गया। मीडिया नियोजक लक्षित दर्शकों पर केंद्रित होने लगे। उदाहरण के तौर पर वे इस तरह का नियोजन करने लगे कि जी चेनल पर *अमानत* धारावाहिक के प्रसारण के दौरान महिला प्रसाधन की वस्तुओं के विज्ञापन से अधिक फायदा होगा। किस चैनल और उसके कार्यक्रमों की छवि, ये सब बातें मायने रखने लगीं। अब तक मीडिया नियोजकों के पास विकल्पों की कमी थी, लेकिन अब उनके पास चुनने के लिए बहुत कुछ था।

इसकी गणना चेनल पर खरीदे गए कुल सेकेंड का कुल लागत से भाग देके की जाती है। माना कि सोनी टीवी पर प्राइम टाइम दर प्रति दस सेकेंड 2 लाख रुपया है, और कोई प्रचारक 10 स्पॉट खरीदता है तो इसका अर्थ ये 2 मिलियन होगा। यदि मान लिए जाया कि उसे 2 स्पॉट या तो मुफ्त या बतौर बोनस प्राप्त होता है, तो इसका अर्थ है उस प्रचारक को 2 मिलियन के राशि मे ही 12 स्पॉट उपलब्ध हो जाता है, इससे टेलीविजन का दर 1 लाख 67 हजार रुपया प्रति 10 सेकेंड हो जाएगा। अधिकतर क्रेता बात तय करने से पहले प्रभावी दर को देखते हैं।

निजी चैनलों के आने के लिए जो कुछ दक्षता मेट्रिक्स उभर कर आई हैं, वे इस प्रकार हैं:

प्रभावी दर

कुल भुगतान किए गए पैसे को कुल खरीदे गए सेकेंडों से भाग करके इसे निकाला जा सकता है। अगर सोनी पर प्राइम टाम दर दो लाख रुपये प्रति दस सेकेंड है और अगर विज्ञापनदाता 10 स्पॉट खरीदता है यानि 20 लाख रुपये। मान लें कि उसको दो स्पॉट मुफ्त मिलते हैं। यानि 20 लाख रुपये में 12 स्पॉट हो गए, तो प्रभावी दर 1,67000 रुपये प्रति 10 सेकेंड निकल कर आई। अधिकांश क्रेता सौदा करने से पहले प्रभावी दर देखते हैं।

प्रति ग्रॉस रेटिंग प्वाइंट लागत (सीपीजीआरपी)

किसी चैनल द्वारा प्रदान की जाने वाली पहुंच में प्रभावी दर बहुत ज्यादा मायने नहीं रखती। चैनल पर किसी कार्यक्रम को देखने वालों की संख्या के हिसाब से पहुंच को मापा जाता है। यदि कोई विज्ञापनदाता सोनी टीवी पर 1 लाख 67 हजार रुपए की प्रभावी दर से समय खरीदता है, तो वह कोई दिन का धारावाहिक हो सकता है, जब बहुत कम लोग टीवी देखते हैं। इस तथ्य से उबरने के लिए सीपीजीआरपी का प्रयोग किया जाता है। चैनल को दिए गए कुल रकम को चैनल पर खरीदे गए सभी कार्यक्रमों के कुल रेटिंग प्वाइंट से भाग करके सीपीजीआरपी निकाला जाता है। अगर तीन कार्यक्रमों का एयरटाइम 10 लाख रुपये में खरीदा जा सकता है और इन तीनों ने कुल रेटिंग प्वाइंट 20 अर्जित किये, तो सीपीजीआरपी हुआ 50 हजार रुपये।

हालांकि इस तरीके की भी अपनी कमजोरियां हैं। यह उस प्रभाव के बड़े अंतर को ढंग से नहीं ले सकता जो केबीसी जैसे शो से उत्पन्न होता है।

यदि सोनी बहुत सारे कार्यक्रमों को इकट्ठा कर, प्रति कार्यक्रम 4–6 रेटिंग दर पर किसी विज्ञापनदाता को 20 टीवीआर की दर से 50,000 रुपये प्रत्येक के हिसाब पर उपलब्ध कराता है, तो ये देखने में तो अच्छा लगता है। लेकिन

किसी प्रचारक को इतना ही रेटिंग किसी ऐसे एक ही कार्यक्रम से हासिल हो सकता है जिस कार्यक्रम की रेटिंग बहुत उच्च हो। इसी तरह के मुद्दे हैं, जो मीडिया खरीद के निर्णय लेते वक्त नियोजकों को देखने होते हैं।

नियमन[51]

अतीत

नियमन के मामले में भारतीय टेलीविजन प्रसारण के क्षेत्र में सबसे आश्चर्यजनक बात ये है कि बहुत लंबे समय तक इस क्षेत्र में कोई भी नियमन नहीं था। यद्यपि प्रसारण सरकार द्वारा नियंत्रित था, फिर भी किसी भी किताब में यह नहीं लिखा था कि कोई विदेशी प्रसारक भारत के बाहर से भारत में सिगनल नहीं भेज सकता है। ये कहीं भी नहीं लिखा था कि एक सार्वजनिक केबल में आप वीसीआर नहीं लगा सकते हैं। टेलीविजन प्रसारण उद्योग में बहुत सारे लोग भाग्यशाली रहे हैं (या दुर्भाग्यशाली रहे, जैसा आपका नजरिया हो) कि वे नियमन से बचे रहे। लाइसेंस या अनुमति लेने का झंझट न होने की वजह से बहुत तीव्र गति से वृद्धि हुई, जैसे केबल टीवी में। नियमन ढांचे की गैरमौजूदगी की वजह से बहुत अव्यवस्था भी फैल गई, कॉपीराइट का हनन और झगड़े सुलझाने के लिए अंडरवर्ल्ड का इस्तेमाल करने जैसे मामले उभरने लगे।

टीवी नियमन का उद्भव

सूचना, प्रसारण, फिल्म तथा टेलीविजन से जुड़े मामलों के नियमन कानून तथा प्रशासन के नियम बनाने के लिए सूचना एवं प्रसारण मंत्रालय सर्वोच्च निकाय है। बहुत लंबे समय तक, मंत्रालय की ओर से 1885 के भारतीय टेलीग्राफ अधिनियम तथा 1933 के वायरलेस टेलीग्राफी अधिनियम के आधार पर प्रसारण उद्योग को नियमन संबंधी संकेत मिलते रहे। सरकार का रेडियो तथा टेलीविजन प्रसारण पर नियंत्रण उसी टेलीग्राफ अधिनियम से निर्देशित था, जिसके तहत कहा गया था कि टेलीग्राफ का अर्थ किसी भी तरह के प्रसारण से जुड़े सिगनल के आदान प्रदान से है।

1975 के आपातकाल में इस उद्योग को स्वायत्ता प्रदान करने की मांग उठने लगी। जिसके परिणामस्वरूप, प्रसारण के क्षेत्र में पहला बदलाव करते हुए डीडी तथा आकाशवाणी को स्वायत्ता प्रदान करने के बारे में एक कार्य समूह गठित किया गया। 1978 का आकाश भारती बिल जो निरस्त हो गया था, उसको फिर से निरीक्षण किया गया और 1989 में प्रसार भारती बिल के तौर पेश किया गया। हालांकि, बिल 1990 में ही पास कर दिया गया था, किन्तु इसकी अधिसूचना 1997 में जारी की गई। इस अधिनियम के

तहत आकाशवाणी और दूरदर्शन को सरकारी निगम में तब्दील कर दिया गया था, जिसकी निगरानी प्रसार भारती अधिनियमण 1990 के तहत स्थापित एक वैधानिक स्वायत्त प्राधिकरण करेगा। प्रसार भारती निगम को भारत के सार्वजनिक सेवा प्रसारक के रूप में परिकल्पित किया गया था, जो अपने उद्देश्य आकाशवाणी और दूरदर्शन के माध्यम से अर्जित करेगा।

यह 1990 के दशक की शुरुआत में ही, जब प्रसार भारती बिल धूल खा रहा था, यह बातें होने लगीं कि केबल उद्योग का भी नियमन किया जाए क्योंकि यह भी बहुत से कानूनी मसलों से घिरा है। इसमें तमाम मसले थे, कॉपीराइट से लेकर सड़कों पर एक छोर से दूसरे छोर तक तार बिछाने तक। विडम्बना कि बात यह थी कि 1993 में केबल उद्योग गैर कानूनी होने के बावजूद भी सरकार ने इसके ऊपर मनोरंजन कर थोप दिया। उस समय की कुछ मीडिया रिपोर्ट इसके खिलाफ हुए विरोध की पुष्टि करती हैं। लेकिन 1994 तक केबल उद्योग छोटे व्यवसाय से एक बड़ा व्यवसाय बन गया था, जिसमें बड़े खिलाड़ कदम रखने लगे थे। तभी ये नियामक की नजर में आया और भारतीय टेलीग्राफ अधिनियम के तहत इसे गैर कानूनी घोषित कर दिया गया।

एयर–वेव सार्वजनिक हैं

प्रसारण नियमन में सबसे बड़ा मोड़ उच्चतम न्यायालय ने एक ऐतिहासिक फैसले के बाद आय, जिसने अंततः निजी प्रसारकों को वैधता प्रदान की। सूचना एवं प्रसारण मंत्रालय द्वारा बंगाल क्रिकेट एसोसियन के खिलाफ 1994 के हीरो कप के प्रसारण अधिकारों को लेकर दायर मुकदमे में उच्चतम न्यायालय ने यह फैसला सुनाया कि एयर–वेव पर भारत सरकार का एकाधिपत्य नहीं है।[52] यह सार्वजनिक संपत्ति है और इसका इस्तेमाल विचारों व राय की बहुलता और विविधता को बढ़ावा देने में करना चाहिए। उच्चतम न्यायलय ने इस फैसले में भारतीय संविधान के अनुच्छेद 19(1)(क) का जिक्र किया था, जिसके तहत नागरिकों को स्वतंत्र भाषण का अधिकार दिया गया है। इसलिए, एयरवेव पर वर्चस्व दिखाने के लिए कुछ निकायों या व्यक्तियों के प्रभुत्व से मीडिया में वर्चस्व आ जाएगा और इससे बहुलता के सिद्धांत को लाभ के बजाया हानि होगी।

कन्वरजेंस विधेयक

इस दूरगामी फैसले के बाद ही एक ब्रॉडकास्टिंग बिल लाने का मामला तूल पकड़ने लगा। बहुत सारे ड्राफ्ट बनाने के बाद अंत में ब्रोडकास्टिंग बिल के बजाय एक कम्युनिकेशन कन्वरजेंस बिल लाया गया। यह बिल मुख्यतः मलेशिया के कन्वरजेंस बिल पर आधारित था और अपेक्षा थी कि यह सूचना प्रौद्योगिकी,

टेलीकॉम और मीडिया से जुड़े हर पहलू के लिए दिशा तय करेगा। बिल में कैरिएज या वितरण और कंटेन्ट या सॉफ्टवेयर के मुद्दों को समावेशित किया गया था। इस बिल के तहत एक सर्वोच्च नियंत्रक की भी व्यवस्था की गयी, जिसका नाम था कम्युनिकेशन कमीशन ऑफ इंडिया (सीसीआई), जो अमेरिका के एफसीसी की तरह एक निकाय था। सीसीआई को आईटी, टेलीकॉम और मीडिया के क्षेत्र में लाइसेंस तथा नियमन कार्यों को देखना था। बिल में एक स्पेक्ट्रम प्रबंधन समिति का भी प्रावधान था, एक ऐसा निकाय जो टेलीकॉम, आईटी या मीडिया से संबंधित फ्रिक्वेंसी आवंटित करेगा।

सीसीआई का गठन एक नाटकीय ढंग से दूरगामी कदम हो सकता था। ऐसे ऐसे बाजार के लिए जहां हर चंद महीनों में तकनीकी बदलाव होते रहते हैं, जिनसे कारोबारी-अनिवार्यता बदलती हैं, वहां सीसीआई एक आदर्श समाधान है। इसलिए, ऐसा कानून होना जो कुछ तकनीकों के अंदर जकड़ा हो, वह उद्योग की वृद्धि में बाधक होगा। अमेरिका में 1998 का डिजिटल मिलेनियम कॉपीराइट अधिनियम, एमपी3 तकनीक के जवाब में था। प्रयोक्ता अब एमपी3 से बहुत दूर निकल आए हैं और यह कानून मोटेतौर पर बेकार हो चुका है। कन्वर्जेंस के परिदृश्य में, आईटी, टेलीकॉम या मीडिया तीनों में से किसी के एक हिस्से को किसी एक तकनीक से बांधना वृद्धि में बाधक बन सकता है।

मगर अफसोस, कन्वर्जेंस बिल अभी तक हकीकत में नहीं बदल सका है। प्रसार भारती का उदाहरण यह सिद्ध करता है कि सरकार आज भी 'स्वायत्त संस्थान' के संचालन में बड़ी भूमिका निभाती है। प्रसार भारती बजटीय मदद के लिए सरकार पर निर्भर करता है, इसलिए वास्तव में स्वतंत्र नहीं है। बहुत सारे मंचों पर और अंदरूनी तौर पर भी, प्रसारण उद्योग के प्रतिनिधि यह डर व्यक्त कर चुके हैं कि जस प्रकार प्रसार भारती स्वच्छंद नहीं हो पाया, उसी प्रकार सीसीआई भी सच्चे अर्थों में स्वाधीनता से अपना कार्य नहीं कर पाएगा। 2001 के अंत में संसद के पटल पर रखे गए कन्वर्जेंस विधेयक को एक स्थायी समिति के पास भेज दिया गया और अंततः विधेयक गिर गया।

अधिनियम और दिशानिर्देश

यह 1994 में आए उच्चतम न्यायालय के फैसले के बाद ही था कि कारोबार में नियमन गंभीरता से शुरू हुआ।

केबल अधिनियम 1995

इसकी शुरुआत केबल टेलीविजन नेटवर्क अधिनियम से हुई, जो मार्च 1995 में अस्तित्व में आया। यह भारत में केबल टेलीविजन द्वारा उपयोग में लाये गए यंत्रों तथा कंटेन्ट का नियमन करता है। इसके तहत प्रावधान है कि सभी

केबल ऑपरेटरों को स्थानीय डाकखाने में पोस्टमास्टर के पास 500 रुपये देकर अपना पंजीकरण कराना अनिवार्य होगा। यह केबल नेटवर्क कंपनियों में विदेशी निवेश को 49 प्रतिशत तक सीमित करता है।

उसके बाद केबल टीवी नेटवर्क संशोधन बिल, 2000 लाया गया। इसके तहत डीडी के तीन चेनलों को प्राइम बैंड में उपलब्ध कराना अनिवार्य कर दिया गया।[53] इसके तहत यह भी कहा गया कि केबल ऑपरेटर भारतीय कॉपीराइट अधिनियम के तहत किसी भी अधिकार के हनन करने वाले किसी कार्यक्रम को नहीं दिखाएगा, जब तक कि उसके पास जरूरी लाइसेंस न हो। मीडिया अधिवक्ता अशनि पारेख के मुताबिक इसका अर्थ है कि ये जिम्मेवारी अब केबल ऑपरेटर की थी कि किसी भी कार्यक्रम या फिल्म को फिर से केबल टीवी पर दिखाने के लिए जरूरी अनुमति हासिल करे।

2002 में इस बिल में एक और संशोधन जोड़ा गया, जिसके तहत कंडीशनल एक्सेस सिस्टम को अनिवार्य कर दिया गया। हालांकि इसके पीछे सरकार की मंशा नेक थी, किन्तु संशेधन त्रुटिपूर्ण निकला। क्योंकि इसमें यह नहीं कहा गया था कि तकनीकी खर्च कौन वहन करेगा और इसके तहत सरकार को अत्यधिक शक्ति भी दी गयी थी, कि कौन सा चैनल देखा जाएगा और उसका क्या मूल्य होगा।

2004 में ट्राई का प्रसारण नियामक बना

सीएएस को लेकर हुए मुकदमों, विरोध और बवालों से निपटने के लिए जनवरी 2004 में, सूचना एवं प्रसारण मंत्रालय ने एक अधिसूचना जारी की, जिसके तहत 'संचार सेवाओं' के अर्थ को और व्यापक कर दिया गया और इसमें प्रसारण और केबल सेवा भी शामिल हो गई। परिणामस्वरूप ट्राई को इन सेवाओं के नियमन की शक्ति मिल गई। ट्राई अब टैरिफ, इंटरकनेक्ट आदि मसलों पर सिफारिश कर सकता था। हालांकि, ट्राई का कंटेन्ट पर कोई नियंत्रण नहीं था। ट्राई भी सीएएस संशोधन के विषय में कुछ खास नहीं कर पाया और सीएएस अपने ही विरोधाभासों के बोझ तले दब कर खत्म हो गया।

लेकिन ट्राई ने प्रसारण नियंता के कार्य को बहुत गंभीरता से लिया। इसने केबल की दरों को स्थिर कर दिया, फिर उसमें 7 प्रतिशत वृद्धि की अनुमति दी, केबल के डिजिटाइजेशन से लेकर डीटीएच तक की सेवाओं के लिए अलग–अलग परामर्श पत्र और दिशानिर्देश जारी किये। टीवी सिगनल के वितरण से जुड़े तमाम मुद्दों को बहस के लिए खोला, उसने अपने यहां होने वाली खुली बहस के लिए सबको आतंत्रित किया और आमतौर पर नियामक की भूमिका कुद हद तक व्यवहारिक ज्ञान के साथ निभाई। ऐके ऐसे उद्योग में

जहां जहां कोई नियमन नहीं था, जहां प्रतिस्पर्धा, मूल्य निर्धारण और तकनीक जैसे मुद्दों को बहस के लिए खोलना और जिसमें विस्तृत परामर्श पत्र जारी किये गए हों, इसने 1991 से अब तक लंबा सफर तय किया है।

डायरेक्ट–टू–होम प्रसारण (2001)

पहले, 1997 में स्टार टीवी द्वारा यह घोषणा करने के बाद कि वह डीटीएच सेवा शुरू कर रहा है, सरकार ने कू–बैंड पर प्रतिबंध लगा दिया था। 2001 में इसे प्रसारण के लिए खोल दिया गया। हालांकि, नियम के अनुसार कोई भी प्रसारण या केबल कंपनी डीटीएच उद्यम में 20 प्रतिशत से अधिक की हिस्सेदारी नहीं रख सकती। डीटीएच में कुल विदेशी इक्विटी 49 प्रतिशत रखी गई, एफआईआई, ओवरसीज कॉर्पोरेट बॉडी, एनआरआई आदि सबको मिलाकर।[54] हालांकि 2012 में इसे बढ़ाकर 74 प्रतिशत कर दिया गया। साथ ही, कोई भी डीटीएच ऑपरेटर अपना एक्सक्लूसिव कंटेन्ट या कार्यक्रम नहीं बना सकता था, और इसलिए अपना चैनल भी नहीं। टीवी चैनलों के वितरण संबंधी किसी भी एक्सक्लूसिव अनुबंध में प्रवेश नहीं कर सकता। डीटीएच ऑपरेटर द्वारा अपने सब्सिक्राइबर को दिया जाने वाला सेट टॉप बॉक्स भारतीय मानक ब्यूरो (बीआईएस) के उन विनिर्देशों के अनुरूप होना चाहिए जो 2003 में बनाए गए। इसका अर्थ था कि उसी सेट टॉप बॉक्स पर दूसरा डीटीएच ऑपरेटर भी अपनी सेवा प्रदान करने में सक्षम होना चाहिए। इस पर कोई सीमा नहीं लगाई गई है कि कितने डीटीएच लाइसेन्स जारी किए जाएं, हर लाइसेंस 10 साल के लिए मान्य है।

ब्रॉडकास्ट बिल

2006 में एक ब्रॉडकास्टिंग सर्विस रेग्यूलेशन बिल ड्राफ्ट करने के लिए नए प्रयास किए गए, जिसमें फिर से कई परिवर्तन किए गए। सरकार ने उद्योग से जुड़े और आम लोगों की राय जानने के लिए अपनी ओर बिल के कई मसौदे वितरित किये, ताकि एक समग्र कानून बन सके। 2006 के ड्राफ्ट बिल के अनुसार एक स्वायत्त प्राधिकरण बनाने की व्यवस्था की गई थी–भारतीय प्रसारण नियामक प्राधिकरण। इसका कार्य मुख्य तौर पर ऐसी व्यवस्था बहाल करना है, जिसमें प्रसारण का कैरिएज और कंटेन्ट सुविधाजनक ढंग से हो। इसके अंदर हर प्रकार के प्रसारण माध्यम जैसे केबल, डीटीएच, रेडियो सेवा, सैटेलाइट रेडियो आदि समाहित थे।

एकाधिपत्य को रोकने के लिए इस बिल में क्रॉस मीडिया ओनरशिप पर पाबंदियां थीं। यह कंटेन्ट प्रदाता की प्रसारक में शेयरधारिता को सीमित करता

है और प्रसारक की कंटेन्ट प्रदाता में भी। एक कंपनी अधिकतम कितने चैनल रख सकती है, यह इस पर भी सीमा लगाने का सुझाव देता है। यह बिल प्रत्येक प्रसारण कंपनी को सार्वजनिक प्रसारण दायित्व भी सौंपता है। इस बिल में केबल टेलीविजन नेटवर्क अधिनियम 1995 को खत्म करने का भी प्रस्ताव है। इस बिल को संसद द्वारा 2007 में पास नहीं किया गया और इस वजह से बिल गिर गया।

भारत से अपलिंक करने के दिशानिर्देश

जब भारत में सैटेलाइट टीवी का आगमन हुआ, तो विदेशी प्रसारकों को भारत से अपलिंक करने की अनुमति नहीं थी।[55] लेकिन जून 1998 में भारत सरकार ने कहा कि ऐसी भारतीय कंपनियां जिनकी भारतीय साझेदारी 80 प्रतिशत से कम नहीं है और प्रभावकारी प्रबंधन भारतीय हाथों में है, वे विदेश संचार निगम लिमिटेड (वीएसएनएल) के माध्यम से भारत से अपलिंक कर सकती हैं।[56] इसके लिए उन्हें पहले सूचना एवं प्रसारण मंत्रालय से अनुमति लेनी जरूरी थी। 1999 में भारत सरकार ने सभी भारतीय कंपनियों को अपलिंक की अनुमति प्रदान कर दी, जिसके लिए वीएसएनएल का उपयोग अनिवार्य नहीं था। 2000 में इसमें और ज्यादा ढील दे दी गई। सभी प्रसारकों को, चाहे उनके मालिक और प्रबंधन कोई भी हो, भारत से अपलिंक करने की अनुमति दे दी गई। सिर्फ एक चेतावनी के साथ कि उनको बाकी सभी मानदंडों को पूरा करना होगा, जैसे विज्ञापन और प्रसारण संहिता का।

मार्च 2003 में इन नियमों में फिर से बदलाव किया गया। ये निर्धारित कर दिया गया कि कोई भी समाचार या करेंट अफेयर चैनल जो भारत से बाहर अपलिंक करते हैं, उनके व्यवसाय में किसी भी तरीके से 26 प्रतिशत से ज्यादा विदेशी स्वामित्व नहीं होना चाहिए। यह भी कहा गया कि कोई भी चैनल जिसमें थोड़ा बहुत भी समाचारों का अंश पाया गया तो उसे समाचार चैनल माना जाएगा और उन्हें उसके दिशानिर्देशों का पालन करना होगा। हालांकि सॉफ्टवेयर के उत्पादन, टीवी अधिकार के विपणन, एयरटाइम तथा विज्ञापन पर विदेशी इक्विटी की कोई पाबंदी नहीं लगाई गई थी।

अपलिंकिंग दिशानिर्देशों को 2011 में फिर से बदला गया। और इस संशोधन को मुख्यतः 2 शीर्षकों के अंतर्गत रखा गया। गैर समाचार चैनल के लिए अपलिंकिंग निर्देश निम्नलिखित हैं–

- पहले चैनल के लिए आवेदक की कंपनी का कुल मूल्य कम से कम 5 करोड़ रुपये होना चाहिए। प्रत्येक अतिरिक्त चैनल के लिए यह राशि 2.5 करोड़ रुपये तक रखी गई।

- आवेदक कंपनी के चेयर पर्सन या सीईओ या चीफ ऑपरेटिंग अधिकारी या मुख्य तकनीकी अधिकारी या मुख्य वित्तीय अधिकारी का इसी तरह के गैर समाचार चैनल में ऐसे ही पद पर कम से कम 3 वर्ष का अनुभव होना चाहिए।
- प्रत्येक गैर समाचार चैनल के लिए अनुमति शुल्क 2 लाख रुपये प्रति वर्ष होगा।
- अनुमति मिलने के एक साल के अंदर चैनल को अपना संचालन शुरू करना होगा।

समाचार और करंट अफेयर चैनलों को अपलिंक करने के लिए दिशानिर्देश इस प्रकार हैं–

- पहले चैनल के लिए आवेदक कंपनी का मूल्य कम से कम 2 अरब रुपये होना चाहिए। प्रत्येक अतिरिक्त नए चैनल के लिए यह रकम बढ़कर 5 करोड़ रुपये तक बढ़ जाएगी।
- आवेदक कंपनी के चेयर पर्सन या सीईओ या चीफ ऑपरेटिंग अधिकारी या मुख्य तकनीकी अधिकारी या मुख्य वित्तीय अधिकारी का इसी तरह की मीडिया कंपनी में ऐसे ही पद पर कम से कम 3 वर्ष का अनुभव होना चाहिए।
- प्रत्येक समाचार चैनल के लिए अनुमति शुल्क 2 लाख रुपया प्रति वर्ष होगा।
- अनुमति मिलने के एक साल के अंदर चैनल को अपना संचालन शुरू करना होगा।

इनमें से ज्यादातर बिंदुओं को बहुत सारे अगंभीर चैनलों को रोकने के लिए लागू किया गया था। टेलीपोर्ट और हब के लिए भी नियमों में बदलाव किए गए।[57]

डाउन–लिंकिंग के लिए दिशानिर्देश

नवंबर 2005 में, सूचना एवं प्रसारण मंत्रालय ने ऐसे चैनलों की डाउन–लिंकिंग के लिए दिशानिर्देश जारी किए, जिनको भारत से बाहर अपलिंक किया जाता था। सार में कहें तो उन प्रसारण कंपनियों को भारत मे पंजीकरण करवाना अनिवार्य था। ये इसलिए किया गया ताकि ये तय किया जा सके कि ऐसी कंपनियां भारत में कर भुगतान करती हैं और भारत के पैसे को बाहर नहीं ले जाती हैं।

इस निर्देश के अनुसार कोई भी व्यक्ति या इकाई ऐसे चैनल को डाउन–लिंक नहीं करेगा जिसका पंजीकरण भारत में सूचना एवं प्रसारण मंत्रालय के साथ निम्नलिखित निर्देशों के तहत नहीं किया गया हो –

- जो कंपनी डाउन लिंकिंग की अनुमति के लिए आवेदन कर रही है, वो भारत के कंपनी अधिनियम 1956 के तहत बतौर कंपनी पंजीकृत होनी चाहिए, भले ही उसकी इक्विटी संरचना, विदेशी स्वामित्व या प्रबंधन नियंत्रण कुछ भी हो।
- उस आवेदक कंपनी का भारत में वाणिज्यिक मौजूदगी होनी चाहिए तथा भारत उसका प्रमुख कारोबारी स्थल होना चाहिए।
- आवेदक कंपनी जिस चैनल को डाउन–लिंक करना चाहती है, या तो वह उसकी मालक हो या फिर भारत की सीमा के अंदर उसके पास चैनल के एक्सक्लूसिव विपणन/वितरण का अधिकार प्राप्त होना चाहिए, जिसमें चैनल के विज्ञापन और राजस्व अधिकार भी समाहित हों और आवेदन करते वक्त इस बात के प्रमाण जमा करे।
- यदि कंपनी के पास विपणन/वितरण के अधिकार हैं, तो उसके पास उस चैनल की ओर से विज्ञापन, सब्क्रिप्शन और कार्यक्रम विषय से संबंधित अनुबंध करने के लिए अधिकृत होना चाहिए।

डाउन लिंकिंग दिशानिर्देशों को 5 दिसंबर 2011 में संशोधित किया गया था। इसके तहत निम्न परिवर्तनों को शामिल किया गया था। हालांकि, ध्यान रहे कि अपलिंकिंग अधिकार दिशानिर्देशों की तरह इसमें समाचार और गैर समाचार चैनलों के बीच अंतर नहीं किया गया है। मुख्य बदलाव इस प्रकार हैं:

- पहले चैनल के लिए कंपनी का कुल मूल्य कम से कम 5 करोड़ रुपये होना चाहिए। प्रत्येक अतिरिक्त चैनल के लिए यह रकम 2.5 करोड़ प्रति चैनल होगी।
- आवेदक कंपनी के चेयर पर्सन या सीईओ या चीफ ऑपरेटिंग अधिकारी या मुख्य तकनीकी अधिकारी या मुख्य वित्तीय अधिकारी का इसी तरह के गैर समाचार या समाचार चैनल में ऐसे ही पद पर कम से कम 3 वर्ष का अनुभव होना चाहिए।
- पंजीकरण की अवधि 10 वर्ष है, और भारत से अपलिंक होने वाले ऐसे चैनलों के संबंध में है, जिनके पास अपलिंकिंग की अनुमति भी हो।
- ऐसे गैर–समाचार चैनल जो भारत से अपलिंक होते हैं, उनके लिए अनुमति शुल्क 5 लाख रुपये प्रति वर्ष होगा तथा ऐसे गैर समाचार चैनल जो विदेश से अपलिंक होते हैं, उनके लिए अनुमति शुल्क 15 मिलियन रुपये होगा।
- अनुमति मिलने के एक साल के अंदर चैनल को अपना संचालन शुरू करना होगा।

प्रोग्राम संहिता

इसके तहत मुख्य रूप से मित्र देशों के खिलाफ निंदा करने, धर्म व समुदायों से जुड़े मसलों पर चोट पहुंचाने, अश्लीलता, अपमानजनक या भड़काऊ बात करने, या देश की अखंडता को नुकसान पहुंचाने वाली चीजों पर प्रतिबंध है।

विज्ञापन संहिता

इसके तहत किसी भी प्रकार के तंबाकू उत्पाद, पान मसाला या शराब के विज्ञापनों पर प्रतिबंध है। किसी भी विज्ञापन से महिलाओं की छवि को ठेस नहीं पहुंचनी चाहिए और बच्चों की सुरक्षा को कोई खतरा नहीं होना चाहिए। विज्ञापन में दिखाई गई वस्तुओं से किसी भी उपभोक्ता के अधिकार का हनन नहीं होना चाहिए और उत्पाद उपभोक्ता अधिकारों के अनुरूप होने चाहिए। केबल अधिनियम में भी इसी प्रकार के विज्ञापन और प्रोग्रामिंग कोड हैं।

कार्यक्रमों की अनिवार्य साझेदारी

चूंकि 1990 के बाद से लाइव खेल कार्यक्रमों को दिखाने के अधिग्रहण शुल्क में अत्यधिक वृद्धि हुई है, इसलिए सार्वजनिक क्षेत्र के चैनल डीडी के लिए ऐसे कार्यक्रमों के अधिकार खरीद पाना नामुमकिन होता चला गया। वहीं दूसरी ओर विश्व भर में ऐसे निजी चैनल जिनके पास बहुत पैसा था, वो विश्व की प्रमुख खेल श्रृंखलाओं जैसे विम्बलडन टेनिस श्रृंखला, ग्रैंड स्लैम टेनिस टूर्नामेंट, ओलंपिक, क्रिकेट विश्व कप आदि के लाइव अधिकार अगले 5–10 वर्षों तक के लिए खरीद लेते थे। समस्या तब शुरू हुई जब क्रिकेट के बहुत ही दिलचस्प मैच, जैसे भारत–पाकिस्तान के बीच, निजी चैनल पर प्रसारित किया जाता था, जिसकी पहुेच 8.3 करोड़ केबल घरों तक थी और उन 5.1 करोड़ घरों में यह नहीं देखा जा सकता था, जहां सिर्फ डीडी की पहुंच थी।

दूरदर्शन पर प्रसारण सुनिश्चित करने के लिए अदालतों में डाली गईं जनहित याचिकाओं के परिणामस्वरूप एक्सक्लूसिव अधिकारों को कम करने और जन हित के मुद्दे उभर कर सामने आए।[58] इसी सिलसिले में सरकार द्वारा 2007 में कानून पास किया गया कि कुछेक विशेष खेल के मामलों में चैनलों को सिगनल कि साझेदारी करनी पड़ेगी। इस कानून के तहत ये कहा गया कि किसी भी ऐसे 'राष्ट्रीय महत्व' के खेल का प्रसारण अधिकार किसी एक चैनल के पास नहीं रहेगा जो जनहित से जुड़ा हो। चैनलों को प्रसार भारती के साथ उन खेलों के सिगनल को, बिना अपने चैनल का विज्ञापन दिखा, साझा करना पड़ेगा। और यह भी व्यवस्था दी गई कि इस स्थिति में राजस्व साझेदारी अधिकृत चैनल और प्रसार भारती के बीच किसी

भी हालत में टेलीविजन के लिए 75:25 से कम तथा रेडियो के लिए 50:50 से कम नहीं होगी।

इस अधिनियम के तहत सरकार ऐसे खेलों की सूची जारी करेगी जिन पर यह अधिनियम लागू होगा। और इसी कानून के अंतर्गत सूचना एवं प्रसारण मंत्रालय समय–समय पर 'राष्ट्रीय महत्व' वाले उन खेलों की सूची जारी करता है, जिसके लिए नेटवर्क साझेदारी अनिवार्य है। कोई भी चैनल जो इन खेलों का प्रसारण करेगा उसे प्रसार भारती को 45 दिन पहले ही इस तरह के प्रसारण के बारे मे सूचित करना होता है और नेटवर्क साझेदारी का प्रस्ताव भी रखना होता है। इस तरह की अनिवार्य नेटवर्क साझेदारी यूके, यूएस व अन्य बाजारों में भी की जाती है। उदाहरण के लिए, ऑस्ट्रेलिया में ब्रॉडकास्टिंग सेवा अधिनियम, 1992 के तहत मंत्री को यह अधिकार दिया गया है कि इस तरह के किसी कार्यक्रम को अधिसूचना जारी करके सार्वजनिक तौर पर उपलब्ध कराए।

हालांकि इस अनिवार्यता के खिलाफ निजी प्रसारकों के बीच जायज आक्रोश भी है। विश्व में कहीं भी किसी आयोजन का लाइव प्रसारण टीवी कंपनियों के लिए अस्तित्व और जीविका का साधन होते हैं। यह मालिकाना अधिकारों की विशिष्टता ही है, प्रसारण अधिकारों को प्राप्त करने की कीमत निर्धारित करती है, जिससे उसकी राजस्व अर्जित करने की क्षमता बढ़ती है। इसलिए यह अध्यादेश से निजी चैनलों की राजस्व वसूली पर गहरा असर पड़ता है।

वर्तमान स्थिति

सरकार, ट्राई और सूचना एवं प्रसारण मंत्रालय के अंदर तमाम मुद्दे और विधेयक हैं, जिन पर बहस चल रही है। उनमें से कुछ इस प्रकार हैं:

कंटेन्ट विनियमन

भारतीय संविधान के अनुच्छेद 19 (1) (क) के अनुसार प्रत्येक नागरिक को अभिव्यक्ति की स्वतन्त्रता का अधिकार प्राप्त है, इसी अधिकार को बनाए रखते हुए ब्रॉडकास्टिंग समेत किसी प्रकार के मीडिया के कंटेन्ट पर कुछ मुनासिब पाबंदियां लगाई गई हैं। इस तरह की कुछ पाबंदियों को या तो कानून में शामिल किया गया है या फिर समय–समय पर सरकार द्वारा संहिता और दिशानिर्देश के तौर पर जारी किया जाता है। इस तरह के कुछ प्रतिबंध जिन्हें कानून, कोड या आत्म नियमन के माध्यम से लगाया गया है, निम्नांकित हैं–

1) महिलाओं का अश्लील प्रतिनिधित्व (निरोधक) अधिनियम, 1986।
2) यंग पर्सन्स (हानिकारक पब्लिकेशन) एक्ट, 1956
3) भारतीय दंड संहिता, 1860

4) प्रतीक एवं नाम (अनुचित प्रयोग निवारण) अधिनियम, 1950
5) दवा एवं चमत्कारी उपचार (आपत्तिजनक विज्ञापन) अधिनियम, 1954
6) प्रसव पूर्व जांच तकनीक (नियमन एवं दुरुपयोग निवारण) अधिनियम, 1994
7) मानव अंग प्रत्यारोपण अधिनियम, 1994
8) औषधि एवं प्रसाधन सामग्री अधिनियम,1940
9) पुरस्कार प्रतिस्पर्धा अधिनियम, 1955
10) प्राइज चिट एंड मनी सर्कुलेशन स्कीम अधिनियम, 1978
11) सिगरेट एवं अन्य तंबाकू उत्पाद अधिनियम, 2003
12) जनप्रतिनिधित्व अधिनियम, 1951
13) केबल टेलीविजन नेटवर्क रेगुलेशन एक्ट, 1995, जो प्रोग्राम संहिता और विज्ञापन संहिता के लिए आदेशित करता है।
14) सिनेमैटोग्रैफिक अधिनियम, 1952
15) डीडी पर वाणिज्यिक विज्ञापन की संहिता।
16) एडवर्टाइजिंग स्टैंडर्ड्स काउंसिल ऑफ इंडिया द्वारा अपनाए गए विज्ञापन में आत्मनियमन की संहिता।
17) आकाशवाणी और दूरदर्शन द्वारा चुनाव कवरेज संबंधी दिशानिर्देश।
18) आकाशवाणी और दूरदर्शन द्वारा संसदीय कार्यवाही को कवर करने के दिशानिर्देश।
19) पत्रकारीय आचरण के लिए भारतीय प्रेस परिषद के मानदंड।
20) भारत में तंबाकू उत्पादों का विपणन करने के लिए टोबैको इंस्टीट्यूट ऑफ इंडिया द्वारा अपनाई गई स्वैच्छिक और आत्म नियमन संहिता।
21) भारत में मादक पेय का विपणन करने के लिए कन्फेडरेशन ऑफ इंडियन एल्कोहॉलिक बेवरेज कंपनीज की कार्य संहिता।

इन तमाम अधिनियमों के बावजूद, सरकार एक कंटेन्ट नियामक को नियुक्त करने को लेकर चर्चा करती आ रही है। ऐसा इसलिए है क्योंकि टीवी पर अश्लीलता को लेकर बहुत सी शिकायतें हैं—और एक जनहित याचिका दायर होने का भी उदाहरण मिलता है। बढ़ती हुई जनहित याचिकाओं और समाचार चैनलों पर गिरते मानकों पर तीखी बहस के दबवा में अंततः सराकर ने 2007 में कंटेन्ट संहिता का एक मसौदा पेश किया। तभी प्रसारण कंपनियों ने मिलकर आईबीएफ और एनबीए के संरक्षण में कुछ दिशानिर्देशक तत्व तैयार किये। हालांकि, ये कानून नहीं हैं लेकिन इन तत्वों की बदौलत प्रसारण कंपनियां एक दूसरे पर नज़र रखती हैं। इसके परिणाम स्वरूप 2008 के बाद समाचार चैनलों पर दिखाए जाने वाली रिपोर्ट और समाचारों के स्तर में कुछ सुधार आया है। प्रसारण क्षेत्र के लिए आत्मनियमन दिशानिर्देश, 2008, सूचना एवं प्रसारण मंत्रालय की वेबसाइट पर उपलब्ध हैं, साथ ही एनबीए और आईबीएफ की साइट पर भी।[59]

इसके अलावा ट्राई ने मार्च 2013 की एक अधिसूचना में टीवी चैनलों पर विज्ञापन समय को लेकर विज्ञापन संहिता और केबल अधिनियम के मौजूदा मानदंडों को लागू करने की मांग की। ये नियम थेः

- विज्ञापन में दिखाये गए फोटो और सुनने योग्य सामग्री जरूरत से ज्यादा 'प्रबल' नहीं होनी चाहिए।
- सारे विज्ञापन कार्यक्रम से पूर्ण रूप से अलग होने चाहिए और किसी भी प्रकार से कार्यक्रम में कोई हस्तेक्षप नहीं होना चाहिए। यह विशेष रूप से, कार्यक्रम के दौरान स्क्रीन पर नीचे की पट्टी में विज्ञापन चलाने के संदर्भ में है।
- किसी भी कार्यक्रम में प्रति घंटा 12 मिनट से अधिक विज्ञापन नहीं दिखाया जाएगा। इस 12 मिनट में से 10 मिनट का व्यवसायिक विज्ञापन हो सकता है और 2 मिनट का चैनल का खुद के प्रोमोशन कार्यक्रम हो सकते हैं।

पायरेसी

किसी भी कार्यक्रम के प्रसारण में दो मुख्य तत्व होते हैं, एक तो कंटेन्ट और दूसरा प्रसारण। कंटेन्ट बनाने वाले के पास उसका कॉपीराइट होता है, चाहे वह मूल स्वामित्व हो या लाइसेंस के माध्यम से या फिर मूल स्वामी द्वारा प्रदत्त, प्रसारण का अधिकार प्रसारण संस्थान के पास होता है। प्रसारक का यह विशेषाधिकार ब्रॉडकास्ट रिप्रोडक्सन राइट के नाम से जाना जाता है और उसके पास यह अधिकार प्रसारण के कैलेंडर वर्ष से शुरू होकर अगले 25 सालों तक रहता है। कोई भी व्यक्ति बिना उस प्रसारक से लाइसेंस प्राप्त किये उस कार्यक्रम की रिकॉर्डिंग कर सकता है और ना ही उसका पुनः प्रसारण कर सकता है।

कॉपीराइट अधिनियम कई ऐसी स्थितियों का वर्णन करता है, जब प्रसारण के कॉपीराइट का हनन नहीं माना जाएगा। जैसे कि यदि उसका उपयोग किसी अनुसंधान या शैक्षणिक संस्थान में प्रमाणिक शैक्षणिक दृष्टिकोण से किया जाता है; या फिर 'निष्पक्ष व्यवहार' के साथ उपयोग करनाः जैसे कोई हाल–फिलहाल की घटना की रिपोर्ट में प्रसारण से उद्धरण का प्रयोग करता है। हालांकि समाचार रिपोर्टिंग में प्रसारण उद्धरण की यह छूट पिछले कुछ सालों में एक बड़ा विवाद बन गई है, जिसमें एक तरफ लाइव खेल आयोजनों के प्रसारक या किसी लोकप्रिय कार्यक्रम के प्रसारक हैं तो दूसरी तरफ समाचार चैनल हैं। इसे आम भाषा में 'फुटेज का गैर कानूनी प्रयोग' कहा जाता है, जो निरंतर बढ़ रहा है।

इनमें से कुछ मामले अदालत तक भी पहुंच गए हैं, लेकिन आज तक पाबंदी की सीमा तय करने वाला कोई फैसला नहीं आ पाया है, जिसे समाचार चैनलों पर लागू किया जा सके और यह तय किया जा सके कि समाचार चैनल कितनी देर तक एक खेल कार्यक्रम की फुटेज को दिखा सकते हैं, कितनी बार उसे दोहरा सकते हैं और उसका कितना व्यवसायिक लाभ उठा सकते हैं।[60] अन्य मुद्दे जो गैर–कानूनी उपयोग के मामले में उठते हैं, वे उस स्थिति में हैं जब प्रसारण भारत की सीमाओं से बाहर हो और उसकी गैर कानून डाउनलिंकिंग, साथ ही केबल ऑपरेटरों द्वारा अपने लोकल चैनलों पर बिना लाइसेंस की सामग्री प्रसारित करना, खासतौर से फिल्में। जहां, सीमाओं से बाहर प्रसारण के मसलों को पार्टियों के संविदात्मक रिश्तों से निपटा जाता है, जबकि केबल ऑपरेटर द्वारा पायरेसी को 1995 के केबल अधिनियम के तहत काबू किया जाता है।

वितरण के नये मंच

हाल के दिनों में वितरण की नई तकनीकों पर काफी कुछ सोचा जा रहा है और इस दिशा में ट्राई की ओर से विशिष्ट सिफारिशें की गई हैं। उनमें से कुछ इस प्रकार हैं:

> *आईपीटीवी* जनवरी 2008 में ट्राई ने आईपीटीवी से संबंधित अपने सुझाव सौंपे थे। सिफारिशों में यह विचार है कि संचार कंपनियां, आईएसपी तथा केबल ऑपरेटर बिना नए पंजीकरण के या बिना नए लाइसेंस के आईपीटीवी सेवा प्रदान कर सकते हैं। सेवा प्रदाताओं को इसके लिए आईपीटीवी राजस्व पर लाइसेंस शुल्क देना होगा, जो उसके टेलीकॉम/आईएसपी लाइसेंस के अतिरिक्त होगा। जून 2008 में यह भी सिफारिश की गई कि आईपीटीवी सेवाओं के लिए बुके की संरचना और चैनल के मूल्य के लिए डीटीएच सेवा प्रदाता के समान ही निष्पक्ष मूल्य निर्धारण व्यवस्था होनी चाहिए। इसके पीछे नियामक की सोच है कि विभिन्न वितरण मंचों के लिए समान मूल्य निर्धारण व्यवस्था बनाई जाए। आईपीटीवी पर दिखाये गए कंटेन्ट को लेकर कुछ समस्याएं थीं, क्योंकि वे केबल अधिनियम के अंतर्गत नहीं आता और संचार लाइसेंस में इस तरह के किसी कंटेन्ट प्रतिबंध की व्यवस्था नहीं है। इस आधार पर कुद लोगों द्वारा यह सिफारिश की गई कि ऐसी कंपनियां जो अपलिंकिंग/डाउनलिंकिंग दिशानिर्देशों के प्रति प्रतिबद्ध हैं, उन्हीं को आईपीटीवी पर कंटेन्ट प्रदान करना चाहिए।

सूचना एवं प्रसारण मंत्रालय ने सितंबर 2008 में एक अधिसूचना के जरिए डाउनलिंकिंग दिशानिर्देशों में संशोधन किया, ताकि आईपीटीवी सेवा अपने–अपने संचार लाइसेंस के आधार पर प्रदान की जा सकती है। मंत्रालय ने यह भी स्पष्ट कर दिया कि ऐसे संचार सेवा प्रदाता और आईएसपी जो आईपीटीवी पर सेवा प्रदान करना चाहते हैं, उनका सकल मूल्य कम से कम एक अरब रुपये होना चाहिए। इन दिशा निर्देशों में आईपीटीवी के भुगतान के लिए लाइसेंस फीस भुगतान की शर्तें, प्रोग्रामिंग व विज्ञापन संहिता के अनुपालन संबंधी आवश्यकता, मंत्रालय द्वारा कुछ अनिवार्य रूप से दिखाए जाने वाले चैनलों पर आदेश देने की क्षमता और यह और यह अनिवार्य करना कि आईपीटीवी के लिए सिगनल सीधे प्रसारक से लिए जाएं, किसी एमएसओ या अन्य किसी बीच की संस्था द्वारा नहीं, यह सभी बातें स्पष्ट की गई हैं।

हेडएंड इन दि स्काई या हिट्स: यह सैटेलाइट आधारित प्रतिपादन मंच है, जिससे देश भर के केबल ऑपरेटरों को डिजिटल रूप में मल्टी–चैनल टेलीविजन सिगनल प्रतिपादित किये जाते हैं। हिट्स ऑपरेटर विभिन्न प्रसारकों के सिगनलों को आसमान में हिट्स के सैटेलाइट पर अपलिंक कर देते हैं। केबल ऑपरेटर फिर इन चैनलों को देश भर में डाउनलिंक कर लेते हैं, इसके लिए उन्हें एमएसओ की आवश्यकता नहीं पड़ती। ट्राई ने जुलाई 2007 में हिट्स पर एक परामर्श पत्र जारी किया था। 2009 में सूचना एवं प्रसारण मंत्रालय ने हिट्स प्रदान करने के लिए नीतिगत दिशानिर्देश बनाए और जारी किये। नीतिगत दिशानिर्देश के प्रमुख प्रावधान इस प्रकार हैं:

- आवेदक कंपनी एक भारतीय कंपनी होनी चाहिए, जिसकी निवल संपत्ति कम से कम 10 करोड़ रुपये होनी चाहिए।
- ऐसी कंपनी को जो अनुमति प्रदान की जाएगी वह वायरलेस परिचालन लाइसेंस के जारी होने की तिथि से लेकर 10 वर्ष की अवधि तक होगी।
- आवेदन शुल्क 10 करोड़ रुपये है, जिसमें कोई वार्षिक शुल्क नहीं है, हालांकि वायरलेस परिचालन लाइसेंस का लाइसेंस शुल्क बकाया और देय होगा।
- कंपनी के प्रमुख प्रबंधकीय कर्मचारियों को सूचना एवं प्रसारण मंत्रालय से सुरक्षा मंजूरी लेनी होगी।
- अनुमति प्राप्त कंपनी ऐसा कोई भी चैनल नहीं दिखाएगी जिसको मंत्रालय ने प्रतिबंधित किया है और कार्यक्रम व विज्ञापन संहिता का अनुपालन सुनिश्चित करेगी।

- अनुमति प्राप्त कंपनी को कंटेन्ट गैर भेदभावपूर्ण आधार पर प्रदान करना होगा और किसी भी टीवी चैनल के साथ एक्सक्लूसिव वितरण समझौता नहीं करना होगा।
- सरकार, सूचना एवं प्रसारण मंत्रालय या कोई अन्य अधिकृत प्रतिनिधि को अनुमति धारक के उपकरण और सुविधाओं का निरीक्षण करने और उनकी प्रणाली की निगरानी करने का अधिकार होगा।

मोबाइल टेलीविजनः ट्राई की सिफारिश है कि प्रसारण तकनीक के प्रयोग से मोबाइल टेलीविजन सेवाओं के प्रावधान के लिए एक नई श्रेणी होनी चाहिए। मौजूदा टेलीकॉम संचालक जिनके पास CMTS या UASL लाइसेंस है, उनको अपने नेटवर्क पर अपना खुद का स्पेक्ट्रम इस्तेमाल करके मोबाइल टीवी सेवा प्रदान करने के लिए किसी अन्य लाइसेंस या अनुमति की आवश्यकता नहीं होगी।[61] लाइसेंस देने की सिफारिश लाइसेंस शुल्क के आधार पर 10 वर्ष की अवधि के लिए की गई है। मोबाइल टीवी में अब 74 प्रतिशत तक एफडीआई की अनुमति है।

डिजिटाइजेशन कानून

2011 में, 1995 के केबल अधिनियम में संशोधन किया गया। इसका असर यह हुआ कि फ्री टू एयर या पे टू व्यू दोनों तरह के चैनल प्राप्त करने के लिए डिजिटल एड्रेसेबल सिस्टम (जैसे सीएएस) की आवश्यकता होगी, जबकि 2003 के संशोधन अधिनियम में सीएएस सिस्टम केवल पे चैनल प्राप्त करने के लिए अनिवार्य था। इस संशोधन के तहत ट्राई को भारत में केबल नेटवर्क प्रसारण के नियमन हेतु स्पष्ट रूप से उपयुक्त प्राधिकरण नामित किया गया। इस संशोधन के बाद लाइसेंस धारी केबल ऑपरेटर को यह अधिकार मिला कि वे सार्वजनिक प्राधिकरणों द्वारा नियंत्रित अचल सार्वजनिक संपत्ति के ऊपर या नीचे से केबल तार बिछा सकते हैं और सार्वजनिक प्राधिकरण इसमें केबल ऑपरेटर के सहायक होंगे।

एफडीआई की सीमा

2012 में, सूचना एवं प्रसारण मंत्रालय ने एक बड़ा कदम उठाते हुए डीटीएच, केबल, मोबाइल टीवी तथा टेलीपोर्ट्स के क्षेत्र में प्रत्यक्ष विदेशी निवेश की सीमा को बढ़ा कर 74 प्रतिशत कर दिया, जो पहले 49 प्रतिशत थी। गौरतलब है कि एमएसओ के क्षेत्र में प्रत्यक्ष विदेशी निवेश को नहीं बढ़ाया गया और वो यथावत 49 फीसदी ही है।

मूल्यांकन मानदंड

चर वस्तुएं

टेलीविजन व्यवसाय में मूल्य का आकलन 'कंटेन्ट या वितरण' संपत्ति से होता है। उससे ही अंतिम घरों तक पहुंच रहे कनेक्शन तथा कार्यक्रम पर नियंत्रण हो पाता है। अंतिम घर तक नियंत्रण का तात्पर्य मुख्यतः वास्तविक शुल्क एकत्रीकरण से है।

टेलीविजन प्रसारण के व्यापार में कंटेन्ट तथा अंतिम घर तक पकड़ अपने आप में एक संपत्ति है। ये ठीक उसी प्रकार है जिस प्रकार है जैसे उत्पादन में फैक्ट्री या मशीन होती है। यह इसलिए कि शो भविष्य में राजस्व अर्जित करने के लिए प्रयोग किया जा सकता है जैसे पुनः प्रसारण, सिंडिकेशन या डबिंग आदि के माध्यम से। उसी प्रकार एक करोड़ केबल वाले घरों या 50 लाख डीटीएच घरों पर नियंत्रण का मतलब है स्थिर वार्षिक राजस्व।

कुछ ऐसी चर वस्तुएं जिन पर मूल्यों का निर्धारण निर्भर करता है, निम्नांकित हैं:

मूल्य श्रृंखला में स्थान

एक निवेशक टेलीविजन व्यवसाय के क्षेत्र में किसी कंपनी को कैसे देखता है, यह काफी हद तक इस पर निर्भर करता है कि मूल्य श्रृंखला में कंपनी किस स्थान पर है। यह तीन स्थान इस प्रकार हैं:

सॉफ्टवेयर या कंटेन्टः इसका मूल्यांकन किस तरह होगा, यह इस बात पर निर्भर करता है कि आप प्रसारक हैं या सॉफ्टवेयर उत्पादक हैं।

यदि जी टीवी किसी निजी निवेशक के साथ इक्विटि में साझेदारी करना चाहता है तो सबसे पहली चीज जो निवेशक जी टीवी के बारे में जानना चाहेगा वो यह कि इसकी लाइब्रेरी कैसी है और उसके चैनलों की दर्शकों के बीच इक्विटि कैसी है। लाइब्रेरी का मूल्यांकन करना अपेक्षाकृत बहुत ही सरल काम है। उदाहरण के तौर पर, जी टीवी पर प्रचलित धारावाहिक *सात फेरे* को लीजिए। अब, मान लीजिए कि तीन साल बाद, जी को इसे भारत में फिर से चलाना है। यदि उन दिनों *सात फेरे* को टीवीआर 5 थी, तो शायद तीन साल बाद इसे 4 रेटिंग प्राप्त हो जाए। रेटिंग के उस स्तर पर, *साते फेरे* के प्रसारण से जी टीवी कितना राजस्व पैदा कर पाएगा इसका मूल्यांकन किया जाता है। जी टीवी द्वारा यूके या यूएसए में अपने अंतर्राष्ट्रीय चैनल पर *सात फेरे* के प्रसारण से मिलने वाले संभावित राजस्व को भी इसमें जोड़ा जाएगा और फिर सब को जोड़कर महंगाई के स्तर के अनुसार इसको संतुलित कर फिर प्रसारण के उस अवधि के लिए जी टीवी का कुल राजस्व देखा जाएगा।

सात फेरे एक लंबा चलने वाला धारावाहिक है। इसमें पुनःप्रसारण की क्षमता है। प्रोग्रामिंग की कुछ और भी शैली हैं, जो उतनी प्रभावी हो भी सकती हैं और नहीं भी। एक टॉक शो जैसे *कॉफी विद कारन* या सिटकोम (स्थितिजन्य कॉमेडी) जैसे *साराभाई वर्सेस साराभाई* तीन साल बाद दर्शकों द्वारा उतना पसंद नहीं किया जाएगा क्योंकि ये कार्यक्रम समय के अनुसार थे। लेकिन इन कार्यक्रमों के निर्माण में खर्च भी कम आता है।

दूसरी ओर, एक फीचर फिल्म का बहुत मूल्य होता है, खासतौर से जब वह हिट रही हो। इसी से स्पष्ट होता है कि क्यों प्रसारण कंपनियां फिल्मों के प्रसारण अधिकार पाने के लिए व्याकुल रहती हैं। जबकि समाचार कार्यक्रम का मूल्य सबसे कम होता है। क्योंकि कुछ एक ऐतिहासिक समाचारों को यदि छोड़ दिया जाये, तो पुराने समाचार को दोबारा देखने का कोई औचित्य नहीं बनता है। इसलिए, एक प्रसारक के पास कुल कितने कार्यक्रम घंटे हैं, उसका बहुत कम प्रासंगिकता है। कुल घंटों के साथ–साथ शैली इन दोनों का संयोजन ज्यादा महत्वपूर्ण है।

हर शैली के अंदर, क्या प्रचलित हो सकता है, इसका अनुमान लगाना भी उतना सरल नहीं है। उदाहरण के तौर पर *क्योंकि सास भी कभी बहू थी* एक अत्यधिक प्रचलित धारावाहिक था जो लगातार 8 साल तक चला। लेकिन आज से 5 या 10 साल बाद इसके पुनःप्रसारण से कितना फायदा होगा? तब तक हो सकता है कि दर्शकों की अभिरुचि बदल गई होगी। ये भी हो सकता है कि विदेशों में भारतीय संस्कृति से लगाव रखने वाले दर्शकों के बीच यह बहुत अच्छा प्रदर्शन करे।

यदि बालाजी टेली फिल्म्स अपनी लाइब्रेरी का मूल्यांकन करता है तो वही प्रक्रिया अपनानी होगी। अंतर सिर्फ इतना है कि जी की तरह बालाजी के पास अपना खुद का चैनल नहीं है। साथ ही, इसके अधिकतर शो प्रसारकों द्वारा खरीद लिए जाते हैं और फिर उनके पास उसके अधिकार नहीं रहते। इसके लिए, बालाजी को हिट शो देने की क्षमता पर मूल्यांकित किया जाएगा। दूसरी तरफ कुछ ऐसे शो होते हैं, जो वह सन टीवी या डीडी को बेचता है, ये चैनल टेलीकास्ट मॉडल पर काम करते हैं। ऐसे शो के अधिकार वापस बालाजी के पास चले जाते हैं। इन पर बालाजी का मूल्यांकन उसकी अन्य चैनलों या विदेशों में बेचन या सिंडिकेशन की क्षमता पर आधारित होगा।

वितरणः वैश्विक स्तर पर वितरण का मूल्यांकन प्रति सब्स्क्राइबर या प्रति घर के आधार पर होता है। दो बातों को इसके लिए ध्यान में रखा जाता है। पहला ये कि कोई नेटवर्क प्रति सब्सक्राइबर कितना राजस्व तथा लाभ उत्पन्न कर रहा है। दूसरा यह कि उसको बढ़ाने की इसमें कितनी क्षमता है। इसका आकलन नेटवर्क को अपग्रेड करने में लगे लागत मूल्य के आधार पर होता है, जैसे हैथवे या WWIL, और इससे नगदी की आवक में कितना सुधार आया।

एकीकरणः हालांकि कुछ कंपनियां पूर्ण रूप से प्रसारक, कंटेन्ट या वितरण कंपनी हो सकती हैं, कई कंपनियां एक से अधिक व्यवसाय में भी रहती हैं।

इस स्थिति में ऐसी कंपनियों का आकलन यह मानकर किया जाता है कि वह पूरी मूल्य श्रृंखला में चेन में अपनी मौजूदगी का फायदा उठाने में कामयाब होगी। भारत में बहुत कम ऐसा होता है कि प्रसारक कंटेन्ट कंपनी का स्वामित्व करें, क्योंकि आउटसोर्स करना ज्यादा सस्ता पड़ता है। हालांकि, वितरण, जिसमें भगतान राजस्व पर बेहतर नियंत्रण संभव है, ऐसा क्षेत्र है जिसमें सभी प्रमुख प्रसारक शामिल हैं। अपने पैतृक समूह एस्सेल समूह के माध्यम से जी WWIL का स्वामित्व करता है, जो एक केबल नेटवर्क है और डिश टीवी जो एक डीटीएच नेटवर्क है। वह हिट्स में भी निवेश करने की योजना बना रहा है। सन टीवी के पास सुमंगली केबल और अब एक डीटीएच नेटवर्क भी है।

मार्केट शेयर

सभी मीडिया व्यवसाय की तरह प्रसारण कंपनी, कंटेन्ट कंपनी या वितरण कंपनी का भी बाजार में स्थान महत्वपूर्ण होता है। जो पहले या दूसरे स्थान पर हैं, वे हमेशा अच्छा प्रदर्शन करते हैं। एक प्रसारण कंपनी जिसका कम से कम एक दो चैनल भी बहुत सारे दर्शकों द्वारा देखे जाते हैं और इसलिए अच्छा विज्ञापन जुटाते हैं, हमेशा ही मूल्यांकन प्रणाली में ऊपर रहेगी चाहे उसके बाकी चैनल पिछड़ जाएं। ऐसा इसलिए है क्योंकि प्रचलित चैनल दर, वितरण तथा लाभ पर अधिक पकड़ रखते हैं, जिससे खराब प्रदर्शन कर रहे चैनलों का भी संतुलन बना रहता है।

प्रबंधन

प्रबंधन का ढांचा, कॉर्पोरेट प्रशासन, ब्रांड इक्विटि आदि को इसी तरह देखा जाता है जैसे किसी अन्य कंपनी के लिए।

बाजार का आकार तथा विकास दर

यह एक ऐसी चर वस्तु है, जिसपर भारतीय कंपनियां हमेशा अच्छा प्रदर्शन करती हैं। कुल 15.3 करोड़ टीवी घरों के साथ भारत दुनिया का दूसरा सबसे बड़ा टीवी बाजार है। राजस्व के क्षेत्र में भी अन्य विकास शील अथवा विकसित देशों की तुलना में भारत में इसका विकास दोहरे अंकों में हो रहा है। इसके परिणामस्वरूप भारत में दुनिया के तमाम बड़े प्रसारकों का ध्यान भारत की ओर आकर्षित हुआ है, जिनमें डिज्नी से लेकर एनबीसी तक शामिल हैं। अमरीका में टीवी व्यवसाय में गिरावट दर्ज की जाने लगी है, इसलिए ये कंपनियां भारत में अवसर देख रही है।

तालिका 2.1 भारत में टीवी प्रसारण की वृद्धि–आधारभूत आंकड़े

वर्ष	कुल टीवी वाले घर	सी एंड एस घर (मिलियन)	डीटीएच घर (मिलियन)	राजस्व स्रोत (रुपये मिलियन)			कुल राजस्व
				विज्ञापन	केबल/स्थानीय विज्ञापन	सब्स्क्रिप्शन	
1959	0.000021	None	None	None	NA	None	NA
1969	0.012303	None	None	None	NA	None	NA
1979	1.1	None	None	61.6	NA	None	61.1
1989	22.5	None	None	1612.6	NA	None	1612.6
1992	34.9	1.2	None	3950	NA	1008	4958
1993	40.3	3	None	4960	NA	2520	7480
1994	45.7	11.8	None	8480	NA	9912	18392
1995	52.3	15	None	13450	NA	18000	31450
1996	57.7	18	None	19750	NA	21600	41350
1997	63.2	NA	None	25840	NA	NA	NA
1998	69.1	29	None	33670	NA	34800	68470
2000	40	33	None	44390	NA	39600	83990
2001	79	40	None	47940	NA	48000	95940
2002	81.57	40.49	None	47170	NA	48588	95758
2003	NA	49	NA	50940	5000	88200	144140
2004	100	55	NA	58020	5500	99000	162520
2005	108	61	3.75	67460	6050	111600	185110

(तालिका 2.1 जारी)

(तालिका 2.1 जारी)

वर्ष	कुल टीवी वाले घर	सी एंड एस घर (मिलियन)	डीटीएच घर (मिलियन)	राजस्व स्रोत (रुपये मिलियन)			कुल राजस्व
				विज्ञापन	केबल/स्थानीय विज्ञापन	सब्स्क्रिप्शन	
2006	112	68	5.2	60500	6655	131760	198915
2007	117	72	8	71100	7320	144000	222420
2008	123	83	15	82000	8052	167400	249400
2009	123	91	20	88000	8857	199800	296657
2010	134	103	24	103000	9742	228600	341342
2011	141	116	40	116000	9742	253800	379542
2012	148	120	51	124800	9742	266400	400942

स्रोतः दूरदर्शन वार्षिक रिपोर्ट, सूचना एवं प्रसारण मंत्रालय रिलीज, एनआरएस, सैटेलाइट एंड केबल टीवी मैग्जीना, लोडस्टार मीडिया (अब लोडस्टार मीडिया यूनिवर्सल), टीएएम मीडिया रिसर्च, ट्राई, जेनिथ ऑप्टिमीडिया और उद्योग के अनुमान।

नोट 1) शुरुआती वर्षों में केबल का राजस्व भुगतान बता पाना असंभव है, क्योंकि यह आंकड़े नहीं हैं कि कितने घरों में केबल था। 1992–1994 के बीच प्रति घर प्रति केबल कनेक्शन का राजस्व 70 रुपये प्रति माह की दर से गणना की गई है। 1995 से 2002 तक प्रति घर प्रति कनेक्शन के लिये रु 100 और उसके बाद से रु 150 प्रति माह के हिसाब से गणना की गई है।

2) 2011 के बाद से केवल डीडी वाले घरों जिन्होंने कुछ भी भुगतान नहीं किया, और केबल–सैटेलाइट, और डीटीएच वाले घरों में अंतर बहुत कम था, इसलिए सभी घरों को भुगतान वाले घर के तौर पर लिया गया है।

3) जो विज्ञापन राजस्व मैंने जोड़ा, 2003 से केबिल विज्ञापन राजस्व रु 5 बिलियन प्रति वर्ष है, जिसमें यह माना गया है कि हर साल 10 प्रतिशत की बढ़ोतरी हुई है। 2010 के बाद इनको स्थिर मान लिया गया, जब से डीटीएच में सचमुच उछाल आया।

4) डीटीएच घरों के आंकड़ों में डीडी डायरेक्ट, डीडी फ्री टू होम होम सेवा को नहीं जोड़ गया है।

5) डीटीएच ऑपरेटर के प्रत्येक सब्स्क्रिप्शन को औसतन रु 150 लिया गया है जबकि वास्तविक **एआरपीयू** रु 80–130 के बीच है।

6) 2005 तक विज्ञापन राजस्व का आंकडा लोडस्टार मीडिया ;अब लोडस्टार यूनिवर्सलद्ध से लिया गया है, उसके बाद का स्रोत फिक्की–केपीएमजी की रिपोर्ट हैं।

NA: Not Available

ये आंकड़े वनिता कोहली–खांडेकर द्वारा संकलित और विश्लेषित हैं। इन आंकड़ों को *भारत में मीडिया करोबार* या वनिता कोहली–खांडेकर को श्रेय देते हुए पुनः प्रयोग किया जा सकता है।

तालिका 2.2 टेलीविजन कारोबार–भारत और विश्व–एक झलक

2012		भारत	चीन	हांगकांग	कोरिया	ब्राजील	यूके	यूएस	रूस
कुल घर	(मिलियन)	254.7	442.7	2.6	19.0	56.0	25.9	118.6	57.4
कुल टीवी वाले घर	(मिलियन)	154.9	430.5	2.6	18.9	53.3	25.8	114.4	54.3
टीवी पहुंच/घर	प्रतिशत	60.8	97.2	99.5	99.7	95.2	99.6	96.5	94.6
फिक्स्ड ब्रॉडबैंड पहुंच/घर	प्रतिशत	5.7	40.8	92.3	99.1	16.5	60.1	64.4	13.4
पे–टीवी सब्स्क्रिप्शन	(मिलियन)	128.2	232.8	2.5	25.2	7.6	12.2	101.1	16.3
केबल	(मिलियन)	95.7	209.8	1.1	14.9	4.3	3.3	57.7	13.3
डीटीएच	(मिलियन)	32.4	–	0.04	3.8	3.3	8.8	34.0	1.9
आईपीटीवी	(मिलियन)	–	23.0	1.4	6.5	–	0.1	9.5	1.1
पे–टीवी पहुंच/टीवी घर	प्रतिशत	82.7	54.1	97.7	133.3	14.3	47.3	88.4	30.0
डिजिटल पे–टीवी सब्स्क्रिप्शन	(मिलियन)	43.5	160.7	2.5	15.5	4.5	12.2	77.0	6.5
केबल	(मिलियन)	14.6	137.7	1.1	5.2	1.2	3.3	43.0	3.5
डीटीएच	(मिलियन)	32.4	–	0.0	3.8	3.3	8.8	32.0	1.9
आईपीटीवी	(मिलियन)	–	23.0	1.4	6.5	–	0.1	2.0	1.1
कुल डिजिटल सब्स्क्रिप्शन	(मिलियन)	57.0	226.6	4.4	15.5	4.5	38.0	191.4	7.7

(तालिका 2.2 जारी)

(तालिका 2.2 जारी)

2012		भारत	चीन	हांगकांग	कोरिया	ब्राजील	यूके	यूएस	रूस
पे	(मिलियन)	43.5	160.7	2.5	15.5	4.5	12.2	77.0	6.5
फ्री (डीटीटी)	(मिलियन)	13.5	65.9	1.9	–	–	25.8	114.4	1.2
डिजिटल सब्क्रिप्शन / टीवी घर	प्रतिशत	36.8	52.6	171.5	82.0	8.4	147.2	167.3	14.2
पे–टीवी एआरपीयू / माह	(यूएस डॉलर)	3.4	4.2	18.8	8.2	4.4	65.5	73.8	6.3
टीवी विज्ञापन (एफटीए, पे–टीवी)	(यूएस डॉलर मिलियन)	2777	11238	466	3035	12926	5222	62129	4820

स्रोतः मीडिया पार्टनर्स एशिया

नोट 1) कोरिया में आईपीटीवी में मुख्यतः वॉयस ऑन डिमांड शामिल है, जो केटी के मेगा टीवी और एसके ब्रॉडबैंड के हना टीवी द्वारा दी जाती हैं।

2) एआरपीयूः एवरेज रेवेन्यू पर यूजर, डीटीएचः डायरेक्ट टू होम, आईपीटीवीः इंटरनेट प्रोटोकॉल टेलीविजन

3) एफटीएः फ्री टू एयर टेलीविजन, डीटीटीः डिजिटल टेरेस्ट्रियल ट्रांसमिशन

तालिका 2.3 भारतीय टीवी प्रसारण का विकास–कार्यक्रमों की शैलियां

	वर्ष								
कार्यक्रम शैली (प्रतिशत)	**2004**	**2005**	**2006**	**2007**	**2008**	**2009**	**2010**	**2011**	**2012**
बिजनेस न्यूज	0.1	0.4	0.5	0.5	0.5	0.2	0.2	0.1	0.1
केबल	11.4	10.6	9.9	10.6	8.7	7.8	–	–	–
अंग्रेजी एंटरटेनमेंट	0.7	0.5	0.4	0.3	0.2	0.2	0.1	0.2	0.2
अंग्रेजी फिल्में	1.4	1.1	1.0	1.0	0.8	0.8	0.7	1.0	1.0
अंग्रजी न्यूज	0.3	0.3	0.5	0.7	0.6	0.4	0.3	0.3	0.2
हिंदी जीईसी	24.2	23.6	23.0	22.6	23.2	23.0	26.4	25.5	29.1
हिंदी फिल्में	10.0	9.9	10.5	10.5	11.6	6.5	6.9	7.6	9.0
हिंदी खबरें	3.7	4.2	4.5	4.8	4.8	3.6	3.4	3.8	3.2
इंफोटेनमेंट	1.2	1.0	1.0	1.0	0.8	0.9	1.0	1.0	1.2
किड्स	2.7	4.0	5.8	5.9	5.4	5.5	5.9	6.2	7.0
म्यूजिक	1.7	1.6	1.8	2.1	2.5	2.1	2.4	3.0	3.4
अन्य	1.4	0.7	0.6	1.0	0.5	13.2	18.7	16.3	14.1

(तालिका 2.3 जारी)

(तालिका 2.3 जारी)

	वर्ष								
कार्यक्रम शैली (प्रतिशत)	**2004**	**2005**	**2006**	**2007**	**2008**	**2009**	**2010**	**2011**	**2012**
क्षेत्रीय जीईसी	28.8	28.0	26.6	25.6	24.8	23.3	22.1	22.1	21.2
क्षेत्रीय फिल्में	4.6	5.4	5.2	4.7	4.6	5.1	4.7	4.2	4.0
क्षेत्रीय संगीत	1.0	2.4	2.6	2.5	2.1	1.8	1.7	1.7	1.8
क्षेत्रीय न्यूज	1.2	1.5	1.7	2.4	2.7	3.7	3.5	3.8	3.4
धार्मिक	0.7	0.9	0.8	0.9	0.8	0.2	0.2	0.2	0.2
खेल	4.8	3.9	3.8	3.2	3.3	2.0	1.8	3.0	2.1

नोटः 1) ऊपर दी गई शैलियों की हिस्सेदारी अनुमान मात्र है। इसका कारण यह हैं कि कुछ टीवी चैनलों का नये/विविध शैलियों के अंतर्गत पुनः वर्गीकरण हो सकता है, यदि उनके कार्यक्रम/कंटेन्ट में परिर्वतन आया हो तो।

2) यह आंकड़े केबल और सैटेलाइट टीवी में सूचीबद्ध शैलियों की प्रतिशत हिस्सेदारी है, अखिल भारतीय, लक्षित समूह चार से ऊपर।

तालिका 2.4क टेलीविजन में शीर्ष विज्ञापनदाता–उत्पाद श्रेणी

2010 में टीवी पर टॉप 10 सुपर श्रेणियां		
रैंक	**सुपर श्रेणियां**	**प्रतिशत हिस्सा**
1	खान–पान	14
2	पर्सनल केयर/पर्सनल हाइजीन	13
3	सेवाएं	**6**
4	बालों की देखभाल	5
5	व्यक्तिगत एक्सेसरीज	4
6	टेलीकॉम इंटरनेट सरविस प्रोवाइडर	4
7	ऑटो	4
8	बैंकिंग/फाइनेंस/इंवेस्टमेन्ट	3
9	घरेलू उत्पाद	3
10	व्यक्तिगत स्वास्थ्य देखभाल	3
2011 में टीवी पर टॉप 10 सुपर श्रेणियां		
रैंक	**सुपर श्रेणियां**	**प्रतिशत हिस्सा**
1	खान–पान	13
2	पर्सनल केयर/पर्सनल हाइजीन	13
3	सेवाएं	7
4	बालों की देखभाल	5
5	व्यक्तिगत उपकरण	5
6	ऑटो	4
7	टेलीकाम/इंटरनेट सर्विस प्रोवाइडर	3
8	बैंकिंग/फाइनेंस/इंवेस्टमेन्ट	3
9	व्यक्तिगत स्वास्थ्य देखभाल	3
10	घरेलू उत्पाद	3
2012 में टीवी पर टॉप 10 सुपर श्रेणियां		
रैंक	**सुपर श्रेणियां**	**प्रतिशत हिस्सा**
1	खान–पान	14
2	पर्सनल केयर/पर्सनल हाइजीन	12
3	सेवाएं	7

(तालिका 2.4क जारी)

(तालिका 2.4क जारी)

रैंक	सुपर श्रेणियां	प्रतिशत हिस्सा
4	व्यक्तिगत एक्सेसरीज	5
5	बालों की देखभाल	5
6	ऑटो	4
7	व्यक्तिगत स्वास्थ्य देखभाल	4
8	घरेलू उत्पाद	3
9	बिल्डिंग, औद्योगिक और जमीनी वस्तुएं/उपकरण	3
10	टेलीकॉम/इंटरनेट सर्विस प्रदाता	3

स्रोतः एडेक्स इंडिया टीएएम मीडिया रिसर्च की डिविजन है।
नोटः रैंकिंग विज्ञापन की मात्रा पर आधारित है। मात्रा विज्ञापन सेकेंडों में मापी जाती है।

तालिका 2.4ख टेलीविजन में शीर्ष विज्ञापनदाता–कंपनियां

2010 में टीवी पर टॉप 10 विज्ञापनदाता		
रैंक	**विज्ञापनदाता**	**प्रतिशत हिस्सा**
1	हिन्दुस्तान लिवर लिमिटेड	9
2	रेकिट बेंकिसर (इंडिया) लिमिटेड	3
3	कैडबरी इंडिया लिमिटेड	2
4	आईटीसी	2
5	प्रॉक्टर एंड गैंबल	2
6	कोका कोला इंडिया लिमिटेड	2
7	कोलगेट पामोलिव इंडिया लिमिटेड	1
8	पॉन्ड्स इंडिया लिमिटेड	1
9	लोरियल इंडिया प्राइवेट लिमिटेड	1
10	स्मिथ क्लाइन बीचम	1
2011 में टीवी पर टॉप 10 विज्ञापनदाता		
रैंक	**विज्ञापनदाता**	**प्रतिशत हिस्सा**
1	हिन्दुस्तान लिवर लिमिटेड	8
2	रेकिट बेंकिसर (इंडिया) लिमिटेड	3
3	कैडबरीज इंडिया लिमिटेड	2
4	आईटीसी	2

(तालिका 2.4ख जारी)

(तालिका 2.4ख जारी)

रैंक	विज्ञापनदाता	प्रतिशत हिस्सा
5	प्रॉक्टर एंड गैम्बल	2
6	पॉन्ड्स इंडिया लिमिटेड	1
7	कोका कोला इंडिया लिमिटेड	1
8	कोलगेट पामोलिव इंडिया लिमिटेड	1
9	भारती एरटेल लिमिटेड	1
10	स्मिथ क्लाइन बीचम	1
2012 में टीवी पर टॉप 10 विज्ञापनदाता		
रैंक	**विज्ञापनदाता**	**प्रतिशत हिस्सा**
1	हिन्दुस्तान लिवर लिमिटेड	8
2	कैडबरीज इंडिया लिमिटेड	2
3	रेकिट बेंकिसर (इंडिया) लिमिटेड	2
4	आईटीसी	2
5	प्रॉक्टर एंड गैम्बल	2
6	कोलगेट पामोलिव इंडिया लिमिटेड	1
7	पॉन्ड्स इंडिया लिमिटेड	1
8	कोका कोला इंडिया लिमिटेड	1
9	सैमसंग इंडिया इलेक्ट्रॉनिक्स लिमिटेड	1
10	मैरिको लिमिटेड	1

स्रोतः एडेक्स इंडिया टीएएम मीडिया रिसर्च की डिविजन है।
नोटः रैंकिंग विज्ञापन की मात्रा पर आधारित है। मात्रा विज्ञापन सेकेंडों में मापी जाती है।

केसलेट 2क डिजिटाइजेशन के बारे में वह सब कुछ जो आप जानना चाहते हैं

डिजिटाइजेशन क्या है?

साधारण शब्दों में डिजिटाइजेशन का मतलब है वह प्रक्रिया जिससे आपके टीवी की अधिक चैनल प्राप्त करने की क्षमता में वृद्धि होती है। वर्तमान में दो माध्यमों से आपको टीवी सिगनल मिलते हैं– केबल और डीटीएच से। डिजिटाइजेशन से केबल पाइप की क्षमता को विस्तार मिलता है, इसलिए

(केसलेट जारी)

(केसलेट जारी)

कुल क्षमता में 10 गुना वृद्धि हो जाती है। डीटीएच का भारत में जन्म डिजिटल रूप में ही हुआ है। इसलिए जब भी हम डिजिटाइजेशन की बात करते हैं तो इसका सीधा तात्पर्य है कि केबल के एनेलॉग सिगनल को डिजिटल सिगनल में तब्दील करना।

इसको लेकर इतना हंगामा क्यों है?

डिजिटाइजेशन से जुड़े हंगामे और इससे होने वाले असर को समझने के लिए एक बार फिर से पूर्वावलोकन करते हैं।

टेलीविजन सिगनल मुख्यतः केबल पाइप के द्वारा प्रदान किये जाते हैं। विश्व के अधिकांश टीवी सेटों की तरह भारत में भी टीवी सेट सिर्फ एनेलॉग सिगनल को ही ग्रहण करते हैं। इससे एक उच्च गुणवत्ता वाला टीवी सेट भी अधिकतम 106 चैनल के सिगनल ही ग्रहण कर सकता है। आज से दस साल पहले सिर्फ 100 चैनल ही हुआ करते थे। लेकिन 2005 तक यह आंकड़ा बढ़कर 160 तक पहुंच गया। ये संख्या उन स्थानीय चैनलों को छोड कर है जो हमें स्थानीय केबल ऑपरेटरों के द्वारा प्राप्त होते है। 2012 तक चैनलों की कुल संख्या 800 हो गयी। इससे केबल कंपनियों पर बहुत दबाव बढ़ गया। इतने सिगनल मौजूद होने के बावजूद केबल कंपनियां उनका प्रसारण नहीं कर पाती थीं। इस क्षमता के संकुचन के कारण कैरिएज फीस का आविर्भाव हुआ। केबल कंपनियां चैनल दिखाने के ऐवज में मोटा शुल्क वसूलने लगे, खासकर छोटे और नए चैनलों से। इसके दो अर्थ थे, पहला कि दर्शक के रूप में आपको विविधता नहीं दी जा रही थी। दूसरा, औसतन 150–200 रुपये उपभोक्ता शुल्क होने के बावजूद प्रसारणकर्ता सब्स्क्रिप्शन से ज्यादा पैसा नहीं कमा पा रहे थे। इससे कंपनियों की निर्भरता विज्ञापन पर जरूरत से ज्यादा थी। परिणाम यह हुआ कि कार्यक्रमों में नवाचार ध्यान नहीं दिया जा रहा था।

टीवी में अधिक सिगनल प्राप्त करने के लिए केबल पाइप को चौड़ा करने की आवश्यकता थी। डिजिटाइजेशन ने सिगनलों को कंप्रेस करके यह मकसद पूरा कर दिया। औसतन हर एक एनेलॉग चैनल के स्थान पर आप उसी जगह में 10 डिजिटल चैनल कैरी कर सकते हैं। इसलिए अगर आप डिजिटाइजेशन अपनाते हैं तो कुल क्षमता में 10 गुना वृद्धि होती है।

(केसलेट जारी)

(केसलेट जारी)

ये कैसे किया जाता है?

टीवी सेट से एक सेट टॉप बॉक्स को जोड़कर सिगनलों को सेट टॉप बॉक्स के जरिए भेजने से डिजिटाइजेशन होता है। इससे आपके टीवी की सिगनल ग्रहण कर पाने की क्षमता में इजाफा होता है। लेकिन इसका मतलब है कि ट्रांसमिशन डिजिटल होना चाहिए और आपके केबल ऑपरेटर और वितरक के पास सब्स्क्राइबर मैनेजमेंट सॉफ्टवेयर होना चाहिए, जिससे यह पता लगाया जा सके कि आप क्या खरीद रहे हैं। इसको आप एक बिजली के मीटर की तरह मान सकते हैं। यह इस बात पर नजर रखेगा कि आप क्या खरीदते हैं और फिर आपसे उसी अनुपात में शुल्क लिया जाएगा।

यह पहले क्यों नहीं हुआ?

इसमें बहुत भारी मात्रा में निवेश समाहित है। एक अनुमान के मुताबिक प्रति उपभोक्ता खर्च तकरीबन 3000 रुपये आ सकता है, जिसे यदि जोड़कर देखा जाए तो 10 करोड़ केबल वाले उपभोक्ताओं के लिए तकरीबन 300 अरब रुपये का खर्च। चूंकि उपभोक्ताओं की कुल संख्या किसी को भी उम्दा तरीके से ज्ञात नहीं है, इसलिए कोई भी कंपनी इस ओर कदम बढ़ाने से हिचकिचाती है। साथ ही डिजिटाइजेशन से पारदर्शिता भी आती है। क्योंकि हर घर एवं उपभोक्ता को ट्रैक किया जा सकता है, इसलिए एमएसओ, प्रसारक,केबल ऑपरेटर, सिगनल वितरक आदि सबको अपने–अपने राजस्व में पारदर्शिता लानी होगी। इस उद्योग से जुड़ी अधिकतर कंपनियों के लिए यही सबसे बड़ी समस्या थी, जिससे वे लगातार विरोध करते रहे। प्रसारण कंपनियां विज्ञापन से प्राप्त होने वाली पूंजी को गंवाना नहीं चाहती थीं, क्योंकि डिजिटाइजेशन होने से प्रसारण कंपनियों की दर्शकों के बीच वास्तविक पहुंच खुल कर सामने आ जाती। एमएसओ अपना कैरिएज शुल्क नहीं गंवाना चाहते थे, जो सीमित क्षमता के कारण उन्हें प्राप्त होता था। और केबल ऑपरेटर इसलिए इसका विरोध कर रहे थे क्योंकि वे ज्यादातर राजस्व अपने पास रखने की स्वतंत्रता चाहते थे और सिर्फ 20 प्रतिशत के आसपास प्रसारक और वितरक को देना चाहते थे। मौजूदा राजस्व स्तर पर भी यदि भारत के सभी टीवी घरों को डिजिटल कर दिया जाए तो 100 अरब रुपये से भी अधिक सिस्टम में आ सकता है।

(केसलेट जारी)

(केसलेट जारी)

ये अब क्यों हो रहा है?

2003 मे डीटीएच ऑपरेटर कंपनियों ने सेट टॉप बॉक्स तथा डिजिटल सिग्नल बेचना शुरू कर दिया। वर्तमान में, भारत के अंदर कुल 5.1 करोड़ डीटीएच सब्सक्राइबर हैं। जैसा कि पहले ही बताया जा चुका है कि इन सबकी शुरुआत की डिजिटल रूप में हुई। इनका बैंडविड्थ जैसी समस्याओं से कोई लेना देना नहीं है।[62] चैनलों के पैकेज बनाए जाते हैं और बिलिंग प्री–पेड माध्यम से होती है।

डीटीएच की सफलता और यह तथ्य की वह दर्शकों को केबल से दूर ले गया, इन दोनों से केबल डिजिटाइजेशन के लिए पर्याप्त बल मिला। दो असफल प्रयासों के बाद सरकार ने आखिरकार 2011 में केबल अधिनियम में संशोधन लाकर डिजिटाइजेशन को अनिवार्य कर दिया। दिसंबर 2014 इसके लिए अखिल भारतीय समयसीमा है।

दरअसल डिजिटाइजेशन के निहितार्थ क्या हैं?

डीटीएच ऑपरेटर अब तक डिजिटल नेटवर्क स्थापित करने में 4 अरब डॉलर की धनराशि लगा चुके हैं। अधिकांश ने अभी तक पैसा नहीं कमाया है। यह बताता है कि ऐसा करने में कुछ तो तर्क है, भले ही इसके अलए आदेश हों या न हों। सही मायने में तो केबल उद्योग को सरकार के आदेश का इंतजार करना ही नहीं चाहिए था। चार कारण हैं, जो यह बताते हैं कि डिजिटाइजेशन भारतीय टीवी उद्योग में हुई सबसे श्रेष्ठ चीज है।

पहला, ये पूरे सिस्टम में सौ फीसदी पारदर्शिता सुनिश्चित करेगा। इसका मतलब और अधिक राजस्व प्राप्ति। यह इस बात से सिद्ध होता है कि 5.1 करोड़ डीटीएच उपभोक्ता होने के बावजूद प्रसारणकर्ताओं को 10 करोड़ केबल घरों के मुकाबले भुगतान राजस्व में अधिक हिस्सा मिलना शुरू हो गया है (देखें तालिका 2.1)। क्योंकि हर डीटीएच उपभोक्ता का हिसाब उपलब्ध है। कल्पना कीजिये कि जब सभी 15.3 करोड़ घर डिजिटिकृत हो जाएंगे तब कैसा परिदृश्य होगा। एक बार जब राजस्व का ईमानदार हिस्सा उनसे मिलना शुरू हो जाएगा तो प्रसारकों की विज्ञापन पर निर्भरता कम हो जाएगी। साथ ही, क्षमता की बाधाएं आसान होने से, एमएसओ कैरिएज शुल्क नहीं लगा पाएगा। इसका मतलब कम लागत और बेहतर मुनाफा।

(केसलेट जारी)

(केसलेट जारी)

दूसरा, ये कार्यक्रमों को फिर से केंद्र में ले आएगा। बढ़ी हुई नगदी की आमद उत्कृष्ट कार्यक्रमों के निर्माण में खर्च होगी। इसके बाद विकास का अगला चरण शुरू होगा। बैंडविड्थ की कमी जैसी समस्याओं को खत्म कर डिजिटाइजेशन पूरे प्रसारण चक्र को ही परिवर्तित कर देगा–दर्शकों से संचालित, विज्ञापन केंद्रित सिस्टम से भुगतान संचालित, उपभोक्ता केंद्रित में।

डिजिटाइजेशन से दर्शकों की आदत पर क्या असर पडेगा?[63]

टीएएम के एक आंकड़ों के अनुसार देखा जाये तो, डिजिटाइजेशन के प्रभाव से दर्शकों की आदत में निम्न बदलाव दर्ज किए गए हैं।

पहला, सैंपलिंग का आकार बढ़ गया है। इससे अलग–अलग शैलियों पर बिताए गए समय और उनकी पहुंच बढ़ी है। उदाहरण के लिए दिल्ली में अंग्रेजी चैनल देखने की आदत में 79 प्रतिशत तक की वृद्धि दर्ज की गई है। ये आसान उपलब्धता तथा आसानी से नैविगेशन की सुविधा के कारण हो पाया है। चूंकि अब क्षमता की बाधा नहीं है, तो दर्शक कोई भी चैनल आसानी से देख सकते हैं। जैसे डिस्कवरी नेटवर्क के चैनलों की अब डिजिटल दुनिया में रेटिंग ज्यादा है। साथ ही, ईपीजी सुविधा से दर्शक आसानी से कार्यक्रम के बारे में जानकारी भी प्राप्त कर सकते हैं। इसके कारण सैंपलिंग भी बढ़ी है।

दूसरा, अंतर स्थापित करना महत्वपूर्ण है। टीएएम मीडिया रिसर्च के सीईओ एल.वी कृष्णन कहते हैं कि 'जब बिताया गया समय बढ़ता है, उत्पाद की श्रेणी में आने वाली सामग्री का नुकसान होता है'। इसका मतलब है कि न्यूज, संगीत या अन्य श्रेणी जिसका कोई विशिष्टिकरण नहीं है उनको सबसे पहले नुकसान होता है। पहले समाचार लेते हैं। आप समाचार कहीं से भी प्राप्त कर सकते हैं– अखबार, ऑनलाइन या फ्री टू एयर टीवी चैनलों से। आप तभी किसी न्यूज चैनल को सब्स्क्राइब करेंगे जब उसमें कुछ खास हो।

तीसरा, डिजिटाइजेशन सामग्री की लंबी सूची को बढ़ा देता है, चाहे जगह बदलकर या अधिक समय बिताकर। ये प्रसारण कंपनियों को दूर दराज के नए उपभोक्ताओं तक पहुंचने का मौका देता है। जैसे कि डिजिटाइजेशन के बाद दिल्ली में तमिल फिल्म देखने वाले दर्शकों की

(केसलेट जारी)

(केसलेट जारी)

संख्या मे जबर्दस्त 76 प्रतिशत का उछाल आया है, जबकि दिल्ली हिंदी बाजार है। संभावित कारण? दिल्ली में देश भर से सबसे अधिक प्रवासी आते हैं। एयरटेल डीटीएच ऑपरेटर अकेले 27 तमिल चैनल प्रदान करता है।

घरों में डिजिटाइजेशन के बाद दर्शकों की आदत में बदलाव के क्या निहितार्थ हैं?

स्टार इंडिया के सीओओ संजय गुप्ता का कहना है 'जो चैनल अपने कंटेन्ट में निवेश नहीं करेंगे वो अब बाजार में टिक नहीं पाएंगे'। स्टार खुद फिल्मों, नाटकों और सत्यमेव जयते जैसे टॉक शो में भारी निवेश कर रहा है। 2012 मे इसने बीसीसीआई को क्रिकेट अधिकार प्राप्त करने के लिए 38 अरब रुपये की मोटी रकम प्रदान की। इसी साल उसका चैनल वी जो पहले एक म्यूजिक चैनल था, बदलकर एक यूथ चैनल बन गया। कारणः डिजिटिकृत घरों में युवा कार्यक्रमों के प्रति स्पष्ट झुकाव नजर आया, इसलिए हर चैनल इस वर्ग को संतुष्ट करने में जुटा है।

फ्रेमेंटल मीडिया इंडिया, जो *इंडियाज गॉट टैलेंट* और *इंडियन आइडल* की निर्माता है, उसकी कंटेन्ट हेड अनुपमा मंडलोइ कहती हैं कि हैं– 'हम देख रहे हैं कि तमाम तरह के शो आला चैनलों द्वारा प्राप्त किये जा रहे हैं'। कंटेन्ट को चिन्हित करने और निवेश करने के साथ, पैकेजिंग और मूल्य निर्धारण भी महत्वपूर्ण हो गया है। नागपुर में कोई दो मलयालम चैनल मांग सकता है, तो सिस्टम इतना लचीला है कि उसे प्रदान करता है। एनेलॉग मोड में यह संभव नहीं था। डिजिटल में, ऐसा इसलिए संभव है क्योंकि कॉल सेंटर और सब्सक्राइबर मैनेजमेंट सॉफ्टवेयर में बैकएंड निवेश किया गया है। भारती एयरटेल के डीटीएच तथा मीडिया सीईओ शशि अरोड़ा का कहना है– 'एक ही चैनल स्तर पर उपभोक्ता की पसंद को संभाल पाने की क्षमता हमारी सबसे बड़ी सुविधा है'। ध्यान रहे कि टेलीकॉम में, पिछले दशक में सॉफ्टड्रिंक विक्रेताओं को बस इसलिए रखा गया था क्योंकि वे इस बात में निपुण थे कि टेलीकॉम को कैसे छोटे–छोटे पैकेज और दाम में बाजार के सामने रखा जाए। यही टीवी में भी होगा, जहां एफएमसीजी के बहुत सारे अधिकारियों को इसी कारण रखा गया है।

बहुत साल पहले, सिनेमा उद्योग में मल्टीप्लेक्स ने सबसे पहले, शैली, दाम और समय के आधार पर दर्शकों को अलग–अलग समूह

(केसलेट जारी)

(केसलेट जारी)

में बांटने की प्रक्रिया शुरू की थी। इससे टिकट के दाम को नियंत्रित करने में बहुत लाभ मिला। पिछले दशक में मल्टीप्लेक्स में अधिक लाभ कंप्यूटरिकरण से आया है। इससे पारदर्शिता स्थापित होती है। इन सबको मिलाकर ही भारतीय फिल्म उद्योग आज रचनात्मक उत्कर्ष पर पहुंच पाया है। पिछले एक दशक में फिल्म उद्योग में आठ गुना वृद्धि हुई है। यदि टीवी उद्योग में भी डिजिटाइजेशन हो जाता है तो ऐसा ही कुछ देखने को मिलेगा। टीवी का मल्टीप्लेक्सीकरण शुरू हो गया है।

केसलेट 2ख समाचार प्रसारण कारोबार को कैसे ठीक किया जाए

ये समझना बहुत कठिन नहीं है कि भारत में समाचार व्यवसाय के साथ क्या समस्या है। कठिन ये है कि इसको कैसे ठीक किया जाए।[64]

टीएएम मीडिया रिसर्च देश के 105 समाचार चैनलों को ट्रैक करता है। लेकिन अनुमान के मुताबिक कुल उपलब्ध समाचार चैनलों की संख्या 135 है। पूरे विश्व में ये संख्या सर्वाधिक भारत में ही है। पिछले कई वर्षों से ये विज्ञापन से आने वाले राजस्व के लिए लड़ रहे हैं, जो पिछले कई वर्षों से 18–20 अरब रुपये पर स्थिर है। पिछले तीन वर्षों में कुल टीवी दर्शनीयता में से सिर्फ 7–8 प्रतिशत ही समय समाचार चैनलों के हिस्से में आ रहा है। पांच लिस्टेड टीवी कंपनियों में से सिर्फ तीन–टीवी टुडे, ज़ी न्यूज और नेटवर्क18–ने ही मार्च 2012 को समाप्त हुए वर्ष में कारोबार से मुनाफा कमाया है। कई गैर लिस्टेड कंपनियां, शायद एसीसीएस को छोड़कर (जो एबीपी न्यूज व अन्य चैनलों की मालिक है), नुकसान उठा रही है।

यदि इन 135 चैनलों का सरसरी तौर पर विश्लेषण किया जाए तो इनमें से तकरीबन एक तिहाई चैनल ऐसी कंपनियों या लोगों द्वारा संचालित है जिनका समाचार को एक ब्रांड के तौर पर स्थापित करने का कोई उद्देश्य नहीं है। उद्योग के अंदर के लोग बताते हैं कि 'बहुत सारे क्षेत्रीय समाचार चैनल बस एक राजनीतिक माध्यम मात्र हैं'। बहुत से नए खिलाड़ी समाचार चैनल के कारोबार में सिर्फ इसलिए आ गए क्योंकि वे समाचार चैनल को प्रभाव डालने, फायदा उठाने या धमकाने के माध्यम के रूप में इस्तेमाल करना चाहते हैं। ऐसे बिल्डर, राजनीतिज्ञ

(केसलेट जारी)

(केसलेट जारी)

या फिर अन्य उद्योग से जुड़ी बड़ी कंपनियां भी हो सकती हैं। ऐसे में जो वास्तव में समाचार उद्योग में कुछ करना चाहते हैं, उनका समय इन चैनलों के साथ प्रतिस्पर्धा में व्यतीत हो जाता है, क्योंकि ऐसे चैनलों के पास लुटाने के लिए प्रचुर मात्रा में धन होता है और सवाल करने के लिए कोई शेयर धारक नहीं होते।

ऐसे बहुत सारे चैनल जो गंभीर नहीं हैं, एन्होंने एनबीए का सदस्य बनने से इंकार कर दिया। क्योंकि ऐसा करने पर उन्हें फिर कंटेन्ट संहिता को मानना होगा। जैसे–जैसे हर भाषा में प्रतिस्पर्धा बढ़ रही है, विज्ञापन राजस्व के लिए भी मारा–मारी बढती है। समाचार चैनल लोगों को खींचने के लिए कंटेन्ट के मामले में निचले स्तर पर आ जाते हैं। इससे पता चलता है कि समाचार चैनल कई बार हास्य, घृणा और दया के पात्र क्यों बन जाते हैं। एक प्रसारणकर्ता बताते हैं, 'जब हमारा पूरा कारोबारी मॉडल अपने मुख्य उत्पाद, यानि कंटेन्ट को हर रात नष्ट करने के लिए तैयार किया गया है, तो हमारा अस्तित्व कैसे बच सकता है?'

दो तरीकों से इस बाजार को वर्तमान स्थिति से उबारा जा सकता है।

पहला, यदि डिजिटाइजेशन होता है। जैसा कि केसलेट 2क में बताया गया, डिजिटाइजेशन के प्रभाव से ओछे कंटेन्ट वाले कार्यक्रम अपने–आप बाहर हो जाएंगे। इसलिए वे सभी चैनल जो आपके टीवी पर जगह घेरते हैं, वे बाहर हो जाएंगे क्योंकि उपभोक्ता यह तय करेगा कि उसको क्या देखना है। एक पूर्ण डिजिटल दुनिया में उपभोक्ता तभी कोई न्यूज चैनल देखेगा जब उस पर कुछ विशेष या कुछ अलग दिखाया जाता होगा। जाहिर है, कुछ फ्री टू एयर ठहर भी सकते हैं, जैसे वे अभी भी हैं।

दूसरा, यदि दूरदर्शन अपने आप में सुधार कर ले। विश्व भर में, एक शक्तिशाली न्यूज ब्रांड के लिए कंटेन्ट में भारी मात्रा में गैर–लाभकारी निवेश की जरूरत होती है। बेहरीन और विश्वसनीय खबरें सृजित करने का सबसे अच्छा तरीका है एक स्वतंत्र संपादकीय समूह के माध्यम से है, जिस पर कोई वित्तीय दबाव न हो। बीबीसी ऐसा ही एक ब्रांड है। वह ब्रिटिश करदाताओं के पैसे से असरदार ढंग से विश्व का श्रेष्ठ न्यूज ब्रांड बनाता है। इससे निजि प्रसारकों पर एक स्तर की गुणवत्ता स्थापित करने का दबाव पड़ता है। डीडी जिसे सरकार द्वारा 19 अरब रुपये का बहुत बड़ा वार्षिक अनुदान प्राप्त होता है, वो देश में समाचार के क्षेत्र में बेहतरीन योगदान दे सकता है, अगर वह भारतीय करदाताओं से वित्तपोषित एक अच्छा, स्वतंत्र समाचार चैनल बन जाए। इससे दूसरों पर अपने अंदर सुधार लाने का दबाव बढ़ेगा।

केसलेट 2ग टेलीविजन व ऑनलाइन संसार–अमेरिकी कहानी*

इंटरनेट विश्व भर में अपनी चमक स्थापित कर चुका है और इसने संगीत, अखबार तथा प्रकाशन उद्योग को बाधित कर दिया है। और अब यह धीरे–धीरे टेलीविजन उद्योग में भी अपनी पैठ बना रहा है। कंटेन्ट समूहक जैसे नेटफ्लिक्स, हुलू प्लस और अमेजन प्राइम वीडियो ऐसी सामग्री प्रदान करते हैं जिसे प्रयोक्ता कहीं भी, कभी भी देख सकते हैं। इनको होस्ट डिवाइस जैसे स्मार्टफोन, टैबलेट, लैपटाप आदि पर देखा जा सकता है। इस प्रकार ये दशकों से चली आ रही टीवी देखने की आदत में परिवर्तन ला रहा है। इससे आने वाले समय में उद्योग के अंदर सभी हितधारकों, जैसे प्रसारक, विज्ञापनदाता और उपभोक्ताओं, के लिए बड़े निहितार्थ छिपे हैं।

लेकिन यदि हम आंकड़ों के आधार पर देखें तो हम कह सकते हैं टीवी उद्योग के लिए अभी बहुत ज्यादा चिंता करने की कोई बात नहीं है। कम से कम अगले कुछ वर्षों के लिए तो बिल्कुल नहीं। 2012 की अंतिम तिमाही में नील्सन द्वारा किए गए एक सर्वे के अनुसार, औसतन एक अमरीकी नागरिक एक सप्ताह में 33 घंटा टीवी देखने में व्यतीत करता है। 2010 की अंतिम तिमाई से यह आंकड़ा आधा प्रतिशत कम था।

नील्सन द्वारा किए गए सर्वे में यह भी पाया गया कि 5 प्रतिशत से थोड़े कम ऐसे अमेरिकी घर थे जिनको 'जीरो हाउसहोल्ड' श्रेणी में रखा गया, ऐसे घर जहां पारंपरिक टीवी नहीं देखा जाता, केवल विभिन्न माध्यमों पर ऑनलाइन वीडियो स्ट्रीम किये जाते हैं। 2007 में ऐसे घरों की संख्या 20 लाख थी और 2013 में यह बढ़ कर 51 लाख हो गई है। इन उपभोक्ताओं की श्रेणी जिनको 'कॉर्ड कटर्स' कहा जाता है, निरंतर बढ़ रही है, फिर भी 51 लाख का आंकड़ा (जिन घरों में सिर्फ ब्रॉडबैंड है) 8.8 करोड़ के उस आंकड़े की तुलना में बहुत छोटा है जिनमें केबल और ब्रॉडबैंड कनेक्शन दोनों उपलब्ध हैं, यहां तक कि 2.23 करोड़ घर ऐसे हैं जहां सिर्फ केबल कनेक्शन है। नेटवर्क इन जीरो टीवी घरों के बारे में बहुत चिंतित नजर नहीं आते हैं।

एचबीओ के मुख्य अधिकारी, बिल नेल्सन ने दि इकोनॉमिस्ट में अपने एक लेख मे कहा 'अमेरिका में कुल 10.5 करोड़ ऐसे घर हैं, जो मल्टीचैनल टीवी घर की श्रेणी में हैं और उनमें से 7.7 करोड़ एचबीओ के उपभोक्ता नहीं हैं। इसके विपरीत सिर्फ 30 लाख ऐसे घर हैं जिनमें ब्रॉडबैंड कनेक्शन है और पर्याप्त पैसा भी है, लेकिन मल्टीचैनल टीवी नहीं है। इसलिए बड़े समूह के साथ जाने में भलाई है। ...मान लें कि

(केसलेट जारी)

(केसलेट जारी)

दस सालों में मल्टी चैनल टीवी के क्षेत्र में लोगों की आदतों में बहुत बदलाव आता है, ऐसे में एचबीओ अपनी स्थिति पर विचार करेगा'।[65]

तो क्या टेलीविजन उद्योग को चिंता करने का कोई कारण है? कुछ यहां कुछ संकेत हैं–

आज के वातावरण में, एक ब्रॉडबैंड कनेक्शन लेकर नेटफ्लिक्स, हुलू प्लस या अमेजन प्राइम जैसे कंटेन्ट समूहक को सब्स्क्राइब करना बहुत ही सस्ता है, जिसके लिए हमें सिर्फ 10 डॉलर प्रति माह खर्च करना होता है। लेकिन एक केबल कनेक्शन के लिए 100 डॉलर प्रति माह तक खर्च करना पड़ता है, जिस पर 500 चैनल आते हैं और उनमें से कई को दर्शक देखते भी नहीं। ये सब्स्क्रिप्शन विज्ञापन मुक्त भी होते हैं या बहुत कम विज्ञापन होते हैं और विभिन्न मंचों पर मांग के अनुरूप सुविधानुसार उपलब्ध होते हैं। केबल टीवी होने का फायदा यह है कि आप खेलों का सीधा प्रसारण, टेलीविजन एपिसोड और एचबीओ देख सकते हैं। एचबीओ का कोई भी चैनल किसी दूसरे वैधानिक तरीके से नहीं देखा जा सकता, या तो आप उसकी डीवीडी खरीदिए या फिर केबल कनेक्शन होना चाहिए।

मोहक फायदे हैं, लेकिन जो खर्च आता है उस पर तर्क दिया जा सकता है, खासतौर से जब केबल की कीमतें हर साल निरंतर बढ़ रही हैं।

तो इस सवाल का जवाब कि आखिर ये उपभोक्ता किसके हैं, नीलसल की एक अन्य रिपोर्ट में मिलता है, जो पूरी तरह से जीरो टीवी घरों पर आधारित है। तथ्यः इनमें से 75 प्रतिशत घरों में सचमुच टीवी सेट है। लेकिन उनमें से 67 प्रतिशत उपभोक्ता टीवी के साथ–साथ कंटेन्ट किसी दूसरे उपकरण पर भी देखते हैं, और उनमें से 48 प्रतिशत लोग टीवी कंटेन्ट सब्स्क्रिप्शन सेवाओं के जरिए ही देखते हैं। इनमें से 50 प्रतिशत दर्शक 35 साल से कम उम्र के हैं। इसलिए कहा जा सकता है कि युवा तथा तकनीक प्रवीण लोग परंपरागत टीवी से दूर हो रहे हैं। ये तय है कि आने वाले समय में इस आबादी में वृद्धि होगी। यह भी तय है कि दर्शक ऑनलाइन जाएंगे, लेकिन किसी दूसरे खिलाड़ी के लिए ये आसान नहीं होगा कि इस क्षेत्र में आकार अपना दबदबा कायम कर सके।

शुरुआत में दो बड़े खिलाड़ियों नेटफ्लिक्स तथा हुलू प्लस की मंशा किसी भी प्रकार से परंपरागत केबल चैनल को चुनौती देने की नहीं थी। दोनों ने ऐसी सेवा की शुरुआत की जो केबल टीवी को बढ़ावा ही पहुंचती क्योंकि उसने लोगों को धारावाहिकों के पुराने एपिसोड उपलब्ध

(केसलेट जारी)

(केसलेट जारी)

करवाए। वास्तव में नेटफ्लिक्स ने डीवीडी सेवा प्रदाताओं की प्रतिस्पर्धा में शुरू हुआ था। लेकिन बाद के दिनों में हुआ यूं कि नेटफ्लिक्स तथा हुलल प्लस के उपभोक्ता बढ़ते गए और उन उपभोक्ताओं ने अपने परंपरागत केबल कनेक्शन के तार ही कटवा दिये। आज नेटफ्लिक्स के कुल उपभोक्ता 2.71 करोड़ हैं, और दिसंबर 2012 तक हुलु प्लस के पास भी 30 लाख उपभोक्ता थे।

2010 में नेटफ्लिक्स ने रिलेटिविटी मीडिया के साथ एक अनुबंध किया जिसमें ये प्रावधान किया गया कि उनके द्वारा निर्मित फिल्मों का लाइसेंस सीधे नेटफ्लिक्स को दिया जाए, इससे टीवी चैनल प्रक्रिया से दरकिनार हो गए। 'हाउस ऑफ कार्ड्स' के 26 एपिसोड के निर्माण में इसने 10 करोड़ डॉलर लगाए। 1 फरवरी 2013 को पहले सीजन को रिलीज किया गया और हर एपिसोड बिना किसी ब्रेक के दिखाया गया। नेटफ्लिक्स का दावा है कि इस कदम से उसके उपभोक्ता आधार में 30 लाख की वृद्धि हुई। हालांकि 8 डॉलर सब्स्क्राबर के हिसाब से नेटफ्लिक्स के लिए गणित काम नहीं किया और विश्लेषकों ने इसे मिश्रित प्रतिक्रया प्रदान की। दूसरी तरफ स्टूडियो तेजी से विरोध में उतर रहे थे। चर्चा है कि कुछ बड़े नाम जैसे एप्पल, अमेजन या गूगल इस क्षेत्र में आ सकते हैं।

लेकिन इन सबका विज्ञापनदाताओं के लिए क्या अर्थ है? जहां अखबार उद्योग में ऑनलाइन विज्ञापन में लगातार वृद्धि हो रही है, लेकिन वह प्रिंट राजस्व के नुकसान की भरपाई नहीं कर पा रही, जिससे उद्योग नुकसान में है। हैरानी की बात ये है कि ऐसा टेलीविजन में नहीं होगा। और उसका कारण नीचे है।

पहला, भले ही हुलू प्लस या नेटफ्लिक्स का उपभोक्ता बनना अपेक्षाकृत सस्ता है, लेकिन इसमें समस्त कंटेन्ट के लिए भुगतान करना होता है। कोई भी अच्छा कंटेन्ट मुफ्त उपलब्ध नहीं है।

दूसरा, टेलीविजन उद्योग जिस तरह का कंटेन्ट निर्माण करता है उससे इसकी रक्षा होती है, यानि कंटेन्ट बहुत महंगा होता है और उसका दोबारा बनाना मुश्किल होता है। यू ट्यूब या नेटफ्लिक्स जैसे इंटरनेट के बड़े नाम वितरण की प्रकृति को बदल सकते हैं, लेकिन उसका जो निहित मूल्य अपनी जगह बना हुआ। इसलिए यूट्यूब संगीत वीडियो या प्रयोक्ता निर्मित कंटेन्ट के लिए अच्छे हैं, लेकिन किसी कहानी आधारित लंबे धारावाहिक के लिए दर्शकों को परंपरागत चैनलों की ओर रुख करना ही होगा, जैसे कि पहले एबीसी तथा एचबीओ के संदर्भ मे बताया गया था।

(केसलेट जारी)

(केसलेट जारी)

तीसरा, विज्ञापन कंपनियां भी ऑनलाइन वीडियो विज्ञापन के बारे में सकारात्मक जान पड़ते हैं। अमेरिका में किए गए किसी भी अध्ययन में सर्वे में शामिल तकरीबन तीन चौथाई विज्ञापनदाताओं ने माना कि ऑनलाइन वीडियो विज्ञापन टीवी के समान ही प्रभावी है। ऑनलाइन विज्ञापन इसलिए भी फायदेमंद है क्योंकि इससे कंपनियां सीधे तौर पर उन दर्शकों तक पहुंच पाती हैं जिन पर इनका सबसे ज्यादा असर हो सकता है। उदाहरण के तौर पर हुलू प्लस प्रति ब्रेक सिर्फ एक विज्ञापन की ही अनुमति देता है और फिर वे दर्शकों से उन विज्ञापनों को रेट भी करने के लिए कहते हैं और ये भी पूछते हैं कि वे आगे कौन सा विज्ञापन देखना चाहते हैं। हुलू फिर विज्ञापनदाओं से प्रीमियम वसूलता है। टेस्टिंग अध्ययनों से पता चलता है कि बहुत कम विज्ञापन उनको यादगार बनाते हैं, जो विज्ञापनदाता और प्रयोक्ता दोनों के लिए ही अच्छी स्थिति है। इसलिए कंपनियों ने अब टीवी प्रचार के अलावा मोबाइल तथा टैबलेट विज्ञापन को भी अपने मीडिया प्लान में जोड़ना शुरू कर दिया है।

**(इस केसलेट का अनुसंधान तथा लेखन कार्य सिंदुजा रंगराजन द्वारा किया गया है, जो पूर्व में टीएनएस इंडिया तथा कलर्स के साथ जुड़ी रही हैं। वे अभी दक्षिण कैलिफोर्निया विश्वविद्यालय में पत्रकारिता की विद्यार्थी हैं।)*

टिप्पणियां

1. टेलीविजन का तात्पर्य भारतीय टेलीविजन कारोबार से है।
2. चक्रवृद्धि वार्षिक वृद्धि दर। वृद्धि दर के स्रोतः फिक्की–केपीएमजी रिपोर्ट 2013
3. इसमें डीडी डायरेक्ट के एक करोड़ सब्स्क्राइबर शामिल नहीं हैं। डीडी डायरेक्ट सरकारी प्रसारक की डीटीएच सेवा है। वैसे तो यह एक फ्री–टू–एयर सेवा है, जिसमें किट के लिए सिर्फ एक बार पैसा देना होता है। डीडी डायरेक्ट पर उपलब्ध सभी चैनल फ्री टू एयर हैं। डीटीएच के आंकड़े ट्राई के अनुमानों पर आधारित हैं।
4. टीएएम मीडिया रिसर्च भारत में टीवी कारोबार की रेटिंग और अन्य आंकड़ों के सबसे बड़े प्रदाता हैं। तालिका 2.2 में टीएएम द्वारा प्रदान की गई टीवी वाले घरों की संख्या और संबंधित भारतीय आंकड़े मीडिया पार्टनर एशिया (एमपीए) द्वारा प्रदान किए गए आंकड़ों से अलग हैं, लेकिन इस अध्याय में समानता बनाए रखने के लिए हम टीएएम के आंकड़ों को लेंगे। एमपीए हांग कांग आधारित एक परामर्श कंपनी है।
5. सब्स्क्रिप्शन और भुगतान राजस्व दोनों का यहां एक ही अर्थ है। इस अध्याय में अदल–बदल कर प्रयोग किया गया है।

6. फरवरी 2013 में, न्यूयार्क की अदालत ने एनडीटीवी के मुकदमे को यह कहकर खारिज कर दिया कि इसकी सुनवाइ भारत में बेहतर हो सकती है। एनडीटीवी ने निर्णय के खिलाफ अपील दायर की थी।
7. ब्रॉडकास्ट ऑडियंस रिसर्च काउंसिल– देखें कारोबार का वर्तमान आकार।
8. 17 अगस्त 2012 के बिजनेस स्टैंडर्ड में 'दि ट्रबल विद टेलीविजन रेटिंग' से लिया गया है।
9. टीडीएसएटी, एक विशेषीकृत स्वतंत्र न्यायालय, जिसकी स्थापना केवल टेलीकम्युनिकेशन सेक्टर से जुड़े मसलों की सुनवाई के लिए की गई थी, बाद में इसमें संशोधन करके ब्रॉडकास्टिंग सेक्टर को भी जोड़ दिया गया। टीडीएसएटी ने 2007 के जिस आदेश को खारिज किया, उसको मीडिया रिपोर्ट से स्रोत किया गया है।
10. पीपीवीएच की गणना करने के लिए सेवा के मूल्य को घर के लोगों द्वारा उसको देखने में बिताए गए औसत समय से भाग किया जाता है।
11. इस भाग के लिए काभी आंकड़े एशियन सैटेलाइट सेवा से लिये गए हैं, एशिया–पैसिफिक रेग्यूलेटरी एन्वॉयरमेंट इंडेक्स, सीएएसबीएए, 2007।
12. इस भाग में सैटेलाइट पर सभी आंकड़े मार्च 2013 में सीएएसबीएए द्वारा जारी एक रिपोर्ट–Easing India's Capacity Crunch से लिये गए हैं। CASBAA-Cable and Satellite Broadcasting Association of Asia. यह रिपोर्ट प्राइसवॉटरहाउसकूपर्स द्वारा तैयार की गई थी।
13. यूएस के केबल नेटवर्क से तात्पर्य है एचबीओ जैसे केबल चैनल। ये केबल के द्ववारा ही ट्रांसमिट होते हैं। चार ब्रॉडकास्ट नेटवर्क्स (एबीसी, एनबीसी, सीबीएस, और फॉक्स) टेरेस्ट्रियल चैनल हैं, जिनके पास अभी भी बड़ी संख्या में मौलिक दर्शक हैं।
14. आंकड़े कंपनी की वेबसाइट से अप्रैल 2013 में लिये गये।
15. मोबाइल टेलीविजन के बारे में काफी जानकारी ट्राई के परामर्श पत्र से ली गई– 'Issues Relating to Mobile Television Service', सितंबर 2007।
16. देखें–Rise of the Aggregators, Business Standard, 10 April 2012
17. जहां भी स्पष्ट नहीं किया गया है, वहां सरकार का तात्पर्य भारत सरकार से है।
18. जहां भी स्पष्ट नहीं किया गया है, वहां डीडी का अर्थ है दूरदर्शन, सरकारी प्रसारक।
19. शो थीम या हम लोग डीडी पर कौनसा पहला प्रायोजित कार्यक्रम था, यह बहस का मुद्दा हो सकता है।
20. शाह, राधाकृष्णन और कोहली ने बाद में ब्रॉडकास्टिंग कंपनी **ईटीसी** नेटवर्क्स और केबल संगठन विन केबल बना लिया। 2002 में **जी टीवी** टेलीफिल्म्स ने ईटीसी में करीब 51 प्रतिशत हिस्सेदारी खरीद ली। स्क्रूवाला, यूटीवी के संस्थपक और सीईओ हैं, जिसका 2011 में डिज्नी ने अधिग्रहण कर लिया। स्क्रूवाला और श्रीवत्स दक्षिण मुंबई में केबल तार बिछाने वाले पहले उद्यमियों में से थे। स्क्रूवाला नेमुला नाम की कंपनी के अधीन संचालन करते थे, जो वेस्टर्न आउटडोर ग्रुप का हिस्सा थी।
21. यहां दिए गए आंकड़ों और तथ्यों का बड़ा हिस्सा उस समय के उद्यमियों और बिजनेस लेखकों की याद्दाश्त पर निर्भर करता है। हो सकता है ये आंकड़े एकदम सटीक न हों, पर लगभग सही हैं।
22. खन्ना एक रचनात्मक व्यक्ति हैं, जिन्होंने प्लस चैनल नाम से अपनी कंपनी बनाई। वह हाल फिलहाल तक नेशनल कमेटी ऑफ मीडिया एंड एंटरटेनमेंट, सीआईआई के चेयरमैन थे।
23. यह सर्कुलर 2004 में वापस ले लिया गया। देखें नियमन वाला भाग।
24. चैनलों की संख्या अप्रैल 2013 तक की है।

25. टेलीविजन सिगनल के मल्टीसिस्टम ऑपरेटर या थोक वितरक।
26. आरपीजी नेटकाम, जो बाद में इंडियन केबल नेटवर्क बन गई, इसको 2005 में ज़ी टेलीफिल्म्स की अनुषंगी सीटी केबल नेटवर्क को बेच दिया गया। सीटी केबल अब ज़ी से डीमर्ज हो चुकी है और वायर एंड वायरलेस लिमिटेड के नाम से जानी जाती है। ज़ी ग्रुप 2006 में छह कंपनियों में बंट गया और उसकी सर्वोत्कृष्ट कंपनी ज़ी टेलीफिल्म्स अब ज़ी एंटरटेनमेंट एंटरप्राइजेज बन चुकी है।
27. केबल ऑपरेटरों के आंकड़े अनुमान हैं, जो उद्योग के विशेषज्ञों जैसे दिनयार कॉन्ट्रैक्टर के साथ बातचीत पर आधारित हैं। कॉन्ट्रैक्टर *सैटेलाइट एंड केबल टीवी* पत्रिका के संपादक हैं।
28. प्रणाली के अंदर घूम रही बे–हिसाब रकम के परिणामस्वरूप केबल उद्योग भी कुछ उसी तरह बन गया जैसे पहले फिल्म उद्योग था। 1990 के दशक में कई बार क्षेत्र बंटवारे के विवाद सुलझाने के लिए अंडरवर्ल्ड का भी सहारा लिया गया। कुछ अनुमानों के मुताबिक भारत में करीब 60 प्रतिशत केबल सिस्टम राजनीतिज्ञों या उनके रिश्तेदारों के हाथ में ही हैं। उद्योग के सूत्र बताते हैं कि यह बे–हिसाब स्थानीय चुनाव लड़ने नगदी का बड़ा स्रोत बन गई है।
29. यह आंकड़े 2003 व 2004 के लिए प्रसांगिक हैं, जब सीएएस में बहुत ज्यादा उथल–पुथल देखने में आई थी।
30. NASSCOM-National Association of Software and Services Companies. सेन का 2003 में स्वर्गवास हो गया।
31. हालांकि, जब नए पे–चैनल लांच किये गए तो दरें 7 प्रतिशत तक बढ़ गईं। केबल ऑपरेटरों और प्रसारकों ने अलग से बुके बनाकर लोगों को ठगना शुरू कर दिया, जिसके लिए ग्राहकों से शुल्क वसूला जाता था, जबकि ग्राहक को यह पता ही नहीं होता था कि यह शुल्क किस चीज का है। इसलिए, पूरे मेट्रो शहरों में केबल के दामों में जबरदस्त वृद्धि हुई और दाम 400 रुपये प्रति माह तक पहुंच गए।
32. यदि हम 2006 में 6 करोड़ घरों में हर ग्राहक के लिए रु 700 से रु 3000 तक लागत लेते हैं तब।
33. देखिये अध्याय 3–फिल्म।
34. आंकड़े अप्रैल 2013 के अनसार हैं।
35. मान लीजिए कि 106 चैनलों में से 50 चैनल मौलिक प्रोग्राम खरीदते हैं। कई चैनल, जैसे कार्टून नेटवर्क या एचबीओ को मौलिक कार्यक्रम करने की आवश्यकता नहीं होती। कार्टून नेटवर्क अपने कुछ प्रोग्रामों को भारतीय भाषाओं में अनुवाद करके रिले करते हैं, जबकि एचबीओ तो शुद्ध अंग्रेजी मूवी चैनल है। अन्य, जैसे, समाचार चैनल अपने खुद के कार्यक्रम बनाते हैं।
36. ये दोनों मॉडल पर ब्रॉडकास्ट भाग में विस्तार से चर्चा की गई है।
37. एक समय पर, सन टीवी का 50 प्रतिशत प्रोग्रामिंग समय टेलीकास्ट शुल्क पर बेचा जाता था, बाकी समय अपने कार्यक्रमों या कमीशन्ड प्रोग्राम में खर्च होता था। वर्तमान स्थिति की अभी जानकारी नहीं है।
38. ज़ी टीवी की वार्षिक रिपोर्ट 2011–2012 और उसकी वेबसासइट पर जून 2012 की कॉर्पोरेट प्रेजेंटेशन।
39. यूएस में TiVo के रूप में ब्रांडेड।
40. वास्तव में होता यह है कि डीवीआर कार्यक्रम को रिकॉर्ड करता रहता है। जब आप फिर से टीवी प्ले करते हैं तो आप वह देख रहे होते हैं जो उस समय रिकॉर्ड किया गया जब आप बाहर गए थे। जब आप उस बिंदु से कार्यक्रम देख रहे होते हैं, जहां

आपने छोड़ा था, वह लाइव ब्रॉडकास्ट को रिकॉर्ड करना जारी रखता है और आपको ठीक अनुक्रम में दिखाता है।

41. 2003 को आधार साल लेते हुए और उस साल के केबल विज्ञापन राजस्व को कम से कम 5 अरब रुपये मानकर, हमें 2012 के लिए 11.71 अरब रुपये का आंकड़ा मिलता है। यह इस अनुमान पर आधारित है कि यह राजस्व प्रति वर्ष 10 प्रतिशत की दर से बढ़ा।
42. आंकड़ों का स्रोत टीएएम।
43. 'टीआरपी' अभी भी प्रयोग में है, यह डायरी सिस्टम में रेटिंग को दर्शाता है। जब पीपुलमीटर सेवा शुरू की गई तो इसकी जगह टीवीआर शब्द दिया गया। मूल में दोनों का अर्थ एक ही है।
44. टीएएम अब क्या शुल्क लेता है, इसको लेकर बहुत अंतर है, यह इस बात पर निर्भर करेगा कि आप किससे पूछ रहे हैं। साथ ही टीएएम भी शुल्क साझा करने में सतर्क था। इसलिए मैं 2006 के आंकड़ों को ले रही हूं।
45. टीएएम के अनुसार अतिरिक्त 715 मीटर 6 मेट्रो शहरों के एसईसी एबी घरों को बढ़ावा देने के लिए लगाए जा रहे हैं। इससे कुल मीटरों की संख्या 2013 के अंत तक 10,317 हो जाएगी।
46. एमैप के बंद होने के संबंध में कोई आधिकारिक नोट नहीं है। यह जानकारी 2011 की मीडिया रिपोर्ट के माध्यम से मिली।
47. रेटिंग के साथ समस्या और बीएआरसी का जन्म, इन दोनों में काफी उद्धरण मेरे द्वारा बिजनेस स्टैंडर्ड में लिखे गए एक लेख से लिए गए हैं। देखें– The Trouble with the Ratings, Business Standard, August 17, 2012
48. यूएस के नेटवर्क का तात्पर्य सीबीएस जैसे उन टेरेस्ट्रियल चैनलों से है, जो केबल ऑपरेटरों द्वारा वितरित किये जाते हैं।
49. यह जुलाई 2013 में था। टीडीएसएटी– टेलीकाम्म डिस्प्यूट्स अपीलेट ट्रिब्यूनल है। यह विशेषीकृत स्वतंत्र ट्रिब्यूनल है, जो केवल टेलीकम्यूनिकेशन सेक्टर के विवादों के निपटारे के लिए गठित हुआ है, जिसमें बाद में संशोधन करके ब्रॉडकास्टिंग सेक्टर को भी जोड़ दिया गया।
50. वह वर्तमान में स्टार इंडिया के साथ कार्यरत हैं।
51. 2008 से 2012 तक का विधिक मामलों से जुड़ा डाटा अभिनव श्रीवास्तव ने तैयार किया है। वह अभी नंदन कामथ के बेंगलुरु स्थित विधि कार्यलय से संबद्ध हैं। 2006 से 2008 तक के कानूनी अपडेट उच्चतम न्यायालय के अधिवक्ता अनीश दयाल ने तैयार किये, जो मीडिया और मनोरंजन कानून के विशेषज्ञ हैं।
52. बंगाल की क्रिकेट एसोसिएशन ने हीरो कप के अधिकार ईएसपीएन को बेचे थे। विदेशी ब्रॉडकास्टर होने के कारण ईएसपीएन को उस समय भारत से अपलिंक की अनुमति नहीं थी। इससे कोलकाता से उस मैच का सीधा प्रसारण करना असंभव हो गया। उच्चतम न्यायालय का निर्णय इसी विवाद के बाद आया।
53. प्राइम बैंड वह फ्रिक्वेंसी है, जिसे भारत के सभी टेलीविजन सेट ग्रहण करते हैं। हालांकि इसमें केवल 11 चैनल ही आ सकते हैं। अतः प्राइम बैंड पर चैनल होना महत्वपूर्ण होता है, जिससे संपूर्ण पहुंच मिलती है।
54. FII-Foreign Institutional Investors; OCBs-Overseas Corporate Bodies; NRIs-Non Resident Indians.
55. अपलिंक का अर्थ है जमीन से सैटेलाइट पर टेलीविजन सिगनल भेजना। सैटैलाइट फिर उसे फिर लक्षित जगह को वापस भेजता है। डिश एंटीना के माध्यम से सैटेलाइट

द्वारा भेजे गए सिगनलों को पकड़ना डाउनलिंकिंग कहलाता है। विशिष्ट रूप से यह केबल ऑपरेटरों या एमएसओ द्वारा किया जाता है।

56. 2002 में टाटा कम्युनिकेशन ने वीएसएनएल का अधिग्रहण कर लिया जो एक सरकारी कारोबार था।
57. देखें– http://mib.nic.in/writereaddata/html_en_files/tvchannels/FinalUplinkingGuidelines05.12.2011.pdf
58. मार्च 2004 में भारत और पाकिस्तान के बीच हुए क्रिकेट मैच के प्रसारण को लेकर शुरुआती मुकदमों में से एक। इसे पाकिस्तान क्रिकेट से टेन स्पोर्ट्स द्वारा काफी सोच–विचार के बाद अधिग्रहीत किया गया। मद्रास उच्च न्यायालय ने निर्देश दिये कि टेन स्पोर्ट्स के सिगनल डीडी द्वारा कैरी किये जाएं और टेन स्पोर्ट्स को कुछ मुआवजा प्रदान किया जाए। उच्चतम न्यायालय ने इस व्यवस्था की पुष्टि की।
59. समाचार प्रसारण कंटेन्ट दिशानिर्देशों के लिए– http://www.nbanewdelhi.com/pdf/final/NBA_code-of-ethics_english.pdf मनोरंजन कंटेन्ट संहिता के लिए– http://ibfindia.com/guidelines.php
60. *प्रसार भारती बनाम सहारा टीवी नेटवर्क्स* मुकदमे में दिल्ली उच्च न्यायालय ने क्रिकेट फुटेज प्रयोग के लिए कुछ अंतरिम व्यवस्था दी थी। न्यायालय ने एक विशेषज्ञ समिति गठित करने की अपेक्षा भी की, जो यह तय करे कि कितनी फुटेज प्रयोग की जा सकती है। बीसीसीआई के अंतर्गत भारत में होने वाले क्रिकेट मैचों को लेकर कमेटी ने अदालत को अपनी रिपोर्ट सौंपी।
61. CMTS- Cellular Mobile Telephone Service Licence. UASL- United Access Service Licence.
62. जैसै चैनलों की संख्या बढ़ेगी, समस्याएं आएंगी क्योंकि सैटेलाइट पर स्थान एक कठिनाई है। देखें– कारोबार का वर्तमान आकार।
63. The New Rules of Content, Business Standard, March 5, 2013 के संपादित अंश।
64. इस केसलेट का कुछ भाग इस लेख से लिया गया है– India's Broken News Business, Business Standard, March 25, 2011.
65. The Winning Streak, August 20, 2011, The Economist.

अध्याय 3

फिल्म

अपने 100वें साल में भी भारतीय सिनेमा बहुत युवा और स्वस्थ है।

हिन्दी में *काय पो छे, विक्की डोनर* या *पीपली लाइव* देखिये। या फिर इस अध्याय को समझने के लिए अपनी पसंद की भारतीय भाषा में कोई भी अन्य छोटे या मध्यम बजट की सफल फिल्म देखिये। उदाहरण के लिऐ *काय पो छे* को लीजिए। यह तीन दोस्तों की जिंदगी में गर्माहट और हास्य के साथ परेशानियों को दिखाने वाली कहानी है। यह 2001 में आए भुज के भूकंप और 2002 में हुए गुजरात दंगो की पृष्ठभूमि पर बनाई गई है। यह कोई राजनीतिक संदेश नहीं देती। यह सिर्फ तीन दोस्तों की कहानी सुनाती है, जो उस दौर में अपना जीवन जीने का प्रयास कर रहे हैं। डिज्नी यूटीवी[1] द्वारा 30 करोड़ रुपये की लागत से बनाई गई इस फिल्म ने असाधरण रूप से बॉक्स आफिस पर कमाई की। फिल्म में बिल्कुल अंजान कलाकारों को लेकर काम किया। और तब भी वे स्पष्ट रूप से प्रतिभावान हैं।

पिछले पांच वर्षों से सिनेमा की दुनिया ने प्रतिभाओं की सुनामी देखने को मिली है– निर्देशक, अभिनेता, लेखक, संगीतकार और अन्य सैकड़ों प्रतिभाएं यहां कदम रख रही हैं। आपने इनके बारें में कभी सुना नहीं हेगा, फिर भी वे बहुत अच्छी और सफल फिल्में बना रहे हैं। *काय पो छे* उनमें से एक उदाहरण मात्र है। *विक्की डोनर* और *पीपली लाइव* जैसी दर्जनों ऐसी फिल्में हैं, जहां ज्यादातर अंजान कलाकारों को लेकर एक असाधारण कहानी को पेश किया गया। वे शायद सबसे अच्छा उदाहरण हैं जो बताते हैं कि सिनेमा के 100वें साल में भारतीय फिल्म व्यापार अच्छी तरह काम कर रहा है।[2]

यह अब एक रचनात्मक जगह बन रहा है, जहां फिल्म निर्माता और लेखक एक आत्मविश्वास और रौब के साथ अपनी कहानियां बता रहे हैं, ऐसा 20 वर्ष पहले नहीं था। ये ग्रामीण कहानियां हो सकती हैं, शहरी कहानियां हो सकती हैं, कहानियां जो गृहणियों के बारे में हों, मजदूरों के बारे में हों या सिर्फ बौद्धिक विषय हों। लेकिन अजीब बात यह है कि इन कहानियों को सुनाया जा रहा है, बेचा जा रहा है, और न मिलने के बजाय उनको ज्यादातर खरीदार मिल रहे हैं।

यह रचनात्मक उन्मुक्तता इसलिए नजर आ रही है क्योंकि कारोबार लाभ दे रहा है। *काय पो छे* और अन्य कोई फिल्म इसी बिंदु को स्पष्ट करती है। 1983 में शेखर कपूर नामक अंजान निर्देशक ने *मासूम* फिल्म बनाई थी। एक अन्य महेश भट्ट नामक अंजान निर्देशक *सारांश* बनाई, एक और बेहतरीन फिल्म।[4] ये दोनों ही सिनेमा के बेहतरीन काम थे, लेकिन ये पैसा कमाने, सहायता या वितरण के लिऐ उन्हें बहुत कठिनाई का सामना करना पड़ा (देखें– 'अतीत– 70–80 का अस्तव्यस्त दौर')। तब और अब में यह बदलाव हुआ है कि अब इरोज, डिज्नी, यूटीवी और यशराज जैसे स्टूडियो इन फिल्मों के वितरण और विपणन करने में मददगार हैं, ऐसा 80 के दशक में सुनने को भी नहीं मिलता था।[5] बड़ी श्रृंखलाएं जैसे पीवीआर, इनॉक्स और हजारों डिजिटल स्क्रीन इन फिल्मों को प्रदर्शित करने में खुशी महसूस करते हैं। अब *शोले* की तरह सबके लिए एक जैसी फिल्में परोसने वाला मार्केट नहीं रहा। अब यह विविधताओं से भरी फिल्मों का बाजार है, जो मल्टीप्लेक्स या सिंगल स्क्रीन, टीवी, ऑनलाइन यहां तक कि मोबाइल पर भी अपने लिए दर्शक खोज लेती हैं। इस बाजार की विविधता और मात्रा टीवी के प्रोग्रामों से ज्यादा फिल्मों में बेहतर झलकती है। और जो बदलाव आया है वह यह कि– पिछले समय की तुलना में अब यह बाजार अधिक स्थाई मुनाफा दे रहा है।

यह सोचना भी मुश्किल है कि बारह साल पहले तक यह कारोबार एक बेकार का मामला था। स्पष्ट है कि भारतीय सिनेमा ने अपने बुरे दौर से सबक सीखा है और अच्छी तरह सीखा है। इसने अपने काम को असाधरण ढंग से साफ किया है। अब जो दो बड़ी चुनौतियां हैं– आकार और लाभप्रदता– वह संरचनात्मक के बजाय विकासमूलक हैं।

आकार को देखें तो नई कंपनियों तो, अब भी छोटी ही हैं। बड़ी कंपनियों– डिज्नी, यूटीवी राजस्व में 400 करोड़ के आसपास हैं। मार्च 2013 सबसे बड़े मीडिया समूह टाइम्स ने 67 अरब रुपये का राजस्व दर्ज कराया। यह पूरी फिल्म इंडस्ट्री के आकार का छह गुना था (देखें तालिका 0.4)। इसलिए फिल्म को अभी एक लंबा सफर तय करना है।

राजस्व और लाभ के मामले में भारत की स्थिति खराब इसलिए लगती क्योंकि यह विश्व का सबसे बड़ा फिल्म निर्माता देश है। उदाहरण के लिए 2012 में भारत में एक हजार के आसपास फिल्में बनीं, जिनके 3 अरब टिकट बेचे गए और घरेलू बॉक्स ऑफिस पर 85 अरब रुपये की बिक्री हुई। इसमें अन्य राजस्व भी जोड़ लीजिये– होम वीडियो, सैटेलाइट अधिकार, ओवरसीज आदि–तो भारतीय फिल्मों ने अपनी सामग्री से 112.4 अरब रुपये उत्पन्न किये।[6] यानि 200 करोड़ अमेरिकी डॉलर (देखें तालिका 3.1)। जबकि दूसरी तरफ, 2012 में हॉलिवुड ने 677 फिल्में बनाईं और 1.36 अरब टिकट बेचकर घरेलू बाजार में 10.8 अरब अमेरिकी डॉलर कमाए। ओवरसीज और होम वीडियो को मिलाकर उसने 40 अरब डॉलर बनाए।

आप तर्क कर सकते हैं कि– दोनों अर्थ व्यवस्थाओं का आकार और लोगों की क्रय क्षमता इतनी अलग है कि दोनों की तुलना करना ठीक नहीं है। तो आप का कहना ठीक है। यहां भारतीय फिल्म उद्योग को नीचा दिखाने का प्रयास नहीं है, बल्कि यह बताने की कोशिश की जा रही है कि भारतीय फिल्मों को अपनी विपुलता से भरपूर लाभ लेने से पहले अभी बहुत आगे जाना है।

इसके उत्तर को दूसरा भाग में संगठित बनना और पूंजी आकर्षित करने के संबंध मे है, दोनों ही मामलों में उद्योग कामयाब रहा है। गत 5–7 सालों मे यह सामान्य कारोबार में बहुत ज्यादा बदल गया है। एक अन्य भाग है वृद्धि पर जोर डालना– फिल्मों की पहुंच को बढ़ाकर (देखें चित्र 0.2घ)। टिकट की औसत कीमतों को बढ़ाना और कारोबार का देश के अंदर और बाहर विस्तार करना। कई बड़ी कम्पनियां विदेश में वितरण करने के लिऐ बड़ी मात्रा में पूंजी लगा रही हैं और इसके लिऐ विभिन्न भारतीय भाषाओं में फिल्म उत्पादन कर रही हैं। तकरीबन सभी की ऑनलाइन उपस्थिति है और वे उसकी क्षमता को लेकर सजग हैं। इसलिए, भारतीय फिल्म कंपनियों को बड़ा, बेहतर और अधिक लाभदायक बनाने कि यात्रा शुरू हो गई है।

कारोबार का वर्तमान आकार

मुद्दे

निर्मित फिल्मों की संख्या के मामले में, तेलुगू उद्योग भारत में सबसे बड़ा वर्ग है, उसके बाद हिंदी सिनेमा आता है (देखिये तालिका 3.1)। इस व्यवसाय के खासियत यह है कि अभी तक यह खंडित और कुछ हद तक अकेला है। भाषाई सिनेमा अपने ही अंदर एक दुनिया है और यही पहला मुद्दा है।

एकता का अभाव

जैसा कि प्रकाशन में होता है, फिल्मी कारोबार में अत्यधिक विखंडन का मतलब रहा है कि उद्योग अलग–अलग मुद्दों पर अलग–अलग आवाज उठाता है और कभी एकजुट होकर काम नहीं करता। मल्टीप्लेक्स मालिकों का अपना संगठन है खुद से जुड़े मुद्दों के लिए लॉबींग करता है, तो सिंगल स्क्रीन के मालिकों के पास अपना अलग एजेंडा है। इन दोनों के बीच उत्तर और दक्षिण की खाई है। निर्माण समुदाय के बीच हिंदी और अन्य क्षेत्रीय भाषाओं के बीच भारी अंतर है। दक्षिण भारतीय उद्योग तो यह स्वीकार ही नहीं करती कि– अपने में सुधार और निगमीकरण में हिन्दी सिनेमा दक्षिण से आगे निकल गया है। 2009 में, चेन्नई में हुए फिक्की–फ्रेम्स[7] सम्मेलन में कई वक्ता

और दर्शक 'मुंबई में अंडर वर्ल्ड के पैसे' के बारे में बोलते रहे, जबकि उद्योग पूरी तरह साफ हो गया है। अधिकांश दक्षिण भारतीय फिल्म के लोग विदेशी निवेशकों के साथ केवल अपनी भाषा और बाजार के लिहाज से बात करते हैं। इनमें से कुछ चीजें मीडिया कवरेज से भी निकलती हैं। हिंदी फिल्मों को मुख्य धारा की मीडिया में जगह मिलती है। *रोबोट* या फिल्म *3* के *'कोलावेरी डी'* को छोड़कर, शायद ही कभी किसी चीज ने राष्ट्रीय अखबारों में जगह बनाई हो। दूसरी बात इस तथ्य से निकलता है कि तमिल, तेलुगु और कन्नड़ में भले ही अच्छी कहानियां प्रस्तुत की जाएं, पर शायद ही कभी इन फिल्मों को राष्ट्रीय स्तर पर स्वीकार किया जाता है।

बात यह है कि ऐसे तमाम मुद्दे हैं जिन पर उद्योग को एक स्वर में बोलना चाहिए, इनमें सबसे बड़ा मुद्दा कराधान का है। अलग–अलग राज्यों के मनोरंजन कर में बहुत बड़ा अंतर है: महाराष्ट्र और बिहार में यह कर 50 प्रतिशत या अधिक है, तो हिमाचल प्रदेश और पंजाब में यह बिलकुल नहीं है। दूसरा बड़ा विषय है सिनेमाघरों की स्क्रीन और मल्टिप्लेक्स को अवसरंचना का दर्जा देने के संबंध में। इन समस्याओं से लड़ने के लिए पूरे उद्योग को मिलकर सामने आना चाहिए।

संरक्षणवाद

2006 में, तेलुगु फिल्म उद्योग (आंध्र प्रदेश आधारित) ने गैर तेलुगु फिल्मों को तेलुगु में डब करने पर प्रतिबंध लगाने का निर्णय लिया। ऐसा वे पड़ोसी राज्य कर्नाटक से प्रेरणा लेकर कर रहे थे। ऐसा उन्होंने तमिल फिल्मों से मिल रहे कथित चुनौती के मद्देनजर किया, जो अच्छी कमाई कर रही थीं, विशेष रूप से कमल हसन और रजनीकांत की फिल्में। 2011 में मुंबई के महेश भट्ट और चेन्नई के अन्य कुछ निर्देशकों ने मिलकर डब की गईं हॉलीवुड फिल्मो पर प्रतिबंधित करने के लिए आवाज उठानी शुरू की। हिन्दी, तमिल, तेलुगु, भोजपुरी और अन्य कई भाषाओं में डब की गईं हॉलीवुड फिल्मों को काफी दर्शक मिल रहे थे। उनका कहना था कि हॉलीवुड फिल्में स्थानीय फिल्मों का हिस्से खा रही हैं।

यह विवाद व्यर्थ का है। फिक्की–केपीएमजी की 2013 की रिपोर्ट के अनुसार हॉलीवुड सिनेमा का लगभग 35 प्रतिशत राजस्व डबिंग से ही आता है। बाकी राजस्व मूल अंग्रेजी से ही मिलता है। रिपोर्ट बताती है कि– हर तरह की डबिंग के मामले में हॉलीवुड फिल्मों की बॉक्स आफिस कमाई का महज 8.5 प्रतिशत हिस्सा भारत से मिलता है। यह तहमेशा 5–10 प्रतिशत ही रहा है। वैश्विक फिल्म उद्योग पर कोई भी अंतर्राष्ट्रीय रिपोर्ट या विश्लेषण पढ़कर देख लीजिए। भारत के अलावा दक्षिण कोरिया और चीन में दुनिया की सबसे मजबूत स्थानीय फिल्म उद्योग हैं।[8] और चीन या यूरोप के कुछ हिस्सों

के विपरीत, भारत में फिल्मों के आयात पर कोई कोटा या सीमाएं तय नहीं हैं। तो फिर हम क्यों चिंता करें? और कोई अन्य कारण इस तर्क को ठीक नहीं ठहराता। सैद्धांतिक रूप से यदि मैं हिंदी/मराठी भाषी होने के बावजूद तमिल या तेलुगु फिल्मों को देख सकती हूं, तो इससे उद्योग को ज्यादा पैसे कमाने में मदद मिलती है और मुझे 2012 के अंदर भारत में बनाई गई 1600 फिल्मों की प्रदर्शन सूची तक पहुंच मिलती है। उसी तरह यदि मैं अंग्रेजी, इटालियन और फ्रेंच की डबिंग या सब टाइटल फिल्में टीवी या सिनेमाघरों मे देखूं, तो यह केवल मेरे दायरे को फैलाएगा। एक स्वतंत्र देश में उपभोक्ता होने के नाते यह मेरा अधिकार है। प्रतिद्वंद्वी भारतीय हो या वैश्विक, उससे मुकाबला करने का तरीका यह है कि और बेहतर फिल्में बनाई जाएं, न कि दर्शकों को उन फिल्मों को देखने से रोका जाए।

फिर संरक्षणवाद के दूसरे प्रकार भी हैं। जैसा कि आप आगे पढ़ेंगे, एक बड़ा प्रचलन देखने को मिल रहा है कि राष्ट्रीय स्तर के स्टूडियो अपना आधार पूरे देश में फैला रहे हैं, कोलकाता, हैदराबाद और चेन्नई जैसे शहरों में। इससे स्थानीय कंपनियों ने अपना सुरक्षा घेरा बना लिया है। उदाहरण के लिए, तमिल फिल्म उद्योग एकांकी और रुढ़िवादी है। इसलिए डिज्नी यूटीवी या फॉक्स स्टार तमिल फिल्म निर्माता परिषद (टीएफपीसी) का सदस्य नहीं बन सकते। एक विशलेषक बताते हैं कि **डिज्नी यूटीवी** के प्रबंध निदेशक रॉनी स्क्रूवाला **टीएफपीसी** के साथ व्यकितगत सदस्य हैं। उनके कंपनी फिल्म एंड टेलीविजन प्रोड्यूसर्स गिल्ड ऑफ साउथ इंडिया के साथ पंजीकृत है। इसमें सदस्यता लेना सेंसर प्रमाण पत्र प्राप्त करने के लिए महत्वपूर्ण है, जबकि टीएफपीसी की सदस्यता फिल्म के शीर्षक को पंजीकृत करने के लिए जरूरी होती है। चेन्नई के फिल्म विशेषज्ञ श्रीधर पिल्लै कहते हैं– 'टीएफपीसी अत्यंत तमिल समर्थक संगठन है, जो मुंबई की किसी भी कंपनी को अपना सदस्य बनाना पसंद नहीं करता। उनका मानना है कि बाहर की कंपनियों के आने से बाजार खराब होगा'। लेकिन राष्ट्रीय स्तर पर उभरना कारोबार की अनिवार्यता है और मुझे नहीं लगता कि क्षेत्रीय बाजारों के आसपास खड़ी की गई इन दीवारों से स्टूडियों को बढ़ने से रोका जा सकता है। आमतौर पर ऐसी चिंताएं दूर हो जाती हैं। डिज्नी यूटीवी के प्रबंध निदेशक सिद्धार्थ रॉय कपूर कहते हैं, 'शुरुआत में थोड़ी घबराहट थी, लेकिन अब सब ठीक है'।[9]

सितारों पर निर्भरता

वैसे तो नई प्रतिभाएं निरंतर कारोबार में कदम रख रही हैं, लेकिन भी हकीकत यही है कि यह व्यवसाय सितारों पर अत्यधिक निर्भर है। डिज्नी यूटीवी स्टूडियो के प्रबंध निदेशक सिद्धार्थ रॉय कपूर कहते हैं, 'मोटे तौर पर एक फिल्म की आधी कीमत प्रतिभाओं से बनती हैं। यह जितनी होनी चाहिए उससे

30–40 प्रतिशत ज्यादा है'। इससे हिसाब–किताब बिगड़ता है। परिणामस्वरूप, कई अभिनेताओं ने अधिक रकम मांगने के बजाय निर्माता बनना बेहतर समझा, जिससे बाद में कमाई में हिस्सा ले लेते हैं। ऐसा करने से जोखिम विभाजित हो जाता है। पेचीदा प्रश्न यह है कि: यदि स्टूडियो नये अभिनेताओं के साथ बनाई गई फिल्मों को वितरित करने व मार्केटिंग करने की ताकत रखते हैं तो फिर सितारों पर इतनी ज़्यादा निर्भरता क्यों? **पीवीआर** के प्रबंध निदेशक अजय बिजली बताते हैं कि सितारों का मतलब होता है कम जोखिम। कई स्टूडियो तो साल में एक या दो बड़े बजट की फिल्म बनाते हैं। यही वो फिल्म होती है जिसके साथ वे जोखिम नहीं उठाना चाहते, अतः वे ऐसे सितारों के साथ फिल्म बनाना पसंद करते हैं, जो कम से कम पहले हफ्ते में दर्शकों को अपनी ओर खींच सकें[10]। हॉलिवुड मे भी यही समस्या है, लेकिन जैसे–जैसे वह परिपक्व हो रहा है, बड़े बजट की फिल्में बनाने के लिए नए रास्ते खोज रहा है– प्रौद्योगिकी का उपयोग करके डायनासोर जैसे जानवर या बोलते शेर या स्पाइडरमैन को उड़ते हुए दिखाकर– इनके परिणाम शानदार निकल कर आए हैं। जब प्राणी जगत की फिल्में, चमत्कारी फिल्में अपनी और मनुष्य की कहानी कहती हैं, तो सितारों पर निर्भरता कम होती है, लेकिन इसमें समय लगता है।

उत्पादन की भरमार

अब इस पर पुनर्विचार करने की आवश्यकता है कि दुनिया का सबसे बड़ा फिल्म निर्माता देश बनना है या अधिकतम टिकट बेचने वाला देश (देखिये तालिका 3.1)। भारत दुनिया का गैर–लाभकारी फिल्म बाजार है। यहां औसत टिकट रेट बहुत कम हैं बाकी दुनिया में 7–12 यूएस डॉलर के मुकबाले सिर्फ आधा डॉलर। और इसलिए भी यह एक गैर–लाभकारी बाजार है क्योंकि हम बहुत ज्यादा फिल्में बनाते हें। इस तर्क के समर्थन में बहुत ज्यादा डाटा तो उपलब्ध नहीं है, लेकिन 2011 में मेरे द्वारा किये एक छोटे से विश्लेषणात्मक शोध के परिणाम जरूर हैं।

2010 में भारत में 1200 फिल्में रिलीज हुईं जबकि हॉलीवुड में 677 फिल्में। 2010 में भारत के तीन बड़े स्टूडियों ने 138 फिल्में रिलीज कीं। उस वर्ष दुनियाभर में बनाई गई सारी फिल्मों में भारतीय फिल्मों की कुल आय 10 प्रतिशत रही। उसी साल अमेरिका में चार बड़े स्टूडियो द्वारा बनाई गई 50 फिल्मों ने उद्योग की कुल आय का 70 प्रतिशत हिस्स कमाया। उस वर्ष वार्नर ब्रदर्स सबसे बड़ा स्टूडियो था। इसने हैरी पॉटर एंड दि डेथली हैलोज (भाग एक) और इंसेप्शन जैसी 23 फिल्मों को रिलीज किया। उसकी फिल्म एंटरटेनमेंट डिविजन ने इन फिल्मों से लगभग 1200 करोड़ अमेरिकी डॉलर कमाए, जो उस वर्ष उसके मातृ कंपनी टाइम वार्नर की कमाई का आधा भाग

था। डिज्नी ने 16 फिल्में रिलीज कीं और उसकी फिल्म डिविजन ने 6.7 अरब यूएस डॉलर का राजस्व कमाया। चारों स्टूडियो ने प्रति रिलीज पर औसतन 40 से 50 करोड़ अमेरिकी डॉलर कमाए।[11] दुनिया के बड़े स्टूडियो एक साल में औसतन 12 से 16 फिल्में बनाते हैं, यानि हर महीने तकरीबन एक फिल्म। इसलिए वे अधिक फिल्में नहीं बनाते। वे अपनी फिल्म में लगाए गए प्रत्येक डॉलर से कमाना चाहते हैं; यहीं उनका प्रतियोगी लाभ है।

भारत में, एक साल के अंदर यूटीवी सामान्यतः 12 फिल्में, ईरोज 100 फिल्में, यशराज तीन या चार फिल्में बनाते हैं।[12] डिज्नी यूटीवी के प्रबंध निदेशक सिद्धार्थ रॉय कपूर मानते हैं कि 12–15 फिल्में बनाना भारतीय स्टूडियों को बहुत जंचता है। हालांकि, 'राजस्व कमाने' को लेकर थोड़ा सा कष्ट आता है। एक बात यह है कि औसत टिकट दरें बहुत कम हैं और यहां पर्याप्त स्क्रीन भी नहीं हैं। लेकिन सबसे बड़ा कारण यह है कि हम बहुत ज्यादा फिल्में बनाते हैं। इसलिए 2010 में बनाई गई 1200 फिल्मों में से जहां 300 फिल्मों में 30–50 प्रतिशत मुनाफा कमाने का मौका था, फिर भी केवल 50 ने यह मुनाफा बनाया। यह इसीलिए क्योंकि एक साल में बहुत कम बार ऐसा मौका होता है जब फिल्में बिना किसी मुकाबले की रिलीज की जा सकें, सिर्फ स्कूल और कॉलेज की परीक्षाओं, आईपीएल और अन्य ऐसे इवेंट्स को छोड़कर। साल में शायद 30 वीकएंड ऐसे होते हैं जब फिल्म को रिलीज करने में आर्थिक लाभ अच्छा होता है, उनमें 1200 फिल्मों की कुछ ज्यादा ही धक्कामुक्की हो जाती है। इसका का मतलब है कि जिन 300 फिल्मों से बेहतर मुनाफे का मौका था, कभी उस क्षमता तक नहीं पहुंच पातीं। हम इतनी फिल्में इसलिए बनाते हैं क्योंकि समाचार चैनलों की तरह फिल्मों के ग्लैमर से आकर्षित होकर निवेशक इनमें पैसा लगाते हैं, और पूरा माहौल खराब कर देते हैं। ये लोग कोई भी हो सकते हैं, रीयल एस्टेट के बड़े नाम या जौहरी या जिनके पास जरुरत से ज्यादा पैस हों। एक–आध फिल्म में पैसे डुबाने से इन पर कोई फर्क नहीं पड़ता। लेकिन इनका आना उन पेशेवर लोगों के लिए बाजार खराब कर देता है, जो कारोबार खड़ा करना चाहते हैं।[13]

प्रतिभा की कमी

आईरॉक मीडिया[14] के संस्थापक और सीईओ सिद्धार्थ जैन कहते हैं कि जो बड़े कारण फिल्म उद्योग की वृद्धि को रोक सकते हैं उनमें से एक है निर्माताओं की कमी– या ऐसे लोग जिनके पास वह कौशल हो, जैसे एक ऑर्केस्ट्रा के कंडक्टर के पास होती है। वह है अच्छे निर्माता जिनमें स्क्रिप्ट चुनने, उनको पढ़ने और ऐसे श्रेष्ठ निर्देशक, कलाकार, प्रोडक्शन या फाइनेंस कंपनी को पहचानने की क्षमता हो जो फिल्म के लिए फिट बैठें, यही सब हिट दिलाने में महत्वपूर्ण भमिका निभाते हैं।

आप तर्क कर सकते हैं कि प्रतिभाओं से भरी इस इंडस्ट्री में जहां–अभिनय लेखन निर्देशन और अन्य चीजें हों, यह कितना मुश्किल हो सकता है। जैन कहते हैं कि वैसे तो कारोबार में प्रतिभाएं बहुत हैं, लेकिन समस्या यही है कि वे बहुत ज्यादा बिखरी हुई हैं। निर्माता इन सबको एक साथ लेकर आता है। 'फिर वृद्धि तेजी से क्यों नहीं हो रही है?' वह जोर देकर पूछते हैं। यह इसलिए क्योंकि यदि एक प्रोडक्शन कंपनी के पास 12 से 15 प्रोजेक्ट हैं तो उसको उतने ही लाइन निर्माता, लेखक इत्यादि चाहिए। आमतौर पर एक ही टीम अलग–अलग प्रोजेक्ट पर काम करती है और इसलिए वृद्धि धीमी हो जाती है, क्योंकि एक निर्माता एक समय में केवल एक ही फिल्म की देखरेख कर सकता है।

जैन के अनुसार, 'अधिकांश अच्छे निर्माता स्टूडियो के साथ काम नहीं करना चाहते क्योंकि वे कम पैसा देते हैं। साथ ही स्टूडियो भी उनके साथ सौदा नहीं कर पाते'। उदाहरण के लिए कुछ बड़े निर्माता, जैसे रितेश सिधवानी (*दिल चाहता है, लक्ष्य और डॉन*) या साजिद नाडियावाला (*मुझसे शादी करोगी, जुड़वां*), स्टूडियो में काम करने के बजाय किसी फिल्म प्रोजेक्ट में इस तरह काम करना चाहेंगे जिसमें उनको मुनाफा मिले। टेलीविजन में, दरों में बढ़ोतरी की समस्या को कार्यकारी निर्माताओं के माध्यम से सुलझा लिया गया है, जो एक बार में एक या दो परियोजनाओं को साथ में संभाल लेते हैं। फिल्मी कंपनियों में अभी यह होना बाकी है।

समस्याएं केवल प्रोडक्शन वाले भाग में ही नहीं हैं। रिटेल और वितरण में भी यह समस्याएं ऐसी ही हैं। उदाहरण के लिए, भले ही मल्टीप्लेक्स कारोबार में पैमाना महत्वपूर्ण होता है, फिर भी एक मल्टीप्लेक्स कंपनी के पूर्व सीईओ के अनुसार अच्छे आर्किटेक्ट या निर्माता कंपनियों की कमी है। 2009 में सरकार ने नेशनल स्किल डेवलपमेंट पॉलिसी के तहत मीडिया एंड एंटरटेनमेंट स्किल काउंसिल या एमईएससी की स्थापना की। एमईएससी एक अधिकारिक मान्यता देने वाले निकाय के रूप में काम करेगा जो उद्योग के विभिन्न क्षेत्रों जैसे फिल्म, प्रिंट, टीवी आदि में प्रशिक्षण पर ध्यान देगा। यह तकनीशियन, स्पॉट बॉय, स्टन्टमैन आदि को प्रशिक्षण देने के लिए इंस्टीट्यूट भी खोलेगा।

अवसर

बाजार में हो रहे बदलाव के साथ पैमाने को बढ़ाने और राजस्व बढ़ाने के लिए बेहतर काम करने की जरूरत से तमाम अवसर पैदा हो रहे हैं। उनमें से कुछ प्रत्यक्ष दिखते हैं, जैसे अन्य भारतीय भाषाओं के लिए बाजार में उतरना या भारतीय फिल्मों को लाभदायक विदेशी दर्शकों के बीच बेचना। अन्य कुछ और परिष्कृत हैं जैसे डिजिटाइजेशन और उससे जुड़ी टिकटों की औसत दरों में वृद्धि। इनमें से कुछ पर यहां प्रकाश डाला गया है:

राष्ट्रीय परिदृश्य की ओर बढ़ना

अपना पैमाना बढ़ाने के लिए लगभग सभी बड़े स्टूडियो जैसे इरोज, डिज्नी यूटीवी, रिलायंस अब अन्य भारतीय भाषाओं में निवेश कर रहे है।[15] हर एक के पास उत्पादन में 4 से 6 गैर–हिन्दी फिल्में हैं। ये सभी प्रमुख भाषाओं में हैं, जैसे मलयालम, तमिल, तेलुगु, बांगला, मराठी, पंजाबी व अन्य भारतीय भाषाएं। गैर–हिन्दी बाजार उद्योग के लिए कुल आय में केवल 1/5 भाग देता है। यह आंकड़ा छोटा है क्योंकि अन्य भाषाओं को आर्थिक रूप से भुनाने के लिए ज्यादा कुछ नहीं किया गया है। जैसे कि तमिलनाडु में तमिल बहुत बड़ी है, लेकिन तथ्य यह है कि इसको डीटीएच या साटेलाइट टीवी के माध्यम से कहीं और भी बाजार मिल सकता है। एक बड़ी बात यह है कि– डिजिटाइजेशन के बाद मेट्रो शहरों में टीएएम द्वारा एकत्रित किए गए डाटा से पता चलता है कि सामग्री की श्रृंखला बढ़ रही है। उदाहरण के लिए 2012 के अंत में दिल्ली के अंदर डिजिटलीकरण के बाद से तमिल चैनलों की खपत बहुत बढ़ गई। उसका अर्थ है कि एक आवश्यक मांग की पूर्ति हो गई, जिसका श्रेय डीटीएच और डिजिटल केबल को जाता है। तमिल, तेलुगु, मलयालम और बांगला में निवेश करने से स्टूडियो को तीन प्रकार के फायदे होते हैं।

एक, इन फिल्मों के लिऐ जो बजट होता है वह हिन्दी फिल्मों का 1/5 से कम रहता है, इसलिए प्रतिशत के हिसाब से फायदा बेहतर होता है, भले ही राजस्व हिन्दी जितना बड़ा न हो (देखिए तालिका 3.3)। दो, विशेषकर मार्केटिंग और वितरण में बडे पैमाने की किफायत लाता है, जिनकी लागत आसमान छू रही है। तीन, यह विभिन्न बाजारों और सोच के बीच विचारों व लोगों का आदान–प्रदान करने में मदद करता है। उदाहरण के लिए, दक्षिण में, कहानी और स्क्रिप्ट पर ज्यादा बेहतर पकड़ है, जो हिन्दी बाजार में नहीं नजर आता, विशेष रूप से बड़े बजट की फिल्मों में। तमिल फिल्मों में निवेश करने से मुंबई के स्टूडियों की नई लेखकों और विचारों तक पहुंच बन सकती है। कई सारी गैर–अभिनय वाली प्रतिभाएं अन्य भाषाओं में काम करके खुश हैं, जिससे रीमेक आसान और लाभप्रद बनता है। 2011 की हिन्दी हिट फिल्म *सिंघम* का तमिल में रीमेक बनाने में रिलायंस सह–निर्माता था। उसका बाद उसका हिंदी संस्करण बनाया गया। धीरे–धीरे अधिकांश स्टूडियो हिन्दी के अलावा अन्य भाषाओं से 30–50 प्रतिशत का राजस्व कमाने की उम्मीद करते हैं।

विदेशी बाजार

एक और अन्य बढ़ता हुआ क्षेत्र है विदेशी बाज़ार हैं, जिस के बारे में इस पुस्तक के सभी संस्करणों में चर्चा की गई है। अंततः यह महत्वपूर्ण परिणाम दे रहा हैं। 2013 के फिक्की–केपीएमजी की रिपोर्ट बताती है कि भारतीय फिल्मों

ने 2012 में ग्लोबल बॉक्स आफिस र 7.6 अरब रुपये उत्पन्न किये।[16] इस आय का 70 प्रतिशत तीन बाजारों से आया– यूरोप, अमेरिका और मध्य–पूर्व एशिया। तमिल सिनेमा सिंगापुर और मलेशिया में बहुत लोकप्रिय है। टॉप 10 तमिल फिल्मों में विदेशी राजस्व का तीन–चौथाई से अधिक अकेले मलेशिया से आया। *3 ईडियट्स* विदेशी बाजार में सबसे बड़ी इंडियन हिट फिल्मों में एक है और यह इन संभावनाओं का अच्छा उदाहरण है (देखिये केसलेट 3क)। अगर भारतीय कंपनियां अपने कारोबार में वृद्धि करना चाहें और फिल्मों से थोड़ा अधिक कमाना चाहें तो विदेशी बाजार उनके सामने बेहतरीन दर्शक और बाजार प्रस्तुत करते हैं। लेकिन विदेशी बाजार में वितरण और विपणन की ताकत चाहिए। कई भारतीय स्टूडियो जैसे यूटीवी, यशराज आदि ने विदेशों में वितरण सहयोगी स्थापित किये हैं। भारत में सबसे बड़ी हिट फिल्मे 1500–3500 प्रिंटों के साथ रिलीज होती है। विश्वव्यापी बाजार गंभीर असर डालने के लिए कम्पनी को विदेशों मे भी समान मात्रा में प्रिंट रिलीज करने की आवश्यकता है।[17] इसके अलावा हमेशा की तरह वही प्रश्न हैं, भारतीय फिल्मों की लंबाई, कथानक में गानों का इस्तेमाल करने की प्रवृत्ति, जो भाषा इस्तेमाल की जाती है आदि।

फिर भी, यदि भारतीय फिल्म कंपनियां वृद्धि करना चाहती हैं, तो वदेशी उपक्रम अत्यंत अत्यावश्यक है। विचार कीजिए कि 2012 में अमेरिकी फिल्मों ने बॉक्स ऑफिस पर कमाए गए 34.7 अरब डॉलर में से तकरीबन 69 प्रतिशत अमेरिका से बाहर से आया।[18] इसका अर्थ है कि किसी भी फिल्म इंडस्ट्री के लिए विदेशी बाजार एक अच्छा मौका है, अगर वह उसे भुनाना चाहे तो। विदेशी बाजार के साथ फायदेमंद तरीके से जुड़ने के लिए भारतीय फिल्म कंपनियों के पास चार तरीके हैं।

भारतीय कथावस्तु के साथ : भारतीय कथावस्तु के लिए केवल प्रवासी भारतीय मात्र दर्शक नहीं हैं, बल्कि सांस्कृतिक रूप से भारतीय संवेदनाओं के साथ जुड़े लोग भी हैं। ये कोई भी हो सकते हैं, अन्य एशियाई लोग या भारतीय मूल के लोग जैसे दक्षिण अफ्रीका, फिजी या सूरीनाम के लोग, जो भारतीय फिल्मों के साथ खुद को जुड़ा हुआ पाते हैं। एक ईवाई रिपोर्ट के अनुमान के मुताबिक विदेशों दो अरब लोगों की आबादी ऐसी है जो भारतीय कथावस्तु के साथ सांस्कृतिक आत्मीयता रखती है। लंबे समय से यह बाजार छली ऑपरेटरों और वितरकों के हाथ में रहा है। हालांकि अब इंटरनेट और होम वीडियो बाजार के छोटे हिस्सों को भुनाने के लिए फिल्मों की बिक्री करने का अवसर दे रहे हैं। इसके अलावा ब्रिटन परिपक्व बाजारों के बॉक्स ऑफिस पर भारतीय फिल्मों की स्पष्ट लोकप्रियता का मतलब है कि मुख्य धारा की रिलीज के लिए और अधिक थिएटर चेन भारतीय फिल्मों को चुनना चाहेंगे। साथ ही भारतीय फिल्मों को असामान्य स्थानों पर सांस्कृतिक जुड़ाव मिल रहा है। *3 इंडियट्स* को हांगकांग, चीन और दक्षिण कोरिया में अप्रत्याशित

सफलता मिली, जहां उसने प्रत्येक स्थल पर 35 लाख डॉलर कमाए। *कहानी* नाम की अन्य फिल्म ने चीन और दक्षिण कोरिया मे खूब सफलता प्राप्त की।

वैश्विक कथा वस्तु : ऐसी फिल्मों का निर्माण करना जिनमें वैश्विक अपील हो, अधिक जोखिम भरा खेल है। इनमें भारतीय थीम हो भी सकती है या नहीं भी और उनकी कहानी सभी संस्कृतियों के बीच जगह बना पाए। इस काम को करना थोड़ा कठिन है और कई भारतीय कंपनियों ने ऐसा करने में ठोकर खाई है। 2007 में उस समय की एडलैब्स द्वारा रिलीज की गई *मैरीगोल्ड*, इसका एक उदाहरण है। लेकिन इस अवसर को प्रयोग करने का मतलब है कि फिल्मों के लिए वैश्विक बाजार में पहुंच बनाना, केवल भारतीय थीम की विषय वस्तु के लिए नहीं। इसके लिऐ आवश्यक है कि भारतीय फिल्म कंपनियों को भारत में पांव जमा रही हॉलीवुड की बड़ी कंपनियों के साथ काम करना चाहिए। अच्छी स्क्रिप्ट, वितरण और विपणन की अच्छी रणनीति इसे साकार कर सकती है। इसका मतलब कि उपयुक्त गठजोड़ किया जाए, जैसा कि वायाकॉम और नेटवर्क 18 के बीच या डिज्नी और यूटीवी के बीच हुआ।

जी जान लगाने की रणनीति : एक अन्य दृष्टिकोण है कि वैश्विक बाजार के लिए पूरे जी जान से जुटना। उन बाजारों में कंपनियों, विशेषज्ञता या रिटेल और वितरण ताकतों को अधिग्रहीत करना। उदाहरण के लिए, 2008 में अनिल अंबानी की रिलायंस ने स्टीवन स्पीलबर्ग की धन की तंगी से जूझ रही कंपनी ड्रीमवर्क्स में 32.5 करोड़ डॉलर का निवेश किया, जिसने इस पैसे से अन्य फिल्मों के साथ–साथ अकादमी पुरस्कार विजेता *लिंकन* बनाई। फिर व्यक्तिगत प्रोडक्श हाउसों के साथ अन्य छोटे सौदे भी हुए। हालांकि, भारत में बहुत ज्यादा फिल्म कंपनियों के पास उस मात्रा में पैसा नहीं है। लेकिन जिस तरह से भारती एयरटेल ने आफ्रीका में या टाटा ने यूरोप व अन्य देशों में विस्तार किया, फिल्म कंपनियां भी अपने पंख फैलायेंगी, बस एक बार उनको भारत में एक उच्च पैमाना मिलने की देर है।

आउटसोर्सिंग : आखिरी दृष्टिकोण है भारत से हॉलीवुड स्टूडियो के लिऐ आउटसोर्सिंग पर काम करना। भारतीय कंपनियों ने ज्यादातर एनिमेशन और स्पेशल इफेक्ट्स के क्षेत्र में आउटसोर्स का काम किया है। *द क्रॉनिकल्स ऑफ नार्नियाः दि लायन, दि विच एण्ड दि वार्डरोब*, कुछ अन्य बड़ी मशहूर फिल्में हैं जिनमें भारत से बहुत काम किया गया था।

भारत में हॉलीवुड

दशकों तक, कई बड़े–बड़े स्टूडियो के लिए बॉक्स ऑफिस की कमाई के चार्ट में भारत का स्थान सबसे नीचे था। यह अब भी पिछड़ा हुआ है। फिक्की–केपीएमजी की रिपोर्ट के अनुसार 2012 में भारत में हुई कुल बॉक्स

ऑफिस कमाई में हॉलीवुड फिल्मों का हिस्सा महज 8.5 प्रतिशत था। इस तथ्य के बावजूद कि भारत में आ रही फिल्मों पर वर्तमान में कोई आयात प्रतिबंध जैसे कोटा नहीं है– जो कई यूरोपीय देशों या चीन में है। इसका कारण साधारण है। भारतीय मनोरंजन के लिऐ अपनी निजी भाषा और कथावस्तू को बहुत पसंद करते हैं। हालांकि कुछ विशिष्ट हॉलीवुड फिल्मों जैसे *अवतार* या *स्पाइडर मैन* ने अच्छा व्यापार किया (खासतौर से डबिंग के बाद)। बाकी आधिकांश फिल्में केवल महानगरों या होम वीडियो में जगह बना पाईं। स्थानीयता के प्रति इस झुकाव के साथ एक लाभहीन बाजार होने की वजह से स्टूडियों को भारत में निवश करने का कोई कारण नहीं दिखा। वैसे भी, हॉलीवुड का ज्यादातर बाजारों में स्थानीयता लाने के मामले में बहुत खराब रिकॉर्ड रहा है। यह अपनी खुद की सामग्री को डबिंग करके या सब–टाइटल के साथ ही बेचना पसंद करता है।

2006 से 2008 के बीच तकरीबन सभी हॉलीवुड प्रोडक्शन कंपनियों ने स्थानीय प्रोडक्शन बनाने की घोषणा की थी। सोनी पिक्चर्स रिलीजिंग ऑफ इंडिया ने फिल्म निर्माता संजय लीला भंसाली के साथ अपनी पहली भारतीय फिल्म *सांवरिया* बनाई। वायकॉम ने नेटवर्क्स 18 के साथ गठजोड़ करके वायकॉम18 कंपनी बनाई (*कहानी, गैंग्स ऑफ वासेपुर*) और ट्वेंटियथ सेंक्चुरी फॉक्स (न्यूज कॉर्पोरेशन) ने फॉक्स स्टार स्टूडियोज के साथ दुकाल सजाई (*माई नेम इज खान, जॉली एलएलबी*)।[19]

ऐसा होने के पीछे कारण साधारण है। लगभग सभी प्रमुख हॉलीवुड कंपनियां मीडिया समूह की संपत्ती हैं। ट्वेंटियथ सेंक्चुरी फॉक्स की मालिक न्यूज कॉर्पोरेशन है, पारामाउंट की मालिक वायकॉम है, सोनी पिक्चर्स पर सोनी कॉर्पोरेशन का मालिकाना हक है आदि। इन सभी कंपनियों ने टीवी का स्थानीयकरण करने के बाद भारतीय राजस्व में असाधारण वृद्धि पाई। न्यूज कॉर्पोरेशन के दो प्रतिशन वैश्विक आय अब भारत से आती है। डिज्नी, वायकॉम, टाइट–वॉर्नर आदि ने भारत में अपने टेलीविजन व्यापार को बढ़ते देखा और अपने एशियाई पोर्टफोलियो में प्रभावी हुये। इसलिए फिल्मों में भी स्थानीयकरण का कारोबारी तर्क का खंडन नहीं किया जा सकता। छोटी, मगर मजबूत भरतीय फिल्म कंपनियों का जन्म सोने पर सुहागा जैसा है। जैसे–जैसे कारोबार का कॉर्पोरेटीकरण हुआ, स्टूडियो में वापस आने वाले पैसे में वृद्धि हुई और भारत में कारोबार करना आसान हुआ। साथ ही यहां संयुक्त उद्यमों और अधिग्रहण के लिए भी अवसर हैं। ध्यान दें कि अधिकांश स्टूडियो ने स्थनीय कंपनियों के साथ गठजोड़ किया है।

यह कॉर्पोरेटीकारण भारतीय फिल्मी दुनिया के लिए अच्छा है। ये प्रतियोगी और संयुक्त उद्यम उनकी प्रक्रियाओं को साफ करने पर जोर डालेंगे साथ ही व्यक्ति आधारित व्यवस्था के बजाय संगठनों का निर्माण करने के लिए मजबूर करेंगे।

डिजिटाइजेशन

संपूर्ण मूल्य श्रृंखला में– प्रोडक्शन से वितरण और प्रदर्शन तक– डिजिटाइजेशन ने अनिवार्य परिवर्तन ला रहा है। यह फिल्म बनाने, वितरण और देखने का खर्च घटा रहा है। जिस क्षेत्र में इस परिवर्तन का सबसे बड़ा प्रभाव नजर आ रहा है, वह है प्रदर्शन या जिसे हम सिनेमाघरों में रिलीज कहते हैं। अब 70 से 80 प्रतिशत सिनेमाओं की प्रिंट डिजिटल हैं। यह इसलिए क्योंकि भारत में तकरीबन 80–90 प्रतिशत स्क्रीन डिजिटल हैं। इस डिजिटलिकरण का आरंभ भारत में नई सदी के आरंभ मे शुरू हुआ और अब वह पूरा होने वाला है (देखिये तालिका 3.2)। इसका हर चीज पर असाधारण प्रभाव पड़ा। डिजिटल प्रिंट का खर्च साधारण सेल्युलॉयड प्रिंट के खर्च से 1/10 से भी कम होता है। इसका अर्थ है कि एक औसत फिल्म को भी 1000 प्रिंट के साथ या उससे अधिक बनाकर अधिक से अधिक थियेटरों में रिलीज किया जा सकता है। बड़ी हिट फिल्में तो 2000 से 4000 स्क्रीन तक रिलीज किया जा सकता है। उदाहरण के लिए, *दबंग–2* (2012) को 3500 स्क्रीनों में रिलीज किया गया था। यह सुनिश्चित करता है कि एक फिल्म को वृहद रिलीज मिले। इससे देखने का एक बेहतर अनुभव मिलता है और पायरेसी पर भी नकेल कसता है, क्योंकि इससे फिल्म पूरे भारत में एक ही दिन में उपलब्ध हो जाती है। अंततः इससे बेहतर सिनेमाघरो के साथ–साथ, टिकट की औसत कीमतों को सुधारने में भी मदद मिलनी चाहिये, एक और तरीका जिससे फिल्म उद्योग लाभप्रदता हो सकता है। (डिजिटलीकरण के बारे में अधिक विवरण और यह कैसे शुरू हुआ 'नए फिल्म उद्योग का जन्म, 2002–2006' देखिए)।

प्रचलन

तीन बड़े बदलाव उभर रहे हैं:

सिनेमा विज्ञापन में वृद्धि[20]

पिछले चार वर्षों में, सिनेमा विज्ञापन को फिर से नया जीवन मिला है। तकरीबन हर बड़ी श्रृंखला ने विज्ञापनदाता द्वारा थिएटर के अंदर खर्च किया जाने वाले पैसे का दोहरीकरण देखा है– चाहे वह स्क्रीन पर हो या स्क्रीन के बाहर थियेटर परिसर में (देखें तालिका 3.2)। अंदाजे के अनुसार 2012–13 में सिनेमा में कुल विज्ञापन खर्च 3 अरब रुपये था। यह मोटेतौर पर रेडियो पर खर्च हुई राशी का 1/5 या डिजिटल पर खर्च राशी का 13 प्रतिशत है। अनुमानों के हिसाब से सिनेमा विज्ञापन रेडियो से तीन गुना तेजी से और डिजिटल के बराबर बढ़ रहा है। यह वृद्धि किसी स्थानीय कोचिंग क्लास या

पड़ोस के रेस्तरां से नहीं आ रही है। बल्कि, यह डाबर, लुफ्थांसा या टाटा डोकोमो द्वारा जैसे बड़े राष्ट्रीय विज्ञापनदाताओं द्वारा इस माध्यम को अपनाने का परिणाम है। लगभग सभी ब्राण्ड अब सिनेमा में विज्ञापन के लिऐ बड़ी मात्रा मे रकम खर्च कर रहे हैं, जो पहले तकरीबन शून्य थी। उदाहरण के लिए, पीवीआर के विज्ञापन राजस्व का 80 प्रतिशत से ज्यादा हिस्सा राष्ट्रीय ब्राण्डों से आता है। पांच साल पहले तक इन नामों में से कोई भी सिनेमा विज्ञापन में नहीं उतरे थे, भले ही उसकी पहुंच असाधारण है। ध्यान रहे, भारत में हर साल 3–4 अरब टिकट बेचे जाते हैं। 10 हजार स्क्रीनों पर सिनेमा देखने के लिए बड़ी मात्रा में लोग आते हैं।

हालांकि यह पहुंच पहले भी थी, लेकिन हाल–फिलहाल तीन चीजें बदली हैं। एक, सभी थियेटर चेनों ने अपने खुद के विज्ञापन स्थल बेचने शुरू कर दिये हैं। दो, क्रयशक्ति वाले दर्शक थिएटरों में फिर से जाने लगे हैं, जिसका श्रेय मल्टीप्लेक्स और डिजिटल स्क्रीनों को जाता है। इन्हीं लोगों तक विज्ञापनदाता पहुंचना चाहते हैं। तीन, अन्य मीडिया कोलाहल बढ़ने के कारण, सिनेमा विशिष्ट दर्शकों तक पहुंचने का सबसे अच्छा रास्ता उपलब्ध कराता है। इस पर सोच कर देखिए। यदि आप थियेटर में हैं, तो आप किसी विज्ञापन के खिलाफ कुछ नहीं कर सकते– न वहां दरवाजे की घंटी है, न कोई साथी, सहयोगी है, न कोई अन्य मीडिया और न ही रिमोट कंट्रोल। यह सिनेमा थियेटर में मौजूद व्यक्ति को एक इच्छित लक्ष्य बनाता है। यद्यपि यह परिपक्व मीडिया मार्केट पर ही सटीक बैठता है, जैसे मुंबई, दिल्ली आदि। पीवीआर द्वारा कमाए गए विज्ञापन राजस्व का 80 प्रतिशत से अधिक इन शहरों को ही लक्ष्य बनाकर हासिल किया जाता है।[24]

जैसे–जैसे विज्ञापन बढ़ता है, डिजिटलीकरण फैलता है और अधिक संख्या में लोग थिएटर आते हैं, तो विज्ञापन आय भी बढ़ेगी। यह पहले से ही–मल्टीप्लेक्स और सिंगल स्क्रीन श्रृंखला में 5–20 प्रतिशत आय प्रदान कर रहा है (देखिये तालिका 3.2)। मेट्रिक्स का अभाव उन्नति में कुछ हद तक बाधा डालता है। टीवी में रेटिंग या अखबारों में रीडरशिप के विपरीत, सिनेमा की पहुंच और प्रभाव को मापने के लिए कोई भी स्थापित मेट्रिक्स नहीं हैं। कुछ थिएटर चेन के पास टीवी की तुलना में अपनी रेटिंग और पहुंच के मानदण्ड हैं।

विन्डो में गिरावट

जनवरी 2013 में कमल हासन ने कहा कि वे अपने द्विभाषी फिल्म *विश्वरूपम* को थिएटर में रिलीज करने से पहले डीटीएच पर रिलीज करने के बारे में चर्चा कर रहे हैं।[22] विचार यह था कि भारत के 51 करोड़ डीटीएच घरों में से, प्रत्येक घर से एक प्रीमियर के लिए 1,000 रुपये दाम लिया जाए। कमल

हासन के प्रमुख बाजार तमिलनाडु के थियेटर मालिकों के विरोध की वजह से उनको यह विचार छोड़ना पड़ा। फिर भी कई अज्ञात फिल्मकारों ने यह काम किया। और जाने–माने लोग सिनेमाघरों में रिलीज व अन्य प्रारूपों पर फिल्म की उपस्थिति के बीच की खाई को कम करने की कोशिश कर रहे हैं। *मिस्टर और मिसेज खन्ना* (2009) थिएटर मे रिलीज होने के चार दिन बाद ही डीटीएच पर रिलीज की गई। 2009 की बड़ी हिट *कमीने* रिलीज के एक महीने के अंदर डीटीएच पर आ गई।

थिएटर में रिलीज होने और अन्य फॉरमैट पर रिलीज करने के बीच जो अंतर होता है, उसी को विन्डो कहते हैं। यह बाजार, फॉरमैट और भाषा के अनुसार 6 महीने से 3 साल तक था। उदाहरण के लिए रुढ़िवादी दक्षिण बाजार में व्यापारिक रूप से चलने वाले मुंबई की तुलना में विन्डो अधिक लंबे थे। साल दर साल यह व्यापार की अनिवार्यता के कारण सिकुड़ गए हैं। हर बार जब इसे कम करने की कोशिश होती है, तो थिएटर मालिकों में एक बड़ी प्रतिक्रिया होती है। पायरेसी के खिलाफ लड़ने, सिनेमा के सभी संभावित राजस्व को दोहने के लिए फिल्म कंपनियां विन्डो का घटाना चाहती हैं। पायरेट्स दो चीजों का दोहन करते हैं– एक, रिलीज और अन्य फॉरमैट जैसे डीटीएच, ऑनलइन और होम वीडियोज के बीच का अंतर और दूसरा, शहरों या दर्शकों के बीच रिलीज का समय अंतराल। उदाहरण के लिए, अगर एक फिल्म को टॉप 30 शहरों में पहले रिलीज किया जाता है और उसके बाद बाकी छोटे शहरों में, तो छोटे शहरों के सामर्थ्य को पायरेसी मार देती है। सभी थिएटरों, सभी फॉरमैटों पर एक समय में रिलीज करने में जो देरी होती है, उसी के कारण पायरेसी, खराब प्रिंट और दर्शकों का नुकसान होता जिससे उदासीनता के साथ–साथ दर्शकों के मुख से गलत बयानी होती है। इन सभी कारणों से होने वाले नुकसान को रोकने के लिऐ प्रोडक्शन कंपनियां थिएटर मालिकों से निरंतर बात कर रही हैं। साल दर साल रिलीज विन्डो घट रही हैं। लेकिन डिजिटल के दबाव के कारण कुछ हफ्तों का अंतराल भी बहुत ज्यादा लगता है। किसी भी फिल्म का पायरेटेड रूप आपसी नेटवर्क या कुछ वेबसाइटों पर उसी दिन आ जाता है जिस दिन फिल्म थिएटर में रिलीज होती है या उससे पहले भी।

इसलिए अन्य फॉरमैट पर विन्डो घटाने के लिए निरंतर दबाव बनाया जा रहा है। हालांकि होम वीडियो सिकुड़ रहा है। टेलीविजन बड़ी कमाई जरिया है और डीटीएच पर प्रति फिल्म देखने पर भुगतान एक अच्छा दावेदार बनकर उभर रहा है। डीटीएच कंपनी टाटा स्काई के सीईओ हरित नागपाल कहते हैं, ''एक अच्छी फिल्म को डीटीएच पर दो से तीन लाख बार देखा जाता है और यह पूरी तरह से राजस्व का एक नया श्रोत है। आप 0 दिन से 21 दिनों के अंदर यह विन्डो बना सकते हैं। पहले दिन डीटीएच पर एक फिल्म की कीमत 1000 रुपये हो सकती है, और फिर धीरे.धीरे कम होकर आखिरी समय में 50

रुपये तक घटाई जा सकती है।[23] उसके बाद यूट्यूब या इंटरनेट है, विदेशी दर्शकों तक पहुंचने का एक बढ़िया तरीका और यह वितरण के सभी अवरोधों को तोड़ता है। दुर्भाग्यवश पायरेसी इन बाजारों को भी खा रही है। हालांकि, *शेमारू, राजश्री* और *टी–सीरीज* जैसी साइट हैं, जो भारत के बाहर टॉप–10 ऑनलाइन चैनलों में से हैं।

रिटेल में समेकन

2012 में पीवीआर ने सेनिमैक्स इंडिया का अधिग्रहण कर लिया और भारत की सबसे बड़ी मल्टीप्लेक्स चेन बन गया (देखिये तालिका 3.2)। 2010 में, इनॉक्स लेज़र ने ने फेम का अधिग्रहण किया। मल्टीप्लेक्स चेन समेकित हो होती जा रही हैं। और दूसरी तरफ, सिंगल स्क्रीन के मोर्चे पर, डिजिटल सिनेमा कम्पनियों जैसे यूएफओ मूवीज और रीयल इमेज के माध्यम से एक क्षद्म डिजिटलीकरण हो रहा है। लगभग 70 प्रतिशत सक्रिय स्क्रीन अब संगठित संस्थाओं द्वारा नियंत्रित किये जा रहे हैं। यह बाजार को सरल और सुलभ बनाता है। याद रहे कि 10 साल पहले तक 11,000 विभिन्न थियेटर मालिकों से सौदा करना राष्ट्रीय रिलीज में बहुत बड़ी बाधा थी। वास्तव में, अब फिल्म कम्पनियां एक फिल्म को रिलीज करने के लिए 10–12 कम्पनियों के साथ बातचीत करके रिलीज का गठजोड़ कर सकती हैं। इससे ऐसा बाजार बनता है जो पैमाने की अर्थव्यवस्था में आता हैं और आय का रिसाव अधिक नियंत्रित होता है। सौभाग्य से यह अधिक स्क्रीनों लगाने के लिए अधिक धन मुहैया कराएगा।

अतीत

शुरुआत

थॉमस एडिसन द्वारा काईनेटोग्राफ (एक ऐसा कैमरा जो चलती वस्तुओं को कैप्चर कर सकता था) सिद्ध करने के बाद, काईनेटोस्कोप का निर्माण करने के लिए पहला मोशन पिक्चर स्टूडियो बनाया गया। पहली चंद फिल्में, ऐसी फिल्मस्ट्रिप्स जिनको एक पीपहोल मशीन के माध्यम से देखा जाता था, उनको न्यूयॉर्क में 'काइनेटोस्कोप पार्लर' में दिखाया गया था। यह बहुत मशहूर हुआ और इसे देखने के लिए दर्शकों की भीड़ उमड़ पड़ी।

जल्द ही उसके बाद, भारत में फिल्मों का आगमन हुआ। भारत में पहली फिल्म 7 जुलाई 1896 को वॉट्संस होटल, बम्बई (अब मुंबई) में दिखाई गई। *दि अराइवल ऑफ दि ट्रेन एट सियोटट स्टेशन एंड लीविंग दि फैक्ट्री,* वास्तविक फिल्म की सबसे पहली रील को छह महीने पहले उनके 'वर्ल्ड

प्रीमियर' में पेरिस में दर्शाया गया। लुमिरे ऑपरेटर मॉरिस सेस्टियर ऑस्ट्रेलिया के रास्ते पर थे। वे प्रदर्शन के लिए भारत में रुके, जिसकी 'टाइम्स ऑफ इंडिया' ने 'सदी का चमत्कार' के रूप में प्रशंसा की। यह सिनेमा अंग्रेज लोगों और कुछ 'पाश्चात्यनुमा भारतीयों' को दिखाया गया। सेस्टियर द्वारा स्क्रीनिंग के एक हफ्ते बाद, लुमिरे की प्रदर्शन सूची से नॉवेल्टी थिएटर ने लघु फिल्मों को दिखाना शुरू किया। उनके साथ एक ऑर्केस्ट्रा होता था, जाहिर है यह हाउस फुल रहा।[24]

जल्दी ही, देश के सभी थिएटरों और मैदानों मे फिल्में दिखाने के लिए चलायमान थिएटर कंपनियां आईं। 1897 में जेम्स बी. स्टीवर्ट के विटाग्राफ शो दिखाए गये और टेड ह्यूजेस द्वारा बनाये गए मोटो–फोटोस्कोप भी थे। अब तक कुछ स्क्रीनिंग कल्कत्ता (अब कोलकाता) और मद्रास (अब चेन्नई) में भी दिखाए गए। *दि रेसेस इन पूना* और *ए ट्रेन एंटरिंग दि स्टेशन इन बॉम्बे* नाम वाली कुछ लघु फिल्मों के प्रदर्शन शुरू हुए। कई फिल्में तो यूरोपीयन कैमरामैन द्वारा या भारत के उत्साही लोगों जैसे हीरालाल सेन द्वारा फिल्माई गई थीं। अन्य विषयों जैसे बाजार, धार्मिक जुलूस, खेल और स्मारकों पर भी फिल्में बनाई गईं। इन फिल्मों के लिए अधिकांश प्रोत्साहन अंग्रेजी से ही मिला था। 1901 तक, भारतीय भी इन सभी माध्यमों का उपयोग करने में निपुण बन गये। मुंबई के मराठी फोटोग्राफर खाराम भतावड़ेकर ने अपनी फिल्म *दि रिटर्न ऑफ रैंग्लर परांजपे टू इंडिया* में राष्ट्रवादी भावनाओं को प्रतिध्वनित किया। परांजपे महान गणितज्ञ थे, जिनको कैम्ब्रिज में सम्मानित किया गया था। सेन और भतावड़ेकर को भारत के प्रथम फिल्म निर्माताओं में गिना जाता है।

भारत में इस माध्यम के आने के बाद सिनेमा कारोबार शीघ्र ही शुरू हो गया। चाहे वह स्टूडियो और थिएटरों को बनाने का काम हो या विदेश से उपकरण आयात करना हो, तमाम लोग इस काम में जुट गए। अधिकांश निवेश अमेरिकी और यूरोपीय कंपनियों से आया जैसे, पाथे। 1907 में बम्बई में उपकरण बेचने के लिए शाखा खोलने वाली यह शुरुआती चंद कंपनियों में थी। गौमॉन्ट, इक्लेयर विटाग्राफ और अन्य बाद में आ गईं। उनको देखकर दूसरोंने अपनी दूकाने खोलने लगे। सन् 1905 में जमशेदजी फ्रामजी मदन से एल्फिंस्टन बॉयोस्कोप कंपनी आया था।

1905 में जमशेदजी फ्रमजी मदान की ओर से एल्फिंस्टोन बायस्कोप कंपनी आई। उनकी कंपनी ने जो फिल्में बनाईं वे राष्ट्रवादी थीं जैसे– विभाजन के विरोध पर आधारित ज्योतिश सरकार की फिल्म। जे.एफ. मदान ने तुरंत विस्तार किया और देशभर में 'पिक्चर पैलेस' (सिनेमाघर) की चेन खड़ी कर दी और 1927 आते–आते 50 प्रतिशत भारतीय सिनेमा वितरण नेटवर्क के मालिक बन गए। मदान का लंबे समय तक भारत में फिल्म निर्माण पर वर्चस्व रहा। कुछ अन्य लोग थे जैसे, अब्दुलाली ईसोफाली, जो अपने टेंट, कैमरा और प्रोजेक्टर लेकर घूमते थे और देश भर के भूखे दर्शकों को सिनेमा दिखाते

थे। स्पष्ट था कि सिनेमा उड़ान भर चुका था। शहर से लेकर गांव तक लोगों ने नाटकों से सिनेमा की ओर रुख कर लिया। बढ़ती मांग के जवाब में 1906–07 में 'पिक्चर पैलेस' या 'स्थायी सिनेमाघर' नजर आने लगे। 1909 आते–आते यानि पहली फिल्म स्क्रीन हाने के 15 साल के भीतर भारत में 30 से अधिक सिनेमाघर हो गये थे। दर्शक स्क्रीनों पर अमेरिकी और यूरोपिय फिल्मों (ज्यादातर फ्रेंच कला) को देखते थे। उनमें अधिकांश तो नयूजरील थीं जैसे, दि बोयर वार या महारानी विक्टोरिया के अंतिम संस्कार पर आधारित।

भारतीय सिनेमा का जन्म और विकास

पहली भारतीय फीचर फिल्म को लेकर कुछ अस्पष्टता रही है। कालानुक्रम के अनुसार लगता है कि 1912 में रिलीज हुई *पुण्डलीक* नामक धार्मिक फिल्म पहली भारतीय फिल्म थी। इसको नानाभाई गोविंद चित्रे, राम चंद्र गोपाल टोर्नी और पी.आर. टिपणीस ने निर्देशित किया था। हालांकि, धुंडिराज गोविंद फाल्के को भारतीय सिनेमा का जनक होने का खिताब हासिल है। उन्होंने भारत की पहली मुक्कमल फीचर फिल्म *सत्यवादी राजा हरीशचंद्र* बनाई और उसे स्वयं निर्देशित, संसाधित, उत्पादन और सबकुछ किया। उस समय के अधिकांश फिल्म निर्माताओं की तरह, फाल्के के मन में पाश्चात्यनुमा दर्शक नहीं थे। उनकी दृष्टी यह थी कि इस माध्यम का उपयोग करके किसी भारतीय कथा को, भारतीय दर्शकों को दिखाना। 21 अप्रैल 1913 को *राजा हरीशचंद्र* को रिलीज किया गया और बताने की आवश्यकता नहीं कि यह जबरदस्त हिट रही। इसको 21 संस्करणों और 8 भाषाओं में रिलीज किया गया।

इस फिल्म का महत्व भारतीय कालानुक्रमिक फिल्मी इतिहास में इसका स्थान होने के कारण नहीं है, बल्कि उन तीन चीजों की वजह से है जो यह दर्शाती है। पहला, अधिकांश दर्शक भारतीय थे, अतः भारतीयों के लिए फिल्म बनाने से अधिक लोग शामिल होंगे और उनकी रुचि होगी। उस समय, पौराणिक कहानियां मूल आधार प्रदान करती थीं। हर किसी को राजा हरिशचंद्र की कहानी पता थी। बहुत बड़े अशिक्षित वर्ग के दर्शकों के लिए हिन्दी, उर्दू व अंग्रेजी में विवरण लिखना व्यर्थ था। विवरण और कथन की संगत का सजीव चित्रण उन पर असर डालता था। और यही तीसरा बिंदु हैः गीत और नृत्य आरंभ काल से ही फिल्मी कहानी का अनिवार्य हिस्सा रहे हैं। कथात्मक प्रकार की भारतीय फिल्में पौराणिक कथाओं से प्रभावित थीं। पहले वह नाटक के रूप में पेश की जाती थीं, जिनमें गीत और नृत्य महत्वपूर्ण हिस्सा होता था। नाटकों की तरह फिल्मों में भी गीत और नृत्य दोनों का उपयोग किया गया। भारतीय दर्शक ऐसा देखने के आदि थे, सो स्क्रीन पर से देखने में उनको सहज लगा। यही प्रासंगिक है। कई भारतीय नाच–गाने को लेकर शर्मिंदा महसूस करते हैं, लेकिन उसके पीछे ऐतिहासिक

संदर्भ हैं। पीढियों से, भारत में कहानी कहने में शब्दों, गीत, और नृत्य का संयोजन रहा है।

स्टूडियो के वर्ष

जल्द ही फाल्के ने अपना खुद का स्टूडियो *दि हिन्दुस्तान फिल्म्स सिनेमा कंपनी* स्थापित किया। उन्होंने कई पौराणिक फिल्में बनाईं जैसे *भस्मासुर मोहिनी* और *कालिया मर्दन*। इसके बाद कई अन्य स्टूडियो खुले, जैसे अर्देशिर ईरानी की स्टार फिल्म कंपनी, आर.एस. प्रकाश की मद्रास में स्टार आफ दि ईस्ट फिल्म कम्पनी, रेवाशंकर पंचोली की कराची और लाहौर में एम्पायर फिल्म डिस्ट्रिब्यूटर्स। 1920 के आरंभ तक कारोबार ने आरंभिक अवस्था को पार करके, धन कमाना शुरू कर दिया। स्टूडियों के बीच अभिनेताओं, अभिनेत्रियों, कहानीकारों और कवियों को लेकर होड़ होने लगी। 1923 मे मुंबई में फिल्मों पर 12.5 प्रतिशत का मनोरंजन कर लगा दिया गया। 1927 में कुछ सिनेमा संबंधी पत्रिकाएं शुरू हुईं जैसे मूवी मिरर (मद्रास), किनेमा (बम्बई), और फोटोप्ले (कल्कत्ता)। बम्बई, मद्रास और कल्कत्ता ने भारतीय सिनेमा में वर्चस्व बनान शुरू कर दिया था।

इस समय भारत में वितरित कुल फिल्मों में से केवल 15 प्रतिशत भारतीय होती थीं। बाकी सब विदेशी, जिसमें से 90 प्रतिशत से अधिक अमेरिकी। प्रथम विश्व युद्ध ने यूरोपीय फिल्मों को पूर्णतः नष्ट कर दिया और हॉलिवुड सिनेमा के लिए दरवाजा खोल दिया। इस 'अमेरिकी आयात' का सेंसरशिप से मुकाबला करने के लिए अंग्रेजी सरकार ने सिनेमैटोग्राफ कमेटी गठित की। इसने 1927–28 में अपनी रिपोर्ट पेश की। इस रिपोर्ट ने ब्रिटिश फिल्मों को तरज़ीह देने की बात नहीं की, बल्कि उसने भारतीय फिल्मों को प्रोत्साहित करने के लिए अनेक उपाय सुझाए। ये उपाय थेः निर्माता को आर्थिक प्रोत्साहन, कच्ची सामग्री के कर को खत्म करना, मनोरंजक कर को घटाना। ब्रिटिश प्रशासन ने इस रिपोर्ट को नजरंदाज कर किया। क्रमागत सरकारों ने भी वही किया और फिल्म उद्योग जिस सुनवाई का हकदार थी, वह 1998 तक नहीं हुई।

वापस 1931 में चलते हैं, जब पहली बोलती फिल्म *आलम आरा* रिलीज हुई थी। यह उस वर्ष बनाई गई 28 फिल्मों में से एक थी। इन फिल्मों का ब्रेकअप उस समय के बारे में बताता हैः उनमें 23 फिल्में हिन्दी में थीं, चार बंगाली में और एक तो तमिल में बनाई गई थी। बम्बई पहले ही फिल्मी कारोबार का केन्द्र बनता जा रहा था। 1940 तक, फिल्में बम्बई का समुचित कारोबार बन चुका था, जिसमें बॉम्बे टाकीज, प्रभात और वाडिया मूवीटोन शीर्ष फिल्म कंपनियां थीं। उस समय की सामग्रियों को देखकर लगता है कि कॉरपोरेटीकरण सिनेमा से आनंद को नहीं छीन पाया।

1940 के दशक का उल्लास

सिनेमा के लिए वह दौर बहुत रोमांचक रहा। चाहे एक अभिनेता, लेखक, गीतकार या एक पत्रकार के तौर पर। वह एक अनौपचारिक दुनिया थी, जहां धन और संपर्कों से ज्यादा बौद्धिक जुड़ाव ज्यादा महत्व रखता था। कई वित्तदाता और निर्देशक काम पूरा होने तक लेखकों और अभिनेताओं को वास्तव में अपने घर पर रखते थे। कई अभिनेताओं ने अपनी अलग कम्पनी बनानी शुरू कर दी। उदाहरण के लिऐ अशोक कुमार उस समय की शीर्ष कंपनी बॉम्बे टॉकीज के कुछ कर्मचारियों के साथ अलग हो गए और फिल्मिस्तान बनाई।

बम्बई हॉलीवुड की तरह बन गई। बौद्धिक, कामुक और रचनात्मक शक्ति का उत्कृष्ट अड्डा जो सपनों की दुनिया गढ़ने में मदद कर रहा था। उस समय के लेखन या उस समय के लोगों के साथ बात करके यह तो साफ हो गया कि सिनेमा देश के कुछ चुनिंदा प्रगतिशील/आधुनिक गढों में से एक था। इस दुनिया में सबको जगह मिली, चाहे वह किसी भी मजहब, राजनीतिक झुकाव, राष्ट्रीयता या सामाजिक पृष्ठभूमि का रहा हो। वहां वेश्याएं और उनकी बेटियां थीं, जिन्होंने महिला किरदार निभाए, जो 'सम्मानित' महिलाएं नहीं अदा सक सकती थीं। वहां वामपंथी व दक्षिणपंथी थे, और अमीर परिवारों के बेटे थे, जो फिल्मों में पैसा लगाते थे, साथ ही जर्मनी, इंग्लैंड और रूस व तमाम देशों के निर्देशक और अभिनेता भी थे।[25]

उन्होंने रचनात्मक प्रक्रिया का खूब आनंद उठाया, जबकि यह स्पष्ट था कि फिल्में बनाना कारोबार था। उस व्यवस्था ने एक अच्छी मशीन की तरह काम किया। लेखक, अभिनेता और तमाम अन्य प्रमुख स्टूडियों के वेतन पर थे। ज्यादातर यूरोपीय या अमेरिकी फिल्म उद्योग के मॉडल पर काम कर रहे थे, जो अधिक संगठित थे। अगर कोई फिल्म बनाना चाहता था, तो उन्होंने स्टूडियो बनाए, तमामल लेखक, गीतकार, अभिनेता और अमिनेत्रियों को काम पर रखा और तब फिल्म बनाई। सबसे अच्छे स्टूडियो, सबसे अच्छा वेतन देते थे और सबसे अच्छा स्टाफ रखते थे– चाहे वह एक्टिंग हो या लेखन या फिर संगीत बनाना। उदाहरण के लिए, प्रख्यात हिन्दी लेखक मुंशी प्रेमचंद को अजंता सिनेटोन ने पटकथाकार के तौर पर प्रतिवर्ष 8000 रुपये के वेतन पर रखा–1934 के मानकों को देखते हुए यह रकम बहुत बड़ी थी।

एक बार स्टूडियो द्वारा निर्णय लेने के बाद फिल्म का बजट तैयार किया जाता था। अमृत शाह, जिन्होंने 1955 से 168 तक बिमल रॉय के साथ काम किया, याद करते हैं कि वो बजट बनाने के बाद अप्रत्याशित खर्चों के लिए उसमें 10 प्रतिशत अतिरिक्त रकम जोड़ देते थे। इसके बाद स्टूडियो उस बजट को भारत के विभिन्न क्षेत्रों में विभाजित वितरकों के बीच बांट देते थे।

उदाहरण के लिए, दिल्ली को उसका 20 प्रतिशत देना पड़ता था। यह अनुपात दशकों तक समान बना रहा। वितरक और स्टूडियो के बीच का अनुबंध या तो न्यूनतम गारण्टी या अग्रिम भुगतान या कमीशन या फिर इन तीनों को मिलाजुला होता था (देखिए 'कारोबार कैसे काम करता है')। प्रचलित वितरण अनुबंध न्यूनतम गारण्टी के साथ प्रिंट की कीमत पर किया जाता था। इसके निश्चित होने के बाद फिल्म पर काम करना शुरू होता था।

स्टूडियो सिस्टम का टूटना

हालांकि, यह उल्लासपूर्ण दौर ज्यादा लंबे समय तक नहीं चला। 1940 के दशक के मध्य से 1990 के दशक के अंत तक फिल्म उद्योग बेहद मुश्किल दौर से गुजरा। आश्चर्यजनक बात यह हैं कि यह फिर भी बच गया और बेहतर चल रहा है। 1944 तक, स्टूडियो सिस्टम का टूटना शुरू हो गया। मुनाफे के लिए चल रही लड़ाई में वित्तदाताओं ने स्टूडियो सिस्टम से अपने काले धन को सफेद बनाने की कोशिश की। सितारों के वेतन और बजट बढ़ गए और साथ ही उनका अहं भी। टूटकर अलग होना बहुत आम हो गया। चीजें दूसरी तरह से भी बदलने लगीं। 1949 में, स्वतंत्रता प्राप्ति के बाद मध्य प्रांतों में मनोरंजन कर 50 प्रतिशत तक बढ़ा दिया गया, और पश्चिम बंगाल में 75 प्रतिशत कर दिया गया। उसी साल सरकार ने एस.के. पाटिल की अध्यक्षता में सिनेमा के सभी पहलुओं पर रिपोर्ट देने के लिए एक समिति बनाई। 1951 में (और यह प्रासंगिक है), समिति ने स्टूडियो सिस्टम से स्वतंत्र व्यवस्था की तरफ बदलने के बारे में रिपोर्ट दी। उसने फिल्मों में काले धन और स्टार सिस्टम के प्रवेश का भी उल्लेख किया। हो सकता है कि यह सुनने में साधारण लगे, लेकिन ध्यान रहे कि यह पहली बार था जब कोई इस ओर इशारा कर रहा था।

समिति ने फिल्मों सरकारी निवेश, फिल्म वित्तीय निगम, एक फिल्म इंस्टीट्यूट और एक फिल्म अभिलेखागार बनाने की सिफारिशें कीं। इस रिपोर्ट को बाकी अन्य रिपोर्टों की तरह एक दशक से भी लंबे समय तक नजरंदाज कर दिया गया। आखिरकार, 1960 में कुछ सिफारिशों को लागू किया गया, जिनमें फिल्म वित्तीय निगम, पूना (अब पुणे) में एक फिल्म इंस्टीट्यूट, मद्रास में दि इंस्टीट्यूट फॉर फिल्म टेक्नोलॉजी और हिंदुस्तान फोटो फिल्म मैन्युफैक्चरिंग कंपनी स्थापित की गईं। बाद में, 1965 में, भारत का राष्ट्रीय फिल्म अभिलेखागार भी पूना में स्थापित किया गया। इनमें से कई कदमों के चलते फिल्म उद्योग पर सरकारी नियंत्रण को बढ़ा दिया जैसे– राजकीय व्यपार निगम और बाद में फिल्म वित्तीय निगम से एजेंसी के माध्यम से कच्चा माल आयात करना और सेंसरशिप।

1970 और 1980 के दशक की उथल–पुथल

यकीनन ये वर्ष भारतीय सिनेमा के लिए सबसे बुरा समय था। जरूरी नहीं कि यह फिल्मों की गुणवत्ता पर टिप्पणी है, बल्कि पूरे कारोबार की स्थिति पर है। स्टूडियो सिस्टम के टूटने से वित्तीय और प्रणालीगत उथल–पुथल पैदा हुई थी, जिससे फिल्म उद्योग को अभी उबरना बाकी था। उस समय के स्टूडियों ने ऐसे कर्मचारियों को काम पर रखा जो एक–दो साल के अंदर आधा दर्जन फिल्में बनाएं। इससे फिल्में बनाने का जोखिम उठाने का प्रचलन बढ़ाया, जिससे एक खराब फिल्म से हुए नुकसान की अच्छी फिल्म की कमाई से भरपाई की जाती थी। स्टूडियो खत्म होने के बाद कई व्यक्ति लोग निर्माता बन गए। मुट्ठी भर स्टूडियो के बजाय, जो 5–10 फिल्मों का सामूहिक जोखिम उठाते थे, अब तमाम निर्माता थे जो व्यक्तिगत स्तर पर एक फिल्म बनाने का जोखिम उठा रहे थे। इस विखंडन ने कई तरह से खले का अर्थशास्त्र बदल दिया था।

वित्त प्रबंध

पहला बदलाव था, उद्योग में आने वाले पैसे का रंग। क्योंकि उद्योग का दर्जा नहीं था, और इसलिए कोई संस्थागत वित्तीय मदद नहीं थी। इस कारण उद्योग में आने वाला अधिकांश पैसा उन लोगों का था जिनके पास अत्यधिक काला धन था, जिसको वे ठिकाने लगाना चाहते थे।[26] अनुमान के मुताबिक फिल्मी दुनिया में जितनी भी चल पुंजी है, उस में 20–50 प्रतिशत बे–हिसाब राशी है। अधिकांश निर्माता यह नहीं पूछते कि पैसा कहां से आया, क्योंकि क्योंकि वे हताश थे।

निर्माता और वितरक इस प्राप्त राशी पर जो ब्याज दर दे रहे थे, वह सालाना 48–60 प्रतिशत तक थी। फिल्में बनाने वाले लोग उन्हें यह भुगतान करने के लिए इसलिए सहमत थे क्योंकि कारोबार में जोखिम बहुत ज्यादा बढ़ गया था। फिल्म में पैसा लगाने वाले व्यक्ति के पास मुनाफा कमाने का मौका 2–3 प्रतिशत ही था। यह ऊंचे दाव के साथ जुआ खेलने जैसा था। अगर फिल्म मेगा हिट हो जाये, तो कमाई आश्चर्यजनक थी। यह तर्क दिया जा सकता है कि पहले भी स्टूडियो प्रणाली में काला धन प्रवाहित होता था, लेकिन वह अनुपात में बहुत छोटा रहा होगा। 1940 में, स्टूडियो सामान्य कंपनियों की तरह चेक और नगद द्वारा भुगतान करते थे। उनमें काला पैसा लगाना आसान नहीं था। ऐसा प्रतीत होता है कि 1960, 1970, और 1980 के दशक में चेक दो ही बार दिया जाता था, कच्ची सामग्री खरीदते समय और समाप्ति पर उत्पाद शुल्क के भुगुतान के लिए।

जब एक निर्माता अपने अभिनेताओं आधार पर फिल्म बनाने की घोषणा करता था, कहानी या निर्देशक के आधार पर नहीं, तो अग्रिम भुगतान के लिए वितरकों की लाइन लग जाती थी।[27] राजकपूर या यश चोपड़ा को कभी पैसा जुटाने में दिक्कत नहीं हुई, क्योंकि उनके साथ ज्यादातर बड़े सितारे होते थे, जिनके दम पर टिकट खिड़की से बुनियादी वसूली की जा सकती थी। किसी फिल्म में अमिताभ बच्चन के होने का मतलब था कि दर्शक कम से कम दो–तीन सप्ताह तक उस फिल्म को देखने के लिए उमड़ पड़ेंगे। अनजान कलाकारों की तुलना में जानेमाने कलाकारों से अधिक कमाई की संभावना रहती थी। इसलिए ही उनको 'वन मैन इंडस्ट्री' कहा जाता था। साथ ही, चोपड़ा या गुलशन राय जैसे फिल्म निर्माताओं को पैसा जुटाना आसान था, क्योंकि उनके पास यह समझ थी–और अब भी है– कि क्या लोकप्रिय है। बहुत से वित्तदाता तो चोपड़ा की इसी समझ पर दांव लगाते थे।[28]

अगर कोई छोटा निर्माता अनजान अभिनेताओं के साथ अपनी फिल्म की घोषणा करता तो, उसे धन जुटाना मुश्किल होता था। ऐसे निर्माता स्वयं धन जुटाते थे, वित्तदाताओं के माध्यम से; या कुछ रील शूट करके वितरकों को दिखाते थे। अगर उसे पसंद आता तो वह कुछ धन अग्रिम भुगतान के रूप मे देता था। फिर उस सिनेमा की शूटिंग दोबारा शुरू होती थी। कुछ धन ऋण लिया जाता था और कुछ वितरकों को अपनी जेब से देना पड़ता था। तड़क–भड़क और फिल्मी दुनिया से जुड़े रहने की जरूरत इतनी ज्यादा थी कि स्थानिक कारोबारी समस्याओं के बावजूद, पैसा आता रहता थ। स्टूडियो में पैसा लगाने वाले उन लोगों के विपरीत, ये नए वित्तदाता स्क्रिप्ट, सितारों, निर्देशकों, संगीत और सब चीजों पर अपनी शर्तें थोपना चाहते थे। एक फिल्म बनाने से जुड़े उच्च जोखिम ने कुछ हद तक रचनात्मकता को मार दिया था, इसने उसमें और बढ़ात्तरी की।

स्टार सिस्टम और फॉर्मूला

'फॉर्मूला' और 'स्टार सिस्टम' जैसे शब्द पैदा हुए थे। 'फॉर्मूला' सिनेमा बनाने का सबसे सुरक्षित तरीका था। फॉर्मुला क्या था, वह उस समय के प्रचलन पर निर्भर करता था। अगर रोमांटिक फिल्में अच्छा कर रही थीं, तो फिर रोमांस फॉर्मूला था; यदि एक्शन फिल्मों में उछाल था, तो फिर एक्शन फॉर्मूला था। कोई भी अज्ञात विषय या सितारों के साथ जोखिम लेना नहीं चाहता था, निश्चित रूप से फिल्म के वितरक, जिनका फिल्म में पैसा लगा होता था।

ऐसा नहीं था कि प्रयोग नहीं हुए। हालांकि ये बहुत कम थे और आमतौर पर राष्ट्रीय फिल्म विकास निगम के मार्फत सरकार द्वारा वित्तपोषित थे। इसका परिणाम था 'समानांतर' सिनेमा गतिविधियां। लेकिन उसकी भी एक 'जाति

व्यवस्था' थी। अगर फिल्म को सरकारी वित्तीय सहायता की आवश्यकता थी तो उसमें शबाना आजमी, ओम पुरी और नसीरुद्दीन शाह जैसे समानांतर सिनेमा के प्रतीक अभिनेताओं का होना जरूरी था। इस कारोबार के अर्थशास्त्र का रचनात्मकता को मारने में विनाशकारी प्रभाव था।

'स्टार सिस्टम' को लें, जो वह भी अर्थशास्त्र का ही परिणाम था। यदि राजेश खन्ना या अमिताभ बच्चन जैसे अभिनेताओं ने फिल्म के लिए साइन किया है, तो इस बात फर्क नहीं पड़ता था कि फिल्म खराब है या विलंबित है: उसको वित्तपोषण मिलता था। इसलिए सितारे बहुत महत्वपूर्ण बन गए थे। हॉलिवुड में भी ऐसा ही हुआ; बस वह अधिक संरचित है। अगर हॉलीवुड की लोकप्रिय अभिनेत्री जूलिया रॉबर्ट्स की फिल्म बॉक्स ऑफिस पर अच्छी कमाई करती है, तो बाजार उनके पीछे भागता है और हर कोई उनको अपनी फिल्म में लेना चाहता है और इससे दाम बढ़ता है। हालांकि, जब वह फिल्म साइन करती हैं, तो वह स्टूडियो को रिपोर्ट करती हैं और फिल्म पूरा करने का करार करती हैं। उनको पूरी तरह पेशेवर होना होता है, समय पर आना, फिल्म को पूरा करना आदि। भारत में, 1960 के बाद से, अमिताभ बच्चन जैसे कुछ त्रुटिहीन पेशेवर व्यक्तियों को छोड़कर समय की पाबंदी और सीमारेखा का सम्मान जैसी चीजें नियंत्रण से बाहर चली गईं। शूटिंग शेड्यूल में देरी और ढिलाई से खर्चा बढ़ना स्थानिक था।

दशकों से फिल्मों को उद्योग का दर्जा देने की मांग निरंतर जोर पकड़ रही थी। स्थिति कुछ वैसी ही थी कि पहले मुर्गी या अंडा। क्योंकि संस्थागत वित्तपोषण नहीं था, इसलिए निर्माता छली वित्तदाताओं से रुपये निकलवाने के लिए सितारों पर निर्भर रहते थे। इसका परिणाम था–निम्न रचनात्मकता, खराब उत्पाद और एक गैर–पेशेवर व्यवस्था। इसका एक मतलब– जोखिम भरा, नुकसानदायक कारोबार भी था। एक अनुमान के मुताबिक 1982 में रिलीज हुईं 763 फिल्मों में से केवल 2 प्रतिशत फिल्में ही मेगा हिट थीं। 16 प्रतिशत मध्यम सफल रहीं और और 12 प्रतिशत सिर्फ अपना पैसा निकाल पाईं। उस साल रिलीज हुई सभी फिल्मों में से 70 प्रतिशत डूब गईं, जिनका पता भी नहीं चला। साथ ही उन्हें बनाने में खर्च हुआ अरबों रुपया भी डूबा। मूल बात– बैंकों के लिए फिल्में एक अनाकर्षक निवेश था, भले ही उसे उद्योग का दर्जा दे दिया जाता।

पुराने स्टूडियो केवल एक फिल्म का निर्माण नहीं करते थे। वे जोखिम को इकट्ठा कर लेते थे। यदि एक ही समय में 10 फिल्में बनती हैं, तो उनका बजट, विषय और कलाकार होते थे। एक स्डूडियो दो बड़े बजट वाली फार्मुला आधारित फिल्म, तीन मध्यम बजट वाली फिल्म, और कई कम बजट वाली, प्रयोगात्मक फिल्में बना सकता था। इससे जोखिम उत्पादों के बीच बंट जाता था। कुछ फिल्में चलतीं, कुछ नहीं चल पातीं। इससे अंततः स्टूडियो की लागत निकल आती या फिर अंत में लाभ भी कमा लेते। 1950 के दशके के बाद

से, व्यक्तिगत लोगों ने अधिक मात्रा में जोखिम उठाना शुरू किया। लोगों के अपने–अपने दृष्टिकोण के अनुसार, या तो जोखिम बड़ा था या उसे उठाने की उनकी क्षमता कम थी। क्योंकि वे एक समय में एक ही फिल्म बना सकते थे, उनका कोई पोर्टफोलियो नहीं था और इसलिए जोखिम को कम करने का कोई साधन भी नहीं। साथ ही, क्योंकि एक से अधिक उत्पाद में लगाने के लिए पैसा नहीं था, इसलिए वे एक ही फिल्म पर निर्भर थे।

वैकल्पिक राजस्व का अभाव

इसके साथ ही वैकल्पिक राजस्व के श्रोतों का पूर्णतः अभाव था। थियेटरों को छोड़कर निर्माता, वितरक और वित्तदाताओं के पास अपना पैसा निकालने का और कोई साधन नहीं था। विदेशी बाजार का रिकॉर्ड कुछ अपवादों को छोड़कर गड्ड–बड्ड था। सत्यजीत रे की *'पाथेर पांचाली'* न्यूयॉर्क में पंचम एवेन्यू के प्लेहाउस में निरंतर 226 दिनों तक सफलतापूर्वक चली, जिसने अमेरिका में विदेशी रिलीज का 30 साल का रिकॉर्ड तोड़ा। इसी तरह रूस में 'राजकपूर' को भी सफलता मिली। इनमें से किसी ने भी उद्योग के लिए कोई बड़ा कारोबार नहीं कमाया, क्योंकि विपणन और वितरण डॉलर आधारित था। उस दिनों विदेशी मुद्रा अभाव के कारण भारतीय फिल्म निर्माता विदेशी बाजारों का विकास नहीं कर पाये। ज्यादातर निर्माताओं ने गीत के लिए विदेशी अधिकार को इरोज इंटरनेशनल जैसी कंपनियों को बेच दिये। 1982, एकमात्र वर्ष जिसके आंकड़े उपलब्ध हैं, उसमें विदेशी बाजार से केवल 14.6 करोड़ रुपया आया।

संगीत कंपनियां, जो बाद में राजस्व का अन्य श्रोत बनीं, बमुश्किल कुछ भुगतान करती थीं, क्योंकि एचएमवी (अब सारेगामा) का परोक्ष एकाधिकार था। 1980 के दशक में थिएटर निस्तेज हो रहे थे। जमीनों का मूल्य बहुत ऊंचे थे, सिनेमा थियेटरों के लिए अव्यवहारिक नियम थे और प्रांतों के अनुसार मनोरंजक कर 50 से 60 प्रतिशत तक था। थिएटर मालिक या प्रदर्शक फिल्म की कमाई में 50 से 60 प्रतिशत किराये के रूप में लेते थे और फिर वे कमाई नहीं कर पाते थे। कमाई के लिए उनको या तो अपना राजस्व कम घोषित करना पड़ता या अपने निवेश पर 3–5 प्रतिशत की कम कमाई से ही काम चलाते थे। मुंबई और दिल्ली में, जहां जमीनों की कमीतें अधिक थीं, वहां अधिकांश ने उन्हें शॉपिंग कॉम्पलेक्स में परिवर्ततित कर लिया। कई ने नवीनीकरण, शौचालयों की साफ–सफाई, रंगाई–पुताई या एयर कन्डिशनर लगाने जैसी जरूरतों को नरंदाज कर दिया।

परिणामस्वरूप, बड़ी संख्या में थिएटर, साथ ही थिएटर जाने की आदत में, दीर्घ गिरावट आई, खासकर बडे शहरों में। 1989 से 1993 के थिएटरों की संख्या 13,355 से गिरकर 13,001 रह गई। एनआरएस के आंकड़ों[29] के

अनुसार फिल्मकारों की संख्या 1980 के दशक से निरंतर घटी। हालांकि 1990 के दशक में यह तीव्र गिरावट थोड़ी स्थिर हुई, बावजूद इसके यह कभी लंबे समय तक निरंतर नहीं गिरी। आईआरएस 2008 के आंकड़ों के अनुसार ग्रामीण और शहरी भारत में सिनेमा की पहुंच 2005 से 2008 तक 6.8 प्रतिशत तक गिरी। हालांकि, उसके बाद यह निरंतर बढ़ रही है। वर्तमान में सिनेमा भारत की 13 प्रतिशत आबादी तक पहुंच रहा है।[30] (देखिये चित्र 0.1घ)।

आय के नये श्रोत जैसे केबल या वीडियो 1980 में आ गए थे। लेकिन इन्होंने सिनेमा की आय बढ़ाने के बजाय उसका हिस्सा काट लिया। वीडियो पायरेसी के दम पर ही भारत में केबल टीवी आया। शुरुआती केबल टीवी आपरेटर पूरी बिल्डिंग को एक वीसीआर से जोड़कर नई हिन्दी और अंग्रेजी फिल्मों को प्रसारित करते थे (देखिए अध्याय 2 टेलीविजन)। इससे फिल्मों के राजस्व को दो तरह से चोट लगी। पहला, सिनेमा जाने वालों की संख्या कम हुई, इसलिए बॉक्स ऑफिस की आय घटी। दूसरा, पुरानी और नई फिल्मों को टेलीविजन पर प्रसारित करने से जो आमतौर पर रॉयल्टी मिलती है, वह इससे नहीं मिलती थी। यह अब भी एक सच्चाई है। नई हिट फिल्में अब भी लोकल चैनलों पर दिखाई जाती हैं। कोई भी इसके लिए भुगतान नहीं करता। इनसे करोड़ों रुपयों का विज्ञापन अर्जित किया जाता है, उसमें से कुछ भी फिल्म इंडस्ट्री को नहीं मिलता।

ऐसा नहीं है कि सरकार या फिल्म उद्योग के अंदर प्रगतिशील लोगों को इन समस्याओं से अवगत नहीं हैं। 1951 की एस.के. पाटिल समिति की रिपोर्ट से लेकर, 1973–74 की एस्टीमेट कमेटी और फिर 1980 में राष्ट्रीय फिल्म नीति के कार्य समूह तक हर एक समूह ने इनका उल्लेख किया। सभी ने निरंतर इस क्षेत्र को उद्योग का दर्जा प्रदान करने की आवश्यकता पर बदल दिया और बैंकों के माध्यम से संस्थागत वित्तपोषण करने की अनुमति देने की सिफारिशें कीं। 1980 की समिति की कुछ टिप्पणियां बताती हैं– 'लोकप्रिय मनोरंजन फिल्मों का साधारण बॉक्स ऑफिस सामग्री से मुक्त होना जरूरी है। इन फिल्मों को सृजनशील अभिव्यक्ति के लिए भी अवसर प्रदान करना चाहिये। यह तभी हो सकता है जब लोकप्रिय फिल्में वित्तदाताओं के चंगुल से मुक्त हो जाएं।' इससे पहले की रिपोर्टों में फिल्मों के अंदर काले धन के प्रवेश की और इशारा किया गया था। इसका सबूत भी था और समाधान भी, लेकिन कुछ नहीं किया गया।

नई शुरुआत की किरण (1990 का दशक)

1980 के दशक के अंत तक, उद्योग पूर्णतः बुरी हालत में था। जब 1991 में भारत में सैटेलाइट टेलीविजन आया, तब तक मन ऊब चुका था। हालांकि, चीजों में बदलाव से पहले उद्योग को कई विषयों से गुजरना था।

संक्षिप्त राहत

संक्षिप्त समय के लिए चीजें बदलती रहीं: कुछ इसलिए क्योंकि उद्योग ने उस समय के लिए इस समस्या से बाहर निकलने के नए तरीके खोज लिये थे और कुछ इसलिए क्योंकि बाजार चार मायनों में बदल गया था।

पहला, केबल टीवी, वीडियो और बाद में सैटेलाइट टेलीविजन के कारण सिनेमा को पहली बार प्रतिस्पर्धा मिली थी। 1980 के दशक के मध्यम तक फिल्मों के पास– बेहतर या बद्तर– बंधुआ दर्शक थे। सिनेमा के अलावा लोगों के पास मनोरंजन का कोई साधन उस समय नहीं था। एक टेलीविजन चैनल और एक रेडियो स्टेशन होता था। दर्शकों के समय के लिए प्रतियोगिता शुरू हो गई थी, और दर्शक गंदे, बदबूदार सिनेमाघरों को छोड़कर अपने घरों पर ही पायरेटेड फिल्में देखना पसंद कर रहे थे। उनके पास कई विकल्प थे, अतः उनका ध्यान सिनेमा से घटने लगा। बड़े सितारों के बावजूद एक खराब फिल्म देखने के लिए समय देने की संभावना कम थी।

दूसरा, उस समय तक, बड़े सितारों में अंतिम नाम अमिताभ बच्चन का दौर गिरावट पर था। वास्तव में 1992 में खुदा गवाह के बाद वह रिटायर हो गए (लेकिन थोड़े समय के लिए)। क्षितिज पर और कोई सितारा नजर नहीं आ रहा था; ऐसा कोई भी नहीं जो अमिताभ बच्चन और राजेश खन्ना की तरह वित्तदाताओं और दर्शकों को आकर्षित कर सके।

तीसरा, थिएटर में फिल्में जितने समय में आय अर्जित करती थीं, उस समय को वीडियो और केबल टीवी ने 50 प्रतिशत तक कम कर दिया। पहले, वितरक और प्रदर्शक सिनेमा रिलीज के दो हफ्ते तक रिजल्ट के लिऐ इंतजार करते थे। अगर वह चल गई तो वे 10–12 हफ्ते और उस फिल्म को थिएटरों में रहने देते थे। हालांकि, तब तक वीडियो पायरेसी से फिल्म के प्रिंट जल्द ही लीक हो जाते थे। फिर वह केबल ऑपरेटरों द्वारा हजारों घरों मे प्रसारित कर दी जाती। इससे संभावित राजस्व का अत्यधिक नुकसान था और इसका मतलब था कि फिल्म के पास अपने पैसे वसूलने व थोड़ा मुनाफा कमाने के लिए सिर्फ 2–3 हफ्ते होते थे।

और चौथा, लागत बहुत ज्यादा बढ़ रही थी। 1982 में जहां एक महंगी फिल्म बनाने के लिए दो करोड़ रुपये खर्च होते थे, वहीं 1993 में वह 3 से 5 करोड़ रुपये लगने लगे। ये आंकड़े वर्तमान फिल्मों के बजट को देखते हुए छोटे लग सकते हैं, लेकिन उस समय यह बड़ी रकम थी, खासकर जब पैसे की वसूली के लिए सिनेमाघरों को छोड़कर कोई अन्य रास्ता नहीं था। थिएटर, दर्शकों का स्वागत करने की स्थिति में नहीं थे। अधिकांश ने तब तक थिएटरों को किराये पर छोड़ दिया था और उन्हें इस बात की चिंता नहीं थी कि दर्शक आए या नहीं।

स्पष्टतः, चीजें एक तरह से पतन की ओर थीं। फिल्मी उद्योग ने प्रतिक्रिया दी– और उस समय के हिसाब से एक अद्‌भुत दुस्साहस के साथ। उद्योग ने तीन चीजें कीं:

संगीत की खोजः पहला था संगीत को प्रभावकारी ढंग से उपयोग करना। इस समय तक संगीत उद्योग तेजी से बढ़ रहा था। संगीत कंपनियां फिल्म निर्माताओं को अग्रिम भुगतान करने के लिए एक दूसरे के साथ होड़ कर रही थीं (देखें अध्याय संगीत)। बताया जाता है कि सुभाष घई की फिल्म *खलनायक* के संगीत अधिकार एक करोड़ रुपये में बेचे गये। यह राजस्व/कार्यशील पूंजी का महत्वपूर्ण स्रोत बन गया। अन्य फिल्म निर्माताओं ने कुछ दृश्यों या गीतों के लिए फिल्मी विज्ञापन और प्रायोजक पाने का प्रयास किया, ताकि कुछ लागत निकाली जा सके। कई फिल्म निर्माताओं के लिए लागत का कुछ हिस्सा प्रदान करने वाली यह दोनों चीजें–प्रायोजक और संगीत एक वरदान था। इससे न केवल उनका ब्याज बचता था, बल्कि संगीत या ब्रांड के साथ अनुबंध करने से फिल्म को निशुल्क प्रोमोशन भी मिल जाता था।

सिनेमा में मार्केटिंग का आनाः दूसरा था बेहद प्रारंभिक मार्केटिंग तरीकों का प्रयोग, जिन्हें पहले कभी फिल्म उद्योग में नहीं इस्तेमाल किया गया था। क्योंकि संगीत दर्शकों को आकर्षित करने का सबसे अच्छा तरीका था, इसलिए फिल्म रिलीज होने से कुछ महीने पहले ही म्युजिक को रिलीज करना आम हो गया। 1988 में 'तेज़ाब' फिल्म के गाने 'एक दो तीन' ने इस फिल्म को हिट कराने में बहुत बड़ी भूमिका अदा की। अन्य तरीके, जैसे टीजर कैम्पेन, प्रोमोशन, मुफ्त उपहार, कहानी प्रतियोगिता और फिल्म का विज्ञापन करना भी इस्तेमाल किये गए। फिल्म के प्रचार के लिए निर्माताओं ने बजट का तकरीबन 10 फीसदी खर्च करना शुरू कर दिया। इससे पहले, केवल वितरक रेडियो स्पॉट, पोस्टर या ट्रेलर पर खर्च करता था।

सघन वितरण : पायरेसी, अन्य मीडिया से प्रतियोगिता और कम अवधि के ध्यान का अर्थ था कि फिल्म जो जिस समयावधि के दौरान अपनी कमाई करनी थी, वह बहुत कम हो गया था। इसलिए, फिल्म में लगाए गये पैसों को पहले सप्ताह में ही वसूल करने का दबाव बढ़ गया। अतः यह फिल्म को बड़ी संख्या में सिनेमाघरों में रिलीज करना सही उपाय था। यह अमेरिका में बहुत आम है। ऐसा करने से, एक निर्माता फिल्म की वीडियो कॉपी चलन में आने से पहले संभावित दर्शकों का प्रमुख हिस्सा खींच लेता है। यह फिल्म के बारे

में नकारात्मक मौखिक प्रचार भी रोकता है। *हम* और *खुदा गवाह* जैसी फिल्मों को देशभर में 450–500 थिएटरों में एक साथ रिलीज किया गया था, जबकि उस समय औसत 200 थिएटरों का था। एक ही समय पर तमाम थिएटरों में फिल्में रिलीज किये जाने से फिल्मों की अच्छी शुरुआत सुनिश्चित होती है, अगर प्री–रिलीज मार्केटिंग अच्छी की गई हो तब। यह एक महंगी रणनीति थी, क्योंकि हर एक अतिरिक्त प्रिंट के लिए 60,000 रुपये से अधिक खर्च आता है और 450 थिएटरों का मतलब था 450 प्रिंट।

राजस्व के वैकल्पिक श्रोतों का जन्म

इन कदमों से राजस्व पर दबाव कम हुआ। 1990 के दशक के उत्तरार्ध तक संगीत, विदेशी बाजार और सैटेलाइट टेलीविजन बहुत बड़े प्रमुख राजस्व के स्रोत के रूप में उभरे और कुछ अच्छी खबरें लेकर आये। बड़े बजट वाली फिल्म का संगीत फिल्म की लागत का 20 से 30 प्रतिशत निकाल सकता था। बताया जाता है कि सोनी म्युजिक के साथ मिलकर *लगान* फिल्म ने 6 करोड़ रुपये कमाया और *यादें* फिल्म ने 8.5 करोड़।

1998 तक विदेशी बाजार आय के एक प्रमुख स्रोत के रूप में उभरा, जो फिल्म के कुल राजस्व का 30 प्रतिशत या उससे अधिक ला रहा था। टेलीविजन और इंटरनेट का मतलब था छोटा सा विश्व, जहां शहरी भारतीय की रुचि अप्रवासी भारतीयों से मेल खाती थी। दोनों को भारी मात्रा मे संस्कृति, शादियां और गीत चाहिए थे– जिनमें सही मात्रा में रंग और पहनावे हों। दूसरे भारत की चिंता के बारे में दोनों ही नहीं जानना चाहते थे। 1994 में पारिवारिक कहानी *हम आपके हैं कौन* के बाद विदेशी बाजार सबके ध्यान में आया, जिसने यूरोप में जमकर कमाई की। उसके बाद 1995 में आई *दिल वाले दुलहनिया ले जायेंगे* भी खूब चली, जिसका कुछ निर्माण यूरोप और कुछ भारत में हुआ था। डीडीएलजे ने भारत में 50 करोड़ रुपये कमाये और विदेशी बॉक्स आफिस पर 20 करोड़ रुपये कमाए।[31] शीघ्र ही, *ताल, परदेस, मोहब्बतें, कुछ कुछ होता है* आदि फिल्में अप्रवासी भारतीयों को ध्यान में रखकर बनाई गईं।

इनमें से कई फिल्मों अर्ध–शहरी भारत में खूब चलीं, लेकिन असली कमाई भारत के मेट्रो शहरों, यूरोप और अमेरिका के बाजारों में की। यह आगे बढ़ने वाला बाजार था। विदेशों में रहने वाले 2.5 करोड़ भारतीयों में उच्च क्रय शक्ति थी। अकेले मुद्रा मूल्य में अंतर ही हर एक टिकट के मूल्य को बढ़ाता था। 10 अमेरिकी डॉलर एक फिल्म टिकट भारत में अधिकतम 80 से 100 रुपये में बेचे जा सकने वाले टिकट से कहीं ज्यादा फायदेमंद था। इसके कारण और ज्यादा फिल्मों में शादियां और नाच–गाना दिखाया जाने लगा। ध्यान दें कि 1990 के दशक के मध्य से अंत की ओर स्थानीय स्तर पर बड़ी हिट रहीं

सत्या, सरफरोश और *कंपनी,* जिनमें अलग थीम थीं, इनमें से किसी ने भी विदेशी बाजार में अच्छी कमाई नहीं की। विदेशी बाजार में अन्य फिल्में जो बड़ी हिट रहीं उनमें मणि रत्नम की *दिल से* और तमिल फिल्म *मुत्थू* शामिल हैं, दोनों ही अज्ञात कारणों से जापान में खूब चलीं।

केबल और सैटेलाइट ब्रॉडकास्टर सिनेमा के बहुत बड़े खरीदार बन गये, जो मोटे तौर पर फिल्म का 10 से 15 प्रतिशत राजस्व प्रदान करते हैं। कुछ फिल्में तो उससे भी अधिक रकम में बेची गईं। अधिकांश ब्राडकास्टर इस रकम को विज्ञापन से वापस कमाते हैं। यदि चैनल तीन करोड़ रुपये *'दिल तो पागल है'* के लिये अदा करता है, तो उस रकम को एक या दो बार प्रसार करके कमा लेता है।

अंततः सैटेलाइट टेलीविजन से संतृप्त हो जाने और बार–बार नई–पुरानी फिल्मों के प्रसारित होने के कारण दर्शक फिर से थिएटर की तरफ जाने लगे। इयने थिएटर मालिकों को सिनेमाघरों का नवीनीकरण करने के लिए प्रेरित किया। इसका अर्थ यह भी था कि कुछ थिएटरों में टिकटों की कीमत 200 रुपये तक बढ़ गई।

2000 तक, संगीत, सैटेलाइट टेलीविजन और विदेशी बाजार ये सब मिलकर फिल्म के राजस्व का 70 प्रतिशत कमा रहे थे। इसका मतलब था, फिल्मकारों की सोच और निर्माताओं की योजना में बुनियादी बदलाव। इसका यह भी मतलब था कि फिल्म निर्माता रचनात्मक रूप से और आर्थिक रूप से अधिक जोखिम उठा सकते थेः आर्थिक रूप से इसलिए क्योंकि व्यापार कम जोखिम में लग रहा था और रचनात्मक रूप से इसलिए क्योंकि यह छोटी, गैरपारंपरिक विषय पर फिल्में बनाई जा सकती थीं, जैसे 2000 में रिलीज हुई *अस्तित्व,* जिसनो सीमित अपील की थीम आजमाई।[32] पहले *अस्तित्व* शायद कुछ घटिया थिएटरों में मुश्किल से एक हफ्ते तक चल पाती। लेकिन अब 50 से 100 सीट वाले छोटे थिएटरों में भरकर चली।

छिपे हुए शैतान

जोखिम में परोक्ष कमी और वृद्धि ने फिल्म उद्योग में स्वागतयोग्य संगठित रुचि जागी। सरकार, सलाहकार, विश्लेषक, पूंजीदाता बैंकवाले और विदेशी निवेशक, सभी भारतीय फिल्मों की तरफ देख रहे थे।

पहला था, 1998 के मध्य फिल्मों को कारोबारी उद्योग का दर्जा देने की घोषणा।[33] इसका मतलब यह था कि फिल्मी कंपनियां अब कॉर्पोरेटीकरण कर सकते थे, बैंकों से संगठित वित्त पोषण के लिए लॉबींग कर सकते थे, पैसे जुटा सकते थे, और साधारण भाषा में कहें तो अपने लॉबी समूह के साथ मिलकर अन्य किसी उद्योग की तरह काम कर सकते थे और साथ ही मनोरंजन कर घटाने की मांग करना आदि।

लगभग उसी समय मनोरंजन कारोबार पर फिक्की का अधिवेशन हुआ। यह उस निर्णय के बाद हुआ जिसमें फिल्मों में शत प्रतिशत विदेशी निवेश की अनुमति प्रदान की गई थी। बाद में कर मुक्त मल्टीप्लेक्स को भी प्रोत्साहन दिया गया। इसी बीच, इंडियन बैंकिंग एसोसिएशन ने फिल्मों को वित्तीय मदद देने के लिए मानदंड घोषित किये। इन सबका अर्थ था कि बैंक और वित्तीय संस्थाएं फिल्म उद्योग को कर्जा दे सकती थीं।

2000–2001 में फिल्मी दुनिया में एक बहुत ही सकारात्मक हवा बह रही थी। यह व्यापार संबंधित फिक्की और सीआईआई के अधिवेशन में नजर आया।[34] इस सब शोर–शराबे ने फिल्म निर्माताओं पर भी असर डाला। आसान वित्तपोषण और बढ़ते राजस्व की उम्मीद में बजट बढ़ गये। उसके साथ ही संगीत, सैटेलाइट और विदेशी अधिकारों के दाम भी बढ़ गए। इस सब नेक नीयत उत्साह में दो विषयों को छोड़ दिया गया।

> *जोखिम उठाने में असमानता:* पहली स्वाभाविक असमानता थी जिस प्रकार से फिल्में अब भी बनाई जा रही थीं– उदाहरण के लिए *बाबा* (2002) को ले लीजिये। जानकारी के अनुसार 10 करोड़ रुपये की लागत से बनी इस फिल्म ने 150 थिएटरों को अपने घरेलू थिएटर अधिकार चार दक्षिण प्रांतों में 33 करोड़ रुपये में बेचे। विदेशी अधिकार अन्य 8 करोड़ रुपये में बेचे गए जबकि फिल्म का संगीत 3 करोड़ में। साथ ही उत्पादों के विज्ञापन 6 करोड़ में बिके। वितरकों, संगीत कंपनियों और विदेशी खरीददारों ने कुछ मांग के आधार पर फिल्म को खरीदा।
>
> रिलीज से पहले ही *बाबा* ने 40 करोड़ का अनुमानित मुनाफा कमा लिया था, जबकि अभी उसे किसी ने देखा तक नहीं था। हालांकि–और ऐसा बहुत प्रासंगिक है–मुनाफा चंद मुट्ठी भर लोगों के पास गया, इस मामले में फिल्म के अभिनेता स्वयं रजनीकांत को, क्योंकि वह इसके निर्माता भी थे। उन सभी थिएटरों जिन्होंने फिल्म को खरीदा था, संगीत कंपनी और जिसने विदेशी अधिकार खरीदे थे, इन सबका पैसा डूब गया, क्योंकि फिल्म विफल रही।[35]
>
> अब *बाबा* के अनुभव को पांच दशकों और हजारों फिल्मों से गुणा कीजिए। क्योंकि, वितरक निर्माता को अग्रिम राशि देते थे (देखिए '1970 और 1980 का दशक') इसलिए जिस प्रकार भारतीय फिल्मों का वित्त प्रबंधन, वितरण और बिक्री होती है उसमें स्वाभाविक असमानता थी। सारा जोखिम वितरक और/या थिएटर मालिकों द्वारा उठाया जाता है। थिएटर मालिकों और वितरकों के बीच यह आम था कि वे अच्छी फिल्मों से प्राप्त राजस्व को कम करके दिखाते थे, ताकि खराब फिल्मों की भरपाई कर सकें।[36]

> *भारत में विखंडन* : दूसरा, 1990 के दशक के उत्तरार्थ के बाद से भारत में फिल्म देखने की आदतों में तीव्र विघटन आया था। भारत में ए और बी श्रेणी के बीच की खाई और चौड़ी हुई थी। उच्च वर्गीय शहरी और विदेशी दर्शकों ने मान लीजिए *दिल चाहता है* (तीन दोस्तों की एक शहरी कहानी) के साथ खुद को जुड़ा पाया। बाकी का भारत फिल्म से नहीं जुड़ सका। भारत में अर्ध शहरी और ग्रामीण दर्शक, जहां 50 प्रतिशत थिएटर हैं, वे रुढ़िवादी विषयों को प्राथमिकता देते थे। 2002 के रिलीज, *अंखियों से गोली मारे* (पुराने जमाने की फॉर्मुला फिल्म) ने शहरों के मुकाबले अंदरूनी भारत में दोगुना कारोबार किया। महत्वपूर्ण बात यह थी कि शहरी दर्शक एक अच्छे थिएटर में अपनी पसंदीदा और बेहतरीन फिल्म देखने के लिए 100 रुपये या उससे अधिक खर्च करने के लिए तैयार थे (औसत 20 रुपये के मुकाबले)। फिल्म निर्माण, प्रदर्शन और टिकटों की कीमतों बाजार अधिक विविधता की मांग कर रहा था। कई फिल्म निर्माताओं ने इसे अनदेखा किया और सबके लिए एक ही थीम पर फिल्म बनाते रहे। निवेश का अधिकांश हिस्सा अखिल भारतीय दर्शकों तक पहुंचने की कोशिश में लगा।

परिणामस्वरूप फिल्में फ्लॉप होने लगीं। म्युजिक कम्पनियों, विदेशी खरीददारों, घरेलू वितरकों का पैसा डूबने लगा। प्रतिक्रिया में सबने कारोबार से दूरी बना ली। इसके अलावा, सोनी, जी टीवी जैसे सैटेलाइट टेलीविजनों ने 1995–96 में फिल्मों के लिए अत्यधिक कीमत चुकाई, क्योंकि उस समय उनके अंदर रेटिंग बढ़ाने की भूख थी। जब दर्शक धारावाहिकों से जुड़ने लगे, तो फिल्मों के लिए इतनी कीमत चुकाने की कोई आवश्यकता नहीं थी। सुपर हिट फिल्म *कुछ कुछ होता है* का टीवीआर 11 रहा और जब बाद में उसको टेलीविजन पर प्रसारित किया गया तब उसने पांच करोड़ से अधिक का राजस्व कमाया। जैसे–जैसे टेलीविजन की पहुंच बढ़ी, एक हिट शो टीवीआर और राजस्व दोनों मोर्चों पर ज्यादा बेहतर कर सकता था। परिणाम यह रहा कि सैटेलाइट चैनलों ने अंडर–प्रोडक्शन अधिकार या लायब्रेरी खरीदना शुरू कर दिया। मुक्ता आर्ट्स ने अपनी लायब्रेरी को (जिसमें सुपर हिट फिल्में *कर्ज, कर्मा,* और *राम लखन* समेत तमाम फिल्में थीं) 2002 में सोनी के लिए 16 करोड़ रुपये में बेचा। सोनी ने *लगान* को देखने के बाद उसके भी भारतीय सैटेलाइट प्रसारण अधिकार भी खरीद लिये थे, लेकिन उसके रिलीज होने और हिट होने से पहले।

विदेशी सपना भी खट्टा हो गया– क्योंकि लालच और अत्यधिक अपेक्षाओं ने फिल्मों के अधिग्रहण की कीमतों को बढ़ा दिया था। निर्माताओं को यह भी देर से अंदाजा लगा कि विदेशी संभावनाओं का दोहन करने के

लिए मार्केटिंग डॉलर चाहिए थे। एक सब–बिलियन–डॉलर और विखंडित फिल्म उद्योग में, सभी के पास यह क्षमता नहीं थी। एक यशराज फिल्म्स ही थी जिसने उस समय तक अमेरिका और यूरोप में अपने वितरण कार्यालय स्थापित कर लिये थे। अन्य तो अभी भी छद्म वितरकों पर निर्भर करते थे। इसके अलावा, पायरेसी की समस्या थी, मुख्यतः डीवीडी पर, जो फिल्म रिलीज होने के एक सप्ताह के अंदर बाजार में आ जाती थीं। अधिकांश कंपनियों के पास इनसे लड़ने के साधन नहीं थे। इसलिए हर साल सैकडों फिल्में बनने के बावजूद केवल *लगान, कभी खुशी कभी गम, मोहब्बतें, मुत्थु और ताल* विदेशों में सफल रहीं।

हालांकि, सबसे बड़ा झटका सिनेमाघरों के लिए था। अगर निर्माताओं ने लालच में आकर आय के सभी स्रोतों को जरूरत से ज्यादा पकड़ने का प्रयास किया था, तो वितरक भी उसी तरह कर रहे थे। 2000–2001 मे, फिल्मों की बोली भयंकर ऊंचाई पर पहुंच गई। जिन वितरकों ने *यादें* फिल्म के लिए अग्रिम भुगतान किया था, उन्हें उस समय भारी नुकसान हुआ जब वह फिल्म नहीं चली। परिणामस्वरूप फिल्मी कारोबार के लिए 2002 बुरे सालों में से एक रहा। यहां तक कि बहुत सफल फिल्में ने भी परंपरागत 100 फीसदी के बजाय 25–30 फीसदी मुनाफा कमाया।

नये फिल्म उद्योग का जन्म (2002–2006)

व्यापार में हुए इस मंथन और उसके साथ नीतियों में बदलाव ने अंततः 2002–2005 के बीच भारतीय फिल्म उद्योग में दो संरचनात्मक बदलावों के लिए दबाव बनायाः

पूंजी की सफाई

पहला दबलाव था कि अग्रिम भुगतान बाहर हो गया। 2002 की मंदी के वजह से यह पहला और *सबसे महत्वपूर्ण* संरचनात्मक बदलाव था, जो फिल्म उद्योग में आया। इसका मतलब था कि 50 सालों में पहली बार फिल्में बनने के बाद खरीदी जा रही थीं और वह भी कमीशन के आधार पर। फिल्मों द्वारा कमाया जाने वाला सभी राजस्व और लाभ एक व्यक्ति की जेब में जाने के बजाय पूरी वितरण श्रृंखला में बंटना शुरू हो गया–प्रदर्शक, वितरक, निर्माता आदि। पहले सब लोगों की मेहनत का फल अकेले निर्माता के हिस्से में जाता था। इसलिए फिल्म कंपनियों और निर्माताओं को संगठित वित्तीय मदद पाने के लिए कड़ी मेहनत करनी पड़ती थी। यह कुछ भी हो सकता था जैसे, बैंकों से वित्तीय मदद (फिल्म की कीमत का 50 प्रतिशत तक), अपने संसाधन, सह–निर्माण या निजी शेयर।

संगठित धन की जरूरत ने समेकन के लिए मजबूर किया। यह इसलिए क्योंकि बैंक, उद्यम पूंजी कंपनियां और यहां तक कि निजी इक्विटी फर्म भी सिर्फ कंपनियों को ही प्राथमिकता नहीं देते हैं, बल्की बड़ी कंपनियों को पसंद करते हैं। इसलिए यूटीवी, यशराज फिल्म्स, परसेप्ट पिक्चर कम्पनी आदि ने राम गोपाल वर्मा जैसे रचनात्मक हाउस या अन्य व्यक्तिगत निर्देशकों के संग सौदे करने शुरू कर दिये। इससे फिल्मों की पाइपलाइन बन गई। सिनेमा उत्पादन के स्तर पर इस समेकन ने इन कंपनियों को वितरण और रिटेल में वजन प्रदान किया। फिल्मी कंपनियों ने अन्य उपभोक्ता उत्पाद कारोबार की तरह काम करना शरू कर दिया। जितनी ज्यादा विविधता और पैमाना कंपनी के पास थे, उतना अधिक उसका विक्रेताओं और वितरकों के साथ रसूख था।

इस समेकन ने कारोबार के सभी खंडो में काम किया। यश राज फिल्म्स ने म्युजिक, होम वीडियो, अंतराष्ट्रीय व घरेलू वितरण में सशक्त प्रयास किया। रिलायंस बिग एंटरटेनमेंट फिल्मों को बनाती और बेचती है; फिर वह घरेलू व अंतर्राष्ट्रीय वितरण और अंतर्राष्ट्रीय उत्पादन में आ गई।

इसके दबाव में फिल्म निर्माण की प्रक्रिया में भी कुछ अनुशासन आया। यूटीवी या यश राज फिल्म्स किसी भी प्रोजेक्ट के बारे में चर्चा करने से पहले एक लिखित और सीमित स्क्रिप्ट पर जोर डालने लगे। फिर उसकी जांच होती है। फिल्मों को वित्तीय मदद देने वाली भारतीय औद्योगिक विकास बैंक के पास 12 लोगों की सलाहकार समिति है जो हर तिमाही पर स्क्रिप्टों को परखती है। उस स्क्रिप्ट को पटकथा, शूटिंग शेड्यूल, कलाकार और तारीखों में परिवर्तित किया जाता है; फिल्म के बारे में प्रत्येक विवरण को काजग पर उतारा जाता है।

प्रि–प्रोडक्शन के लिए अब यह मानक हैं कि इसमें 4 से 9 महीने का वक्त लगता है, जबकि पहले इसमें कुछ दिन लगते थे। विचार यह है कि सभी विवरण कागज पर आ जाएं और हर दृश्य के शूटिंग शेड्यूल के लिए वैकल्पिक प्लान हो–लोकेशन से लेकर, वहां जरूरत पड़ने वाली चीजों तक–खर्चा शुरू करने से पहले हर चीज पूरी तरह व्यवस्थित हो। इस प्रि–प्रोडक्शन की प्रक्रिया में मुश्किल से 12 लोगों की जरूरत पड़ती है, जबकि वास्तविक शूटिंग में सैकड़ों लोग लगते हैं। कंपनी द्वारा खर्चा शुरू करने से पहले सभी बारीकियों का समाधान करना समझदारी वाला कदम होता है।

रिटेल क्रांति

दूसरा महत्वपूर्ण संरचनात्मक बदलाव बिक्री में था। उपभोक्ता जिन तीन मुख्य माध्यमों– मल्टीप्लेक्स, डिजिटल थिएटर, होम वीडियो से फिल्में देखता है, इन्होंने निवेश को आकर्षित करना शुरू किया। इस बदलाव के असर पर अत्यधिक बल नहीं दिया जा सकता। ध्यान रहे कि सिनेमा अब भी 10 प्रतिशत

से कम भारतीयों तक पहुंचता है। इसलिए सिनेमा को अन्य प्रारूपों के माध्यम से विस्तारित करने की आवश्यकता स्पष्ट दिखती है।
जिन प्रारूपों के कारण रिटेल क्रांति आई वे हैं:

मल्टीप्लेक्स : आधा दर्जन मल्टिप्लेक्स श्रृंखलाओं– फन रिपब्लिक, पीवीआर सिनेमा, एडलैब्स (अब बिग), फेम सिनमा और अयनॉक्स लेजर जैसे कई नाम– भारत के विभिन्न शहरों में उभरे (और अब भी प्रस्फुटित हो रहे हैं)।[37] एक ब्रोकिंग हाउस द्वारा कराए गए विश्लेषण के अनुसार 2013 में 1100 मल्टीप्लेक्स स्क्रीन थे (देखिये तालिका 3.2)। यह उसके लिए स्क्रीन करना आसान बनाता है और सभी तरह की फिल्मों से कमाने का रास्ता खोलता है, *रेस* और *शिवाजी* से *भेजा फ्राई* और *पीपली लाइव* तक। यह इसलिए क्योंकि एक स्क्रीन के साथ 1200–1700 सीट वाले सामान्य थिएटर के विपरीत मल्टीप्लेक्स में 200–400 सीटों की क्षमता वाली चार या पांच स्क्रीन होती हैं।

इसने संपूर्ण कारोबार को बहुत लचीलापन प्रदान किया। *3 इडियट्स* जैसी फिल्म को पहले शुरुआती हफ्तों में 400 सीट वाली बड़ी स्क्रीन पर दिखाया जा सकता है। बाद में, जब कलेक्शन गिरने लगे तो उसे छोटे स्क्रीन में बदला जा सकता है। दूसरी तरफ *विक्की डोनर* जैसी ऑफ बीट फिल्मों को शुरू में छोटे ऑडिटोरियम में दिखाया जा सकता है। यदि वे अच्छा करें, तो शो की संख्या बढ़ाई जा सकती है। मल्टीप्लेक्स में जो क्रमसंचय और संयोजन मिलता है–फिल्म, शो, समय और कीमत का मिश्रण करना– इससे साधारण फिल्म से भी कमाना आसान बनता है। यह इसलिए क्योंकि इससे वे 30 रुपये के राष्ट्रीय औसत से भी अधिक चार्ज कर सकते हैं। मल्टीप्लेक्स में औसत टिकट कीमतें (एटीपी) 150–200 रुपये के बीच रहती हैं। उदाहरण के लिए मल्टीप्लेक्स श्रृंखलाओं में पीवीआर की औसत टीकट कीमत सबसे अधिक है जो प्रति बिके टिकट पर 170 रुपये है। इसका परिणाम यह होता है कि 30–50 प्रतिशत अधिभोग पर भी, ज्यादातर अच्छा मुनाफा कमा ले जाते हैं, इसका श्रेय खान–पान और विज्ञापन को भी जाता है (देखिये 'कारोबार का वर्तमान आकार' और तालिका 3.2)। क्योंकि टिकट बुकिंग कंप्यूटराइज्ड और पारदर्शी है, तो राजस्व में गड़बड़ भी नहीं होती, जो पहले एक स्थानिक समस्या थी।

डिजिटल थिएटर : थिएटरों को डिजिटाइज करने का तर्क स्पष्ट था: फिल्मों के प्रिंट की जितनी अधिक कॉपियां रिलीज होंगी, पहले कुछ हफ्तों में उसका दोहन करने का उतना ही अधिक मौका होगा। आदर्शरूप से, भारत की प्रत्येक स्क्रीन के लिए, फिल्म के 11000

प्रिंट होने चाहिएं।[38] 60,000–70,000 रुपये के बीच प्रति सेल्युलॉयड कॉपी की कीमत देखते हुए यह व्यवहारिक नहीं था। राष्ट्रीय स्तर पर एक औसत फिल्म 200–400 प्रिंट के साथ रिलीज की जाती है, और एक बड़ी फिल्म जैसे, *ओम शांति ओम* राष्ट्रीय स्तर पर 1,000 प्रिंट के साथ रिलीज होगी। शीर्ष थिएटरों में पूरा कारोबार करने के बाद, ये बड़े शहरों के छोटे थिएटरों में जाती हैं और फिर छोटे शहरों में। इस बीच पायरेसी कारोबार की पूरी संभावना को सोख लेती है। जब प्रिंट इन बाजारों तक पहुंचता है तो उन पर स्क्रैच आ जाते हैं, जिनको देखने में कठिनाई होती है। इसीलिए छोटे शहरों में सिनेमा देखने जाने की आदत घट रही है।

डिजिटल टेक्नोलॉजी, यानि एक सर्वर और एक डिजिटल प्रोजेक्टर, को भारत में 2003 में स्थापित करने में 10 लाख से एक करोड़ रुपये का खर्च आता था। ये थिएटरों को डिजिटल फाइस से फिल्म दिखाने में सक्षम बनाता है। यह एक हार्ड डिस्क हो सकता है, जिसे हर सप्ताह बदला जाए या फिल्म को सैटेलाइट के माध्यम से ग्रहण करके कंप्यूटर की हार्ड डिस्क पर स्टोर किया जा सकता है। फिर उस फाइल के स्वतः विघटित होने तक समझौते के अनुरूपित संख्या में दिखाया जा सकता है। 35 एमएम से डिजिटल बनाने में पहली कॉपी के लिऐ एक से दो लाख रुपये तक खर्च आता है। इसके बाद हार्ड डिस्क पर बनाई जाने वाली प्रत्येक कॉपी में मूल प्रति वाली गुणवत्ता रहती है और उसकी कीमत तकरीबन 2000 से 3000 रुपये तक पड़ती है। इससे सुनिश्चित होता कि देश की प्रत्येक स्क्रीन को 'फर्स्ट डे–फर्स्ट शो' पर फिल्म मिल जाए– पायरेसी पर लगाम लगती है, लोगों की उपस्थिति बढ़ती है और उद्योग का राजस्व बढ़ाने में मदद मिलती है।

वर्षों तक, हॉलीवुड या कहीं और भी, कोई इसमें छलांग नहीं लगाना चाहता था। इसलिए क्योंकि फायदा सबको हो, लेकिन निवेश कोई नहीं करना चाहता था। चीन और अन्य कई देशों में सरकारों ने ही थिएटरों को डिजिटाइज करने का निर्णय लिया और परियोजनाएं चल पड़ीं। जून 2003 में, भारत में एडलैब्स ने 10 लाख रुपये के डिजिटल सिस्टम के साथ थिएटरों के बीच बोने शुरू किये। सितंबर 2003 में उसने सुभाष घई की मुक्ता आर्ट्स के साथ संयुक्त उद्यम में मुक्ता एडलैब्स डिजिटल एग्जिबिशन के साथ थिएटर रोपने की शुरुआत की। जल्द ही इसने 50 से अधिक थिएटरों के साथ करार किया, जो या तो राजस्व में हिस्सेदारी या फिर लीज आधारित था। कुछ मामलों में सीधे–सीधे उपकरण बेचे गए। इसके बाद धीरूभाई शाह की टाईम सिनेमा आई और फिर सुशील कुमार अग्रवाल की

अल्ट्रा ग्रुप। भले ही सबके मॉडल अलग थे, लेकिन विचार एक ही था: मरणासन्न स्थिति में पड़े बी और सी श्रेणी के थिएटारों को खड़ा करना और उनको चलाना।

उसके बाद जनवरी 2004 में, 130 थिएटर डिजिटाइज हुए, परिणाम चौंकाने वाले थे। महाराष्ट्र, पंजाब, उत्तर प्रदेश, पश्चिम बंगाल के डिजिटाइज थिएटरों में दर्शकों की औसत उपस्थिति 8–10 प्रतिशत से उछलकर 20–50 प्रतिशत हो गई। अच्छा दिनों में तो यह 100 प्रतिशत तक जा सकती थी। दर्शक फिर से थिएटरों का रुख करने लगे। मई 2005 तक आधा दर्जन डिजिटल सिनेमा परियोजनाएं प्रगति पर थीं। हालांकि मुक्ता–एडलैब्स का प्रोजेक्ट कई बार कमजोर भी पड़ा, लेकिन उसने भारत में डिजिटल मीडिया के लिए महौल बना दिया।

विवाद का क्षेत्र आम तौर नर प्रौद्योगिकी का विकल्प है। डिजिटल सिनेमा की गुणवत्ता में आवश्यक अंतर प्रोजेक्टर होता है, क्योंकि सर्वर और सैटेलाइट की लागत काफी हद तक एक जैसी होती है। वैश्विक रूप से स्वीकृत टेक्सास इंस्ट्रूमेंट की डीएलपी टेक्नोलॉजी का कई प्रोजेक्टर कंपनियों को लाइसेंस दिया गया है–बार्को, पैनासोनिक, क्रिस्टीज। हालांकि, हॉलीवुड अपनी डिजिटल सिनेमा इनीशिएटिव (डीसीआई) की ओर से केवल उच्च स्तर के डीएलपी प्रोजेक्टर का अनुमोदन करता है।[39] डीसीआई से अनुमोदित डीएलपी सिनेमा प्रोजेक्टर पूरी लागत को 30–40 लाख रुपये तक बढ़ा देता है।[4] जबकि दूसरी तरफ गैर डीसीआई स्वीकृत प्रोजक्टर का भाव 10–12 लाख रुपये के बीच है। ये 2012 के आंकड़े हैं। 2005 में डीसीआई स्वीकृत और गैर–डीसीआई स्वीकृत के बीच का अंतर 10 गुना तक था। मुक्ता–एडलैब्स ने गैर–डीसीआई का रास्ता चुना। संयोग से, अंतर केवल कीमत में ही नहीं था, बल्कि तथ्य यह भी था कि केवल डीसीआई स्वीकृत थिएटर ही हॉलीवुड फिल्में चला सकते थे। परिणामस्वरूप, मुक्ता–एडलैब्स सॉल्यूशन और भारत के अधिकांश डिजिटल सिनेमा, जो गैर–डीसीआई स्वीकृत थे, उनको ई–सिनेमा कहा जाने लगा। फिर भी, टेक्नोलॉजी ने उड़ान भरे। डिजिटाइजेशन के चारों तरफ कई तरह के बिजनेस मॉडल हैं, जहां थिएटर मालिक प्रदर्शित की प्रत्येक फिल्म या प्रत्येक 'वर्चुअल प्रिंट' के लिए मूल्य चुकाते हैं। दोनों ही मामलों में जो वह कमाते हैं, उसे कागजों में दिखाया जाता है और आय के रूप में दर्ज होता है। सॉफ्टवेयर अन्यथा उन्हें फिल्म फाइल को डिक्रिप्ट करने की अनुमति नहीं देगा। इसका अर्थ है कि पैसा वापस उद्योग में आ जाता है, जैसा कि मल्टीप्लेक्स में होता है।

अप्रैल 2013 में भारत में लगभग 6,000 एकल स्क्रीन थिएटर थे (देखिये तालिका 3.2)। इसमें मल्टीप्लेक्स भी जोड़ लीजिए, जिनमें से कई तेजी से डिजिटाइज हो रहे हैं। एक अंदाजे के मुताबिक भारत की 10 हजार स्क्रीनों में से 80–90 प्रतिशत अब डिजिटल हो चुकी हैं। इसके परिणामस्वरूप साधारणतः अधिकांश फिल्में करीब 70 से 80 प्रतिशत तक डिजिटल प्रिंट में ही रिलीज होती हैं। एक डिजिटल थिएटर सेल्युलॉयड फिल्म को भी दिखा सकता क्योंकि सभी थिएटरों के पास पहले से वह उपकरण रखे हैं।

होम वीडियो : रिटेल क्रांति का दूसरा हिस्सा था होम वीडियो। इसको कहेंगे कि ऐसा मनोरंजन जिसे किसी उपकरण पर घर बैठे देखा जा सकता हो। वर्तमान में इसके अंदर प्रमुख रूप से वीसीडी और डीवीडी आते हैं। विश्वस्तर पर और भारत में भी होम वीडियो जिसने फिल्म के राजस्व का 15–20 फीसदी या उससे अधिक भी दिलाया हो, उसे अब इतना महत्वपूर्ण नहीं माना जाता। इसका कारण है, 'पे–पर व्यू' और यूट्यूब या अन्य साइटों पर ऑनलाइन देखने जैसे उपलब्ध विकल्प।

बदलता वातावरण (2006–2009)

2006 से 2009 के बीच हुए प्रमुख परिवर्तन, जिनको पिछले संस्करण में अधिक विस्तार में बताया गया था, वे इस प्रकार हैं:

उत्पादन

घरेलू सह–निर्माण मुट्ठी भर घरेलू सह–निर्माता कंपनियां कारोबार के लिए जरूरी स्तर को ऊपर उठाने के लिए कठिन परिश्रम कर रही थीं। उन्होंने लिस्टिंग कराकर धन उगाने का प्रयास किया, सह–निर्माण को तलाशा जो फिल्म निर्माण की संख्या बढ़ा सकें, छोटी निर्माण–कंपनियों के साथ सह–वित्तपोषण या गठजोड़ किया। उदाहरण के लिए नेटवर्क–18 की फिल्म फर्म स्टूडियो18 (अब यह *वायकॉम18 मोशन पिक्चर्स* है) ने 2006 में श्री अष्टविनायक सिने विजन लिमिटेड के साथ गठजोड़ किया। इन दोनों को मिलकर एक अरब रुपये के बजट की चार फिल्में बनानी थीं, जिसमें से 40 प्रतिशत धन श्री अष्टविनायक को देना था। सह–निर्माण, सह–वित्तपोषण या गठजोड़ ने यह सुनिश्चित किया कि निर्माण कंपनियों हर साल

व्यापार करने के लिए कई सारी फिल्में तैयार रखें, सौदे का सबसे महत्वपूर्ण उपकरण। वे मनोरंजन कारोबार में स्वभाविक जोखिम को कम करते हैं। सह–निर्माण फिल्मों में पैसा लगाने वाले निवेशकों में विश्वास भी भरता है।

अंतर्राष्ट्रीय सह–निर्माण इटली, यूके, जर्मनी और ब्राजील आदि तमाम देशों ने भारत के साथ सह–निर्माण संधियों पर हस्ताक्षर किये हैं। यह संधियां अंतर्राष्ट्रीय वित्त पोषण, स्थान, विशेषज्ञता और वृहद दर्शकों को अर्जित करने में सहायक होती हैं। इस प्रक्रिया से भारत के लागत–प्रतिस्पर्धी पोस्ट प्रोडक्शन और एनिमेशन क्षेत्रों को भी कारोबार मिला।

छोटी फिल्मों का उदयः 1,000 सीट वाले थिएटरों के जमाने में, छोटी फिल्मों को खरीदार खोजने में अत्यंत कठिनाई आती थी। अब अधिक विकसित दर्शकों के साथ औसतन 200–300 सीट वाले थिएटरों की बदौलत, छोटी फिल्मों ने मुनाफे के साथ वापसी शुरू कर दी (देखिये अतीत)। *भेजा फ्राई, हैप्पी डेज, मंत्रा, अनसूया,* और *मी श्रेयोभिलाषी* उन छोटी फिल्मों में से हैं जिन्होंने अच्छा प्रदर्शन किया। उदाहरण के लिए *भेजा फ्राई* को बनाने में 60 लाख लागत आई और उसने बॉक्स ऑफिस पर 12 करोड़ कमाए।[41]

भाषाई सिनेमा का उदयः 2003 में, संदीप सावंत की मराठी फिल्म *श्वास* ने बड़ी संख्या में गैर–मराठी दर्शकों को आकर्षित कर एक नई जमीन तैयार की। इस फिल्म ने 2004 में स्वर्ण कमल राष्ट्रीय पुरस्कार प्राप्त किया और 77वें अकादमी पुरस्कारों के लिऐ भारत की ओर से यह आधिकारिक प्रविष्टि थी। अन्य मराठी फिल्में जैसे *नॉट ओनली मिसेज राउत, अनहट* और *उत्तरायण* ने भी जमकर वाहवाही लूटी। मराठी की तरह अन्य भाषाई फिल्में जैसे बंगाली, भोजपुरी और अवधी भी बड़े अंतराल के बाद ऊपर उठ रही हैं।

विपणन

विपणन में बड़े बदलाव इस प्रकार रहेः

बढ़ती विपणन लागतः 2007 में, हॉलीवुड के बड़े स्टूडियो द्वारा बनाई गई 10.6 करोड़ अमेरिकी डॉलर की औसत थिएटर लागत की फिल्म का 35 प्रतिशत से अधिक विपणन पर खर्च होता था। भारत में भी विपणन बजट कुल बजट का 30–40 प्रतिशत होता था, हालांकि

उसका आधार छोटा होता था, क्योंकि फिल्म लागत 5 करोड़ से 50 करोड़ रुपये की बीच होती थी। हर साल विपणन लागत 10 से 20 प्रतिशत तक बढ़ती जा रही थी, क्योंकि व्यापार की भाषा में कहें तो अधिकांश कंपनियां शुरुआत में ही अधिकांश धन कमाने का प्रयास करती हैं। इसके पीछे विचार यह है कि पायरेसी और फिल्म नकारात्मक मौखिक प्रचार से बचने के लिए ज्यादा से ज्यादा लोगों तक पहले सप्ताह में ही पहुंचा जाए–या हद से हद दूसरे सप्ताह तक। बिग सिनेमा के पूर्व कर्मी तुषार ढींगरा कहते हैं, 'फिल्म की बॉक्स आफिस कमाई का 90 प्रतिशत से ज्यादा पहले चार हफ्तों के अंदर ही आ जाता है, उसके बाद सिर्फ 10 प्रतिशत ही धीरे.धीरे आता है'। इसका अर्थ है कि लोगों में फिल्म के प्रति जागरुकता फैलाने, प्रचार, मांग आदि में ज्यादा खर्च किया जाए और फिर यह सुनिश्चित किया जाए कि फिल्म ज्यादा से ज्यादा स्क्रीनों पर रिलीज हो। इन दिनों फिल्म रिलीज होने के महीनों पहले विपणन की बौछार शुरू हो जाती है। ज्यादातर बड़ी फिल्में देश भर में करीब 2000–4000 प्रिंट के साथ रिलीज होती हैं।[42] उदाहरण के लिए 2002 की ब्लॉकब्स्टर *दबंग2* देश भर में 3,500 थिएटरों में रिलीज हुई और विदेशों में 450 स्क्रीनों पर।

सह–ब्रांडिंग और ब्रांड गठजोड़ फिल्म की विपणन लागत को कम करने के लिए सह– ब्रांडिंग एक बहुत बड़ा साधन बनना शुरू हो गया। 2007 मे हिन्दुस्तान यूनिलीवर ने *क्रिश* फिल्म के साथ जुड़कर अपने बहुत ज्यादा बिकने वाले लाइफबॉय साबुन का विपणन किया। इस तरह के सौदे में, आमतौर पर कोई कंपनी फिल्म के मीडिया खर्च में हाथ बंटाती है तो बदले में उस फिल्म के पात्रों या अन्य तत्वों को अपने विज्ञापन संदेशों में प्रयोग करने का अधिकार लेती है। इसका अर्थ है फिल्म के लिए मुफ्त मीडिया। *क्रिश*–लाइफबॉय के मामले में यह भी शामिल था कि लाइफबॉय के पैकेट पर *क्रिश* के पात्र की तस्वीर छपेगी और फिल्म को व्यापारिक प्रचार का आधार मिलेगा। 2006 में लेनोवो ने *कॉर्पोरेट* फिल्म के डायरेक्टर मधुर भंडारकर से गठजोड़ करके उसे स्पॉन्सर किया। फिल्म में अभिनेत्री बिपाशा बसु लेनोवो की उत्पाद श्रेणी का विज्ञापन करते हुए दिखाया गया है।

फिल्म विपणन में मोबाइल और इंटरनेट का प्रयोगः लगभग 12.7 करोड़ से अधिक इंटरनेट और 86.7 करोड़ से अधिक मोबाइल उपभोक्ताओं के साथ ये दोनों मीडिया मल्टीप्लेक्स जाने वाले युवाओं और संपन्न लोगों के साथ जुड़ने का अच्छा माध्यम हैं। भारतीय

फिल्म उद्योग विपणन के लिऐ इंटरनेट और मोबाइल का उपयोग करने में सक्रिय रही है। लगभग हर बड़ी फिल्म के पास एक मोबाइल पार्टनर, वेब पार्टनर और वेबसाइट भी होती है।

क्रय–विक्रय अब तक यह बजाय वास्तविक राजस्व कमाने के फिल्म और उससे जुड़े ब्रांड के प्रचार तक ही समझा जाता था। अतः क्रय–विक्रय में होने वाले प्रयास सीमित बने रहे। 2007 में, शॉपर्स स्टॉप *ओम शांति ओम* के परिधान अधिकारों के लिए फिल्म निर्माताओं के साथ एक विपणन सौदा किया। इस गठजोड़ से शॉपर्स स्टॉप ने चार नये ब्रांड आरम्भ किये। इसके अलावा अन्य फिल्मों में *रा.वन* में भी ऐसा प्रयोग किया गया।

कारोबार कैसे चलता है

मूल्य श्रृंखला

फिल्म की मूल्य श्रृंखला में तीन तत्व होते हैं– उत्पादन, वितरण, रिटेल।

उत्पादन

अगर किसी के पास फिल्म का कोई आइडिया है तो उसको हकीकत में बदलने के लिए धन और लोगों की जरूरत होती है। जिस व्यक्ति के पास आइडिया है वह बाहरी भी हो सकता है, जरूरी नहीं कि वही फिल्म बनाए। यह वह इंडस्ट्री के अंदर का व्यक्ति भी हो सकता है– एक निर्देशक, वित्तदाता, एक अभिनेता या एक लेखक। इन दिनों यह विशिष्टता है कि एक आइडिया या स्क्रिप्ट लेकर यश राज फिल्म्स या यूटीवी जैसी कंपनियों के पास और वहां से सहयोग लें। बुनियादी प्रक्रिया में प्रि–प्रोडक्शन प्लानिंग शामिल होती है, जिसको पूरा करने में 4–6 महीने का वक्त लग सकता है। इसमें शूटिंग के लिए लोकेशन का चयन, पोशाक, कलाकारों का चयन, उनको पूरी जानकारी देना और ह रवह चीज शामिल होती है तो कैमरा घूमने से पहले की जा सकती है।

वितरण

इसमे दो प्रकार के समझौते होते हैं। एक वितरक व निर्माता के बीच और दूसरा वितरक व थिएटर मालिकों के बीच। फिल्म उद्योग से जुड़े लोगों को जहां तक याद आता है, यह व्यवस्था लंबे समय से ऐसे ही

चलती आ रती है। अकाउंटेंट अमृत शाह कहते हैं 'शायद जो चीज बदली है वह है कि फिल्म निर्माण की बढ़ती लागत को देखते हुए वास्तविक संख्या में इजाफा हुआ है'।[43] साथ ही क्षेत्रों की संख्या भी बढ़ी है। जहां भौगोलिक भारत 14 क्षेत्रों में बंटा हुआ है, वहीं विदेशी बाजार और सैटेलाइट टेलीविजन इतनी कमाई दे देता है कि उनको अलग क्षेत्र के रूप में वर्गीकृत किया जाए।[44]

वितरक और निर्माता के बीच समझौता वितरक और फिल्म कंपनियों के बीच निम्नलिखित चार समझौतों में कोई भी हो सकता है। यह फिल्म, निर्माता, वितरक, उसके क्षेत्र और उनकी फिल्म से जुड़ी अपेक्षाओं पर निर्भर करता है:

न्यूनतम गारंटी (एमजी): सिनेमा की भाषा में इसको रॉयल्टी एमजी कहा जाता है। यदि एक वितरक मुंबई क्षेत्र में *कहानी* फिल्म दिखाने के अधिकार एक करोड़ रुपये में खरीदता है, तो उसका मूल्य उस फिल्म के निर्माण में लगी लागत के आधार पर या फिर प्रतिशत के आधार पर ही रहेगी।[45] आमतौर पर 30 से 40 प्रतिशत अग्रिम भुगतान किया जाता है, बाकि फिल्म के पहले प्रिंट मिलने के बाद। इसके अतिरिक्त वितरक अपने क्षेत्र के प्रिंट का खर्च अलग से उठाएबा। अगर एक फिल्म मुंबई के 100 थिएटरों में रिलीज होती है और 75 प्रिंट बनाने की जरूरत है, तो प्रति प्रिंट 60 हजार रुपये की कीमत वितरक वहन करेगा और पब्लिसिटी की लागत भी। मान लीजिए कि एक फिल्म कह स्क्रीनिंग में कुल खर्च रु 2 करोड़ रुपये आता है। यह भी मान लीजिए कि समझौते के मुताबिक वह निर्माता से 20 प्रतिशत कमीशन भी ले सकता है। अपन खर्च (2 करोड़ रुपये) और अपना कमीशन (20 लाख रुपये) निकालने के बाद भी अगर अधिक धन आता है तो उस पैसे को निर्माता के साथ आधा–आधा बांटा जाएगा।

अग्रिम भुगतान अगर वितरक जोखिम नहीं उठाना चाहता तो वह निर्माता को सीधे अग्रिम भुगतान करेगा। प्रिंट, पब्लिसिटी और कमीशन की बाकी व्यवस्था वैसी ही रहेगी। अगर फिल्म अग्रिम भुगतान की भरपाई करने लायक पैसा नहीं कमा पाती तो निर्माता को वह पैसा वितरक को वापस लौटाना होगा।

कमीशन आधारित इस समझौते के तहत, वितरक कोई जोखिम नहीं उठाता। वह सिर्फ फिल्म लेता है और अपने पूरे क्षेत्र में रिलीज कर देता है, उसकी आय पर 10 प्रतिशत कमीशन लेता है। इसमें सारा

जोखिम निर्माता को उठाना पड़ता है। यह वितरण की अधिक लोकप्रिय विधि बनती जा रही है। पहले, 2009 में मल्टीप्लेक्स मालिकों और निर्माता कंपनियों के बीच हुई तकरार के परिणामस्वरूप उनके बीच राजस्व बंटवारे की यह व्यवस्था बनाई गई: निमार्ता/निर्माता कंपनियों को पहले हफ्ते में टिकट बिक्री से प्राप्त राजस्व का 50 प्रतिशत हिस्सा मिलेगा, दूसरे हफ्ते में 42.5 प्रतिशत, तीसरे हफ्ते में 37.5 प्रतिशत और चौथे सप्ताह व उसके बाद 30 प्रतिशत। अगर फिल्म शीर्ष के छह मल्टीप्लेक्स चेन में 17.5 करोड़ रुपये से अधिक कमाती है (एकल स्क्रीन और स्वतंत्र मल्टीप्लेकस से अलग), तो निर्माता को प्रथम सप्ताह की कमाई से 52.2 प्रतिशत मिलेगा, दूसरे सप्ताह में 45 प्रतिशत, तीसरे सप्ताह में 37.5 प्रतिशत और चौथे सप्ताह से 30 प्रतिशत हिस्सा मिलेगा। वर्तमान में इस व्यवस्था को बदलने के लिए खींचतान चल रही है ताकि मल्टिप्लेक्स के हिस्से को और बेहतर बनाया जा सके।[46]

प्रत्यक्ष वितरक निर्माता को एक बड़ी रकम देकर एक फिल्म को अपने क्षेत्र में पांच साल के लिए ले लेता है। उसके बाद उस क्षेत्र के लिए फिल्म के अधिकार वापस निर्माता को मिल जाते हैं। यह आमतौर पर हिंदी फिल्मों के मामले में तमिलनाडु जैसे क्षेत्रों में किया जाता है, जहां यह तय करना मुश्किल है कि वह कितना कमाएगी। शाह याद करते हैं, 'पुराने दिनों में, 99 प्रतिशत विदेशी अधिकार प्रत्यक्ष बेचे जाते थे, इसलिए उनका कोई हिसाब–किताब नहीं है कि फिल्मों ने वहां कितना कमाया'।

वितरक और प्रदर्शक (थिएटर मालिक) के बीच करार। यह तीन प्रकार के होते हैं:

किराए पर थिएटर : यह स्थाई किराए के रूप में काम करता है। मान लें, एक थिएटर की एक सप्ताह के लिए वित्तीय क्षमता 10 लाख रुपये है। उस क्षेत्र का सामान्य नियम 50 प्रतिशत है, तो प्रदर्शक पूरे हॉल की क्षमता का 50 प्रतिशत अपने पास रखेगा और बाकी बचा हुए वितरक हो देगा। यदि फिल्म 12 लाख रुपये कमाती है, तो प्रदर्शक पांच लाख रुपये रखेगा और बाकी वितरक को देगा। हालांकि अगर फिल्म 7 लाख रुपये कमाती है तब भी प्रदर्शक पांच लाख रुपये रखेगा और वितरक को केवल दो लाख मिलेंगे। यदि फिल्म पूरे हॉल की क्षमता की 50 प्रतिशत से भी कम रहती है, मान लीजिए चार लाख रुपये, तब भी थिएटर मालिक का हिस्सा पांच लाख रुपये है। इसलिए वितरक उसको एक लाख का भुगतान करेगा। हालांकि

व्यवहार में वितरक तुरंत प्रदर्शक को भुगतान नहीं करता। अंतिम निबटारा थिएटर से फिल्म हटने के बाद ही होता है।

यह बात ध्यान देने वाली है कि थिएटर की क्षमता उसमें उपलब्ध सीटों की संख्या के हिसाब से नहीं होती, बल्कि इस आधार पर तय होती है कि वह कितना पैसा कमा सकता है। क्योंकि मनोरंजन कर और स्थानीय नियम आदि टिकट के रेटों में भारी अंतर ला सकते हैं। थिएटर किराए पर लेना सबसे लोकप्रिय तरीका बन गया है, खासतौर से मेट्रो शहरों में, जहां टिकटों की कीमतें बहुत ऊंची रहती हैं, इसलिए प्रदर्शकों को अगर अपनी चरम क्षमता की निश्चित रकम मिल जाए जो उनके पास पर्याप्त पैसा कमाने का मौका रहता है। यह प्रदर्शक की किस्मत को फिल्म से बिल्कुल अलग रखता है। यह अब बदल रहा है। कई थिएटर कम किराया लेने को इच्छुक हैं, लेकिन राजस्व या अत्यधिक कमाई में हिस्सा चाहते हैं।

प्रतिशत के आधार पर : शाह के अनुसार, इस तरह का करार अब बहुत प्रचलन में नहीं है। इस करार के तहत प्रदर्शक हर सप्ताह की कमाई में से 40–50 प्रतिशत की एक निश्चित राशि लेता है। अगर कमाई अधिक है तो उसको फायदा होता है, अगर नहीं है, तो उसका मुनाफा भी घटता है।

निश्चित किराया : इस तरह के करार में पूरा जोखिम प्रदर्शक उठाता है। वह वितरक को प्रति सप्ताह एक निश्चित राशि का भुगतान करता है, चाहे उसकी साप्ताहिक कमाई कुछ भी रहे। अगर क्षमता 2 लाख रुपये की है, तो निश्चित किराया एक लाख रुपये प्रति सप्ताह हो सकता है। यदि अतिरिक्त आय होती है तो वह उसे वितरक के साथ समझौता के नियमों के अनुरूप बांट भी सकता है। आमतौर पर जब देश के अंदरूनी हिस्सों में फिल्म भेजी जाती है, जहां क्षमता को मापना कठिन हो या यह अनुमान न लगाया जा सके कि फिल्म कितनी पसंद आएगी, तो वितरक सुरक्षित मार्ग अपनाते हैं और उसे एक निश्चित राशि के किराए पर दे देते हैं। वितरकों, उत्पादकों और थिएटर मालिकों के बीच भुगतान के हजारों मसले संभालने वाले शाह के अनुसार, इस प्रणाली में गड़बड़ के लिए गुंजाइश निहित है। वितरकों के लिए प्रदर्शक से नगद भुगतान लेना आम बात है, और फिर कागजों में नुकसान दिखाकर निर्माता के भुगतान में कटौती की जा सकती है।

यह बिहार, पंजाब और उत्तर प्रदेश में बहुत आम है, जहां बड़ी मात्रा में लेन–देन नगद में होता है और शायद ही फिल्में वहां

कभी मुनाफा दिखाती हैं। छोटे शहरों के प्रदर्शकों का खासतौर पर एकाधिकार होता है। शहर में उनके पास शायद एक ही थिएटर होता है, इसलिए फिल्म महीनों तक पैसा बनाती रहती है, जबकि निर्माता को लगता है कि वह थिएटर से हट चुकी है। उसको केवल यही नजर आता है कि कमाई कम हुई है, इसलिए वितरक को किराया देने के बाद ऐसा लगता है कि थिएटर मालिक के पास कुछ नहीं बचा। इसमें वितरक बहुत कुछ नहीं कर सकता। यदि वहां तीन थिएटर भी हैं, तो उसके मालिक मिलकर यह तय कर सकते हैं कि एक सप्ताह का केवल एक लाख रुपये निश्चित किराया दिया जाएगा, इसलिए वितरकों के पास कोई विकल्प नहीं बचता और उनमें से किसी एक साथ काम करना ही पड़ता है।

धन के रिसाव और अन्य समस्याओं से बचने के लिए यूटीवी जैसी कई फिल्म कंपनियां वितरण के क्षेत्र में भी उतर रही हैं, ताकि मूल्य श्रृंखला पर बेहतर पकड़ बनाई जा सके।

रिटेल

फिल्म पूरी होने के बाद उसे या तो भारत में या विदेशों में थिएटरों में दिखाया जाता है, टेलीविजन या होम वीडियो पर रिलीज किया जाता है, इंटरनेट पर स्ट्रीमिंग के लिए या रिटेल के अन्य रूपों में उपलब्ध कराया जाता है। आमतौर पर रिटेल के अन्य फॉरमेट में थिएटर रिलीज के एक महीने बाद उपलब्ध हो पाता है। (अधिक जानकारी के लिए देखें 'अतीत')

अर्थशास्त्र

आमतौर पर आय श्रोत इस प्रकार हैं (मुख्य अनुभाग में विस्तार से बताया गया है और तालिका 3.1 में प्रदर्शित है) :

- थिएटर रिलीज
- केबल, सैटेलाइट रिलीज
- प्रादेशिक और विदेशी बाजारों के लिए डबिंग प्रारूप
- डीवीडी, वीसीडी रिलीज
- इंटरनेट
- डीटीएच पर पे–पर–व्यू
- संगीत अधिकार
- रिंगटोन, वॉलपेपर या क्लिप के लिए मोबाइल अधिकार

लागत के मुख्य तत्व (इसकी चर्चा प्रमुख अनुभाग में भी की गई है):

- उत्पादन
- कलाकार
- वितरण (प्रिंट भी समाहित)
- विपणन

मेट्रिक्स

फिल्मी कारोबार में प्रमुख मेट्रिक्स इस चीज पर निर्भर करती है कि कंपनी मूल्य श्रृंखला के किस हिस्से में काम करती है। उसी के अनुसार यह अलग–अलग होती है।

वॉक–इन

किसी भी रिटेल स्टोर की तरह मल्टीप्लेक्स या फिल्म थिएटरों में वॉक–इन काफी महत्वपूर्ण होते हैं। यह केवल बॉक्स ऑफिस की कुल आय ही नहीं तय करता बल्कि यह भी निर्धारित करता है कि खान–पान कितनी वस्तुएं बिकीं और विज्ञापनदाता थिएटर या थिएटर श्रृंखला में कितना धन लगाते हैं। यह क्षमता के उपयोग में परिवर्तित होता है। कई थिएटर श्रृंखलाओं में 35–40 प्रतिशत क्षमता के उपयोग के साथ–साथ खान–पान की अच्छी बिक्री और विज्ञापन, हानिरहित स्थिति में ले आता है।

औसत टिकट दरें

ये अभी तक भारत में सबसे कम हैं। अमेरिका में 2012 में प्रवेश शुल्क 7.96 डॉलर था। भारत के मेट्रो शहरों में यह कीमत 3 डॉलर के करीब पहुंच रही है। हालांकि, समग्र रूप से यह 30 रुपये प्रति टिकट है या तकरीबन 50 सेंट।

बॉक्स ऑफिस की सकल आय

यह थिएटर द्वारा एक दिन या एक हफ्ते में कमाई गई कुल रकम होती है। हालांकि, इसे उस फिल्म का राजस्व नहीं कहा जा सकता। आखिर में शुद्ध कमाई मापने के लिए इसमें से मनोरंजन कर व अन्य करों को घटाना होता है। उसके बाद वितरक और थिएटर मालिक के हिस्से को घटाया जाता है, तब इस बात का थोड़ा अंदाजा लगता है कि फिल्म कंपनी ने कितना कमाया।

जल्दी से समझने के लिए एक मोटा–मोटा अनुमान इस प्रकार हैः निर्माता कंपनी को साधारणतयः सिनेमा की कुल आय का 1/3 भाग मिलता है। इसको बाद में अन्य राजस्वों में जोड़ दिया जाता है, जैसे होम वीडियो, विदेशी आय, संगीत, विज्ञापन, और अन्य।

नियमन

वैसे तो फिल्म उद्योग में तमाम नियमन हैं, लेकिन उनमें से ज्यादातर कंटेंट पर केंद्रित हैं। वित्तपोषण, वितरण या प्रदर्शन पर बहुत कम नियमन है, ऐसे क्षेत्र जिनमें नियमन कारोबार को मदद पहुंचा सकता है। सच्चाई यह है कि जब भी फिल्म उद्योग के लिए एक अच्छा कारोबारी ढांचा खड़ा करने हेतु नियमन में सुधार का सुझाव दिया गया, उसको अनदेखा कर दिया गया। कुछ केस, कानून और वृत्तांत नीचे दिए गए हैः

वृत्तांत

भारत मे फिल्म नियमन कैसे विकसित हुआ, उसके बारे मे संक्षिप्त जानकारीः

1918: ब्रिटिश एक्ट के अनुरूप बनाए गए दि इंडियन सिनेमैटोग्राफ एक्ट ने सेंसरशिप और फिल्म लाइसेंस की शर्तें तय कीं।

1097–28: दि इंडियन सिनेमैटोग्राफ कमेटी (1927–28)।

1932: दि मोशन पिक्चर सोसायटी ऑफ इंडिया (1951 में जिसका फिल्म फेडरेशन ऑफ इंडिया ने अधिग्रहण कर लिया)। उसके बाद विभिन्न प्रांतों ने अपन अलग–अलग मोशन पिक्चर संगठन बनाए।

1943: कच्चे माल के वितरण पर राज्य का नियंत्रण। इंडियन न्यूज परेड को दिखाने और उसकी कीमत चुकाने हेतु सभी वितरकों पर दबाव डालने के लिए दि डिफेंस ऑफ इंडिया एक्ट में संशोधन किया गया। यह दोनों पाबंदियां 1946 में हटा दी गईं।

1944: सरकार ने फिल्म सलाहकार समिति का गठन किया।

1949: फिल्म डिविजन बनाया गया और सिनेमैटोग्राफ एक्ट, 1952 में संशोधन किया गया। मुख्यतः मध्य प्रांतों में मनोरंजन कर बढ़ाकर 50 प्रतिशत कर दिया गया और पश्चिम बंगाल में 75 प्रतिशत। एस.के. पाटिल समिति का गठन किया गया।

1950: जवाहरलाल नेहरू ने नये थिएटरों के निर्मान पर नियंत्रण लगा दिया। अंततः इसको 1956 में हटा दिया गया।

1951: फिल्म के वित्तपोषण में सुधार लाने पर एस.के. पाटिल समिति की रिपोर्ट आई। फिल्म फेडरेशन ऑफ इंडिया का गठन हुआ। फिल्म सेंसरशिप को मुंबई स्थित सेंट्रल बोर्ड में केंद्रित कर दिया गया।

1968: फिल्म सेंसरशिप पर जी.डी. खोसला समिति की रिपोर्ट आई। इसने सेंसरशिप नियमों की यह कहते हुए आलोचना करी कि यदि सेंसरशिप निर्देशों को सख्ती से लागू किया जाए तो एक भी फिल्म सर्टिफाइ नहीं होगी, चाहे वह भारतीय हो या पश्चिमी। इसको लेकर एक बहस छिड़ गई कि क्या सेंसरशिप संविधान द्वारा प्रदत्त हमारे अभिव्यक्ति के अधिकार का उल्लंघन करता है।

1973–74: एस्टिमेट कमेटी ने सरकार पर पूर्व में बनी जांच समितियों की रिपोर्ट को नजरंदाज करने का आरोप लगाया, जिनमें फिल्म उद्योग के लिए संस्थागत निवेश उपलब्ध कराने का सुझाव दिया गया था। यह इसी बिंदु को दर्शाता है कि संस्थागत निवेश न होने की वजह से बहुत मात्रा में काला धन फिल्म उद्योग में आता है।

1980: एफएफसी का इंडियन मोशन पिक्चर्स एक्स्पोर्ट कॉरपोरेशन के साथ विलय हो गया और एनएफडीसी बन गया।

1980: राष्ट्रीय फिल्म नीति पर बने कार्य समूह ने उल्लेख किया कि इस क्षेत्र को उद्योग का दर्जा दिया जाए और इसके लिए बैंकों के माध्यम से संस्थागत निवेश उपलब्ध कराया जाए।

1982: आंध्र प्रदेश और उड़ीसा ने इसको सबसे पहले उद्योग का दर्जा दिया।

1984: फिल्म के कॉपीराइट उल्लंघन को संज्ञेय अपराध बना दिया गया।

1994: *राजा बाबू* फिल्म के गीत *सरकाय लो खटिया* के बाद सेंसर कोड में संशोधन किया गया।

अधिकार और पायरेसी[48]

सिनेमा कई घटकों का मिश्रण होता है और इसलिए उसमें कई कानूनी अधिकार जुड़े होते हैं। एक फिल्म में कई चीजें होती हैं, जैसे स्क्रिप्ट (जो एक कॉपीराइट साहित्यिक कार्य है), कलाकारों द्वारा अभिनय, गीतों के बोल (यह भी कॉपीराइट साहित्यिक कार्य है), संगीत (कॉपीराइट संगीत कार्य), गीत की रिकॉर्डिंग (साउंड रिकॉर्डिंग का कॉपीराइट) ग्राफिक्स और आर्ट (कॉपीराइट किया हुआ कलात्मक कार्य)। इनमें से प्रत्येक घटक एक अलग बौद्धिक संपत्ति

अधिकार रखता है। इसका अर्थ है कि प्रत्येक भारतीय कॉपीराइट अधिनियम, 1957 के तहत कॉपीराइट प्रदत्त है। इसलिए निर्माता को पहले इन सभी अधिकार धारकों से अनुमति लेनी चाहिए, जो सब बाद में मिलकर एक अंतिम उत्पाद बनेंगे, यानि फिल्म।

कॉपीराइट

सिनेमैटोग्रफिक फिल्म में कॉपीराइट भारतीय कॉपीराइट अधिनियम के तहत प्रदान किया जाता है। इस सिनेमैटोग्रफिक फिल्म का निर्माता ही उसका रचनाकार होता है। सिनेमैटोग्रफिक फिल्मों में कॉपीराइट की अवधि 60 साल होती है, यानि जिस साल फिल्म प्रकाशित होती है उसके अगले कैलेंडर वर्ष की शुरूआत से लेकर यह काल गिना जाता है। कॉपीराइट ऐसी सिनेमैटोग्राफिक फिल्म पर लागू नहीं होता, जिसका बहुत बड़ा भाग किसी अन्य कार्य के कॉपीराइट का उल्लंघन करके बनाया गया हो। फिल्म के कॉपीराइट मालिक के पास ये विशिष्ट अधिकार होते हैं:

1. फिल्म की प्रतिलिपी बनाना, मय किसी चित्र के जो उस फिल्म का हिस्सा रहा हो।
2. फिल्म की कॉपी को बेचने या किराए पर देने या बिक्री या किराए की पेशकश करने का अधिकार, भले ही ऐसा पहले किया जा चुका हो।
3. थिएटरिकल अधिकार (थिएटर में रिलीज) और प्रसारण अधिकार (टीवी चैनलों पर प्रसारण) के माध्यम से फिल्म को आम लोगों के बीच प्रदर्शन करना।

फिल्म को किसी भी तरह से, किसी भी माध्यम से कॉपी करने से सिनेमैटोग्राफिक फिल्म का उल्लंघन होता है। पहली फिल्म से मिलती–जुलती दूसरी फिल्म बनाना कॉपी करने के अंतर्गत नहीं आता। किसी साहित्यिक, नाटकीय, संगीत या कलात्मक कार्य का सिनेमैटोग्राफिक फिल्म के रूप में पुनःउत्पादन कॉपी का उल्लंघन माना जाएगा। उच्चतम न्यायालय द्वारा *आर. जी. बनाम डीलक्स फिल्म (1978) एसएससी 118* के मामले में फिल्म के उल्लंघन को परखना निर्धारित किया है। निम्नलिखित सिद्धांत बनाए गए:

1. आइडिया, सिद्धांत, विषय, थीम, कथानक या ऐतिहासिक या पौराणिक तथ्यों पर कोई कॉपीराइट नहीं हो सकता। और ऐसे मामलों में कॉपीराइट का उल्लंघन रूप, तरीके, प्रबंधन तक सीमित होगा। साथ कॉपीराइट किए हुए कार्य के रचनाकार द्वारा विचार के अभिव्यंजन तक।

2. जहां एक ही आइडिया को अलग तरीके से विकसित किया गया है, वहां यह स्पष्ट है कि समान स्रोत होने के कारण, समानता होनी लाज़मी है। ऐसे मामलों में न्यायालय को तय करना चाहिए कि समानताएं कॉपीराइट कार्य में अपनाई गई अभिव्सक्ति के तरके की मौलिकता या वास्तविकता के पहलुओं से जुड़ा है या नहीं। यदि प्रतिवादि का कार्य किसी कॉपीराइट कार्य की अक्षरशः नकल है, भले ही उसमें कुछ हद तक जहां–तहां फेरबदल कर दिया गया हो तो वह कॉपीराइट का उल्लंघन होगा। अन्य शब्दों में, कार्रवाई करने के लिए, नकल वास्विक और ठोस हो, जिसे देखकर एकदम यह निष्कर्ष निकाला जा सके कि प्रतिवादी पायरेसी का दोषी है।
3. कॉपीराइट का उल्लंघन हुआ है या नहीं यह परखने के लिए सबसे पक्का और सुरक्षित तरीका यह देखना है कि पाठक, प्रेक्षक या दर्शक दोनों कार्य पढ़ने या देखने के बाद स्पष्टतः यह राय रखते हैं और उन पर यह असंदिग्ध प्रभाव पड़ता है कि बाद में हुआ कार्य मूल कार्य की नकल है या नहीं।
4. जहां थीम एक ही प्रकार ही होती हो, लेकिन उसको बिल्कुल अलग तरह से प्रस्तुत किया जाए कि उसके परिणामस्वरूप एकदम नई चीज बनकर आए तो कॉपीराइट के उल्लंघन का प्रश्न नहीं उठता।
5. हालांकि, जहां दो कार्यों में समानता प्रदर्शित होने के अलावा, सामग्री और व्यापक असमानता भी हो, जिससे मूल की नकल करने की मंशा नहीं झलकती और दोनों में संयोग से समानताएं नजर आती हैं, तब भी कॉपीराइट का उल्लंघन नहीं होता।
6. तथापि, जहां निर्माता या निर्देशक द्वारा किसी मंचीय नाटक के कॉपीराइट उल्लंघन का प्रश्न है, तो वादी के लिए पायरेसी को सिद्ध करना और भी मुश्किल हो जाता है। यह स्पष्ट है कि नाटक के विपरीत फिल्म व्यापक परिप्रेक्ष्य, व्यापक क्षेत्र और बड़ी पृष्ठभूमि में बनाई जाती है। इसमें प्रतिवादी अपने पक्ष में विभिन्न घटनाओं, अलग रंग–रूप दिखाकर यह प्रकट कर सकते हैं कि उनका काम अलग है। फिर भी, फिल्म देखने के बाद, अगर दर्शकों को यह लगता है कि फिल्म पूरी तरह से मूल नाटक की नकल है, तो कॉपीराइट का उल्लंघन साबित किया जा सकता है।

भारतीय कॉपीराइट अधिनियम में सिनेमैटोग्राफिक फिल्म से जुड़े कॉपीराइट उल्लंघन के विशिष्ट बचाव दिये गए हैं।[49] अगर सिनेमैटोग्राफिक फिल्म का मालिक ऐसे गीत व संगीत को जो फिल्म के साउंड ट्रैक का हिस्सा है, उसे फायदे या अन्य किसी वजह से सार्वजनिक रूप से सुनाता है तो गीत का संगीतकार अपने कॉपीराइट के उल्लंघन की शिकायत नहीं कर सकता।

हालांकि संगीतकार के पास उस संगीत को सार्वजनिक तौर पर फायदे या अन्य किसी वजह से प्रदर्शन करने का अधिकार सुरक्षित रहता है।[50] हालांकि, जहां तक फिल्मों में संगीत का विषय है तो कॉपीराइट एक्ट में 2012 में पारित हुए संशोधन अधिनियम के तहत काफी बदलाव किया गया। देखें अध्याय 4–संगीत।

पायरेसी

तमाम कानूनों के बावजूद फिल्मों में पायरेसी एक बड़ी समस्या है। इसमें केबल पायरेसी के साथ–साथ डीवीडी, एलडी, वीसीडी, ऑनलाइन या अन्य फॉरमैट शामिल हैं। फिल्में जैसे ही रिलीज होती हैं वे तुरंत किराये की लाइब्रेरी में या वीसीडी में मिलने लगती हैं, कई बार तो रिलीज होने से पहले ही यह खेल शुरू हो जाता है। 2000 के केबल एक्ट में हुए कुछ संशोधनों में इस तथ्य को अभिज्ञात किया कि केबल ऑपरेटरों को भी अपने नेटवर्क पर सॉफ्टवेयर प्रदर्शन के लिऐ कॉपीराइट लाइसेंस की आवश्यकता होती है और किसी भी तरह का उल्लंघन कानूनन अपराध है। पायरेसी वीडियो पार्लर और सीडी लाइब्रेरी से भी होती है, जिनके पास किराए पर देने की कोई बुनियादी अनुमति या लाइसेंस नहीं होता, जब तक कि वे अधिकृत संस्करण का उपयोग नहीं करते। 1984 में, फिल्म और कंप्यूटर प्रोग्रामिंग पायरेसी से निबटने के लिए कॉपीराइट एक्ट में संशोधन किया गया था। रिकॉर्डिंग और वीडियो फिल्मों के निर्माताओं पर यह वैधानिक दायित्व होता है कि वे डिस्क और पैकिंग के ऊपर इससे संबंधित विवरण को प्रदर्शित करें।

फिर भी कॉपीराइट कानून का प्रवर्तन लगातार असफल हो रहा है। केंद्र सरकार ने प्रवर्तन के उपायों की समीक्षा के लिए कॉपीराइट प्रवर्तन सलाहकार परिषद का गठन किया है। विभिन्न राज्य सरकारों द्वारा कई तरह के एंटी–पायरेसी उपाय अपनाये गये हैं। जैसे, इसके लिए पुलिस मुख्यालयों में अलग से सेल स्थापित किये गये हैं।

तमिलनाडु सरकार का उल्लेख विशेष रूप से किया जा सकता है, जहां फिल्म पायरेसी करने वालों को गुंडा एक्ट में शामिल किया गया है, जिसमें आरोपी को बिना सुनवाई के एक साल तक कैद किया जा सकता है, और वहां पायरेसी वाली फिल्में दिखाने पर भारी जुर्माना भी लगाया गया। मई 2005 से आंध्र प्रदेश फिल्म चैम्बर ऑफ कॉमर्स ने एंटी वीडियो पायरेसी सेल बनाया हुआ है। इसकी अध्यक्षता सेवानिवृत्त पुलिस अधीक्षक करते हैं और यह सेल सरकार के साथ मिलकर पायरेसी के खिलाफ काम करता है। कुछ भमिका 'स्क्रिप्ट' द्वारा भी निभाई जाती है, जो भारतीय फिल्म और टेलीविजन निर्माताओं के लिए एक पंजीकृत सोसायटी है (इसकी भूमिका वही है जो संगीत उद्योग में आईपीआरएस–इंडियन परफॉर्मिंग राइट सोसायटी

लिमिटेड और पीपीएल–फोनोग्राफिक परफॉर्मेंस लिमिटेड की है; देखें अध्याय 4– संगीत)। अदालतों ने भी सख्त रुख अख्तियार किया है और पायरेसी को रोकने के लिए प्रावधान बताए हैं।[51]

फिल्मों में पायरेसी की समस्या की प्रतिक्रिया में[52] अदालतों ने पायरेसी से जुड़े मौजूद और संभावित लोगों के खिलाफ 'जॉन डो' आदेश (भारत में इसे 'अशोक कुमार' आदेश कहा जाता है) देने शुरू कर दिये। 'जॉन डो' आदेश यूके के एक सिविल क़ानून से आयात किया गया है। इसे कॉपीराइट का संरक्षण करने के लिए कनाडा और अमेरिका में वृहद रूप से उपयोग किया जाता है। 'जॉन डो' आदेश एक अनजान प्रतिवादी के खिलाफ निषेधाज्ञा के रूप में काम करता है। वादी को इस तरह के आदेश का सहारा लेकर संभावित उल्लंघनकर्ताओं पर नकेल कसता है। इस तरह का आदेश खासतौर पर फिल्म या संगीत के निर्माता द्वारा इंटरनेट सेवा प्रदाता, दूरसंचार सेवाओं और व्यक्तियों के खिलाफ लिया जाता है, ताकि पायरेसी में लगी पूरी श्रृंखला से जुड़े लोगों पर निषेधाज्ञा लगाई जा सके। यह निषेधाज्ञा फिल्म या संगीत के कॉपीराइट संरक्षण पर आधारित होती है और क्योंकि यह एक अज्ञात प्रतिवादी के खिलाफ जारी की जाती है, इसलिए इनमें एक पक्षीय सुनवाई होती है। यह उस स्थिति में जारी की जाती है जब अधिकारों के उल्लंघन का बहुत ज्यादा खतरा हो और उस उल्लंघन को रोकने के उपाय बहुत प्रभावी व समय पर न हो सकें। भारत में पहला 'जॉन डो' आदेश दिल्ली उच्च न्यायालय द्वारा *तेज टेलीविजन बनाम राजन मंडा*[53] के मामले में गैर–लाइसेंसधारी केबल ऑपरेटरों के खिलाफ जारी किया गया था, इसमें उन पर 2002 के फुटबॉल वर्ल्ड कप के विपणन व प्रसारण पर रोक लगाई गई थी। अज्ञात प्रतिवादियों के खिलाफ इसी तरह के आदेश अन्य मामलों में भी जारी किये गए जैसे, *ईएसपीएन सॉफ्टवेयर इंडिया प्राइवेट लि. बनाम टुडु एंटरप्राइजेज, अर्ड्थ टोबैको कंपनी लि. बनाम श्री मुन्ना भाई व अन्य, रिलायंस बिग एंटरटेनमेंट प्रा. लि. बनाम ज्योति केबल नेटवर्क्स व अन्य और आर.के. प्रोडक्शंस बनाम बीएसएनएल, अशोक कुमार व अन्य।*

विदेशी फिल्मों का आयात

विदेशी व्यापार के महानिदेशक ने एक नीति अधिसूचित की है जिसके तहत विदेशी सिनेमैटोग्राफिक फिल्म को बिना लाइसेंस के आयातित किया जा सकता है, बशर्ते आयातकर्ता उन सभी भारतीय कानूनों के प्रावधानों का पालन करता हो जो फिल्म वितरण और प्रदर्शन से जुड़े हैं। इसमें सिनेमैटोग्राफिक अधिनियम, 1952 के अंतर्गत सार्वजनिक प्रदर्शन के लिए प्रमाण–पत्र लेने की आवश्यकता भी शामिल है। लेकिन कोई भी अनधिकृत या पायरेटेड फिल्मों का आयात नहीं किया जा सकता। सूचना एवं प्रसारण

मंत्रालय की लिखित अनुमति के बिना भारतीय फिल्मों का विदेश में पुनःमुद्रण भी नहीं किया जा सकता।

कंटेंट विनियमन

सिनेमैटोग्राफ अधिनियम, 1952 के तहत फिल्मों के सार्वजनिक प्रदर्शन की मंजूरी के लिए एक फिल्म प्रमाणन बोर्ड की स्थापना की गई। फिल्म प्रदर्शित करने के इच्छुक व्यक्ति को बोर्ड से सर्टिफिकेट प्राप्त करने के लिए अर्जी देनी पड़ती है। अगर फिल्म अप्रतिबंधित सार्वजनिक प्रदर्शन के लिए उपयुक्त होती है तो बोर्ड 'यू' या 'यूए' प्रमाणन देता है। अगर वह फिल्म अप्रतिबंधित प्रदर्शन के लिए उपयुक्त नहीं है, तो बोर्ड फिल्म को 'ए' या 'एस' प्रमाण पत्र जारी करता है। यदि कोई बोर्ड द्वारा प्रतिबंधित की गई फिल्म का प्रदर्शन करता है तो उसे तीन साल कैद की सजा या एक लाख रुपये तक जुर्माने या फिर दोनों का प्रावधान है। जितने दिन तक उल्लंघन जारी रहता है, उतने दिनों तक यह जुर्माना 20 हजार रुपये प्रतिदिन तक बढ़ाया जा सकता है।

साथ ही, प्रतिबंधित की गई या 'ए' सर्टिफिकेट वाली फिल्म को सामान्य जनों के बीच प्रदर्शित करने पर पुलिस को जब्त करने की शक्ति होती है। जो निर्माता बोर्ड के निर्णय से सहमत न हों, उनको बोर्ड के खिलाफ अपील करने का अधिकार रहता है। इसके लिए 1986 में फिल्म प्रमाणन अपीलीय अधिकरण का गठन किया गया, जिसमें उच्च न्यायालय के सेवानिवृत्त न्यायाधीश और चार अन्य सदस्य होते हैं। इसको बोर्ड का निर्णय ठुकराने का अधिकार भी है। इसके अलावा, सिनेमैटोग्राफिक अधिनियम की धारा–6, यह व्यवस्था देती है कि केन्द्र सरकार किसी भी स्तर पर बोर्ड के समक्ष किसी फिल्म से संबंधिति लंबित कार्यवाही का रिकॉर्ड मांग सकती है या उसके बारे में बोर्ड/अधिकरण ने निर्णय सुना दिया है और अगर सरकार को लगता है तो उनके संदर्भ में आदेश दे सकती है।

फिल्म फेस्टिवल में फिल्म प्रदर्शन करने के लिए प्रमाण पत्र एक मुद्दा सामने आया। 2005 में फिल्म निर्माताओं और शिक्षाविदों की एक समिति की सिफारिश के बाद, फिल्म समारोहों में स्क्रीनिंग के लिए आई फिल्मों को इसमें 2006 से छूट प्रदान कर दी गई। इसमें तर्क दिया गया कि फिल्म फेस्टिवल गैर–व्यवसायिक होते हैं और फिल्मों का प्रदर्शन केवल सीमित नुमाइंदों के बीच होता है। प्रमाणन प्रक्रिया से छूट के लिए फेस्टिवल के निदेशक द्वारा कुछ जानकारियों के साथ एक निवेदन किया जाता है और उस निवेदन को प्रस्ताव मिलने के 15 दिनों के भीतर निबटाना होता है।

फिल्मों में अश्लीलता और फूहड़ता से संबंधित मुद्दे और उनके परिणामस्वरूप होने वाले प्रमाणन व प्रदर्शन की मनाही जैसे मुद्दों को उच्चतम न्यायालय ने विभिन्न मामलों में निबटाया है।[54]

वित्तपोषण और कराधान

फिल्मों का वित्तपोषण एक जटिल प्रक्रिया है और इस क्षेत्र में बहुत घटक अंश जुड़े होने से कर संबंधित मुश्किलें आती हैं। उनमें से कुछ मुद्दे निम्नलिखित हैं:

विदेशी पूंजी निवेश

निम्नलिखित बिंदुओं के संदर्भ में, फिल्म उद्योग में 100 प्रतिशत तक विदेशी पूंजी निवेश के लिए स्वतः मंजूरी उपलब्ध है (यानि, फिल्म का वित्तपोषण, उत्पादन, वितरण, प्रदर्शन, विपणन और फिल्म उद्योग से संबंधित अन्य गतिविधियां):

- फिल्म, टेलीविजन, संगीत, वित्त और बीमा निवेश आदि क्षेत्रों में अच्छा ट्रैक रिकॉर्ड रखने वाली कंपनियां।
- कंपनी, अगर अकेली शेयरधारक है तो न्यूनतम प्रदत्त पूंजी निवेश एक करोड़ डॉलर और अन्य मामलों में 50 लाख डॉलर होना चाहिए।
- अगर अकेली सबसे बड़ी इक्विटी शेयरधारक हो तो, विदेशी इक्विटी निवेश का न्यूनतम स्तर 25 लाख डॉलर होगा और अन्य मामलों में 10 लाख डॉलर रहेगा।
- ऋण इक्विटी अनुपात 1:1 से ज्यादा नहीं होना चाहिए। यानी की स्थानीय ऋण इक्विटी से अधिक नहीं होना चाहिए।

फिल्मा में कॉपीराईट उपयोग करने का अधिकारः

सी.आई.टी. बनाम एन. सुब्रमनियन–(2006) 200 सी.टी.आर. 678 के केस में यह तर्क दिया गया था की, कॉपीराईट के लिए दी गई रॉयल्टी भुगतान को एक राजस्व व्यय के रूप में स्वीकार किया जाना चाहिए। अंततः इस मुद्दे पर अपीलीय प्राधिकारी द्वारा निर्णय दिया गया, जिसको मद्रास उच्च न्यायालय ने भी उचित ठहराया। उच्च न्यायालय ने निर्णय दिया कि, क्योंकि फिल्म के गाने के लाभ केवल छोटी अवधि के लिए होते हैं और बहुत लंबे समय तक लाभ नहीं कमाते, इसलिए इनको राजस्व व्यय माना जाए, न कि पूंजीगत व्यय।

मनोरंजन कर

फिल्मों और सिनेमाओं पर मनोरंजन शुल्क राज्य सरकारों द्वारा लगाया जाता है। इससे देश भर में अलग–अलग राज्यों में बड़ी असमानता पैदा हो गई है। अलग–अलग राज्यों में यह 0 से लेकर 60 फीसदी तक है। उदाहरण के तौर पर महाराष्ट्र में टिकट के मूल्य के आधार पर 45–55 प्रतिशत शुल्क लगाया जाता है

तो दिल्ली में 20 प्रतिशत है और हरियाणा, पंजाब, जम्मू–कश्मीर राज्यों में फिल्म टिकट पर कोई कर नहीं लगता। समीकरण करने के लिए केंद्र सरकार ने 60 प्रतिशत की समान सीलिंग की सिफारिश की, जिसमें हर राज्य को इस सीलिंग पर या इससे कम रेट पर शुल्क तय करने की स्वतंत्रता हो। केंद्र सरकार ने रियायती व स्थानीय करों के मामले में मनोरंजन उद्योग को सूचना प्रौधोगिकी क्षेत्र के समान बनाने के लिए भी सुझाव दिया। हालांकि, मनोरंजन उद्योग हमेशा खुद को समवर्ती सूची में डालने के पक्ष में तर्क करता आ रहा है, ताकि वह राज्य सरकार के नियंत्रण से मुक्त रहे और केंद्र सकरार के नियमन के तहत कर की रियायतों का लाभ उठा सके। लेकिन केंद्र सरकार द्वारा वैट और सेवा कर लगा देने के बाद से अब भार और भी ज्यादा बढ़ गया है।

फिल्म वितरण पर वैट

वर्तमान वैट नियमों के अनुसार, फिल्म वितरण कॉपीराईट का काम ही है, इसलिए इस पर वैट लगना चाहिए। यह कानूनी दृष्टि से ठीक नहीं है, क्योंकि फिल्म निर्माण सामान बिक्री के लिए किया गया अनुबंध नहीं, बल्कि कलात्मक उत्पादन होता है, जिसमें एक कलाकार का कौशल होता है, इसीलिए इस पर वैट नहीं लगना चाहिए।

अभिनेताओं का शुल्क पूंजीगत व्यय नहीं

अमिताभ बच्चन कॉर्पोरेशन बनाम डिप्टी सीआईटी (2006) 9 एसओटी 208 (मुंबई) के मामले में इस प्रश्न पर विचार किया गया कि अभिनेता को दिया जाने वाला शुल्क एक व्यापार व्यय है या पूंजीगत व्यय। इस बारे में अपीलीय न्यायाधिकरण ने माना कि चूंकि भुगतान एक ब्रांड या प्रतिभा के रूप में किया गया है, जो अस्थायी हैं, इसमें पूंजी का अधिग्रहण नहीं होता, इसलिए इसे भुगतान के वर्ष में व्यापार व्यय के रूप में माना जाना चाहिए।

सेवा कर

फिल्म निर्माण से जुड़ी विभिन्न सेवाओं में निरंतर सेवा कर लगता आ रहा है, जैसे निर्देशक की सेवा, कलाकारों की सेवा आदि। इस बारे में, 2012 के बजट के अनुरूप अभिनेताओं की सेवा पर 12.36 प्रतिशत सेवा कर लगाया गया। बाद में, 2013 के बजट भाषण वित्त मंत्री ने संकेत दिया कि सिनेमा प्रदर्शकों को सेवा कर से मुक्त करने की मांग को मान लिया गया है। यह देखना है कि यह छूट प्रख्यापित 2013 के वित्त अधिनियम में शामिल की गई कि नहीं।[55]

अन्य कानूनों और नियमों

सिनेमा पर विभिन्न नियम–कानून लागू होते हैं, खासतौर से थिएटरों में प्रदर्शन के संबंध में। हर राज्य के अपने अधिनियम और कानून होते हैं। उनमें से कुछ उदाहरण निम्नलिखित हैं:[41]

1. सिनेमा वर्कर्स वेल्फेयर फंड एक्ट, 1981
2. दि सिने वर्कर्स एंड सिनिमा थियेटर वर्कर्स (रेगुलेशन ऑफ एंप्लॉयमेंट) एक्ट, 1981
3. दि आंध्र प्रदेश सिनेमा (रेग्युलेशन) एक्ट, 1955
4. दि दिल्ली सिनेमैटोग्राफ (एक्जीबिशन ऑफ फिल्म्स बाय वीडिओ कैसेट रिकॉर्डर/प्लेयर) रूल्स, 1986
5. दि गुजरात (बॉम्बे) सिनेमा (रेगुलेशन) एक्ट, 1953
6. दि हरियाणा सिनेमा (रेगुलेशन) एक्ट, 1952
7. दि कर्नाटक एक्जीबिशन ऑफ फिल्म्स ऑन टेलीविजन स्क्रीन थ्रू वीडियो कैसेट रिकार्डर (रेगुलेशन) रूल्स, 1984
8. दि एमपी सिनेमा (रेगुलेशन) रूल्स, 1953
9. दि बॉम्बे (महाराष्ट्र) सिनेमा (रेगुलेशन) रूल्स, 1966
10. दि मिजोरम एक्जीबिशन ऑफ फिल्म्स ऑन टेलीविजन स्क्रीन थ्रू वीडियो कैसेट प्लेयेर्स एक्ट, 1990
11. दि ओड़ीसा सिनेमा (रेगुलेशन) एक्ट, 1954
12. दि तमिलनाडू सिनेमा (रेगुलेशन) एक्ट, 1955
13. दि उत्तर प्रदेश प्रोहिबिशन ऑफ स्मोकिंग (सिनेमा हाउस) एक्ट, 1952
14. दि वैस्ट बंगाल सिनेमैटोग्राफ (रेगुलेशन ऑफ स्पेशल एक्जीबिशन) आर्डर, 1987

मूल्यांकन के मानदंडः

वर्ष 2000 में, कई मीडिया कम्पनियों ने शेयर बाजार से पैसा इकट्ठा किया। इनमें प्रितीश नंदी कम्यूनिकशंस, मुक्ता आर्ट्स और एडलैब्स आदि कंपनियां शामिल थीं। उसी वर्ष श्रृंगार सिनेमाज, निजी इक्विटी के रूप में पैसा इकट्ठा करने वाली चुंनिंदा कंपनियों में थी। उसने अपने 26 प्रतिशत शेयर 15.8 करोड़ रुपयों में जीडब्लू कैपिटल को बेच दिये। श्रृंगार ने 2005 में जब प्रमुख बाजार से पैसा उठाया तो उसका मूल्यांकन वर्ष 2000 के मुकाबले चार गुना बढ़ गया। इस तरह जीडब्लू कैपिटल, जिसके पास आईपीओ के दौरान 26 प्रतिशत शेयर थे, उनमें से 14.9 प्रतिशत बेच कर पैसा बनाया। हालांकि, इन सबके बीच ऐसे उदाहरण कम ही थे। फिल्म कंपनियों ने मोटे तौर पर निराशाजनक निवेश किया क्योंकि उनका कारोबारी प्रदर्शन–और इसीलिए उनका शेयर मार्केट मूल्य–चिंताजनक बना हुआ था।

परिणामस्वरूप, 2003 तक, फिल्मी कारोबार में ऐसे प्राइवेट इक्विटी व्यवस्था के बहुत कम उदाहरण थे। 2003 में आईसीआईसीआई वेंचर्स ने पीवीआर सिनेमा में हिस्सेदारी खरीदी। इसके अलावा, इस तरह के बड़े फिल्मी सौदे 2004 और 2005 में हुए। इनमें से ज्यादातर मल्टीप्लेक्स और डिजिटल थिएटर के क्षेत्र में थे। रिलायंस–एडलैब्स, जहां रिलायंस ने एडलैब्स में अधिकांश हिस्सा और नियंत्रण खरीद लिया, ऐसा ही एक उदाहरण है। हाल ही में मल्टीप्लेक्स के क्षेत्र में हुए समेकन से पीवीआर–सिनेमैक्स और इनॉक्स–फेम का सीधा विलयन हुआ।

परिवर्तनशील कारक

बुनियादी गुणकों की परवाह किये बगैर, एक फिल्म कंपनी का मूल्यांकन निम्न परिवर्तनशील कारकों के आसपास रहता है:

एकीकृत

चूंकि भारत में फिल्मी कारोबार अत्यंत खंडित है, इसलिए जिन कंपनियों की पूरी मूल्य श्रृंखला (निर्माण, वितरण और रिटेल) में उपस्थिति होती है या उसका निर्माण कर रही होती हैं, उनको बेहतर मूल्यांकन मिलता है। यह इसलिए क्योंकि एक फिल्म निर्माण के हर स्तर पर जो अधिकांश मूल्य अर्जित करती है, इनमें उसकी क्षमता अधिक होती है। उदाहरण के लिए, डिज्नी यूटीवी पहले केवल निर्माण के क्षेत्र में थी; फिर वह वितरण में भी उतर आई क्योंकि उसको लगा कि बिचौलिए उस तरह फिल्म का दोहन नहीं कर पा रहे जैसा वह कर सकती है और साथ ही पूरी पाइपलाइन में होने के कारण खुदरा विक्रेताओं या प्रदर्शकों से निबटने की क्षमता में भी सुधार आया।

मूल्य श्रृंखला में बिंदु

अगर एक कंपनी एकीकृत नहीं है, तो इस चीज पर बड़ी निर्भरता होती है कि वह मूल्य श्रृंखला के किस भाग में संचालित कर रही है। इसलिए हम श्रृंखला के उस बिंदु का आकलन कर सकते हैं, जहां कंपनी संचालन करती है:

निर्माण एक निर्माण कंपनी के लिए उसकी लाइब्रेरी का मूल्य, लेखकों, निर्देशकों या कलाकरों के साथ दीर्घ कालिक अनुबंध, उसकी पाइप लाइन, हर साल पैमाना बढ़ाने और अधिक फिल्मों का विपणन करने की क्षमता, फिल्मों का अच्छा मिश्रण और बेहतर कारोबारी शर्तों को मनवाने की क्षमता– सब मूल्यांकन प्रक्रिया के महत्वपूर्ण तत्व होते हैं। फिल्म की विषय वस्तु के मूल्यांकन में भी वही तर्क काम करते हैं जैसा कि टेलीविजन सॉफ्टवेर के लिए। फिल्म का मूल्य तय करने के लिए थिएटर, डीवीडी, सैटैलाइट अधिकार, संगीत, डबिंग, समूहन आदि

विभिन्न राजस्व श्रोतों से संभावित आय की रियायती धन प्रवाह के आधार पर गणना की जाती है। किसी मौजूदा या पुरानी फिल्म निर्माण कंपनी को जब पैसा उठाना होता है या उसका मूल्य तय करना होता है तो उसकी फिल्म लाइब्रेरी एक महत्वपूर्ण धरोहर के रूप में काम आती है।

वितरण एक वितरण कंपनी की ताकत उसकी पाइपलाइन से उपजती है। उसके पास रिटेलर (थिएटर मालिक) को देने के लिए जितनी ज्यादा फिल्में होंगी, उतना ही बेहर वह मोल–भाव कर सकती है। दूसरा कारक जो एक वितरण कंपनी को अच्छा मूल्यांकन दिलाता है, वह है कि कंपनी किस तरह के प्रांतों में उपस्थित है, भारत या विदेशों में उसका विस्तार, जितना बेहतर विस्तार होगा, उतनी ही बेहतर उसकी पैसा बनाने की क्षमता होगी।

रिटेल: यह वर्तमान में ज्यादातर निवेशकों के लिए मूल्य श्रृंखला का सबसे पसंदीदा हिस्सा है। इसलिए, क्योंकि यह समझना आसान है कि मापन और लाभ लगभग तत्काल होते हैं। मल्टीप्लेक्स या सिंगल स्क्रीन के लिए क्या काम करता है, उसको समझाने का सबसे बेहतर तरीका है पैमाना। जितने अधिक स्क्रीन होंगे उतने बेहतर पैमाने पर कमाई होगी, और इसलिए अपने बनाये बुनियादी ढांचे से मुनाफा दोहने की बेहतर क्षमता होगी। एक फिल्म थिएटर चेन (मल्टीप्लेक्स, डिजिटल, सिंगल स्क्रीन) का मूल्य मुख्य रूप से उसके पास उपलब्ध स्क्रीनों की संख्या, वॉक–इन, क्षमता के उपयोग इत्यादि पर निर्भर करता है। खुद फिल्म पर जितनी कम निर्भरता, उतना ही खुशहाल निवेशक। एक थिएटर चेन अपने राजस्व का टिकट बिक्री से 50–70 प्रतिशत, खान–पान की बिक्री से 15–25 प्रतिशत और विज्ञापन से 5–12 प्रतिशत से कमाती है। (देखिए तालिका 3.2)

तालिका 3.1 भारतीय फिल्म उद्योग का आकार

वर्ष	2008	2009	2010	2011	2012
कुल प्रमाणित फिल्में	1325	1288	1274	1255	1602
हिंदी	248	235	215	205	221
तेलुगु	286	218	184	192	256
अन्य	791	835	875	858	1125
प्रवेश (बिके टिकट, अरब में)	3.25	2.9	2.7	3	3
स्क्रीनों की संख्या	10120	10070	10020	10020	10020
घरेलू बॉक्स ऑफिस (अरब रुपये)	80.2	68.5	62	68.8	85.1
विदेशी बॉक्स ऑफिस (अरब रुपये)	9.8	6.8	6.6	6.9	7.6

(तालिका 3.1 जारी)

(तालिका 3.1 जारी)

वर्ष	2008	2009	2010	2011	2012
होम वीडियो (अरब रुपये)	3.8	4.3	2.3	2	1.7
टीवी अधिकार (अरब रुपये)	7.1	6.3	8.3	10.5	12.6
अनुषंगी राजस्व (अरब रुपये) (संगीत, डिजिटल मीडिया आदि)	3.5	3.5	4.1	4.7	5.4
कुल राजस्व (अरब रुपये)	**104.4**	**89.3**	**83.3**	**92.9**	**112.4**

स्रोतः फिक्की–केपीएमजी रिपोर्ट 2013, फिल्म फेडरेशन ऑफ इंडिया, केन्द्रीय फिल्म प्रमाणन बोर्ड, फोकस 2012–विश्व फिल्म बाजार के रुझान– यूरोपीयन ऑडियो विजुअल ऑब्जर्वेट्री और लेखिका के अपने आंकड़े।

नोट्सः (1) बॉक्स ऑफिस की कुल आय का कम आकलन किया गया है क्योंकि प्रायः पैसा वितरण प्रणाली में लीक हो जाता है। साथ ही, औसत टिकट दर बढ़ रहे हैं। यहां तक कि राष्ट्रीय स्तर पर 30 रुपये तक कम औसत पर भी बॉक्स ऑफिस पर 3 अरब टिकटों की बिक्री से 90 अरब रुपये का राजस्व बनता है। (2) स्क्रीनों की संख्या को समान रखा गया है, क्योंकि इस बारे में पर्याप्त आंकड़े उपलब्ध नहीं हैं।

ये आंकड़े वनिता कोहली–खांडेकर द्वारा संकलित और विश्लेषित हैं। इन आंकड़ों को *भारत में मीडिया करोबार* या वनिता कोहली–खांडेकर को श्रेय देते हुए पुनः प्रयोग किया जा सकता है।

तालिका 3.2 फिल्म रिटेल के बड़े खिलाड़ी

	मल्टीप्लेक्स			डिजिटल स्क्रीन	
कंपनी	**पीवीआर**	**इनॉक्स**	**बिग**	**यूएफओ**	**रीयल इमेज**
स्क्रीन (नियंत्रण या स्वामित्व)	383	279	248	3156	2980
राजस्व (वित्त वर्ष 2013, अरब रुपये)	10.9	7.65	6	1.1	1.9
विज्ञापन से प्रतिशत आय	9	5	8	33	21

स्रोतः वार्षिक रिपोर्ट, विश्लेषक रिपोर्ट और कंपनियां।

नोटः 1) रीयल इमेज ने 2980 स्क्रीनें स्थापित की हैं जिनमें से 2000 विज्ञापन अधिकारों के साथ स्थापित हैं। 2.06 अरब रुपये के कुल राजस्व में 1.9 अरब रुपये डिजिटल सिनेमा का राजस्व है। 2) रीयल इमेज और यूएफओ दोनों डिजिटल टेक्नोलॉजी वेंडर हैं, थिएटर मालिक नहीं। उनके पास किसी थिएटर या कुछ स्क्रीनों का स्वामित्व हो भी सकता है या नहीं भी। हालांकि, पीवीआर, इनॉक्स और बिग, फिल्म रिटेल कंपनियां हैं, जिनकी मुख्य कमाई स्क्रीनों के स्वामित्व से आती है। 3) अधिकांश मल्टीप्लेक्स डिजिटाइज हो रहे हैं। 4) यूएफओ के वित्तीय आंकड़े 2012 के हैं। 5) बिग सिनेमा के आंकड़े केवल उसकी भारतीय स्क्रीनों के हैं।

ये आंकड़े वनिता कोहली–खांडेकर द्वारा संकलित और विश्लेषित हैं। इन आंकड़ों को *भारत में मीडिया करोबार* या वनिता कोहली–खांडेकर को श्रेय देते हुए पुनः प्रयोग किया जा सकता है।

तालिका 3.3 भारतीय फिल्म उद्योग; अंतर पहचानें

भाषा	हिंदी	मराठी / पंजाबी / बांगला	तमिल / तेलुगु
औसत बजट (रु करोड़ में)	20–25	0.6 से 2	10–15
वितरण	निशुल्क	निशुल्क	टिकट दरों / शो पर सीलिंग
विपणन लागत	उच्च	निम्न	अपने आप बजट में रखा जाता है
बॉक्स ऑफिस	प्रथम 2–3 सप्ताह में 80 प्रतिशत	थिएटर में लंबे समय तक चलती हैं	थिएटर में लंबे समय तक चलती हैं
सैटेलाइट एवं संगीत अधिकार	राजस्व में 30–40 प्रतिशत का योगदान	अमूमन कोई संगीत अधिकार नहीं, सैटेलाइट पर बहुत कम कमाई	20–30 प्रतिशत

स्रोतः दि मुंबई फिल्म स्टूडियो रीजनल गैम्बिट, बिजनेस स्टैण्डर्ड, अप्रैल 5, 2012।

केसलेट 3क भारतीय फिल्मों के विविध राजस्व

फिल्म– 3 ईडिएट्स (हिंदी, 2009) विवरण	रु करोड़ में
कुल बजट	40
राजस्व	
घरेलू बॉक्स ऑफिस	202
विदेशी राजस्व	100
टीवी अधिकार	30
अनुषंगी	18
कुल राजस्व	350

स्रोतः विनोद चोपड़ा फिल्म्स

नोटः 1) कुल बजट के आंकड़ों में कलाकारों का शुल्क, प्रिंट और पब्लिसिटी का खर्च शामिल नहीं है। 2) घरेलू बॉक्स आफिस के आंकड़े मनोरंजन कर निकालने के बाद हैं। 3) अनुषंगी आंकड़ों में डिजिटल, होम वीडियो और संगीत शामिल हैं। 4) विदेशी राजस्व में वहां के मार्किट के अनुषंगी राजस्व भी शामिल हैं।

केसलेट 3ख फिल्म में स्थापन– एक संक्षिप्त इतिहास

फिल्मों में उत्पादों का प्रयोग लंबे समय से होता आ रहा है। 1970 के दशक में आई राज कपूर की *बॉबी* में राजदूत बाइक से लेकर 1990 के दशक में आई सुभाष घई की *ताल* में कोका कोला तक, फिल्म निर्माताओं ने कार्यशील पूंजी जुटाने के लिए फिल्म की परिस्थितियों में ब्रांडों के इस्तेमाल की कोशिश की है। हालांकि, यह प्रक्रिया अब ज्यादा संगठित हो गई है, इसका श्रेय उन फिल्म कंपनियों को जाता है जो इसे नए राजस्व स्रोत की तरह देखती हैं। जो लोग फिल्मों को स्थापन के लिए उपयोग करना चाहते हैं वे फिल्म कंपनियों के प्रतिनिधियों के साथ संपर्क में रहते हैं और उनसे स्क्रिप्ट पर इस तरह नजर डालने के लिए कहते हैं, जो उनके ब्रांड के उपयुक्त हो। कई बार यह बहुत अच्छा काम करता है, जैसे मधुर भंडारकार की फिल्म *कॉर्पोरेट* में लेनेवो ने किया। कई बार यह अच्छा काम तो करता है, लेकिन ब्रांड उसका फायदा नहीं उठा पाता।

इसका एक उदाहरण है 2006 में रिलीज हुई *लगे रहो मुन्ना भाई*–वर्ल्डस्पेस स्थापन। जब वर्ल्डस्पेस मार्केटिंग टीम ने स्क्रिप्ट देखी, उसमें स्पष्ट दिखा कि उसमें उत्पाद स्थापन का प्रबल अवसर था। स्क्रिप्ट में थोड़ा सा फेर–बदल करके वर्ल्डस्पेस उसमें आ गया। फिल्म की रिलीज को पोर्टेबल वर्ल्डस्पेस रिसीवर की लांचिंग के साथ रखा गया, लेकिन तब तक पोर्टेबल सैटेलाइट रेडियो के लिए सरकार ने अनुमति नहीं दी थी। फिल्म रिलीज हुई, जबरदस्त हिट रही और वर्ल्डस्पेस को बड़ा माइलेज मिला। लेकिन जहां फिल्म में ब्रांड को एक पोर्टेबल ब्रांड के रूप में दिखाया गया था जिस पर रेडियो जॉकी का टॉक शो चला, वहीं वर्ल्डस्पेस ने हकीकत में भारत के अंदर इनमें से अपनी कोई भी चीज पेश नहीं की।

फिर भी फिल्म में स्थापन बाजार के लोगों के बीच लोकप्रिय है और इसके दो कारण हैं। पहला, विज्ञापन को छोड़ा नहीं जा सकता। वह स्क्रिप्ट का हिस्सा है, तो आप चाहें स्थापन को कितना भी नापसंद करें, आपको उसे देखना ही पड़ेगा। *हम तुम* फिल्म में इतने ज्यादा स्थापन थे कि आप दांत पीसने लगें– रेडियो मिर्ची और टाइम्स ऑफ इंडिया से लेकर कोडक तक। लेकिन फिल्म नहीं चल पाई और सभी ब्रांडों को उससे फायदा मिला।

(केसलेट जारी)

(केसलेट जारी)

दूसरा, हालांकि इसके अनुमान उपलब्ध नहीं है, मीडिया प्लानर कहते हैं कि अगर फिल्म मध्यम सफल भी होती है, तो वह जो समग्र पहुंच प्रदान करती है–थिएटर, केबल टीवी, डीटीएच, होम वीडिया, विदेश–वह अपने पैसे में एक बढ़िया सौदा साबित होता है। उदाहरण के लिए, वर्ल्डस्पेस का अनुमान था कि वह थिएटर, केबल टीवी, होम वीडियो और अन्य माध्यमों से समग्र रूप से पांच करोड़ दर्शकों तक पहुंचेगी। *लगे रहो मुन्ना भाई* ने यह आंकड़ा अपने रिलीज के पहले ही साल में छू लिया था। *मैं हूं न* जैसी हिट फिल्म का टीवी पर पहला प्रसारण ही अपने आप में 10 की रैटिंग दिला देता है। यह शीर्ष धारावाहिकों को मिलने वाली रैटिंग से कहीं ज्यादा है।

फिल्म निर्माताओं के लिए राजस्व संभावनाएं होती हैं, वह भी ज्यादातर निर्माण के स्तर पर, जो कार्यशील पूंजी लेकर आती हैं। उदाहरण के लिए, *मैं हूं न* (2004) में फिल्म स्थापन कैफे कॉफी डे, पिज्जा हट और अन्य ब्रांडों से 1.5 करोड़ रुपये का राजस्व लाया। *मेरे डैड की मारूति* (2013) ऐसी स्क्रिप्ट ऐसी थी जिसके साथ मारूति को जुड़ने में जाहिर है बहुत खुशी हुई। अंदर के लोगों के मुताबिक मारूति ने इस फिल्म के बजट का बड़ा हिस्सा प्रायोजित किया।

टिप्पणियां

1. यूटीवी अब वॉल्ट डिज्नी इंडिया का हिस्सा बन चुकी है।
2. जब तक स्पष्ट न किया जाए, 'उद्योग', 'फिल्म उद्योग' या 'फिल्म कारोबार' का मतलब भारतीय फिल्म उद्योग से है।
3. कपूर ने अपनी अन्य फिल्मो के अलावा *मिस्टर इंडिया* और अवार्ड विजेता फिल्म *बैंडिट क्वीन* व *एलिजाबेथ* का निर्माण भी किया।
4. अन्य भारतीय भाषा बोलने वालों से मैं क्षमा मांगना चाहती हूं। मैं भाषा के तौर पर सिर्फ हिंदी, मराठी, पंजाबी और गुजराती से परिचित हूं। इसलिए मैं उन भाषाओं की फिल्मों पर रचनात्मक दृष्टिकोण से टिप्पणी कर सकती हूं। जबकि मैं दक्षिण, पूर्व या देश के अन्य हिस्सों के सिनेमा को अक्षरशः नहीं आंकने में असमर्थ हूं। उसके कारोबारी हिस्से का विश्लेषण करना आसान है, लेकिन बिना भाषा ज्ञान के, कहानी की गहराई या वह क्या बताना चाहती है, उसको पहचाना असंभव है।
5. इस में दी गई कुछ पंक्तियां 12 मार्च 2013 के 'बिजिनेस स्टैंडर्ड' में मेरे द्वारा लिखे गए 'काई पो छे' और अन्य लेखों से ली गई हैं।
6. समानता बनाए रखने के लिए मैं इस वर्ष के फिक्की–केपीएमजी आंकड़ों को ले रही हूं। हालांकि मेरा विश्वास है कि वे फिल्म राजस्व को कम करके आंकते हैं। मेरा खुद का अनुमान है कि फिल्म कारोबार 160 अरब रुपये के आसपास है।

7. वर्ष 2000 के बाद से फिक्की हर साल गर्मियों में मनोरंजन उद्योग पर एक कार्यक्रम आयोजित करता है। 2001 से उसको FRAMES के नाम से ब्रांड किया, तब से उस को FICCI-FRAMES कहा जाने लगा। यह मुंबई में 2–3 दिन का मनोरंजन उद्योग का कार्यक्रम होता है। पिछले कुछ सालों से फ्रेम्स के क्षेत्रीय संस्करण हैदराबाद, चेन्नई और कोलकाता में भी आयोजित किये जा रहे हैं।
8. Focus 2012, World Film Market Trends, European Audiovisual Observatory
9. ये उद्धरण मेरे द्वारा अपने सहयोगी टी.ई. नरसिम्हन के साथ 5 अप्रैल 2012 को बिजनेस स्टैंडर्ड में लिखे एक लेख The Mumbai Studio's Regional Gambit से लिये गए हें।
10. सिद्दार्थ रॉय कपूर और अजय बिजली के कथन, मेरे द्वारा बिजनेस स्टैंडर्ड के लिए किए गए साक्षात्कार से लिये गए हैं। Lunch with Ajay Bijli, 20 April 2013 and Q&A: Siddarth Roy Kapur, 4 June 2011.
11. एक फिल्म कंपनी द्वारा अर्जित राजस्व, केवल उस साल उसके द्वारा रिलीज फिल्मों की संख्या के संबंध में ही नहीं है। कुछ राजस्व पिछले वर्ष के भी हैं और अन्य फॉर्मेट के रिलीज से भी जैसे होमी वीडियो। लेकिन अगर आप एक दशक के आसपास के रुझान का विश्लेषण करते हैं तो औसत यही रहेगा।
12. ध्यान रहे कि इरोज एक व्यापारी की तरह है। वह कोई भी और जितनी कर सकती है उतनी फिल्मों का अधिकग्रहण करती है और उनको रिलीज करती है। यूटीवी और यशराज ज्यादातर अपनी फिल्म खुद निर्माण करते है। इसलिए संख्याओं में बड़ा अंतर है। दूसरी ओर रिलयंस ने अपने आंकड़े नहीं जारी किये हैं।
13. 'उत्पादन की भरमार' का ज्यादातर भाग 24 मई 2011 को बिजनेस स्टैंडर्ड में, मेरे द्वारा लिखे गये 'दि केस फॉर मेकिंग फ्यूअर फिल्म्स' लेख से लिया गया है।
14. आईरॉक मीडिया मनमोहन शेट्टी द्वारा निवेशित कंपनी है। शेट्टी एडलैब्स के संस्थापक हैं, जिसे 2005 में रिलायंस ने अधिग्रहण कर लिया। आईरॉक फिल्मों की स्क्रिप्ट व प्रोजेक्ट तैयार करता है और बाद में उनको स्टूडियो को बेच देता है। उसका पहला प्रोजेक्ट था 'रागिनी एमएमएस'।
15. इस अनुच्छेद में ज्यादातर आंकड़े और बिंदु मेरे द्वारा अपने सहयोगी टी.ई. नरसिम्हन के साथ 5 अप्रैल 2012 को बिजनेस स्टैंडर्ड में लिखे गए एक लेख The Mumbai Studios' Regional Gambit से लिये गए हैं।
16. मैं इस आंकड़े के साथ तमाम अनुषंगी राजस्व जोड़ना चाहूंगी– होम वीडियो, विदेशी प्रासरकों को उपग्रह अधिकार, स्ट्रीमिंग अधिकार और ऑनलाइन साइट्स से विज्ञापन राजस्व– और इसको 10 अरब रुपये के आसपास रखूंगी।
17. प्रिंट की संख्याओं का विपणन और वितरण खर्च के साथ सीधा सहसंबंध होता है। 60,000 से लेकर 70,000 रुपये का खर्च बहुत बड़ा होता है। हालांकि समय के साथ जैसे–जैसे थिएटरों का डिजिटाइजेशन हो रहा हैं तो डिजिटल प्रिंट का चलन बढ़ रहा है, जो सेल्युलॉयड से काफी सस्ते पड़ते हैं। भारत में रिलीज होने वाली किसी भी फिल्म के 70–90 प्रतिशत अब डिजिटल होते हैं।
18. Motion Picture Association of America (MPAA) statistics
19. इन सभी स्टूडियो के आगे उल्लेखित फिल्में केवल कुछ ही नाम हैं, जो उनके द्वारा निर्मित हैं। यह संख्या उन स्टूडियो द्वारा बनाई गयी फिल्मों की व्यापक सूची नहीं।
20. बिजनेस स्टैंडर्ड में 31 जनवरी 2012 को सिनेमा विज्ञापन पर मेरे द्वारा लिखे गए लेख–Rising from the Ashes से लिए गए कुछ अंश हैं।
21. पीवीआर भारत की सबसे बड़ी मल्टीप्लेक्स श्रृंखला है और इसलिए प्रतिनिधि भी, तो मैंने उसको उदाहरण के तौर पर लिया है।

22. 'विश्वरूपम' हिंदी फिल्म 'विश्वरूप' का तमिल रूपांतरण था।
23. 5 मार्च 2013 के बिजनेस स्टैंडर्ड से प्रस्तुत किया गया।
24. इस उद्योग की पृष्ठभूमि, फिल्मों के नाम और दिनांक तीन पुस्तकों से लिये गए हैं। थोरावल (2000), राजाध्यक्ष और विलेमेन (1994) और वोगल (2004)। ये सभी उत्कृष्ट पुस्तकें हैं। ल्यूमियर कैमरा का एक ब्रांड था।
25. The Bombay film world of 1940s में सादत हसन मंटो (1998) ने बहुत दिलचस्प ढंग से प्रस्तुत किया है। मंटो द्वारा उर्दू में लिखी गयी किताब इस अंग्रेजी किताब की मूल है।
26. एक कारण यह भी हो सकता है कि आय कर की दरें बहुत ज्यादा थीं। इसलिए, कम आय घोषित करना और अघोषित काला धन इस उद्योग में जगह बनाता गया।
27. निर्माता वह है जो आमतौर पर पूरी फिल्म को तैयार करता है, पैसा लगाने से लेकर कलाकारों और निर्देशक। फिल्म का विचार किसी लेखक या निर्देशक से आ सकता है, लेकिन निर्माता ही फिल्म को जन्म देता है। वितरण एक थोकविक्रता की तरह होता है। वह किसी क्षेत्र के लिए फिल्म खरीदता है और फिर उसे वहां तक फुटकर विक्रेताओं को बेचता है यानि–सिनेमाघरों के मालिक। वितरण की दृष्टि से भारत को 14 क्षेत्रों में बांटा गया है। हर क्षेत्र में वितरकों का एक समूह होता है।
28. कपूर और चोपड़ा दोनों ही अब इस दुनिया में नहीं हैं।
29. एनआरएस का अर्थ है नेशनल रीडरशिप सर्वे। इसका बाद में आईआरएस में विलय कर दिया गया– इंडियन रीडरशिप सर्वे। देखें अध्याय 1– प्रिंट।
30. 2005 से पूर्व के आंकड़ों के लिए इस किताब के पहले संस्करण देखिए। यह 12 साल से ऊपर आयु वालों के नमूनों के आधार पर किया गया है (एमआरयूसी वेबसाइट)।
31. आमदनी के ज्यादातर आंकड़े उस समय मीडिया में आई खबरों के अनुसार हैं।
32. तब्बू द्वारा अभिनीत इस फिल्म में महिलाओ की बेवफाई और परिवार पर इसके प्रभाव दिखलाती है।
33. फिक्की के पूर्व सदस्य सिद्धार्थ दासगुप्ता के अनुसार, फिल्मों के साथ पूरे मनोरंजन क्षेत्र को उद्योग का दर्जा देने की घोषणा 1998 में की गई लेकिन इसे 1964 के आईडीबीआई अधिनियम के तहत वर्ष 200 में अधिसूचित किया गया।
34. CII-Confederation of Indian Industries. FICCI-Federation of Indian Chambers of Commerce and Industry.
35. खबरों के मुताबिक रजनीकान्त ने वितरकों का पैसा लौटा दिया था।
36. अगर बहुत अनुदार होकर भी आंकड़ों को देखें– 2001 में बिके 3.2 अरब टिकटों की औसत कीमत 10 रुपये भी लगाई जाए तो भारतीय फिल्मों को उस वर्ष बॉक्स ऑफिस पर 32 अरब रुपये कमाने चाहिए थे। लेकिन फिल्मों ने केवल 25 अरब रुपये कमाए। हकीकत यह है कि बड़ी मात्रा में पैसा सिस्टम से बाहर चला जाता है और फिर फिल्मों या अन्य उद्योग में वित्तपोषण के रूप में सामने आता है।
37. इनमें से कुछ का दूसरी कंपनियों में विलय या समेकन हो गया। देखें– कारोबार का वर्तमान आकार।
38. यह 10,000 से 12,000 के बीच एक चलायमान संख्या है। मैंने डिजिटीकारण के आरम्भ की संख्या ली है।
39. डीएलपी टेक्सास इंस्ट्रूमेंट्स का पंजीकृत ट्रेडमार्क है, जिस का मतलब है डिजिटल लाइट प्रासेसिंग। ये तकनीक प्रोजेक्टर और वीडियो प्रोजेक्टर में इस्तेमाल होती है। इस तकनीक को 1987 में टेक्सास इंस्ट्रूमेंट्स के डॉक्टर लारी हॉर्नबेक द्वारा विकसित किया गया था। डीसीआई हॉलीवुड के सात प्रमुख स्टूडियो का निकाय है।

40. फिक्की–केपीएमजी रिपोर्ट 2013 के मुताबिक।
41. Ibosnetwork.com
42. भारत में रिलीज होने वाली कुल फिल्मों में से अब 70 से 90 प्रतिशत डिजिटल हैं।
43. वितरकों, निर्माताओं और प्रदर्शकों के बीच होने वाली विभिन्न करारों की जानकारी का प्रमुख हिस्सा अमृत शाह से मिला है। उम्र के 70वें दशक में चल रहे शाह पिछले 50 सालों से भारतीय फिल्म उद्योग में निर्माताओं के वित्तीय मामले संभालते आ रहे हैं।
44. पुराने जमाने के तमाम करार सिंगल स्क्रीन के मामले में तो सही हैं, पर मल्टीप्लेक्स के मामले में नहीं।
45. यह राशि सिर्फ दर्शाने के लिए है। यह वास्तविक नहीं है।
46. Multiplex Operators Seek Higher Revenue Share, Amihan Sheikh, Livemint and Wall Street Journal, 10 February 2013
47. नियमन का इतिहास जानने के लिए सबसे उत्कृष्ट स्रोत है राजाध्यक्ष और विलेमेन (1994)।
48. अधिकारों, पायरेसी से लेकर इसके आगे विधिक भाग अनीश दयाल द्वारा तैयार किया गया है। अनीश उच्चतम न्यायालय में अधिवक्ता हैं और मीडिया व मनोरंजन कानून के विशेषज्ञ हैं।
49. उदाहरण के लिए, निष्पक्ष करार, धारा 52(1)(बी); शैक्षणिक संस्थान में प्रस्तुति, धारा 52(1)(i); सार्वजनिक उपलब्ध कलात्मक कार्य का समावेश, धारा 51(1)(यू)।
50. देखें– Indian Performing Rights Society Ltd vs Eastern Indian Motion Pictures Association AIR 1977 SC 1443
51. अधिक जानकारी के लिए संगीत अध्याय में नियमन वाला भाग देखें। देखें– Supreme Court in State of Andhra Pradesh vs Nagoti Venkataramana (1996) 6 SCC 409 जिसमें पायरेसी से हुए नुकसान को माना गया है।
52. यह जानकारी अभिनव श्रीवास्तव द्वारा प्रदान की गई थी, जो बेंगलुरु में नंदन कामथ के विधि कार्यालय में एसोसिएट हैं।
53. वास्तव में प्रतिवादी ताज टेलीविजन (टेन स्पोर्ट्स का पूर्व मालिक) है। लेकिन केस की लिखाई में लिपिकीय त्रुटि के चलते इसे अब तेज टेलीविजन के रूप में उद्धृत किया जाता है।
54. अध्याय 2–टेलीविजन के नियमन वाले भाग में इस पहलू पर चर्चा की जा चुकी है।
55. यह जानकारी अभिनव श्रीवास्तव द्वारा प्रदान की गई थी, जो बेंगलुरु में नंदन कामथ के विधि कार्यालय में एसोसिएट हैं।

अध्याय 4

संगीत

संगीत उद्योग डिजिटल की संभावनाओं और खतरों का बहुत अच्छी तरह से प्रतिरूपण करता है।

भारतीय संगीत व्यवसाय कमाल का प्रतीत होता है। भारत 2012 में, ब्राजील और मेक्सिको के साथ संख्या में असाधारण वृद्धि के साथ विश्व के तीन बाजारों में से एक था।[1] ज्यादातर यह डिजिटल के कारण हुआ, जो पायरेसी और शेयरिंग सेवाओं से संगीत उद्योग को चोट लगने के बाद अंततः परिणाम दे रहा है। भारतीय संगीत उद्योग 2008 में 704 करोड़ रुपये से बढ़कर वर्ष 2012 में 106 करोड़ रुपये तक पहुंच गया।[2] महत्वपूर्ण बात यह है कि इसमें से लगभग 60 प्रतिशत संगीत को नए स्वरूप या अभौतिक बिक्री में बेचने से प्राप्त हुआ। इनमें डाउनलोड, स्ट्रीमिंग संगीत या रिंगटोन, मोबाइल ऑपरेटरों के माध्यम से कॉलर ट्यून आदि शामिल थे। ये सब डिजिटल के अंतर्गत आते हैं (तालिका 4.1 देखें)।

2012 में वैश्विक व्यवसाय भी पुनरुद्धार के संकेत देने लगा था। विश्व स्तर पर, संगीत व्यवसाय ने राजस्व में 16.5 बिलियन अमेरिकी डॉलर कमाए, यह आंकड़ा 2011 के मुकाबले पर 0.3 प्रतिशत ज्यादा था। आईएफपीआई का कहना है यह पहली बार है कि उद्योग ने 1999 के बाद वृद्धि दर्ज की है।[3] इसमें से एक तिहाई डिजिटल से आया, जो 9 प्रतिशत पर वृद्धि कर रहा है।

यह क्या बताता है? कि डिजिटल सचमुच आपको मुसीबत में डालेगा, आपके व्यवसाय में बाधा डालेगा और आपकी जिंदगी को कठिन बना देगा। लेकिन यदि आप सही से इस्तेमाल कर सकें, तो यह अच्छे परिणाम दे सकता है। पिछले 15 वर्षों में, संगीत उद्योग को प्रत्येक तकनीकी परिवर्तन ने तोड़ा, जिसने कभी मीडिया और मनोरंजन उद्योग को चोट पहुंचाई थी। चूंकि संगीत निम्नतम बैंडविड्थ उत्पाद है, जो कम्प्रेशन प्रौद्योगिकी, इंटरनेट, स्ट्रीमिंग, शेयरिंग (शेयरिंग) इत्यादि से सबसे पहले टकराता है। जैसा कि मैंने पिछले संस्करण में उल्लिखित किया था कि संगीत मीडिया और मनोरंजन व्यवसाय में जो कुछ हो रहा है उसकी प्रायोगिक टेस्ट ट्यूब है। और अंततः ऐसा लगने

लगा है कि प्रयोग समाप्ति की ओर है। या कम से कम इतना कह सकते हैं कि गुफा के अंत में कुछ प्रकाश दिखने लगा है।

यह ज्यादातर इसलिए हुआ क्योंकि स्मार्टफोन और अन्य उपकरण स्पॉटिफाइ, आईट्यून, डीजर या वेवो जैसी सेवाओं से संगीत को सब्सक्राइब करने या डाउनलोड करके सुनना आसान बनाते हैं। अब 100 से अधिक देशों के पास ऐसी सेवाएं हैं जो वैधानिक डाउनलोडिंग और स्ट्रीमिंग प्रदान करती हैं, जबकि 2011 में ऐसी केवल 23 सेवाएं थीं। इसका मतलब है कि बहुत सारे उपयोगकर्ता जो शायद पायरेटिड सेवा को चुनते, अब उनके पास एक सुविधाजनक, किफायती विकल्प है। यह इसलिए भी हुआ होगा क्योंकि संगीत कंपनियों ने अंततः हवा के साथ बहना सीख लिया, बजाय इसके कि हर नई चीज का विरोध किया जाए।

प्रत्येक नई तकनीकी का विरोध करना संगीत उद्योग का इतिहास रहा है। सबसे पहली शिकायतों में थी रिकॉर्डेड संगीत का विरोध। 1940 के दशक में, लाइव (प्रत्यक्ष) संगीतकारों ने विरोध किया क्योंकि वे चिंतित थे कि विनायल रिकॉर्ड लाइव संगीत कार्यक्रम के कारोबार को तहस–नहस कर देगा, जो उस समय उद्योग के लिए राजस्व का सबसे बड़ा स्रोत था।[4] होनी को कौन टाल सकता था, लाइव कंसर्ट कारोबार का अंश नीचे गिरता चला गया और रिकॉर्डेड ऊपर उठा। रिकॉर्डिंग कंपनियों के लिए अब सबसे ज्यादा उभरता राजस्व का श्रोत लाइव म्यूजिक लगता है, जैसा कि आंकड़े बताते हैं। ऐसा लगता है कि जीवन ने एक चक्र पूरा कर लिया है।

कारोबार का वर्तमान आकार

आकार

कई मायनों में भारतीय संगीत उद्योग काफी हद तक वैश्विक है। यह उसी तरह प्रतिक्रिया देता है और कार्य करता है, जैसे कारोबार अन्य जगहों पर करते हैं। फिर भी, कई मायनों में यह विशिष्ट रूप से भारतीय है। तीन चीजें इसको अलग बनाती हैं–

एक है, फिल्मी संगीत का वर्चस्व। संगीत व्यवसाय के राजस्व का 70 प्रतिशत से अधिक हिस्सा, डिजिटल हो या गैर–डिजिटल, फिल्मी संगीत से आता है। एक बार अगर यह तथ्य भली भांति समझ आ जाए, तो भारतीय संगीत उद्योग को समझना उतना मुश्किल नहीं है। यह उद्योग की संरचना को सम्मिलित करना आसान बनाता है, जो दुनिया के अन्य से पूरी तरह अलग है। अनेक अंतर्राष्ट्रीय और भारतीय कंपनियों ने भारतीय संगीत बाजार की फिल्मों पर पकड़ को तोड़ने की कोशिश की है। इनमें से कुछ नम्रता पूर्वक सफल हुई। इसलिए कुल संगीत बाजार में फिल्मों का हिस्सा 1990 के दशक

में लगभग 95 प्रतिशत से 2007 में संगीत बाजार के 60 से 70 प्रतिशत के बीच गिर गया।

दो, अपेक्षाकृत उच्च स्तर पर पायरेसी, पिछले अनुमान के मुताबिक तकरीबन 25 प्रतिशत थी।

तीन, व्यापार की अत्यंत खंडित प्रकृति। सैकड़ों संगीत कंपनियां हैं और उनका प्रतिनिधित्व करने वाले बहुत से संगठन हैं। उदाहरण के लिए, दक्षिण भारतीय संगीत कंपनी संघ (एसआईएमसीए) या भारतीय संगीत उद्योग संघ (आईएमआई)। फिर भी तमाम बड़ी कंपनियां, जैसे टी–सीरीज या यशराज फिल्म, इन संगठनों के सदस्य नहीं हैं।

बड़े बदलाव

संगीत उद्योग में पिछले 3–4 वर्षों के अंदर आए प्रमुख बदलाव इस प्रकार हैं:

रॉयल्टी में गिरावट

2010 वर्ष में, कॉपीराइट बोर्ड ने फैसला सुनाया कि निजी एफएम स्टेशनों को राजस्व का केवल दो प्रतिशत ही रॉयल्टी के रूप में भुगतान करना होगा। यह परिणाम निजी रेडियो ऑपरेटरों और संगीत कंपनियों के बीच वर्षों तक चले संघर्ष के बाद आया। दरअसल, हुआ यह था।[5]

चाहे यह सार्वजनिक स्थल में, विज्ञापन में, रेडियो पर, नेट पर या फिर मोबाइल फोन पर, रिकॉर्ड किया गया संगीत बजाने को लेकर संगीत कंपनियां, उपयोगकर्ताओं की तकरीबन सभी श्रेणियों से भिड़ गईं। इस झमेले का एक हिस्सा भारत की जटिल रॉयल्टी प्रशासनिक व्यवस्था के कारण भी रहा। अन्य कारण रहा, ज्यादातर समूहक (एग्रीगेटर्स) और मीडिया कंपनियां संगीत अधिग्रहणों के लिए अपने राजस्व से 20 से 30 प्रतिशत भुगतान करने का प्रतिरोध करते है।

रेडियो में इसकी झलक सबसे ज्यादा नजर आती है। रेडियो कंपनियां तीन संगठनों को रॉयल्टी का भुगतान करती हैं. पीपीएल (फोनोग्राफिक परफॉर्मेंस लिमिटेड); हिन्दी फिल्म संगीत के लिए इंडियन परफॉर्मिंग राइट्स सोसाइटी (आईपीआरएस) और दक्षिण भारतीय संगीत के लिए एसआईएमसीए को। इनके अतिरिक्त, कुछ कंपनियां जैसे यशराज फिल्म अपने संगीत को व्यक्तिगत अधिकार धारक के रूप में बेचती हैं, उद्योग निकायों के माध्यम से नहीं।

भारत में, रॉयल्टी एक समान दर है, जिसे प्रति स्टेशन, प्रति घंटे के लिए प्रभारित किया जाता है। इस तरह, यदि रेड एफएम दिल्ली में एक गीत बजाए, (एक बड़ा विज्ञापन बाजार) अथवा बिग एफएम इसे हिसार में बजाये (एक छोटा बाजार), रॉयल्टी की समग्र राशि वही बनी रहेगी। प्रतिशत के रूप

में देखें तो यह, बड़े शहरी स्टेशनों के लिए राजस्व का 7 प्रतिशत से छोटे शहरी स्टेशनों के लिए 40 प्रतिशत तक होगा। इससे लागत का दबाव पड़ता है, खासकर छोटे स्टेशनों पर।

फिर हैं परफॉर्मिंग राइट्स का मसला, जिसे अमल में लाना एक दुःस्वप्न जैसा है। भारत जैसे देश में उद्योग कितनी शादियों, पार्टियों, पब या भोजनालयों को शिक्षित और निरीक्षित कर सकता है? दूसरी ओर टेलीकॉम ऑपरेटर, कंटेंट कंपनियों के साथ कम राजस्व बांटने के लिए बदनाम हैं। यह तो स्पष्ट है कि संगीत कंपनियों के पास अपनी सामग्री से अधिकतम कमाई निर्धारित करने की क्षमता बहुत ही सीमित है।

संगीत कंपनियों का भी इस पूरे मामले में कुछ अड़ियल रवैया रहा है। यह काफी हद तक उनके वैश्विक मूल से उत्पन्न होता है। यहां तक कि यूरोप जैसे प्रौढ़ बाज़ार में भी सफल ऑनलाइन मीडिया ब्रांडों को संगीत कंपनियों को सौदा करने के लिए मनाना खासी दिक्कतें होती हैं।

इसके कारण अधिकांशतः तकरार होती और अंततः मामला कॉपीराइट बोर्ड के पास पहुंचता है।

कॉपीराइट अधिनियम का रूपांतरण

यह अधिकांश तकरार अन्य बदलावों के बीच हो रही थी। जावेद अख्तर जैसे कलाकारों के नेतृत्व में, 2010 और 2011 के दौरान, कॉपीराइट अधिनियम को बदलने की एक बड़ी पैरवी चल रही थी। यह विचार था कि केवल संगीत कंपनी ही नहीं बल्कि गीतकार, संगीतकार, रचयिता आदि, सबको को डिजिटल वितरण से उभरते राजस्व के नए स्रोतों का लाभ सुनिश्चित हो। इस पैरवी के परिणामस्वरूप, कॉपीराइट अधिनियम (संशोधन) बिल, मई 2012 में पारित किया गया (केसलेट 4के देखे)। यह मूल रूप से गीतकारों, रचयिताओं और अन्यों को अपने द्वारा बनाए गए संगीत का मालिक बनाता है और उन्हें फिल्म निर्माताओं या संगीत कंपनियों को अधिकार देने की अनुमति नहीं देता। यह रेडियो और टेलीविजन कंपनियों के लिए संगीत के कॉपीराइट वाले भाग के मालिकों को हर बार प्रसारण पर रॉयल्टी भुगतान को अनिवार्य बनाता है। विचार यह है कि इस खेल में, संगीत के प्रकाशक को केंद्रीय भूमिका में लाया जाए। अब तक, संगीत कंपनियों ने ही पूरे अधिकार और रॉयल्टी खेल को गृहीत कर रखा था।

वैधानिक रूप से डिजिटल संगीत की उड़ान

सबसे बड़े परिवर्तनों में से एक है, जिस प्रकार डिजिटल संगीत ने वैधानिक रूप से उड़ान भरी। फिक्की–केपीएमजी 2013 और आईएफपीआई के आंड़ों के अनुसार, यह स्पष्ट है कि पूरे संगीत बाजार में एक बड़ा बदलाव नजर आ

रहा है। कई तरीके है, जिनके माध्यम से भारत में डिजिटल संगीत को बेचा जाता है और प्रयुक्त किया जाता है। ये इस प्रकार हैं–

- कॉलर ट्यून, रिंग बैक टोन, रिंगटोन और उनकी किस्में, जो मोबाइल फोन या इंटरनेट पोर्टलों के माध्यम से सीधे बेची जाती हैं।
- म्यूजिक स्ट्रीमिंग सेवाएं, जैसे गाना डॉट कॉम, सावन डॉट कॉम, ये म्यूजिक स्ट्रीमिंग सेवाओं को 1.99–7.99 डॉलर प्रति माह के पैकेज पर मासिक सब्सक्रिप्शन प्रदान करती हैं।[6]
- आईट्यूनस, फ्लाईट व हंगामा डॉट कॉम जैसी साइटों के माध्यम से डाउनलोडिंग। वे एक गीत को 7 से 15 रुपये कीमत पर बेचती हैं। वे म्यूजिक स्ट्रीमिंग सेवाओं को भी 100 से 200 रुपये प्रतिमाक की दर से प्रदान करती हैं।
- स्मार्ट फोन या टैबलेट कंप्यूटर जैसे हार्डवेयर के साथ आने वाला संगीत। इस पर पिछले संस्करण में एक अवसर के रूप में चर्चा की गई थी, और लगता है कि अंततः यह कार्यान्वित हो गया है।

ठससे बेहतर खबर नहीं हो सकती। वैधानिक तौर पर बेचा गया डिजिटल संगीत उस पायरेसी के लिए एक निवारक सिद्ध होगा, जो अब तक उद्योग के लिए मुसीबत बना हुआ है। पायरेसी का आकलन कुल बाजार के 25 से 50 प्रतिशत तक है। मेरा अनुमान है कि पायरेटेड संगीत शायद उतना ही बिकता है जितना उसका वैधानिक रूप। जैसे–जैसे डिजिटल पहुंच बढ़ेगी, संगीत सुन ने और खरीदने के नए रास्ते भी बढ़ेंगे। अप्रैल 2013 में 86.7 करोड़ मोबाइल प्रयोक्ताओं के साथ, भारत दुनिया में सबसे बड़े और तेजी से बढ़ने वाले मोबाइल बाजारों में से एक है। उदाहरण के लिए, तमाम मोबाइल प्रयोक्ता अपने मोबाइलों 5 से 30 रुपये, *3 इडियट्स* जैसी फिल्म के संगीत की धुन को रिंगटोन के रूप में रखने के लिए खर्च करते है। जैसे–जैसे मोबाइल की पहुंच और उपयोग बढ़ता है, संगीत और मोबाइल कंपनियां दोनों को लाभ मिलना तय है। डिजिटलीकरण की ओर इस कदम का परिणाम है कि सभी प्रकार के एग्रीगेटर्स, जैसे हंगामा डॉट कॉम या इंडियाटाईम्स डॉट कॉम ने वृद्धि दर्ज की है। इस सब से विदेशी बाजारों का रास्ता खुलने में भी मदद मिलेगी।

उदाहरण के लिए, हंगामा डॉट कॉम विभिन्न भाषाओं में 25 लाख डिजिटल सामग्री के लिए विश्वभर के डिजिटल अधिकार रखता है। इसमें, मुख्य रूप से, भारतीय फिल्मों के संगीत और वीडियो, गेम्स और अन्य बातें शामिल हैं। यह पूरे 47 देशों में मोबाइल ऑपरेटरों और इन देशों के इंटरनेट सर्विस प्रोवाइडरों (आईएसपी) के साथ अनुबंध द्वारा सामग्री प्रदान करता है।[7]

यह फिल्म और संगीत उद्योग दोनों के लिए अच्छी खबर है। विदेशी बाजार 1990 के दशक के मध्य में उभरता हुआ एक आशाजनक राजस्व स्रोत था। एक बिंदु पर तो इससे एक संगीत एल्बम के राजस्व का 30 प्रतिशत से अधिक

प्राप्त हुआ। हालांकि, पायरेसी, वितरण व विपणन धन के अभाव ने भारतीय संगीत कंपनियों का विदेशी बाजार में खेलना, सीमित बनाए रखा। डिजिटल संगीत, चाहे वह इंटरनेट, मोबाइल या सैटेलाइट रेडियो पर हो, इस संभावना को खोलने में मदद कर सकता है।

अवसर और प्रचलन

ये अधिकांशतः भारत में मीडिया बाजार जगत की प्रकृति से उत्पनन होते हैं।

आउटसोर्सिंग

जैसे टेलीविजन या फिल्म में, बाहर (आउटसोर्सेड) के काम करने के अवसर उपलब्ध हैं, खासकर संगीत जैसे एक कम बैंडविड्थ उत्पाद के लिए। बस, अभी तक उन्होंने ध्यान आकर्षित नहीं किया था। 2008 में अहमदाबाद स्थित व्यापार प्रक्रिया आउटसोर्सिंग कंपनी कॉनटेक बीपीओ सर्विसेज ने संगीत के बैक–ऑफिस संचालन में कदम रखा। इसने तमाम सेवाओं के साथ–साथ कई प्रकार के काम किये, संगीत टाइपसेटिंग, संगीत प्रतिलेखन, विभिन्न प्रारूपों से संगीत रूपांतरण आदि। दरअसल, उसकी तमाम सेवाओं में संगीत एक विशिष्ट सेवा है। हलांकि वह किसी का नाम नहीं देती, अमेरिका की कई बड़ी संगीत कंपनियां उसकी क्लाइंट हैं।

लाइव संगीत या कंसर्ट का राजस्व

भौतिक बिक्री में गिरावट और डिजिटल व मुफ्त संगीत में उछाल से लाइव संगीत की मांग में वृद्धि हुई। संयोग से, यह वैश्विक रूप से भी हकीकत है। यह डिजिटल संगीत और फाइल शेयरिंग तकनीकों में वृद्धि है, जिसने इस प्रचलन को प्रोत्साहित किया। यह इसलिए क्योंकि इन मीडिया पर प्रतिचयन और जुबानी प्रचार बहुत तेज़ी से होता है। और वे एक अच्छे गायक या कलाकार को प्रत्यक्ष देखने की जरूरत पैदा करते हैं। ब्राजील जैसे संपूर्ण बाजार हैं, जहां संगीत शुरुआत में मुफ्त दिया जाता है और जब प्रतिचयन से एक प्रशंसक अनुयायी वर्ग खड़ा हो जाता है, तो गायक और संगीतकार लाइव (प्रत्यक्ष) कंसर्ट से पैसे कमाते हैं।

लाइव कंसर्ट का आकार और बड़ा बनेगा, इसका प्रमाण कि इस बात से भी मिलता है कि रिकॉर्डिंग कंपनियां अब कलाकारों से समग्र सौदों के लिए आग्रह कर रही हैं। इसका मतलब है कि कलाकार के पर्यटन राजस्व, कारोबार व अन्य राजस्व, जो आम तौर पर सीधे गायक के हिस्से में जाते थे, उनमें

लेबलों को भी एक हिस्सा मिले। भौतिक बिक्री में गिरावट को रोकने के प्रयास में, अनेक कंपनियों जैसे सोनी ने अनुबंधों को नए सिरे से करना शुरू किया, ताकि कलाकार के व्यवसाय– पर्यटन, प्रदर्शन, क्रय–विक्रय इत्यादि के साथ हर चीज में शामिल हो सकें।

भारत में अब तक, संगीत कार्यक्रमों ने उस प्रकार पैसे नहीं कमाए हैं। यह इसलिए नहीं कि उसके लिए मांग नहीं है। मसला यह है कि इवेंट मैनेजमेंट में तमाम दिक्कते हैं– कंसर्ट के लिए स्थान न होना, अधिक टैक्स– ये सभी व्यापार को निरुत्साहित करते हैं (देखें अध्याय 6–इवेंट)। इसके अलावा, भारत में 'मुफ्त पास' की धारणा भी बहुत मजबूत है। एक इवेंट मैनेजमेंट कंपनी के अनुसार, एक संगीत कंसर्ट के राजस्व का केवल 20 से 30 प्रतिशत ही टिकट बिक्री से आता है। कमाई का अधिकांश पैसा विज्ञापनदाताओं से प्राप्त होता है। फिक्की–केपीएमजी 2013 रिपोर्ट और कई अन्य स्रोत भारत में बढ़ती संगीत कार्यक्रमों की लोकप्रियता के बारे में बताते हैं। यह रिपोर्ट संगीत कंसर्ट से हुई कमाई की राशि 90 करोड़ रुपये आंकती है (देखें तालिका 4.1)।

हार्डवेयर और अन्य सेवाओं के साथ संगीत

यह विकल्प पर्सनल कंप्यूटर (पीसी) और मोबाइल फोन कंपनियों द्वारा नियमित तौर पर इस्तेमाल किया जाता है। अब हमारे उपयोग के लगभग सभी उपकरणों– स्मार्टफोन, टैब्लेट्स, पीसी, मोबाइल में कुछ संगीत या म्यूजिक स्ट्रीमिंग सेवाओं के साथ आ रहे हैं। इसी तरह, आईएसपी एक म्यूजिक स्ट्रीमिंग सेवा/डाउनलोड सेवा को महीने के ब्रॉडबैंड पैकेज के साथ दे सकते हैं। वैश्विक रूप से, कुछ सबसे सफल सब्सक्रिप्शन सेवाओं, जैसे स्पॉटिफाइ, ने इसी माध्यम से उड़ान भरी है।

रेडियो, टेलीविजन और अन्य प्रारूप

जैसे प्राइवेट एफएम रेडियो स्टेशन और टीवी चैनल बढ़ते जा रहे हैं, वे गंभीर राजस्व स्रोत बन रहे हैं। यद्यपि कॉपीराइट बोर्ड ने रेडियो ऑपरेटरों द्वारा संगीत कंपनियों को भुगतान की जाने वाली रॉयल्टी को राजस्व के 2 प्रतिशत तक घटा दिया है, लेकिन विकास का अगला दौर इसकी भरपाई कर देगा। वर्तमान में 242 रेडियो स्टेशन हैं। जब रेडियो लाइसेंसिंग का तीसरा चरण होगा तब 800 से अधिक एफएम स्टेशन प्रतिस्पर्धा में आ जाएंगे। इसका मतलब है संगीत की अधिक मांग, जो उनकी प्रस्तुति का 90 प्रतिशत होता है। उसके बाद टीवी को जोड़ें। भारत में पहले से ही 800 से अधिक टीवी

चैनल हैं। कई संगीत का प्रयोग अपने शो पर करते हैं या किसी न किसी कार्यक्रम के बैकग्राउंड के अंश के रूप में करते हैं। फिक्की–केपीएमजी 2013 रिपोर्ट के मुताबिक ये दो राजस्व धाराएं 2012 में 160 करोड़ रुपये के आंकड़े की ओर तेजी से बढ़ रही थीं। 2012 में कॉपीराइट अधिनियम[8] में बदलाव के बाद आने वाले बड़े बदलाव हैं रॉयल्टी संग्रह निकायों की मरम्मत। अब तक इन्होंने कलाकारों और संगीत कंपनियों की ओर से पैसे इकट्ठा करने की दिशा में बेहद तुच्छ काम किया था। अब वे अधिक सक्षम होंगे और टीवी, भोजनालय (रेस्तरां) या उन अन्य स्थानों से अधिक कमा पाएंगे, जहां संगीत बजाया जाता है।

अतीत

पृष्ठभूमि

1877 में जब तक थॉमस एडिसन ने फोनोग्राफ का आविष्कार नहीं किया था, संगीत कारोबार काफी हद तक लाइव कंसर्ट तक ही सीमित था। 1890 तक, अमेरिका में एक जर्मन अप्रवासी एमिले बर्लिनर ने घर में उपयोग के लिए फोनोग्राफ को परिपूर्ण किया। इसके बाद इसे ग्रामोफोन में परिवर्तित किया गया, जिसे विक्टर टॉकिंग मशीन कंपनी द्वारा प्रस्तुत किया गया।

रेडियो जैसी प्रतिस्पर्धा तकनीकी ने 20वीं सदी की शुरुआत में संगीत कारोबार पर बहुत दबाव बनाया। वहां इस बात को लेकर गफलत थी कि कौन किसको रॉयल्टी भुगतान करेगा और कब तक। रेडियो स्टेशन के मालिकों ने जोर दिया कि वे एक बार रिकॉर्डिंग को खरीद लिए जाने के बाद वे बिना किसी वित्तीय दायित्व के उसका उपयोग कर सकते हैं। हमेशा की तरह इन नई तकनीकों के खिलाफ हो–हल्ला था। द्वितीय विश्व युद्ध के बाद संगीतकारों की लंबी हड़ताल के कारण रिकॉर्ड व्यापार लंबे समय के लिए उपेक्षित स्थिति में रहा। संगीतकारों ने रिकॉर्ड कंपनियों से क्षतिपूर्ति की मांग की क्योंकि अधिकांश लोग रिकॉर्ड कार्यक्रम सुन रहे थे, जिसका अर्थ था कि लाइव कंसर्ट की मांग में गिरावट।

भारत में, बम्बई (अब मुंबई) और कलकत्ता (अब कोलकाता) में 1890 के दशक के दौरान, कई व्यापारियों ने अन्य व्यापार के साथ फोनोग्राफ को व्यापार की एक अतिरिक्त चीज के रूप में ले लिया। 1900 के प्रारंभिक दशक तक, वे संभावित खरीदारों को प्रोत्साहित करने के लिए प्रमुख गायकों के 'प्राइवेट सिलिंडर' रिकॉर्डिंग पेश कर रहे थे।[9] बाद में, इन व्यापारियों में से एक, बम्बई के वल्लभदास रणछोड़दास कई नामी कंपनियों के अधिकृत थोक विक्रेता बने, जिनमें एडिसन, कोलम्बिया और पाथ प्रोडक्ट्स शामिल थीं। 1901

में, भारत में प्रथम संगीत कंपनी, ग्रामोफोन और भारतीय टाइपराइटर लिमिटेड कंपनी जिसे ग्रैमको भी कहा जाता है (अब सारेगामा) का आगमन हुआ।[10] एक कारोबारी कंपनी के रूप में प्रतिष्ठित, यह 1898 में लंदन में स्थापित ग्रामोफोन एवं टाइपराइटर कंपनी की प्रथम विदेशी शाखा थी। शाखा कार्यालय स्थापित करने के तुरंत बाद, कुछ अधिकारी लंदन से आए और 1902 के उत्तरार्ध में उन्होंने कलकत्ता में लगभग 550 रिकॉर्डिंग ले लिए। इन्हें हैनोवर, जर्मनी में डिस्क में परिवर्तित किया गया और फिर भारत में बेचा गया।

1900 के प्रारंभ में, ग्रैमको की अनेक यूरोपीय और भारतीय कंपनियों से प्रतिस्पर्धा थी। जेम्स उत्पादक कंपनी के सिंगर रिकॉर्ड, दि जेम्स ऑपेरा रिकॉर्ड के साथ–साथ बेका रिकॉर्ड, रामा–ग्राफ डिस्क रिकॉर्ड, एच.बोस रिकॉर्ड व रॉयल रिकॉर्ड और बीनापाणि डिस्क रिकॉर्ड व कई अन्य उपलब्ध थे। इस प्रतिस्पर्धा ने ग्रैमको को 1907 में कलकत्ता से बाहर उत्पादन शुरू करने के लिए मजबूर कर दिया। इसने उसे एक प्रतिस्पर्धात्मक बढ़त प्रदान की क्योंकि यह प्रतिस्पर्धियों की तुलना में यह ज्यादा जल्दी डिस्क दबा सकता था, जबकि दूसरों को यूरोप भेजना पड़ता था। यह 1970 तक भारत में एकमात्र ग्रामोफोन रिकॉर्ड उत्पादक कंपनी बनी रही। अपने प्रारंभिक वर्षों में, इसने स्वयं ग्रामोफोन रिकॉर्ड और ग्रामोफोन दोनों बनाये (संयोग से यह ब्रिटेन में मूल कंपनी से आयातित बिजली की प्रेस, रिफ्रिजरेटर आदि, भी बेचती थी)।

1912 तक, इसके बहुत सारे प्रतिस्पर्धियों ने काम बंद कर दिया, जबकि ग्रैमको ने भारत के विभिन्न भागों में सैकड़ों टाइटल रिकॉर्ड करना ज़ारी रखा। 1925 में, इसने भारत में एचएमवी लेबल को प्रस्तुत किया। 1928 में, कोलंबिया ग्रामोफोन कंपनी ने मुकाबला दिया। तथापि, ग्रैमको अपने सभी वास्तविक और संभावित प्रतिद्वंद्वियों को पछाड़ कर भारत में बड़ी और शक्तिशाली बनकर उभरी। एक कारण था– कोलंबिया, ग्रामोफोन, ओडियन और पाथे का अंतर्राष्ट्रीय विलयन। 1931 में सभी विरोधी ब्रांड एक कंपनी बन गए– इलेक्ट्रिक एंड म्यूजिकल इंडस्ट्रीज लिमिटेड या ईएमआई।[11]

ग्रैमको (एचएमवी) के वर्ष

1930 के दशक के बाद, भारत में 'टॉकीज' या बोलती फिल्में आई और फिल्म संगीत का वर्चस्व बढ़ने लगा, जो पहले एक शास्त्रीय और सुगम संगीत बाजार था। आज तक बाजार का वही आकार बना हुआ है। दक्षिण और उत्तर से कई लेबलों ने बाजार पर ग्रैमको का एकाधिकार तोड़ने के लिए गायकों को लुभाकर अपनी ओर मिलाने का प्रयास किया, लेकिन अधिकांश जल्द ही बंद हो गए। एक रिकॉर्डिंग संयंत्र की स्थापना और उन्हें बेचना एक पूंजी–प्रधान

व्यापार था और ग्रैमको ने सबसे पहले इसकी शुरुआत कर दी थी। उसके सामने टिकने की क्षमता बहुत ज्यादा कंपनियों में नहीं थी।

1960 के दशक तक, ग्रैमको का एकाधिकार हो गया। अधिकांश अन्य प्रतिद्व ंदी महत्वहीन हो गए। क्योंकि लगभग वे सभी. पूर्वी भारत में हिन्दुस्तान और मेगाफोन, दक्षिण भारत में एस, संगीता, हथी और एवीएम, और उत्तर भारत में बृजवानी व मारवाड़ी को ग्रैमको द्वारा ही उत्पादित किया जाता था। फिल्म संगीत पर पहली बार ग्रैमको ने अपने एकाधिकार के लिए गंभीर खतरे का सामना किया जब पॉलिडोर ने 1960 के दशक के अंत में बाजार में दस्तक दी। निर्माताओं और संगीतकारों को आखिरकार एक विकल्प मिला और वे इससे प्रसन्न थे। ग्रैमको के लिए यह एक नया अनुभव था कि उनके पास आने वाले फिल्म संगीत का हर भाग उसका न हो। पुराने समय के लोग याद करते हैं कि ग्रैमको उन संगीतकारों या निर्माताओं का बहिष्कार कर देता था, जो पॉलिडोर (बाद में म्यूजिक इंडिया) को अपने फिल्म संगीत के अधिकार बेचते थे। एक अनुमान के अनुसार भारत में रिकॉर्ड किये गए पूरे संगीत का 50 प्रतिशत ग्रैमको के एचएमवी लेबल के पास है।

शशि गोपाल, जो 1970 के दशक में ग्रैमको के साथ काम करते थे और बाद में उन्होंने मैग्नासाउंड[12] की स्थापना की, याद करते हैं– 'वह अलग ही समय था।। अंतर्राष्टरीय बाजार, नए तकनीकों पर कोई जानकारी नहीं होती थी, केवल एक ही टीवी चैनल और एक रेडियो स्टेशन था। हमारा एकाधिपत्य था। यहां तक कि वे कलाकार, जो बाद में बहुत मशहूर हो गए, उनको भी सुनवाई के लिए दो या अधिक महीनों तक महाप्रबंधक ए एंड आर (कलाकार और रंगपटल) के कार्यालय के बाहर इंतजार करना पड़ता था'। संगीत कंपनी में ए एंड आर विभाग नई प्रतिभाओं की खोज करता था, जिनको रिकॉर्ड करके कंपनी द्वारा बेचा जा सके। इसको एक ऐसे विभाग के रूप में देखना चाहिए जो सभी सृजनात्मक कच्चे माल को देखता है और उत्तम वस्तु को ढूंढने प्रयास करता है।

20वीं सदी का प्रारंभिक भाग संगीत के मामले में भी संपन्न था। भारत के कुछ उत्कृष्ट प्रतिभाओं में शुमार संगीत निर्देशकों, गीतकारों, गायकों– लता मंगेशकर, मोहम्मद रफी, नौशाद, एस.डी. बर्मन, के.एल. सहगल, सुरैया, साहिर लुधियानवी, हेमंत कुमार समेत तमाम अन्य सैकड़ों कलाकारों ने ग्रैमको रिकॉर्ड या कैसेट पर अपना बेहतरीन काम रिकॉर्ड किया गया। यह बहुत ही लाभदायक व्यापार था। बाजार के अग्रणी ग्रैमको ने रिकॉर्ड व्यापार पर 20 प्रतिशत का शुद्ध लाभ बनाया, भले ही उपभोक्ता इलेक्ट्रॉनिक व्यापार वास्तविक आंकड़े को पूरे 1970 के दशक में 5 से 10 प्रतिशत तक नीचे ले आया। यही दौर था जब एक राष्ट्रीय रंगपटल के साथ पॉलीडोर, पश्चिमी संगीत में सीबीएस और पूर्वी भारतीय संगीत के साथ इनरेको ने भी अपनी पहचान बनाई।

भारतीय बाजार के बदलाव

1970 के दशक में, अंतर्राष्ट्रीय स्तर पर कैसेट विस्तार कर रही थीं। जिस तरह उसने बाजार को बदला, वह अपने आप में एक कहानी है।

ग्रैमको की चूक

अंदरूनी सूत्र बताते हैं कि बाजार की अग्रणी ग्रैमको ने कैसेटों को 'महज एक तकनीक' समझकर रद्द कर दिया। बावजूद इसके कंपनी ने कलकत्ता में एक नए रिकॉर्ड कारखाने में पैसा लगा दिया। इसने 1970 के उत्तरार्ध में प्रति वर्ष 12 लाख यूनिट लाइसेंस क्षमता वाला एक म्यूजिक कैसेट संयंत्र स्थापित किया। लाइसेंस 75 प्रतिशत निर्यात दायित्व के साथ मिला था। उसका तात्पर्य था कि ग्रैमको की बनायी हुई 12 लाख कैसेटों में 9 लाख कैसेटों को निर्यात करना था, भारत में केवल 3 लाख बेची जा सकती थीं। उस समय, इस शर्त का ग्रैमको पर ज्यादा असर नहीं पड़ा। कंपनी की सोच यह थी कि उसका मुख्य व्यापार रिकॉर्ड का था। उसने कैसेटों को लोकप्रिय बनाने के लिए कुछ नहीं किया, क्योंकि वह रिकॉर्डों का हिस्सा गंवाना नहीं चाहती थी। कैसेटों की कीमत को जानबूझकर अधिक रखा गया, ताकि उपभोक्ताओं को हतोत्साहित कर सके।

पीछे मुड़कर देखने पर यह मूर्खतापूर्ण लगता है; लेकिन याद रहे कि ग्रैमको पिछले 70 वर्षों से भारत में संगीत बेचने वाली एक मात्र प्रमुख कंपनी थी। उसने कभी वास्तविक प्रतियोगिता नहीं देखी थी और डरने की कोई जरूरत नहीं थी। इसके अलावा, उसका उत्पादन उच्च लागत के संघ–नेतृत्व वाले कलकत्ता में था। 1981 में बम्बई में रिकॉर्ड कारखाना बंद होने के बावजूद भी उन संयंत्रों को चलाते रहने में भी मोटा मुनाफा था। उसका एक उपभोक्ता इलेक्ट्रॉनिक विभाग था, जो उसकी गर्दन पर चक्की के पाट की तरह रखा था। बड़े क्षेत्र का खिलाड़ी होने के नाते, इसे लघु कंपनियों पर लगने वाले 10 से 15 प्रतिशत शुल्की की तुलना में इसे 25 से 35 प्रतिशत शुल्क का भुगतान करना पड़ता था। उसके बाद, अत्यधिक ऊपरी खर्च और श्रम लागत। इन सब चीजों ने रिकॉर्ड प्लेयर यूनिट को अलाभकारी बना दिया। 1968 में, जब इसे बंद करने या मुनाफे के लिए अधिक निवेश करने में से एक का चयन करने मौका आया तो, ग्रैमको ने दूसरा विकल्प चुना। 1970 के अंत तक, ग्रैमको ने फिलिप्स, सोनोडाइन और कॉसमिक जैसे बेहतर खिलाड़ियों के हाथों अपना बाजार गंवा दिया।

कंपनी की उस चीज में गहरी रुचि थी जो उसके पास था, और वह क्या बेच सकती थी। इस सब के बीच, ग्रैमको एक महत्वपूर्ण तथ्य नहीं देख पाई। जहां रिकॉर्ड उत्पादन में कई करोड़ों के निवेश की जरूरत थी, वहीं कैसेटों को बनाना एक कुटीर उद्योग था। यदि एक कंपनी रॉयल्टी या कर नहीं चुकाती,

तो एक अनुमान के अनुसार कैसेट की प्रति यूनिट का 8 रुपये से कम में उत्पादन किया जा सकता था। इसके विपरीत, प्रत्येक ग्रामोफोन रिकॉर्ड बनाने की लागत 20 रुपये थी। टेप उत्पादन में एक साथ आसानी से प्राप्य चीजों को जोड़ना था, जैसे कैसेट के कवर, लाइनर, ढाले और पेंच। और फिर टेपों को एक मास्टर या मूल टेप से कई कैसेट समरूप प्रणालिओं द्वारा कॉपी करना था। सबसे सस्ता समरूप प्रणाली 50,000 रुपये में उपलब्ध था, जबकि सबसे महंगा 50 लाख में। पूरे संचालन को कुछ पैसे और एक छोटे स्थल के साथ कोई भी स्थापित कर सकता था।

हालांकि, ग्रैमको के नजरिए से, चूंकि रिकॉर्ड एक पूंजी प्रधान व्यापार था और पायरेसी जैसी कुछ चीज थी ही नहीं, इसलिए उसने किसी प्रतिस्पर्धा की उम्मीद नहीं की थी। 1980 तक, 20 करोड़ रुपये के कुल संगीत बाजार में केवल रिकॉर्ड और संगठित खिलाड़ी शामिल थे। 1982 तक भले ही ग्रैमको की दुनिया में उथल–पुथल हो गई।

गुलशन कुमार और कैसेट

1980 के आरंभ में, गुलशन कुमार, जो पहले जूस विक्रेता थे, ने 1957 के भारतीय कॉपीराइट अधिनियम से बचने का एक रास्ता खोज लिया। जब तक वह नए गायकों का प्रयोग कर रहे हैं, वह ग्रैमको की धुन को प्रयोग कर सकते थे। गुलशन कुमार ने अंजान गायकों को लेकर लता मंगेशकर, मोहम्मद रफी या किशोर कुमार के प्रसिद्ध गानों के साथ कैसेट उत्पादन आरंभ कर दिया। इन्हें 'संस्करण रिकॉर्डिंग' कहा जाता था। लाइसेंस और कराधान समस्याओं को संभालने के लिए, गुलशन कुमार के पास कंपनियों की पूरी श्रृंखला थी, प्रत्येक का छोटे स्तर पर संचालन था, ताकि कोई क्षमता अवरोध न रहे। ग्रैमको से भिन्न, जो केवल विक्रेताओं पर निर्भर थी, कुमार ने हर संभव खुदरा दुकान पर रास्ता चुना– पान की दुकान, सड़कों पर और किराने की दुकानों के माध्यम से 10 से 15 रुपये प्रति कैसेट के बीच वितरण किया। ऐसा कहा जाता था कि बिक्री, ऑक्ट्राई और उत्पाद शुल्क से बचने का रास्ता निकालकर कुमार की कंपनी, सुपर कैसेट इंडस्ट्रीज (जो टी–सिरीज लेबल के अंतर्गत बेचा जाता था), ने अपनी कैसेटों की कीमत इतनी कम रखीं।

इसने संगीत उद्योग में बहुत ही मौलिक ढंग से शक्ति संतुलन को बदल दिया और भारतीयों के बड़े हिस्से के लिए संगीत सुलभ बना दिया। 1983 में, कैसेट की कीमत 25 रुपये थी जबकि एक रिकॉर्ड के लिए 40 रुपये खर्च करने पड़ते थे। एक कैसेट प्लेयर की कीमत 600 रुपये थी, जबकि एक रिकॉर्ड प्लेयर 1000 रुपये का था। कम प्रविष्टि लागत को कम उपयोग लागत के साथ जोड़ें तो यह स्पष्ट था कि बाजार में उछाल आएगा। प्रारंभ में, ग्रैमको ने अपनी कैसेट बनाने की क्षमता का केवल 25 से 50 प्रतिशत ही इस्तेमाल

करना जारी रखा। रिकॉर्ड बिक्री पर नुकसान से और उपभोक्ता इलेक्ट्रॉनिक विभाग में रिसाव ने कंपनी को और नीचे धकेल दिया। उसका राजस्व 1981–82 में 20.4 करोड़ से घटकर 1983–84 में 13.7 करोड़ पर आ गया।

बाहर से आउटसोर्स करके उसने फिर उत्पादन को लगभग 10 लाख कैसेटों तक बढ़ाया। यह निष्फल रहा। पहला कारण, क्योंकि अनुबंध निर्माताओं ने मास्टर कॉपी लेकर अवैध कॉपियां बनानी शुरू कर दीं। दूसरा कारण, गुणवत्ता एक समस्या थी। कैसेटों के संगठित क्षेत्र के उत्पादन के खिलाफ फिर पास फेंका गया, क्योंकि 1982 के बजट में पहले से रिकॉर्ड किए गए संगीत कैसेटों पर 26.75 प्रतिशत का उत्पाद शुल्क लगाया गया। साथ ही, कलाकारों को 13 प्रतिशत रॉयल्टी प्रदान की जानी थी और 15 प्रतिशत बिक्री कर, जो पायरेट्स को नहीं चुकाना पड़ता था। इन सभी ने पायरेट्स मूल्य और ग्रैमको के मूल्य के बीच अंतर को बढ़ा दिया।

टी–सीरीज की तरह, तमाम अन्य खिलाड़ी भी इस काम कूद पड़े। टी–सीरीज और ग्रैमको के विकल्प के तौर पर वीनस और टिप्स जैसे कई नाम उभर कर आए। कई अन्यों ने टी–सीरीज की तरह पहले मूल ग्रैमको धुनों की कॉपी से शुरुआत की और फिर अधिकारों को खरीदने और संगीत बेचने का अपना खुद का वैध व्यापार आरंभ किया। फलतः बाजार में उछाल आया और पहुंच बढ़ गई। गुलशन कुमार की टी–सीरीज ब्रैंड ने 1985 में 20 करोड़ से बढ़कर 1989 तक आते–आते 130 करोड़ का राजस्व आंकड़ा छू लिया।

जिस तरह से इन कंपनियों ने शुरुआत की, उसको लेकर सवाल उठाए जा सकते हैं, लेकिन कारोबार में उनके योगदान को नजरअंदाज नहीं किया जा सकता। जब बाजार के अग्रणी ने एक नई, सस्ता तकनीकी की अनदेखी की, जो उपभोक्ताओं को एक बेहतर विकल्प दे सकती थी, तो दूसरों ने यह अवसर छीन लिया।

गुलशन कुमार का आना इसलिए महत्वपूर्ण नहीं है कि इससे बाजार का विस्तार हुआ, बल्कि इसलिए भी कि उन्होंने जो किया वह संगीत या उससे जुड़े अन्य मीडिया उत्पाद के बारे में बड़े सत्य का प्रतिरूपण करता है। नए तकनीकी हमेशा तेज, सहज उपलब्धता का भरोसा प्रदान करती है। यह मौजूदा कंपनियों के ऊपर निर्भर करता है कि वह इन मौकों का कैसे उपयोग करती हैं। 1980 के दशक में यह कैसेट थीं, 1990 के दशक में सीडी और अब इंटरनेट और मोबाइल टेलीफोनी।

ग्रैमको की प्रतिक्रिया

1980 के दशक में, ग्रैमको ने कई प्रकार से प्रतिक्रिया दी। इसने फिल्मी संगीत को पूरी तरह से दूर रखा, पायरेसी पर एक कठोर नीति के लिए माहौल बनाया। पायरेसी को एक संज्ञेय अपराध बनाने के लिए भारतीय कॉपीराइट

अधिनियम को संशोधित किया गया और खाली कैसेटों पर उत्पाद शुल्क लगाया गया, जो पायरेसी करने वालों के लिए मुख्य कच्चा माल था। इसने पायरेसी का सामना करने के लिए उद्योग को चारों ओर से एकत्र किया और इंडियन फोनोग्राफिक इंडस्ट्री एसोसिएशन (आईपीआईए) का गठन किया। ग्रैमको, सीबीएस, पॉलीग्राम, मास्टर रिकॉर्ड और इनरिको इसके संस्थापक सदस्य थे। आईपीआई बाद में आईएमआई– भारतीय संगीत उद्योग संघ बन गया, जो वर्तमान उद्योग निकाय है।[13] आखिरकार 1984 में पूर्व–रिकॉर्ड की गई कैसेटों पर उत्पाद शुल्क हटा दिया गया। फलतः संगठित क्षेत्र में एक कैसेट की कीमत न्यूनतम 18 रुपये और अधिकतम 34 रुपये तक घट गई।

जब तक ग्रैमको ने यह सब किया, तब तक वह एक बीमार कंपनी बन चुकी थी, जिसका श्रेय उसकी निष्क्रिय उपभोक्ता इलेक्ट्रॉनिक डिविजन और लगभग मृतप्रायः रिकॉर्ड व्यापार को जाता था। 1984–85 में, इसने अपना वित्तीय वर्ष 5.9 करोड़ का नुकसान उठाकर 14.1 करोड़ बिक्री के साथ समाप्त कियाः यह तब था, जब बाजार तेजी से बढ़ रहा था। कंपनी को अपने कैसेट बनाने की क्षमता को बढ़ाने, अपने ऋण चुकाने और संचालन करने के लिए धन की जरूरत थी। अंततः, ईएमआई को आरपीजी एंटरप्राइजेज के रूप में एक उद्धारक मिल गया, जिसने भारतीय ग्रामोफोन कंपनी (जीसीआई) को अधिगृहीत कर लिया। आरपीजी ग्रुप की अन्य व्यवसायों में भी हिस्सा है, जैसे टायर, कार्बन ब्लैक, चाय और रसायन।

अच्छे वर्ष

सितंबर 1985 में, प्रदीप चंदा ने ग्रैमको के सीईओ के रूप में पदभार संभाला।[14] इन्होंने लागत को कम करने के लिए एक स्वैच्छिक सेवानिवृत्ति योजना के साथ आरंभ किया। लेकिन संगीत व्यापार में उनके किए गए परिवर्तनों के कारण कंपनी ने लाभ प्राप्त किया।

पहला था अपने विपणन में एक मौलिक बदलाव– एक कार्य जिस पर पहले कभी ध्यान नहीं दिया गया। जब तक फिल्मी संगीत खरीदने के लिए पर्याप्त पैसे कमाती, तब तक ग्रैमको ने राजस्व के उत्पन्न करने के लिए अपने समृद्ध खजाने का प्रयोग करने का निर्णय लिया। कंपनी की एचएमवी सात दशकों से अधिक तक एक मात्र प्रमुख लेबल बना रहा। भारत में रिकॉर्ड किये गए समस्त हिन्दी संगीत का प्रत्येक अंश, के.एल. सहगल से लेकर किशोर कुमार तक, उसकी लाइब्रेरी में था (और है)। उसको बस एक ही कार्य करना था कि जितना संभव हो सके उतने रूपों में उसे पुनः पैकेज करें। भारतीय महानों की संग्राहक श्रृंखला को सिटीबैंक जैसी संस्थाओं को फुटकर बेचा गया, जिसका उन्होंने प्रचार के लिए इस्तेमाल किया। गोल्डेन कलेक्शन को सात से अधिक महीनों तक प्रचारित किया गया और वह अभी मुनाफा दे रहा

है। मीडिया व्यापार के संबंध में यह एक अच्छा विचार था। सूची से कोई भी बिक्री सीधे मुनाफे से जोड़ती है, क्योंकि संगीत (या कोई अन्य सामग्री) बनाने की लागत शून्य होती है।

दूसरा, और महत्वपूर्ण रूप से, इसने एक अलग ढंग से फिल्मी संगीत की दुनिया में पुनः कदम रखा। ग्रैमको ने संगीत अधिकारों के लिए निर्माताओं को एक अग्रिम राशी (रॉयल्टी) देनी शुरू कर दी। तब तक, पूरी व्यवस्था संगीत रिलीज करने के बाद और सालभर की बिक्री पर रॉयल्टी भुगतान पर आधारित था। एक अग्रिम का भुगतान करके ग्रैमको ने अच्छे संगीत पर जुआ खेलने का जोखिम उठाया, लेकिन इसका अर्थ यह भी था उस स्थिति में यह सस्ता भी कि यदि बाद में संगीत सफल सिद्ध होता। यह प्रचलन बहुत लोकप्रिय बन गया। सदा आर्थिक तंगी से जूझने वाले फिल्म निर्माताओं के लिए यह कार्यशील पूंजी प्राप्त करने का एक माध्यम बन गया।

ग्रैमको फिर इन फिल्मों के संगीत का भरपूर प्रचार करती थी, ऐसा काम जो उसने पहले नहीं किया था। सुनील लुल्ला, जो 1990 के दशक में ग्रैमको के साथ थे, याद करते है, 'डर फिल्म के साथ हमने वह सब किया, जो आप एक साबुन बेचने के लिए करते। तब *डर* नाम की माचिसें भी निकाली गईं'।[15] *चांदनी, राम लखन* और *सौदागर* जैसी सफल फिल्मों के साथ कंपनी ने अच्छा काम किया, लेकिन चंदा के अनुसार जिस फिल्म ने कंपनी की कायापलट कर दी वह थी, *मैंने प्यार किया*। एक डूबे हुए प्रोडक्शन हाउस राजश्री की एक अनजान फिल्म, एक सुपरहिट बनी और इसके 80 लाख से अधिक कैसेट बिके।

1990 के दशक की शुरुआत तक, टिप्स और वीनस जैसी कंपनियों ने केवल अग्रिम राशी देने के बजाय पूरी फिल्म का वित्तपोषण करना शुरू कर दिया। पायरेसी और गिरती उपस्थिति से तंग फिल्म उद्योग की तुलना में संगीत उद्योग बहुत मजबूत दिखने लगा। एक बिंदु पर, ये बातें उठने लगीं कि संगीत उद्योग आकार में फिल्मी कारोबार से आगे निकल जाएगा। जाहिर है, ऐसा कभी नहीं हुआ, लेकिन फिल्मी संगीत की सफलता और फिल्म के बीच का संबंध मजबूत हुआ। उदाहरण के लिए यदि लोग *ताल* के संगीत को पसंद करते हैं, तो यह अनिवार्य रूप से फिल्म की अच्छी कमाई का द्योतक है।

तीसरा, सुपर कैसेट्स की तरह, ग्रैमको ने नए, गैर–फिल्मी कलाकारों में निवेश करना आरंभ कर दिया। तमाम अन्य नामों के साथ उसने अलीशा चेनॉय और मल्कियत सिंह की 'खोज' की। सुपर कैसेट्स ने बिल्कुल अज्ञात संगीतकारों, गीतकारों और गायकों पर दाव लगाने का प्रयोग काफी सफलतापूर्वक किया। युवा अनजान गायक और संगीतकार कम पैसों पर काम करने के लिए खुश थे। एक ही लागत जो रिकॉर्डिंग कंपनी को व्यय करनी पड़ती थी, वह टेपों का बड़ी मात्रा में विनिर्माण और वितरण। यदि गायक सफल होता, तो लाभ निवेश की तुलना में उच्च होते। इस प्रक्रिया में, सुपर

कैसेट्स ने सोनु निगम जैसे कुछ लोकप्रिय गायकों की खोज की। एक तरह से यह वैसा ही काम है जो संगीत कंपनियों का ए एंड आर विभाग को करना चाहिए; यद्यपि यथार्थ में, अधिकांश सुरक्षित और प्रमाणित आवाजों पर दाव लगाना पसंद करते है।

अंततः, ग्रैमको का अपना डीलर नेटवर्क 1985 में 2500 से बढ़कर 1991 में 35000 खुदरा विक्रेता हो गया, जिनको थोक विक्रेता बेचते थे। जबकि पहले इसने डीलरशिप अधिकारों को छीनने की धमकी दी थी, यह एक अलग बाजार था और ग्रैमको ने नियमों को जान लिया था। यह सब पूरी तरह से काम आया। 1989 से 90 तक कंपनी फिर अंधेरे में थी, जब 28.4 करोड़ रुपये के कुल राजस्व पर महज 16 लाख रुपये का छोटा सा मुनाफा मिला।

इस बीच, गुलशन कुमार भी बहुत सक्रिय हो गए थे। उन्होंने विभिन्न व्यवसायों में हाथ आजमाने शुरू किये– टेप डेक, फिल्मी पत्रिकाएं, सीडी प्लेयर, वीडियो कैसेट, टेलीविजन सेट और यहां तक कि वाशिंग पाउडर भी! हालांकि, उनका सबसे महत्वपूर्ण विविधीकरण, फिल्मों में रहा। *बिजनेसवर्ल्ड* को अपनी सफलता की कहानी सुनाते हुए कुमार ने कहा था कि 'एक हिट फिल्म का मतलब है मेरे कई विभागों के लिए अधिक कारोबार और अधिक मुनाफा।'

दूसरी बार, कुमार ने संगीत कारोबार के बारे में महत्वपूर्ण सच्चाई को पहचान लिया था, जो उनके प्रतिद्वंद्वियों से छूट गया था। क्योंकि फिल्में संगीत कंपनी का 90 प्रतिशत या उससे अधिक का राजस्व दिलाती थीं और क्योंकि अब तक संगीत कंपनियां फिल्मों का संगीत अधिग्रहण करने के लिए मोटी अग्रिम राशी प्रदान करती थीं, इसलिए स्वयं फिल्में बनाने का विचार कारोबार की दृष्टि से उचित नजर आता था। इस तरह एक संगीत कंपनी उससे जुड़े जोखिम को बेहतर ढंग से समझ सकती थीं, और एक हिट फिल्म के मुनाफे को ढंग से भुना सकती थीं। वीनस, टिप्स और जैसी अन्य संगीत कंपनियों ने भी इस मामले में कुमार के कदमों का अनुगमन किया। इसी दशक में पहले, सीबीएस ने इस रणनीति को अपनाया था जिसमें *सदमा, अगर तुम ना होते* और कुछ अन्य फिल्मों के नाम शामिल थे। गुलशन कुमार की पहली कुछ फिल्मों से थीं– *आशिकी* (हिट) और *लाल दुपट्टा मलमल का* (एक ठीक–ठाक सफल वीडियो फिल्म)।

सैटेलाइट टीवी के वर्ष

चंदा के अनुसार, 1990 की शुरुआत तक, संगीत एक उद्योग की तरह काम कर रहा था। इसी समय के आसपास तीन महत्वपूर्ण घटनाओं ने बाजार को एक अन्य कैसेट जैसा प्रोत्साहन दिया।

संगीत चैनलों का उदय

पहली घटना थी, एमटीवी और चैनल वी, जी म्यूज़िक, एटीएन और फिर ईटीसी जैसे संगीत चैनलों का आना। इन चैनलों ने संगीत का एक ऑडियो–विजुअल आभास कराया, जो किसी थिएटर के अंदर फिल्म में गाने देखने जैसा था या फिल्मी गानों पर आधारित टीवी शो *छायागीत* देखने जैसा।[16] उस समय तक, किसी भी गायक का कोई संगीत वीडियो नहीं था। ना ही एक बिलबोर्ड–प्रकार का या लोकप्रिय संगीत की रैंकिंग थी। जल्द ही, संगीत वीडियो दर्शकों और संगीत कंपनियों के साथ बहुत प्रसिद्ध हो गए। इन्होंने श्रोताओं को विभिन्न प्रकार की आवाजों और संगीत से परिचय कराया और उद्योग को अपने उत्पादों को बढ़ावा देने के लिए 24 घंटों के कई प्लेटफॉर्म प्रदान किये।

सिर्फ एक वीडियो बनाने के लिए कहीं 5 से 10 लाख का खर्च लगता था; उसके बाद, एक संगीत चैनल पर प्रसारण समय खरीदने का खर्च। फलतः दोगुनी लागत। अच्छी बात यह थी कि नए कलाकारों को ब्रेक मिलना शुरू हुआ क्योंकि टेलीविजन ने उनको बढ़ावा देना आसान बना दिया। यदि गुलशन कुमार ने उद्योग को वितरण और मूल्य निर्धारण में एक सबक सिखाया, तो संगीत चैनलों ने एक कदम आगे बढ़कर उन्हें प्रोमोशन और ब्रांड टाई–इन का महत्व सिखाया। संगीत चैनलों पर म्यूजिक वीडियो चलाए जाने के परिणामस्वरूप गैर–फिल्मी संगीत विशेष रूप से इंडिपॉप, गजलें और भक्ति संगीत का प्रसारण काफी बढ़ गया; यह कुल बाजार के 10 प्रतिशत से बढ़कर 30 प्रतिशत पर आ गया।

बड़े खिलाड़ियों का आगमन

बड़ी बहुराष्ट्रीय और भारतीय कंपनियों के संगीत सॉफ्टवेयर और खुदरा व्यापार में आने के कारण इस व्यापार का आकार, गुंजाइश और प्रतिफल की अपेक्षाओं को बदल दिया। सोनी कॉर्प ने 1990 के दशक में भारत में सोनी म्यूज़िक स्थापित किया।[17] 1999 में एक बिंदु पर, उद्योग में आने वाले कुल निवेश को 1.5 अरब रुपये पर आंका गया। इसका एक बड़ा हिस्सा खुदरा व्यापार के क्षेत्र में था। बीसीसीएल ने, पूरे भारत में संगीत खुदरा दुकानों की अपनी श्रृंखला प्लानेट–एम में निवेश करना आरंभ किया।[18] दक्षिण भारतीय एलएमडब्ल्यू ग्रुप ने पूरे क्षेत्र में 12 स्टोर स्थापित किये; और फिर सिंगल स्टोर थे जैसे मुम्बई में ग्रूव और आरपीजी एंटरप्राइजेज की अपनी श्रृंखला, म्यूज़िक वर्ल्ड।

यह कारोबार में अब तक का सबसे महत्वपूर्ण निवेश था। गुलशन कुमार द्वारा पान और किराना दुकानों के माध्यम से वितरण विस्तार करने के बाद,

इस मोर्चे पर ज्यादा कुछ नहीं हुआ। रिदम हाउस को छोड़कर, प्लानेट–एम या ग्रूव आने तक मुम्बई में कोई बड़ा संगीत रिटेल स्टोर नहीं था। संगीत कंपनियों को अपने नए रिलीज और कैटेलॉग एल्बम प्रदर्शित करने के लिए बड़े रिटेल स्टोर की जरूरत थी। कैटेलॉग बड़ी कंपनियों के लिए बिक्री का 50 से 60 प्रतिशत उत्पन्न करते हैं। बड़े स्टोर द्वारा प्रदान की जाने वाली गहराई और के बिना, इस बाजार से लाभ उठाना असंभव था।

सीडी का आना

अन्य देशों की तरह सीडी ने भारतीय बाजार को तुरंत डिजिटल दुनिया से परिचय नहीं कराया। भारत एक कैसेट चालित बाजार बना रहा। सीडी और सीडी प्लेयर दोनों की कीमतें आरंभ में इनके विकास के लिए बाधा बनी रहीं (एक कैसेट जहां 25 से 100 रुपये में उपलब्ध थी तो सीडी लगभग 300 से 600 रुपये में)। 2001 में, भारत के तकरीबन 5 करोड़ मध्यम वर्ग परिवारों में से केवल 60 लाख घरों में सीडी प्लेयर था, क्योंकि वह एक महंगा हार्डवेयर था। साथ ही, किन्हीं कारणों से सीडी को अंतर्राष्ट्रीय संगीत से जोड़कर देखा जाता था। फिल्म संगीत संस्करणों का केवल 2 प्रतिशत सीडी में आता था, जबकि अंतर्राष्ट्रीय म्यूजिक बाजार संस्करणों का 10 प्रतिशत सीडी में आता था। हालांकि, 2002 में, अधिकांश संगीत कंपनियों ने सीडी कीमतों को 99 रुपये तक घटा दिया। इससे सीडी वॉल्यूम में दोगुने का इजाफा हआ, 2005 में यह कुल संगीत वॉल्यूम का 15 प्रतिशत हो गया।

बुरा दौर

संगीत उद्योग 2001 से 2004 तक एक विशेषतः बुरे समय से गुजरा। यह पायरेसी, मध्यम दर्जे के संगीत और अधिकार खरीदने की बढ़ती लागत के कारण था। टिप्स ने *यादें* फिल्म के लिए 8.5 करोड़ का भुगतान किया, जिस पर उसने 5.5 करोड़ का नुकसान उठाया। बताया जाता है कि 2001 में टिप्स द्वारा रिलीज की गई 13 एल्बमों में से उसने 9 पर नुकसान उठाया। वित्त वर्ष 2002 में ग्रैमको 16 करोड़ रुपये का नुकसान उठाया, कारण था फिल्मी संगीत।

पायरेसी ने फिर से प्रहार किया। 1990 के दशक के मध्य में एक बिंदु पर, जब यह बाजार का 25 से 40 प्रतिशत के बीच था तो लगता था कि पायरेसी नियंत्रण में है। कारण था पूर्व सुपर कॉप जूलियो रेबीरो और देश भर में उनके पूर्व पुलिस अधिकारियों के दल द्वारा छापेमारी और बरामदगी। वैसे, पायरेसी तकरीबन पूरे एशिया के लिए स्थानिक है। पाकिस्तान में कोई संगीत

उद्योग नहीं है, क्योंकि पायरेसी बाजार का 90 प्रतिशत हिस्सा खा जाती है। 2003 में, दो साल की रुकावट और एक वर्ष की गिरावट के बाद, आईएमआई छापेमारी व सार्वजनिक जागरूकता अभियान दोनों स्तरों पर तेजी से सक्रिय हुई। लेकिन आईएमआई के अनुसार पायरेसी का स्तर पहले ही 50 प्रतिशत तक पहुंच गया गया था।

पायरेसी और उच्च विखंडन मिलकर बताते थे और बताते हैं कि क्यों बहुत सारी अंतर्राष्ट्रीय कंपनियों को भारत में निवेश करने में कोई फायदा नहीं लगता। यूनिवर्सल ने 1990 के दशक के उत्तरार्ध में वही किया जैसा सोनी ने किया था। अन्यों की भारत में एक सतही उपस्थिति थी। यदि अंतर्राष्ट्रीय कंपनियों ने अधिक हासिल नहीं किया, तो भारत की शीर्ष 10 कंपनियों जैसे सुपर कैसेट्स या सारेगामा के पास भी दिखाने के लिए कोई आकार नहीं था, इस दृष्टि से कि वे कई दशकों से बाजार में थीं। जबकि, मार्च 2012 में सबसे पुरानी कंपनी सारेगामा के 1.5 अरब रुपये के राजस्व की तुलना में बड़ी कंपनी सुपर कैसेट का राजस्व 4 अरब[19] रुपये से अधिक था।

नए राजस्व स्रोतों का उदय

यह तब हुआ जब वितरण के कई नए रास्तों से उम्मीद और वृद्धि आई।

इंटरनेट और मोबाइल

आईएमआई शायद दुनिया के उन प्रथम निकायों में से एक थी, जिसने वर्ष 2000 में इंटरनेट रेडियो स्टेशन और पोर्टल के लिए प्रयोगात्मक लाइसेंस प्रदान किये, जहां म्यूजिक स्ट्रीमिंग या डाउनलोड की सुविधा थी। अनेक कंपनियों जैसे हंगामा डॉट कॉम ने इन लाइसेंसों को खरीदा (अधिक जानने के लिए देखें– कारोबार का वर्तमान आकार)।

रेडियो और टीवी

ज्यों ही प्राइवेट एफएम स्टेशन पूरे भारत में सीधा प्रसारण करने लगे, उन्होंने संगीत कंपनियों के लिए एक और राजस्व स्रोत का सृजन किया। 2012 में 242 स्टेशन थे और अगले चरण की लाइसेंसिंग के बाद 839 और आने की संभावना है। इस प्रकार संगीत कंपनियों के लिए राजस्व की संभावनाएं बढ़ती रहीं। कुल उद्योग राजस्व का, लगभग 13 प्रतिशत रेडियो और टीवी कंपनियों से रॉयल्टी के रूप में आता। (तालिका 4.1 देखें)

सैटेलाइट रेडियो, स्ट्रीमिंग सेवाएं, इंटरनेट रेडियो और अन्य

सिरिअस एक्सएम जैसे स्टेशन अपनी सदस्यता आधारित सेवाओं के लिए संगीत अधिकारों के बड़े खरीदार हैं। वैसे तो, यह एक बड़ा राजस्व स्रोत बन भी सकता है और नहीं भी, लेकिन यह रंगपटल की सूची को विक्रय करने का एक बढ़िया तरीका है, जो भौतिक स्वरूप में बड़े स्तर पर नहीं बेचे जा सकते। फिर यू ट्यूब जैसे चैनल या सेवाएं जैसे आई ट्यून या आईमस्ती, जो कानूनी डाउनलोड या स्ट्रीमिंग सेवाएं प्रदान करते हैं। ये संगीत उद्योग के लिए राजस्व का महत्वपूर्ण स्रोत बन गए हैं। (देखें– कारोबार का वर्तमान आकार)

होम वीडियो

नए प्रोजेक्ट शुरू करनी वाली अधिकांश फिल्मी कंपनियों के लिए संगीत कंपनी सामान्यतः सबसे प्रथम बिंदुओं में से होती हैं। क्योंकि संगीत अधिकारों का विक्रय काम करने के लिए पूंजी लाता है। कई संगीत कंपनियों ने होम वीडियो अधिकारों को लेने के लिए यह लाभ उठाना शुरू कर दिया। वितरण चैनल काफी हद तक संगीत के समान ही रहते हैं– प्लानेट एम या म्युज़िक वर्ल्ड या कोई मुख्य धारा के संगीत स्टोर डीवीडी और वीसीडी का भंडारण भी करते हैं। हालांकि, भौतिक स्वरूप पर खतरे को देखते हुए यह बाजार सिकुड़ता जा रहा है।

कारोबार कैसे काम करता है

जहां संगीत उद्योग में मूल्य श्रृंखला काफी हद तक सरल है, अर्थव्यवस्था बिक्री के लिए आए संगीत के अनुसार बदलती रहती है। जिन तीन व्यापक श्रेणियों में संगीत उद्योग में कारोबार किया जाता है, वे इस प्रकार हैंः

फिल्मी संगीत

जब आमिर खान प्रोडक्शन्स ने *लगान* बनाई, तो उसने फिल्म के संगीत और गानों के अधिकार सोनी म्यूजिक (तब सोनी बीएमजी) को 6 करोड़ रुपये में बेच दिये। आमिर खान प्रोडक्शन के लिए, यह पैसा फिल्म की कार्यशील पूंजी का एक हिस्सा था। उसके बाद सोनी म्युज़िक ने संगीत के टेप और सीडी बनाकर इसे संगीत और अन्य खुदरा दुकानों के माध्यम से आगे बढ़ाया। यह एक प्रत्यक्ष बिक्री है। सोनी म्युज़कि पूरी तरह से फिल्म के संगीत के अधिकार रखती है और इसे प्रोमोट करने की लागत और इसकी विफलता के जोखिम और इसकी सफलता के प्रतिफल को भी उठाती है।[20] प्रचार की लागत का भुगतान करने

के बाद, सोनी म्युज़िक को हानिरहित व्यापार के लिए *लगान* के 35 लाख टेप बेचने जरूरी थे– इसने आरंभ में 32 लाख टेप बेचे। सभी संभावना में, अगले कुछ वर्षों में उसने अपनी भरपाई से अधिक धन बनाया होगा।

तो, यह लागत अधिग्रहण, संवर्धन, विपणन और वितरण की हैं। परिचालन लाभ 30 से 50 प्रतिशत तक हो सकता है। एल्बम द्वारा हानिरहित कारोबार हासिल करने के बाद, पूरे धन को लाभ से सीधा जोड़ा जाता है। यह एक उच्च लागत, उच्च जोखिम रणनीति है, विशेषकर क्योंकि फिल्मों को प्राप्त करने की लागत एक बिंदु पर अवास्तविक स्तरों तक पहुंच गई। यह दुनिया में कहीं भी कार्य करने के तरीके से पूर्णतया अलग है। हालांकि, गैर फिल्मी बाजार में, भारतीय संगीत व्यापार अन्य जगहों की तरह ही काम करता है।

गैर–फिल्मी संगीत

कुछ संगीत कंपनियां ऐसी भी हैं, जो फिल्मी संगीत नहीं खरीदतीं क्योंकि अधिग्रहण लागत अत्यधिक है। वे नई प्रतिभाओं को खोजने का प्रयास करती हैं। कलाकार के अनुसार एल्बम को बनाने की लागत अलग–अलग होती है। एक कम समय के अज्ञात कलाकार को रिकॉर्ड करने और व्यापार करने के लिए 10 से 50 लाख के बीच लागत आती है। यदि वह सफल हो जाए, जैसे कुछ वर्ष पहले अदनान सामी हुए, तो कंपनी अधिक बिक्री के लिए उसे जबरदस्त बढ़ावा दे सकती है।

पोर्टफोलियो दृष्टिकोण

सारेगामा नई प्रतिभा का पोषण करती है और फिल्मी संगीत का अधिग्रहण करती है। जरूरी नहीं कि वे सभी फिल्में जिनको वह अधिकृहीत करती है एक सफल संगीत प्रदान करे। यह दो बड़े–बैनरों की महंगी फिल्में, तीन मध्यम बजट की फिल्में, कुछ छोटी फिल्में और शायद कुछ नए गायकों को प्रस्तुत करने के लिए उच्च लागत अधिकार खरीदे। सोच यह होती है कि इनमें से कम से कम एक ब्लॉकबस्टर सुपर हिट मिलेगी। यह एकदम म्यूचुअल फंड जैसा तर्क– कुछ उच्च जोखिम, अधिक लाभ और कुछ कम–जोखिम, कम लागत स्टॉक में निवेश करना, ताकि दोनों का औसत एक दूसरे की पूर्ति कर सके।

कैटेलॉग

कुछ वर्ष ऐसे होते हैं जब कुछ भी काम नहीं करता। 2001 में, किसी भी बड़ी एल्बमों ने हानिरहित व्यापार या पैसा नहीं कमाया। अदनान सामी को छोड़कर, किसी ने भी उस साल एक भी हिट नहीं दिया। संगीत कंपनियां ऐसे वर्षों में

कैसे प्रबंधन करती हैं? वे अपनी लाइब्रेरी में स्थिर बिक्री पर निर्भर करते हैं। भारतीय संगीत उद्योग में सारेगामा के पास लगभग 25000 घंटों का, जिसमें से बड़ा हिस्सा फिल्मों का है, सबसे अच्छा कैटेलॉग है।[21] अप्रैल से सितम्बर 2004 तक, संगीत के लिए विशेषतः बुरे दौर में, इसको अपने कैटेलॉग से राजस्व का 40 प्रतिशत प्राप्त हुआ, खासतौर से पुराने हिन्दी फिल्मी गानों से। यह पैसा सीधा लाभ में जुड़ता है, क्योंकि संवर्धन और व्यापार लाभ छोड़कर इन्हें दुकान में रखने में शायद ही कोई लागत आती है। अंतर्राष्ट्रीय स्तर पर, अधिकांश संगीत कंपनियों को कैटेलॉग बिक्री से अपने राजस्व का लगभग 60 प्रतिशत हिस्सा मिलता है।

मापन

उद्योग में प्रयुक्त कोई प्रमुख मैट्रिक्स नहीं है। ज्यादातर संगीत की गुणवत्ता के इर्द–गिर्द घूमता है। अन्य सामान्य चीजें हैं, जैसे प्रतियों की बिक्री या डाउनलोड।

विनियमन[22]

पृष्ठभूमि

1991 में उदारीकरण तक, कोई ऐसा विशेष विनियमन नहीं था जो संगीत उद्योग को प्रभावित करता था। अन्य क्षेत्रों की तरह, इसे भारत में विदेशी लेबल या पैसा आसानी से नहीं ला सकते थे। आईएमआई भारत के रिकॉर्डिंग उद्योग का प्रतिनिधित्व करता है और इंटरनेशनल फेडरेशन ऑफ फोनोग्राफिक इंडस्ट्री (आईएफपीआई) से संबद्ध है। यह 66 देशों में 1400 सदस्यों वाला एक विश्व उद्योग निकाय है और 55 देशों में इससे संबद्ध उद्योग संघ है। आईएमआई इसका भारतीय अध्याय है। आईएमआई में 80 से अधिक भारतीय संगीत कंपनियां सदस्यों[23] के रूप में हैं और फोनोग्राम निर्माताओं के अधिकारों की रक्षा के लिए संघर्षरत है और इस प्रक्रिया में संगीत संस्कृति के विकास को प्रोत्साहित करता है। यह लॉबींग करने और अन्य प्रयोजनों के लिए उद्योग के चेहरे के रूप में काम करता है।

पायरेसी हमेशा एक बड़ा मुद्दा रहा है। हालांकि, एमपी3 जैसे कॉम्पैक्ट स्वरूप में डिजिटल संगीत के आगमन से मूल रिकॉर्डिंग का रक्षण और वैध वितरण संगीत उद्योग के लिए ज्वलंत मुद्दा बन गया। ऐसे तमाम मुद्दे हैं जिनके इर्द–गिर्द संगीत उद्योग का नियमन घूमता है। सबसे बड़ा मसला कॉपीराइट और पायरेसी से जुड़ा है।

अधिकार और पायरेसी

इसके अंतर्गत मुद्दों के विभिन्न क्रमपरिवर्तन और संयोजन हैं, जो इस प्रकार हैं:

अधिकार: एक संगीत कार्य में अधिकारों के आधार में तीन तत्व होते हैं, यानि, गीत (जो एक साहित्यिक कार्य है और, इसलिए उसका खुद का कॉपीराइट होता है), संगीत रचना (यह एक संगीत कार्य है) और किसी मीडिया पर संगीत रिकॉर्डिंग (यानि आवाज की रिकॉर्डिंग)। इन तत्वों में से प्रत्येक कॉपीराइट कानून के अंतर्गत संरक्षित है, पर वे मौलिक होने चाहिए। 1994 के कॉपीराइट संशोधन अधिनियम में गायकों की तरह विभिन्न कलाकारों के लाभ के लिए 'कलाकार अधिकार' को भी जोड़ा गया। संगीत कार्य का संगीतकार इसका निर्माता होता है। किसी संगीत कार्य में कॉपीराइट स्वामी को निम्नलिखित विशेषाधिकार होते हैं–

1. इलेक्ट्रॉनिक माध्यम द्वारा किसी भी माध्यम पर संग्रहण सहित किसी भी वस्तुगत रूप में प्रतिलिपि तैयार करना।
2. कार्य की प्रतियां सार्वजनिक करना।
3. कार्य को जनता के बीच प्रदर्शित करना।
4. कार्य के संबंध में कोई फिल्म या ध्वनि रिकॉर्डिंग बनाना।
5. कार्य का कोई अनुवाद करना।
6. कार्य को अनुकूलन बनाना।[24]

संगीत में कॉपीराइट के उल्लंघन को एक मूल्यांकन द्वारा निर्धारित किया जाना चाहिए कि क्या कॉपी पर्याप्त मात्रा में की गई है। न्यायालयों ने अंतर्राष्ट्रीय स्तर पर कहा है कि यदि कॉपी अपेक्षाकृत कम की गई है, लेकिन नजदीक से देखने पर यदि वह प्रकट हो कि नकल किया गया हिस्सा रचना का सार है, तो यह एक कार्रवाई योग्य उल्लंघन की ओर अग्रसर करेगा।[25]

एक ध्वनि रिकॉर्डिंग का मतलब है किसी भी माध्यम पर ध्वनियों को रिकॉर्ड करना, जिसमें कॉपीराइट होता है, भले ही उस काम का एक अलग कॉपीराइट हो, जिसमें से ध्वनि की रिकॉर्डिंग की गई है। हालांकि, ध्वनि रिकॉर्डिंग के निर्माता को यह सुनिश्चिति करना होता है कि उसके पास कॉपीराइट की गई सामग्री को रिकॉर्ड करने के लिए लाइसेंस हो, जो एक संगीत कार्य या प्रदर्शन हो सकता है, उस सामग्री को छोड़कर जो सार्वजनिक क्षेत्र में है, उदाहरण के लिए लोक–गीत। यदि ध्वनि रिकॉर्डिंग करने में कॉपीराइट का उल्लंघन किया गया हो, फिर इस तरह की ध्वनि रिकॉर्डिंग को एक उल्लंघन कॉपी के रूप में माना जाएगा। ध्वनि रिकॉर्डिंग का निर्माता जो ध्वनि रिकॉर्डिंग में कॉपीराइट का मालिक है, एक समान सम्मिलित अन्य ध्वनि रिकॉर्डिंग बनाने का विशेष अधिकार रखता है।

एक ध्वनि रिकॉर्डिंग में कॉपीराइट की अवधि कैलेंडर वर्ष के आरंभ से 60 वर्षों तक रहता है। ध्वनि रिकॉर्डिंग प्रकाशित करने वाले व्यक्ति को उस पर और पात्र पर ध्वनि रिकॉर्डिंग बनाने वाले व्यक्ति का नाम और पता प्रदर्शित करना चाहिए और इस तरह के काम में कॉपीराइट के मालिक और उसके पहले प्रकाशन वर्ष को दिखाना चाहिए।

इस दायित्व का उल्लंघन कारावास या जुर्माने के साथ दंडनीय है। भले ही अधिकार आवंटित या लाइसेंसवाला हो, एक कॉपीराइट किए गए कार्य के निर्माता को काम के लेखन का दावा करने के लिए और काम के किसी कथित विरूपण, विकृति, संशोधन के संबंध में प्रतिरोध या नुकसान का दावा करने या किसी अन्य काम जो उसके स्वामित्व या प्रतिष्ठा के लिए हानिकर होने के संबंध में, हमेशा एक 'विशेष अधिकार' होता है। कॉपीराइट का तब उल्लंघन माना जाता है जब एक अनधिकृत उपयोग से विशेष अधिकार को कमजोर किया गया हो या किसी भी तरह का लाभ कमाया जाए।

भारतीय कॉपीराइट अधिनियम, 1957 का अनुच्छेद 52 अनेक स्थितियों को सूचीबद्ध करता है (किसी ध्वनि रिकॉर्डिंग या परफॉर्मेंस को निजी प्रयोग के आधिकारिक समारोह में निजी रूप में सुनना भी शामिल है) जिससे कॉपीराइट का उल्लंघन नहीं होता। कार्य का कोई भी निर्माता, विधि प्रवर्तन द्वारा स्वतः ही, कॉपीराइट का प्रथम मालिक होता है। कॉपीराइट की सुरक्षा के लिए उसका पंजीकरण अनिवार्य नहीं है, लेकिन प्रथम दृष्टया सबूत उपलब्ध कराने के लिए उस मालिक को एक अतिरिक्त रक्षा के रूप में कार्य करता है।

कॉपीराइट का उल्लंघन कॉपीराइट के स्वामी को सभी उपायों, दोनों सिविल और आपराधिक, का हकदार बनाता है। सिविल उपाय निषेधाज्ञा, नुकसान और अन्य के माध्यम से उपलब्ध है। भारतीय कॉपीराइट अधिनियम, 1957 के अध्याय–12 का अनुच्छेद 63 बताता है कि किसी कार्य का कोई भी व्यक्ति जानबूझकर कॉपीराइट उल्लंघन करें या ऐसा करने के लिए उकसाए, तो वह कम से कम छह माह का कारावास हो सकता है, जो तीन सालों तक बढ़ाया जा सकता है और उस पर कम से कम 50 हजार रुपये का जुर्माना लगाया जा सकता है, जो 2 लाख तक बढ़ाया जा सकता है। उसके बाद किये गए अपराधों के लिए एक और अधिक जुर्माने का प्रावधान है। यह अपराध संज्ञेय और गैर–जमानती है। पुलिस को ऐसे काम की सभी प्रतियों और उल्लंघनकारी प्रतियां बनाने के उद्देश्य के लिए प्रयुक्त सभी प्लेटों को बिना वारंट के जब्त करने का अधिकार है।

2012 में, गीतकार जावेद अख्तर के नेतृत्व में अनेक कलाकारों द्वारा मजबूत पैरवी के बाद कॉपीराइट अधिनियम में महत्वपूर्ण परिवर्तन किए गए। इसके परिणामस्वरूप, अधिनियम में काफी संशोधन किये गये। मुख्य बदलाव केसलेट 4क में संपुटित किए गए हैं। सोच यह है कि उन सभी लोगों को डिजिटल या अन्य स्वरूपों में बार–बार प्रयोग से राजस्व सुनिश्चित किया जाए जिन्होंने

एक गाने या एल्बम को बनाने में योगदान दिया। तथापि, सबसे बड़ा परिवर्तन यह है कि नया अधिनियम अधिकारों को अनाबंटित बनाता है। यह कलाकारों और उनके उत्तराधिकारियों की रक्षा करता है।[26]

पायरेसी: भारत में पायरेसी, संगीत उद्योग में पायरेसी एक बड़ा मुद्दा है और कूटकरण (अनधिकृत नकल), अवैधानिक (बिना अनुमति के एक प्रदर्शन की रिकॉर्डिंग) और पायरेट रिकॉर्डिंग (संकलन और संयोजन में अनधिकृत नकल) के द्वारा होती है। यह अधिकार स्वामी की सहमति के बिना वाणिज्यिक प्रयोजनों के लिए एक मूल रिकॉर्डिंग की अनधिकृत नकल होती है। 1936 फरवरी में (आईपीआई के रूप में) स्थापित संगठन आईएमआई को प्रमुख संगीत कंपनियों द्वारा फोनोग्राम उत्पादकों के अधिकारों की रक्षा और विकास करने हेतु प्रोत्साहित किया गया था। यह पायरेसी के खिलाफ पहल में अग्रणी रहता है। आईएमआई पायरेसी के विभिन्न प्रकारों को निम्नलिखित रूप में सूचीबद्ध करता है–

अंतिम उपयोगकर्ता पायरेसी इसको इस प्रकार परिभाषित किया गया है।

- एक ही सॉफ्टवेयर को एक से अधिक कंप्यूटर पर कॉपी करना।
- घर के कंप्यूटर पर कार्यालय का सॉफ्टवेयर कॉपी करना।
- किसी और को अपना सॉफ्टवेयर उधार देना ताकि वह व्यक्ति कॉपी बना सके।
- कॉपी बनाना और किसी और को सॉफ्टवेयर बेचना।
- पुराने सॉफ्टवेयर को बेचना।

पुनःविक्रेता पायरेसी यह तब होती है जब एक व्यक्ति या कंपनी सॉफ्टवेयर की एक कॉपी को खरीदता है, नकली प्रमाणपत्रों के साथ इसे जानबूझकर प्रतिलिपि बनाता है, जिससे जो इसे खरीदें उनको ऐसा लगे कि इसे निर्माता कंपनी से खरीदा गया है। कई नकली प्रतियों की एक समान क्रम संख्या हो सकती है।

बीबीएस/इंटरनेट पायरेसी: इससे यह संदर्भित होता है–

- इंटरनेट या एक बुलेटिन बोर्ड सिस्टम (बीबीएस) के माध्यम से कॉपीराइट किये गये सॉफ्टवेयर का वितरण।
- पी2पी डाउनलोडिंग
- पी2पी नेटवर्क, जो यह निर्धारित करने के लिए मीडिया हेतु व्यक्तिगत अनरोध को नहीं देखता कि वे लाइसेंस वाली सामग्री के लिए हैं या नहीं। भले ही पी2पी नेटवर्क पर सहभाजित अधिक से अधिक 90 प्रतिशत फाइलें कॉपीराइट रक्षित हो, एक कॉपीराइट गाने की कॉपी

को बिना लाइसेंस के पी2पी सेवा पर दूसरों के लिए उपलब्ध कराना गैरकानूनी है।

- एक पी2पी नेटवर्क पर बिना कॉपीराइट की कलात्मक कृतियों और फाइलों का शेयरिंग पूरी तरह से वैध है।
- एमपी3 डाउनलोड करना।
- सीडी से गानों का एक संकलन बनाना और एमपी3 में बदलना अपने आप में उल्लंघन नहीं होता। उल्लंघन तब होता है जब आप उन फाइलों का वितरण सुगम बनाते है। अनुमति हमेशा आवश्यक है जब तक उपयोग का मतलब उचित उपयोग से मेल नहीं खाता।

ट्रेडमार्क (व्यापार चिह्न)/व्यापार नाम का उल्लंघनः यह एक पंजीकृत ट्रेडमार्क के अनुचित उपयोग को संदर्भित करता है।

पायरेसी विनियमन और प्रवर्तन के अन्य पहलू इस किताब के दूसरे भागों में कुछ विस्तार में दिये गये हैं।[28] फिल्म निर्माताओं द्वारा पहली बार उठाया गया एक तकनीकी कदम 2003 फिल्म *जॉगर्स पार्क* में था। फिल्म के संगीत को एक कॉपी–नियंत्रित सीडी में रिलीज किया गया था, जो इसे दूसरे सीडी पर कॉपी करने से रोकता था (यह बात अलग है कि इस तरह की एक सीडी की निर्माण लागत साधारण सीडी से तीन गुना था)।

कॉपीराइट संस्थाएं

1957 भारतीय कॉपीराइट अधिनियम का अध्याय–7, कॉपीराइट संस्थाओं के पंजीकरण का प्रावधन देता है। ये मुख्यतः एकत्रिकरण संस्थाएं हैं जो सामूहिक रूप से मालिकों के अधिकारों का प्रशासन करती हैं। भारत में दो मुख्य संस्थाएं हैं जो संगीत उद्योग से संबंधित हैं– आईपीआरएस और पीपीएल। आईपीआरएस अगस्त 1969 में स्थापित एक गैर–लाभकारी निकाय है और कॉपीराइट अधिनियम 1957 के तहत पंजीकृत है। नये कॉपीराइट संशोधन के कुछ विशेष प्रावधान हैं, जैसे सिनेकला कार्य में सम्मिलित संगीत और नाटकीय कामों के लिए लाइसेंस केवल कॉपीराइट संस्थाओं द्वारा ही लिए जाए।

आईपीआरएस– आईपीआरएस अपने सदस्यों की ओर से और अन्य संस्थाओं जिनके साथ इसके पारस्परिक समझौते हैं, उनकी ओर से संगीत कार्य में प्रदर्शन अधिकार, यांत्रिक अधिकार और समकालीकरण अधिकारों का प्रबंधन और नियंत्रण करती है। इसकी सदस्यता में वस्तुतः वे सभी भारतीय संगीतकार, लेखक और संगीत प्रकाशक शामिल हैं, जिनकी कृतियां सार्वजनिक रूप से प्रदर्शित हैं। वे अपनी साहित्यिक और संगीत कृतियां, जो वे भविष्य में

निर्माण कर सकते है, उनके संबंध में अपने सार्वजनिक प्रदर्शन अधिकारों को निर्दिष्ट करने वाले सौदों का निष्पादन करते है। आईपीआरएस संगीत के उपयोगकर्ताओं से रॉयल्टी एकत्र करती है और उसके बाद उसे कॉपीराइट के मालिकों को वितरित करती है। रॉयल्टी के दरों को सदस्यों द्वारा सामूहिक रूप से तय किया जाता है। आईपीआरएस लेखकों और संगीतकारों की 202 विश्व संस्थाओं से संबद्ध है। अप्रैल 2013 में, इसके 3379 सदस्य थे, मुख्य रूप से संगीत कंपनियां, लेखक, गीतकार और संगीतकार।

पीपीएल: पीपीएल रिकॉर्ड कंपनियों की एक संस्था है और भारतीय कॉपीराइट अधिनियम 1957 के तहत पंजीकृत है। इसके दुनिया में 45 देशों में सहयोगी संगठन हैं और एक दूसरे की ओर से रॉयल्टी के संग्रह एवं लाइसेंस देने का समन्वयन करता है। फिलहाल, पीपीएल देश भर में फैले हुए 260 संगीत कंपनियों के लिए लाइसेंस शुल्क एकत्र करता है।

आईपीआरएस द्वारा प्रतिनिधित्व निर्माता के अधिकार व संबद्ध अधिकार और पीपीएल द्वारा प्रतिनिधित्व संगीत कंपनी के अधिकार के बीच का अंतर ऐतिहासिक रूप से स्वनिर्मित है और कॉपीराइट अधिनियम के तहत आदेशित नहीं है। इससे थोड़ी गफलत होती है। यदि एक कंपनी एक हिन्दी फिल्म के गाने का प्रसारण करना चाहती है तो उसे इसके लिए दो लाइसेंस प्राप्त करने होते हैं, एक गीत और संगीत कार्य के लिए आईपीआरएस से और दूसरा ध्वनि रिकॉर्डिंग के लिए पीपीएल से। दो अलग लाइसेंस प्राप्त करने की प्रथा प्रसारणकर्ता पर एक भार है और अक्सर दोनों संस्थाओं को गैरकानूनी और बिना लाइसेंस प्रयोग के विरुद्ध कार्रवाई के अधिकार देता है।

इस गड़बड़ी के कुछ अप्रत्याशित नतीजे थे। भारत में संगीत के प्रमुख मालिकों और प्रकाशकों में से एक बाजार के 60 प्रतिशत हिस्से के साथ सुपर कैसेट्स इंडस्ट्रीज (टी–सीरीज) है। बताया जाता है कि यह नए संगीत रिलीज में भी लगभग 70 से 80 प्रतिशत पर भी नियंत्रण रखता है। 2003 में, जब पीपीएल और आईपीआरएस के साथ टी–सीरीज को समस्याएं थीं, तो वह इन दोनों निकायों की सदस्यता से अलग हो गई। फिर उसने स्वयं की टी–सीरीज पब्लिक परफॉर्मेंस लाइसेंस (टीपीपीएल) स्थापित की। टीपीपीएल कंपनी के समस्त प्रदर्शन सूची की कॉपीराइट मालिक है। अतः टीपीपीएल उन सभी के लिए आवश्यक था, जो सार्वजनिक तौर पर अर्थात, कार्यक्रम, संगीत कंसर्ट में सुपर कैसेट्स संगीत को बजाना चाहते थे, या इसे टेलीविजन, रेडियो या सिनेकला फिल्म पर प्रसारण करने में उपयोग करना चाहते थे।

4.5 वर्षों तक अपना खुद का शासन चलाने के बाद, टीपीपीएल का जून 2008 में पीपीएल या आईपीआरएस के साथ समझौता हो गया। मीडिया रिपोर्टों

के अनुसार, रेडियो/सैटेलाइट/केबल/आईपीटीवी आदि पर टी–सीरीज संगीत उपयोग के लिए टीपीपीएल द्वारा लाइसेंस दिया जाएगा, जबकि सार्वजनिक स्थलों पर समस्त उपयोग को आईपीआरएस/पीपीएल द्वारा लाइसेंस दिया जाएगा।

मूल्यांकन मानदंड

पृष्ठभूमि

मैगनासाउंड से अलग होने के बाद, सुरेश थॉमस ने 1992 में क्रिसेन्डो म्यूजिक की स्थापना की। चार साल बाद, 1996 में, उन्होंने जर्मन मीडिया समूह बेरटेल्समन के उपक्रम बीएमजी म्यूजिक को कंपनी का 51 प्रतिशत हिस्सा बेच दिया। उस समय, 2 करोड़ रुपये की क्रिसेन्डो का मूल्य 80 लाख रुपये लगाया गया। अगर मान लें कि टैक्स काटने के बाद मुनाफा 20 लाख रहा तो क्रिसेन्डो को अपनी कमाई का चार गुना मूल्यांकन मिला।[29] उन दिनों में बस एक ही सूचीबद्ध कंपनी थी, ग्रैमको। संगीत उद्योग में निजी नियोजन या प्राथमिक मुद्दों का बहुत कम इतिहास था।

यह आज भी सच है। हाल की में 2000 के उत्तरार्द्ध में सूचीबद्ध क्लब में एकमात्र प्रवेश टिप्स इंडस्ट्रीज ने किया है।

परिवर्तनशील वस्तुएं

जो परिवर्तनशील वस्तुएं संगीत कारोबार में मूल्यांकन को निर्धारित करती हैं, वे इस प्रकार हैं:

लाइब्रेरी

आम तौर पर, संगीत में मूल्यांकन खेल लाइब्रेरी और उनकी नकद प्रवाह उत्पन्न करने की क्षमता पर काम करता है, जिसे फिर अन्य मीडिया व्यापारों की तरह भविष्य के लिए रियायत दे दी जाती है। एक बड़ा अंतर यह है कि म्यूजिक में लाइब्रेरी या कैटेलॉग किसी अन्य मीडिया की तुलना में बहुत मूल्यवान होते हैं। फिल्म या टेलीविजन धारावाहिक कुछ एक बार देखने के बाद पुराने पड़ जाते हैं। 1950 या 1960 के दशक के एसडी बर्मन के एल्बम या आशा भोंसले के हिट गीत आज भी बेचे जा रहे हैं। ये नए उपभोक्ताओं को अपील करते हैं और पुराने उपभोक्ता अपने सॉफ्टवेयर को बदलते रहते

हैं, क्योंकि वे उसे निरंतर सुनना चाहते हैं। ध्यान देने वाली बात यह है कि कितने विशिष्ट रूप से प्रतिभाहीन लोग प्रसिद्ध पुराने गानों को रिमिक्स करके पैसा बनाते हैं। दूरदर्शन पर 1987 के हिट सीरियल *बुनियाद* को 10–12 साल बाद फिर से रिलीज करने से वह उत्साह या राजस्व नहीं प्राप्त हुआ। जबकि चार साल बाद *लगान* को फिर से रिलीज करना उत्साहजनक हो सकता है, लेकिन *लगान* का संगीत निरंतर कई सालों तक स्थिर राजस्व उत्पन्न करने की संभावना रखता है।

पैसे उत्पन्न करने की म्यूजिक लाइब्रेरी की क्षमता इस पर भी निर्भर करती है कि वह कितने वितरण प्रारूपों में इस्तेमाल होता है। पहले वह केवल रिटेल स्टोर थे। अब, अनेक साधनों या चैनलों के समूह में रेडियो स्टेशन, संगीत चैनल, इंटरनेट, मोबाइल, स्मार्टफोन और टैब्लेट हैं जिन पर संगीत सुन सकते हैं। इन तकनीकों पर संगीत कंपनी को जितनी बेहतर महारथ हासिल होगी उतना ही एक अच्छी लाइब्रेरी के साथ एक अच्छा मूल्यांकन मिलने की अधिक से अधिक संभावनाएं हैं।

कलाकार और रंगपटल (ए और आर)

कलाकार और रंगपटल आम तौर पर संगीत कंपनियों के भीतर एक विभाग होता है, जो नई प्रतिभाओं को खोजता है। इसे एक रचनात्मक विभाग के रूप में सोच सकते हैं। यह शाखा जितनी शक्तिशाली होगी, उतना ही बेहतर कंपनी के हिट रिकॉर्ड होंगे और अंततः उतने ही बेहतर उसके राजस्व और मूल्यांकन।

तालिका 4.1 भारतीय संगीत उद्योग का आकार

	राजस्व (अरब रुपये में)			
प्रारूप	**2009**	**2010**	**2011**	**2012**
डिजिटल	2.6	4.2	5.2	6
भौतिक	4.5	3.2	2.6	2.3
रेडियो और टीवी	0.5	0.7	0.6	1.4
सार्वजनिक प्रदर्शन	0.2	0.5	0.6	0.9
कुल	7.8	8.6	9	10.6

स्रोतः फिक्की–केपीएमजी रिपोर्ट 2013

केसलेट 4क नया कॉपीराइट अधिनियम और इसका अर्थ*

कॉपीराइट संशोधन अधिनियम 2012 (संशोधन अधिनियम) 8 जून 2012 को लागू किया गया और उसने भारत में कॉपीराइट के कानून में कई महत्वपूर्ण परिवर्तनों पर प्रभाव डाला। प्रमुख संशोधन निम्न प्रकार हैं:

1. पहले यदि कोई कार्य (कलात्मक कार्य सहित) किसी भी व्यक्ति के दृष्टांत पर या किसी व्यक्ति के साथ सेवा के एक अनुबंध के आधार पर प्रस्तुत किया जाता था, तो काम देने वाले व्यक्ति को कार्य का प्रथम मालिक समझा जाएगा और ना कि मूल लेखक को। हालांकि, संशोधन अधिनियम के बाद, यदि ऐसे कार्य को एक सिनेकला काम में प्रस्तुत और शामिल किया जाए तो, लेखक को प्रथम मालिक समझा जाएगा और उसी को कॉपीराइट प्रयोग करने का अधिकार होगा। सिनेकला कार्यों के अलावा सभी मामलों में, मूल स्थिति ही लागू होगी।
2. कॉपीराइट के समनुदेशन के संबंध में, संशोधन अधिनियम किसी भी सिनेकला फिल्म या ध्वनि रिकॉर्डिंग (जो सिनेकला फिल्म में सम्मिलित न हो) में सम्मिलित साहित्यिक और संगीत कार्यों के लेखकों को भविष्य की रॉयल्टी में अनाबंटित (विधिक वारिस और पंजीकृत कॉपीराइट संग्रह संस्था को छोड़कर) ब्याज के साथ प्रदान करता है। यह ध्यान दिया जाना चाहिए कि यह संशोधन सिनेकला फिल्म या ध्वनि रिकॉर्डिंग के निर्माता के लिए काम सौंपने को नहीं रोकता या सीमित करता, बल्कि लेखक को ध्वनि रिकॉर्डिंग या सिनेकला के किसी भी उपयोग से उत्पन्न रॉयल्टी में एक समान हिस्सा दावा करने के लिए सक्षम बनाता है (सिनेमा हॉल में प्रदर्शन के सिवा किसी भी उद्देश्य के लिए)।

   एक काल्पनिक उदाहरण के द्वारा इन परिवर्तनों को समझा जा सकता है। फिल्म *तलाश* आमिर खान प्रोडक्शन्स (निर्माता) द्वारा प्रस्तुत की गई थी। फिल्म के संगीत स्कोर को राम संपथ द्वारा प्रस्तुत किया गया था, जावेद अख्तर द्वारा इसके गानों के बोल लिखे गए और पटकथा रीमा कागती और जोया अख्तर द्वारा प्रस्तुत की गई। मान लें कि निर्माता के पास संगीत स्कोर, बोल और पटकथा में प्रतिव्यक्ति को सौंपे गए काम का कुल एक करोड़ रुपये का कॉपीराइट हैं।

(केसलेट जारी)

(केसलेट जारी)

इसके अतिरिक्त, मान लें कि निर्माता फिर सिनेमा थिएटरों (सिनेमा अधिकार) में वितरण और प्रदर्शन के लिए रिलायंस एंटरटेनमेंट को वितरण अधिकार 5 करोड़ रुपये में बेचता है, 1.5 करोड़ रुपये (संगीत प्रसारण अधिकार) की कुल राशि में प्रसारकों को गानों के संगीत और बोल के लाइसेंस बेचता है और एक करोड़ में (चैनल प्रसारण अधिकार) अपने चैनल पर फिल्म प्रसारण करने के लिए कलर्स को लाइसेंस दे देता है।

ऐसे परिदृश्य में, असंशोधित कॉपीराइट अधिनियम के अनुसार, व्यक्तिगत कलाकार– राम संपथ, जावेद अख्तर, रीमा कगती और जोया अख्तर– जिन्होंने अपने कॉपीराइट निर्माता को सौंपे, केवल एक करोड़ की राशि प्राप्त करने के हकदार होंगे और अपने कार्य के वाणिज्यिक लाभ उठाने में उनका कोई अधिकार नहीं होगा। संशोधन के अनुरूप, जब प्रत्येक कलाकार के कार्य में कॉपीराइट प्रभावकारी होगा, तब इस तरह के कार्य के वाणिज्यिक लाभ उठाने के लिए रॉयल्टी प्राप्त करने का उनको हक मिलेगा। इस तरह, जहां वे सिनेमा अधिकारों के किसी भी हिस्से के हकदार नहीं हैं, क्योंकि ये अधिकार सिनेमा हॉल में कार्य प्रदर्शन करने के लिए दिए गए हैं, लेकिन वे अन्य लाइसेंस अनुदानों में बराबर हिस्से के हकदार होंगे।

इस प्रकार, संगीत प्रसारण अधिकारों में, निर्माता, राम संपथ और जावेद अख्तर संगीत प्रसारण अधिकारों के लाइसेंस शुल्क के बराबर हिस्सेदारी के लिए हकदार होंगे, अर्थात, प्रत्येक को 50 लाख की राशि मिलेगी। उसी तरह, निर्माता, राम संपथ और जावेद अख्तर और रीमा कगती और जोया अख्तर (एक साथ) चैनल प्रसारण अधिकारों में समान हिस्से के हकदार होंगे और इस प्रकार इनमें से प्रत्येक 25 लाख रुपये का दावा कर सकते हैं। (यह ध्यान देना चाहिए कि रीमा कगती और जोया अख्तर को पटकथा को संयुक्त रूप से लेखक होना मान सकते है, प्रत्यक्षतः, यह उचित प्रतीत होता है कि संशोधन अधिनियम के उद्देश्य से उन्हें रॉयल्टी के हिस्से की गणना के लिए एक व्यक्ति माना जाएगा, अर्थात, वे रॉयल्टी को आपस में बांटेंगी।)

3. संशोधन अधिनियम में इलेक्ट्रॉनिक मीडिया में इस तरह की कृतियों के संचयन पर नियंत्रित करने के लिए या तीन आयामी

(केसलेट जारी)

(केसलेट जारी)

या दो आयामी रूपों में इस तरह के कार्यों को प्रस्तुत करने की क्षमता के साथ कलात्मक कृति में कॉपीराइट के मालिक को विशेष रूप से समर्थ बनाकर इलेक्ट्रॉनिक प्रतिपादन या सामग्री के वितरण से उत्पन्न विसंबंधन के लिए प्रतिक्रिया देने का प्रयास किया है।

4. कॉपीराइट के साथ संलग्न अधिकारों के रोस्टर की रक्षा करने के अलावा, संशोधन अधिनियम ने इलेक्ट्रॉनिक संचरण या संचयन और कड़ियों की व्यवस्था और गैर उल्लंघनकारी गतिविधि के रूप में विषय वस्तु हेतु प्रवेश के क्रम में आकस्मिक संचयन या प्रदर्शन के प्रतिपादन द्वारा विषय वस्तु का इलेक्ट्रॉनिक संचरण के अनुरूप सीमाओं को शामिल करने का प्रयास किया है। हालांकि, बाद वाली सीमा एक क्रियान्वित उल्लंघनकारी गतिविधि हो सकती है यदि संचयन या परिचारक (मेजबान) व्यक्ति यथोचित रूप से यह जानने की उम्मीद करता है कि विषय वस्तु किसी भी व्यक्ति के कॉपीराइट का उल्लंघन कर सकती है या ऐसा व्यक्ति कॉपीराइट के मालिक से उसी को दर्शाता हुआ नोटिस प्राप्त करने के बाद विषय वस्तु की मेजबानी करना और पहुंच प्रदान करना जारी रखता है। यह उपबंध अमेरिका के डिजिटल मिलेनियम कॉपीराइट अधिनियम, 1998 की प्रक्रिया के समान है, लेकिन एक महत्वपूर्ण कदम में, प्रारंभिक शिकायत मिलने की तारीख से 21 दिनों की अवधि के अंदर उसे नियंत्रित करने के लिए जब तक सक्षम न्यायालय से आदेश जारी न हो विषयवस्तु की पहुंच को पुनःस्थापित करने के लिए मेज़बानी की अनुमति द्वारा अधिकार के अस्तित्व की स्थापना करने के लिए कॉपीराइट के मालिक पर दायित्व रहता है। उनके उपयोगकर्ताओं द्वारा प्रस्तुत विषय वस्तु के लिए कॉपीराइट उल्लंघन के किसी भी दायित्व से बचने के माध्यम से मेजबान साइट और इंटरनेट सर्विस प्रदाता जैसे इंटरनेट मध्यवर्ती संस्थाओं को यह प्रावधान प्रदान करता है और उससे उपयोगकर्ता–जनित मीडिया विषय के उपयोग और विकास को बढ़ावा देने का प्रयास करता है।

5. अन्य उपायों में कलाकार के अधिकारों की मौलिक विशिष्ट पहचान शामिल है, जिसके अनुसार कलाकार अपने प्रदर्शन

(केसलेट जारी)

(केसलेट जारी)

की ऑडियो और वीडियो रिकॉर्डिंग, प्रतिकृति और संपर्क और किसी भी रिकॉर्डिंगों के वाणिज्यिक प्रयोग का नियंत्रण कर सकते है, और निर्धारित करता है कि एक सिनेकला फिल्म में उसी को समावेश करने की अनुमति दी जाए या नहीं। कलाकारों को कुछ नैतिक अधिकार भी (निर्धारित सीमा के अधीन) दिए गए हैं, जो प्रदर्शन के साथ पहचान सुनिश्चित करने के लिए और प्रदर्शन के किसी भी विरूपण या विकृति समादेश के लिए निर्दिष्टीकरण के बाद प्रयोज्य हैं। इसके अतिरिक्त, प्रसारकों के लिए, संशोधन अधिनियम व्यवस्था देता है कि यदि वह कॉपीराइट विषय वस्तु की प्रतिलिपि का लाइसेंस देता है तो इसके लिए स्वामी या कलाकार की सहमति प्राप्त करना जरूरी है। ये संशोधन कॉपीराइट के लिए सदृश अधिकार के साथ और रिकॉर्डिंग नियंत्रण करने व अपने प्रदर्शन का उपयोग करने और यह सुनिश्चित करने के लिए कि प्रदर्शन में उन्हें उचित रूप से श्रेय दिया है, के लिए नाटककार या संगीत कलाकार जैसे कलाकारों को अधिकार प्रदान करने की कोशिश करता है।

6. अशोषित कार्यों के मामले में अनिवार्य लाइसेंसों के अनुदान के लिए प्रावधान में विदेशी कार्यों को भी समाविष्ट करने के लिए विस्तारित किया गया है, और आवरण संस्करणों और विषय के प्रसारण के लिए अक्षम उपयोगकर्ताओं के हित के लिए कॉपीराइट बोर्ड द्वारा लाइसेंसों के अनुदान को सक्षम बनाने के लिए कुछ विशिष्ट प्रावधानों को बनाया गया है। यदि एक कॉपीराइट धारक अत्यधिक या शोषणकारी शर्तों की मांग करता है या अन्यथा शर्तों के व्यवहार के लिए उपलब्ध नहीं होने के मामले में यह संशोधन अधिनियम लाइसेंस के अनुदान द्वारा प्रसारित विषय में कॉपीराइट धारक के अधिकार और प्रसारक या कलाकार की रुचि के बीच समान संतुलन सुनिश्चित करने की मांग करता है।

**अभिनव श्रीवास्तव, बेंगलुरु में नंदन कामथ के विधि कार्यालय के साथ सहयोगी है। वह मीडिया, प्रसारण और तकनीकी नियंत्रण में विशेषज्ञ हैं।*

टिप्पणियां

1. अधिकांश वैश्विक डाटा 2013 के आईएफपीआई रिकॉर्डिंग उद्योग की संख्याओं और उसकी डिजिटल संगीत रिपोर्ट 2013 से है। आईएफपीआई फोनोग्राफिक इंडस्ट्री का इंटरनेशनल फेडरेशन है।
2. ये संख्याएं फिक्की–केपीएमजी रिपोर्ट से हैं और पिछले संस्करण की संख्याओं से काफी बदले हैं। यह इसलिए कि वे असंगठित क्षेत्र को सम्मिलित नहीं करते और इसलिए भी कि स्रोत और उनके गिनने के तरीके अलग हैं। तथापि स्थिरता के लिए मैं फिक्की–केपीएमजी की संख्याओं के साथ रहूंगी।
3. इंटरनेशनल फेडरेशन ऑफ फोनोग्राफिक इंडस्ट्री।
4. 1970 के दशक में यह एनेलॉग टेप और घरेलू टैपिंग के खिलाफ एक लड़ाई थी, 1980 के दशक में खाली सीडियों पर एक करारोपण देने का कानून मिला, जो किसी अनधिकृत नकल का मुआवजा देता था।
5. इस निर्णय को रेडियो अध्याय में भी संदर्भित किया गया है।
6. फिक्की–केपीएमजी रिपोर्ट 2013।
7. हंगामा वेबसाइट से अप्रैल 2013 के आंकड़े।
8. केसलेट 4क देखें।
9. पहले रिकॅार्ड किए गए डिस्क, वैक्स सिलेंडर से पुनः उत्पन्न गीम।
10. इस पूरे अध्याय में ग्रैमको, जीसीआई और एचएमवी का उपयोग समानार्थी रूप से किया गया है। वे एक ही कंपनी के संदर्भ में हैं–ग्रामोफोन कंपनी ऑफ इंडिया। कुछ साल पहले इसका नाम बदलकर सारेगामा कर दिया गया और आरपीजी ग्रुप का एक भाग है।
11. 1964 तक, ग्रैमको को ईएमआई प्रतिनिधियों द्वारा सीधे प्रबंधित किया गया। अगले साल तक, ग्रामोफोन कंपनी ऑफ इंडिया (प्राइवेट) लिमिटेड का गठन किया गया। 1968 में, कंपनी सार्वजनिक हो गई। 1976 में, फेरा के तहत विदेशी हिस्से को 40 प्रतिशत तक घटा दिया गया। 1960 और 1970 के दशक के दौरान, ग्रामोफोन और उसके रिकॉर्ड बनाने के साथ–साथ यह रिकॉर्ड प्ले करने वाले उपकरण, संगीत सिस्टम, रेडियो रिसीवर, लकड़ी की कैबिनेट, लकड़ी के दरवाजे, सिलाई मशीन आदि भी बनाती थी। यह इसलिए कि ग्रामोफोन में लकड़ी की कैबिनेट का प्रयोग होता था और कंपनी को लकड़ी की वस्तुएं बनाने के लिए अतिरिक्त क्षमता थी। इस दौरान, ग्रैमको तीसरे पक्ष द्वारा बनाई गई विक्रय वस्तुओं के रूप में अन्य वस्तुओं के साथ कैलकुलेटर और टेप रिकॉर्डर भी बेचती थी। 2005 मार्च में, ईएमआई ने सारेगामा में अपने अंतिम 7.71 प्रतिशत की हिस्सेदारी एक निवेश कंपनी रिलायंस एनर्जी को बेच दी।
12. 2004 में, समाचार पत्र रिपोर्टों के अनुसार मैग्नासाउंड दिवालिया हो गई।
13. जहां तक मुझे लगता है कि सुपर कैसेट्स आज भी आईएमआई की सदस्य नहीं है।
14. ग्रैमको की पृष्ठभूमि का बड़ा हिस्सा और उन दिनों में क्या हुआ चन्दा के साथ साक्षात्कार करने से बाहर आया।
15. फिलहाल लुल्ला, टाइम्स टेलीविजन नेटवर्क के चेयरमैन और प्रबंध निदेशक है।
16. सरकार द्वारा संचालित एक चैनल दूरदर्शन के युग में, छायागीत टेलीविजन पर सबसे लोकप्रिय शो में से एक था।
17. यह बाद में सोनी–बीएमजी बन गया और अब फिर से सोनी म्युजिक बना।
18. 2007 में, बीसीसीएल ने 20 अरब रुपये में वीडियोकॉन को प्लैनेट एम बेच दी।

19. अनुमान केवल उसके संगीत कारोबार से संबंधिति हैं।
20. यह बहुत कुछ संगीत कंपनी और निर्माता कंपनी के बीच समझौते पर निर्भर करता है। यह एक संगीत कंपनी के लिए एक अग्रिम छोटी राशि चुकाना संभव है और राजशुल्क की एक हिस्से के लिए निर्माता को संबद्ध करे।
21. अप्रैल 2013 में कंपनी वेबसाइट का डाटा।
22. 2008 से कानूनी मोर्चे पर सभी सुधारों को बंगलुरु में नंदन कामथ के विधि कार्यालयों के साथ कार्यरत अभिनव श्रीवास्तव द्वारा उपलब्ध कराया गया। इससे पहले, 2008 तक, विधि अनुभाग को भारतीय उच्चतम न्यायालय के वकील और मीडिया और मनोरंजन विधि में एक विशेषज्ञ अनीश दयाल द्वारा तैयार किया गया।
23. स्रोत– अप्रैल 2013 में आईएमआई वेबसाइट।
24. कार्य के किसी व्यवस्था या प्रतिलेखन की तरह अनुभाग 2 (चतुर्थ) में अनुकूलन को परिभाषित किया गया।
25. देखें Elsmere Music Inc vs National Broadcasting Company (1980) 206 USPQ 913.
26. आप संशोधित अधिनियम में हुए मुख्य परिवर्तन देखने के लिए निम्न लिंक को खोल सकते हैं: http://www.copyright.gov.in/Documents/CRACT_AMNDMNT_2012.pdf
27. www.indiaimi.org
28. अध्याय 3– फिल्म में विनियमन देखें।
29. क्रिसेंडो अब एक भारतीय कंपनी है, क्योंकि बीएमजी ने अपनी हिस्सेदारी बेच दी।

अध्याय 5

रेडियो

रेडियो व्यवसाय को वास्तव में आगे बढ़ते रहने की जरूरत है।

यही एक ऐसा माध्यम है जिसकी पहुंच करीब–करीब सभी भारतीयों तक है। बावजूद इसके भारत में रेडियो पिछले चार सालों से भी ज्यादा समय से ठहराव की स्थिति में है। इसकी कहानी तमाम संभावनाओं से भरी है, लेकिन उसमें कई गतिरोध हैं– नियामक संस्थाओं की मनमानी, ऑपरेटर लॉबियों के बीच हितों का टकराव और हर अन्य मीडिया की सफलता। बेहतर होता अगर इसे भी अन्य माध्यमों, टेलीविजन, प्रिंट और डिजिटल की तरह नियंत्रण मुक्त कर दिया जाता, लेकिन इसके साथ सौतेला व्यवहार किया गया।

सन 2008 से 2012 के बीच रेडियो विज्ञापन 8.4 बिलियन डॉलर से बढ़कर 12.07 बिलियन डॉलर हो गया (देखिए टेबल 0.2)[1]। 3000 से ज्यादा स्टेशनों की क्षमता वाले भारतीय बाजार में महज 242 निजी रेडियो स्टेशन हैं। इनके अलावा 326 सरकारी रेडियो स्टेशन हैं, जो आकाशवाणी के अधीन है। ईवाई की एक रिपोर्ट के अनुसार, 30 निजी रेडियो ऑपरेटरों में से केवल तीन ही टैक्स देने के बाद लाभ की स्थिति में हैं[2]। निजीकरण के बारह सालों बाद भी, भारतीय मीडिया और मनोरंजन उद्योग में रेडियो की भागीदारी सबसे कम रह गई है। इंटरनेट, जिसकी पहुंच रेडियो की अपेक्षा बहुत कम है, लेकिन उसका राजस्व रेडियो दोगुना है। राष्ट्रीय स्तर पर विज्ञापन में रेडियो की हिस्सेदारी 4 प्रतिशत से भी कम है, जबकि डिजिटल की हिस्सेदारी 7 प्रतिशत के करीब है। 34.3 बिलियन डॉलर के वैश्विक विज्ञापन उद्योग में रेडियो को सात प्रतिशत से ज्यादा वैश्विक विज्ञापन मिलता है। रेडियो को विज्ञापन मिलने का अनुपात विभिन्न देशों में अलग–अलग है। अमेरिका में राष्ट्रीय विज्ञापन खर्च का 11 प्रतिशत रेडियो को मिलता है[4]।

भारत में रेडियो की कमजोर विकास दर उद्योग और श्रोता दोनों के लिए निराशाजनक है। खासतौर से तब, जब सन 2000 में निजीकरण के बाद कुछ सालों तक रेडियो का विकास काफी अच्छा रहा। 2006 में दूसरे चरण की

लाइसेंसिग के बाद भारत में रेडियो स्टेशनों की संख्या तेजी से 242 हो गई। आगे बढ़ने के लिए रेडियो में विविधता बढ़ानी होगी, खर्च को कम करना होगा और उसे लाभकारी बनना होगा, साथ ही रेडियो उद्योग के विस्तार की आवश्यकता है। इसके लिए ज्यादा से ज्यादा रेडियो स्टेशनों को चालू करने की जरूरत है। हालांकि तीसरे चरण की लाइसेंसिंग अभी तक शुरू नहीं हो सकी है, जिसमें तकरीबन 839 एफएम रेडियो स्टेशनों और खुलने चाहिए। इसके लिए नीति और नियमों को जुलाई 2011 में ही मंजूरी दे दी गई थी। देरी के विभिन्न कारण हैं, जिसके बारे में आप आगे पढ़ेंगे। हालांकि, रेडियो स्पेक्ट्रम समेत अन्य स्पेक्ट्रमों पर कोई फैसला लेने में देरी की वजह वो डर है जो वर्ष 2011 और 2012 में टेलीकॉम घोटाले के रूप में देश के सामने आया[5]।

सूचना और प्रसारण मंत्रालय के मुताबिक, इस चरण के वित्तीय वर्ष 2013–14 में शुरू होने की संभावना है। अगर ऐसा होता है तो सामग्री या विषय–वस्तु का स्थानीकरण और विविधता जैसे मसलों को सुलझाया जा सकेगा। रेडियो को अपने विविध रंगों के साथ जिस बहुलता का संचालन करना था, वो नहीं हो सका, क्योंकि उद्योग सभी को एक समान संगीत परोसने में व्यस्त है। ऐसा बड़े पैमाने पर सामग्री उत्पादन की अक्षमता की वजह से हुआ और इसके लिए नियमन जिम्मेदार हैं। उदाहरण के लिए– एक रेडियो ऑपरेटर एक शहर में एक से ज्यादा रेडियो स्टेशन नहीं चला सकता है। इससे सुनिश्चित होता है कि सभी एक सा संगीत बजाएं, क्योंकि एक शहर में एक ही रेडियो स्टेशन होने से उन्हें श्रोता और राजस्व को ध्यान में रखते हुए ऐसा करना पड़ता है। आदर्श स्थिति में, एक कंपनी को एक शहर में तीन से चार रेडियो स्टेशनों की जरूरत होती है, ताकि वो विभिन्न स्टेशनों पर अलग–अलग तरह के संगीत बजा सके और राजस्व की भरपाई कर सकें। दूसरा मसला, श्रोताओं को समाचार सुनने की सुविधा नहीं देना– वर्तमान कानून के तहत सिर्फ राजनीतिक समाचार ही नहीं, बल्कि साधारण मौसम और ट्रैफिक की नवीनतम जानकारी देने की भी अनुमति नहीं है। नई नीति में आकाशवाणी से समाचार प्रसारण की अनुमति देती है (देखिए नियमन अनुभाग)। नई नीति सांस्कृतिक घटनाओं, मौसम, यातायात की स्थिति, परीक्षा परिणाम आदि को 'गैर–समाचार और समसायमिक घटनाओं' के रूप में वर्गीकृत करती है और इन्हें निजी रेडियो स्टेशनों पर प्रसारण की अनुमति देती है। इसलिए बातचीत पर आधारित रेडियो खोलने और बेहतर तरीके से इनके स्थानीकरण का भी विचार है।

वास्तव में, पहले की अपेक्षा लागत में भी बहुत बड़ा बदलाव आया है। म्यूजिक पर रॉयल्टी की दर लागत की 7–42 प्रतिशत की अपेक्षा 2–3 प्रतिशत रह गई है। इसके लिए रेडियो ऑपरेटर लॉबी को धन्यवाद कहिए जिनकी बदौलत कॉपीराइट बोर्ड रूलिंग–2010 में रेडियो ऑपरेटरों को राजस्व का दो प्रतिशत रॉयल्टी देने की अनुमति दी गई।

रेडियो में अगले दौर का विकास तीसरे चरण के लिए बोली लगने के बाद होगा। ऐसा इसलिए भी होगा क्योंकि रेडियो के लिए वितरण के बहुत से प्लेटफॉर्म मौजूद होंगे। जैसे इंटरनेट रेडियो, सैटेलाइट रेडियो, केबल रेडियो, मोबाइल रेडियो आदि। ये ऐसे अवसर हैं जो ऑपरेटरों को पहले ही परिणाम दे रहे हैं। उदाहरण के लिए अमेरिका में कुछ रेडियो राजस्व का चार प्रतिशत डिजिटल से आता है।

व्यवसाय का वर्तमान आकार

मुद्दे

अगर हम करीब आधा दर्जन रेडियो स्टेशनों को तेज़ी से ट्यून करें तो सभी एक से लोकप्रिय गाने बज रहे होंगे। रेडियो ऑपरेटरों का तर्क है कि तीन बातों– समाचार प्रसारण पर रोक, एक शहर में एक से ज्यादा रेडियो स्टेशन होने पर प्रतिबंध– से कार्यक्रमों की विविधता, स्थानीयता की क्षमता और लाभ कमाने की योग्यता पर असर पड़ा है। यह एक तरह से भ्रामक है। एक शहर में एक से ज्यादा रेडियो स्टेशन पर प्रतिबंध– को छोड़कर अन्य कोई कारण विविधता की राह में उतना बड़ा रोड़ा नहीं है। मांग के मद्देनजर, विशिष्ट सामग्री का बाजार अभी भी उतना अहम नहीं है। इसलिए बड़े मुद्दे इस प्रकार हैं:

तीसरे चरण की लाइसेंसिंग

जैसा कि पहले ही बताया गया, तीसरे चरण की लाइसेंसिंग ऑपरेटरों को एक शहर में एक से ज्यादा रेडियो स्टेशन खोलने की अनुमति देगा और इसलिए कार्यक्रमों में विविधता आएगी। यह आकाशवाणी से फीड के जरिए समाचार प्रसारण की अनुमति भी प्रदान करेगा। लेकिन इस नीति को तीन कारणों से रोक कर रखा गया है[6]।

पहला तो बोली की प्रक्रिया ही है। पहले चरण में, साल 2000 में बढ़ते क्रम की खुली बोली के कारण अधिक बोली लग गई। इसलिए दूसरे चरण में बंद बोली लगी, रिजर्व प्राइस शून्य रखे गए, जिसका अच्छा प्रभाव रहा। तीसरे चरण के लिए कैबिनेट ने बढ़ते क्रम की खुली और ई–बोली की सिफारिश की। ऐसा साफ तौर पर टू–जी स्पेक्ट्रम घोटाले को देखते हुए किया गया। यह बढ़ते क्रम की खुली बोली है, इसलिए लोगों को डर है कि पहले चरण की तरह इसका हश्र भी ओवरबिडिंग न हो, यानि लाइसेंस को बहुत ज्यादा महंगी बनाने वाली बोली न बन जाए।

बढ़ते क्रम की खुली बोली में भी रिजर्व प्राइस तय की जाती है। यह एक क्षेत्र के समान श्रेणी के एक शहर की सर्वोच्च बोली होती है। उदारहण के लिए, दूसरे चरण में चंडीगढ़ के लिए लगी 15.6 करोड़ रुपये की बोली को मान लीजिए सहारनपुर के लिए रिजर्व प्राइस बना दिया जाए, जबकि दोनों शहरों की विज्ञापन क्षमता और अन्य बातों में काफी अंतर है। इस चरण में जो 90 फीसदी से ज्यादा लाइसेंसों की बोली लगनी हैं, वो अमरावती, मुजफ्फरनगर या सलेम जैसे द्वितीय और तृतीय श्रेणी के शहर हैं। ईवाई के पार्टनर आशीष फरवानी का अनुमान है कि अगर आर्थिक दृष्टि से देखा जाए तो, इन छोटे शहरों में कुल आधारभूत लागत 40–70 लाख रुपये आएगी। चूंकि तीसरा चरण ही चौथे चरण की कीमत का आधार बनेगा, यही कारण है कि रेडियो ऑपरेटर इसको लेकर परेशान हैं।

दूसरी समस्या फ्रेक्वेंसी आवंटन की है। स्पेक्ट्रम का अभाव भी एक कारण है जिसने सरकार को पैर पीछे खींचने के लिए मजबूर किया है। स्पेक्ट्रम का ज्यादातर हिस्सा ऑल इंडिया रेडियो या फिर रक्षा सेवाओं के लिए उपलब्ध है। उद्योग का समाधान– दो प्राइवेट चैनलों के बीच का अंतर 800 मेगा हट्र्ज है, जिसे घटाकर 400 मेगा हट्र्ज कर दिया जाए और अतिरिक्त फ्रीक्वेंसी की बोली लगाई जाए।

तीसरा मुद्दाः अभी तक स्पष्ट नहीं है कि पहले चरण में जो लाइसेंस जारी किए गए थे, क्या उनका नवीनीकरण होगा और किस कीमत पर। अगले तीन सालों में लाइसेंस की मियाद खत्म हो जाएगी। ज्यादातर ऑपरेटर तीसरे चरण के पैसे के लिए निवेशकों के पास जाने को मजबूर हैं, लेकिन उनके सामने बड़ा सवाल है कि वे कैसे व्यवसाय की योजना बनाएं जब वो ये भी नहीं जानते कि क्या आपके पास अब भी लाइसेंस है और किस कीमत पर।

ईवाई की रिपोर्ट के अनुसार, सिर्फ रेडियो मिर्ची ही लगातार सात सालों से काम कर रहा है और लगातार लाभ कमा रहा है। अन्य सूचीबद्ध रेडियो स्टेशनों में, बिग एफएम (रिलायंस), माई एफएम (डीबी कॉर्प) और फीवर एफएम ने हाल के सालों में कमाई में कमी दर्ज की है। लाइसेंस जल्द ही खत्म होने वाले हैं, इसलिए अनुमानित 24 बिलियन डॉलर के संचित अनुमानित नुकसान से निपटने के लिए समय काफी कम रह गया है।

एक शहर में एक से ज्यादा रेडियो स्टेशन होने (इस समय इसकी अनुमति नहीं है) और लाइसेंस शुल्क कम होने से प्रयोगात्मकता को दोगुना बल मिलेगा। रेडियो मिर्ची या बिग एफएम जैसी कंपनियां, जिन्होंने मुनाफा कमाया है, इन्हें मुनाफा सिर्फ इसलिए हुआ कि इनके पास पचास से ज्यादा स्टेशन हैं और ये विज्ञापनदाता के समक्ष एक क्षेत्र या राज्य पेश करते हैं। जैसा कि हम जानते हैं कि रेडियो एक पूरक और अप्रत्यक्ष माध्यम है, इसलिए इसमें विज्ञापन की दर भी एक समस्या है। कुछ रेडियो स्टेशनों को दस सेकेंड के

लिए महज 50 से 100 रुपये मिलते हैं। दरें और विज्ञापन खर्च दोनों बढ़ें, इसके लिए रेडियो में विस्तार की अति–आवश्यक है।

मानव संसाधन

रेडियो उद्योग में इसे भी एक मसला माना जाने लगा है। इस उद्योग का आकार सर्वश्रेष्ठ प्रतिभाओं को अपनी ओर नहीं आकर्षित करता है। साथ ही, रेडियो में काम करने वालों के लिए पर्याप्त ट्रेनिंग की सुविधा भी उपलब्ध नहीं है। दीपक चौधरी ग्रेसेल्स के प्रबंध निदेशक हैं। यह फर्म ईएमडीआई इंस्टीट्यूट ऑफ मीडिय एंड कम्युनिकेश चलाती है। रेडियो कंपनियों के लिए यह एक लोकप्रिय ठिकाना बन गया है। यह संस्थान रेडियो जॉकी के लिए छह महीने का कोर्स चलाने के साथ–साथ प्रोग्रामिंग और रेडियो स्टेशनों के प्रबंधन जैसे कोर्स भी कराती है। मगर, दीपक चौधरी का कहना है कि छात्र रेडियो जॉकी बनने में ही रुचि लेते हैं। दीपक सोचते हैं कि रेडियो का वादा नहीं निभाया जा रहा है क्योंकि इसका बैक–एंड तैयार नहीं है। उनका कहना है कि 'अगले चरण में, जब समाचार, सामुदायिक रेडियो, मल्टीपल फ्रीक्वेंसीज और अन्य चीजों को अनुमति मिल जाएगी, तब इसमें अलग ही उछाल दिखेगा'। ईवाई की रिपोर्ट में, पर्याप्त मुनाफा और प्रभावी दर देने की अक्षमता के बाद प्रतिभा अधिग्रहण और उसको कायम रखना इस उद्योग के लिए चौथी बड़ी चुनौती बताया गया है।

प्रचलन और अवसर

रेडियो के लिए सबसे बड़े सुअवसर मल्टीपल डिस्ट्रीब्यूशन फॉर्मेट हैं, जो हर जगह उठ रहे है। दूसरे अवसर, प्रोग्रामिंग और तकनीकी के ट्रेंड में हैं, जो पूरे विश्व के रेडियो उद्योग में दिख रहे है। ये दूर–दराज के क्षेत्रों तक उच्चतर पहुंच और राजस्व दिलाते हैं।

वितरण मंच

एफएम के अलावा, विश्वभर में रेडियो के कुछ अन्य दिलचस्प विकल्प भी उभर रहे हैं। हालांकि, इनमें से सभी अभी तक भारत में नहीं हैं, लेकिन जल्द ही इनके भारतीय बाजार में भी दस्तक देने की संभावना है। सबसे महत्वपूर्ण बात, इनमें से कुछ में ज्यादा राजस्व दिलाने की संभावना भी है।

इंटरनेट और स्ट्रीमिंग रेडियो : यह इंटरनेट के जरिए रेडियो का प्रसारण है। ये ब्रॉडबैंड नेटवर्क पर भी हो सकते हैं और नहीं भी। विश्वभर में ऐसे

हजारों रेडियो स्टेशन हैं। उदारहण के लिए, फरवरी 2008 में अमेरिका में ऐसे करीब 4000 रेडियो स्टेशन थे, जो स्ट्रीमिंग की माध्यम से श्रोताओं तक पहुंचे। यानि अमेरिका में, तीन में से एक ऐसे रेडियो स्टेशन ऐसे माध्यम से उपभोक्ता तक पहुंच रहे थे, जिसका दस साल पहले तक कोई अस्तित्व नहीं था। वर्ष 2011 में 89 प्रतिशत से भी ज्यादा अमेरिकियों ने ऑनलाइन रेडियो को ट्यून किया और इनमें से आधे लोग रेडिया सुनने के लिए सिर्फ ऑनलाइन पोर्टल और सेवाओं का ही उपयोग करते हैं[7]। पैंडोरा, अमेरिका में एक लोकप्रिय इंटरनेट रेडियो सेवा है, वर्ष 2012 में इसके साढ़े छह करोड़ से भी ज्यादा उपभोक्ता थे[8]।

सैटेलाइट रेडियो : सैटेलाइट रेडियो ब्रॉडकास्टिंग बहुत कुछ सैटेलाइट टेलीविजन की तरह ही है। यहां शैली और देश विशिष्ट चैनल्स हैं। वॉशिंगटन डीसी स्थित वर्ल्डस्पेस इंक, जो वर्ल्डस्पेस इंडिया की मातृ कंपनी है, सैटेलाइट रेडियो की दुनिया में अग्रणी है। इस माध्यम के आविष्कार का श्रेय इस कंपनी को जाता है। अपने दो सैटेलाइटो रेडियो– अफ्रीस्टार और एशियास्टार के माध्यम से ये संगीत और सूचना सेवा प्रदान करती है। हालांकि अमेरिका में सिरिअस–एक्सएम ही एकमात्र सैटेलाइट रेडियो सेवा है। सिरिअस–एक्सएम के पास 140 चैनल हैं जिसका सब्सक्रिप्शन 14.49 डॉलर से 17.49 डॉलर प्रतिमाह है। दिसंबर 2012 में सिरिअस एक्सएम ने ऑनलाइन सेवा भी शुरू कर दी।

भारत में वर्ल्डस्पेस के पास चालीस रेडियो स्टेशन हैं, जिन पर जैज से लेकर क्लासिकल तक और पुराने हिंदी फिल्मों के गाने से लेकर रॉक म्यूजिक तक बजाए जाते हैं। ये रेडियो स्टेशन तमिल, तेलुगु से बंगाली, हिंदी और यहां तक की फ्रेंच में चौबीसों घंटे विज्ञापन–मुक्त सेवाएं देते हैं। वर्ल्डस्पेस द्वारा एनडीटीवी, ब्लूमबर्ग और सीएनएन जैसे चैनलों के माध्यम से समाचार और सूचना सेवा भी प्रदान की जाती है। आकाशवाणी ने भी वर्ल्डस्पेस के प्लेटफॉर्म से सन 2002 में भारतीय उपमहाद्वीप के लिए एक सैटेलाइट रेडियो सेवा की शुरुआत की थी। 2009 में संचलान बंद होने तक, वर्ल्डस्पेस के पास भारत में 1,75,000 सब्सक्राइबर बताए जाते थे। बाद में बेंगलुरु स्थित टिंबर मीडिया ने इसके लाइसेंस अधिग्रहण कर लिए और वर्ष 2012 में एयरटेल ने अपने डीटीएच सेवा पर वर्ल्डस्पेस चैनलों की शुरुआत की। अब वोडाफोन भी ये सेवाएं देता है। इस समय वर्ल्डस्पेस विभिन्न भाषाओं में गजल, क्लासिकल आदि विभिन्न प्रकार के म्यूजिक के दस चैनल चलाती है।

ब्रॉडबैंड पर रेडियो[9] : टेलीविजन और दूरसंचार की ही तरह रेडियो सिग्नल भी केबल या अन्य दूसरे ब्रॉडबैंड नेटवर्क के जरिए भेजे जा सकते हैं। स्टीरियो और टेलीविजन केबल के जरिए रेडियो सिग्नल को पकड़ सकते हैं। भारत में कई डीटीएच और केबल ऑपरेटर पहले से ही इस तरह की सेवाएं दे रहे हैं।

एचडी रेडियो : एचडी या हाइब्रिड डिजिटल रेडियो एक ऐसी तकनीक है जो एएम और एफएम रेडियो स्टेशनों के मौजूदा एनालॉग सिग्नल का इस्तेमाल कर ऑडियो और डाटा ट्रांसमिट करने की सुविधा देते हैं। ये श्रोताओं को एक ही शो को एचडी या स्टैंडर्ड फॉर्मेट में सुनने की सुविधा देता है। वर्ष 2002 में एचडी को एफसीसी[10] की मंजूरी मिली थी। हालांकि एचडी रेडियो सेट काफी महंगे थे, जिनकी कीमत 200 अमेरिकी डॉलर से शुरू होती थ। हालांकि अब इसकी कीमत 50 डॉलर तक गिर गई है, इसके बावजूद लोग नए एचडी रेडियो सेट खरीदने के बजाय अपनी कारों और घरों में स्टैंडर्ड एएम या एफएम सिग्नल पर ही सुनना पसंद करते हैं[11]। नतीजतन हार्डवेयर कंपनियां कार कंपनियों से कारों में एचडी रेडियो इंस्टॉल करने का दबाव बनाती हैं। इस समय अमेरिका में 2000 से ज्यादा रेडियो स्टेशन एचडी सेवाएं देते हैं।

पॉड कास्टिंग : पॉड कास्टिंग एक ऐसी तकनीक है, जो कंप्यूटर रखने वाले किसी भी व्यक्ति को 'रेडियो' प्रोग्राम बनाने और पूरे विश्व में इंटरनेट के जरिए सब्सक्राइबर के पॉर्टेबल एमपी3 प्लेयर तक स्वतंत्रतापूर्वक वितरण का अवसर देती है[12]। पॉडकास्टिंग रेडियो को ज्यादा पोर्टेबल, अंतरंग और पहुंच वाली बनाती है। पॉडकास्ट आई–पॉड से अनन्य नहीं है, बल्कि इसे अनेक सामान्य मीडिया यंत्रों और कंप्यूटर पर चलाया जा सकता है। पॉडकास्ट शब्द का इस्तेमाल इंटरनेट से डाऊनलोड किए गए किसी भी ऑडियो कंटेट के लिए किया जाता है।

वर्जिन रेडियो[13] पहला ब्रितानी ब्रॉडकास्टर था, जिसने नियमित पॉडकास्टिंग की शुरुआत की। वर्जिन रेडियो के लिए श्रोताओं तक पहुंचने और विज्ञापन प्राप्त करने का पॉडकास्टिंग एक नया माध्यम था। दूसरा उदाहरण, बीबीसी का रेडियो प्लेयर है, जो श्रोताओं के लिए बीबीसी रेडियो के कार्यक्रमों का भंडार सुरक्षित रखता है और श्रोताओं को वो कार्यक्रम 'दोबारा सुनने' की सुविधा प्रदान करता है, जिसे या तो वो नहीं सुन सके हैं या दोबारा सुनना चाहते हैं। कई तरह से ये प्रसारण सामग्री का समयांतरण है, जो प्रसारण के वास्तविक समय की अपेक्षा श्रोताओं को उनकी सुविधा के अनुसार सुनने का अवसर देता है।

भारत में बिग एफएम हैदराबाद और चेन्नई ने वर्ष 2008 में अपनी वेबसाइट बिग927एफए डॉट कॉम पर प्रसारण होने वाले अपने शो का पॉडकास्ट शुरू किया। इस नई पेशकश के माध्यम से विश्वभर में फैले हैदराबादी और तमिल लोग अपने प्रिय रेडियो शो और रेडियो जॉकी को सुनने का आनंद ले सकते थे। अब तो सभी प्रमुख रेडियो नेटवर्क पॉडकास्ट सेवा देते हैं।

विश्वभर में इस बात पर चर्चा चल रही है कि एनालॉग टेरेस्ट्रियल, डिजिटल और सैटेलाइट में से कौन सी रेडिया प्रसारण तकनीक बाजार में प्रभावी होगी। एक तथ्य सामने आ रहा है कि इंटरनेट रेडियो विज्ञापन इंटरनेट पर और नियमित रेडियो प्रसारण के साथ दोनों रूपों में अच्छा काम कर रहा

है। एक अध्ययन के मुताबिक, अगर रेडियो का प्रसारण इंटरनेट रेडियो से साथ किया जाता है तो किसी भी विज्ञापन का रेसपांस रेट 2 से 3.5 गुना तक बढ़ जाता है।

अन्य अवसर

जिस तरह से भारत विकास कर रहा है और विभिन्न तरह के श्रोता सामने आ रहे हैं, इसे देखते हुए वितरण फॉर्मेट के अलावा सामग्री फॉर्मेट में भी बहुत संभावनाएं है।

स्थानीयकरण– रेडियो, विशेषकर, एफएम रेडियो मुख्य रूप से एक स्थानीय माध्यम है। एक एफएम रेडियो टावर से निकला हुआ सिग्नल शायद ही 100 किलोमीटर से दूर जा सकता है। इन सिग्नल्स की यही खूबी इसे छोटे, अति लक्षित समूह और समुदाय तक पहुंच के लिए आदर्श बनाती है। अगर *रेडियो सिटी* बेंगलुरु और *रेडियो मिर्ची* मुंबई की सड़कों की हालत पर बात करते हैं, तो ये इन रेडियो स्टेशनों को टाइम्स ऑफ इंडिया के *मुंबई टाइम्स* की अपेक्षा ज्यादा आसानी से स्थानीय विज्ञापन– जैसे उस इलाके के रेस्टोरेंट, कोचिंग क्लासेज, मॉम एंड पॉप खुदरा विक्रेता– दिलाती हैं। यह स्थानीय विज्ञापन के करीब है। स्थानीय म्यूजिक व्यवसाय और नई मीडिया से जुड़ने की इसकी क्षमता की वजह से रेडियो का दुनियाभर में इतना विकास हुआ। अमेरिका में, स्थानीय खुदरा विज्ञापनदाता कुछ रेडियो विज्ञापन में अस्सी प्रतिशत का योगदान देते हैं।

एक अनुमान के मुताबिक, साल 2012 में भारत में कुल स्थानीय विज्ञापन 100 अरब रुपये से ज्यादा का रहा। इसमें सलाना 10–20 प्रतिशत की वृद्धि हो रही है, जबकि राष्ट्रीय स्तर पर विज्ञापन की विकास दर महज 7–10 प्रतिशत है। नए विज्ञापनदाताओं को समझाने के लिए रेडियो उद्योग को ऐसे निवेशकों की जरूरत है, जो बाजार के विकास में भारी मात्रा में पैसे का निवेश कर सकें। स्थानीयकरण का पूरा काम दो स्तरों पर होता है– पहला कंटेट यानी विषय–वस्तु या सामग्री का स्थानीयकरण और अधिक से अधिक स्थानीय विज्ञापन हासिल करना।

सामग्री का स्थानीयकरण– अधिकतर रेडियो ऑपरेटर इस समय सिर्फ भाषा के स्तर पर स्थानीय हो रहे हैं। बिग एफएम अपनी तरफ श्रोताओं को आकर्षित करने के लिए झांसी में बुंदेली, जम्मू में डोगरी और रांची में भोजपुरी म्यूजिक बजाता है। रिलायंस ब्रॉडकास्ट नेटवर्क के सीईओ, तरुण कत्याल बताते हैं कि कई मामलों में एफएम ने स्थानीय संगीत उद्योग को नई जिंदगी दी है, जैसे ओडीशा, जहां रिंगटोन्स और डाऊनलोड्स ने उड़िया संगीत को फिर से पटरी पर ला दिया है। हालांकि, विज्ञापन के मोर्चे पर यह कहीं बेहतर जुड़ाव प्रदान

करता है। स्थानीयकरण को भाषा से भी दूर स्थानीय वातावरण में अपनी पैठ बनानी है। स्थानीय समाचार प्रसारण से इसका मकसद पूरा होगा, और इसे अभी तक कानून की अनुमति नहीं मिली है। हालांकि तीसरे चरण की नीति समाचारों की अनुमति प्रदान करती है। यह निजी एफएम को आकाशवाणी के न्यूज बुलेटिन प्रसारित करने का अधिकार देता है। सबसे अहम बात यह परीक्षा परिणामों, स्थानीय त्योहारों, सांस्कृतिक समारोहों, ट्रैफिक और मौसम आदि को गैर–समाचार और गैर समसामयिक मामले के रूप में वर्गीकृत करता है। ये रेडियो ऑपरेटरों को बातचीत आधारित कार्यक्रम और स्थानीय घटनाओं पर आधारित सामग्रीपरक कार्यक्रम बनाने की स्वतंत्रता देता है।

अधिक स्थानीय विज्ञापनदाता अर्जित करना : कत्याल कहते हैं, 'छोटे शहरो में ना सिर्फ मुंबई और दिल्ली के विज्ञापनदाताओं की रुचि होती है, बल्कि कई स्थानीय छोटे और मध्यम श्रेणी के उद्यम भी राष्ट्रीय स्तर पर पहचान पाना चाहते हैं'। कत्याल इंगित करते हैं कि स्थानीय ब्रांड जैसे महाराष्ट्र की वाघ–बकरी चाय या पंजाब की वर्का चीज, जो अपने क्षेत्रों में स्थापित हैं और हर साल कुछ करोड़ रुपये विज्ञापन पर खर्च करते हैं। ईवाई की रिपोर्ट के मुताबिक, रेडियो इंडस्ट्री की आमदनी का चालीस प्रतिशत हिस्सा स्थानीय विज्ञापनदाताओं से आता है। विकसित देशों के बाजारों में यह हिस्सा करीब 75 प्रतिशत है।

स्थानीयकरण की कहानी में एक और बात भी हैं। कत्याल बताते हैं कि छोटे शहरों में लोगों के आवागमन का समय काफी कम होता है, इसलिए यहां रेडियो सुनने का पैटर्न सपाट है। 'इसका अर्थ है कि मेट्रो शहरों के विपरीत यहां विज्ञापनदाता ना सिर्फ सुबह और शाम का, बल्कि सभी टाइम बैंड का उपयोग कर सकते हैं'।

स्थानीयकरण से हर कोई सहमत नहीं है। कटेंट पब्लिशिंग एंड आउटसोर्सिंग कंपनी हिलरोड मीडिया के निदेशक राजेश ताहिल कहते हैं, "लोकल रेडियो की बात अब पूरी तरह पुरानी पड़ चुकी है, यह अमेरिका से आई है" (इससे पहले ताहिल मिड–डे रेडियो बिजनेस के प्रमुख थे)। अमेरिका में रेडियो स्टेशनों का जन्म स्थानीय ईकाई के रूप में हुआ। लोकप्रिय टॉक–शो का होस्ट वो होता था, जो आपको अपने पड़ोस के मॉल में दिख जाए, जैसे फ्रेजर। धीरे–धीरे मजबूत होकर, अमेरिका में रेडियो ने विशालकाय राष्ट्रीय रूप ले लिया। भारत में रेडियो (और तकरीबन हर अन्य मीडिया) दूसरी तरह से विकसित हो रहा है। रेडियो ऑपरेटर जो पैसा कमाने में कामयाब हुए, वो बड़े और राष्ट्रीय स्तर के उद्यमी हैं जिनके पास पच्चीस या इससे भी ज्यादा स्टेशन हैं। ताहिल बताते हैं, 'सही मायने में भारत में अभी तक स्थानीय रेडियो की शुरुआत ही नहीं हुई। सिर्फ दो या तीन ऑपरेटर बड़ी कंपनी के अंग नहीं हैं'। इसका ये मतलब नहीं है कि स्थानीय सामग्री या विज्ञापन रेडियों पर नहीं आते हैं, बात इतनी है कि इनकी भूमिका अहम नहीं है।

सामुदायिक रेडियो– सामुदायिक रेडियो का शाब्दिक अर्थ ऐसे रेडियो से है जिसका प्रसारण छोटे से दायरे (एफएम के 60 से 100 किलोमीटर के दायरे के मुकबाले सिर्फ 5 से 10 किलोमीटर) में होता हो और जिसका श्रोता वर्ग बिल्कुल सीमित होता है। एक विद्यालय या विश्वविद्यालय का अपने छात्रों और शिक्षकों से जुड़ी जानकारी और समाचार के लिए अपना सामुदायिक रेडियो हो सकता है। अहमदाबाद के मुद्रा इंस्टीट्यूट ऑफ कम्युनिकेशन के पास एक सामुदायिक रेडियो है, जिसके जरिए आसपास के ग्रामीण लोगों को स्वास्थ्य और अन्य मुद्दों से जुड़ी समस्याओं से जुड़ा जानकारी दी जाती है।

हालांकि, सामुदायिक रेडियो अपना वह वादा अभी भी पूरा नहीं कर पाया है कि वह जनसंचार के जरिए विकासात्मक मुद्दों के समाधान में मदद करेगा। वर्ष 2000 में जब पहले दौर का निजीकरण हुआ, सरकार ने कहा था कि वर्ष 2002 तक 1000 सामुदायिक रेडियो स्टेशनों की स्थापना की जाएगी। लेकिन नौकरशाही और गैर–सरकारी संगठनों को लाइसेंस नहीं देने के चलते सामुदायिक रेडियो की क्रांति गति नहीं पकड़ सकी।

वर्ष 2006 में, गैर–सरकारी और गैर–लाभकारी संगठनों और शिक्षण संस्थाओं को रेडियो स्टेशन देने के लिए नियमों में ढील दी गई। हालांकि, तीन साल से ज्यादा समय तक समुदायिक काम कर रहे गैर–लाभकारी संगठन ही इस नियम के दायरे में आ सके। उस पर भी ये शर्त कि ये रेडियो स्टेशन सिर्फ स्थानीय समुदाय के लिए बने शैक्षणिक, विकासात्मक, सामाजिक और सांस्कृतिक कार्यक्रमों का ही प्रसारण करे। फिर भी पूरी प्रक्रिया जटिल बनी रही। एक सामुदायिक रेडियो स्टेशन की स्थापना करने के लिए कई मंत्रालयों से मंजूरी लेनी पड़ती है। नतीजा हुआ कि इस नीति की घोषणा के दो साल बाद तक 48 में से सिर्फ तीन ऐसे सामुदायिक रेडियो स्टेशन खुल पाए जिन पर विकासात्मक संगठनों का मालिकाना हक था। बाकी सब कैम्पस (शिक्षण संस्थान) कम्युनिटी रेडियो थे[15]। वर्ष 2013 के फरवरी महीने तक भारत में 144 सामुदायिक रेडियो स्टेशन चल रहे थे, जिनमें से ज्यादातर शिक्षण संस्थानों द्वारा चलाए जा रहे थे[16]।

विजुअल रेडियो– यह रेडियो डिजिटल डिस्पले के माध्यम से तुरंत सामग्री से जुड़ी तथ्यात्मक जानकारी देता है, गाने, गायक, संगीतकार, गीत के रचनाकार, गीत का इतिहास आदि। इसमें क्विज, ऑडियंस पोल में भागीदारी, गाने से जुड़े रिंगटोन्स और वॉलपेपर डाउनलोड करने की सुविधा भी हो सकती है। मोबाइल प्रयोक्ता उस कंसर्ट या मूवी का टिकट खरीद सकते हैं जिनका गाना यहां बजाया जा रहा है। रेंडियो मिर्ची जैसे कुछ रेडियो स्टेशन और वोडाफोन जैसे दूरसंचार ऑपरेटर कुछ चुनिंदा मार्केट में विजुअल रेडियो सेवा प्रदान करते हैं।

अतीत

शुरुआत

फरवरी 1920 में मार्कोनी कंपनी ने इंग्लैंड में पहली बार रेडियो प्रसारण का सफलतापूर्वक प्रयास किया। नवंबर 1922 तक नियमित कार्यक्रमों के साथ ब्रिटिश ब्रॉडकास्टिंग कॉर्पोरेशन (बीबीसी) ने प्रसारण शुरू किया। 1920 के दशके के मध्य तक अमेरिका में भी रेडियो लोकप्रिय माध्यम बन गया था, रिकॉर्डेड म्यूजिक ने इसे लोकप्रिय बनाया (संगीत पर अध्याय देखें)। पहले एएम (एंप्लिट्यूड मॉड्यूलेशन) की शुरुआत हुई। एफएम रेडियो, जो अब रेडियो का सबसे लोकप्रिय रूप है, 60वें दशक के अंत और 70वें दशक की शुरूआत तक व्यावसायिक रूप में व्यवहार्य नहीं था।

भारत में रेडियो का आगमन

भारत में अगस्त 1921 में टाइम्स ऑफ इंडिया ने डाक और तार विभाग के सहयोग से अपने बंबई कार्यालय से प्रांत के गवर्नर सर जॉर्ज लॉयड के अनुरोध पर एक विशेष संगीत कार्यक्रम का प्रसारण किया। लॉयड ने इसे पूना (अब पुणे) में सुना। एच.आर. लूथरा ने अपनी पुस्तक *इंडियन ब्रॉडकास्टिंग* (1986) में विस्तार से लिखा कि इसके बाद कैसे रेडियो के विकास की गाड़ी रुक–रुक कर चली। सन् 1923 में निर्माताओं और प्रेस की बैठक के बाद सरकार रेडियो ब्रॉडकास्टिंग के लिए लाइसेंस बनाने के लिए तैयार हुई। इसी बीच 1923 में पहले रेडियो क्लब ऑफ बंगाल को अनुमति मिली और बाद में रेडियो क्लब ऑफ बॉम्बे और मद्रास प्रेसिडेंसी रेडियो क्लब को अस्थायी तौर पर प्रसारण की अनुमति दी गई। इनमें ज्यादातर स्टेशन उत्साही लोगों द्वारा बहुत ही कम बजट पर चलाए जाते थे। ये यूरोपीय गाने, कहानियां, संगीत शास्त्र और चर्च सर्विस का प्रसारण करते थे। कुछ लोग ऐसे भी थे, जिन्होंने रेडियो का नाम भी नहीं सुना था, उन तक पहुंच बनाने के लिए मद्रास (अब चेन्नई) में सार्वजनिक स्थलों पर छह लाउडस्पीकर लगाए गए थे।

काफी सार्वजनिक चर्चा के बाद तय तय हुआ कि भारत में रेडियो प्रसारण निजी उद्यम होना चाहिए क्योंकि यह एक पूंजीगत व्यवसाय है। 1925 में भारतीय ब्रॉडकास्टिंग कंपनी (आईबीसी) को पांच साल का एकाधिकार देते हुए सरकार ने दस साल का लाइसेंस जारी किया। आईबीसी में सबसे बड़ी हिस्सेदारी राजा साहेब धनराजगिरजी नरसिंहिगिरजी और भारतीय टेलीग्राफ कंपनी की थी। शेष में असंख्य लोग शामिल थे। आईबीसी के ज्यादातर कर्मचारी अंग्रेज थे।

27 जुलाई 1927 को बॉम्बे रेडियो स्टेशन से प्रसारण शुरू हुआ और जल्द इसके बाद कलकत्ता (अब कोलकाता) से। इन स्टेशनों के शुरू होने से पंद्रह दिन पहले आईबीसी ने *इंडियन रेडियो टाइम्स* नाम से एक मैग्जीन भी शुरू की। इसमें रेडियो पर प्रसारित होने वाले कार्यक्रमों की विस्तृत जानकारी होती थी। इन्हें यूरोपीय और भारतीय श्रेणियों में बांटा गया था। यूरोपीय संगीत लंदन की परफॉर्मिंग राइट्स सोसाइटी से समझौते के तहत बजाया जाता था, जिसके बदले में हर साल 150 पाउंड की रॉयल्टी दी जाती थी। जबकि भारतीय संगीत का श्रोत देश की सबसे बड़ी म्यूजिक कंपनी जीसीआई (अब सारेगामा) थी। जीसीआई रेडियो पर बनजे वाले अपने गानों की लोकप्रियता से संतुष्ट थी। रेडियो ब्रॉडकास्टिंग को लेकर शुरुआती दिनों में यह पूरी उम्मीद थी कि ये अच्छी 'जन सेवा' होगी। चूंकि उस वक्त देश में भारतीय राष्ट्रवाद की भावना प्रबल थी, इसलिए रेडियो एक बहुत नियंत्रित माध्यम था। ब्रिटिश सरकार ने रेडियो पर किसी राजनीतिक या औद्योगिक बयान के प्रसारण पर रोक रखी थी।

दुर्भाग्यवश, आईबीसी लोगों को रेडियो तक लाने में नाकाम रही। दिसंबर 1927 तक देश में रेडियो सेट्स की संख्या 3000 थी, जो एक साल में मुश्किल से 6000 तक बढ़ी और 1929 के अंत तक 7500 तक पहुंच पाई। आईबीसी के पास राजस्व के दो श्रोत थेः पहला विज्ञापन और दूसरा लाइसेंस शुल्क। विज्ञापन का राजस्व काफी कम था और दूसरा लाइसेंस शुल्क के साथ समस्या थी कि पचास प्रतिशत सेट्स बिना लाइसेंस वाले थे। नतीजतन आधे श्रोता दस रुपये प्रति सेट की लाइसेंस फी नहीं अदा कर रहे थे, जिस पर आईबीसी अपने परिचालन खर्च के लिए निर्भर थी। जब कंपनी ने शुल्क का कुछ पैसा बॉम्बे और कलकत्ता स्टेशन स्थापित करने में खर्च किया, तब 1928 के अंत तक वह स्पष्ट रूप से कठिनाई में पड़ती नजर आई।

ऑल इंडिया रेडियो का जन्म

मार्च 1930 में जब कंपनी दिवालिया हो गई तब सरकार ने अंततः आईबीसी का अधिग्रहण कर लिया। कुछ समय के लिए इसका नाम इंडियन गवर्नमेंट ब्रॉडकास्टिंग सर्विस, बॉम्बे (और इसी तरह कलकत्ता का भी) पड़ा। अक्टूबर 1931 तक सरकार ने भी माना कि इसे चलाना मुश्किल है और इसे बंद कर दिया गया। जब विधायिकाओं के सदस्यों और प्रेस में इसके खिलाफ प्रदर्शन हुए तो सरकार ने फिर से मई 1932 में रेडियो सेवा शुरू कर दी। राजस्व बढ़ाने के लिए सरकार ने रेडियो और बेतार उपकरणों पर सीमाशुल्क बढ़ा दिया। इंडियन वायरलेस टेलीग्राफी एक्ट में संशोधन कर लाइसेंस शुल्क उल्लंघन से संबंधित प्रावधानों को कड़ा कर दिया गया। इसी समय, 1932 में बीबीसी ने स्ट्रॉग शॉर्टवेव ट्रांसमीटरों के जरिए अपनी एम्पायर सेवा की

शुरुआत की। इसने रेडियो को अच्छा बढ़ावा दिया। वर्ष 1934 के अंत तक रेडियो के 16000 लाइसेंस और *इंडियन रेडियो टाइम्स* के 6000 ग्राहक हो गए। नतीजा हुआ कि चार सालों (1930–34) में भारत सरकार ने रेडियो से वास्तविक मुनाफा कमाया[17]। इससे सरकार को इस माध्यम में और अधिक पैसा निवेश करने के लिए प्रोत्साहन मिला। इसी विस्तार काल में रेडियो का नाम *ऑल इंडिया रेडियो* पड़ा।

कोई तारीख या मील का पत्थर इस खुशी को व्यक्त नहीं कर सकता जितना ऑल इंडिया रेडियो ने दिया या रेडियो पर अच्छे कार्यक्रमों के प्रसारण के लिए जो पर्दे के पीछे संघर्ष हुए। सबसे पुराने और मशहूर रेडियो उद्घोषकों में से एक अमीन सयानी कहते हैं, 'स्वतंत्रता प्राप्ति से पहले, 40 के दशक में और 50 के दशक के शुरुआती दिनों तक ऑल इंडिया रेडियो विश्व के सर्वोत्तम रेडियो प्रसारण संस्थानों में से एक था'। पुराने दिनों की याद करते हुए अमीन सयानी कहते हैं कि दुनिया के सर्वश्रेष्ठ वक्ताओं, उद्घोषकों और साहित्यिक हस्तियों में से कुछ ऑल इंडिया रेडियो के लिए काम करते थे। ऑल इंडिया रेडियो पर काम करना उनके लिए गर्व की बात थी। वे उस समय के लोगों में दुर्गा खोटे, रविशंकर, नौशाद, उस्ताद बिस्मिल्लाह खान और हरिप्रसाद चौरसिया जैसे बड़े नामों को याद करते हैं।

ऑल इंडिया रेडियो के लिए काम करना उस समय दिलचस्प सांस्कृतिक समस्याएं पेश करता था। ऑल इंडिया रेडियो के उत्तर भारतीय स्टूडियो में कुछ ऐसे गायकों और संगीतकारों को बुलाया जाता था जो कथित तौर पर 'संदिग्ध सामाजिक पृष्ठभूमि' के होते थे। उन्हें इसलिए बुलाया जाता था कि एआईआर के प्रोग्रामिंग घंटों की जरूरत को पूरा करने के लिए कथित तौर पर 'अच्छे घरानों' से आने वाले संगीतकार पर्याप्त संख्या में मौजूद नहीं थे। आजकल ये बातें विनोदपूर्ण लग सकती हैं, लेकिन उन दिनों ये गंभीर मुद्दा था। इसका मतलब है कि उन दिनों कई परिवार अपने लड़के–लड़कियों को रेडियो से जुड़ने की अनुमति देने के लिए इच्छुक नहीं थे। लूथरा, सायदा बानो के साथ हुए एक वाकये से जोड़कर इसका चित्रण करते हैं। सायदा बानो लखनऊ रेडियो स्टेशन की पहली महिला उद्घोषक थीं, जो 1940 के दशक की शुरुआत में बच्चों के कार्यक्रमों की उद्घोषणा करती थीं। अपने रूढ़िवादी परिवार के कड़े विरोध से बचने के लिए उन्होंने उनसे झूठ बोला। उन्होंने कहा कि "अनैतिक पेशेवर गायक लड़कियों" के आने–जाने के लिए अलग से दरवाजा है और उनसे कभी संपर्क नहीं होता है।

इन सबसे गुजरते हुए, जिस व्यक्ति का एआईआर पर सर्वाधिक प्रभाव और धाक थी, वो थे प्रसारण के शाही नियंत्रक लायनेल फिल्डेन, जो बीबीसी के प्रोग्राम निर्माता थे, एक ऐसा व्यक्ति जो रेडियो पर रचनात्मक का विस्तार देखना चाहता था। नौकरशाहों को प्रोग्रामिंग निर्णयों से दूर रखने, एआईआर को सरकारी संगठन की अपेक्षा प्रतिभाओं का सृजनात्मक केंद्र बनाने के

लिए वो कड़ी मेहनत करते थे। उन्होंने सुनिश्चित किया कि सभी प्रकार के शौकिया कलाकार जो ऑल इंडिया रेडियो पर प्रस्तुति देते थे, उन्हें कार्य निष्पादन के बाद स्टूडियो में ही मेहनताने का भुगतान कर दिया जाए। ये उन गायकों और संगीतकारों के लिए सबसे बड़ा प्रोत्साहन था, जो पैसे की तंगी से जूझते रहते थे।

फिल्डेन के सभी प्रयासों का नतीजा कुछ भी नहीं हुआ। 1950 तक नौकरशाही ने न सिर्फ प्रशासनिक, बल्कि आकाशवाणी के रचनात्मक पक्षों पर भी अपना कुरूप चेहरा दिखाना शुरू कर दिया। जल्द ही, कई प्रशासनिक लोग प्रोग्रामिंग में आने लगे। वे अक्सर प्रतिभाशाली आईएएस अधिकारी होते थे। वे प्रसारण के बारे में कुछ नहीं जानते थे, लेकिन जो लोग ये काम करते थे वो उन्हें अपनी बात मानने के लिए मजबूर करते थे। अमीन सयानी को लगता है कि 'यहीं से प्रोग्रामिंग की गुणवत्ता गिरनी शुरू हो गई'। यहां तक फिल्डेन भी इससे अवगत थे। उन्होंने अपने संस्मरण में इसका उल्लेख किया। "जो प्रोग्रामिंग के बारे में कुछ नहीं जानते थे, ऐसे बाबुओं को हावी होने से रोकने के लिए मैंने अपनी सीमाओं तक प्रोन्नति के नियमों के मुताबिक काम किया। पारिश्रमिक और पुरस्कार उन लोगों के लिए रखे जिनमें मौलिकता और मेहनत हो, भले ही दूसरे को प्रभावित करने वाला उनका व्यक्तित्व कुछ भी हो। लेकिन मैं लालफीताशाही या घातक रुटीन के संचयन को नहीं रोक सका।"[18]

आकाशवाणी लड़खड़ाया

इस काल में हस्तक्षेप के एक उत्कृष्ट मामले ने आकाशवाणी को श्रोता विहीन कर दिया। यह मामला तत्कालीन सूचना एवं प्रसारण मंत्री (1952–61) बी.वी. केसकर से जुड़ा है। केसकर साहब फिल्मी संगीत को नापसंद करते थे, क्योंकि उनको लगता था कि फिल्मी संगीत ने भारतीय शास्त्रीय संगीत को भ्रष्ट कर दिया है। उन्होंने फरमान जारी कर दिया कि एआईआर पर कोई फिल्मी संगीत नहीं बजेगा। उन्होंने 'रेडियो संगीत सम्मेलन' जैसे आयोजनों के जरिए रेडियो पर भारतीय शास्त्रीय संगीत को बढ़ावा देने के लिए सक्रिय प्रयास करना शुरू कर दिया। ये चीज भारतीय शास्त्रीय संगीत के लिए भले ही अच्छी थी, लेकिन आकाशवाणी के लिए घातक सिद्ध हुई। अमीन सयानी उनकी दिनों की याद करते हुए बताते हैं, "ये उस वक्त की बात है जब भारतीय फिल्म संगीत राष्ट्रीय भाषा और राष्ट्रीय एकता को पूरे देश में फैलाने का सर्वोत्तम माध्यम हुआ करती थी। प्रतिबंध रिकॉर्ड्स या तो तोड़ दिए गए या फेंक दिए गए। भारतीय फिल्म संगीत के लिए ये स्वर्णिम काल था, जब भारतीय संगीत की बड़ी हस्तियां एक महान संगीत की रचना कर रही थीं। इन हस्तियों का कारवां तो चलता रहा, लेकिन आकाशवाणी उनकी प्रतिभा से वंचित था।"

ये प्रतिभाएं दूसरी जगह चली गईं। 1940 के उत्तरार्द्ध में जब सेलोन (अब श्रीलंका) को आजादी मिली, तो ब्रिटिश साउथ–ईस्ट एशियन कमांड ने कुछ ट्रांसमीटर रेडियो सेलोन को सौंप दिये गये। रेडियो सेलोन हिंदी और अंग्रेजी में अपनी व्यावसायिक सेवा चलाने के लिए इन ट्रांसमीटरों का उपयोग करती थी। हिंदी सेवा कुछ और नहीं, बल्कि उसमें भारतीय फिल्म संगीत ही था। तीन महीने के भीतर भारत से सभी रेडियो श्रोता रेडियो सेलोन सुनने लगे। जल्द ही लोकप्रिय पश्चिमी म्यूजिक शो "बिनाका हिट परेड" के प्रायोजकों ने हिंदी कार्यक्रमों के साथ अपना प्रयोग करना चाहा और इस तरह "बिनाका गीतमाला" का जन्म हुआ। केससर के उस कदम ने रेडियो पर एक सबसे बड़े हिट शो को जन्म दिया। इस शो के सूत्रधार अमीन सयानी याद करते हैं कि 'बिनाका गीतमाला' के पहले शो को आश्चर्यजनक रूप से नौ हजार से भी ज्यादा पत्र मिले, जबकि उम्मीद महज पचास पत्रों की ही थी।

हालांकि आकाशवाणी पर कुल प्रोग्रामिंग का 10–15 प्रतिशत हिस्सा ही फिल्म संगीत हुआ करता था, लेकिन ये काफी लोकप्रिय था (और अब भी है)। अंततः, सन 1957 में आकाशवाणी विविध भारती सेवा लेकर आया, लेकिन श्रोताओं के बीच लोकप्रिय होने में इसे वर्षों लग गए। साठ और सत्तर के दशक ऐसी घटनाओं से भरे थे। 1967 तक आकाशवाणी पर विज्ञापनों की अनुमति नहीं थी, क्योंकि राजस्व को अहम नहीं माना जाता था।

रेडियो का दूसरा जन्म

आकाशवाणी द्वारा पहली बार एफएम की शुरुआत 1977 में की गई। लेकिन वास्तविक उछाल 1993 में आया। यह तब हुआ जब आकाशवाणी ने निजी कंपनियों को एआईआर एफएम पर टाइम स्लॉट खरीदने, ब्रांड करने और विज्ञापन के जरिए पैसा कमाने का अवसर दिया। *मिड–डे, टाइम्स ऑफ इंडिया, स्टार एंटरटेनमेंट* (स्टार टीवी से संबंध नहीं) और वैशाली उद्योग ने मुंबई स्टेशन पर पहले कुछ स्लॉट खरीदे। इसने जल्दी गति नहीं पकड़ी। हर घंटे की प्रोग्रामिंग के लिए ऑपरेटरों को नौ मिनट के व्यावसायिक विज्ञापन का समय दिया गया। औसतन, टाइम्स एफएम को भी हर घंटे डेढ़ मिनट का विज्ञापन समय मिल पाता था। ये कंपनियां हर घंटे 6000 रुपये लाइसेंस शुल्क के रूप में देती थीं और हर घंटे 15000 रुपये से ज्यादा प्रोग्रामिंग पर खर्च आता था। इसलिए उनको प्रति घंटा भारी नुकसान उठाना पड़ता था।

विज्ञापनदाता रेडियो पर पैसा नहीं खर्च कर रहे थे क्योंकि उनके पास रेडियो की पहुंच या उसके श्रोताओं को मापने का कोई तरीका नहीं था। रेडियो के लिए कोई रेटिंग सिस्टम नहीं था और राष्ट्रीय रीडरशिप सर्वे चार साल में सिर्फ एकबार आता था। ऐसा लगा कि निजीकरण के साथ रेडियो का पहला प्रयोग विफल हो जाएगा। लेकिन ऐसा नहीं हुआ। पत्रों और फोन कॉल

के रूप में श्रोताओं की प्रतिक्रियाएं विज्ञापनदाताओं को समझाने में एक हद तक कामयाब रहीं और इससे एफएम को नई उड़ान मिली। 1992 में रेडियो से आने वाला राजस्व 59 करोड़ था जो 1998 में बढ़कर 140 करोड़ हो गया। कुछ ही महीनों में एफएम ने लोगों के घरों और कारों में अपनी जगह बना ली।

सयानी पूछते हैं कि "एफएम इतना लोकप्रिय क्यों हुआ?" और वो इसका जवाब भी देते हैं। पहला कारण, प्रोग्रामिंग संहिता का उल्लंघन किए बगैर कुछ भी करने की स्वंत्रतता थी। किसी तरह की पूर्व सेंसरशिप नहीं होने का बड़ा फायदा हुआ। नए ऑपरेटर पश्चिमी संगीत बजा रहे थे। आकाशवाणी के पास ये सब मौजूद नहीं था, लेकिन युवाओं में काफी लोकप्रिय था। स्वतंत्रता और रेडियो में जीवंतता लाने से श्रोताओं को सुनने का जीवंत अनुभव मिला।

इन सफलताओं के बावजूद, 1998 के मध्य में आश्चर्यजनक रूप से, प्रसार भारती के तत्कालीन प्रमुख द्वारा रातों–रात निजी एफएम स्टेशनों का प्रसारण बंद कर दिया गया। विज्ञापनदाता, मीडिया कंपनियां (टीओआई और मिड–डे) और श्रोता स्तब्ध थे। इसकी लोकप्रियता और मीडिया कंपनियों की लॉबी का नतीजा हुआ कि सरकार इस सशक्त माध्यम की और अधिक अनदेखी नहीं कर सकती थी। खासकर तब जब निजी टेलीविजन चैनल छह साल से भी ज्यादा समय से प्रसारण कर रहे थे।

पूर्ण निजीकरण

मार्च 2000 में, सरकार ने 108 रेडियो लाइसेंसों की खुली बोली लगवाई। कंपनी द्वारा एक बार लाइसेंस प्राप्त करने के बाद वो कंपनी रेडियो स्टेशन के परिचालन के लिए स्वतंत्र थी। उन्हें पंद्रह प्रतिशत की वार्षिक बढ़ोत्तरी के साथ हर साल सरकार को लाइसेंस फीस देनी होती थी।

कंपनियों ने ज्यादा बोली लगाई, इसलिए बोली की प्रक्रिया में काफी गड़बड़ हो गई। सरकार को उम्मीद थी कि नीलामी 80 करोड़ रुपये मिलेंगे, लेकिन सरकार को 386 करोड़ रुपये मिले। मुंबई के लिए रखे गए 1.25 करोड़ के रिजर्व प्राइस के मुकाबले, सबसे ऊंची बोली 9 करोड़ 75 लाख की लगी। एक ऐसा शहर, जहां रेडियो विज्ञापन को 20 करोड़ रुपये से भी कम मिलते थे, उस मुंबई में कुल 97.50 करोड़ के दस लाइसेंस बिके। बाद में मुंबई की कहानी पूरे देश में दोहराई गई। 1 अरब रुपये की क्षमता वाले बाजार के लिए 3 अरब 86 करोड़ रुपये की लाइसेंस फीस के साथ परिचालन खर्च के बाद कंपनियों के लिए मुनाफा कमा पाना करीब–करीब नामुमकिन दिख रहा था।

कई रेडियो ऑपरेटर अब स्वीकार करते हैं कि नीलामी के पंद्रह दिनों में वे अति–उत्साह में बह गए। गड़बड़ी की वास्तविक वजह मूल्यांकन था। उन दिनों, मीडिया कंपनी अपनी कमाई की 50–100 गुणा मूल्य की मानी जाती

थीं। कई को उम्मीद थी कि लाइसेंस फीस और परिचालन खर्च में उन्हें जो नुकसान होगा वो उसकी भरपाई कंपनी के मूल्यांकन से कर लेंगे। जब उन्हें लाइसेंस मिला, तो उनका मूल्यांकन औंधे मुंह जा गिरा और इसके बाद जी और मोदी एंटरटेनमेंट जैसी कई कंपनियों ने एफएम व्यवसाय से अपने हाथ खींच लिए।

37 रेडियो स्टेशनों के साथ कुछ कंपनियां ही बाजार में रह गईं। आखिरकार 12 शहरों में 21 चैनल ही परिचालित हो सके। भारत में 606 जिलों, 384 शहरी इलाकों और 5,161 नगरों के बड़े आकार को देखते हुए इतने रेडियो स्टेशन काफी कम थे।

एफएम निजीकरण का निदान (द्वितीय चरण)

निजी ऑपरेटरों को नुकसान हुआ, लेकिन बाजार में विस्तार हुआ, क्योंकि पहुंच बढ़ी, श्रोता बढ़े और राजस्व में भी इजाफा हुआ।[19] वर्ष 2001 में, जब निजीकरण की शुरुआत हुई, उस समय 100 करोड़ रुपये का रेडियो विज्ञापन 2004 में बढ़कर 360 करोड़ तक पहुंच गया।[20] निजीकरण के पहले साल में अकेले एआईआर ने राजस्व में दुगुने की बढ़ोत्तरी देखी। इससे साबित हो गया कि निजीकरण सबके लिए लाभदायक था।

काफी लॉबिंग और वाद–विवाद के बाद साल 2003 में आखिरकार सरकार ने दूसरे चरण की रेडियो लाइसेंसिंग के नियमों में सुधार और बदलाव की समीक्षा के लिए एक समिति का गठन किया। डॉ. अमित मित्रा की अध्यक्षता वाली रेडियो ब्रॉडकास्ट पॉलिसी कमेटी ने 19 तर्कसंगत सिफारिशें कीं। अगर जुलाई 2005 में आई नीति के अंदर इनमें से अधिकतर सिफारिशें मान ली जातीं, तो इससे रेडियो स्टेशन का परिचालन खर्च घटाने में मदद मिलती। इनमें से एक सिफारिश थी, ऑपरेटरों को एक शहर में एक से ज्यादा स्टेशन चलाने की अनुमति देना और स्थानीय रेडियो नेटवर्क के विभिन्न प्रोग्रामिंग को विभिन्न स्टेशनों पर प्रसारण को संभव बनाना।

अन्य सुझााव था, रेडियो टावरों के सह–स्थापन की अनिवार्यता को खत्म करना, जो अभी तक मुश्किल बना हुआ है। वास्तव में यही सबसे बड़ा कारण था, जिसकी वजह से पहले चरण के निजीकरण के दौरान मुंबई और दिल्ली स्टेशनों की लांचिंग में दो वर्षों की देरी हुई। सरकार ने इस बात पर जोर दिया कि रेडियो स्टेशनों को आपस में मिलकर एक मेट्रो शहर में सिर्फ एक टावर ही लगाना चाहिए। गलाकाट प्रतिस्पर्धा की दौर में जहां कंपनियां एक दूसरे से आंख तक नहीं मिलातीं, वहां देरी स्वाभाविक है। रेडियो कमेटी की कई ऐसी सिफारिशों की अनदेखी की गई। हालांकि कुछ उदारीकरण जरूर देखने को मिला, जैसे लाइसेंस फीस में वार्षिक बढ़ोत्तरी की जगह राजस्व में चार प्रतिशत की हिस्सेदारी मांगी गई।

इसका नतीजा यह हुआ कि रेडियो निजीकरण के दूसरे चरण में 91 शहरों के लिए 337 स्टेशनों की नीलामी काफी हद तक साफ–सुथरी थी। इसके लिए बंद बोली की प्रक्रिया जनवरी 2006 में पूरी हुई और इसमें भाग लेने वाली करीब–करीब सभी कंपनियों ने माना कि प्रक्रिया काफी पारदर्शी और निष्पक्ष थी।

जून 2009 तक 91 शहरों में 248 स्टेशनों ने प्रसारण शुरू कर दिया।[21] सबसे महत्वपूर्ण बात ये थी कि पच्चीस स्टेशनों से ज्यादा वाली कम से कम पांच बड़ी राष्ट्रीय कंपनियां उभर कर सामने आईं। कलानिधि मारन की साउथ एशिया एमएफ और कल रेडियो (सूर्यन), अनिल अंबानी की रिलायंस ब्रॉडकास्ट नेटवर्क (बिग एमएफ), बीसीसीएल के स्वामित्व वाली ईएनआईएल (रेडियो मिर्ची) और इंडिया वैल्यू फंड–म्यूजिक ब्रॉडकास्ट के स्वामित्व वाली रेडियो सिटी।

कारोबार कैसे काम करता है

भारत में रेडियो का प्रसारण एएम मोड (शॉर्ट वेव/मीडियम वेव) और एफएम मोड में होता है। पहुंच के लिहाज से, मीडियम वेव की पहुंच देश की 90 प्रतिशत भौगोलिक क्षेत्रफल और 99 प्रतिशत जनसंख्या तक है, जबकि एफएम की पहुंच 40 प्रतिशत आबादी और 25 प्रतिशत भौगोलिक क्षेत्र तक है।

अर्थशास्त्र

अधिकतर रेडियो कंपनियां तीन प्रकार के परिचालन मॉडल को अपना रही हैं। इनमें एक राष्ट्रीय स्तर (30 या इससे अधिक स्टेशन), प्रमुख विज्ञापन विक्रय बाजार स्तर (6 से 20 स्टेशन) या क्षेत्रीय कलस्टर स्तर (5 या इससे कम स्टेशन)।

लागत

भारत में रेडियो स्टेशन शुरू करने में जो लागत आती है, उनमें निम्न घटक शामिल हैं–

लाइसेंस फीस– पहले चरण के निजीकरण में, बोली प्रक्रिया संपन्न होने के बाद निजी ऑपरेटर जो वार्षिक लाइसेंस फीस देने के लिए तैयार थे, उसमें वार्षिक वृद्धि दर समाहित थी। इस फीस में 10 सालों तक हर साल पंद्रह फीसदी की बढ़ोत्तरी की बात शामिल थी। नई रेडियो नीति में यह बदलकर राजस्व में चार प्रतिशत की हिस्सेदारी या दस प्रतिशत की वन–टाइम प्रवेश शुल्क (इनमें से जो ज्यादा हो) के रूप में सामने आई। ईवाई की 2012 की रिपोर्ट के मुताबिक, लाइसेंस फीस रेडियो स्टेशन की कुल लागत की 5–8 फीसदी थी।

स्थापना लागत– स्टेशन विशेष की लागत खर्च काफी अलग–अलग होती है, फिर भी एक छोटे रेडियो स्टेशन की स्थापना लागत 1.5 करोड़ से 2.5 करोड़ के करीब होती है, जबकि मेट्रो और बड़े शहरों के स्टेशन की स्थापना लागत 4 से 5 करोड़ होती है।[22] इस लागत में ट्रांसमीटर, स्टूडियो उपक्रम, स्टेशन और दफ्तर परिसर, ऑफिस उपकरण और नेटवर्किंग का बुनियादी ढांचा शामिल है।

परिचालन खर्चकृईवाई की रिपोर्ट के मुताबिक, परिचालन खर्च के मुख्य घटक हैं– वेतन(लागत की 30–40 प्रतिशत), मार्केटिंग(लागत की 10–20 प्रतिशत), म्यूजिक रॉयल्टी(लागत की 2–3 प्रतिशत) अन्य खर्च (लागत की 20 प्रतिशत)।

परिचालन लागत– पुनः, ईवाई की रिपोर्ट के मुताबिक, संचालन लागत के प्रमुख घटक हैं वेतन (लागत का 30–40 प्रतिशत), मार्केटिंग (लागत का 10–20 प्रतिशत), म्यूजिक रॉयल्टी (लागत का 2–3 प्रतिशत), ऊपरी खर्च व उपयोगिताएं (लागत का 20 प्रतिशत)

राजस्व

आमदनी के प्रमुख स्रोत हैं–

विज्ञापन और प्रायोजन– रेडियो कंपनियों के लिए आमदनी का यही मुख्य स्रोत हैं। परिपक्व बाजार में राष्ट्रीय और स्थानीय विज्ञापन का अनुपात 20:80 का होता है, जबकि भारत में यह 60:40 का है।

सब्सक्रिप्शन– सिरिअस एक्सएम जैसी सैटेलाइट रेडियो कंपनियों के लिए सब्सक्रिप्शन आमदनी का मुख्य स्रोत होता है। इस समय रेडियो में सब्सक्रिप्शन बढ़ने की संभावना काफी सीमित हो गई है। ज्यादातर मीडिया में यह तभी होता है जब निशुल्क कंटेंट के बाद ऑडिएंस को लगता है कि उनको लगता है कि कुछ कंटेंट के लिए पैसा देना चाहिए। भारत में टेलीविजन उस स्तर तक पहुंच चुका है, रेडियो अभी इस स्थिति से काफी दूर है।

मैट्रिक्स

क्रय–विक्रय का संचलन

ऑल इंडिया रेडियो को जब 1927 में एक निजी कंपनी के तौर पर स्थापित किया गया, तो इसने स्पॉन्सरशिप और स्पॉट्स के जरिए समय बेचने से अपनी शुरुआत की। 1934 में सरकार ने ऑल इंडिया रेडियो पर विज्ञापन बंद कर

दिया और 1967 में चंदा समिति की सिफारिशों के बाद फिर से लागू किया गया। उस साल ऑल इंडिया रेडियो के फिल्म म्यूजिक चैनल विविध भारती ने विज्ञापन लेना शुरू कर दिया। इसने वित्तीय वर्ष 1967–68 में विज्ञापनों से उन्नीस लाख रुपये की कमाई की और ये आमदनी लगातार बढ़ती गई। ब्रॉडकास्टिंग में सिर्फ नवजात दूरदर्शन ही इसका प्रतिद्वंद्वी था। वास्तव में समाचारपत्र रेडियो के मुख्य प्रतिद्वंद्वी थे। आकाशवाणी का विज्ञापन अनुभव अच्छा था कि 1982 में मुख्य चैनल भी विज्ञापन लेने लगे।

एक विज्ञापनदाता 1980 के दशक के मध्य में रेडियो पर समय खरीदने के दिनों को याद करते हैं। उस समय ज्यादातर सौदों पर करार मुंबई के सेंट्रल ऑफिस में किए जाते थे। मेट्रो शहरों के श्रोताओं तक पहुंचने के लिए विज्ञापनदाता विविध भारती और बाद में एफएम का उपयोग करने लगे। आकाशवाणी के प्राइमरी चैनल अर्ध–शहरी और ग्रामीण भारत के श्रोताओं तक पहुंचने के लिए बेहतर थे। गुजरात में विविध भारती के जरिए अहमदाबाद, बड़ौदा और राजकोट के श्रोताओं तक पहुंचा जा सकता था, लेकिन इससे दूर पहुंच बनाने के लिए विज्ञापनदाताओं को प्राइमरी चैनलों की जरूरत होती थी। अगर वो एक कार्यक्रम प्रायोजित करते थे, तो उन्हें विज्ञापन के लिए मुफ्त समय मिलता था।

करार 13–52 सप्ताह की अवधि के लिए होते थे। चूंकि उन दिनों रेडियो के सामने कोई प्रतिस्पर्धा नहीं थी, इसलिए *हवा महल* और *मोदी के मतवाले राही* जैसे लोकप्रिय कार्यक्रमों के लिए छह माह पूर्व एयर टाइम और स्पॉन्सरशिप बुक हो जाती थी। विज्ञापन और स्पॉन्सरशिप की दरें श्रेणी पर निर्भर सकती थीं। 1980 में बुबह 8–9 और शाम 7–8 का समय प्राइम टाइम या श्रेणी–प्रथम माना जाता था। अगर कोई विज्ञापनदाता श्रेणी–प्रथम के समय को तय करना चाहता था, तो उस पर 25 प्रतिशत का प्रीमियम था। वर्तमान में स्थिति पूरी तरह उलट है, इस समय एफएम रेडियो पर कुल विज्ञापन समय का औसतन 65–75 प्रतिशत ही उपयोग होता है।

जैसे–जैसे टेलीविजन लोकप्रिय होने लगा, तो रेडियो का महत्व कम होने लगा। विज्ञापनदाता कम आय वर्ग के लोगों को लक्ष्य बनाने लगे जो टेलीविजन नहीं खरीद सकते हैं या समाचारपत्र नहीं पढ़ सकते हैं। टूथपेस्ट कंपनियां अपने टूथपेस्ट का विज्ञापन अखबारों में और टेलीविजन पर देती थीं, तो टूथ पाउडर का विज्ञापन रेडियो पर देने लगीं। 1993 में एफएम आने के बाद विज्ञापनदाताओं का नज़रिया फिर बदला। रेडियो सिटी के सीईओ और पूर्व मीडिया क्रेता अपूर्व पुरोहित कहते हैं कि 'रेडियो ने तालमेल बैठाना शुरू कर दिया'। उस समय एफएम मुख्य रूप से बड़े शहरों से जुड़ी चीज थी, जिसने विज्ञापनदाताओं को शहरी श्रोताओं से बातचीत करने का एक और स्थान दिया।

बदलाव

जैसे–जैसे ज्यादा चैनल मैदान में उतरते हैं, रेडियो विज्ञापन का दो तरह से बदलना तय है। पहला, जैसे–जैसे चैनलों की संख्या बढ़ेगी, उन्हें स्वयं में कुछ विशेषता लानी होगी और केंद्रित विज्ञापन अर्जित करना होगा। ज्यादातर विज्ञापनदाता मासिक करार के तहत प्रतिदिन 10–10 सेकेंड के 3–10 स्लॉट खरीदते हैं या इससे भी ज्यादा। स्टेशन, दिन के समय और शो की अहमियत के आधार पर विज्ञापन की लागत 400–2000 रुपये प्रति 10 सेकेंड होती है। अर्पिता मेनन[23] का मानना है कि चैनलों की संख्या बढ़ने से प्रोग्रामिंग की विभिन्न विधाओं में विशेषता आएगी, विज्ञापन खरीद में भी गुणवत्ता की मांग आएगी।

उदाहरण के लिए, जब लोग शाम को अपनी गाड़ी से घर जा रहे हों, उस वक्त स्मिरनॉफ वोदका का विज्ञापन देना ज्यादा उचित होगा, बजाय उस समय के जब वो सुबह को काम पर जा रहे हों। जब रेडियो स्टेशन अलग दिखना शुरू करते हैं, तो विज्ञापनदाता भी इसे महसूस करने लगते हैं। उदाहरण के लिए, पुराने हिंदी गानों के श्रोता ज्यादातर ह्विस्की पीनेवाले होते हैं। या हार्ड रॉक गानों के ज्यादातर श्रोता जींस पहनने का शौक रखने वाले होते हैं। इसलिए विज्ञापनदाता खास चैनल पर और खास समय पर ही अपना विज्ञापन दिखा सकते हैं।

दूसरा प्रबल बदलाव, एक के साथ दूसरे विज्ञापन की खरीद। टेलीविजन या प्रिंट के सामने रेडियो एक छोटा माध्यम होते हुए भी प्रबल हो सकता है। बीसीसीएल भारत के सर्वाधिक बिकने वाले समाचारपत्र टाइम्स ऑफ इंडिया के साथ रेडियो मिर्ची का भी मालिक है। मीडिया को करीब से जानने वालों का कहना है कि यह 'कॉम्बो ऑफर' ज्यादा दिलचस्प साबित होंगे और विज्ञापनदाताओं को अधिक मूल्यवर्धित सेवा प्रदान करेंगे। अगर *मुंबई मिरर* के साथ सौदे में आपको आकर्षक दरों पर रेडियो मिर्ची पर भी आने का मौका मिल जाएगा, तो यहां विज्ञापनदाताओं को निश्चित रूप से लाभ होगा। या दूसरे रूप में, कोई विज्ञापनदाता सन टीवी जैसी मीडिया कंपनी से टेलीविजन के साथ–साथ रेडियो पर भी विज्ञापन दे सकता है, क्योंकि सन टीवी के पास रेडियो स्टेशन भी हैं।

व्यावहारिक रूप में, ज्यादातर मीडिया कंपनियां दो ब्रांड साथ–साथ नहीं बेचती हैं। अगर कुछ कंपनियां ऐसा करती भी हैं, तो आधे–अधूरे मन से करती हैं। उदारहण के लिए, ईएनआईएल (बीसीसीएल की सहयोगी कंपनी) में, आउट ऑफ होम, रेडियो या इवेंट्स एक साथ नहीं बेचे जाते। पांडे कहते हैं, 'जो कुछ साझेदारी होती है, उस तक ग्राहक की पहुंच होती है और सब कुछ ग्राहक की जानकारी में होता है'। बावजूद इसके कई रेडियो कंपनियां

रेडियो कैंपेन के साथ ग्राउंड प्रोमोशन या एक्टिवेशन के ऑफर करती हैं। फीवर एफएम के मुख्य कार्यकारी अधिकारी कीर्तिवासन[24] का कहना है, 'कई छोटे शहरों में रेडियो पहुंच से ज्यादा एक्टिवेशन का बड़ा माध्यम है'। (अधिक जानकारी के लिए देखें अध्याय 9–इवेंट्स)

माप

वर्तमान में निम्न माप उपलब्ध हैं–

आकाशवाणी– इस सरकारी रेडियो कंपनी के पास अपना (इन–हाऊस) ऑडियंस रिसर्च यूनिट है। यह श्रोताओं की सुनने संबंधी आदतों पर शोध करती है। देश भर में फैली ये इकाई, श्रोताओं की संख्या और उनके सुनने की आदतों के अध्ययन के लिए साक्षात्कार, पैनल अध्ययन और अन्य नियमित शोध उपकरणों का इस्तेमाल करती है। 1980 के दशक में नेशनल रीडरशिप सर्वे आने तक, 1937 से रेडियो सेट्स की संख्या और रेडियो के श्रोताओं के बारे में जानने के लिए यही एकमात्र स्रोत रहा है। 1998 में विज्ञापनदाताओं के दबाव में आकाशवाणी ने रेडियो के कार्यक्रमों की रेटिंग्स मापने के लिए एक तंत्र विकसित किया– जो रेडियो प्रोग्राम लिस्नरशिप (आरपीएल) रेटिंग्स कहलाता है।

इंडियन लिस्नरशिप ट्रैक या वेव– इंडियन लिस्नरशिप ट्रैक (आईएलटी) एक सिंडिकेटेड रेडियो अध्ययन है जो एमआरयूसी और उसकी साझेदार कंपनी एसी नील्सन ओआरजी–मार्ग[25] द्वारा किया जाता है। यह शोध मुंबई और दिल्ली में यसटरडे लिस्नरशिप (वाईडीएल) द्वारा प्रदत्त आंकड़ों के आधार पर होता है। हालांकि 2006 के बाद आईएलटी का कोई शोध जारी नहीं हुआ।

एडेक्स इंडिया– यह टैम(टीएएम) मीडिया रिसर्च का रेडियो डिविजन है। एडेक्स रेडियो पर विज्ञापन पैटर्न– मात्रा, मूल्य, विज्ञापनदाता के समूह का अध्ययन करती है। (देखें तालिका 5.1क और तालिका 5.1ख)

रेडियो ऑडियंस मेजरमेंटर या आरएएम– 2007 में टैम ने रेटिंग एजेंसी रैम शुरू की। यह डायरी–आधारित पद्धति पहले तीन शहरों में शुरू हुई और अब 13 शहरों में मौजूद है[26]। यह सभी यंत्रों– मोबाइल, कार रेडियो आदि पर रेडियो सुनने वालों का मापन करता है।[27]

अब तक का अधिकतर अध्ययन श्रोता आधारित रहा है। अध्ययन जनसांख्यिकी, शहर, विज्ञापनदाता या स्टेशन आधारित भी हो सकते हैं। ये आंकड़े सभी तरह की जानकारी दे सकते हैं कि बाजार कैसा रूप धारण कर रहा है।

नियमन

वर्तमान में, सूचना एवं प्रसारण मंत्रालय के अंतर्गत आने वाला प्रसार भारती निगम आकाशवाणी का नियमन करता है। सभी प्रकार के निजी रेडियो ब्रॉडकास्टिंग प्रसारण नियामक संस्था दूरसंचार नियामक प्राधिकरण यानी ट्राई द्वारा नियमित होता है। दोनों संस्थाओं को भारत सरकार का सूचना एवं प्रचारण मंत्रालय निरीक्षण करता है, जो सभी मीडिया नियमनों का प्रभारी है।

इतिहास

इस हिस्से को कुछ उल्लेखनीय नियामकों द्वारा अच्छी तरह समझा जा सकता है।

1964– इंदिरा गांधी ने पूर्व महालेखाकार एके चंदा को रेडियो और दूरदर्शन की समस्याओं का अध्ययन करने के लिए नियुक्त किया। चंदा समिति ने 1967 में अपनी रिपोर्ट सौंपी। समिति की कुछ सिफारिशें मसलन, सीमित स्तर पर वाणिज्यिक प्रसारण को अनुमति देना और आकाशवाणी से दूरदर्शन को अलग करना, मान ली गईं। समिति ने आकाशवाणी में जरूरत से ज्यादा कर्मचारी होने का जिक्र किया। समिति ने आमदनी बढ़ाने के लिए रेडियो और टेलीविजन दोनों पर विज्ञापन लेने की सिफारिश की।

1966– ग्रामीण भारत की दशा में सुधार लाने के लिए रेडियो के उपयोग के बारे में उपाय सुझाने के लिए विद्यालंकार समिति का गठन किया गया। इस समिति ने गांवों पर आधारित कार्यक्रमों की अवधि बढ़ाने की सिफारिश की। इन सिफारिशों के आधार पर किसानों को समय पर फसल, मौसम और अन्य तकनीकी मामलों से जुड़ी उचित जानकारी देने के लिए 10 आकाशवाणी स्टेशनों पर फार्म और होम यूनिट का निर्माण हुआ।

1977– दूरदर्शन और आकाशवाणी को स्वायत्तता देने के मुद्दे के अध्ययन का जिम्मा बी.जी. वर्घीज समिति को दिया गया। समिति ने 1978 में अपनी रिपोर्ट दी, जिसमें एआईआर और दूरदर्शन की देखरेख के लिए राष्ट्रीय प्रसारण न्यास, आकाश भारती के निर्माण की सिफारिश की। परिणामस्वरूप, 1979 में संसद में प्रसार भारती विधेयक लाया गया, लेकिन कानून बनने के लिए इसे 1997 तक प्रतीक्षा करनी पड़ी (देखें अध्याय 2–टेलीविजन)। यह वही साल था, जब राजनीतिक दलों को चुनाव प्रचार के लिए रेडियो और टेलीविजन के उपयोग की अनुमति दी गई।

1999– एफएम के निजीकरण और इससे संबंधित नीति की घोषणा।

एफएम की शुरुआत

मार्च 2000 में, भारत सरकार ने एफएम बैंड (87.5–108 मेगाहर्ट्ज) में फ्रीक्वेंसी खोलकर एफएम रेडियो प्रसारण के लिए निजी क्षेत्र को आमंत्रित किया। एफएम रेडियो के निजीकरण के पहले चरण में संचालकों को एफएम रेडियो स्थापित करने और संचालित करने के लिए 10 साल के लाइसेंस की बोली लगाने हेतु आमंत्रित किया गया। वास्तविक योजना 40 शहरों में 108 एफएम रेडियो फ्रीक्वेंसी की स्थापना थी। कुल 101 बोलियां लगाई गईं और कुल लाइसेंस फीस करीब 3.86 अरब रुपये जमा हुई।

पहले चरण की नीति

वर्ष 2000 में जब रेडियो लाइसेंसों की निलामी हुई, तो उसके साथ निम्नलिखित नियमन लागू किए गए–

1. सूचना प्रसारण मंत्रालय को दी जाने वाली लाइसेंस फीस में हर साल 15 फीसदी की बढ़ोतरी होगी (चक्रवृद्धि)।
2. समाचार और समसामयिक घटनाक्रम के कार्यक्रमों पर प्रतिबंध।
3. विज्ञापनों को विज्ञापन संहिता का पालन करना होगा।
4. हालांकि कोई कंपनी एक से अधिक स्टेशन खोल सकती है, लेकिन प्रत्येक स्टेशन की विषय–वस्तु अलग और अनुपम होगी। इसका अर्थ है एक ही शो का प्रसारण रेडियो सिटी के सभी स्टेशनों पर एक ही समय पर प्रसारित नहीं हो सकता है।

दूसरे चरण का निजीकरण[28]

सामान्यतः उच्च लाइसेंस फीस संरचना और लाइसेंस फीस में हर साल 15 फीसदी की बढ़ोतरी ने एफएम रेडियो के विकास में बाधा डाली। नीति में बदलाव के लिए ऑपरेटरों ने काफी लॉबिंग की। परिणामस्वरूप, 2003 में सरकार ने रेडियो की लाइसेंसिंग और रेडियो उद्योग के अन्य मसलों की समीक्षा के लिए फिक्की के अमित मित्रा की अगुवाई में एक समिति बनाई। समिति को इस पर भी सुझाव देने थे कि पहले चरण के दौरान हुई दिक्कतों को कैसे दूर किया जाए। दूसरे चरण के विस्तार की नीति इसी समिति की सिफारिशों के आधार पर बनी, जिसकी घोषणा जुलाई 2005 में की गई।

समिति की कुछ अहम सिफारिशें इस प्रकार हैं, जो बाद में नीति बनीं:

1. इसने वार्षिक लाइसेंस शुल्क को बदलकर कुल आमदनी का चार प्रतिशत या वन–टाइम एंट्री फीस लिमिट का दस प्रतिशत– इनमें

से जो अधिक हो, कर दिया। इस के लिए सकल राजस्व की गणना करों की कटौती के बिना सकल राजस्व के तौर पर की गई।

2. लाइसेंस 10 सालों के लिए वैध होगा और ये अहस्तांतरणीय होगा।
3. अनुमति भारतीय दूरसंचार नियामक प्राधिकरण अधिनियम, 1997, भारतीय टेलीग्राफ एक्ट, 1885, और भारतीय वायरलेस एक्ट 1933 द्वारा अधिशासित होगी।
4. लाइसेंसधारी या रेडियो कंपनी किसी दीर्घकालिक प्रोडक्शन या क्रय व्यवस्था के तहत अपने कुल प्रसारण सामग्री का 50 फीसदी से ज्यादा, इसमें कुल प्रसारण सामग्री का पच्चीस प्रतिशत से ज्यादा किसी एक कंटेट प्रोवाइडर से आउटसोर्स नहीं कर सकती।
5. कोई भी अनुमतिधारक, दीर्घकालिक करार पर 50 फीसदी से ज्यादा प्रसारण उपकरण भाड़े या लीज पर नहीं ले सकता है।
6. अनुमतिधारक को ये भी सुनिश्चित करना होगा कि जिस पार्टी को एक प्रोग्राम आउटसोर्स किया गया है उसका किसी विज्ञापनादाता एजेंसी से कोई संबंध न हो।
7. अनुमतिधारक, किसी अन्य चैनल के साथ अपने चैनल की नेटवर्किंग नहीं कर सकता है। इसका मतलब है कि कोई रेडियो कंपनी एक ही चैनल का दो शहरों में प्रसारण नहीं कर सकती। हालांकि, एक ही चैनल की दो शहरों में प्रसारण की अनुमति उस स्थिति में है, यदि उस रेडियो कंपनी के पास सी और डी कैटेगरी के शहरों का लाइसेंस हो। तब वह उसी चैनल का इस्तेमाल उसी क्षेत्र से दूसरे सी या डी कटेगरी के शहर में कर सकती है।
8. प्रत्येक आवेदक और उससे संबंधित कंपनी को हर शहर में सिर्फ एक चैनल के लिए बोली लगाने की अनुमति है, बशर्ते एक आवेदक या उसकी कंपनी को आवंटित कुल चैनलों की संख्या पूरे भारत में आवंटित कुल चैनलों की संख्या का 15 प्रतिशत से ज्यादा न हो।
9. कुछ कंपनियां एफएम लाइसेंस की अनुमति लेने के लिए अयोग्य हैं। इनमें वे कंपनियां शामिल हो सकती हैं, जो भारत में स्थापित नहीं है, जो किसी की सहयोगी हों या किसी न्यास या गैर–लाभकारी संस्था द्वारा नियंत्रित हों, जो किसी धार्मिक संस्था या राजनीतिक पार्टी से जुड़ी या उसके द्वारा नियंत्रित हों।
10. आवेदन करने वाली कंपनी में, कुल विदेशी निवेश, ओसीबी/एनआरआई/पीआईओ आदि प्रत्यक्ष विदेशी निवेश समेत, विदेशी संस्थागत निवेशक द्वारा पोर्टफोलियो निवेश (आरबीआई द्वारा तय सीमा के अंदर) और उधार, अगर इनमें कंवर्जन विकल्प हो तो, कंपनी की हिस्सेदारी में बीस प्रतिशत से ज्यादा न हो। बैंकों, ऋणदाताओं को छोड़कर, कंपनी की हिस्सेदारी में 50 प्रतिशत से ज्यादा भारतीय नागरिक हों। अधिकतर अंशधारक कंपनी के प्रबंधन नियंत्रण में

शामिल हों। भारतीय नागरिक ही कंपनी निदेशक हो सकते हैं और कंपनी के सभी कार्यकारी अधिकारी भारतीय हों।

11. अधिकतर अंशधारक सूचना एवं प्रसारण मंत्रालय की पूर्व अनुमति से शेयर स्थानांतरण के लिए कंपनी के स्वामित्व में परिवर्तन कर सकते हैं। स्टेशन के परिचालन की स्थिति से पहले पांच साल तक मूल रूप से अनुमति नहीं दी जाएगी। सितंबर 2008 में केंद्रीय कैबिनेट ने पांच साल से कम समय से काम कर रही कंपनियों मे शेयर स्थानांतरण के जरिए एफएम प्रसारण कंपनियों को सहायक कंपनी खड़ी करने, कंपनियों के विलय या अविलय की अनुमति दी। एक ही समूह के अंदर सहायक कंपनी खड़ी करने और कंपनियों के विलय में छूट इस शर्त पर दी गई कि कुल शेयरों में कम से कम 51 प्रतिशत के साथ अधिकतर शेयर प्रमोटरों के पास निश्चित रूप से रहें। इस तरह बनी कंपनी को नियमों और समझौते की शर्तों के अनुसार, प्रत्यक्ष विदेशी निवेश की शर्तों का पालन करना होगा। इसके अतिरिक्त, नई कंपनी (अविलित या विलित) को लाइसेंस की शेष अवधि के लिए सरकार के साथ सदृश्य नियमों वाले नए समझौते पर हस्ताक्षर करने होंगे, लेकिन शेयरों के हस्तांतरण की अनुमति परिचालन के पहले पांच साल के दौरान सिर्फ एक बार दी जाएगी।
12. अगर अनुमति की अवधि के दौरान, सरकार प्रत्यक्ष विदेशी निवेश (एफडीआई) या विदेशी संस्थागत निवेश (एफआईआई) की नीति में बदलाव करती है, तो अनुमतिधारक ऐसी अधिसूचना की तारीख से छह माह की अवधि के भीतर संशोधित दिशानिर्देश के पालन के लिए बाध्य होंगे।
13. अनुमतिधारक अगर अपनी सुविधा का उपयोग आपत्तिजनक, अनाधिकृत, विषय–वस्तु, संदेश या संचार, जो जनहित, राष्ट्रीय सुरक्षा के विरुद्ध हों, के प्रसारण के लिए करने देता है या निविदा दस्तावेज में दर्ज किसी दिशानिर्देश के पालन में विफल हो तो अनुमति रद्द की जा सकती है। अनुमतिधारक को भविष्य में किसी ऐसी अनुमति के लिए अयोग्य करार दिया जाएगा। इसके अलावा उपयुक्त कानून के तहत उसके खिलाफ कार्रवाई की जाएगी।
14. अनुमति प्रदाय समझौते के अंतर्गत अगर कोई प्रश्न, विचार या विवाद होता है, तो यह मामला टीडीएसएटी, नई दिल्ली के अधीन जाएगा।

तीसरे चरण का निजीकरण

25 जुलाई 2011 के एक आदेश के जरिए सूचना एवं प्रसारण मंत्रालय ने एफएम रेडियो के तीसरे चरण को मंजूरी दी और नीति दिशानिर्देश जारी किए। उसके कुछ प्रमुख बिंदु इस प्रकार हैं–

1. अब ई–नीलामी के जरिए आवंटन की प्रक्रिया होगी और निविदा पर बंद बोली नहीं लगेगी।
2. आवेदनकर्ता कंपनी का कुल मूल्य आवेदन के शहर के अनुसार अलग–अलग, 50 लाख से 10 करोड़ रुपये हो।
3. सबसे बड़े भारतीय अंशधारक (कोई एक व्यक्ति या हिंदू अविभाजित परिवार या कोई कंपनी या एक ही प्रबंधन के तहत कंपनी समूह) की आवेदनकर्ता कंपनी में हिस्सेदारी कम से कम पचास प्रतिशत हो।
4. आवेदनकर्ता कंपनी के सभी निदेशक, प्रमुख कार्यकारी, सीईओ और चैनल हेड भारतीय नागरिक हो।
5. लाइसेंस की अवधि 15 साल है और यह अहस्तांतरणीय या सब–लाइसेंसेबल नहीं है।
6. पूर्वोत्तर राज्यों, जम्मू–कश्मीर और द्वीप राज्यों में कुल राजस्व का 2 प्रतिशत या सफल बोली राशि की 1.25 (जो भी अधिक हो) लागू होगा। बाकी राज्यों के लिए कुल राजस्व का 4 प्रतिशत या सफल बोली राशि की 2.5 प्रतिशत (जो भी ज्यादा हो) लागू होगा।
7. कोई एक कंपनी देश भर में आवंटित चैनलों के 15 प्रतिशत से ज्यादा का आवंटन नहीं ले सकती (जम्मू–कश्मीर, पूर्वोत्तर के राज्यों और द्वीप राज्यों को छोड़कर)। साथ ही, कोई कंपनी एक शहर के कुल चैनलों के 40 प्रतिशत से ज्यादा का आवंटन नहीं ले सकती है, बशर्ते उस शहर में कम से कम तीन विभिन्न ऑपरेटर हों।
8. नीति के मुताबिक प्रत्यक्ष विदेशी निवेश की सीमा बढ़ाकर 26 प्रतिशत कर दी गई है (कंसोलिडेटेड एफडीआई नीति–2012 में यह बदलाव नजर आता है)[29]।
9. किसी अनुमति धारक कंपनी में शेयरों का हस्तांतरण या किसी कंपनी समूह का पुनर्गठन सिर्फ और सिर्फ सूचना एवं प्रसारण मंत्रालय की अनुमति से ही होगा।
10. चैनलों का आवंटन ई–बोली के जरिए होगा और जारी होने वाले लाइसेंस का कवरेज देश के सभी शहरों तक विस्तृत होगा।
11. रेडियो चैनलों को किसी समाचार या समसामयिक घटनाचक्र वाले कार्यक्रमों के प्रसारण की अनुमति नहीं होगी, लेकिन आकाशवाणी के समाचार बुलेटिनों के असंपादित प्रसारण की अनुमति होगी। हालांकि, खेलों से संबंधित सूचनाएं (लाइव कवरेज को छोड़कर), किसी स्थानीय खेल संबंधी घटनाओं की लाइव कमेंट्री, ट्रैफिक और मौसम संबंधी सूचना, सांस्कृतिक कार्यक्रमों और स्थानीय प्रशासन की सार्वजनिक घोषणाओं (स्वास्थ्य सजगता, सार्वजनिक सुविधा या आपदा से संबंधित घोषणा) को समाचार या समसामयिक घटनाचक्र संबंधी कार्यक्रमों के दायरे से अलग रखा गया है और इसलिए लाइसेंसधारी एफएम पर इसका प्रसारण किया जा सकता है।

12. कम से कम पचास प्रतिशत प्रसारण कार्यक्रमों का निर्माण भारत में अवश्य होना चाहिए।
13. लाइसेंस धारक प्रसारण सामग्री उत्पादन का आउटसोर्स कर सकते हैं या प्रसारण सामग्री विकास को लीज पर दे सकते हैं, बशर्ते ऐसी गतिविधियों से प्रसारणकर्ता के रूप में लाइसेंसधारक के अधिकारों या लाइसेंस धारक कंपनी का एफएम चैनल के नियंत्रण पर कोई प्रभाव नहीं पड़ता हो।
14. भारत में लाइसेंसधारक संगठनों को अपने नेटवर्क में चैनलों की नेटवर्किंग की अनुमति है। बशर्ते हर दिन कम से कम बीस प्रतिशत प्रसारण सामग्री (जिसमें विज्ञापन और रेडियो जॉकी की बातें शामिल हैं) स्थानीय भाषा में हों और स्थानीय प्रसारण सामग्री को बढ़ावा देता हो। दो कंपनियों द्वारा संचालित चैनलों के बीच नेटवर्किंग की अनुमति नहीं है।
15. ट्रांसमीटर उपकरणों को एक ही जगह लगाना अनिवार्य नहीं है, इसमें यह बात ज्यादा अहम नहीं है कि प्रसार भारती का ट्रांसमिशन इंफ्रास्ट्रक्चर वहां मौजूद है या नहीं।
16. एफएम चैनल के संचालन का लाइसेंस, वायरलेस ऑपरेशनल लाइसेंस के अन्य नियम और शर्तों के भी अधीन है, जिसे लाइसेंस प्राप्त कंपनी ने सूचना एवं प्रसारण मंत्रालय के वायरलेस प्लानिंग एंड को–ऑर्डिनेशन विंग से अवश्य प्राप्त करना चाहिए।

सामुदायिक रेडियो

दिसंबर 2002 में भारत सरकार ने देश के नामचीन शैक्षणिक संस्थानों में कम्युनिटी रेडियो स्टेशन (सीआरएस) स्थापित करने के लिए लाइसेंस देने की नीति को मंजूरी दी। दिसंबर 2006 में इसमें उन गैर–सरकारी संगठनों और गैर–लाभकारी संगठनों को भी शामिल किया गया, जिनका सामुदायिक सेवा में कम से कम तीन सालों का प्रमाणिक रिकॉर्ड हो। ये संगठन रजिस्टर्ड सोसाइटी जैसी वैधानिक संस्था हो। व्यक्तिगत, राजनीतिक और संबद्ध संस्थानों को इसकी अनुमति नहीं दी गई। अनुमति पांच साल के लिए है और अहस्तांतरणीय है। अनुमति समझौते के समयबद्ध क्रियान्वयन सुनिश्चित करने के लिए आवेदक को 25000 रुपये की बैंक गारंटी देनी होती है। सामुदायिक रेडियो की प्रसारण सामग्री कड़े प्रतिबंधों के अधीन है और ये समुदाय के लिए प्रासंगिक होनी चाहिए। सामुदायिक रेडियो का प्रसारण क्षेत्र तकरीबन 5–10 किलोमीटर होता है।[30]

सैटेलाइट रेडियो

देश में सैटेलाइट रेडियो चैनल संचालन में होने के बावजूद, इस सेक्टर में कोई नीति या नियामक कार्यढांचा नहीं था, जैसा कि अन्य मीडिया खंडों में नजर आता है। इससे कई मुद्दे खड़े होते हैं, मसलन, सैटेलाइट और निजी एफएम रेडियो के बीच समान अवसर, प्रसारण सामग्री का नियमन, लाइसेंस फीस, नए सैटेलाइट रेडियो सेवा प्रदाता के मामले में अंतर–संचालन की आवश्यकता आदि।

एफएम चैनल के निजीकरण पर अमित मित्रा समिति की रिपोर्ट में सुझाव था कि सरकार को सैटेलाइट रेडियो के लिए भी नीति बनानी चाहिए। दिसंबर 2004 में भारतीय दूरसंचार नियामक प्राधिकरण (ट्राई) ने सैटेलाइट रेडियो सेवाओ से जुड़े मुद्दों पर एक परामर्श पत्र पेश किया। उसने दिल्ली में फरवरी 2005 में इस मुद्दे पर खुली चर्चा का आयोजन भी किया। परामर्श पत्र और चर्चा से मिली प्रतिक्रियाओं के आधार पर ट्राई ने जून 2005 में सरकार को "सैटेलाइट रेडियो सेवा से जुड़े मुद्दे" पर अपनी सिफारिश भेजी। सूचना एवं प्रसारण मंत्रालय ने जानकारी दी कि कुछ बदलाव के साथ भारत सरकार ने ट्राई की सिफारिशों को मान लिया है। इसके अनुसार मंत्रालय ने सैटेलाइट रेडियो नीति दिशानिर्देश का मसौदा तैयार किया, जिस पर ट्राई ने अंतिम टिप्पणी दी।

इस नीति की प्रमुख विशेषताएं इस प्रकार हैं–

1. इसमें सैटेलाइट रेडियो सेवा के प्रावधानों और सैटेलाइट रेडियो सेवा प्रदाता को दिए जाने वाले प्रसारण सामग्री के प्रावधानों में अंतर किया गया है।
2. तदानुसार, दो प्रकार के लाइसेंस या अनुमतियों की जरूरत होगी। एक प्रकार का लाइसेंस सैटेलाइट रेडियो सेवा के लिए चैनलों को प्रसारण का अधिकार देता है और दूसरी अनुमति लाइसेंस धारक को इस बात के लिए अधिकृत करता है कि वो सैटेलाइट रेडियो का रजिस्ट्रेशन करा सकें ताकि वो सैटेलाइट रेडियो सेवा ऑपरेटर तक प्रसारण पहुंचा सके।
3. यह सैटेलाइट रेडिया सेवा प्रदाता को सैटेलाइट रेडियो चैनल के रजिस्ट्रेशन के लिए अनुमति रखने का अधिकार भी देता है।
4. यह लाइसेंस शुरू में 10 साल के लिए दिए जाते हैं, जिस आगे 10 साल और बढ़ाने का प्रावधान है।
5. लाइसेंसधारक को अपने सकल राजस्व का चार प्रतिशत बतौर वार्षिक फीस देना होगा। दिशानर्देश के मसौदे में इस बात की

उचित व्यवस्था की गई है कि लाइसेंस मिलने के एक साल के भीतर लाइसेंसधारक अपनी सेवा शुरू करें।

अप्रैल 2013 तक यह नीति अधर में लटकी थी।

भारतीय रेडियो ऑपरेटर संघ का गठन

वर्ष 2006 में, एसोसिएशन ऑफ रेडियो ऑपरेटर्स ऑफ इंडिया का गठन हुआ। इसका उद्देश्य रेडियो उद्योग की ओर से लॉबिंग करना और विज्ञापन दाताओं एवं निवेशकों के बीच सेतु का काम करना है। सभी रेडियो ऑपरेटर इसके सदस्य हैं।[31]

मूल्यांकन मानदंड

पृष्ठभूमि

पहले चरण के निजीकरण के बाद, कनाडाई वित्तीय संस्थागत निवेशक ने *रेडियो मिर्ची* में 20 प्रतिशत हिस्सेदारी खरीद ली। 2005 में जीडब्ल्यू कैपिटल ने म्यूजिक ब्रॉडकास्ट प्राइवेट लिमिटेड के *रेडियो सिटी* में 75 प्रतिशत की हिस्सेदारी खरीदी। इन दोनों की ही विस्तृत जानकारी उपलब्ध नहीं है।

वर्ष 2006 में रेडियो मिर्ची की स्वामित्व वाली कंपनी बीसीसीएल की सहयोगी एंटरटेनमेंट लिमिटेड ने आईपीओ के जरिए धन जुटाया। 2006 में कुआलालांपुर की एस्ट्रो ऑल एशिया नेटवर्क ने तीन शहरों में लाइविंग मीडिया के रेड एफएम ब्रांड खरीदने के लिए एनडीटीवी और वैल्यू लैब्स से हाथ मिलाया। एस्ट्रो को सन नेटवर्क के साउथ एशिया एफएम से आर्थिक सहायता प्राप्त थी। इसी साल बीबीसी वर्ल्डवाइड ने निवेशक राकेश झुनझुनवाला के साथ मिलकर रेडियो मिड–डे वेस्ट में अप्रकाशित शेयर हासिल किये।

इस तरह, दूसरे चरण में चैनलों की लांचिंग तक भारत में रेडियो व्यवसाय के मूल्यांकन की अच्छी समझ पैदा हो चुकी थी। टेलीविजन ब्रॉडकास्टिंग की तरह रेडियो के मूल्यांकन में भी कुछ मैट्रिक्स का उपयोग किया जाता है। रेडियो के मूल्यांकन में निवेशक श्रोताओं की संख्या, रेडियो की पहुंच, नेटवर्क के पास रेडियो स्टेशनों की संख्या, मैंनेजमेंट बैंडविड्थ और मापन की क्षमता की गणना करते हैं। टेलीविजन के विपरीत, रेडियो के मूल्यांकन में तब तक लाइब्रेरी वैल्यू की भूमिका नहीं होती, जब तक कोई स्टेशन इन–हाउस प्रोग्रामिंग तैयार नहीं करता हो।

परिवर्तनशील कारक

कुछ प्रमुख परिवर्तनशील कारक इस तरह हैं:

बाजार वृद्धि

जैसा कि इस पुस्तक में बार–बार बताया गया कि यह कारक भारत के ज्यादातर क्षेत्रों पर लागू होता है। प्रतीकात्मक रूप से, भारत की बेहतर विकास दर और मीडिया के प्रदर्शन के कारण भारतीय कंपनियों को ज्यादा लाभ होगा। हालांकि, तीसरे चरण की लाइसेंसिंग पर अनिश्चितता के कारण यह साफ नहीं है कि यह वृद्धि दर बनी रहेगी, खासकर लघु काल में।

क्षमता का उपयोग

इसका अर्थ है किसी रेडियो स्टेशन या नेटवर्क के पास उपलब्ध विज्ञापन समय के उपयोग की क्षमता। क्षमता उपयोग सिर्फ उस विज्ञापन समय की गणना करता है, जिसका उपयोग विज्ञापन के लिए किया गया हो, स्व–प्रचार के लिए नहीं (सेल्फ–एड)। विज्ञापन के लिए आवंटित समय हर घंटे के प्रोग्रामिंग में 8–12 मिनट होता है। प्राइम टाइम में यह आंकड़ा प्रति घंटे 15 मिनट तक हो सकता है। ईवाई की रिपोर्ट के मुताबिक, अधिकतर चैनल इस समय का 65–75 प्रतिशत तक ही इस्तेमाल कर पाते हैं। वास्तविक क्षमता उपयोग विभिन्न स्टेशनों में अलग–अलग होता है। यह स्टेशनों की संख्या, शहर, नए विज्ञापन जुटाने की क्षमता और मजबूत मेजरमेंट मैट्रिक्स की उपलब्धता पर निर्भर करता है। उदारहण के लिए, 10 सबसे बड़े शहरों में क्षमता उपयोग की दर 85 प्रतिशत रिकॉर्ड की गई है।[32]

राजस्व मिश्रण

रेडियो में राजस्व मिश्रण पता लगाने के कई तरीके हैं–

स्थानीय बनाम राष्ट्रीय– यद्यपि रेडियो एक स्थानीय माध्यम है, लेकिन कुछ कारणों से निवेशक ऐसी रेडियो कंपनियों के साथ सहज महसूस करते हैं, जिनके पास ढेरों राष्ट्रीय विज्ञापनदाता हों, जो अपनी स्थानीय जरूरतों के लिए रेडियो का उपयोग करते हैं। ईवाई रिपोर्ट के मुताबिक, औसतन 35–40 प्रतिशत राजस्व स्थानीय विज्ञापन से आता है, जबकि शेष राष्ट्रीय विज्ञापन से। बड़ी रेडियो कंपनियों के राजस्व में राष्ट्रीय विज्ञापनों का योगदान अधिक होता है।

यह काफी स्वस्थ राष्ट्रीय–स्थानीय विभाजन है। राष्ट्रीय विज्ञापनदाता थोक विज्ञापनदाता होते हैं, जो रियायती दरों पर ज्यादा एयरटाइम खरीद लेते हैं। लेकिन मंदी के दौर में वे सबसे पहले पीछे हट जाते हैं। दूसरी तरफ, स्थानीय विज्ञापनदाता कम समय खरीदते हैं, लेकिन कार्ड रेट पर भुगतान करते हैं, जिससे वो ज्यादा मुनाफा देने वाले विज्ञापनदाता बन जाते हैं। भारतीय बाजार में सबसे बड़ा बदलाव रेडियो, टीवी और प्रिंट में छोटे स्थानीय व क्षेत्रीय विज्ञापनदाताओं की संख्या में बढ़ोतरी है। ज्यों–ज्यों इनकी संख्या बढ़ रही है ये राष्ट्रीय विज्ञापनदाताओं के बेहतर विकल्प बनकर उभर रहे हैं। (देखें 'कारोबार का वर्तमान आकार')

परंपरागत बनाम गैर–परंपरागत– इंटरनेट, उभरती डिजिटल तकनीक, क्रॉस–मीडिया सेल्स और उत्प्रेरण, रेडियो कंपनियों को विज्ञापन में बड़ा साझेदार बना सकते है। इसलिए जिन रेडियो कंपनियों का पॉडकास्ट, इंटरनेट, केबल या सैटेलाइट आदि पर अपना रेडियो स्टेशन है उन्हें ज्यादा फायदा होगा।

छोटे बनाम बड़े रेडियो स्टेशन– बड़े रेडियो स्टेशन का मतलब वे रेडियो स्टेशन हैं जो मुंबई, दिल्ली या बंगलुरु जैसे बड़े मेट्रो शहरों में हैं, जबकि छोटे स्टेशन का मतलब ऐसे रेडियो स्टेशनों से है, जो छोटे शहरों, जैसे कोल्हापुर या सूरत में हैं। प्रत्येक की आदमनी अलग–अलग होती है, इसलिए इनका मूल्यांकन भी अलग–अलग होता है। अगर किसी कंपनी के पास छोटे और बड़े स्टेशनों का मिलाजुला समूह है, तो उसका मूल्यांकन, उस कंपनी से अच्छा हो, जिनके पास या तो कई बड़े चैनल हैं या कई छोटे चैनल। उदाहरण के लिए, ईएनआईएल ने मेट्रो पर ध्यान केंद्रित किया, लेकिन उसने उन नगरों के कई गैर–मेट्रो लाइसेंस लिए हैं, जिनमें बढ़ोत्तरी की क्षमता ज्यादा है। यही कारण है कि मुंबई का बाजार बहुत लाभकारी है, और अधिक प्रतिस्पर्धी भी। लाभ कमाने के लिए हिसार या इंदौर की अपेक्षा मुंबई में अधिक निवेश की जरूरत होगी।

तालिका 5.1क रेडियो पर शीर्ष विज्ञापनदाता–उत्पाद श्रेणी

2010 में रेडियो पर टॉप 10 श्रेणियां		
स्थान	**बड़ी श्रेणियां**	**प्रतिशत हिस्सा**
1	स्वाएं	15
2	खाद्य एवं पेय	11
3	दूरसंचार / इंटरनेट सेवा प्रदाता	7
4	बैंकिंग / वित्त / निवेश	7
5	खुदरा	7

(तालिका 5.1क जारी)

(तालिका 5.1क जारी)

स्थान	बड़ी श्रेणियां	प्रतिशत हिस्सा
6	व्यक्तिगत सामान	5
7	शिक्षा	5
8	ऑटो	3
9	व्यक्तिगत देखभाल/हाइजीन	3
10	दूरसंचार उत्पाद	3
2011 में रेडियो में टॉप 10 श्रेणियां		
स्थान	**बड़ी श्रेणियां**	**प्रतिशत हिस्सा**
1	सेवाएं	18
2	बैंकिंग/वित्त/निवेश	8
3	खाद्य एवं पेय पदार्थ	8
4	खुदरा	7
5	दूरसंचार/इंटरनेट सेवा प्रदाता	6
6	ऑटो	5
7	व्यक्तिगत सामान	5
8	शिक्षा	4
9	दूरसंचार उत्पाद	2
10	टिकाऊ सामान	2
2012 में रेडियो पर टॉप 10 श्रेणियां		
स्थान	**बड़ी श्रेणियां**	**प्रतिशत हिस्सा**
1	सेवाएं	23
2	खाद्य एवं पेय पदार्थ	9
3	बैंकिंग/वित्त/निवेश	6
4	खुदरा	6
5	ऑटो	5
6	व्यक्तिगत सामान	5
7	शिक्षा	4
8	दूरसंचार/इंटरनेट सेवा प्रदाता	4
9	इमारती, औद्योगिक एवं भूमि सामग्री/उपकरण	3
10	टिकाऊ वस्तुएं	2

स्रोतः एडेक्स इंडिया, टीएएम मीडिया रिसर्च का प्रभाग

नोटः स्थान विज्ञापन की मात्रा पर आधारित है। मात्रा विज्ञापन के सेकेंडों में मापी जाती है।

तालिका 5.1ख रेडियो पर शीर्ष 10 विज्ञापनदाता–कंपनियां

2010 में रेडियो पर टॉप 10 विज्ञापनदाता		
स्थान	**विज्ञापनदाता**	**प्रतिशत हिस्सा**
1	भारती एयरटेल लिमिटेड	2
2	वोडाफोन एस्सार लिमिटेड	1
3	टाटा टेली सर्विसेज	1
4	पैंटालून रिटेल इंडिया लिमिटेड	1
5	नोकिया कॉर्पोरेशन	1
6	स्वास्थ्य एवं परिवार कल्याण मंत्रालय	1
7	हिंदुस्तान लिवर लिमिटेड	1
8	कोका कोला इंडिया लिमिटेड	0.9
9	आइडिया सेल्युलर लिमिटेड	0.9
10	क्विकहील टेक्नोलॉजी प्रा लिमिटेड	0.8
2011 में रेडियो पर टॉप 10 विज्ञापनदाता		
स्थान	**विज्ञापनदाता**	**प्रतिशत हिस्सा**
1	टाटा टेलीसर्विसेज	2
2	स्वास्थ्य एवं परिवार कल्याण	1
3	भारती एयरटेल लिमिटेड	1
4	पेंटालून रिटेल इंडिया लिमिटेड	1
5	मारूति उद्योग लिमिटेड	1
6	नोकिया कॉर्पोरेशन	1
7	भारतीय जीवन बीमा निगम	0.9
8	टाटा मोटर्स लिमिटेड	0.8
9	हिंदुस्तान लीवर लिमिटेड	0.8
10	कैडबरी इंडिया लिमिटेड	0.8
2012 में रेडियो पर 10 सबसे बड़े विज्ञापनदाता		
स्थान	**विज्ञापनदाता**	**प्रतिशत हिस्सा**
1	मारूति उद्योग लिमिटेड	1
2	गुजरात टूरिज्म	1
3	भारती एयरटेल लिमिटेड	1

(तालिका 5.1ख जारी)

(तालिका 5.1ख जारी)

स्थान	विज्ञापनदाता	प्रतिशत हिस्सा
4	टाटा मोटर्स लिमिटेड	1
5	भारतीय जनता पार्टी	1
6	भारतीय जीवन बीमा निगम	1
7	सैमसंग इंडिया इलेक्ट्रॉनिक्स लिमिटेड	1
8	हिंदुस्तान लिवर लिमिटेड	0.8
9	पैंटालून रिटेल इंडिया लिमिटेड	0.8
10	कोका कोला इंडिया लिमिटेड	0.8

स्रोतः एडेक्स इंडिया, टीएएम मीडिया रिसर्च का प्रभाग
नोटः स्थान विज्ञापन की मात्रा पर आधारित है। मात्रा विज्ञापन के सेकेंडों में मापी जाती है।

टिप्पणियां

1. ये आंकड़ें फिक्की–केपीएमजी की 2013 में प्रकाशित रिपोर्ट से उद्धृत हैं।
2. कुल रेडियो की संख्या से संबन्धित आंकड़े ट्राई द्वारा जारी 2012 की प्रेस विज्ञप्ति से उद्धृत हैं। आकाशवाणी के आंकड़े उसकी वेबसाइट से लिये गए हैं।
3. पॉयज्ड फॉर ग्रोथ, एफएम रेडियो इन इंडिया, ईवाई। यह रिपोर्ट रेडियो व्यवसाय पर कनफेडरेशन ऑफ इंडियन इंडस्ट्री की दिसंबर 2012 में आयोजित गोलमेज सम्मेलन में जारी किये गए थे।
4. जेनिथ ओप्टिमीडिया और रेडियो एडवर्टाइजिंग ब्यूरो (यूएस) की वेबसाईट।
5. घोटाला संचार कंपनियों को स्पेक्ट्रम आवंटन से संबंधित था और इस घोटाले में कई मंत्री, नौकरशाह तथा शीर्ष टेलीकॉम कंपनियों के प्रबंधक शामिल थे।
6. इस खंड का एक बड़ा हिस्सा मेरे द्वारा बिजनेस स्टैंडर्ड के लिए की गई एक स्टोरी से उद्धृत है। What is Ailing the Radio Industry? Business Standard, 1 January 2013.
7. The State of the News Media, 2012.
8. Digital Music Report 2013, IFPI-The International Federation of the Phonographic Industry.
9. रेडियो तरंगें नैरोबैंड या ब्रॉडबैंड के माध्यम से प्रसारित हो सकती हैं, जिससे इंटरनेट मिल भी सकता है और नहीं भी। यह हिस्सा विशेष रूप से ब्रॉडबैंड वाले रेडियो के बारे में है।
10. FCC-Federal Communications Commission, अमरीका की मीडिया एवं टेलीकॉम नियंत्रक प्राधिकरण।
11. The State of the News Media, 2013.
12. 'Will the iPod kill the radio stat? Profiling podcasting as radio.' Richard Berry in Convergence: The International Journal of Research into New Media Technologies, 2006.

13. वर्जिन रेडियो को भारत की ईएनआईएल कंपनी, जो रेडियो मिर्ची की मालिक है, द्वारा खरीद लिया गया था।
14. Internet radio advertising impact study, a Parks Associates white paper for TargetSpot.
15. विनोद पवराला तथा कंचन के मलिक द्वारा लिखित पुस्तक *अदर वॉइसेसः दि स्ट्रगल फॉर कम्यूनिटी रेडियो इन इंडिया,* सेज पब्लिकेशन (2007) और कम्युनिटी रेडियो इंडिया की वेबसाइटः http://www.communityradioindia.org/index.Html
16. सूचना एवं प्रसारण मंत्रलाय की वेबसाईटः http://mib.nic.in/default.aspx
17. लूथरा के अनुसार रेडियो व्यवसाय ने 12.8 लाख रुपए के राजस्व पर 2.2 लाख रूपये का लाभ कमाया।
18. लूथरा (1986) के पृष्ठ संख्या 157 से उद्धृत।
19. ट्राई के आंकड़ों के अनुसार, 2003–04 में 20 लाइसेंस का कुल राजस्व 1.15 अरब रुपये तथा 2.37 अरब रुपये का खर्च था। इस हिसाब से वे सभी बहुत घाटे में चल रहे थे। कुल खर्च में सिर्फ लाइसेंस शुल्क ही 1.08 अरब रुपये था। ट्राई प्रसारण नियंत्रक भी है।
20. रेडियो विज्ञापन राजस्व की संख्या लोडस्टार मीडिया (अब लोडस्टार यूनिवर्सल) के आंकड़ों से लिया गया है, जो इस पुस्तक के पूर्व संस्करणों के लिए था। यदि हम छूट को भी इसमें शामिल करते हैं, फिर भी रेडियो पर कुल विज्ञापन खर्च 2.7 अरब रुपये था। सूचना तथा प्रसारण मंत्रालय द्वारा जारी एक प्रेस विज्ञप्ति के अनुसार 2004–05 में अकेले आकाशवाणी का ही कुल राजस्व 1.58 अरब रुपये था।
21. दूसरे चरण के बाद संचालित हुए कुल रेडियो स्टेशनों तथा ट्राई द्वारा घोषित कुल 242 रेडियो स्टेशनों के आंकड़ों के बीच अंतर मिलता है। वास्तव में इस बीच में ट्राई ने यह आंकड़ा 245 बताया था। इसलिए कुल संख्या का आंकड़ा धुंधला है।
22. ईवाई रिपोर्ट 2008। सेट अप करने की लागत कमोबेश एक ही है।
23. वह पहले लोडस्टार मीडिया की प्रमुख थीं और अब वो स्टार इंडिया के साथ काम कर रही हैं।
24. वह पहले फीवर एफएम के सीईओ थे तथा अब विदेश में अध्ययन कर रहे हैं।
25. MRUC- Media Research Users Council
26. यह 2011 तक था। यह अप्रैल 2013 में दिये गए टीएएम के आंकड़ों के अनुसार है। टीएएम मीडिया रिसर्च टेलीविजन तथा रेडियो व्यावसाय के लिए मेट्रिक्स उपलब्ध करवाता है।
27. अधिक जानकारी के लिए टीएएम की वेबसाईट पर जाइए और उसके आरएएम खंड को देखिएः http://www.tamindia.com/tamindia/Images/RAM_Baseline_Study_Universe_Update_2011.pdf
28. दूसरे चरण के नियमन से लेकर सैटेलाइट रेडियो तक का खंड अनीश दयाल, जो उच्चतम न्यायालय में वकील तथा मीडिया एवं एंटरटेनमेंट कानून के ज्ञाता हैं, द्वारा एकत्रित किया गया था। 2008 के बाद सारा अपडेट अभिनव श्रीवास्तव द्वारा उपलब्ध करवाया गया है, जो नन्दन कामथ के बंगलोर स्थित लॉ ऑफिस में एसोसिएट हैं।
29. FDI: Foreign Direct Investment
30. विस्तृत नीति निर्देश इस लिंक पर उपलब्ध हैंः http://mib.nic.in/CRS
31. http://www.aroi.in/index.htm
32. इस गणना में माना गया है कि सुबह 7 बजे से अर्ध रात्रि तक प्रति घंटा 13 मिनट, 17 घंटा प्रतिदिन है। ईवाई रिपोर्ट 2012।

अध्याय 6

डिजिटल

ठहरिए, एक डिजिटल सांस लीजिए। सोचिए आप किस ओर बढ़ रहे हैं।

अफाक्स! कैंपस द्वारा 2013 में आयोजित दो दिवसीय डिजिटल मार्केटिंग कार्यशाला में ऑफ–लाइन विरोधी भावना प्रबल थी। भारत की कुछ सर्वश्रेष्ठ एजेंसियों से प्रशिक्षक, बुद्धिमान लोग टेलीविजन और प्रिंट समेत सभी अन्य मीडिया के बारे में अपमानजनक बातें कर रहे थे। युवा श्रोता और दर्शक उनके विचारों से सहमत नजर आ रहे थे। ऐसे ही विचार मीडिया व मनोरंजन उद्योग से जुड़े लोगों, मीडिया छात्रों और उन अन्य लोगों के भी थे, जिनसे मैं इस कार्य के दौरान मिली। सभी तरह के 'पुराने' मीडिया को डायनासोर की तरह देखा जाता है, जो अपने विशालकाय शरीर के बावजूद विलुप्त हो जाएंगे। और बातचीत में तो वे कब के मर चुके हैं। युवा सोचते हैं डिजिटल में ही दुनिया समाहित है, बाकी सब से फर्क नहीं पड़ता। इतना ही नहीं, भारत की कुछ सबसे बड़ी मीडिया क्रय एजेंसियों के बॉस ऐसे बात करते हैं, मानो, डिजिटल मृत्यु आसन्न है। यह मूर्खतापूर्ण बातें हैं[1]।

टीवी की पहुंच 74 करोड़ लोगों तक है, प्रिंट मीडिया की पहुंच 35.4 करोड़ लोगों तक और डिजिटल मीडिया की पहुंच महज 20 करोड़ लोगों तक ही है[2]। पिछले साल विज्ञापनदाताओं ने डिजिटल मीडिया में महज छह प्रतिशत ही खर्च किए, जबकि जनसंचार के अन्य माध्यमों पर उनका खर्च 90 प्रतिशत था। यह अनुपात पिछले कई वर्षों से समान ही रहा है। अभी तक, भारत की बड़ी मीडिया कंपनियों में एक भी डिजिटल कंपनी नहीं है।

ये बातें डिजिटल विकास या उसकी शक्ति के विरोध में नहीं है। यह हमारे समय का सबसे बड़ा घटनाक्रम है। घटनाओं को सापक्षेता में समझने की जरूरत है। ज्यादातर लोग यह मानना पसंद करते हैं कि डिजिटल, मीडिया उपभोग और स्वतंत्रता के मामले में एक प्रकार का अव्यावहारिक आदर्श है।

जबकि ऐसा नहीं है और इसके पीछे चार कारण हैं।

पहला, डिजिटल का संचालन भी दूसरे अन्य माध्यमों की तरह ही होता है। किसी अन्य मीडिया की तरह ही, इसे भी दर्शकों की बड़ी संख्या और पैमाना चाहिए, ताकि कंपनी पैसा बना सके[3]। मीडिया व्यवसाय के अन्य खंडों

की तरह जितने अधिक लोग जितना अधिक समय इस मीडिया पर व्यतीत करेंगे, उतना ही ज्यादा इसे विज्ञापन मिलेगा और उतनी ही ज्यादा कमाई होगी। निस्संदेह, डिजिटल मीडिया की बनावट थोड़ी अलग है। यह आपस में बातचीत करने, आदान–प्रदान करने, चीजों को साझा करने और अन्य तमाम चीजें करने का अवसर देता है, जो अन्य मीडिया में संभव नहीं है। लेकिन डिजिटल मीडिया का बुनियादी आर्थिक आधार अन्य मीडिया की तरह ही है।

दूसरा, वैश्विक स्तर पर चार बड़ी कंपनियां– एप्पल, अमेजन, फेसबुक और गूगल ही डिजिटल मीडिया में अधिपत्य जमाये हुए हैं। यह मीडिया के अन्य खंडों से अलग है, जहां प्रतिस्पर्धा ज्यादा है और इसलिए विविधता भी है। डिजिटल मीडिया कई तरह से वास्तव में कम अव्यवहारिक है और हम जैसा सोचना चाहते हैं, वैसा नहीं है। इन चार बड़ी मीडिया कंपनियों का न सिर्फ दर्शक वर्ग के मामले में, बल्कि आमदनी के मामले में भी वर्चस्व है। गूगल की सर्च मार्केट पर काफी अच्छी पकड़ है और इसलिए विज्ञापन पर भी अधिपत्य है। इंटरनेट पर कुल विज्ञापन में से 18 प्रतिशत गूगल को जाते हैं। क्योंकि गूगल का एंड्राइड, मोबाइल फोन का डिफॉल्ट ऑपरेटिंग सिस्टम बन गया है, तो अब मोबाइल सर्च से होने वाली आमदनी में भी इसका सबसे बड़ा हिस्सा हो गया है[4]। इसमें कुछ भी गलत या सही नहीं है। कोई दूसरी कंपनी और बेहतर सर्च ईंजन के साथ आ सकती है और बाजार पर हावी हो सकती है। अन्य कंपनी ज्यादा उपभोक्ता पाने के नए रास्ते खोज सकती हैं और सोशल मीडिया पर फेसबुक से ज्यादा पैसा कमा सकती हैं। लेकिन इस माध्यम से रोमांचित होने से निराशा हाथ लग सकती है। तब और बुरा होगा जब एक उपभोक्ता के रूप में हम अपनी बहुत सी निजता और शक्ति डिजिटल प्लेटफॉर्म को देते हैं, वह इसको जिम्मेदाराना ढंग से संभालेगा या नहीं, कहां नहीं जा सकता।

तीसरा, डिजिटल मीडिया में पेशेवर तरीके से उत्पादित इंटरनेट सामग्री से जब तक पर्याप्त आमदनी नहीं होती है, तब तक इसमें दीर्घकालिक समस्याएं रहेंगी। इस पर विचार करिए। समाचार पत्र ऑफलाइन पाठक खो रहे हैं तो उनको ऑनलाइन पाठक मिल रहे हैं। ऑनलाइन और ऑफलाइन पाठकों के लिए उसे एक ही बार कटेंट बनाना पड़ता है और उसका खर्च कुल मिलाकर समान ही रहता है। हालांकि उन्हें ऑफलाइन की तरह ऑनलाइन से उतनी आमदनी नहीं होती है। अमेरिका में डिजिटल मीडिया के विज्ञापन से एक डॉलर कमाने के लिए समाचार पत्र को 16 डॉलर गंवाने पड़ते हैं[5]। फिर भी, चुनाव या संकट काल में, पाठकों की भीड़ जाने–माने बीबीसी या सीएनएन जैसे ब्रांडों की वेबसाइट पर ही टूटती है। इसका अर्थ है कि वे इन ब्रांडों पर पर विश्वास करते हैं और वे जहां कहीं भी हों इनको फॉलो करते हैं। अगर इन समाचारपत्रों का कंटेट पाठकों को वेबसाइटों तक ला रहा है और गूगल के लिए विज्ञापन कमा रहा है तो सोचिए अगर सभी समाचार पत्र खत्म हो

जाएं तो कौन सी तरकीब काम आएगी? या अगर, सभी टीवी कंपनियां हाथ खड़े कर दें और कहें कि ठीक है यू–ट्यूब जो चाहे वो करे, तब क्या होगा। सौभाग्य से, भुगतान आधारित, नेटफ्लिक्स और हुलु जैसे कुछ वैकल्पिक मॉडल उभर रहे हैं। अंततः यही चीज उभरकर आएगी। डिजिटल मीडिया ठीक वैसे ही होंगे जैसे पुराने मीडिया दिग्गज रहे हैं: मौलिकता के साथ पेशेवर तरीके से उत्पादित कंटेंट के समर्थक।

चौथा, ऑफ–लाइन और ऑन–लाइन मीडिया का अच्छा समन्वय बढ़िया परिणाम दे सकता है, जैसा कि विश्व के तमाम बाजारों में नजर आ रहा है। आइकिया या कोका कोला के लिए किए गए ऑन–लाइन और ऑफ–लाइन काम को देख सकते हैं। ऑफ–लाइन मीडिया की बेहतर समझ, ऑन–लाइन मीडिया को बेहतर विज्ञापन दर दिलाने में मदद कर सकती है, मास मीडिया प्रोफेशनल इस विधा में माहिर हो चुके हैं। ऑनलाइन समर्थक अगर मास मीडिया का मजाक उड़ाने से ऊपर उठेंगे, तो वे बड़े खिलाड़ियों से ज्ञान की तमाम चीजों की अदला–बदली कर सकते हैं।

हम डिजिटल मीडिया को अलग करके क्यों देख रहे हैं? टेलीविजन, हर व्यावहारिक दृष्टि से, डिजिटल मीडिया है। प्रिंटिंग में, आपके हाथ में अखबार आने तक का तमाम कार्य डिजिटल है। संगीत पूरी तरह से साइबर स्पेस में चला गया है। रेडियो का आधा काम डिजिटल हो गया है, जबकि फिल्मों में निर्माण प्रक्रिया को छोड़कर, बाकी वितरण और प्रदर्शन अस्सी प्रतिशत तक डिजिटल है। जब सारे माध्यम डिजिटाइज हो रहे हैं, तो डिजिटल मीडिया पर हम अलग से अध्याय क्यों रख रहे हैं? यह एक ऐसा प्रश्न है जो बार–बार हम सबके सामने आएगा, जब हम उस संसार में संकल्पनात्मक स्पष्टता खोजेंगे, जहां हमारी जानने वाली उन सभी चीजों के आकार और प्रकार इतनी तेजी के साथ बदल रहे हैं और स्थानांतरित व रूपांतरित हो रहे हैं कि उनको नाम देना असंभव है। तब यह अध्याय उन सभी उभरते हुए मीडिया प्रारूपों के चारों ओर एक ढांचा खड़ा करने का प्रयास है जो नए और पुराने फॉर्मेट, तकनीक और कंटेट, माध्यम और संदेश के बीच मेल से बने हैं। यह इंटरनेट और दूरसंचार पर दो अध्यायों को एक में समेट लेता है।

यह अध्याय ऑनलाइन जगत में मीडिया और मनोरंजन व्यवसाय के बारे में है। यह पहुंच के तरीके (वाई–फाई, वाई–मैक्स, वायरलाइन आदि) या यंत्र (लैपटॉप, टैबलेट, फोन, स्मार्टफोन या फैबलेट) या कंटेंट (टीवी प्रोग्राम, संगीत, फिल्म, समाचार और विज्ञापन) से परे है। यह ई–कॉमर्स पर बात नहीं करता है, हालांकि यह ऑन लाइन चल रहे या बिक रहे म्यूजिक या फिल्मों का अध्ययन करता है।

तो अब प्रश्न है कि डिजिटल मीडिया क्या है? भारत में उसका स्वरूप, आकार और रूपरेखा क्या है? तालिका 6.1 पर नजर डालिए। यह एक झलक पेश करता है कि इस समय हम डिजिटल मीडिया का उपयोग कैसे कर रहे

हैं। लेकिन यह आधी कहानी है। हम ऑनलाइन जगत में क्या करते हैं– फिल्म देखते हैं, संगीत सुनते हैं, दोस्तों से बात करते हैं, कुछ खरीदते हैं। जब हम ऐसा करते हैं तो हम ऑनलाइन मीडिया पर या तो कुछ समय या धन या फिर दोनों खर्च करते हैं। और इसी तरह कंपनियां पैसा कमाती हैं। हम जिन वेबसाइट्स पर जाते हैं, ये कंपनियां उस साइट पर अपने विज्ञापनों के जरिए हम तक पहुंचती हैं। या तो वे कुछ बेचने का प्रस्ताव देती हैं या अपने उत्पादों और सेवाओं के बारे में बताती हैं।

मीडियानामा डॉट कॉम के संस्थापक और संपादक निखिल पाहवा कहते हैं 'यह डिजिटल मीडिया के इतिहास का सबसे उत्प्रेरक काल है। दर्शकों की संख्या और विज्ञापन से आमदनी में अभूतपूर्व वृद्धि हुई है'। 12.7 करोड़ इंटरनेट उपभोक्ताओं और अन्य यंत्रों पर 10 करोड़ उपभोक्ताओं के साथ भारत विश्व का अहम डिजिटल मीडिया मार्केट बन गया है (देखें तालिका 6.2)[6]। 22.7 करोड़ उपभोक्ताओं का यह कुल योग भारत में डिजिटल मीडिया के कुल उपभोक्ताओं की संख्या नहीं है, क्योंकि इनमें जो लोग इंटरनेट तक पहुंच के लिए लैपटॉप का इस्तेमाल करते हैं वो मोबाइल और टैबलेट का भी उपयोग करते हैं, इसलिए दोहराव की संभावना बनी रहती है। आईएएमएआई[7] की रिपोर्ट के मुताबिक, 2012–2013[8] में इंटरनेट के कुल ट्रैफिक का 16 प्रतिशत मोबाइल फोन के जरिए आया। फिक्की–केपीएमजी 2013 के आंकड़ों के मुताबिक, 2012 में डिजिटल मीडिया तक पहुंच बनाने के लिए विज्ञापन पर 21.7 अरब रुपये खर्च किए गए। हजबकि दूसरी तरफ भुगतान आमदनी का एक बड़ा स्रोत था, जो 250 अरब रुपये से ज्यादा रहा। हालांकि, इनमें से ज्यादातर पैसा दूरसंचार कंपनियों द्वारा बेची गई मूल्यवर्धित सेवाओं जैसे कॉलर ट्यून, रिंगटोन्स और दूसरी सेवाओं से आया। कुल भुगतान में से 80 प्रतिशत दूरसंचार कंपनियों की जेब में गया। बचा हुआ 20 प्रतिशत कंटेंट देने वाली कंपनियों और संग्राहकों के हिस्से में गया (पढ़िए, 'कारोबार कैसे चलता है')। कंटेंट देने वाली कंपनियों का हिस्सा संबंधित उद्योगों में जुड़ जाता है– डिजिटल म्यूजिक बिक्री का हिस्सा म्यूजिक इंडस्ट्री के मुनाफे में जुड़ जाता है। इसलिए डिजिटल मीडिया को भुगतान से हुई आमदनी केवल उसी की नहीं होती है, बल्कि कई हिस्सों में बंट जाती है। इसलिए उद्योग के ढांचे को समझने के लिए सबको अलग–अलग समझना होगा।

मानक अमेरिकी बाजार ने डिजिटल विज्ञापन पर 36.6 अरब डॉलर की राशि खर्च की[9]। इसमें मोबाइल विज्ञापन पर खर्च हुए 3.6 अरब डॉलर भी शामिल है। अमेरिका में डिजिटल मीडिया के कुल भुगतान बाजार का विश्वनीय अनुमान उपलब्ध नहीं है। 27 करोड़ से ज्यादा ऑनलाइन लोगों के साथ, उनकी संख्या चीन की अपेक्षा कम है। लेकिन आमदनी के मामले में अमेरिका अब तक विश्व का सबसे बड़ा डिजिटल बाजार है। चीन के बाजार ने डिजिटल विज्ञापन पर अनुमानित 12 अरब डॉलर खर्च किए। जेनिथ ऑप्टिमीडिया के आंकड़ों के

हिसाब से, वर्ष 2012 में डिजिटल मीडिया विज्ञापन पर 88 अरब डॉलर खर्च हुए। डिजिटल मीडिया के भुगतान बाजार पर अलग–अलग अनुमान लगाए गए हैं, इनमें कोई भी बहुत विश्वनीय नहीं है।

यहीं से सारे किंतु–परंतु शुरू होते हैं। डिजिटल मीडिया शक्तिशाली माध्यम है, लेकिन इसकी शक्ति का अभी तक पूरा–पूरा उपयोग किया जाना बाकी है, क्योंकि भारत अलग तरीके से विकसित हो रहा है। भारत में डिजिटल मीडिया अपनी गति से विकसित हो रहा है जब प्रायः सभी अन्य मीडिया– समाचारपत्र, टेलीविजन, रेडियो भी पूरे उफान पर हैं। यह स्थिति अमेरिका से विपरीत है, वहां पहले अखबर, फिर रेडियो, फिर टेलीविजन और फिर अन्य मीडिया उभर कर सामने आए। अमेरिका ने सभी मीडिया को उभरने का मौका दिया। भारत में, मोबाइल से लेकर इंटरनेटर और रेडियो तक किसी के पास भी गलती से सीखने का कोई मौका नहीं है, सभी अपने विकास चक्र में घूम रहे हैं। एकसाथ सभी मीडिया में उभार का मतलब है पूंजी के लिए तीव्र प्रतिस्पर्धा। अगर आप तर्क करें कि डिजिटल मीडिया के लिए उतने बड़े पैमाने पर धन की जरूरत नहीं होती है, जितनी एक डीटीएच टेलीविजन चैनल के लिए, तो भी सच्चाई यही है कि इतनी पूंजी भी कम नहीं है।

डिजिटल मीडिया के लिए बड़ी चुनौती उसकी क्षमता नहीं है। यह नजर आ रही है और बढ़ रही है। ये समाचार पत्रों और टेलीविजन चैनलों की राजस्व कमाने, बेहतर विज्ञापन–दर पाने, मात्रा प्रबंधन और मीडिया व्यवसाय को चलाने के अन्य मुद्दों पर महारत हासिल कर रही है।

कारोबार का स्वरूप, अब मुद्दे

ऊर्जा और बुनियादी ढांचे की खराब स्थिति भारत में डिजिटल मीडिया के विकास की राह में सबसे बड़ी बाधक है, हालांकि मोबाइल फोन ने कुछ हद तक डिजिटल खाई को पाटा है। फिर बारी आती है बैंडविड्थ मुद्दे की। दूरदराज क्षेत्रों तक ब्रॉडबैंड पहुंचने में काफी समय ले रहा है[10]। कारोबार से जुड़े अन्य मुद्दे कुछ इस प्रकार हैं–

एकाधिकारवादी मानसिकता

एकाधिकारवादी मानसिकता डिजिटल पारिस्थितिकीय तंत्र का हिस्सा बन चुका हैः चाहे सर्च में गूगल का एकाधिपत्य हो या सोशल मीडिया पर फेसबुक का या भारतीय उपभोक्ताओं पर टेलकॉम ऑपरेटरों का। पूरे इंटरनेट और

दूरसंचार परिदृश्य में प्रभावी इकाईयां[11] राजस्व के बड़े हिस्से पर कब्जा जमाए हुए हैं। ये तंत्र में सामग्री निर्माताओं और संग्राहकों के अस्तित्व के लिए ज्यादा जगह नहीं छोड़ती हैं। सामग्री निर्माताओं के सभी वर्ग, संगीत, समाचार पत्र, संघर्ष कर रहे हैं। यह इसलिए नहीं कि इनके पाठक या श्रोता ऑन–लाइन की तरफ बढ़ रहे हैं, बल्कि इसलिए कि वे उनको मुद्रा में तब्दील करने में सक्षम नहीं हैं। इसके कई कारण हो सकते हैं, मसलन, गूगल जैसे संग्राहक निशुल्क सामग्री उपभोक्ताओं को प्रदान कर रहे हैं, या इनकी चोरी हो रही है (जैसे संगीत में) या विज्ञापनदाता ऑनलाइन पाठक को अच्छा पैसा खर्च करने लायक नहीं मानते हैं। भारत में मूल्यवर्धित सेवाएं (वीएएस– वेल्यू एडीड सर्विस) इसका अच्छा उदाहरण है। मूल्यवर्धित सेवाओं के 250 अरब रुपये के राजस्व में से महज 5–15 प्रतिशत उन कंपनियों को जाता है जिनके पास सामग्री का कॉपीराइट होता है, जैसे संगीत। करीब 15–20 प्रतिशत हंगामा, इंडियाटाइम्स या ऑलमोबाइल जैसी कंपनियों को जाता है जो संग्राहक का काम करते हैं या तकनीकी सहयोग करते हैं। बचा हुआ तकरीबन 60–80 प्रतिशत दूरसंचार कंपनियों की झोली में जाता है। ज्यादातर परिपक्व मोबाइल बाजारों में राजस्व का यह विभाजन ठीक इसके विपरीत है। उदाहरण के लिए यूरोप और जापान में, कंटेट कंपनियों को राजस्व का बड़ा हिस्सा मिलता है। इसलिए संग्राहक और सामग्री देने वाली कंपनियां स्मार्टफोन और टैबलेट के जरिए, या हंगामा जैसे ब्रांडेड पोर्टल के जरिए अब सीधे उपभोक्ता को अपना उत्पाद बेचने के तरीके तलाश कर रही है। (देखें 'संग्राहक का अभ्युदय')

खंडित पारिस्थितिकी तंत्र

एनवीपी इंडिया के प्रबंध निदेशक, निरेन शाह कहते हैं 'यद्यपि अब क्षेत्र में कार्यरत अग्रणी इसे व्यवस्थित करने की कोशिश कर रहे हैं, फिर भी डिजिटल मीडिया का पारिस्थितकी तंत्र पूरी तरह से खंडित है'। कोमली और क्विकर जैसे विभिन्न डिजिटल मीडिया उपक्रमों में पैसे का निवेश हुआ है। शाह इस उद्योग के विस्तार और मुनाफे को प्रभावित कर रहे बड़े कारकों की ओर इशारा करते हैं। पांच बड़े कारक कुछ इस प्रकार हैं–

पहला, वर्तमान में डिजिटल मीडिया को प्रति 1000 दर्शकों पर सबसे कम राजस्व मिलता है। इसकी कुछ वजह ये है कि डिजिटल मीडिया ने पारदर्शी माध्यम के रूप में अपनी मार्केटिंग में इतना अधिक समय खर्च किया कि डिस्पले एडवर्टाइजर भी परिणाम की मांग करते हैं। एड नेटवर्क, एडमैग्नेट के सह–संस्थापक रतीश नैयर का कहना है कि "प्रति कार्य के अनुसार पैसा अभियान से अधिकतर मामलों में अंतिम क्लिक को ही सफलता का सूचक माना जाता है। अंतिम क्लिक में तब्दील होने का संबंध त्रुटिपूर्ण है। विज्ञापनदाताओं को इंटरनेट की दुनिया को महज एक क्लिक से परे होकर देखना चाहिए"।

वो कहते हैं, "भारत में लगभग सभी डिजिटल मीडिया कंपनियां (गूगल को छोड़कर) राजस्व उत्पनन करने के लिए संघर्ष कर रही हैं, चाहे वे पोर्टल हों या आला वेबसाइट (यहां हम ई–कॉमर्स की बात नहीं कर रहे हैं, जो और भी बद्तर स्थिति में हो सकती हैं)। भले ही सीपीएम किसी तरह बढ़ गए हों, पर ये सिर्फ मुद्रास्फीति में सुधार की वजह से हो सकता है, इसलिए वास्तविक वृद्धि नहीं हुई है''। विज्ञापन दरें नहीं बढ़ने का अन्य वजह यह है कि डिजिटल माध्यम टीवी की तरह विविधता और तल्लीनता नहीं प्रदान करता, अमेरिका में नील्सन द्वारा किए गए कुछ शोध ऐसा साबित करते हैं। यंत्र का आकार भी एक अहम मसला है। जो इंटरनेट तक पहुंच का सबसे तेज बढ़ने वाले यंत्र, मोबाइल फोन की दरें लैपटॉप की अपेक्षा पांच गुना कम है।

दूसरा, मीडियानामा डॉट कॉम के संस्थापक और संपादक निखिल पाहवा मानते हैं कि डिजिटल मीडिया कंपनियां ऑडियंस को आकर्षित करने के लिए पर्याप्त समय खर्च नहीं करती हैं, क्योंकि वे उस खैरात से ही खुश हो जाती हैं, जो गूगल बांटता है। डिजिटल कंपनियां ऐसे उच्च गुणवत्ता वाले सेल्सकर्मियों को नौकरी देने पर अधिक ध्यान केंद्रित नहीं करती हैं, जो खाली जगह को भरने का प्रयास कर सकें। कनान पार्टनर्स के प्रबंध निदेशक अलोक मित्तल इस बात पर सहमति जताते हैं: 'बुनियादी ढांचा और तकनीक होने के बावजूद इस बारे में बहुत कम सोचा जाता है कि डिजिटल मीडिया पर चीज काम करती है'। एडमैग्नेट के सह संस्थापक रतीश नायर कहते हैं, 'कंटेंट एक बड़ा मुद्दा है। गैर–भारतीय वेबसाइटों के कंटेंट का उपभोग बड़ी मात्रा में होता है'। ऐसा इसलिए है क्योंकि अंग्रेजी भाषा में भारत–केंद्रित मौलिक सामग्री का अभाव है और दूसरी भारतीय भाषाओं में तो मुश्किल से ही कोई मौलिक चीज मौजूद होती है।

तीसरा, डिजिटल मीडिया कंपनियों के लिए भुगतान की शर्तें स्पष्ट नहीं हैं। इन्हें मुश्किल से ही सही समय पर या तय अवधि के अंदर भुगतान किया जाता है। भुगतान को अठारह महीने या इससे ज्यादा लंबा खिंच जाना आम बात है। कई मामलों में तो भुगतान आता भी नहीं है और डूबंत ऋण बन जाता है। इसकी वजह है कि टेलीविजन और प्रिंट व्यवसाय की तरह डिजिटल मीडिया उद्योग में आईबीएफ और आईएनएस जैसे उद्योग संगठन नहीं हैं, जो विज्ञापनदाताओं द्वारा समय पर भुगतान नहीं किए जाने की स्थिति में अपने सदस्यों के साथ खड़े हो सकें। पाहवा कहते हैं 'कोई भी गूगल, याहू! और माइक्रोसॉफ्ट से भिड़ना चाहता है और आईएएमएआई तो पूरी तरह से शक्तिहीन है'[12]।

चौथा, मोबाइल से भुगतान करना भी एक बड़ी समस्या है। अगर आप कोई चीज अपने टेलीकॉम ऑपरेटर के जरिए खरीद पाते हैं तो आपके लिए बहुत आसानी होती है। मगर, जब आप अपने मोबाइल फोन के जरिए कोई सामान खरीदने की कोशिश करते हैं तो ये काफी जटिल हो जाता है।

पाहवा बाताते हैं कि ऐसा इसलिए होता है क्योंकि मोबाइल पर बैकएंड पेमेंट गेटवेज भारतीय कंपनियों के लिए बेहद जटिल होता है, जिसके लिए उन्हें स्थानीय नियमों का पालन करना पड़ता है। इसका मतलब है मोबाइल पर हर बार भुगतान करने के लिए आपको पासवर्ड के साथ लॉग–इन करना पड़ता है। पाहवा कहते हैं कि इसने मोबाइल पर कंटेंट स्ट्रीमिंग के विकास और डाऊनलोडिंग सेवा में ठहराव ला दिया है और वास्तव में मोबाइल विज्ञापन को बढ़ावा दिया है।

पारिस्थितिकी तंत्र से जुड़ा पांचवां और अंतिम मुद्दा है मैट्रिक्स और विश्लेषण, जो डिजिटल मीडिया का प्रिंट और टीवी के साथ तुलनात्मक अध्ययन में मदद करते हैं और ये डिजिटल मीडिया के पारिस्थितिकी तंत्र से पूरी तरह गायब हैं। कनान पार्टनर्स के प्रबंध निदेशक आलोक मित्तल कहत हैं, ''विश्वभर में ग्राहक टेलीविजन जैसे परंपरागत मीडिया को सोशल मीडिया से जोड़ कर चल रहे हैं, लेकिन भारत के पूरे मीडिया जगत में विज्ञापन के प्रभाव के विश्लेषण के लिए कोई तरीका नहीं है''। (देखें केसलेट 6ख)

नए और पुराने मीडिया की बातें

इस बात ने भी स्थिति को विचित्र बना दिया है कि प्रिंट, टेलीविजन या अन्य मीडिया अपने दम पर डिजिटल मीडिया को नहीं दबा पाए। हंगामा डिजिटल मीडिया के सीईओ, नीरज राय कहते हैं, ''कंटेंट इंडस्ट्री और डिजिटल मीडिया का पारिस्थितिकी तंत्र अभी भी भागीदारी की मुद्रा में नहीं हैं''। टेलीविजन कंपनियां अब भी यूट्यूब पर जाती हैं और फिर राजस्व की साझेदारी की बात पर शिकायत करने लगती हैं। आपको कंटेंट की बोली लगाने वाले कुछ और सर्च ईंजनों की जरूरत हो सकती है, जिससे कीमतों व आमदनी में हिस्सेदारी भी बढ़ेगी। जो पारिस्थितिकी तंत्र इस समय मौजूद है उसमें कंटेंट निर्माताओं को और अधिक सक्रिय होना होगा। समाचार पत्रों के प्रकाशकों के पास अभी दस वर्ष का समय है, तब जाकर सही तरीके से डिजिटल मीडिया भारत में इनको चुनौती देने की स्थिति में होगा। अभी तो ज्यादातर ने इसे गंभीरता से लेना भी शुरू नहीं किया है। राय कहते हैं, ''जिनती भी फिल्में आती हैं, उनमें से हर मूवी का दूसरा रूप यानी गेमिंग बाजार में क्यों नहीं आता? हमें कुछ कल्पनात्मक शक्ति का विकास करना होगा कि और क्या किया जा सकता है''। अगर डिजिटल मीडिया प्रोफेशनल, प्रिंट और टेलीविजन को थोड़ा और करीब से जानेंगे तो उनको वहां से कुछ चीजें मिल सकती हैं कि किस प्रकार विज्ञापन की दरें, कटेंट में निवेश और अन्य चीजों को बेहतर बनाया जाए। क्रॉस–मीडिया में ज्ञान के आदान–प्रदान की व्यापक संभावना है, इससे सभी प्रतिभागी मीडिया की मात्रा, विविधता और मुनाफे में ईजाफा होगा।

अवसर और चलन

डिजिटल मीडिया जिन समस्याओं का सामना कर रहा है, उन्हीं में से अधिकतर अवसर और विकास के क्षेत्र उभर कर सामने आ रहे हैं। उदाहरण के लिए, डिजिटल मीडिया में एकमात्र सबसे बड़ा बदलाव ऑफ–डेक सेवाओं की तरफ शिफ्ट होना है या वे सेवाएं जो टेलीकॉम कंपनियों या गूगल जैसे प्लेटफॉर्म मालिकों को बाईपास करती हैं। यह नई मीडिया कंपनियां बनाने का सबसे बड़ा मौका है जो डिजिटल मीडिया के पारिस्थितिकी तंत्र में मौजूद विसंगतियों को दूर कर सकता है। संपूर्ण डिजिटल पारिस्थितिकी तंत्र में अंदर से मोबाइल का विकास दूसरा बड़ा मौका है।

संग्राहकों का अभ्युदय[13]

जेंगा एक ऐसा मोबाइल टीवी ऑपरेटर है, जो आजतक, डीडी न्यूज या महुआ समेत 100 से ज्यादा टेलीविजन चैनलों की सेवा प्रदान करता है। इसके अलावा यह कंटेंट संग्राहक भी है। अप्रैल 2013 तक इसके पास 2.5 करोड़ अनुपम उपभोक्ता थे, जिन्होंने 25–30 करोड़ वीडियो देखे। जेंगा टीवी विज्ञापन–पोषित है; इसके उपयोग के लिए आपको अपने मोबाइल ऑपरेटर को कोई पैसा नहीं चुकाना होता है। जेंगा के सह–संस्थापक शबीर मोमीन के अनुसार, 2009 में स्थापित इस कंपनी ने वित्तीय वर्ष 20011–12 और 2012–13 में मुनाफा कमाया। 1.5 अरब रुपये के राजस्व के साथ, अब यह इतना पैसा कमाने लगी है कि अब ये मोबाइल और वेब के लिए स्वयं शो का आयोजन करती है। कंपनी को उम्मीद है कि मुख्यधारा के प्रसारक भी उनके शो को खरीदेंगे।

जेंगा सिर्फ ही केवल एक सफल मोबाइल टीवी कंपनी नहीं है। हंगामा डिजिटल मीडिया के मुख्य कार्यकारी अधिकारी नीरज राय के मुताबिक जेंगा डिजिटल मीडिया मार्केट में उस सफलता का प्रतीक बन गयी है, जिसके बलबूते बिचौलिए और संग्राहक 'डिजिटल मीडिया ब्रांड' और 'नई मीडिया कंपनियां' बनाने के बारे में सोचने की हिम्मत करते हैं। हंगामा डिजिटल कंटेंट के लिए स्वयं को प्रकाशक, विकसन और वितरक कंपनी कहती है। दूरसंचार कंपनियों द्वारा वितरित मनोरंजन सेवा से संग्राहक ब्रांड या कंपनी बनने के दौरान जो बदलाव हुए, वो हाल के वर्षों में भारतीय बाजार का एकमात्र सबसे बड़ा शिफ्ट है। ऐसा इसलिए क्योंकि यह निर्धारित करता है कि भारतीय डिजिटल मीडिया के बाजार का 'गेट–कीपर' कौन होगा। यह बदलाव चार कारणों से हो रहा है और डिजिटल मीडिया पारिस्थितिकी तंत्र को समझनों के लिए इन कारणों को समझना जरूरी है।

पहला, प्रतिस्पर्धा। भारत में मोबाइल सेक्टर के तीव्र विकास ने तमाम खिलाड़ियों को अपनी ओर खींचा, जिससे बाजार में कीमतों और मुनाफे को लेकर दबाव बढ़ा। प्रचार सामग्री व तकनीक के अलावा अन्य दूसरी चीजों के लिए बाजार में संग्राहक मौजूद हैं। सामग्री निर्माताओं और संग्राहकों के लिए बाजार में 50 अरब रुपये का बड़ा हिस्सा है।

दूसरा, फिल्म क्लिप या संगीत की कॉपीराइट रखने वाली कंपनियों के हिस्से मे कुल आमदनी का मात्र 5–15 प्रतिशत ही जाता है, 15–20 प्रतिशत हिस्सा संग्राहक के पास जाता है। वहीं, 60–80 प्रतिशत हिस्सा दूरसंचार कंपनियों की झोली में चला जाता है। जब बाजार में संग्राहकों की भीड़ नहीं थी, तब कोई बात नहीं थी। लेकिन पिछले पांच सालों में संग्राहक बाजार में बढ़िया वित्तपोषित तकनीक या कंटेंट स्टार्ट–अप बाजार में अपना बड़ा हिस्सा चाहते हैं।

तीसरा, आई–पैड या आई–फोन जैसे स्मार्ट यंत्रों के आगमन ने चीजों को आसान बना दिया है। संग्राहक या सामाग्री निर्माता स्मार्ट डिवाइस को एप्प या लिंक के जरिए सीधे अपनी सेवा बेच सकते हैं। इसका मतलब है कि संग्राहकों और सामग्री निर्माता को सीधे यंत्र निर्माता से सौदा करना होगा है ना कि सब कुछ अपने में समेटने वाली दूरसंचार कंपनियों से।

चौथा है, जटिलता। एक गाना बजाने या डाउनलोड करने का एक अनुरोध करने के लिए पर डिवाइस को बैकएंड की जरूरत होती है जो डिवाइस, गाने, डिवाइस के ऑपरेटिंग सिस्टम और भाषा समेत कई जानकारियों को डिकोड कर सकता है। एक अनुमान के मुताबिक, वर्ष 2012 में हंगामा ने करीब 300 इंजीनियरों को सिर्फ ये सुनिश्चित करने में लगाया कि उसके 25 लाख कंटेंट 2800 विभिन्न प्लेटफॉर्मों पर काम करें। माध्यम की जटिलता और मांग के अनुरूप सेवा की आपूर्ति को देखते हुए संग्राहकों ने ज्यादा लाभ की मांग की और इसके लिए संग्राहकों को सीधे उपभोक्ता से संपर्क करना पड़ा।

इन चार कारकों के अलावा एक और बात हुई। जुलाई, 2011 में दूरसंचार नियामक प्राधिकरण (ट्राई) ने दूरसंचार कंपनियों को निर्देश दिया कि कोई मूल्यवर्धित सेवा जैसे रिंगटोन्स आदि चालू करने से पूर्व उपभोक्ता से लिखित पुष्टि अवश्य कर ली जाए। तब तक, दूरसंचार कंपनियां इन सेवाओं का सब्सक्रिप्शन अपने मन से सक्रिय कर देती थीं। ट्राई के नियम से दूरसंचार कंपनियों की वो आमदनी कम हो गई जो पहले मूल्यवर्धित सेवाओं से होती थीं। पहवा कहते हैं कि दूर संचार कंपनियों के इस घाटे का फायदा सावन डॉट कॉम और हंगामा डॉट कॉम जैसी कंपनियों को हुआ।

भुगतान राजस्व से उम्मीद

संग्राहकों या स्वतंत्र डिजिटल मीडिया ब्रांडों के अभ्युदय का अंतर्राष्ट्रीय चलन से सही रूप में मेल खाता है, छोटे ही रूप में सही, वह भारत में भी आ गया हैः डिजिटल दुनिया में भुगतान राजस्व का तेजी से बढ़ता चलन। अमेरिका में

1380 में से 450 दैनिक अपने ऑनलाइन सब्सक्रिप्शन के पैसे लेते हैं। ऑनलाइन सब्सक्रिप्शन से मिलने वाला राजस्व प्रिंट सब्सक्रिप्शन से मिलने वाले राजस्व और अन्य राजस्व से अलग है, जो वास्तव में समाचार पत्र उद्योग के लिए भुगतान राजस्व को केंद्र में ला रहा है[14]। *द न्यूयॉर्क टाइम्स, द इकोनॉमिस्ट* और *अटलांटिक* कुछ ऐसे ब्रांड हैं, जिन्हें डिजिटल माध्यम से अच्छा भुगतान राजस्व मिल रहा है। संगीत के क्षेत्र में, 1999 में जब से इस उद्योग में डिजिटल मीडिया ने दस्तक दी, तब से पहली बार डिजिटल डाउनलोड और स्ट्रीमिंग के कारण इस उद्योग को अच्छा परिणाम देखने को मिला है। टेलीविजन में दर्शकों का ऑनलाइन की ओर कोई उल्लेखनीय झुकाव नहीं देखा गया। नेटफ्लिक्स आदि की ओर झुकाव अच्छी बात है, क्योंकि यह एक मूल्य आधारित मॉडल है। 2013 की शुरुआत में नेटफ्लिक्स ने स्वनिर्मित *द हाउस ऑफ कार्ड्स* का प्रदर्शन प्रीमियर किया। अब तक के अनुमानों में नेटफ्लिक्स, जिससे मूवी स्टूडियो और टीवी कंपनी अब तक घृणा करते थे, ने काफी पैसे कमाए हैं। शेमारू (Shemaroo), जिसकी शुरुआत एक वीडियो कैसेट कंपनी के रूप में हुई, अब डिजिटल की स्वर्णिम खान पर बैठी है, क्योंकि इसने डिजिटल से अच्छी तरह पैसा बनाना सीख लिया। यह सभी मोबाइल प्लेटफॉर्मों पर उपस्थिति दर्ज कराने के अलावा यू–ट्यूब पर दस सर्वश्रेष्ठ चैनलों में शामिल है। शेमारू इंटरटेनमेंट के निदेशक हिरेन गाडा का कहना है कि नॉन–डिजिटल की अपेक्षा डिजिटल से आमदनी अधिक तेजी से बढ़ रही है।

पेशेवर सामग्री के लिए वित्तीय संकट से जूझ रहे उद्योग के लिए यह बात उम्मीद जगाने वाली हो सकती है। प्रसारण सामग्री के विभिन्न रूपों, प्लेटफॉर्मों और मीडिया खण्डों में भुगतान राजस्व का अभ्युदय, मेरे विचार से, डिजिटल मीडिया व्यवसाय के भविष्य के लिए सबसे सकारात्मक संकेत है। आपका तर्क हो सकता है कि मोबाइल पारिस्थितिकी तंत्र में सब कुछ भुगतान आधारित है। आपकी बात सही है, लेकिन लैपटॉप और टैबलेट जैसे दूसरे यंत्रों में जहां बड़ी मात्रा में वीडियो, टेक्स्ट और अन्य सामग्री का उपभोग होता है, वहां भी भुगतान शब्द अब प्रचलित हो रहा है। हंगामा डिजिटल मीडिया के सीईओ नीरज राय कहते हैं, ''हम उस स्थिति में आ चुके हैं, जहां कुछ उपभोक्ताओं को विनिमय अर्थव्यवस्था की ओर मोड़ने में कामयाब हो रहे हैं''। भारत में डिजिटल मीडिया पर मौजूद 22.7 करोड़ आबादी में से अगर 10 करोड़ आबादी भी ऑनलाइन डिजिटल उपभोग पर खर्च करना शुरू कर दें तो बाजार में बहुत ज्यादा पैसा आ जाएगा, क्योंकि यह मात्रा बहुत बड़ी है।

ऑफलाइन मीडिया की वृद्धि

हालांकि दूसरे मीडिया के समानांतर विकास ने कई प्रकार से डिटिजल मीडिया के विकास में बाधा डाली है, लेकिन उसने इसे एक ताकत भी दी है। ऑफलाइन के विकास से एक तरह से डिजिटल मीडिया के राजस्व में वृद्धि

हुई है। मैककेन इरिक्सन डिजिटल बिजनस के पूर्व प्रमुख आर.पी. सिंह बताते हैं[15]। टेलीविजन या प्रिंट पर ऑफलाइन कैंपेन जितना अच्छा होता है, उतना ही ज्यादा लोग इसे ऑफलाइन देखने के लिए उत्प्रेरित होते हैं। उदाहरण के लिए, हर बार नोकिया का ग्रॉस रेटिंग प्वाइंट या उसके विज्ञापन को देखने वालों की कुल संख्या का माप बढ़ता है, डिजिटल मीडिया पर इस फोन की खोज भी बढ़ जाती है, कुछ समय के लिए इस ब्रांड को संभालने वाले आर.पी. सिंह ने बताया। अंततः इससे इस फोन की बिक्री भी बढ़ जाती है। यह बात बैंकिंग, वित्तीय सेवाओं या फिर रेफ्रिजरेटर या कार जैसी उपभोक्ता टिकाऊ वस्तुओं पर भी लागू होती है। अगर कोई विज्ञापन आपको अच्छा लगता है तो आप ज्यादा जानकारी के लिए उसे ऑनलाइन भी ढूंढेंगे और अंत में उस वस्तु को खरीद लेते हैं। यह भी एक कारण है कि इंटरनेट पर खोजी गई चीजों में सबसे ज्यादा विज्ञापित श्रेणियों में एफएमसीजी, उपभोक्ता टिकाऊ वस्तुएं और दूरसंचार कंपनियां शामिल हैं[16]।

वीडियो की वृद्धि

डिजिटल विज्ञापन राजस्व बढ़ने का एक सबसे बड़ा कारण ये है कि अधिकतर लोग ऑनलाइन फिल्में, टीवी क्लिप्स, धारावाहिक आदि देखते हुए ज्यादा समय बिताते हैं। अमेरिका में, मार्च 2013 के आंकड़ों के अनुसार 18.3 करोड़ लोगों ने 1200 मिनट (प्रत्येक) वीडियो देखने में बिताया[17]। कॉमस्कोर के अनुसार इन लोगों ने 3.9 करोड़ से ज्यादा वीडियो देखे। इनमें ट्रैफिक के मामले में गूगल का यूट्यूब सबसे ऊपर रहा। अन्य शीर्ष वेबसाइटों में वीवो, फेसबुक, वियाकोम और टर्नर के नाम गिनाए जा सकते हैं। कॉमस्कोर के मुताबिक, जुलाई 2012 में भारत में 4.45 करोड़ लोगों ने करीब 459 मिनट (प्रत्येक) वीडियो देखने में बिताए। पर्सनल कंप्यूटर या लैपटॉप पर वीडियो देखने के मामले में भारत का स्थान विश्व में तीसरा है, जबकि मोबाइल फोन पर वीडियो देखने में भारत का स्थान विश्व में चौथा है। यह चलन काफी अहम है क्योंकि यह भारत में डिजिटल ग्रोथ के सबसे बड़े अवरोधों– साक्षरता और भाषा (इंटरनेट पर अंग्रेजी) को दूर करने में सहायक है। डिजिटल जगत में वीडियो ने वही काम कर दिखाया, जो ऑफलाइन जगत में टेलीविजन ने किया, तमाम लोगों को ऑनलाइन जोड़ने में सहायता। इस तरह वीडियो ने डिजिटल मीडिया का उपयोग और व्यापार बढ़ाया। वैधानिक डाऊनलोड बाजार पहले ही संगती और संगीत उद्योग को पुनर्जीवित करने में मदद कर रहा है, जैसा कि आपने संगीत अध्याय में पढ़ा। वैधानिक डाऊनलोड बाजार से फिल्म और टीवी सामग्री निर्माताओं को भी अच्छा राजस्व मिलेगा। टी–सीरीज, शेमारू और राजश्री यूट्यूब चैनलों की सूची में लगातार शीर्ष पर कायम रहती हैं।

वीडियों में भी कुछ विशेष चलन देखने को मिल रहे हैं। उदाहरण के लिए, जेंगा की शुरुआत के तुरंत बाद 95 प्रतिशत ट्रैफिक लाइव टेलीविजन से मिला। मगर अब, 70–80 प्रतिशत दर्शक वीडियो ऑन डिमांग को वरीयता देते दिख रहे हैं। ये वीडियो टीवी, उपभोक्ता सृजित सामग्री, क्लिप, म्यूजिक या कोई अन्य चीज हो सकती है। इसने एक नए मॉडल को जन्म दिया है, जैसे हंमारामूवी डॉट कॉम, जो अज्ञात निर्देशकों की ताजातरीन फिल्में दिखाता है, जिन्हें पेशेवर फिल्म निर्माता जैसे अनुराग कश्यप और इम्तियाज अली जैसे अन्य लोगों का सहकार प्राप्त होता है।

सोशल मीडिया की वृद्धि

फेसबुक, ट्विटर और लिंक्डइन जैसे प्लेटफॉर्म लोगों के लिए बड़े कारगर साबित हुए, जिससे दूर बैठे आप चैट कर सकते हैं, गीत, फिल्म, तस्वीरें शेयर कर सकते हैं या दूसरों की जिंदगी में रुचि ले सकते हैं। फेसबुक पर उपलब्ध एक अरब से ज्यादा उपभोक्ताओं में भारत का तीसरे स्थान पर है। सोशल मीडिया के विकास से संपूर्ण डिजिटल मीडिया के पारिस्थितिकी तंत्र पर तीन सकारात्मक प्रभाव पड़े। पहला, विज्ञापन नेटवर्क, एडमैग्नेट के सहसंस्थापक, रतीश नैयर कहते हैं, 'इसने इंटरनेट का उपयोग बढ़ाया'। विश्व में इंटरनेट उपभोक्ताओं की संख्या के मामले भारत तीसरे स्थान पर है। इसने संग्राहकों, प्रसारण सामग्री निर्माताओं को काफी हद तक बढ़ाया, जिससे इनका उपयोग और व्यापार बढ़ाया। दूसरा, सोशल मीडिया ने मीडिया और इंटरटेनमेंट उद्योग को अपने उत्पादों और सेवाओं के प्रचार के लिए अच्छा मंच दिया। वर्ष 2013 की पहली तिमाही में फेसबुक पर भारतीय उपभोक्ताओं की संख्या 7.8 करोड़ थी[17]। डिजिटल मीडिया, हंगामा के सीईओ, नीरज राय का मानना है कि समय के साथ उपभोक्ताओं की इतनी बड़ी संख्या और सहभागिता को व्यापार में बदला जा सकता है। वो बताते हैं कि टाटा डोकोमो के 1.3 प्रशंसक हैं, इसलिए इसका अगला कदम पैसा कमाना होगा। अमेरिका में मार्केटिंग के लोगों द्वारा की जा रही कुछ चीजें रोचक तथ्य प्रदान करती हैं। देखें केसलेट 6ख।

यंत्रों की वृद्धि

यह जाहिर सी बात है। लेकिन यह वृद्धि सभी प्रकार के यंत्रों में है, बेसिक मोबाइल से लेकर स्मार्टफोन तक, टैबलेट से लैपटॉप तक, जिसने डिजिटल मीडिया पर कंटेंट के उपभोग को भारी बढ़ावा दिया है। ज्यादा से ज्यादा लोगों को मंच प्रदान करने के साथ, यह वैकल्पिक राजस्व को पैदा करने में मदद कर रहा है। उदाहरण के लिए, प्रिंट मीडिया के लिए एप्स राजस्व के

बेहतर स्रोत के रूप में उभर रहे हैं, इसके लिए टैबलेट को धन्यवाद कहना होगा। काफी हद तक स्मार्टफोन ने म्यूजिक इंडस्ट्री को जिंदा किया है और स्ट्रीमिंग सेवा को नई गति मिली है।

अतीत

इंटरनेट

इंटरनेट, जुड़े हुए नटवर्कों का वैश्विक समूह है, जो लोगों को सूचनाओं और सेवाओं तक पहुंचने की अनुमति देता है। इंटरनेट में वर्ल्ड वाइड वेब, इलेक्ट्रॉनिक मेल (ई–मेल), फाइल ट्रांसफर प्रोटोकॉल (एफटीपी), इंटरनेट रिले चैट (आईआरसी) और यूजनेट (यूनिक्स यूजर नेटवर्क, न्यूज सर्विस) शामिल है[15]।

आज, इंटरनेट करोड़ों कंप्यूटरों का नेटवर्क है, जो पूरे विश्व में सतत् संचार की अनुमति देता है। यह भौगोलिक स्थितियों से परे दो या दो से ज्यादा व्यक्तियों के बीच सूचना प्रसार, सहयोग और आदान–प्रदान की वैश्विक व्यवस्था है। यह डाटा लेकर उसे विभिन्न भागों में बांटता है, जिसे पैकेट्स कहते हैं, और उपलब्ध मार्गों के जरिए लक्षित कंप्यूटर पर पहुंचाता है। नेटवर्क में पैकेट्स सेकेंड के एक हिस्से का उपयोग करता है और डिजिटल संदेश को एक दिशा में भेजता है। इंटरनेट को जोड़ने के लिए, उपभोक्ता को आईएसपी की सेवा लेनी पड़ती है। बाजार की संरचना के अनुसार यह सामान्य आईएसपी, टेलिकॉम या केबल कंपनी की हो सकती है।

लॉस एंजेल्स स्थिति कैलिफोर्निया विश्वविद्यालय, सैंटा बारबारा स्थित कैलिफोर्निया विश्वविद्यालय, उताह विश्वविद्यालय और स्टैनफॉर्ड रिसर्च इंस्टीट्यूट में लगे चार कंप्यूटर इंटरनेट की आरंभिक शुरुआत के हिस्से थे। अमेरिका के रक्षा विभाग ने एडवांस्ड रिसर्च प्रोजेक्ट एजेंसी के जरिए इस कार्यक्रम की शुरुआत की और इसमें पैसा लगाया। नेटवर्क की शुरुआत पूरी प्रणाली को केंद्रीकृत करने के उद्देश्य से किया गया, ताकि किसी खास कंप्यूटर पर हमले की स्थिति में संचार व्यवस्था की दिशा बदली जा सके। चालीस कंप्यूटरों का मिलिस्ट्री नेटवर्क तैयार करने के मकसद से लिंक्स और लाइन्स के जाल बनाए गए। नेटवर्क तैयार करने का यह आइडिया, जो बाद में इंटरनेट कहलाया, इस पर लंबे समय से चर्चा हो रही थी।

1962 में मैसाचुसैट्स इंस्टीट्यूट ऑफ टेक्नोलॉजी (एमआईटी) के जे.सी. आर. लिकलाइडर ने पहली बार विश्व के किसी भी साईट पर डाटा और प्रोग्राम्स की पहुंच के लिए वैश्विक स्तर पर आपस में जुड़े कंप्यूटर नेटवर्क यानी 'गैलेक्टिक नेटवर्क' पर चर्चा की। अक्टूबर 1962 में डिफेंस एडवांस्ड

रिसर्च प्रोजेक्ट्स एजेंसी में लिकलाइडर कंप्यूटर रिसर्च प्रोग्राम्स के पहले प्रमुख थे[19]। उन्होंने एमआईटी में अपने उत्तराधिकारियों, जिनमें रिसर्चर लॉरेंस जी. रॉबर्ट्स भी शामिल थे, को नेटवर्किंग परिसंकल्पना का महत्व समझाया। एमआईटी में लिएनार्ड क्लेनरॉक ने पैकेट स्विचिंग थ्योरी पर 1961 में पहला शोधपत्र प्रस्तुत किया और 1964 में उनकी पहली पुस्तक प्रकाशित हुई। क्लेनरॉक ने भी रॉबर्ट्स से परिपथ के बजया, सूचना पैकेट्स के उपयोग की संभाव्यता के बारे में चर्चा की। कंप्यूटर नेटवर्किंग की दिशा में यह पहला कदम था। दूसरा था, एक कंप्यूटर के जरिए दूसरे कंप्यूटर से बात करना। अगस्त 1968 तक, रॉबट्र्स और डीएआरपीए पोषित समुदाय ने कंप्यूटर नेटवर्किंग और उसकी विशेषताओं को शोधित किया। 1969 के अंत तक, चार स्थानीय कंप्यूटरों को आपस में जोड़कर शुरुआती एआरपीएएनईटी (अर्पानेट) बना और इस तरह इंटरनेट ने उड़ान भरी।

यह इस सोच पर आधारित था कि अर्पानेट के साथ विभिन्न डिजाईन के बहुत से स्वतंत्र नेटवर्क पैकेट स्विचिंग नेटवर्क के रूप में होंगे। बाद में सैटेलाइट नेटवर्क या पैकेट रेडिया नेटवर्क भी जुड़ सकते हैं। 1980 में रक्षा मानकों के अनुसार, ट्रांसमिशन कंट्रोल प्रोटोकॉल (टीसीपी) या आईपी अपनाए गए। 1983 तक, अर्पानेट का इस्तेमाल विभिन्न रक्षा, शोध और विकास व परिचालन से जुड़े संगठनों में होने लगा। 1985 तक, ज्यादातर विभिन्न प्रणालियों के साथ विभिन्न समुदायों के बीच इंटरनेट और ई–मेल का प्रयोग होने लगा।

1991 में अंग्रेज शोधकर्ता टीम बर्नर–ली ने वर्ल्ड वाइड वेब की शुरुआत की। 1993 में अमेरिका स्थित नेशनल सेंटर फॉर सुपर कंप्यूटर एप्लीकेशन (एनसीएसए)[20] ने पहला वेब–ब्राउजर मोजैक विकसित किया। वेब–ब्राउजर इंटरनेट का ग्राफिकल यूजर इंटरफेस होता है। यह इंटरनेट का वो हिस्सा होता है जिसे अधिकतर उपभोक्ता देखते और उपयोग करते हैं। इंटरनेट एक्सप्लोरर, मोजिल्ला फायरफॉक्स और अब गूगल क्रोम कुछ प्रचलित नाम हैं। इसने इंटरनेट के उपयोगात्मक और मात्रात्मक विकास में महत्वपूर्ण योगदान दिया। 24 अक्टूबर 1995 में अमेरिका के फेडरल नेटवर्किंग काउंसिल ने पारिभाषिक शब्द इंटरनेट का प्रस्ताव पारित कर दिया। इसकी परिभाषा इंटरनेट के सदस्यों और आईपीआर समुदायों के परामर्श से तैयार की गई[21]।

भारत हुआ ऑनलाइन

इसी दौरान भारत ने भी इंटरनेट खोज लिया। सन 1995 में, इंटरनेट की सुविधा भारत के कुछ प्रमुख शहरों तक सीमित थी और सबकुछ सरकार के हाथों में था। तब सरकारी कंपनी विदेश संचार निगम लिमिटेड यानी वीएसएनएल के पास इंटरनेट सेवा देने की जिम्मेदारी थी, जो दोषपूर्ण

कनेक्टिविटी और बहुत कम बैंडविड्थ के साथ सेवा दे रही थी, वो भी तब जब फोन लाइन की भारी कमी थी[22]। इंटरनेट सर्फिंग के दौरान इंटरनेट सेवा बंद हो जाना आम बात थी। इस स्तर की सेवाओं के लिए भी वीएसएनएल की दरें उस समय की सबसे दरों में गिनी जाती थीं। भारतीय उपभोक्ता तकरीबन 2 डॉलर प्रति घंटा के हिसाब से भुगतान करते थे और 64 केबीपीएस लाइन 2000 डॉलर प्रति माह की लीज पर उपलब्ध थी। चुनिंदा कंपनियां ही लीज लाइन का खर्च उठाने में सक्षम थीं। परिणामस्वरूप, 1998 के अंत तक भारत में मुश्किल से 1,50,000 इंटरनेट कनेक्शन थे।

इन चीजों से भारतीय उद्यमियों को हतोत्साहित नहीं किया और दर्जनों उद्यमी मैदान में आए। केबल टीवी की ही तरह, इन उद्यमियों ने इस दुनिया में भारत के पहले कदम की अगुवाई की, जो फिर बढ़ता गया। अजीत बालाकृष्णन (रेडिफ डॉट कॉम), राजेश जैन (इंडिया वर्ल्ड डॉट कॉम) और हरेश टिबरेवाला व संजय मेहता (होमइंडिया डॉट कॉम) जैसे लोगों ने नेटवर्क की दुनिया की ओर दिलचस्पी दिखाई[23]।

उत्थान–पतन का काल

इंटरनेट व्यवसाय स्थापित करने के लिए पैसे की उपलब्धता ने चीजों को आसान बना दिया। कई विदेशी वित्तीय संस्थानों ने भारत में खुद को स्थापित किया। सॉफ्टवेयर के क्षेत्र में भारत की अपार सफलता ने उन्हें यह सोचने पर मजबूर कर दिया कि इंटरनेट उन्हें अच्छा मुनाफा दिला सकता है। वर्ष 2000 तक इंटरनेट के बारे में निवेशकों के सकारात्मक रवैये के कराण सभी प्रकार की वेबसाइटों– शादी, गेम्स, जॉब, गपशप, कुकिंग, कामकाजी महिलएं आदि का खूब विकास हुआ[24]।

पैसों की भारी आवक से इस व्यवसाय में सैलरी और अन्य खर्चे बढ़े। उस वक्त कोई मुनाफा या राजस्व नहीं मिलता थे, जिसे मूल्यांकन का आधार बनाया जा सके, इसलिए मूल्यांकन पैंतरेबाजी के आधार पर थे। वेबसाइटों की लोकप्रियता का अनुमान और मूल्यांकन पेजों पर हिट्स आदि के आधार पर होते थे। एक अनुमान के मुताबिक, वर्ष 1999–2000 के दौरान 100 से ज्यादा डॉट कॉम के मूल्यांकन हुए। बिजनेस मैगजीन समेत मीडिया खुशी–खुशी इससे जुड़ा, जो एक माध्यम के जन्म जैसा लग रहा था।

कई कंपनियां तो पीछे रह जाने के डर के कारण इसमें शामिल हो गईं। कई मामलो में यह स्पष्ट नजर आ रहा था कि वे इस माध्यम को या तो ठीक से समझ नहीं सके (जाहिर है, सुबकुछ नया था) या ठीक से सोच नहीं सके कि इस माध्यम के साथ उन्हें करना क्या है। ये बात सिर्फ भारतीय कंपनियों के संबंध में ही नहीं, बल्कि अमेरिकी निगमों पर भी फिट बैठती है। वॉल्ट डिज्नी ने गो डॉट कॉम पर करोड़ों डॉलर खर्च किए, जो कहीं

नहीं पहुंच पाया। इस दौरान न्यूज कॉर्पोरेशन ने 30 करोड़ डॉलर इंटरनेट व्यवसाय पर निवेश किए।

एक प्रकार से सभी इसमें बह गये और बाद में जब उनको अपनी नादानी का अहसास हुआ तो इस माध्यम को नकार दिया। अब जिसे 'डॉटकॉम क्रैश' की संज्ञा दी जाती है, वह वर्ष 2000–01 के दौरान हुआ। इंटरनेट कंपनियों के शेयर के दाम तेजी से गिरने लगे, जो कंपनी की स्थिति को दर्शाता था– कईयों को आमदनी नहीं मिल रही थी, लाभ नहीं हो रहा था, व्यवसाय ठप पड़ गया था। इसने निवेशकों को भारी झटका दिया, जिनके बारे में माना जाता था कि वो अच्छी समझ रखते हैं। लेकिन वास्तविकता यह है कि उन सभी निवेशकों को इंटरनेट और उन उद्यमियों के बारे में कोई अंदाजा ही नहीं थी, जिनमें वो निवेश कर रहे थे।

हालांकि भारत को कोई बड़ा 'हादसा' नहीं हुआ, फिर भी इससे बाजार प्रभावित हुआ। पूंजी निवेश की भावना इंटरनेट कंपनियों के खिलाफ हो गई और अंततः पूंजी निवेश कम हो गया। दर्जनों वेबसाइट व्यवसाय रातों–रात गायब हो गए या उनकी पूंजी खत्म हो गई। कुछ कंपनियां जो इन झंझावातों के बावजूद बाजार में बनी रहीं, वे या तो इसलिए कि उनका व्यवसाय मजबूत था या उन्होंने अपना बिजनस मॉडल बदल लिए था।

दूरसंचार

दूरसंचार, विद्युत ऊर्जा के प्रयोग से सूचना को पहुंचाने की प्रक्रिया है। यह ऑप्टिकल ऊर्जा से विकसित हुई। 250 साल पहले तक सूचना का आदान–प्रदान उस गति तक सीमित था, जिस पर उसे संप्रेषित किया जा सकता था और जो दूरी वह तय कर सकती थीं। विद्युत तकनीक पर आधारित पहले पुरातन संचार तंत्र का आविष्कार 1747 में इंग्लैण्ड में हुआ। उसी समय विलियम वॉट्सन ने इलेक्ट्रो–स्टैटिक स्रोतों का इस्तेमाल कर सूचना के विद्युतीय संचरण का प्रदर्शन किया था। जॉर्ज लीसेज ने 1774 में स्विट्जरलैंड में सबसे पुराने टेलीग्राफ का प्रदर्शन किया, लेकिन उन्नसवीं सदी की शुरुआत में वाणिज्य और उद्योग की जरूरतों को पूरा करने वाले संचार के किसी विकसित रूप वाले व्यवहारिक प्रणाली की शुरुआत हो सकी।

1839 में समुएल मोर्स ने सिग्नल कोडिंग की एक प्रभावी प्रणाली विकसित की और बाल्टिमोर से वॉशिंगटन डीसी तक इलेक्ट्रिक टेलीग्राफ प्रणाली को पूरा किया। इसी के साथ दूरसंचार के आधुनिक युग की शुरुआत हुई। इसी दौरान गुगल्लिमो मार्कोनी ने रेडियो द्वारा सिग्नल के ट्रांसमीशन कर वायरलेस तकनीक की क्षमता का प्रदर्शन किया। तब से मौलिक तकनीक पर बनी शुरुआती प्रणाली का विस्तार और विकास हुआ, जिसने विश्वभर में दूरसंचार कार्यजाल स्थापित किया[25]।

भारत में दूरभाषी का आगमन

भारत में पहले टेलीग्राफ नेटवर्क की स्थापना 1856 में हुई[56]। इसका शुरुआती प्रयोग अगले वर्ष स्वतंत्रता के प्रथम संग्राम के दौरान हुआ। इसलिए कई वर्षों तक, दूरसंचार का विकास उपभोक्ता या वाणिज्यिक क्षेत्र की अपेक्षा सेना और सरकारी प्रतिष्ठानों तक ही सिमटा रहा। मूल रूप से दूरसंचार पोस्ट और टेलीग्राफ मंत्रालय का हिस्सा था। टेलीग्राफ लाइनें 1950 के दशक तक अस्तित्व में थीं, लेकिन धीरे–धीरे इसे छोड़ दिया गया और टेलीफोन और टेलीप्रिंटर से संचरित टेलीग्राम ने इसकी जगह ले ली।

पोस्ट और टेलीग्राफ मंत्रालय दो काम देखता था– पी एंड टी, और टेलीफोन। टेलीफोन की अपेक्षा पोस्टल सेवा अधिक विस्तृत थी। चूंकि टेलीफोन सेवा बहुत ही लाभदायक थी, इसलिए इसके जरिए डाक सेवाओं को रियायत दी जाती थी। यही कारण था कि टेलीफोन की कमाई में से उसके विस्तार पर बहुत कम खर्च किया जाता था और टेलीफोन के आवेदनों की लंबी सूची लंबित रहती थी। यह समस्या भारतीय दूरसंचार के इतिहास में लंबे समय तक बनी रही।

उदारीकरण की शुरुआत

इसकी शुरुआत 1984 में राजीव गांधी के प्रधानमंत्रित्व काल में हुई। अमेरिका से लौटे टेलीकॉम इंजीनियर सैम पित्रोदा उनके सलाहकार बने। पित्रोदा ने इलेक्ट्रॉनिक स्विच के विकास के लिए एक शोध एवं विकास संगठन, सेंटर फॉर डेवलपमेंट ऑफ टेलीमैटिक्स यानी सी–डॉट की स्थापना की। जनवरी 1985 में, डाक और दूरसंचार नाम से अलग–अलग विभाग बनाए गए। इसने डाक सेवाओं पर दूरसंचार की कमाई को लुटाना बंद कर दिया।

वर्ष 1986 में एक नया संचार मंत्रालय बनाया गया। उसी वर्ष, इस मंत्रालय के दो काम अलग किए गए। दिल्ली और बंबई (अब मुंबई) में दूरसंचार के प्रबंधन के लिए एमटीएनएल और अंतर्राष्ट्रीय सेवाओं के लिए वीएसएनएल की स्थापना की गई[27]। हालांकि, शेष टेलीफोन सेवाएं मंत्रालय के पास ही रही; यह सेवाएं दूरसंचार विभाग (डीओटी) चलाता था। विरोधाभासी रूप से, दूरसंचार की नियामक भूमिका इसी मंत्रालय के अंतर्गत रह गयी। इसलिए, दूरसंचार विभाग के लिए बजट बनाने, नीतियां बनाने और इसे लागू करने के लिए वर्ष 1989 में दूरसंचार आयोग बनाया गया।

जनवरी 1992 में दूरसंचार विभाग ने चार मेट्रो शहरों में मोबाइल सेवा शुरू करने के लिए निविदाएं मंगाई। मई 1994 में सरकार ने स्थानीय और मूल्यवर्धित दूरसंचार सेवाओं को प्रतियोगिता के लिए बाजार में खोल दिया। नवंबर 1994 में व्यवसायिक आधार पर मोबाइल सेवा की शुरुआत हुई। अगस्त 1995 में, मेट्रो शहरों के अंदर पहली बार मोबाइल टेलीफोन की सेवा की शुरुआत हुई।

शुरुआती गड़बड़ी

और यहीं से ही नियमन संबंधी गड़बड़ियों की शुरुआत हुई, जो भारत में दूरसंचार के विकास के लिए घातक थीं। अगर टेलीविजन के संदर्भ में बात करें तो दूरसंचार के विपरीत 1980 के मध्य में भारत में केबल सेवा की शुरुआत के बाद दस सालों तक निजी टेलीविजन प्रसारण के लिए कोई नियमन नहीं था। केबल को नियमाधीन करने वाला पहला कानून 1995 में आया, तब तक उपभोक्ताओं को निजी केबल ऑपरेटरों का भारी दंश झेलना पड़ा। शुरुआत में, इसमें कोई लाइसेंसिंग नहीं थी (देखें अध्याय 2–टेलीविजन)। उस समय निजी प्रसारणकर्ताओं के सामने सिर्फ एक प्रतिद्वंद्वी था– सरकारी प्रसारणकर्ता, जो काफी निष्क्रिय और अपेक्षाकृत अप्रभावी था[28]। 1992 में देश में पहले हिंदी सैटेलाइट चैनल लांच हुआ। सैटेलाइट चैनल के आने से ये स्पष्ट हो गया कि निजी प्रसारक कार्यक्रमों में दर्शकों को अधिक विविधता दे सकते हैं। इसमें यह तथ्य भी जोड़ें कि तब तक हजारों उद्यमियों के स्वामित्व वाले निजी केबल नेटवर्क का देशभर में जाल बिछ चुका था। अधिकतर नए चैनल इस पर सवार हो गए, इन्होंने इन केबल नेटवर्कों को अपने सिग्नल बेच दिए।

दूरसंचार के मामले में, सेवा की जिम्मेदारी निजी ऑपरेटरों पर थी, लेकिन उन्हें सरकारी नेटवर्क का उपयोग करने और सरकारी दरों पर ही सेवा देने के लिए मजबूर किया गया।

दूरसंचार विभाग ने पूरा प्रयास किया कि निजी ऑपरेटर पैसा न कमा सकें। रियायत पर झगड़ा, एक्सेस डिफिसिट चार्जेज, इंटरकनेक्ट रेट और कॉलिंग पार्टी पे (सीपीपी) मानक सबकुछ पूरी तरह दस्तावेजीकृत था। सच्चाई यह है कि इनको पढ़ना बहुत कठिन था। प्रसारण से विपरीत, अगर आप भारतीय दूरसंचार के पहले दस साल का इतिहास पढ़ें तो ऐसा नहीं लगता कि आशा की कोई किरण बची थी। डॉ. देसाई के अध्ययन[29] के मुताबिक, अधिकतर निजी संचालकों को घाटा सिर्फ इसलिए नहीं हुआ कि उन्हें दूरसंचार विभाग को ऊंची लाइसेंस, इंटरकनेक्शन या अन्य फीस देनी पड़ी, बल्कि इसलिए भी हुआ कि व्यवसाय करना बिल्कुल कतई आसान नहीं था। नतीजा हुआ कि निजी संचालकों के अनुमान के हिसाब से उनका प्रदर्शन पूरी तरह प्रतिकूल रहा।

नई दूरसंचार नीति का जन्म

1998 तक आठ मोबाइल सेवा प्रदाता और सभी लैंडलाइन सेवा प्रदाता अपनी लाइसेंस फीस देने की स्थिति में नहीं थे। आईसीआईसीआई के एक अध्ययन में ये बात सामने आई कि 22 मोबाइल सेवा प्रदाताओं में से सिर्फ, भारती टेलीवेन्चर को वित्तीय वर्ष 1997–98 में 25 करोड़ रुपये का छोटा सा मुनाफा हुआ। 17 प्रतिशत उपभोक्ताओं ने अपने फोन का इस्तेमाल किया ही नहीं और 37 प्रतिशत उपभोक्ताओं का बिल 500 रुपये मासिक से कम था। 1999 में

ट्राई द्वारा कराए गए एक और अध्ययन में भी यही पाया गया। इन अध्ययनों की सिफारिशों को लेकर मीडिया में बहस छिड़ गई और इसके बाद कानूनी दाव–पेच शुरू हो गये। अंततः इस मुद्दे का एक अंतर–मंत्रालयी कमेटी 'द ग्रुप ऑन टेलीकॉम' ने समाधान निकाला।

इसका परिणाम 1999 की नई दूरसंचार नीति के रूप में सामने आया। इसने चार बड़े बदलाव पेश किए।

पहला, राजस्व–साझेदारी फॉर्मूले में जाने से पहले, सभी सर्किल के ऑपरेटरों को 2.8 से 2.9 वर्ष की लाइसेंस फीस पुरानी दरों पर चुकानी थी।

दूसरा, दूरसंचार विभाग और एमटीएनएल को मोबाइल फोन व्यवसाय में आने की अनुमति दी गई। ज्यादातर मोबाइल ऑपरेटर दूरसंचार विभाग द्वारा तय 8.40 रुपये प्रति मिनट की दर से कम पर ही सेवा प्रदान कर रहे थे। बाजार में दो और ऑपरेटरों के आ जाने से कीमतों पर लड़ाई तय थी।

तीसरा, निजी लैंडलाइन ऑपरेटरों को सीडीएमए मोबाइल कनेक्शन देने की अनुमति दी गई। अब तक भारत में सेलफोन तकनीक जीएसएम पर आधारित थी[30]। अंततः अब निजी ऑपरेटरों के लिए दूरसंचार विभाग और एमटीएनएल के जरिए इंट्रा–सर्किल कॉल रूट अपनाने की जरूरत नहीं रह गई। अप्रैल 2001 में, लंबी दूरी के घरेलू ट्रैफिक में सरकार का एकाधिपत्य समाप्त हो गया और अंतर्राष्ट्रीय ट्रैफिक पर अप्रैल 2002 में। इन सब चीजों को देखकर लगता था कि एक दशक की ढिलाई, नुकसान और नियमन संबंधी गतिरोधों को पछाड़कर दूरसंचार अब आगे बढ़ रहा था।

लैंडलाइन कंपनियों ने लागत घटाने के लिए सीडीएमए वायरलेस सेवा का इस्तेमाल करना शुरू कर दिया और मोबाइल ऑपरेटर अब लाइसेंस फीस से मुक्त हो गए। जैसे ही कॉल दरें घटीं तो बाजार में विस्तार आता गया। यही वो समय था जब ट्राई ने ट्रैफिक रेगुलेशन के साथ प्रयोग करना शुरू कर दिया। 1996 में एक मिनट बात करने के लिए 16.80 रुपये खर्च करने पड़ते थे। नई दूरसंचार नीति आने के महज एक साल बाद, 2000 में यह दर घटकर आधी हो गई।

उछाल के वर्ष

नई दूरसंचार नीति–1999 के कारण, फोन की कीमत और कॉल दरें काफी गिर गईं। 2002 तक, सरकार ने मोबाइल फोन पर लगने वाले करों को 72.5 प्रतिशत से घटाकर 14 प्रतिशत कर दिया। बाद में तो ये 4 प्रतिशत पर आ गया। सरकार की इस नीति ने नोकिया जैसी हार्डवेयर कंपनियों को 5000 रुपये से भी कम की कीमत फोन बेचने का मौका दे दिया। इसके बाद दिसंबर 2002 में रिलायंस इंफोकॉम (जो अब रिलायंस कम्युनिकेशन है) बेहद सस्ती दरों पर मोबाइल सेवा लेकर आई। इसके बाद तो बाजार ने पीछे मुड़कर ही

नहीं देखा। कॉल दर घटकर 2 रुपये प्रति मिनट पर आ गई और उपभोक्ताओं की संख्या में लगातार इजाफा होता गया।

कारोबार कैसे काम करता है

मूल्य श्रृंखला

डिजिटल व्यवसाय में दो पारिस्थितिकी तंत्र चलते हैं, एक मोबाइल पर तो दूसरा इंटरनेट पर। शेमारू एंटरटेनमेंट के निर्देशक हिरेन गाडा बताते हैं 'मोबाइल पर, भुगतान मॉडल विकसित हुए, जबकि इंटरनेट पर ज्यादातर चीजें विज्ञापन समर्थित हैं'। अगर दोनों को डिजिटल मीडिया पारिस्थितिकी तंत्र में मिला लिया जाए, तो डिजिटल मीडिया के खेल में तीन मुख्य खिलाड़ी दिखाई देंगे:

मंच प्रदाता

इसमें एयरटेल, गूगल, वोडाफोन या याहू के नाम लिए जा सकते हैं। ये बड़े स्टेशनों या अड्डे की तरह हैं, जहां डिजिटल दुनिया में कुछ खोजने के लिए हम रुकते हैं। आमदनी के लिए इनमें कुछ विज्ञापन पर निर्भर करते हैं तो कुछ सीधे उपभोक्ताओं पर, जबकि कुछ दोनों पर ही निर्भर रहते हैं। ये सभी कुछ बुनियादी सुविधाएं प्रदान करते हैं– सर्च (गूगल) वॉयस (एयरटेल, वोडाफोन)– और फिर इनके ऊपर से संगीत, ईमेल आदि सेवाएं मुहैया कराते हैं। स्टेशन मालिक अपनी सेवाओं के लिए विज्ञापनदाताओं या उपभोक्ताओं से पैसे लेते हैं। उदाहरण के लिए दूरसंचार कंपनियां मूल्यवर्धित सेवाओं के लिए उपभोक्ता द्वारा प्रदत्त राशि का 60–80 प्रतिशत अपने पास रख लेती हैं। शेष राशि का विभाजन संग्राहक और सामग्री निर्माता के बीच होता है। हालांकि ऐसा नियम नहीं है। उदाहरण के लिए, यू–ट्यूब अपनी कमाई का पचास प्रतिशत सामग्री के मालिक को देता है।

संग्राहक

ऑनमोबाइल या हंगामा जैसी कंपनियां मंच प्रदाता और सामग्री निर्माता के बीच एक कड़ी का काम करती हैं। हंगामा के पास 400 विभिन्न कंपनियों की करीब 25 लाख प्रसारण सामग्री (गीत, फिल्म, क्लिप, वालपेपर आदि) हैं। ये मोबाइल सेवा प्रदाताओं या आईएसपी (इंटर सर्विस प्रोवाइडर) से साझेदारी कर इन सामग्री को 47 मार्केटों में पेश करती हैं[31]। इसी तरह तकनीक, सेवाओं

या भुगतान व्यवस्था के भी संग्राहक हैं। विशेषतः, प्रति ट्रांजेक्शन मूल्य कम होता है (5–10 रुपये), लेकिन संख्या काफी अधिक होने के कारण विशेषज्ञों को भी ये सेवाएं देना उचित जान पड़ता है। ये मंच प्रदाताओं को कीमत कम रखने में मदद करती हैं। मोबाइल ऑपरेटर इन सेवाओं से मिले राजस्व का महज 15–20 प्रतिशत संग्राहकों को देते हैं। दूरसंचार को छोड़कर दूसरे मंचों पर राजस्व में संग्राहकों/मालिकों की हिस्सेदारी काफी बेहतर है।

सामग्री निर्माता

इनमें संगीत, फिल्म, समाचार पत्र कंपनियां हो सकती हैं, जो अपनी सामग्री का डिजिटल अधिकार संग्राहकों को बेचती हैं और इसके बदले राजस्व में हिस्सेदारी पाती हैं। कुछ सामग्री निर्माता कंपनियां अपनी सामग्री शॉर्ट कोड के जरिए सीधे उपभोक्ता को बेचती हैं। टेलीविजन कंपनियां अपने शो का डिजिटल लाइसेंस यूट्यूब या अन्य कंपनी को बेचती हैं, बदले में विज्ञापन से मिले राजस्व में हिस्सेदारी पाती हैं। प्रचलित रूप में, सामग्री निर्माता कंपनी को बिकी हुई सामग्री से मिले राजस्व का 5–40 प्रतिशत हिस्सा मिलता है। ये हिस्सेदारी संग्राहक या मंच प्रदाता कंपनी के बीच हुए सौदे पर निर्भर करती है।

समूह

डिजिटल मीडिया को कई तरह से देखा जा सकता है। चूंकि विज्ञापन राजस्व का इतना एक बड़ा स्रोत है, इसलिए इसे बाजार के परिप्रेक्ष्य में देखना ठीक होगा। जहां तक विज्ञापनदाता की बात है, डिजिटल मीडिया के तीन प्रमुख समूह हैं–

अधिग्रहीत डिजिटल मीडिया

इनमें वेबसाइट्स, माइक्रोसाइट्स, एप्स, विजेट्स या डाटा के किसी अन्य प्रकार शामिल हैं, जिसका मालिक कोई ब्रांड, जैसे कोका–कोला, होता है। हालांकि, कोका कोला यह नहीं चाहेगी कि इन साइटों पर किसी अन्य का विज्ञापन दिखे। वो कंपनी सिर्फ यह चाहती है कि दर्शक उनकी साइट से जुड़े रहें या उसके एप्प डाउनलोड करते रहें।

पेड डिजिटल मीडिया

ऐसे डिजिटल मीडिया के लिए ब्रांड पैसा देकर विज्ञापन प्रकाशित करते हैं। सामग्री निर्माता, संग्राहक या अन्य कोई इसका मालिक हो सकता है।

विज्ञापनदाता इसका इस्तेमाल विज्ञापन के लिए करते हैं, जिनकी मोटे तौर पर तीन श्रेणियां होती हैं:

खोज(सर्च)– ये वह पैसा है जो विज्ञापनदाता कंपनियां अपनी कंपनी की वेबसाइट से जुड़े कुछ खास शब्दों या पंक्तियों को सर्च में शामिल करने के लिए देती हैं। जब कोई उपभोक्ता इस खास शब्द या पंक्ति को सर्च इंजन में खोजता है तो उसकी खोज के साथ संबंधित कंपनी का लिंक भी आस–पास ही दिख जाता है। उदाहरण के लिए, अगर आप सर्च इंजन में दिल्ली के अंदर 'होटल' शब्द खोजते हैं, तो आपके खोज परिणाम के दाहिने हिस्से में या खोज के अंदर, ताज मानसिंह का नाम नजर आ सकता है। खोज परिणाम के दाहिने या नीचे का लिंक प्रायोजित लिंक होते हैं, जिसके बदले प्रायोजक सर्च इंजन को भुगतान करता है। बायीं ओर का खोज परिणाम प्रायोजित नहीं हो सकता है, लेकिन सर्च इंजन ऑपटिमाइजेशन के जरिए खोज परिणाम में अपनी स्थिति को सुधारा जा सकता है। इसके लिए वेबसाइटों को अपने प्रोग्रामिंग कोड में बदलाव करने की जरूरत होती है। कई ऑनलाइन एजेंसियां खोज परिणाम में नाम ऊपर दिखाने में कंपनियों की मदद करती हैं। यह स्वाभाविक खोज का हिस्सा मानी जाती हैं।

पेड हो या नहीं, 'सर्च' डिजिटल विज्ञापन बाजार का सबसे बड़ा और सबसे तेज़ी से बढ़ने वाला हिस्सा है। वर्ष 2012 में, अमेरिका में कुल ऑनलाइन विज्ञापन का 47 प्रतिशत पेड सर्च पर खर्च किया गया। भारत में यह समग्र ऑनलाइन विज्ञापन (मोबाइल समेत) खर्च का 38 प्रतिशत है। वर्ष 2012 में अपना नाम सर्च परिणाम के दाहिनी ओर दिखाने के लिए कंपनियों ने अपने डिजिटल विज्ञापन का कुल 85 प्रतिशत खर्च किया। जबकि शेष 15 प्रतिशत सर्च ईंजन ऑपटिमाइजेशन पर खर्च किया गया।

वर्गीकृत विज्ञापन– यह विज्ञापन का वही रूप है जो आप समाचार पत्रों या पत्रिकाओं में देखते हैं। ऑनलाइन विज्ञापन सिर्फ इसलिए समाचार पत्र के विज्ञापन से अलग है कि इसमें आप तुरंत अपनी प्रतिक्रिया दे सकते हैं। भारत में सभी प्रकार के विशिष्ट वर्गीकृत विज्ञापन साइट्स मौजूद हैं– जैसे, रोजगार के लिए (नौकरी डॉट कॉम), घर ढूंढ़ने के लिए (99एकड़ डॉट कॉम या मैजिकब्रिक्स डॉट कॉम), जीवनसाथी ढूंढ़ने के लिए (शादी डॉट कॉम) आदि। ये वेबसाइट अपनी वेबसाइट पर विज्ञापन के लिए स्थान बेचकर और विज्ञापन खोज के जरिए पैसा कमाती हैं। उदाहरण के लिए अगर आप किसी प्राइवेट बैंक में नौकरी तलाश कर रहे हैं, तो संभव है कि

नौकरी डॉट कॉम पर आपको कर्मचारियों की भर्ती करने वाले बैंकों के विज्ञापन मिल जाएं।

डिस्प्ले एडवरटाइजिंग– यह दूसरे मीडिया की तरह ही काम करता हैः किसी वेबसाइट या किसी उपभोक्ता के फोन स्क्रीन पर अपना विज्ञापन दिखाने के लिए विज्ञापनदाता पैसे देते हैं। वेबसाइट में विज्ञापन के स्थान, आकार, ग्राफिक्स, आवृति और अन्य चीजों पर विज्ञापन की दर निर्भर करती है। विज्ञापन कई प्रकार के हो सकते हैं– वीडियो वाला या बगैर वीडियो के, साधारण फ्लैश या टेक्स्ट, भारी भरकम या हल्की फोटो वाला। आमतौर पर, पत्रिका के कवर पेज की तरह, होमपेज पर लगने वाला विज्ञापन, ज्यादा महंगा होता है, जबकि दूसरे हिस्से में लगने वाला विज्ञापन सस्ता होता है, जिसे 'रन ऑफ साइट' विज्ञापन कहते हैं। साधारणतः, ऑनलाइन विज्ञापन मोबाइल विज्ञापन से पांच गुना महंगा होता है।

सोशल मीडिया एडवरटाइजिंग– सोशल नेटवर्किंग साइटों जैसे, फेसबुक या ट्विटर पर दिखने वाला टेक्स्ट, डिस्प्ले, या स्टैंप एड ही सोशल मीडिया एड कहलाता है।

ई–मेल विज्ञापन– ईमेल के जरिए संभावित या वर्तमान उपभोक्ता को विज्ञापन भेजना ईमेल एडवरटाइजिंग कहलाता है।

मोबाइल एडवरटाइजिंग– यह दूसरे डिजिटल मीडिया की तरह ही काम करता हैः मोबाइल स्क्रीन पर सर्च, बैनर, डिस्प्ले या वर्गीकृत विज्ञापन होते हैं। यह विज्ञापनदाताओं द्वारा बनाए गए गेम्स भी हो सकते हैं। एप्स में दिखने वाले विज्ञापन इन दिनों काफी लोकप्रिय हो रहे हैं।

उपार्जित डिजिटल मीडिया

ये वो मीडिया है जिस पर विज्ञापन लगाने के लिए विज्ञापनदाता को भुगतान नहीं करना पड़ता। आम तौर पर यह टर्म सोशल मीडिया पर लागू होता है और इनमें कमेंट्स, ट्वीट, शेयर या लाइक्स शामिल होते हैं। फेसबुक अपने नाम की नेटवर्किंग साइट का मालिक है, लेकिन यहां ब्रांड के बारे में उपभोक्ताओं की प्रतिक्रिया को विज्ञापनदाता खरीद नहीं सकते हैं।

कमाई का स्रोत

डिजिटल मीडिया से जुड़ी कंपनियों की कमाई के मुख्य स्रोत हैंः

अभिगम्यता

यह एक मासिक किराया या प्रभार है, जो उपभोक्ता इंटरनेट का इस्तेमाल करने या टेलीफोन कनेक्शन के लिए देते हैं। यह प्रभार खरीदे गए पैकेज, उपयोग के घंटों या बैंडविड्‌थ के इस्तेमाल के आधार पर 200 से 1000 रुपये प्रति माह तक हो सकता है।

सब्सक्रिप्शन

ये सशुल्क सेवाओं, जैसे संगीत बजाना या फिल्में देखने या उनके डाऊनलोड से आता है।

विज्ञापन

वेबसाइट पर विज्ञापन से पैसे कमाने के कई तरीके हैं। यह विज्ञापन के प्रारूपों पर निर्भर करता है, जिसकी चर्चा हम पहले ही कर चुके हैं। माबाईल स्क्रीन, आईपैड या वेबसाइट पर सीधे इसके मालिक, जैसे याहू, से विज्ञापन के लिए स्थान खरीदा जा सकता है। स्थान ऐडेम या पब्लिसिटाज जैसे प्रतिनिधियों से भी खरीदा जा सकता है, जो कई बड़ी वेबसाइटों के संग्राहक हैं। या फिर एड नेटवर्क से भी इसे खरीदा जा सकता है। संग्राहक सैंकड़ों हजारों वेबसाइटों को एक साथ ध्यान में रखकर आपके लिए डिजिटल मीडिया की योजना तैयार करते हैं। भारत में कोमली या ट्राइबल फ्यूजन जैसे कई एड नेटवर्क हैं। एड नेटवर्क और स्वतंत्र प्रतिनिधि में अंतर यही है कि एड नेटवर्क ये नहीं बताता है कि आपका एड कहां दिखेगा। एक विज्ञापनदाता के रूप में आप हजारों वेबसाइटों में चुन सकते हैं कि किस वेबसाइट पर आपका एड दिखना चाहिए। फिर एड नेटवर्क कोमली का सॉफ्टवेयर तय अवधि तक आपका विज्ञापन प्रासंगिक वेबसाइटों पर दिखाएगा।

लागत

लागत के प्रधान तत्व हैं तकनीक, कर्मचारी और मार्केटिंग। इनमें व्यवसाय के प्रकार, संचालन के पैमाने आदि के आधार पर भिन्नताएं होती हैं। उदाहरण के लिए बी2बी कंटेंट–ड्रिवेन पोर्टल, जैसे अफाक्स! संपादकीय या कंटेंट से जुड़े लोगों पर ज्यादा खर्च करेगा। जबकि नौकरी डॉट कॉम का ज्यादातर खर्च सेल्स की ताकत बढ़ाने पर होगा।

पैमाना (मैट्रिक्स)

यह काफी हद तक आपकी स्थिति पर निर्भर करता है कि आप मंच प्रदाता (प्लेटफॉर्म ऑनर), विज्ञापनदाता, सामग्री निर्माता या संग्राहक हैं। लेकिन मोटे तौर पर यह ट्रैफिक और दर का मिला जुला रूप होगा।

ट्रैफिक मापन

भारत में अधिकतर विज्ञापनदाता और मीडिया क्रेता अपनी मीडिया योजना में शामिल किए जाने वाले वेबसाइट के परीक्षण या मापन के लिए कॉमस्कोर डाटा का अनुसरण करते हैं। इसके बाद, वो संबंधित वेबसाइट का प्रदर्शन मापने के लिए इन तीन में से एक प्रमुख विकल्प का चयन करते हैं: सीपीएम– जब विज्ञापनदाता 'इंप्रेशन' खरीदते हैं; सीपीसी– जब क्रेता विज्ञापन या बैनर पर होने वाले 'क्लिक' के आधार पर पैसा देते हैं; सीपीए– जब विज्ञापनदाता उपभोक्ता द्वारा विज्ञापित वस्तु 'खरीद' लिए जाने पर भुगतान करते हैं। तरीका चाहे जो भी हो वेबसाइट के प्रदर्शन को करीब से मापा जाता है।

कुछ आम मैट्रिक्स और शर्तें ऐसी भी होती हैं जो आईएबी द्वारा परिभाषित होती भी हैं या नहीं भी, लेकिन इंटरनेट पर व्यवसाय के दौरान उनका इस्तेमाल किया जाता है[32]।

पेज

डिजिटल मीडिया में पेज हर माप का आरंभिक बिंदु होता है। यह एक एक खास यूआरएल वाला दस्तावेज होता है। यह संबंधित फाइलों का एक समुच्य होता है। एक पेज में टेक्स्ट, इमेज और दूसरे तत्व हो सकते हैं। यह स्टैटिक या डायनेमिक हो सकता है। यह कई फ्रेम या स्क्रीन का बना हो सकता है, लेकिन इसमें एक निर्दिष्ट प्राथमिक वस्तु होनी चाहिए, जिसे जब लोड किया जाता है तो एक संपूर्ण पेज कहलाता है।

हिट्स

जब कोई उपभोक्ता किसी वेबसाइट पर पहुंचता है, तो वह कंप्यूटर, वेबसाइट के सर्वर को डाऊनलोडिंग शुरू करने के लिए अनुरोध भेजता है। अनुरोधित पेज (ग्राफिक्स, टेक्स्ट, या वीडियो) का हर तत्व वेबसाइट के सर्वर में हिट के रूप में दर्ज होता है। अगर उपभोक्ता किसी दो ग्राफिक्स वाले पृष्ठ तक पहुंचता है तो ये हिट्स एक बार इस पेज के लिए रिकॉर्ड किए जाएंगे और एक बार हर ग्राफिक्स के लिए। इसका मतलब है कि वेब पेज की सभी चीजें–

तस्वीर, ग्राफिक, टेक्स्ट बॉक्स, जो सभी अलग–अलग फाइलें हैं– एक हिट के रूप में गिने जाएंगे, भले ही सिर्फ एक व्यक्ति उस पेज पर हो। हालांकि, जब नेट की शुरुआत हुई तो हिट्स को पहले मापक पैमाने के तौर पर इस्तेमाल किया गया, लेकिन जल्द ही इसे त्याग दिया गया। दरअसल, साइट दर साइट पेज डिजाइन और विजिट पैटर्न में अंतर होता है, इसलिए हिट्स की संख्या का पेज डाऊनलोड की संख्या से कोई तालमेल नहीं बैठता। हिट्स को ट्रैफिक मापने का एक खराब मापक माना जाता है। अब वेबसाइटों द्वारा हिट्स का इस्तेमाल सर्वर पर लोड का पता लगाने के लिए किया जाता है।

पेज इंप्रेशन

यह किसी एक उपभोक्ता द्वारा किसी एक पृष्ठ के लिए भेजे गए अनुरोधों की संख्या है। अगर, उपभोक्ता ने वास्तव में किसी वेबपेज को देखा है तो इसे 'पेज व्यू' कहा जाता है। आजकल ये मापने के योग्य नहीं है; सबसे सही अनुमान पेज डिस्प्ले द्वारा प्रदान किया जाता है। पेज डिस्प्ले या पेज इम्प्रेशन पर भी कई सवाल उठते हैं। क्या वेबसाइट का सर्वर पेज डाऊनलोड करने पर रिकॉर्ड करता है या अनुरोध करने पर? आप किसी पेज के लिए अनुरोध भेजते हैं, मगर इसके डाऊनलोड होने में काफी समय लगने के कारण आप वो पेज छोड़ देते हैं, तो भी संभव है कि सर्वर इसे पेज व्यू के रूप में दर्ज कर ले।

क्लिक

डिजिटल विज्ञापन की कीमत विभिन्न यंत्रों और एक्सेस फॉर्मेट पर अलग–अलग होती है। विज्ञापन की कीमत विज्ञापनदाताओं की श्रेणी, माध्यम, यंत्र, फॉर्मेट और कई अन्य चीजों पर निर्भर करती है। लेकिन मौलिक ईकाई पेज और क्लिक्स ही हैं। क्लिक्स तीन प्रकार के होते हैं– क्लिक–थ्रू, इन–यूनिट क्लिक्स और माउसओवर्स। इनमें विज्ञापन या एडिटोरियल कंटेंट से लेकर अन्य वेबसाइट या अन्य पेज या साइट के फ्रेम के अंतर्गत आने वाले हाईपरलिंक का अनुसरण करना इनमें शामिल हैं।

प्रसार (रीच)

इंटरनेट एटवरटाइजिंग ब्यूरो (आईएबी) के अनुसार, किसी खास रिपोर्टिंग अवधि के दौरान एक वेबसाइट पर आने वाले विशिष्ट प्रयोक्ताओं की संख्या ही प्रसार है। इसे अनडुप्लिकेटेड ऑडियंस भी कहते हैं। इन प्रयोक्ताओं को उन लोगों के तौर पर भी देखा जा सकता है जिनको विज्ञापन 'परोसा' जा रहा है। यह प्रयोक्ता वो व्यक्ति है जिसने या तो वेबसाइट के लिए अनुरोध

भेजा या उसको कोई डिजिटल सामग्री या विज्ञापन जैसे, ईमेल, न्यूजलेटर, पॉप–अंडर ऐड भेजा गया है। यूजर रजिस्ट्रेशन या कूकीज विशिष्ट प्रयोक्ता की पहचान कर सकते हैं। इंटरनेट पर विचरण करने के लिए क्रोम, इंटरनेट एक्सप्लोरर या मोजिला फायरफॉक्स का इस्तेमाल करते हैं। कूकीज दो प्रकार के होते हैं– सेशन कूकीज और परसिसटेंट कूकीज। सेशन कूकीज अस्थायी होते है और ब्राउजर बंद होते ही खत्म हो जाते हैं। जबकि परसिस्टेंट कूकीज उपभोक्ता के हार्ड ड्राइव में जमा हो जाते हैं और जब तक इन्हें मिटाया नहीं जाता या ये स्वयं एक्सपायर नहीं होते, तब तक वे बने रहते हैं।

चर्न

ये उन लोगों की संख्या है जो सेवा त्याग देते हैं या उपभोक्ता सूची या सब्सक्राइबर सूची से हट जाते हैं। ये कई कारणों से हो सकता हैं। बाजार विस्तार की स्थिति में, कंपनी सिर्फ वैसे लोगों को चुनना चाहती है, जो सेवा लेने में बमुश्किल सक्षम हों और इसलिए वे सेवा को छोड़ देते हैं। दूसरी ओर, सेवा की खराब गुणवतत्ता भी इसके कारण हो सकते हैं। कारण जो भी हो डिजिटल मीडिया ब्रांड सेवा त्यागने वालों का हिसाब–किताब रखते हैं।

लाइक्स, फैन आदि

एड नेटवर्क, एडमैग्नेट के सहसंस्थापक, रतीश नैयर कहते हैं कि सोशल मीडिया की वजह से कॉस्ट प्रति लाइक और कॉस्ट प्रति फैन या कुछ और 'गैरजरूरी' पैमानों का उदय हुआ है। हालांकि उनका मानना है कि जब बात सोशल मीडिया की हो तो विज्ञापनदाता लगातार कुछ पैमाने की खोज कर रहे हैं जो किसी खास वेबसाइट से उपभोक्ता के एन्गेजमेंट (जुड़ाव), ब्रांड के प्रति जागरूकता आदि को मापता हो। नैयार कहते हैं, ''जिस तरह प्रयोक्ता सोशल मीडिया का उपयोग करते हैं इसीलिए फैन्स और लाइक्स जैसे पैमानों की लोकप्रियता इसलिए बढ़ गई''।

राजस्व पैमाना

सीपीएम/सीपीएल/सीपीसी और अन्य

डिजिटल विज्ञापन की कीमत विभिन्न यंत्रों और एक्सेस फॉर्मेट में अलग–अलग हो सकते हैं। यह विज्ञापनदाताओं की श्रेणी, विज्ञापन के उद्देश्य, उत्पाद की श्रेणी आदि पर निर्भर करते हैं। यह परफॉर्मेंस, ट्रैफिक और दूसरी अन्य बातों

पर निर्भर कर सकते हैं। यह बहुत कुछ मुख्यधारा के विज्ञापन जैसा ही काम करता है। सिर्फ एक बात का अंतर है कि क्रमचय और संयोजन कई प्रकार के हैं। इस माध्यम की अंतरक्रियाशीलता और उसकी निहित पारदर्शिता के कारण कहीं अधिक संख्याओं की संगणना होती है।

राजस्व का एक पैमाना कॉस्ट–पर–एक्शन है जो किसी विज्ञापन के प्रत्युत्तर में प्रयोक्ता की सुनिश्चित प्रतिक्रिया पर आधारित होता है। इसका अर्थ किसी उत्पाद या सेवा की खरीदारी या किसी सेवा के लिए साइन–अप करना या सिर्फ विज्ञापन को क्लिक करना या बहुत सारे क्लिक्स प्राप्त करना हो सकता है। फिर कॉस्ट–पर–लीड, कॉस्ट प्रति देखे गए वीडियो[33], और कॉस्ट प्रति डाउनलोड होती हैं। मैककैन इरिक्सन्स डिजिटल बिजनेस के पूर्व प्रमख आर.पी. सिंह कहते हैं कि बारह साल पहले प्रत्येक क्लिक की कीमत या प्रति लीड कीमत रेंज हुआ करते थे। लेकिन विज्ञापनदाता अब सीपीएम यानी कॉस्ट पर मिले यानी प्रति हजार कीमत वाले पैमाने को पसंद करते हैं, क्योंकि वो क्लिक्स की धोखेबाजी के प्रति सचेत हो गए हैं[34]। यह इसलिए हुआ क्योंकि डिजिटल मीडिया मालिक कुछ लोगों को चुनकर किसी ब्रांड के विज्ञापन पर धड़ल्ले से क्लिक कराने लगे क्योंकि उनको प्रति क्लिक के हिसाब से पैसे मिलते थे। सीपीएम ने दूसरे मीडिया की अपेक्षा डिजिटल मीडिया की कीमत के अध्ययन को आसान बना दिया है। हालांकि परफॉर्मेंस (कार्य) आधारित पैमाने, प्रति–क्लिक–लागत या प्रति–लीड–लागत वित्तीय सेवाओं या बैंकिंग सेवाओं के लिए कारगर हैं, क्योंकि यहां प्रत्युत्तर काफी अहम है। ये कीमत आधारित विज्ञापन के लिए हमेशा अच्छा पैमाना नहीं माने जाते, क्योंकि ऐसे विज्ञापनों का उद्देश्य जागरुकता फैलाना है।

प्रति उपभोक्ता औसत राजस्व (एआरपीयू)

भुगतान राजस्व के परिप्रेक्ष्य में, यह अब तक का सबसे महत्वपूर्ण मापन या पैमाना है। डाऊनलोड या स्ट्रीमिंग सेवा इसका काफी निकटता से पता लगाती हैं। जैसे कि दूरसंचार कंपनियां ध्वनि या गैर–ध्वनि सेवाओं के राजस्व के लिए इसका पता लगाती है।

नियमन[35]

डिजिटल मीडया इलेक्टॉनिक संसाधनों का उपयोग कर सूचनाओं का उपभोग और प्रसार करता है, जो मुख्य रूप से ऑनलाइन या इंटरनेट आधारित उपभोग से बना है। सूचनाओं का ये प्रसार उपभोक्ता उत्पादित सामग्री (जैसे सोशल नेटवर्किंग साइटों और यू–ट्यूब पर मौजूद सामग्री)

या पेशेवर लोगों के द्वारा या उद्योग उत्पादित सामग्री (जैसे टेलीविजन चैनलों, नई वेबसाइटों या वेब सेवाओं जैसे नेटफलिक्स डॉट कॉम) के रूप में हो सकते हैं।

डिजिटल मीडिया का वैधानिक नियमन दो स्तरों– सामग्री स्तर और प्लेटफॉर्म (मंच) के स्तर पर होते है। सामग्री स्तर का संबंध उस कंटेंट से है, जिसे प्रसारित किया जाता है। जबकि प्लेटफॉर्म (मंच) स्तर का संबंध उस माध्यम से है जिससे सामग्री का प्रसारण होना है। विस्तृत संदर्भ में, सामग्री स्तरीय नियमन, नियमन के निष्क्रिय और सक्रिय रूपों पर निर्भर करता है। जैसे सिविल प्रोसिडिंग्स (इसके जरिए निजता, मानहानि आदि की स्थिति में कार्रवाई होती है)। गंभीर मामलों में आपराधिक कार्यवाही भी हो सकती है। इस तरह के निष्क्रिय नियमन सामग्री निर्माताओं और वितरकों को आत्म–नियमन के लिए प्रेरित करता है। थोड़े और सक्रिय प्रकार के नियमन उद्योग विशेष पर लागू होते हैं, जो मीडिया प्रारूपों या खास पेशे से जुड़े लोगों के लिए प्रासंगिक हैं (जैसे भारतीय प्रेस परिषद द्वारा जारी पत्रकारीय आचरण के नियम या सूचना एवं प्रसारण मंत्रालय द्वारा जारी कार्यक्रम एवं विज्ञापन संहिता)।

इस पुस्तक के विभिन्न भागों में सामग्री स्तरीय नियमन की जानकारी दी गई है, जो विभिन्न मीडिया प्रारूपों के सवालों से जुड़े होते हैं, जैसे टेलीविजन के अध्याय में कार्यक्रम एवं विज्ञापन संहिता को संक्षेप में प्रस्तुत किया गया है और प्रिंट मीडिया के अध्याय में पत्रकारीय व्यवहार के नियमों के बारे में बताया गया है।

यह प्रभाग, प्लेटफॉर्म स्तर के नियमन से जुड़ा हुआ है। विस्तृत संदर्भों में, सूचना तकनीकी अधिनियम–2000 द्वारा ऑनलाइन मीडिया का नियमन किया जाता है। संकीर्ण संदर्भ में इसके साथ ही कुछ प्लेटफॉर्म केंद्रित नियमन भी होते हैं।

सूचना तकनीकी अधिनियम 2000

सूचना तकनीकी अधनियम, 2000 एक छत्र अधिनियम है, जो अपने अंदर इलेक्ट्रॉनिक मीडिया के सभी रूपों की गतिविधियों को सममाहित करता है। इसलिए यह अधिनियम इलेक्ट्रॉनिक दस्तावेजों को मान्यता देता है, डिजिटल हस्ताक्षर के प्रचलन को नियमित करता है, प्रतिष्ठा हनन करने या कानून का उल्लंघन वाली सामग्री को जब्त करने से जुड़े नियम बनाना और कुछ निश्चित प्रकार की व्यक्तिगत सूचना की सुरक्षा सुनिश्चित करता है।

यहां यह उल्लेखनीय है कि सूचना तकनीक अधिनियम 2000 इंटरनेट संचालन की सुविधा देने वाले प्रतिष्ठानों को कुछ विशेष दायित्वों से छूट देता है और उन्हें सुरक्षा प्रदान करता है। ये वे प्रतिष्ठान हैं जो इंटरनेट का

बुनियादी ढांचा मुहैया कराते हैं (जैसे वेबसाइट, होस्टिंग सर्वर, नेटवर्क सेवा प्रदाता, इंटरनेट सेवा प्रदाता आदि)[36]। मध्यवर्ती संस्थाओं को किसी एवं सभी दायित्वों में छूट उन मामलों में मिलती है, जहां वे सिर्फ सूचना के माध्यम के रूप में कार्य करे और अधिकारों के उल्लंघन से जुड़ी किसी शिकायत के मिलने के मामले में वो निष्ठापूर्ण हो[37]।

इस छूट के संचालन के संबंध में, इलेक्ट्रॉनिक्स और सूचना तकनीक विभाग ने सूचना तकनीक (मध्यस्थ दिशानिर्देश) नियम, 2011 जारी किए। इसके लिए जरूरी है कि इंटरनेट की मध्यवर्ती संस्थाएं अपनी गतिविधियां निष्ठापूर्वक चलाएं और सुनिश्चित करें कि जहां तक संभव हो उसके तंत्र या नेटवर्क में कोई हानिकारक या अवैधानिक सामग्री नहीं प्रदर्शित हो रही हो या उनके सिस्टम व नेटवर्क के माध्यम से किसी की पहुंच में आ रही हो। इसके आगे, अमेरिका के डिजिटल मिलेनियम कॉपीराइट एक्ट के अनुरूप इंटरनेट मध्यस्थों को नोटिस और टेक डाउन कदम उठाने के आदेश हैं कि सूचना तकनीक अधिनियम 2000 की धारा–79 के अंतर्गत दायित्वों से छूट प्राप्त करने के लिए मध्यस्थों को चाहिए कि नियमों का उल्लंघन करने वाली किसी सामग्री पर नोटिस मिलने के 36 घंटों के भीतर ऐसी सामग्री को हटा लिया जाना चाहिए।

सूचना तकनीक अधिनियम (संशोधन)–2008

जानकारी की निजता और सुरक्षा से जुड़े एक प्रावधान को जोड़ने के लिए 2008 में सूचना तकनीक अधिनियम–2000 में संशोधन किया गया। इस प्रावधान के तहत सूचना तकनीक से जुड़े प्रतिष्ठानों को संवेदनशील निजी जानकारी के नष्ट होने से हुए नुकसान के दायित्व से उस स्थिति में छूट दी गई है, यदि वह प्रतिष्ठान यह प्रदर्शित करता है कि उसने जानकारी की सुरक्षा के लिए पर्याप्त सुरक्षा नीतियां और प्रक्रियाएं अपनाईं। इस प्रावधान के संबंध में, इलेक्टॉनिक्स और सूचना तकनीक विभाग ने सूचना तकनीक (पर्याप्त सुरक्षा व्यवस्था और प्रक्रियाएं एवं संवेदनशील व्यक्तिगत डाटा या सूचना) नियमावली 2011 (निजता नियमावली) जारी की।

निजता नियमावली संवदेनशील निजी सूचना एवं विवरण को परिभाषित करता है, जिसमें निजी सूचना (व्यक्ति से जुड़ी जानकारी) जैसे, पासवर्ड, वित्तीय जानकारी (बैंक अकाउंट, क्रेडिट कार्ड आदि), स्वास्थ्य संबंधी सूचना, यौन उन्मुखीकरण, चिकित्सकीय इतिहास, बायोमैट्रिक सूचनाएं, और जिनके संग्रह, प्रयोग व हस्तानांतरण के लिए सहमति का आधार जरूरी होता है। इन नियमों के अनुसार सुरक्षा मानकों के क्रियान्वयन की जरूरत होती है, ताकि भान रहे कि सूचनाओं को सुरक्षित रखा जा रहा है। नियमावली में कुछ निश्चित सुरक्षा मानकों के क्रियान्वयन की भी अनुशंसा की गई।

इसके अलावा, 2008 में कंटेंट को लेकर सूचना तकनीक अधिनियम 2000 में भी संशोधन किए गए। संशोधन के उपरांत इसमें इलेक्ट्रॉनिक संचार यंत्रों से आपत्तिजनक, धमकाने, आहत करने वाली या असुविधा पहुंचाने या अपमान करने वाली सूचना के प्रसार को रोकने की कुछ सामान्य सीमाएं शामिल की गईं। नए प्रावधान में ऐसे अपराध के लिए अधिकतम तीन साल या/और जुर्माने की व्यवस्था की गई। चूंकि ये प्रावधान काफी विस्तृत थे, अतः इनके दुरुपयोग की चिंताएं भी होने लगीं। इसके कुछ उदाहरण सामने आने के बाद, इलेक्ट्रॉनिक एवं सूचना तकनीक विभाग ने एक एडवाइजरी जारी की, जिसमें इन प्रावधानों के दुरुपयोग के प्रति सचेक किया गया। एडवाइजरी में ये अनिवार्य कर दिया गया कि इस प्रावधान को लागू करने से पूर्व शहरों में महानिरीक्षक, जिलों में पुलिस उपायुक्त या पुलिस अधीक्षक रैंक के अधिकारी से इसकी अनुमति अवश्य ली जाए। इस प्रावधान को संविधान प्रदत्त मौलिक अधिकारों (भाषण और अभिव्यक्ति की स्वतंत्रता) के उल्लंघन के आधार पर उच्चतम न्यायालय में भी चुनौती दी गई[38]। यह मामला फिलहाल उच्चतम न्यायालय में लंबित है।

प्लेटफॉर्म विशिष्ट विनियमन

डिजिटल मीडिया तक पहुंच के लिए विभिन्न प्रकार के आधार और प्लेटफॉर्मों का उपयोग किया जाता है, जैसे इंटरनेट सेवा प्रदाता और दूरसंचार सेवा प्रदाता, ये दोनों अलग–अलग नियमों के तहत नियमित हैं। दूरसंचार विभाग और भारतीय दूरसंचार नियामक प्राधिकरण इसे नियमित करता है[39]। इन्हें नियमित करने वाले नीतिगत कार्यढांचे कुछ इस प्रकार हैं–

राष्ट्रीय दूरसंचार नीति (2012)

दूरसंचार नीति 1999 के स्थान पर नई राष्ट्रीय दूरंसचार नीति 2012 लाई गई। उसके कुछ प्रमुख प्रावधान इस प्रकार हैं–

- गांवों में ब्रॉडबैंड नेटवर्क के विस्तार और ग्रामीण इलाकों में सस्ती दरों पर ब्रॉडबैंड सेवा मुहैया कराने के लिए प्रोत्साहन का प्रावधान।
- मोबाइल यंत्रों के जरिए सुरक्षित ट्रांजैक्शन सेवाओं की शुरुआत।
- भारत में दूरसंचार टर्मिनल और नेटवर्क के शोध और विकास एवं निर्माण को बढ़ावा देने के लिए नए कदम और प्रोत्साहन।
- मोबाइल वर्चुअल नेटवर्क ऑपरेशन की शुरुआत, वो प्रतिष्ठान जो स्पेक्ट्रम लाइसेंस धारकों से मोबाइल बैंडविड्थ या स्पेक्ट्रम लीज

पर लेते हैं और ऐसे ही लीज पर बैंडविड्थ मोबाइल सेवा लीज पर देते हैं।

- लाइसेंसिंग कार्य ढांचे का सरलीकरण करना और पूरे देश के लिए एक ही लाइसेंस जारी करना।
- पूरे देश में रोमिंग फ्री और मोबाइल नंबर पोर्टेबिलिटी की दिशा में काम करना।
- दूरसंचार सेवाओं के साथ इंटरकनेक्शन और मान्यता प्रदान कर वीओआईपी (इंटरनेट टेलीफोनी) सेवाओं का और उदारीकरण।
- भारत में इंटरनेट टेलीफोनी के विकास को बढ़ावा देना।

खासकर, इंटरनेट टेलीफोनी के संबंध में दूरसंचार विभाग (डीओटी) ने भारत में वीओआईपी सेवा प्रदान करने के लिए एक ही एकीकृत इंटरनेट सेवा कार्य ढांचे के निर्माण का सुझाव दिया[40]। यह कार्य ढांचा सुरक्षा संबंधी चिंताओं को दूर करने के लिए पंजीकरण का क्रियान्वयन और प्रक्रियाओं में सहायक होगा[41]।

वर्ष 2011–2015 के दौरान भारत में दूरसंचार सेवाओं के विस्तार के लिए दूरसंचार विभाग ने एक रणनीतिक योजना अपनाई। उस रणनीतिक योजना की प्रमुख बातें इस प्रकार हैं:

- स्पेक्ट्रम प्रबंधन और अधिशासन की समीक्षा, खासकर स्पेक्ट्रम प्रबंधन के आदेश और नियंत्रण ढांचे से हटकर, कम क्षमता वाले यंत्रों व अनुप्रयोगों के लिए लाइसेंस मुक्त स्पेक्ट्रम के आवंटन को सक्षम करना।
- स्पेक्ट्रम के प्रभावी इस्तेमाल को प्रोत्साहन;
- स्पेक्ट्रम आवंटन से लाइसेंस को अलग करना;
- तकनीकी रूप से निष्पक्ष लाइसेंसिंग और नियमन पर विचार;
- ब्रॉडबैंक नेटवर्क के विस्तार के लिए संसाधनों के प्रभावी आवंटन और बुनियादी ढांचे का प्रबंधन सुनिश्चित करना;
- ग्रामीण क्षेत्र में ब्रॉडबैंड सेवाओं (विशेषकर मोबाइल ब्राडबैंड) के विस्तार के लिए धन और तकनीकी मदद मुहैया कराना;
- ग्रामीण संचार सेवाओं के लिए प्रोत्साहन और बुनियादी ढांचा के लिए गैर–परंपरागत ऊर्जा श्रोतों का इस्तेमाल;
- दूरसंचार क्षेत्र में सार्वजनिक क्षेत्र की इकाईयों को मजबूत करना और सहायता प्रदान करना, विशेषकर, वहां जहां सामाजिक गतिविधियों में ये इकाईयां घाटा उठा रही हैं (जैसे सार्वभौमिक कनेक्टिविटी सुनिश्चित करना);
- दूरसंचार उपकरणों के शोध और निर्माण को प्रोत्साहित करना और उसे बढ़ावा देना।

रणनीतिक योजना में प्रत्येक प्रमुख रणनीतियों और कदमों के क्रियान्वयन की भी व्यवस्था है। उदाहरण के लिए, स्पेक्ट्रम की डिलिंकिंग और सेवा प्रदाता लाइसेंस को उच्च प्राथमिकता की सूची में रखा गया है और वित्तीय वर्ष 2013 में इसे लागू करने का प्रस्ताव है।

लाइसेंस

भारत में दूरसंचार सेवा प्रदान करने के उद्देश्य से रेडियो स्पेक्ट्रम तक दूरसंचार सेवा प्रदाताओं की पहुंच और उपयोग को सक्षम करने के लिए दूरसंचार विभाग लाइसेंसिंग समझौते का भी उपयोग करता है। दूरसंचार विभाग एकीकृत एक्सेस सेवा लाइसेंस (यूनिफाइट एक्सेस सर्विस–यूएएस लाइसेंस) के रूप में सेवा प्रदाताओं को लाइसेंस (और संबंधित दिशा–निर्देश) जारी करता है। यह लाइसेंस धारक को किसी भी प्रकार की सेवा मुहैया कराने के लिए उपयुक्त तकनीक के चयन के लिए समर्थ बनाता है, चाहे यह आवंटित स्पेक्ट्रम रेंज के दायरे में संभव हो, जैसे वॉयस टेलीफोनी, डाटा ट्रांसमिशन, आईपीटीवी आदि। यूएएस लाइसेंस पहले के लाइसेंस का उन्नत रूप है, जैसे सेल्युलर मोबाइल टेलीफोन सेवा लाइसेंस, जिसने लाइसेंस को आवंटित स्पेक्ट्रम से जुड़ी एक या दो गतिविधियों तक सीमित कर दिया है। दूरसंचार विभाग ने इस योजना के तहत लाइसेंस धारकों को यूएएस लाइसेंस में तब्दील करने की व्यवस्था दी है।

दूरसंचार विभाग की लाइसेंस व्यवस्था यह सुनिश्चित करती है कि:

- सेवा लाइसेंस प्रदत्त इलाके तक सीमित हो
- स्पेक्ट्रम कुछ सीमित बिजनस ग्रुप तक ही केंद्रित नहीं हो
- एक खास समय तक प्रोमोटर और मुख्य शेयरधारक लाइसेंस संबंधित हितों को हस्तानांतरित न करें
- आवंटित स्पेक्ट्रम का प्रभावी उपयोग हो
- कंपनियां गैर–प्रतिस्पर्धात्मक या अनुत्पादक गतिविधियों, जैसे, स्पेक्ट्रमों की जमाखोरी में, शामिल न हों।

दूरसंचार विभाग इसी प्रकार इंटरनेट सेवा प्रदाता लाइसेंस और इससे जुड़े दिशानिर्देश जारी कर इंटरनेट सेवा प्रदाताओं को भी नियमित करता है। लाइसेंस की मुख्य शर्तें ये सुनिश्चित करती हैं कि:

- लाइसेंस सेवा प्रक्षेत्र तक ही सेवा का प्रावधान सीमित हो
- सेवा की प्रकृति और स्वरूप बताए जा सकते हों

- अन्य मध्यवर्तियों और इंटनेट गेटवे से जुड़ने का तरीका
- ग्राहक केंद्रित सुरक्षा, जैसे भेदभाव से रहित सेवा और प्रभार सुनिश्चित करना

लाइसेंस शुल्क के रूप में दूरसंचार विभाग, लाइसेंस धारकों से स्पेक्ट्रम या लाइसेंस प्रदान करने के लिए एक आरंभिक शुल्क वसूलता है, और इसके बाद हर वर्ष लाइसेंस शुल्क के रूप में सेवा प्रदाता के समायोजित सकल राजस्व से कुछ प्रतिशत वसूलता है। यह प्रतिशत सेवा प्रक्षेत्र के हिसाब से अलग–अलग होता है।

ट्राई नियमन

ट्राई का नियामक और निरीक्षकीय प्राधिकार क्षेत्र दूरसंचार सेवा प्रदाता के साथ–साथ इंटरनेट सेवा प्रदाताओं के संचालन तक फैला हुआ है। इस संबंध में न्यूनतम गुणवत्ता की सेवा सुनिश्चित करने से जुड़े नियमन ट्राई द्वारा प्रकाशित और अपनाए गए हैं। ये प्रावधान, अवांछित वाणिज्यिक संचार, प्रभावी मोईबाल नंबर पोर्टेबिलटी सुनिश्चित करने, और सेवा प्रदाताओं व ट्रैफिक ऑर्डर के बीच के नियमों व शर्तों का सामंजस्य स्थापित करते हैं।

विदेशी निवेश

समेकित एफडीआई नीति के 5 अप्रैल 2013 से प्रभावी, 2013 के प्रथम परिपत्र में विदेशी निवेश की सीमा स्पष्ट की गई है। यह नीति दूरसंचार सेवा प्रदाताओं[42] के लिए प्रत्यक्ष विदेश निवेश की सीमा 74 प्रतिशत तय करती है। इस सीमा में– प्रत्यक्ष विदेशी निवेश, संस्थागत विदेशी निवेश, अप्रवासी भारतीय द्वारा निवेश, विदेशी प्रतिष्ठानों द्वारा विदेशी मुद्रा में बदले जाने योग्य बॉण्ड्स के रूप में निवेश, अमेरिकन डिपॉजिट्री रिसिप्ट, ग्लोबल डिपोजिट्री रिसिप्ट या परिवर्तनीय वरियता शेयर शामिल हैं।

इस सीमा में से, 49 प्रतिशत सीधे–सीधे निवेश की अनुमति है, जबकि शेष विदेशी निवेश प्रोत्साहन बोर्ड की मंजूरी के अधीन है। इसके अलावा, प्रत्यक्ष विदेशी निवेश नीति परिपत्र सेवा प्रदाताओं के लिए सीमा और शर्तें तय करता है, जो इस प्रकार हैं–

- टेक्निकल नेटवर्क ऑपरेशन्स के प्रभार का मुख्य अधिकारी और मुख्य सुरक्षा अधिकारी भारतीय नागरिक होना चाहिए
- सेवा प्रदाता के निदेशक मंडल में अधिकांश लोग भारतीय नागरिक होने चाहिए।

इसी तरह, इंटरनेट सेवा प्रदाता (गेटवे से साथ या इसके बिना) के लिए प्रत्यक्ष विदेशी निवेश की सीमा 74 प्रतिशत है (49 प्रतिशत प्रत्यक्ष और शेष विदेशी निवेश प्रोत्साहन बोर्ड की मंजूरी के अधीन)। बुनियादी ढांचा प्रदाताओं, ईमेल या वॉयस मेल में सौ फीसदी विदेशी निवेश की अनुमति है (49 फीसदी प्रत्यक्ष और शेष एफआईपीबी की मंजूरी के अधीन)।

मूल्यांकन के मानदंड[43]

भारत में स्वदेशी डिजिटल मीडिया कंपनियों के बहुत उदारहण नहीं है। ज्यादातर कंपनियां अभी भी आरंभिक अवस्था में ही हैं। ब्रॉडबैंड सेवाओं और व्यापन (पेनिट्रेशन) की कमी के कारण, ज्यादातर कंपनियां दूरसंचार कंपनियों के लिए मोबाइल एप्स या वेंडर की तरह काम करती हुई दिख रही है, जिसकी वजह से दूरसंचार कंपनियों की आमदनी का कुछ हिस्सा इन्हें मिल जाता है। इनका मूल्य निर्धारित करने के लिए, इनका उस सेगमेंट और सब–सेगमेंट में मूल्यांकन करना होगा, जिसमें ये काम करते हैं या अतिरिक्त राजस्व अर्जन के लिए दूसरे सेगमेंट में काम करने में सक्षम हैं।

इसलिए, मूल्यांन के परिप्रेक्ष्य में ये सवाल उठता है कि इस प्लेटफॉर्म का नियंत्रण कौन करता है? भारत में अब भी दूरसंचार कंपनियों या सामग्री निर्माता के पास ही सारी शक्तियां केंद्रित हैं। कुछ मामलों में यह अधिकार संग्राहकों के पास स्थानांतरित हो रहे हैं।

इस संदर्भ में कोमली मीडिया, जिसने एक मीडिया एडवरटाइजमेंट प्लेटफॉर्म बनाया है (इनमें मोबाइल विज्ञापन नेटवर्क शामिल है), ज्यादा लाभ कि स्थिति में है (ट्रैफिक, व्यूअरशिप से पैसा बनाने में), उन कंपनियों के मुकाबले, जो सीधे उपभोक्ता या दूरसंचार कंपनियों की साझेदारी से अपनी सेवाएं बेचने की कोशिश कर रहे हैं।

स्टार्टअप कंपनियों के मूल्यांकन संबंधी विचार पूरी तरह वस्तुनिष्ठ नहीं है और इसमें कुछ हद तक व्यक्तिनिष्ठता है। इसके कुछ प्रमुख तत्व इस प्रकार हैं–

- बिजनस की आकर्षकता, अगर यह सफल होता है– ऊपर की तरफ बढ़ने की संभावना है।
- निवेश के विशिष्ट स्तर पर बाजार का मानदंड
- मध्य–स्तर पर, व्यवसाय से बाहर होने की स्थिति में, अपेक्षित आमदनी के संदर्भ में एंट्री प्राइस रेंज परिभाषित करना।
- टीम की गुणवत्ता
- सौदे के लिए उद्यम पूंजीपतियों में प्रतिस्पर्धा।

उपरोक्त सूची डिजिटल मीडिया समेत दूसरे व्यवसायों पर भी लागू होता है।

तालिका 6.1 भारतीय डिजिटल मीडिया बाजार का आकार–आफाक्स! कैम्पस के पूर्व प्रमुख कपिल ओहरी द्वारा तैयार इन्फोग्राफिक

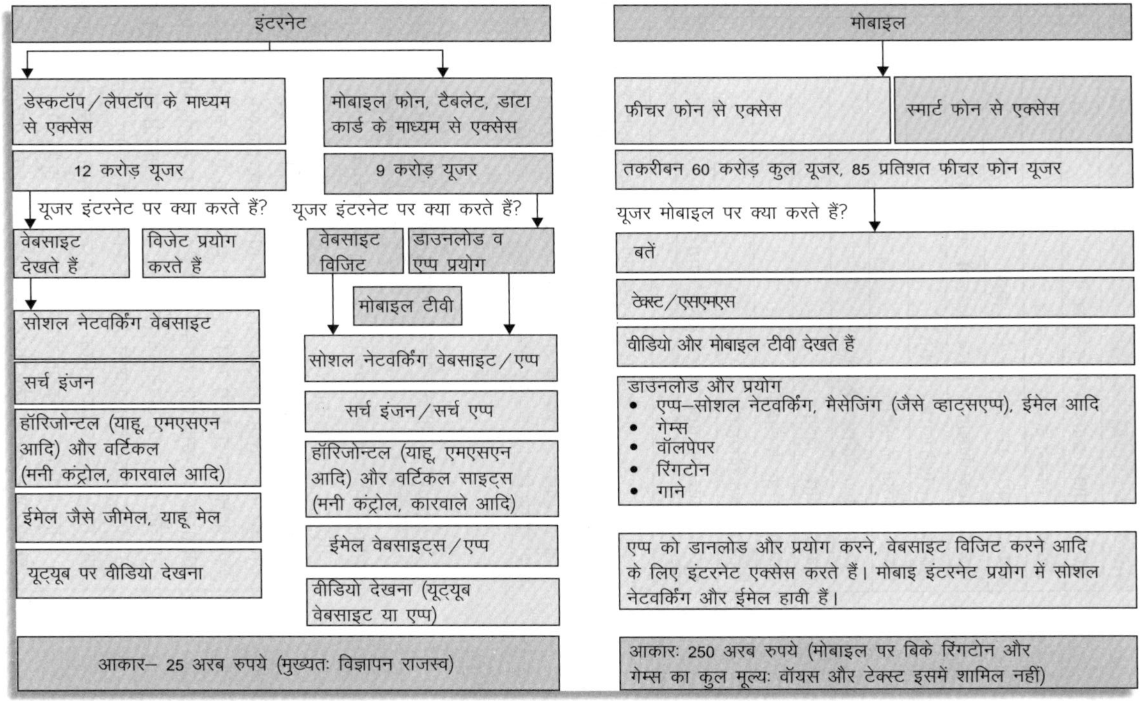

तालिका 6.2 डिजिटल मीडिया बाजार–विस्तृत तस्वीर

कुल ऑनलाइन प्रयोक्ता (दस लाख में)	**227**
लैपटॉप या पर्सनल कंप्यूटर (दस लाख में)	127
मोबाइल, टैबलेट और अन्य यंत्र (दस लाख)	100
कुल डिजिटल विज्ञापन राजस्व (2012 में अरब रुपये)	**21.7**
सर्च विज्ञापन (प्रतिशत हिस्सेदारी)	38
डिस्प्ले (प्रतिशत हिस्सेदारी)	29
सोशल मीडिया (प्रतिशत हिस्सेदारी)	13
मोबाइल (प्रतिशत हिस्सेदारी)	10
वीडियो (प्रतिशत हिस्सेदारी)	7
ईमेल (प्रतिशत हिस्सेदारी)	2
कुल डिजिटल भुगतान राजस्व (अरब रुपये में)	**250**

स्रोतः आईएएमएआई, टीआरएआई, फिक्की–केपीएमजी रिपोर्ट–2013, उद्योग अनुमान

नोटः कुल ऑनलाइन उपभोक्ताओं के आंकड़ों में लैपटॉप स्वामियों, जो मोबाइल फोन आदि पर भी ऑनलाइन होते हैं, के बीच अनुलिपि (डुप्लिकेशन) कारक नहीं है।

आंकड़ों का संपादन और विश्लेषण वनित कोहली–खांडेकर द्वारा किया गया है। इन आंकड़ों को द इंडियन मीडिया बिजनेस या वनिता कोहली–खांडेकर को उचित श्रेय देकर उद्धृत किया जा सकता है।

केसलेट 6क सोशल मीडिया, मानहानि और निंदा लेखन–कानून निर्देशिका

सोशल मीडिया पर सामग्री का प्रकाशन अक्सर आपसी बातचीत और व्यक्तिगत प्रकृति का रहा है और इसमें अन्य व्यक्तियों के बारे में भी बातचीत हो सकती है। साधारण परिस्थियों में किसी दूसरे व्यक्ति के बारे में कुछ भी बातचीत करना या निजी विचार व्यक्त करना उसकी प्रतिष्ठा को बहुत ज्यादा हानि नहीं पहुंचाता है क्योंकि ऐसी बातचीत कुछ खास व्यक्तियों या समूह तक सीमित होती है। लेकिन, सोशल मीडिया पर ऐसी बातचीत करने या अपना विचार प्रकट करने से सामग्री काफी बड़ी संख्या में लोगों तक पहुंच सकती है। ऐसे मामलों में विचार प्रकट करने वालों को मान–हानि की वैधानिक कार्रवाई का सामना करना पड़ सकता है।

मान–हानि ऐसे कृत्य का नतीजा है, जो झूठे बयान या प्रस्तुति से किसी अन्य व्यक्ति की नजर में किसी व्यक्ति की प्रतिष्ठा या मान को कम करता है। प्रतिष्ठा हानि के आरोप में मानहानि करने वाले व्यक्ति के खिलाफ सिविल या आपराधिक कार्रवाई की जा सकती है। भारतीय

(केसलेट जारी)

(केसलेट जारी)

अदालतों में मानहानि के मामले में केवल दो तरह की कार्रवाई करती है सिविल और आपराधिक। अदालत में लाइबल (लिखित में मानहानि) और स्लैंडर (भाषण द्वारा मानहानि) में अंतर नहीं किया जाता।

सिविल मानहानि

मानहानि के चार प्रधान तत्व हैं–

1. बयान आवश्यक रूप से झूठा होना चाहिए
2. बयान पीड़ित व्यक्ति की प्रतिष्ठा या व्यवसाय से जुड़ा होना चाहिए
3. बयान किसी उपयुक्त या पीड़ित व्यक्ति से संबंधित व्यक्ति द्वारा समझा जाना जरूरी है
4. बयान किसी तीसरे व्यक्ति को संबोधित करके कहा गया हो।

यह उल्लेखनीय है कि *टाटा सन्स लिमिटेड बनाम ग्रीनपीस (2010)* के मामले में दिल्ली उच्च न्यायालय ने एक ऑनलाइन गेम में टाटा के प्रतीक चिन्ह के प्रयोग से जुड़े मानहानि की शिकायत पर चिंता जताई थी। यहां अदालत ने वास्तविक जगत से आभासी जगत में मानहानि के मामले में लागू होने वाले सिद्धांतों को अपनाया और लागू किया। टाटा स्टील धामरा पोर्ट को विकसित कर रही थी। ऑलिव रिड्ले कछुओं के आवास और प्रजनन पर इसके संभावित प्रभावों को लेकर ग्रीनपीस ने पैक–मैन स्टाईल का ऑनलाइन गेम बनाया, जिसका नाम था, 'टर्टल वर्सेज टाटा'। इस गेम में उपभोक्ता को एक कछुए को चार 'टाटा राक्षसों' (एक वृत में टी अक्षर से बने टाटा के चिन्ह से मिलता–जुलता) से बचाते हुए एक भूलभुलैया से होकर बाहर निकालना था। गेम की टिप्पणी में जोड़ा गया था कि अगर कछुआ पावर की एक गोली खा ले तो वो 'विकास के राक्षस' को पराजित करने में सक्षम हो जाएगा। गेम द्वारा पैदा की गई छवि, गेम में की गई टिप्पणी और टाटा के नाम व चिन्ह के इस्तेमाल को टाटा सन्स द्वारा मानहानि बताकर इसे अदालत में चुनौती दी गई। हाईकोर्ट ने गेम के खिलाफ निषेधाज्ञा जारी करने से इनकार कर दिया। मामला वापस ट्रायल कोर्ट में चला गया। आखिरी परिणाम क्या रहा, ये सार्वजनिक रिकॉर्ड से ज्ञात नहीं होता।

इसके अतिरिक्त, सार्वजनिक जीवन जी रहे लोगों के संबंध में, ऐसे व्यक्ति से जुड़े बयान या ऐसे व्यक्तियों का मूल्यांकन (अगर ऐसे बयान

(केसलेट जारी)

(केसलेट जारी)

झूठ भी हो तो) मानहानि के रूप में कार्रवाई के दायरे में नहीं आएंगे जब तक कि ऐसे बयान दुर्भावना से प्रेरित न हो[44]।

दीवानी मुकदमों (सहमति, समझौता, संतुष्टि, सीमांकन) के दावों में जहां अन्य उपायों के साथ–साथ बचाव की बात है, तो ऊपर लिखित कारकों में से किसी एक की अनुपस्थिति को स्थापित कर मानहानि के दावों का बचाव किया जा सकता है। इस प्रकार मानहानि के दावे के विरुद्ध मौजूद बचावों में से प्रमुख हैं– या तो (1) बयान सही हो या (2) प्रतिवादी का इरादा ये था कि बयान या प्रकाशन को शिकायतकर्ता के अलावा कोई और न देखे[45]।

इसके अलावा, मानहानि के दावों के प्रत्युत्तर में, विशेषाधिकार का सिद्धांत कुछ खास पेशे से जुड़े लोगों को एक सीमा तक छूट प्रदान करता है। इस संबंध में, पत्रकारों को कुछ छूट दी गई है (गुणात्मक विशेषाधिकार)। प्रतिवादी यहां ये स्थापित कर सकता है कि उसने तथ्यों की उचित पड़ताल के बाद बयान दिया[46]।

आपराधिक मानहानि

भारतीय दंड संहिता में मानहानि का अपराध ऐसे बयान या विजुअल प्रस्तुति तक विस्तारित है जो किसी व्यक्ति के बारे में जानबूझकर या इस विश्वास के साथ किया गया हो जिससे उस व्यक्ति की प्रतिष्ठा को हानि पहुंचे और ऐसा बयान प्रत्यक्ष या परोक्ष रूप से संबंधित व्यक्ति को निम्न प्रकार से नीचा दिखाता हो (1) उस व्यक्ति के नैतिक और बौद्धिक चरित्र के मामले में (2) व्यक्ति की जाति या नाम की स्थिति में (3) व्यक्ति की साख को ठेस पहुंचे या ऐसी छवि बन जाए कि व्यक्ति का शरीर घृणित या लज्जाजनक स्थिति में है।

भारतीय दंड संहिता मानहानि के दस अपवादों को भी सूचीबद्ध करता है, जो उन बयानों से जुड़े हैं, जो नेक नीयत से दिए गए हों। इनमें– लोकसेवकों का लोक आचरण, लोक कार्यों की गुणवत्ता या ऐसे लोगों द्वारा निंदा जिनके पास अपने अधिकृत दायरे में दूसरों से ज्यादा अधिकार हैं।

पुनर्प्रकाशन

सोशल मीडिया के पास पूर्व प्रकाशित सामग्री के पुनर्प्रकाशन या उसका लिंक जोड़ने की क्षमता है। जहां कहीं यह सामग्री मानहानि करती हो तो अदालत इस बात पर विचार करेगी कि इसका पुनर्प्रकाशन मानहानि

(केसलेट जारी)

(केसलेट जारी)

की नई कार्रवाई के दायरे में आएगा या नहीं[47]। हालांकि, पुनर्प्रकाशन में स्रोत सामग्री से छेड़छाड़ नहीं की गई हो और पुनर्प्रकाशित सामग्री के स्रोत का उल्लेख हो तो पुनर्प्रकाशक इस आधार पर दायित्वों से छूट का दावा कर सकता है कि इस मामले में वो सिर्फ मध्यस्थ की भूमिका में हैं। तब यह कार्रवाई मूल लेखक के खिलाफ शुरू होगी। उदाहरण के लिए, अगर कोई व्यक्ति यू–ट्यूब पर कोई ऐसा वीडियो अपलोड करता है, जिससे किसी व्यक्ति की मानहानि हो रही हो, इस मामले में यू–ट्यूब ने अपलोड हुई सामग्री में कोई संपादन, बदलाव या छेड़छाड़ नहीं किया है और वो सिर्फ मानहानि करने वाली सामग्री के प्रसार में अक्रिय रूप से शामिल है। इस आधार पर वह सूचना तकनीक अधिनियम 2000 के अंतर्गत मध्यस्थ को प्रदत्त छूट का लाभ ले सकता है। इस तरह, सिर्फ एक व्यक्ति, जो इस वीडियो क्लिप का आरंभिक निर्माता है, उसी के खिलाफ मानहानि के कानून के तहत कार्रवाई की जाएगी। ठीक इसी तरह का उदाहरण हरभजन सिंह बनाम पंजाब के मामले में सामने आया था (देखें पाद टिप्पणी 45), जिसमें घटना की रिपोर्टिंग के दौरान एक व्यक्ति द्वारा कही गई अपमानजनक बातों को अखबार द्वारा उद्धृत किया गया था। इस मामले में, अखबार ने अगर अपमानजनक करने वाले बयान को संपादित नहीं किया है और ना ही बदला है तो कार्रवाई अखबार के बजाय, बयान देने वाले व्यक्ति के खिलाफ होगी।

केसलेट सौजन्य– अभिनव श्रीवास्तव, एसोसिएट, (नंदन कामथ के लॉ ऑफिस, बेंगलुरु में कार्यरत)

केसलेट 6ख सोशल मीडिया का उदय

"आप वही होते हैं, जो आप बांटते हैं।"

–चार्ल्स लीडबीटर

वी थिंकः द पावर ऑफ मास क्रिएटिविटी

अगर कोई एक चीज है जिस पर विश्वभर के बाजार के जानकार एकमत होंगे तो वो है पिछले 5–10 सालों में सोशल मीडिया का अप्रत्याशित विकास। कॉमकास्ट की रिपोर्ट के मुताबिक, वर्ष 2011 में सोशल नेटवर्किंग पूरी दुनिया में सबसे लोकप्रिय गतिविधि थी। ऑनलाइन बिताए गए समय में 19 प्रतिशत अकेले सोशल नेटवर्किंग का हिस्सा था। वर्ष

(केसलेट जारी)

(केसलेट जारी)

2007 में यह आंकड़ा 7 प्रतिशत था। विश्वभर में ऑनलाइन कुल लोगों में से 82 प्रतिशत लोगों की पहुंच सोशल नेटवर्किंग साइट्स तक हैं। कोम्स्कोर की रिपोर्ट के मुताबिक यह संख्या 1.2 अरब है।

उत्तरी अमेरिका के बाजार के आंकड़े यह प्रतिबंबित करते हैं। नील्सन्स सोशल मीडिया रिपोर्ट 2012 के मुताबिक, पीसी पर बिताए गए कुल समय का 20 प्रतिशत और मोबाइल पर बिताए गए कुल समय का 30 प्रतिशत समय लोगों ने सोशल नेटवर्किंग साइट्स पर बिताया। धारणा है कि सोशल नेटवर्किंग साइट्स युवाओं की चीज है। लेकिन ग्लोबल वेब इंडेक्स की रिपोर्ट इस धारणों को झुठलाती है। इस रिपोर्ट के मुताबिक वर्ष 2012 की दूसरी तिमाही से 2013 की पहली तिमाही तक ट्विटर पर सबसे ज्यादा संख्या 55–64 वर्ष के आयु वर्ग के लोगों की बढ़ी। जबकि फेसबुक और गूगल पर 45–54 वर्ष आयुवर्ग के लोगों की संख्या में सबसे तेज वृद्धि दर्ज की गई।

इस बाजार का अगुवा फेसबुक है, जिसके पूरे विश्व में उपभोक्ताओं की संख्या 1 अरब से ज्यादा है। सोशल मीडिया श्रेणी में फेसबुक सबसे ऊपर है, जिसके हिस्से में सोशल मीडिया पर बिताए गए कुल समय का 83 प्रतिशत आता है, इसके बाद टूम्बलर (5.7 प्रतिशत), पिंट्रेस्ट (1.9 प्रतिशत), ट्विटर (1.7 प्रतिशत), लिंक्डइन (1.4 प्रतिशत) की बारी आती है।

बात सिर्फ ये नहीं है कि ज्यादातर लोग विभिन्न प्रकार के सोशल मीडिया पर अपना समय व्यतीत कर रहे हैं, बल्कि लोगों का ऑनलाइन व्यवहार उनके ऑफलाइन व्यवहार को भी दिलचस्प तरीके से बदल रहा है। 'सोशल टीवी' इसका उदाहरण है। 2012 की नील्सन सोशल मीडिया रिपोर्ट के मुताबिक, ट्विटर के उपभोक्ताओं में से 30 प्रतिशत ने ट्वीट करके यह बताया कि वो टीवी पर क्या देख रहे हैं। 41 प्रतिशत टेबलेट प्रयोक्ताओं और 38 प्रतिशत स्मार्टफोन प्रयोक्ताओं ने बताया कि वो टेलीविजन देखते हुए अपनी डिवाइस का प्रयोग करते हैं। ये लोग न सिर्फ अपने सोशल कनेक्शन से चैट करते हैं बल्कि, जो विज्ञापन वो देखते हैं उसका सौदा करने, उसे खरीदने, और उससे जुड़ी अन्य जानकारियां जुटाने में भी समय व्यतीत करते हैं। इसका अर्थ है कि विज्ञापनदाता एक ही उपभोक्ता को अपनी ओर खींचने के लिए एक साथ कई मंचों का इस्तेमाल करते हैं। साधारण तौर पर ये विज्ञापनों का असर बढ़ाते हैं।

अमेरिका जैसे परिपक्व बाजारों में, विज्ञापनों से सावधान उपभोक्ताओं ने स्वाद, राय और वरीयताओं के लिए अपने वैश्विक साथियों पर भरोसा

(केसलेट जारी)

(केसलेट जारी)

करना शुरू कर दिया है। दरअसल, मौखिक प्रचार और ऑन–लाइन रिव्यू वैश्विक विश्वास में सबसे ज्यादा अंक हासिल करते हैं। वर्ष 2012 में नील्सन के एक सर्वेक्षण में ये बात सामने आई है। इस अध्ययन के मुताबिक, 2009 के बाद से टेलीविजन, समाचारपत्र और पत्रिका के विश्विसनीयता के अंकों में 20 फीसदी की कमी आई है। जहां विज्ञापनदाता टेलीविजन पर उतना ही धन निवेश कर रहे हैं, वहीं उनकी रणनीति में इस तरह अलग दिखेगी कि उन्होंने किस प्रकार लाइक्स, सकारात्मक टिप्पणी और प्रतिक्रिया के रूप में अपने उपभोक्ताओं की सदिच्छा हासिल करने में उन्हें खुद से जोड़ें।

जब सोशल मीडिया लोगों के जीवन का इतना अहम हिस्सा बन बन गया है तो विज्ञापनदाता इस माध्यम में संभावनाएं तलाश करने की कोशिश कर रहे हैं। वो यूट्यूब, ट्विटर, फेसबुक जैसे मुफ्त चैनलों का प्रयोग कर रहे हैं या इन चैनलों में पेड विज्ञापन और ब्लॉग कंटेट का प्रायोजन करने की रणनीति अपना रहे हैं। उनके प्रयोगों से कुछ बातें सामने आई हैं वे इस प्रकार हैं–

सामग्री ही सम्राट है, विशेषकर तब जब वितरण निःशुल्क है– 89 प्रतिशत से ज्यादा विज्ञापनदाता यूट्यूब, फेसबुक, ट्विटर, पिंट्रेस्ट या दूसरे माध्यमों में सोशल मिडिया पर किसी न किसी तरह से विज्ञापन देते हैं। सोशल मीडिया विज्ञापन के दूसरे प्रारूपों से बिल्कुल अगल है, क्योंकि त्वरित प्रतिक्रिया के जरिए उपभोक्ता यहां सक्रिय भूमिका निभाते हैं। शेयरिंग या री–ट्विटिंग के जरिए वो विज्ञापन सामग्री को बढ़ावा देते हैं, जिससे सामग्री में वायरस की तरह तेज़ी से फैलने की ताकत आ जाती है। इस सफलता का सर्वोत्तम उदाहरण वन डॉलर शेविंग कलब की वेबसाइट पर जारी फनी वीडियो है। यह एक छोटा सा स्टार्ट–अप था और महंगे विज्ञापन पर खर्च नहीं कर सकता था, लेकिन उसका वीडियो वायरल हो गया और वीडियो के जारी होने के एक घंटे के भीतर उसका सर्वर क्रैश कर गया। पहले 48 घंटों में करीब 12000 लोगों ने उसकी सेवा के लिए साइन अप किया। यह विज्ञापन के लोकतांत्रिकरण का भी उदारहण है और बताता है कि किस तरह एक छोटा ब्रांड विज्ञापन करोड़ों खर्च किए बगैर सोशल मीडिया का इस्तेमाल कर सकता है। सोशल मीडिया स्पीकर और लेखक, जय बेयर का कहना है 'सोशल मीडिया का उद्देश्य उपभोक्ता को स्वैच्छिक मार्केटिंग सेना बनाना है'। कई सफल सोशल मीडिया कैंपेन ना सिर्फ विज्ञापन देते हैं, बल्कि उपभोक्ताओं को मनोरंजन के लिए वीडियो भी देते हैं।

(केसलेट जारी)

(केसलेट जारी)

उपभोक्ता के साथ जुड़ना– कंपनियों के पास सोशल मीडिया पर बड़े स्तर पर अपने ग्राहकों के साथ जुड़ने का अवसर होता है। कैडबरी यूके ने फेसबुक पर प्रशंसकों की संख्या दस लाख पहुंचने के मौके पर एक वीडियो जारी कर अपने प्रशंसकों को धन्यवाद दिया। वीडियो एक कमरे में फिल्माया गया था, जहां उसके ग्राहकों की टिप्पणियों से भरे पोस्ट थे। वीडियो में चॉकलेट का बना बड़ा सा फेसबुक–लाइक बटन था और सभी प्रशंसकों के प्रति आभार जताया गया था। इस वीडियो ने इस पेज को लोकप्रिय बना दिया और कई ग्राहकों ने खुद को ब्रांड से जुड़ा हुआ महसूस किया। कई ब्रांड अपने ग्राहकों को सक्रिय रखने के लिए ऑनलाइन सर्वे, क्विज और प्रतियोगिता कराते हैं। अपने असंतुष्ट ग्राहकों से संवाद स्थापित कर वो बातचीच को नियंत्रित करते हैं और दूसरे मंचों तक उन्हें जाने से रोकते हैं।

'ग्लोकल' होना– सोशल मीडिया के जरिए ब्रांड्स एक साथ स्थान विशेष और राष्ट्रव्यापी अभियान एक साथ चलाकर अपने ग्राहकों तक बड़ा–लक्ष्य साधते हैं। अमेरिकी ग्रोसरी सुपरमार्केट, फूड लायन ने सोशल मीडिया संवाद का इस्तेमाल कर नए प्राइवेट लेबल ब्रांड की शुरुआत की। उपभोक्ताओं को फेसबुक पर एक प्रतियोगिता में शामिल होना था और बताना था कि कौन सी बातें उनकी पड़ोस को खास बनाता है। प्रतियोगिता विजेता को फूड लायन ने उनके घर तक एक कार्ट खाने–पीने की चीजें पहुंचाने का वादा किया। फूड लायन ने तीन शहरों में अपने ग्राहकों तक पहुंचने के लिए फेसबुक का इस्तेमाल किया, जबकि अपने बाकी सभी ग्राहकों के लिए ट्विटर का प्रयोग किया। हर बार खाने–पीने का सामान पहुंचाकर फूड लायन ने ट्विटर पर हैशटैग #Grocerydrop नाम से चैलेंज और स्कैवेंजर हंट पोस्ट किया। फूड लायन ने 100 डॉलर का गिफ्ट काड्र्स जीतने के लिए अपने सभी ग्राहकों को संवाद में शामिल होने को कहा। इस अभियान का नतीजा यह हुआ कि सोशल मीडिया पर उसकी पहुंच 14 लाख ग्राहकों तक हो गई और 82 लाख मीडिया इंप्रेशन हुए। किसी भी उपभोक्ता ब्रांड द्वारा सोशल मीडिया के सर्वश्रेष्ठ उपयोग के लिए लायन फूड्स को शॉर्टी अवार्ड मिला।

हालांकि कुछ ही ब्रांड सोशल मीडिया का सही उपयोग कर पाए, जबकि ज्यादातर विज्ञापनदाता काफी सावधानीपूर्वक ही इस पर आगे बढ़ना उचित समझ रहे हैं। नील्सन की कंपनी, वाइजू की पेड सोशल मीडिया एडवरटाइजिंग रिपोर्ट के अनुसार, 2012 में करीब–करीब 70

(केसलेट जारी)

(केसलेट जारी)

प्रतिशत ब्रांड्स ने अपने बजट का महज 0–10 प्रतिशत ही सोशल मीडिया पर खर्च किया। हालांकि 64 प्रतिशत विज्ञापनदाताओं ने कहा कि वो भविष्य में सोशल मीडिया पर अपने बजट खर्च में बढ़ोतरी करेंगे।

एक समस्या– मीडिया विक्रेता जिस पैमाने की पेशकश करते हैं और विज्ञापनदाता जो पैमाना चाहते हैं, दोनों में काफी अंतर है। डिजिटल मीडिया से जुड़े पैमाने हैं– क्लिक–थ्रूज, व्यूज एंड लाइक्स। जबकि परंपरागत विज्ञापनदाता ऑफलाइन एडवरटाइजिंग जैसा ही पैमाना चाहते हैं। ये उन्हें बाजार में मौजूद तमाम मंचों से विकल्प चुनने में मदद करता है।

केसलेट का रिसर्च और लेखन सिंदुजा रंगराजन ने किया है, जो टीएनएस इंडिया और कलर्स के साथ एक पूर्व गुणात्मक शोधकर्ता रही हैं। सिंदुजा वर्तमान में यूनिवर्सिटी ऑफ साउथ कैलिफोर्निया में जर्नलिज्म की पढ़ाई कर रही हैं।

टिप्पणियां

1. मिड डे में 22 मार्च 2013 को प्रकाशित मेरे अपने लेख This Digital Snobbery के कुछ अंश उद्धृत।
2. टेबल 6.2 देखें।
3. इसका संबंध डिजिटल की क्षमता द्वारा ई–कॉमर्स, व्यापार या विनिमय को सहूलियत प्रदान करने से कतई नहीं है। इसका संबंध इस बात से है कि यह माध्यम कैसे मनोरंजन तथा संप्रेषण के लिए यंत्र के तौर पर काम कर सकता है।
4. देखें: Battle of the Internet Giants, The Economist, 1 December 2012
5. The State of the News Media 2013, PEW Research Center
6. हालांकि भारत में कुल 90 करोड़ मोबाइल उपभोक्ता हैं, लेकिन वास्तविक संख्या 60 करोड़ के करीब है, क्योंकि बहुत सारे लोग दो सिम वाले मोबाइल का इस्तेमाल करते हैं या फिर हमें उस संख्या को भी घटना होगा जो एकबार इस्तेमाल करने के बाद इस्तेमाल बंद कर चुके हैं। मोबाइल पर इंटरनेट इस्तेमाल करने वाले उपभकताओं की कुल संख्या 9 करोड़ है।
7. IAMAI: Internet and Mobile Association of India
8. Digital Advertising in India, IAMAI-Internet and Mobile Association of India
9. इंटरनेट एडवरटायजिंग ब्यूरो रिपोर्ट फॉर 2012, जिसे प्राइस वॉटर हाउस कूपर्स ने किया।
10. ब्रॉडबैंड एक ऐसा इंटरनेट कनेक्शन है जो समान्यतः उच्च बिट रेट उपलब्ध कराता है– 100केबीपीएस या इससे ऊपर का बिट रेट। केबल मॉडेम, डीएसएल और आईएसडीएन ये सभी ब्रॉडबैंड कनेक्शन प्रदान करते हैं। भारत में, ट्राई ने ब्रॉडबैंड को परिभाषित करने के लिए डाटा स्पीड 256केबीपीएस या उससे ऊपर तय की है।

11. प्लेटफॉर्म से अभिप्राय उन बड़े ब्रण्ड्स से है जो प्रमुख मंचों के मालिक हैं, जैसे गूगल तथा वोडाफोन। अधिक जानकारी के लिए देखें– कारोबार कैसे काम करता है।
12. IBD: Indian Broadcasting Foundation; INS: Indian Newspaper Society; IAMAI: The Internet and Mobile Association of India
13. The rise of the aggregators, Business Standard, 10 April 2012 से अधिकांश हिस्सा उद्धृत किया गया है।
14. The State of the News Media 2013, PEW Research Center's project for excellence in journalism.
15. आफाक्स द्वारा आयोजित उस डिजिटल मार्केटिंग वर्कशॉप में सिंह प्रशिक्षक थे जिसमें मैंने 2013 में भाग लिया। उनके बारे में इस अध्याय में जो भी कहा गया है, उसी कार्यशाला के आधार पर है। अफाक्स जिस कंपनी के अधीन है, मेरे पति श्रीकांत खांडेकर उसमें निदेशक हैं।
16. आईएएमएआई की वेबसाईट पर डिजिटल एडवर्टाइजिंग इन इंडिया, 2013 देखें।
17. कॉमस्कोर के आंकड़े, अधिक जानकारी के लिए देखें: http://www.comscore.com/Insights/Press_Releases/2013/4/comScore_Releases_March_2013_U.S._Online_Video_Rankings
18. Social Media and Lok Sabha Elections, April 2013, IAMAI-Internet and Mobile Association of India
19. देखें *ए ब्रीफ हिस्ट्री ऑफ इंटेरेट,* लिनर एट अल। भारत की पृष्ठभूमि के बारे में कुछ हिस्सा अमरचंद तथा मंगलदास तथा सुरेश द्वारा 2005 में समाहित किया गया है। नई दिल्ली स्थित एक लॉ कंपनी श्रॉफ एंड कंपनी द्वारा 2006 में इस पुस्तक के दूसरे संस्करण के लिए। दि अड्वान्स रिसर्च प्रोजेक्ट्स एजेंसी (एआरपीए) ने 1971 में अपना नाम बदल कर डिफेंस अड्वान्स रिसर्च प्रोजेक्ट्स एजेंसी (डीएआरपीए) रख लिया और बाद में 1993 में फिर से अड्वान्स रिसर्च प्रोजेक्ट्स एजेंसी (एआरपीए) कर लिया और 1996 मे फिर से डिफेंस अड्वान्स रिसर्च प्रोजेक्ट्स एजेंसी (डीएआरपीए) कर लिया। इतिहास के पूरे हिस्से में आईएसओसी वेबसाइट बार–बार डीएआरपीए का हवाला देती है।
20. इंटरनेट एडवर्टाइजिंग ब्यूरो की ग्लॉसरी के अनुसार, ब्राउजर एक ऐसा सॉफ्टवेयर प्रोग्राम है जो आग्रह पर वर्ल्ड वाइड वेब पर उपलब्ध कैच तथा डिस्प्ले डॉक्युमेंट को डाउनलोड करता है। ब्राउजर टेक्स्ट आधारित या ग्राफिकल हो सकता है।
21. प्रस्ताव में कहा गया कि– एफएनसी इस बात पर सहमति प्रदान करता है कि निम्नांकित भाषा हमारी इंटरनेट की परिभाषा को प्रतिबिंबित करती है। इंटरनेट का अभिप्राय उस वैश्विक सूचना सिस्टम से है जो: क) वैश्विक स्तर पर एक युनीक एड्रेस स्पेस से तार्किक तौर पर जुड़ा हुआ है। ख) टीसीपी आईपी या इससे संबन्धित किसी भी अन्य एक्स्टेंसन से किसी भी संप्रेषण की अनुमति दर्ज देता है। ग) सार्वजनिक या निजी स्तर पर उपलब्ध ढांचागत संप्रेषण का उपयोग या उपयोग के लिए उपलब्ध कराता है।
22. वीएसएनएल को टाटा कम्यूनिकेशन द्वारा 2002 में अधिगृहीत कर लिया गया था।
23. राजेश जैन, अजित बालाकृष्णन तथा इंडिया टाइम की कहानी दूसरे तथा तीसरे संस्करण में भी दर्ज हैं।
24. 1998–2001 के बीच मैं मुंबई से बाहर सूचना प्रौद्योगिकी पर लिख रही थी, इसलिए इन उत्सुकताओं को मैंने नये तरीके से अनुभव किया।
25. David Gillies & Roger Marshall, Telecom Law, Butterworths, London, 1997
26. पूर्व के इतिहास पर अधिकांश हिस्सा कंचन सिन्हा द्वारा तैयार किया गया है, जो अमरचंद एंड मंगलदास एंड सुरेश ए श्रॉफ कंपनी में कार्यरत हैं। इसका कुछ हिस्सा

हार्दिक आभार के साथ अशोक वी. देसाई द्वारा दि नेशनल काउंसिल फॉर एप्लाइड इकोनॉमिक रिसर्च के लिए भारतीय संचार उद्योग पर किए गए शोध अध्ययन से लिया गया है। डॉ. देसाई मेरे साथ बिज़नेस वर्ल्ड में साथी रहे हैं। अतीत पर संग्रह किए दस्तावेजों का तीसरा सबसे प्रमुख साधन स्ट्रेटजीज एंड पॉलिसी यूनिट ऑफ द इंटरनेशनल टेलीकम्यूनिकेशन यूनियन की लारा श्रीवास्तव और भारतीय प्रबंध संस्थान के सिद्धार्थ सिन्हा द्वारा संग्रहीत किया गया पेपर था। यह अध्ययन उस शृंखलाबद्ध अध्ययन का हिस्सा है, जिसे आईटीयू के सेक्रेटरी जनरल के कार्यालय द्वारा संचार केस अध्ययन किया गया था। इसे इंटरनेट से डाउनलोड किया गया था। इससे संबंधित तमाम स्रोतों में तारीखें भिन्न हैं कि पहले सिस्टम की स्थापना कब की गई। इस पुस्तक के लिए मैं उस तारीख का इस्तेमाल कर रही हूं जो आईटीयू द्वारा उपलब्ध करवाया गया है।

27. वीएसएनएल को टाटा कम्यूनिकेशन द्वारा 2002 में खरीद लिए गया था।
28. बाद में विज्ञापनदाताओं को भारत में प्रसारित विदेशी अपलिंक्ड चैनलों पर डॉलर में एयर टाइम खरीदने की अनुमति नहीं दी गयी थी। यह कदम डीडी को बचाने के लिए उठाया गया था। हालांकि 2004 में इस प्रावधान को खत्म कर दिया गया।
29. देखें फुटनोट 26।
30. सीडीएमए का अर्थ होता है कोड डिवीजन मल्टीपल एक्सेस। सीडीएमए डेवलपमेंट ग्रुप की वेबसाइट के अनुसार, सीडीएमए वह तकनीक है जिसमें बहुत सारे उपभोक्ताओं को एक ही बैंड/स्पेस में एक ही समय तथा फ्रिक्वेंसी इस्तेमाल करने की स्वछंदता होती है। एक ही स्पेक्ट्रम को एक–दूसरे से अलग करने के लिए हर उपभोक्ता को एक यूनीक कोड आवंटित किया जाता है। किसी अन्य तकनीकों की तुलना में सीडीएमए एक ही समय पर एयर वेव्स साझा करने की सुविधा प्रदान करता है।

    जीएसएम का अर्थ ग्रुप स्पेशल मोंडायल है या ग्लोबल सिस्टम फॉर मोबाइल कम्यूनिकेशन है। जीएसएम एक खुली तथा सर्वाधिक इस्तेमाल की जाने वाली तकनीक है। जीएसएम वर्ल्ड वेबसाइट के अनुसार, पहली पीढ़ी के तार रहित सिस्टम से इस प्रकार भिन्न है कि यह डिजिटल तकनीक तथा टाइम डिवीजन मल्टीपल एक्सेस ट्रांसमिशन प्रक्रिया का इस्तेमाल करती है। यूनीक इनकोडर के जरिये आवाज को डिजिटल तरीके से इनकोड किया जाता है, जिससे मानव आवाज़ जैसा ही आभास होता है। अभी हालांकि ये दोनों तकनीक एक दूसरे के साथ प्रतिस्पर्धा में हैं, लेकिन बाद में दोनों एक हो जाएंगी।
31. हंगामा वेबसाइट मई 2013।
32. आईएबी–इंटरनेट एडवर्टाइजिंग ब्यूरो। मेटरिक्स की परिभाषा से संबंधित बहुत सारे आंकड़े आईएबी की वेबसाइट से लिए गये हैं।
33. यदि किसी वीडियो का 25 फीसदी देखा जाता है, तो इसे एक वीडियो व्यू के रूप मे गिना जाता है। उदाहरण के तौर पर यदि 10 मिनट के एक वीडियो को 2.5 मिनट देखा जाए तो इसे एक वीडियो व्यू माना जाएगा। या इसी हिसाब से 60 सेकेंड के एक वीडियो को 15 सेकेंड देखा जाये तब भी।
34. सीपीएम का अभिप्राय कॉस्ट पर मिल्ले या कॉस्ट प्रति हजार या कॉस्ट पर्सेंटेज से है। लैटिन में मिल्ले का अर्थ हजार होता है।
35. यह खंड अभिनव श्रीवास्तव द्वारा तैयार किया गया है, जो बेंगलुरु स्थित नंदन कामत के विधि कार्यालय में एक लॉ एसोसिएट हैं।
36. इन सभी संगठनों को मिलाकर इंटरमीडियरीज कहा जाता है; सूचना तकनीक अधिनियम, 2000 का खंड 2(1)(डबल्यू) देखें।

37. सूचना तकनीक अधिनियम, 2000 का खंड 79 देखें।
38. *श्रेया सिंघल बनाम यूनियन ऑफ इंडिया,* रिट पिटीशन (क्रिमिनल) 167 ऑफ 2012।
39. ट्राई की स्थापना टेलिकॉम रेगुलेटरी अथॉरिटी ऑफ इंडिया एक्ट, 1997 के तहत हुई थी। यह संचार के लिए नियंत्रक तथा प्रसारण सेवाओं के लिए केरिएज नियंत्रक है।
40. http://articles.economictimes.indiatimes.com/2012-01-08/news/30604493_1_high-security-communication-pan-india
41. http://www.hindustantimes.com/News-Feed/SectorsInfotech/Providesolution-to-intercept-VoIP-within-a-month-Govt/Article1-851651.aspx
42. समेकित एफडीआई नीति के अनुच्छेद 6.2.15.1.1 के तहत टेलीकॉम सेवाओं के दायरे में निम्न सभी चीजें आती हैं– बेसिक, सेल्युलर, यूनीफाइड एक्सेस सर्विस, नेशनल/इंटरनेशनल लंबी दूरी, वी–सैट, पब्लिक मोबाइल रेडियो ट्रंक्ड सर्विसेज, ग्लोबल मोबाइल पर्सनल कम्युनिकेशन सर्विसेज और अन्य मूल्यवर्धित सेवाएं।
43. आईडीएफसी के निदेशक अमोल धारिया और कनान इंडिया के प्रबंध निदेशक अलोक मित्तल का आभार जिनके प्रयास की बदौलत इस विषय पर इतना विस्तृत नोट सामने आ पाया।
44. आइबिड; *आर राजगोपाल बनाम तमिलनाडु राज्य,* एआईआर 1995 एससी 264।
45. *टाटा संस लिमिटेड बनाम ग्रीनपीस,* आईए संख्या 9089/2010 इन सीएस (ओएस) 1407/2010 (दिल्ली उच्च न्यायालय)।
46. *आर राजगोपाल बनाम तमिलनाडु राज्य,* एआईआर 1995 एससी 264 रिलाईंग ऑन *न्यूयोर्क टाइम्स कं बनाम सुलीवन,* 376 यूएस 254 (1964)।
47. *हरभजन सिंह व पंजाब राज्य,* 1961 सीआरआईएलजे 710; *इन री ईवीके सम्पत,* एआईआर 1961 एमएड 318। यह भी गौरतलब है कि *वाट्किंस बनाम हाल* 1868(3) क्यूबी 396, मामले में क्वीन की बेंच ने सलाह दी कि बार–बार निन्दात्मक बयान से प्रभावित व्यक्ति को ज्यादा नुकसान हो सकता है।

अध्याय 7

आउट ऑफ होम

आउट ऑफ होम और केबल टीवी के बीच की समानताएं चमत्कारपूर्ण हैं।

न्यूज आउटडोर इंडिया एनओआई के तत्कालीन प्रबंध निदेशक सुमंत्र दत्ता ने वर्ष 2006 की गर्मियों में छः महीने से ज्यादा लगभग नौ भारतीय शहरों के तकरीबन 90 आउट ऑफ होम मीडिया मालिकों से बातचीत करने में बिताए[1]। न्यूज आउटडोर इंडिया, रूस की न्यूज आउटडोर ग्रुप का एक सहायक ग्रुप था, जो रूपर्ट मर्डोक[2] द्वारा नियंत्रित 34 बिलियन यूएस डॉलर के न्यूज कार्पोरेशन का एक हिस्सा था। दत्ता कहते हैं, एक अखिल भारतीय ओओएच (आउट ऑफ होम) मीडिया कंपनी को स्थापित करने का उनका विचार था, जिसका नियंत्रण या तो मालिकाना हक से हो या फिर भारत में कुल ओओएच मीडिया का कम से कम 20 प्रतिशत ठेके पर देने से हो।

साल के अंत तक, एनओआई ने अपनी दिशा बदली और बस स्टॉपों और अन्य सार्वजनिक स्थलों पर लंबे समय के समझौतों के लिए नगर निकाय अधिकारियों से निवेदन करना शुरू कर दिया। दत्ता ने तकरीबन 21 राज्यों के मुख्यमंत्रियों को प्रेजेंटेशन दिये। दत्ता याद करते हैं, 'हमने उनसे एक क्षेत्र को सुशोभित करने का मौका देने और उसके बाद हमें ठेका देने का फैसला करने का निवेदन किया'। ये भी काम नहीं आया। प्रशासन की राजस्व उम्मीदों पर एनओआई भुगतान नहीं कर सकता था।

वर्ष 2008 की गर्मियां आते–आते, भारत में काम स्थापित करने के केवल दो सालों बाद, एनओआई ने अपने कार्यों को बंद कर दिया। इसके बाद आउटडोर व्यापार पर धीरे चलने का एक वैश्विक निर्णय लिया गया[3]। उसे ऐसे पढ़ेः उसको बंद कर दें या धीरे–धीरे अलग कर लें। सूत्रों का कहना है कि इसका कारण दुनियाभर में व्यापार का असंगठित होना और हर एक बाजार में भिन्न और कठिन नियामक शासन होना था।

85 की उम्र में चल रहे मर्डोक दुनिया में सबसे दृढ़ मीडिया खिलाड़ियों में से एक हैं। दुनिया में उनकी कंपनी सबसे बड़ी डीटीएच ऑपरेटर है और यह

कुछ कठिन बाजारों जैसे इटली, यूके, ऑस्ट्रेलिया में अग्रणी है। उनके अपने कुछ सबसे बड़े समाचार ब्रैंड हैं, जिनमें से कई को कठोर समझौतों के बाद खरीदा गया, उदाहरण के लिए *द वॉल स्ट्रीट जर्नल*। 15 सालों के नुकसान के बाद भी उन्होंने चीनी प्रसारण बाजार को नहीं छोड़ा। फिर भी वह ओओएच मीडिया को छोड़ रहे थे।

एनओआई का कदम खींचना ओओएच मीडिया व्यापार की प्रकृति को दर्शाता है और उसकी संरचना पर एक टिप्पणी भी करता है। नियामक उलझन से ज्यादा विश्व स्तर पर यह एक खंडित, बनावटी, दूषित व्यापार है। निकाय अधिकारियों, ओओएच मीडिया के मालिकों, जमींदारों, मीडिया एजेंसियों और विज्ञापनदाताओं के परस्पर हितों के टकराव इसे शायद केबल से भी ज्यादा समस्याजनक बनाता है। लक्ष्य मीडिया, के पूर्व प्रोजेक्ट अध्यक्ष, इंद्रजीत सेन कहते हैं, 'वास्तविकता यही है कि विश्वभर में ओओएच कारोबार एक समान है (खंडित, दूषित और भयानक नियमन का सताया)

यही कारण है कि क्यों ज्यादातर लोग ओओएच मीडिया को नकार देते हैं। अखबारों में नियमित रूप से इस पर हमला होता है– यहां तक कि उन दैनिकों में भी जिनके मालिकों के हित आउटडोर में हैं (केसलेट 7क देखिए)। विकसित जगत में, इस नकारात्मक धारणा का सामना करने के लिए ओओएच मीडिया उद्योग बड़े स्तर पर रिसर्च करती है। यह साबित करने के लिए बहुत सारे अध्ययन किए गए हैं कि आउट डोर मीडिया दुर्घटना का कारण नहीं है, पर्यावरण के लिए हानिकारक नहीं है, बुनियादी ढ़ांचे पर खर्च में योगदान करती है, करों पर नागरिक निकाय की निर्भरता को कम करती है और करदाता की मदद करती है।

ओओएच मीडिया के प्रति नापसंदगी शायद इस वजह से भी है कि अन्य मीडिया की तरह वह कोई कंटेंट प्रदान नहीं करता। यहां पढ़ने, देखने या सुनने के लिए कुछ भी नहीं है। यह माध्यम केवल विज्ञापन संदेश देता है, इस तरह माध्यम और संदेश एक ही चीज है।

ऐतिहासिक दृष्टि से ओओएच विज्ञापन केवल बिलबोर्ड को संदर्भित करती है (बुलेटिन और पोस्टर)। ये आउटडोर मीडिया के पारम्परिक रूप है। हाल ही के वर्षों में, आउटडोर एडवर्टाइजिंग एसोसिएशन ऑफ अमेरिका या ओ–ट्रिपल–ए (ओएएए) और विश्वभर के अन्य अनेक उद्योग संघों ने आउट–ऑफ होम विज्ञापन के सभी रूपों को समाहित करने के लिए शब्द को विस्तारित किया है। इसमें आउटडोर मीडिया के अन्य गैर–पारंपरिक रूप जैसे बस स्टॉप, कियोस्क, बसें, सब–वे और रेल अन्य गैर पारंपरिक स्वरूप शामिल हो सकते हैं (देखें 'व्यवसाय कैसे काम करता है')।

चाहे इसे पसंद किया जाए या नहीं, ओओएच मीडिया करने के लिए बहुत बड़ा कारोबार है। यदि आप सही तरीके से करें तो कई कारकों के आधार पर आपका संचालन मुनाफा 30–50 प्रतिशत रह सकता है। यह कारक हैं– कंपनी

का पोर्टफोलियो (बिलबोर्ड बनाम सड़क अवसंरचना बनाम ट्रांज़िट मीडिया), वह स्थान जो कंपनी के अपने हैं, इसके लंबी अवधि के समझौते इत्यादि।

फिक्की–केपीएमजी की रिपोर्ट के मुताबिक वर्ष 2012 में, भारतीय आउटडोर मीडिया बाज़ार का विज्ञापन राजस्व रु. 18.2 बिलियन (या 364 मिलियन यूएस डॉलर) था। उद्योग के अधिकांश अंदरूनी लोगों द्वारा इस आंकड़े को कम माना गया। ये इस चीज पर निर्भर करता है कि आपके लिए आउट ऑफ होम मीडिया शब्द के क्या मायने हैं। अब तक मैदान में कार्यरत, पारगमन और आउटडोर के अन्य रूपों की खर्च संख्याओं में गणना नहीं की गई है। वैश्विक ओओएच बाजार 32 बिलियन यूएस डॉलर के ऊपर रहा है[5]।

2006 और 2008 इन दो वर्षों के बीच भारतीय आउटडोर मीडिया उद्योग ने बड़ी संख्या में निवेशकों को आकर्षित किया है। निजी इक्विटी खिलाड़ियों ने ओओएच मीडिया कंपनियों में अनुमानित 9.64 बिलियन रुपये का निवेश किया।

उदाहरण के लिए, 2006 से 2008 तक तीन सालों में प्रत्येक वर्ष, लक्ष्य ने वारबर्ग पिंकस, यूटीआई और अमवल अल खलीज़ जैसे निवेशकों से कुल 4.67 बिलियन रुपये उठाये। इसी तरह जनवरी 2008 में, जीएस स्ट्रेटजिक इनवेस्टमेंट्स (गोल्डमैन सैक्स) और एलबी इंडिया होल्डिंग्स मॉरिशस (लेहमैन ब्रदर्स) ने 20 बिलियन रुपये में ईएनआईएल की ओओएच सहायक कंपनी, टाईम्स इनोवेटिव मीडिया में 8.28 प्रतिशत भागीदारी खरीद ली[6]।

2008 वर्ष में जब वैश्विक बाजार धराशायी हो गये, तब इसमें काफी हद तक ठहराव आ गया और भारत में विज्ञापनदाताओं का विचार रूपांतरित हुआ। फिक्की–केपीएमजी के आंकड़ों के मुताबिक इस उद्योग में मुश्किल से दो प्रतिशत तक की वृद्धि हुई। लेकिन निवेशकों के लिए यह आकर्षक क्यों है उसका मौलिक कारण अपने स्थान पर बना रहा।

जितना अधिक मास मीडिया होगा, वह उतना ही अधिक खंडित रहेगा। साथ ही इसमें बढ़ती क्रय शक्ति और घटती ध्यान खींचने की अवधि को भी जोड़ा जाए। तथ्य यह है कि युवा वर्ग कम पढ़ रहा है और टीवी भी कम देख रहा है। तथ्य यह भी है कि लोग अत्यधिक समय अपने घर से बाहर व्यतीत करते हैं– पढ़ाई करना, चलना, यात्रा करना, काम करना, टहलना आदि। ओओएच मीडिया इस दौरान अपनी ओर आकर्षित करने का प्रयास करता है, या तो उनके उपभोग के माहौल में या उनके यात्रा अथवा काम के माहौल में। एक बढ़ती अर्थव्यवस्था का मतलब है अधिक लोगों का कार्यबल में परिवर्तित होना, जो अधिक दर्शकों को आउटडोर विज्ञापन संदेशों की ओर उजागर करें। विज्ञापनदाता ओओएच मीडिया को इसलिए पसंद करते हैं क्योंकि इसमें स्थानीयपन होता है और और लोगों के लिए इसको अनदेखा करना मुश्किल होता है। टीवी, रेडियो या समाचार पत्र के विपरीत आप यहां चैनल नहीं बदल सकते या पन्ना नहीं पलट सकते।

ये सामान्य कारण है। व्यापक स्तर पर, तीन कारण हैं, जो बताते हैं कि भारतीय बाजार क्यों आकर्षक है।

पहला, निजी और सार्वजनिक क्षेत्र के लिए भारत में निवेश के सबसे बड़े क्षेत्रों में से एक बुनियादी ढांचा है। भारत में अच्छी सड़कें, रेल पटरियां, हवाई अड्डे, बस–स्टॉप, स्काईवाक, ओवर ब्रिज और इस तरह की अन्य सुविधाओं की आपूर्ति इतनी खराब है कि यह निवेश लंबे समय तक चलेगा। बुनियादी ढांचे में इस निवेश का ओओएच मीडिया की वृद्धि के साथ सीधा सह–संबंध है। विश्वभर में, बुनियादी ढांचे की परियोजनाएं सामान्यतः विज्ञापन में आय के स्रोत का कारक हैं, क्योंकि वे बिलबोर्डों की एक नई आपूर्ति देती हैं। मौजूदा हवाई अड्डों के आधुनिकीकरण, नए हवाई अड्डों का निर्माण, बढ़ता संगठित खुदरा क्षेत्र, लंबी दूरी के राजमार्गों का निर्माण और थिएटर श्रृंखलाओं व मल्टीप्लेक्सों में वृद्धि के कारण उम्मीद है कि ये भारत में ओओएच मीडिया की वृद्धि को प्रोत्साहित कर सकते हैं।

दूसरा, भारत में कार और दुपहिया वाहनों की पैठ बढ़ रही है। ये ज्यों–ज्यों और बढ़ेगी तो इसका मतलब होगा ज्यादा लोगों का सड़क पर होना या जाम में फंसना और फलतः आउटडोर मीडिया के लिए दर्शकों की एक बड़ी संख्या। वास्तव में, वैश्विक रूप से वाहनों से बढ़ते यातायात को इस बात का सूचक माना जाता है कि ओओएच मीडिया बाजार में कितना बेहतर काम करेगा। यातायात की बढ़ती भीड़ ओओएच विज्ञापन के दर्शकों और उसकी आय का एक प्राथमिक संचालक है। सबसे बड़े ओओएच मीडिया बाजार वे हैं, जहां औसतन सबसे लंबे वार्षिक यातायात विलंबन हैं।

दिल्ली में, जहां अधिकतम वाहन यातायात है, अभी व्यस्ततम भीड़ और जाम की अवधि एक दिन में पांच घंटों तक रहती है (सुबह और शाम का वक्त मिलाकर)। इस तरह के आंकड़े आने–जाने वालों को रुलाते हैं, लेकिन ओओएच उद्योग मुस्कुराता है। अमेरिका, कनाडा, ऑस्ट्रेलिया, ब्रिटेन और अन्य कई प्रौढ़ बाजारों पर हुए अध्ययनों में वाहनों का यातायात ओओएच मीडिया के लिए संभाव्यता का एक बड़ा सूचक माना गया है। इसके आंकड़े आउटडोर मीडिया दर्शकों की संख्या और प्रभाव का मात्रात्मक विश्लेषण करने में भी काम आते हैं।

तीसरा, उपभोक्ता वस्तुओं, परिधान, हार्डवेर और फिल्मों में संगठित खुदरा व्यापार की वृद्धि, आउटडोर मीडिया को बड़े पैमाने पर प्रोत्साहित करती है। यह इसलिए क्योंकि विश्व स्तर पर खुदरा जगत न केवल आउटडोर पर सबसे ज्यादा पैसा खर्च करने वाला क्षेत्र है; यह आउटडोर का सबसे बड़े संगठित आपूर्तिकर्ताओं में से भी एक है। भारत जैसे खंडित और असंगठित बाजार में यह एक बड़ा फायदा है। इसका एक अच्छा उदाहरण है फ्यूचर मीडिया जिसे किशोर बियानि के फ्यूचर ग्रुप ने अपने स्टोर्स के दम पर शुरू किया था। यह मूल रूप से उन मीडिया संभावनाओं का उपयोग करते हैं, जो लाखों वर्ग फीट में फैले सैकड़ों रिटेल स्टोर्स का मालिक होने में विद्यमान रहती हैं। फ्यूचर

मीडिया किसी अन्य मीडिया कंपनी के समान ही टीवी, प्रिंट, सक्रियण और अन्य सेवाएं प्रदान करती है। यह विशेष रूप उन कंपनियों के साथ बेहतर काम करता है, जो छोटे–शहरों में बसे भारत तक पहुंचना चाहती हैं।

कई अन्य कारण भी हैं; लेकिन व्यापक स्तर पर इस चीज के यही प्रमुख सूचक हैं कि कोई बाजार उछाल भरने के लिए तैयार है या नहीं। भारत में इन सूचकों की वृद्धि उन उत्पाद वर्गों की वृद्धि के साथ मेल खाती है, जिन्हें उनके मीडिया प्लान में ओओएच विज्ञापन की भारी मात्रा में आवश्यकता है। मीडिया और मनोरंजन खुद अपने आप में आउटडोर पर खर्च करने वालों का तेजी से बढ़ता हुआ वर्ग है। यदि आप मुम्बई में रहते हैं, तो संभवतः आपको हर नई फिल्म, धारावाहिक या शो के बारे में बाकी देश के मुकाबले सबसे पहले पता चल जाएगा, क्योंकि यह शहर होर्डिंगों से पट जाता है। फिर वित्तीय सेवाएं, खुदरा, टेलीकॉम और ऑटोमोबाइल क्षेत्र भी है[7]।

इस तरह बुनियादी ढांचा, संगठित खुदरा व्यापार में बढ़ता निवेश और शहरी यातायात में वृद्धि भारतीय ओओएच मीडिया बाजार में वह उत्साह ला रहा है, जो हम देख सकते हैं। ये संगठित कंपनियों से ओओएच मीडिया की आपूर्ति करते है, जैसे फ्यूचर मीडिया या यूएफओ मूवीज[8]– जो देश भर में बड़ी संख्या में इनकी मालिक हैं। यह विज्ञापनदाता का स्वर्ग है। बस कुछ कंपनियों और नगर निकायों के साथ बातचीत करने की सुविधा उनका जीवन सुलभ बना देती है। अब तक, विज्ञापनदाता को एक बड़े एवं असंगठित बाजार के साथ निपटना होता है, जिसमें हजारों ओओएच मीडिया मालिक होते थे। ओओएच मीडिया के बड़े संगठित विक्रेताओं के उद्‌भव ने इस व्यापार के असंगठित भाग में समेकन को भी मजबूर किया है।

तो, जहां अधिकांश निवेश ओओएच मीडिया आपूर्ति के नए समेकित स्रोतों के वित्त पोषण में जा रहा है, तो इसमें से कुछ हिस्सा उन आउटडोर मीडिया मालिकों की सहायता में भी जा रहा है, जो छोटी कंपनियों को अधिग्रहित कर समेकित हो गए हैं। यह निवेश केवल पेशेवर निवेशकों से ही नहीं मिलता, बल्कि बीसीसीएल और जागरण प्रकाशन जैसी बड़ी मीडिया कंपनियों से भी आता है। पिछले दशक में अधिकांश मीडिया कंपनी ओओएच मीडिया में मौजूदगी दर्ज कराने में व्यस्त है। यह मीडिया कंपनी के प्रस्तावों को बढ़ाने में सहायक होता है– आउटडोर मीडिया खासतौर से रेडियो और समाचार पत्र के साथ मेल खाता है, दोनों में स्थानीयता का तत्व है। इसका मतलब है विज्ञापनदाताओं से बेहतर दर। और बेशक यह बेहतर मूल्यांकन भी लाता है।

इसके अतिरिक्त, पिछले आठ सालों में कई बहुराष्ट्रीय कंपनियां भी भारतीय ओओएच मीडिया बाजार में सेंध लगाने की कोशिश करते देखी गईं। इनमें से जेसी डीकॉक्स, क्लीयर चैनल और स्ट्रोअर शामिल हैं। तो भी वे इस बाजार में छोटी मछली हैं, जहां आधा दर्जन बड़े और हजारों छोटे भारतीय खिलाड़ी मौजूद हैं।

कारोबार का आकार, अब

जबकि आय के रूप में यह भारतीय केबल उद्योग का महज 10 प्रतिशत है, आउटडोर मीडिया की इसके साथ असाधारण समानताएं हैं, खासतौर से जिस तरह यह आगे बढ़ा, जिस तरह की इसकी संरचना है और जैसी इसकी विकास की राह है।

केबल के साथ समानताएं

अतः भारत में आउटडोर उद्योग की मुख्य विशेषताओं को समझने के लिए, केबल के साथ इसकी तुलना अनिवार्य है। दोनों के बीच कुछ समानताएं इस प्रकार हैं:

विखंडन

केबल की तरह, ओओएच मीडिया व्यापार अत्यंत खंडित है। यह इसकी सबसे बड़ी चुनौती बना हुआ है। एक मात्र शहर मुंबई में, जिसके कुछ आंकड़े उपलब्ध हो पाए, अनुमानित 2500 होर्डिंग (बिलबोर्ड) तकरीबन 800 छोटी संस्थाओं के हैं, (मुंबई, केबल और आउटडोर व्यापार के ढांचे को निरंतर परिभाषित करता रहा है)। मीडिया और मनोरंजन पर केंद्रित एक बुटीक सलाहकार फर्म, एसेंडो कैपिटल के निदेशक, सुनामन सूद कहते हैं, 'कारोबार का विखंडन सबसे बड़ी चुनौती है'। भारत में कई हजारों साइट हैं, जिनके इतनी ही संख्या में फर्म या व्यक्तियों के रूप में मालिक हैं।

तदर्थ विनियमन

फिर, शुरुआत में बिल्कुल जिस तरह केबल के साथ हुआ, वैसे यहां भी राज्यों में विनियमन अमानकीकृत, तदर्थ और अलग–अलग थे। दत्ता के अनुसार आउटडोर का मॉडल जमीन मालिकों से जगह सस्ते में उठाना और विज्ञापनदाताओं को उच्च दाम में बेचने पर आधारित है। आकार या क्षेत्र पर कोई नियमन नहीं है कि कहां होर्डिंगों की अनुमति दी जा सकती है। अधिग्रहण द्वारा समाचार आउटडोर निर्माण योजना काम नहीं आई क्योंकि जिन कंपनियों की वह तलाश कर रही है वे अनिश्चितता में थी। उनका अस्तित्व प्रायः कुछ न्यायालयों के स्टे–ऑर्डर पर निर्भर था। उनकी अधिकांश मुख्य संपत्तियों या स्थलों पर मुकदमे चल रहे थे।

दत्ता के मुताबिक छोटे–शहर के भारत में, ओओएच मीडिया का केवल 20 प्रतिशत ही वैध है। कई शहरों में, आउटडोर मीडिया कारोबार केबल व्यापार के असंगठित तत्व की तरह समानांतर है। हालांकि, केबल से भिन्न, जो

विधि निर्माता भूल गए—लाइसेंस और अनुमति की आवश्यकता होने के कारण ओओएच मीडिया की वृद्धि से विनियामकों को लाभ हुआ क्योंकि जब भी कोई होर्डिंग लगाना चाहता है तो नगर निकाय हर बार उसमें पैसा कमाते हैं। यदि नगर निकाय नीतियों को बदलने का निर्णय लेती हैं तो लाइसेंस होने के बावजूद होर्डिंग को गिराया जा सकता है।

इसी तरह केबल में मालिकाना हक सिद्ध करना हमेशा से एक मुद्दा रहा है। 1995 केबल अधिनियम के बाद, संचालन के विभिन्न क्षेत्रों का स्वामित्व स्पष्ट नहीं था क्योंकि प्रत्येक क्षेत्र के लिए ऑपरेटरों को लाइसेंस नहीं दिये गए। जिस किसी के पास भी लाइसेंस था, वह किसी भी क्षेत्र में संचालन कर सकता है। इसलिए एक से अधिक ऑपरेटर, एक ही समय में, एक ही क्षेत्र के अंतिम छोर तक स्वामित्व का दावा कर सकते थे। इससे बाहरी निवेश लगभग नामुमकिन बन गया[9]।

दत्ता का कहना है, जब कोई विदेशी खरीददार आता है, तो ओओएच मीडिया कंपनियां आईटी या अमेरिका की ओओएच कंपनियों के हिसाब से मूल्यांकन करना शुरू कर देती हैं। हालांकि जिस ढांचे के अंदर यह कारोबार भारत में चल रहा है, वह अभी सही स्थिति में नहीं है। वास्तव में, कई छोटी भारतीय कंपनियों का मानना है कि यहां विदेशी कंपनियां नहीं टिक पाएंगी क्योंकि यह एक भ्रष्ट कारोबार है। सेन का कहना है, दूसरी ओर विदेशी कंपनियों का मानना है किः 'समेकन इसलिए नहीं हो रहा है, क्योंकि इन लोगों (छोटे खिलाड़ी) को पैसा नहीं चाहिए, बल्कि सुरक्षित भविष्य चाहिए'। यह सब सुनने में एक गड़बड़झाला लगता है और शायद यह है भी।

जैसे कि बाद में उल्लेखित है, इस व्यापार की मौलिक मुद्रा है अनुबंध, चाहे वह जमीन मालिक हों, नगर निकाय हों, खुदरा श्रृंखलाएं हों या रीयल एस्टेट का कोई अन्य मालिक हो, जहां पर होर्डिंग लगाए जा सकें। यह केवल तब होगा जब निवेशक कुछ अवधि के अनुबंध करें, वे एक पार्क को सुंदर बनाने, बस स्टॉप स्थापित करने या हवाई अड्डे का रखरखाव करने में पैसा लगाना चाहते हैं। जब तक नियामक व्यवस्था, जिसके इर्द–गिर्द व्यापार किया जाता है, अस्पष्ट बनी हुई है, इन अनुबंधों को चुनौती दी जा सकती है। व्यापार की बुनियाद ही अस्थिर बनी हुई है। इसलिए, इसमें पैसा लगाना मुश्किल हो जाता है।

असंगठित एवं उद्यमीय

80 के दशक की शुरुआत में केबल एक असंरचित, उद्यमीय व्यापार के रूप में आरम्भ हुआ[10] (इसी तरह आउटडोर भी, भले ही इसकी शुरुआत की तारीख अस्पष्ट हों)। यह एक समेकित व्यापार नहीं है। निवेशक सौदा करने के लिए आकार और एक स्पष्ट कानूनी अस्तित्व को प्राथमिकता देती हैं। इस तरह

अब सारा पैसा ऐसे मंचों के वित्त पोषण में लग रहा है, जो केबल–डीटीएच, आईपीटीवी या फिर मोबाइल टीवी के साथ मुकाबला करे (और अधिक विवरण के लिए देखें अध्याय 2–टेलीविजन)। असल में यही ओओएच मीडिया में हो रहा है। उन विकल्पों में निवेश आना शुरू हो गया है जो असंगठित बिलबोर्ड कारोबार से मुकाबला करते हैं, जैसे– हवाई अड्डे, बस स्टॉप, मॉल और मल्टीप्लेक्स। गैर–पारंपरिक और संगठित स्रोतों से आपूर्ति बढ़ रही है। यह सब बिलबोर्ड कारोबार को अपने आप में सुधार लाने के लिए मजबूर कर रहा है।

फेहरिस्त की यह नई आपूर्ति इन संभावनाओं के साथ भी आती है कि डिजिटल तकनीक ओओएच मीडिया के लिए दुनिया भर में खुल रही है। इनमें से एक संभावना है एक ही स्थल पर अनेक विज्ञापनदाताओं के होने और इसके प्रभाव को मापने की क्षमता है[11]। उदाहरण के लिए, इशान रैना की ओओएच मीडिया जैसी कंपनियां हैं, जो केवल डिजिटल रणनीति पर चलने का प्रयास कर रही हैं। यह कंपनी जो मई 2007 में स्थापित हुई, सब तरह की सेवाएं प्रदान करती है– आयोजन कराने से रचनात्मक सेवाओं तक, और उन विज्ञापनदाताओं के लिए जो ऐसे स्थलों पर दर्शकों का ध्यान खींचना चाहते हैं, जहां उनके पास वक्त रहता है। अधिकांश ओओएच मीडिया के 4500 स्क्रीन कार्यालय भवनों, एलिवेटर, और आवासीय भवनों में हैं। रैना कहते हैं, 'हमने तकरीबन हर रिटेल प्रारूपों में अपनी उपस्थिति महसूस कराई है, इनमें मॉल, इन–स्टोर, रेस्तरां, बुक स्टोर, कैफे, मल्टीप्लेक्स आदि के साथ–साथ कार्पोरेट पार्क और आवासीय परिसर जैसे स्थान भी शामिल हैं।

अतीत

अंतर्राष्ट्रीय अतीत

अमेरिकी आउटडोर संघ की वेबसाइट के अनुसार, ओओएच विज्ञापन को प्राचीनतम सभ्यताओं में भी देखा जा सकता है। हजारों साल पहले मिस्रि में कानून एवं समझौतों को प्रचारित करने के लिए पत्थर के ऊंचे चौकोर स्तंभों का उपयोग किया जाता था। 1450 में जब जोहान गुटेनबर्ग द्वारा प्रिंटिंग के आविष्कार के उपरांत, तो हैंडबिल विज्ञापन सर्वप्रथम रूपों में से एक बनकर सामने आया (देखें अध्याय 1–प्रिंट)। हालांकि, 1796 में जब छापने की लिथोग्राफिक प्रक्रिया आई, तब जाकर सचित्र पोस्टर अस्तित्व में आए। फिर विज्ञापनदाताओं ने अधिक समय के लिए एक संदेश को बनाए रखने के तरीकों की खोज करने का प्रयास आरम्भ किया। बाद में, भारी यातायात क्षेत्रों में बेहतर स्थान प्रदान करने के लिए, पोस्टरों ने अपनी खुद की संरचनाएं पाना शुरू कर दिया[12]।

आरम्भ में, अमेरिका में सड़क किनारे के विज्ञापन स्थानीय होते थे। व्यापारी गुजरते लोगों को अपनी दुकान के बारे में बताने के लिए दीवारों और बाड़ों पर संकेतक पेंट करते या पोस्टर चिपकाते थे। 1850 में, बाहरी विज्ञापन सबसे पहले स्ट्रीट रेलवे पर इस्तेमाल किया गया था। 1870 तक, संकेत पेंट करने और पोस्टर चिपकाने वाली तकरीबन 300 छोटी कंपनियां अस्तित्व में आ गईं थीं। 1900 आते–आते एक मानकीकृत बिलबोर्ड संरचना का सृजन हो चुका था। इसके कारण राष्ट्रीय बिलबोर्ड अभियान में उछाल आ गया। कनेक्टिकट से कन्सास तक, केलॉग और कोका–कोला जैसे विज्ञापनदाताओं ने राष्ट्रीय बाजार के लिए बड़े पैमान पर अपने बिलबोर्ड (होर्डिंग) का उत्पादन करना आरम्भ कर दिया।

इसी बीच, अमेरिका के बाहर दिलचस्प चीजें हो रही थीं। फ्रेंच ओओएच कंपनी, जोसीडीकॉक्स ने 1962 में बस स्टॉप शेल्टर का बनाए। ये तुरंत ही निगर निकाय अधिकारियों में लोकप्रिय बन गए, क्योंकि शेल्टर नगर पालिकाओं द्वारा बिना कोई लागत लगाए बन गए और विज्ञापन राजस्व पर निर्भर होने के कारण रखरखाव का खर्च भी बच गया। लगभग इसी समय, अमेरिका में व्यापार का नकारात्मक पहलू नजर आने लगा। 1965 में, राजमार्ग सौंदर्यीकरण अधिनियम लाया गया। इसके तहत होर्डिंगों को अंतर–राज्यीय और संघ पोषित प्राथमिक हाईवे पर नियंत्रत करना था। इसके लिए उन्हें वाणिज्यिक और औद्योगिक क्षेत्रों तक सीमित करना था और राज्यों को उनके लिए आकार, प्रकाश और अंतराल मानक निर्धारित करना आवश्यक बना दिया गया। 1970 के दशक में, कुछ बिलबोर्ड कंपनियों ने कम्पयूर द्वारा बुलेटिनों की पेंटिंग सीखने के लिए एमआईटी में अध्ययन करवाया। इसके कारण अंततः विनायल पर कंप्यूटर पेंटिंग का रास्ता निकला। वर्ष 2002 आते–आते, आरबिट्रॉन और नीलसन ने ओओएच मीडिया दर्शकों की संख्या को मापने के लिए रेटिंग विकसित करने की संभाव्यता का परीक्षण करना शुरू कर दिया।

अमेरिकी ओओएच मीडिया उद्योग के समक्ष पिछले 40 वर्षों में केवल तीन खराब साल रहे। ये थे 1992 (खाड़ी युद्ध के दौरान), 2001 (आर्थिक मंदी, 9/11 आतंकवादी हमला और डॉट–कॉम बुलबुले का फूटना) और 2009 (लेहमैन ब्रदर्स के गिरने और इसका वैश्विक आर्थव्यवस्था पर प्रभाव)।

भारतीय वर्ष

अपने यहां भारत में, आउटडोर मीडिया व्यापार की उत्पत्ति को लेकर कोई स्पष्ट लिखित तारीख नहीं है। लेकिन यह उन कंपनियों के अस्तित्व में आने से कुछ समय पहले से था, जिनके बारे में हम और आप सुनते हैं। अधिकांश अन्य मीडिया कारोबारों की तरह, ओओएच मीडिया सबसे पहले मुंबई में आरम्भ हुआ। मुंबई की सबसे बड़ी बिलबोर्ड कंपनियों में से एक, क्रिएशन

पब्लिसिटी को तकरीबन 60 साल पहले चार भाइयों द्वारा स्थापित किया गया। कुछ शुरुआती पहलों में अन्य चीजों के अलावा सिनेमा स्लाइड शामिल थीं। कल्पेश वोहरा याद करते हैं कि जब 1992 में उन्होंने पारिवारिक कारोबार में कदम रखा तब यह उतना जटिल नहीं था। क्षेत्र में मुश्किल से कुछ ही खिलाड़ी थे और अधिकतर होर्डिंग हाथ से बनाए जाते थे, जिसमें 2 से 3 दिन का वक्त लगता था। कल्पेश बताते हैं, 'यह श्रमसाध्य कारोबार होने के बावजूद आरामदायक था। उस समय मोबाइल फोन नहीं होते थे और हम ग्राहकों के साथ सीधे बातचीत करते थे'। अधिकांश विज्ञापनदाता 3 से 6 महीनों के लिए होर्डिंग बुक करते थे, जो कारोबार को स्थिर बनाता था। अमेरिका से नए–नए आए वोहरा ने कई नई चीजों पर अपना हाथ आजमाया। विज्ञापनदाताओं को लुभाने के लिए, 1994 वर्ष में, क्रिएशन ने पेंटिंग प्रभार के बदले सात दिनों का अतिरिक्त प्रदर्शन प्रदान करना आरम्भ कर दिया। उनके अंदाजे से उस समय मुंबई में 30 से 40 होर्डिंग से ज्यादा नहीं थे, वह भी ज्यादातर शहर के महंगे दक्षिणी भाग में थे।

लगभग उसी समय, 1992 में, पेशे से चिकित्सक वंदना बोर्से को ऐसे बिजनेस आइडिया तलाश रही थीं, जो अच्छी आमदनी के अलावा, समय के मामले में लचीलापन प्रदान करे[14]। इसी समय उनकी नजर होर्डिंगों पर पड़ी। गणित आसान था– यदि उनके पास एक होर्डिंग लगाने के लिए जगह के मालिक से अनुमति हो, तो एक महीनें में कुछ 25000 रुपये का लाभ बना सकती थीं। नगर पालिका अनुमति हेतु आवेदन करने के लिए उन्हें केवल उस कॉपरेटिव सोसायटी के सचिव से अनापत्ति प्रमाण पत्र चाहिए था, जहां वह होर्डिंग लगाना चाहती थीं। उस समय के बम्बई नगर निगम, बृहन्मुंबई महानगर पालिका से पहली अनुमति प्राप्त करने में उन्हें पूरा एक साल लग गया[15]। इसके बाद, हर बार जब भी उन्होंने होर्डिंग लगाने की अनुमति हेतु आवेदन किया तो प्रत्येक में सात से आठ महीने का वक्त लगा। उनकी कंपनी सिम्बॉयसिस एडवर्टाइजिंग के पास इस समय पूरे मुंबई में विभिन्न मीडिया इकाइयों के साथ 100 विज्ञापन स्थल हैं।

भारत में ओओएच मीडिया कारोबार का इतिहास (और केबल) बोर्से जैसे उदाहरणों से भरा पड़ा है[16]। वोहरा की ही तरह, वह भी कहती हैं, 1990 के दशक की शुरुआत में कारोबार आसान था और नियम स्पष्ट। 'मालिकाना हक स्पष्ट होना चाहिए था, आसपास पर्याप्त जगह होनी चाहिए थी, उसको बीएमसी के दिशा निर्देशों के उपयुक्त होना चाहिए था और किसी को उस पर आपत्ति नहीं होनी चाहिए थी', जरा सी देर में उन्होंने सारी शर्तें बता दीं। 1993 से 2000 तक सब कुछ चुस्त–दुरुस्त था। वह कहती हैं, 'दिशा निर्देश बहुत स्पष्ट थे और उनके पीछे मजबूत तर्क भी था'।

जैसे ही उदारीकरण की शुरुआत हुई, तो विज्ञापन खर्च में ओओएच मीडिया का कुल हिस्सा 1992 में 6 प्रतिशत से बढ़कर 1999 में 12 प्रतिशत हो गया (देखिए तालिका 0.2)। ओओएच मीडिया कारोबार को सबसे बड़ा प्रोत्साहन–विरोधाभासी

रूप से–दूसरे माध्यम टेलीविजन से मिला। 1990 के दशके मध्य, जब निजी मनोरंजन चैनल जैसे ज़ी और सोनी बढ़ रहे थे, तो उन्होंने अपने नये धारावाहिकों और चैनलों की घोषणा करने के लिए आउटडोर मीडिया का व्यापक उपयोग किया (अब भी करते हैं)। आउटडोर के पारंपरिक उपयोगकर्ता, फीचर फिल्म निर्माताओं ने भी अपने व्यापार खर्च को बढ़ाया।

यही वह समय था जब हाथ से चित्रित होर्डिंगों से ऐक्रेलिक कट संकेतक और फिर विनायल तकनीक जैसा बदलाव आया। इनमें से अंत में पतले दिखने वाले होर्डिंगों की शुरुआत हुई, जो अब बहुत लोकप्रिय हैं। एक अनुमान के अनुसार, 80 के दशक की शुरुआत में विनाइल प्रिंटिंग पहली बार बाजार में आई। इसका मतलब था कि आउटडोर मीडिया कंपनियां और रचनात्मक लोग पोस्टरों को डिजाइन करने के लिए कंप्यूटर उपयोग कर सकते थे। इस तरह भिलाई में लक्स के एक पोस्टर की अनुकूलता मुंबई से मेल खाता था, क्योंकि डिजाइन और छपाई समान थी, केवल आकार भिन्न थे।

बदहवास विकास के वर्ष

वर्ष 2000 के बाद कारोबार में कई बदलाव आए।

बोर्से कहते हैं, 'जैसे की कारोबार ने तेजी से बढ़ना आरम्भ किया, अनुमति प्राप्त करना आसान हो गया और हर कोई ऐरा–गैरा कारोबार में आने लगा'[18]। यही वह समय था जब अधिकारियों की मिलीभगत के कारण दिशा निर्देशों के गलत अर्थ निकाले जाने लगे। कारोबार में गलत ढंग से धन आना शुरू हो गया। राजनेता, स्थानीय दबंग, इन सभी ने अपने होर्डिंग लगाने के लिए जगह–जगह खंभे गाड़ने शुरू कर दिये। और फिर भी मांग इतनी थी कि आपूर्ति नहीं हो पा रही थी।

इसने विशेषज्ञ ओओएच मीडिया एजेंसियों को प्रवेश करने के लिए प्रेरित किया। पहले, ओओएच मीडिया कंपनी के सेल्स विभाग द्वारा खरीदा जाता था[19]। इसके पीछे एक ऐतिहासिक कारण था, आउटडोर एक अत्यंत स्थानीय मध्यम है। विक्रेताओं और स्थानीय बिक्री कार्यालयों का अपना खुद का प्रचार बजट होता है। तमाम लोग इसे विशेष प्रचार या कार्यक्रम को स्थानीय प्रिंट मीडिया, रेडियो या आउटडोर में देते हैं। होर्डिंग मालिक अपने स्थलों को सीधे स्थानीय सेल्स कार्यालय को दे देते हैं, जैसे एलजी या हुंडई।

2002 तक, स्थानीय खरीद का एक बड़ा भाग केंद्रीयकृत रूप से हो रहा था, क्योंकि छोटे शहर वाले भारत ने बढ़ना प्रारंभ कर दिया था। जैसे ही ओओएच मीडिया पर विज्ञापन खर्च बढ़ा और खरीद अधिक जटिल हो गया, तो विज्ञापनदाताओं ने इस पर ज्यादा ध्यान देना शुरू कर दिया। यह किसी शहर में या कुछ शहरों में केवल एक होर्डिंग खरीदने तक नहीं रह गया था। यह विभिन्न समय अवधि के लिए एक शहर में 20 हो सकते थे, दूसरे में 10 और इसी तरह से अग्रसर होते गए। एक ही शहर में यह खरीद 10 होर्डिंग,

20 बस स्टॉप, 20 रेलवे स्टेशन पैनल आदि तक हो सकती थी। वोहरा बताते हैं कि सकल बहुल होर्डिंग रणनीति का उपयोग अच्छी तरह से करने वाली पहली कंपनियों में से एक टेलीविजन ब्रैंड अकाई थी, जिस उस समय कबीर मूलचंदानी द्वारा उनकी कंपनी बैरन इलेक्ट्रॉनिक के तहत बेचा जाता था।

कारोबार को व्यवस्थित करने के लिए, विज्ञापनदाताओं ने अपनी नियमित विज्ञापन एजेंसी से ओओएच मीडिया क्रय को संभालने के लिए कहना शुरू कर दिया, उसी तरह जिस तरह से वे टेलीविजन समय या अखबार में जगह खरीदने का काम करते थे। ओगिल्वी एंड मैदर, जेडब्लयूटी और मुद्रा, सभी ने ऐसे अनुभाग स्थापित किये जो एक खंडित राष्ट्रीय बाजार में ओओएच मीडिया की खरीद पर विशेष रूप से ध्यान दें।

दूसरा परिवर्तन था कि बड़ी मीडिया कंपनियां इस काम में उतरीं। एजेंसियों की तरह ही यह विज्ञापनदाताओं को एक संपूर्ण संचार समाधान उपलब्ध कराने को लेकर था[20]। इनमें आउटडोर अन्य विकल्पों में से एक था, जैसे सक्रियण, आयोजन, डिजिटल या अन्य मीडिया। जागरण प्रकाशन ने जागरण एंगेज प्रारंभ किया, बीसीसीएल का ईएनआईएल के तहत टाइम्स ओओएच है, मिड–डे ने प्रवेश किया (और बाद में क्लीयर चैनल के साथ हाथ मिलाया)। अधिकांश मीडिया मालिकों के लिए यह उनके व्यापार का एक स्वाभाविक विस्तार था।

अंतिम, व्यापार की तकनीक और इसकी शब्दावली भी बदलनी शुरू हुई। होर्डिंग शब्द के लिए मनाही हो गई। या तो आप ओओएच मीडिया उद्योग के एक हिस्सा थे या सड़क छाप फर्नीचर बेचें (देखिए 'कारोबार कैसे चलता है')। स्पष्ट रूप से, कारोबार के क्रय और स्वामित्व दोनों में बड़े लोगों के प्रवेश ने इन विषयों पर अधिक जोर डाला, विशेषतः क्योंकि निवेशक भाषा समझते हैं। जैसे 'लास्ट माइल' और 'डिजिटाइजेशन' केबल के लिए आम हो गया, उसी तरह 'ओओएच' और 'डिजिटल' बन गया।

ये सभी बदलाव एक विस्तारशील अर्थव्यवस्था और बढ़ते विज्ञापन खर्च के परिणाम थे। नए विज्ञापनदाताओं की श्रेणियों में वृद्धि हो रही थी, जैसे टेलीकॉम, ऑटो और वित्तीय सेवाएं। सभी के लिए गंभीर स्थानीय जुड़ाव की आवश्यकता थी। कुछ बड़े खिलाड़ी अपने मीडिया बजट का अधिकतम 30 से 40 प्रतिशत ओओएच पर खर्च कर रहे थे।

कारोबार कैसे चलता है

प्रभावित करने वाली वस्तुएं

ओओएच मीडिया कारोबार की अर्थव्यवस्था कुछ चर वस्तुओं पर निर्भर करती है। ये हैं ओओएच स्वरूप, स्थान, विनियमन और अनुबंध की अवधि। ये मूल्य श्रृंखला में प्रत्येक खिलाड़ी के लिए, जो स्थल मालिक से शुरू होकर

विज्ञापनदाता पर समाप्त होता है, उसकी हर चीज पर असर डालते हैं, जैसे राजस्व, लागत और लाभ। इस श्रृंखला में शामिल खिलाड़ियों को समझने से पहले इन चर वस्तुओं को जानने की जरूरत है।

प्रारूप

ओओएच मीडिया के विभिन्न प्रकारों को मोटे तौर पर पारंपरिक और अपारंपरिक (देखिए तालिका 7.1) श्रेणियों में बांटा गया है।

पारंपरिक ओओएच मीडिया : इनमें विज्ञप्ति, पोस्टर, बड़े–बड़े होर्डिंग या अन्य चीजें शामिल हो सकती हैं। आकार और देशों के अनुसार नाम बदल जाते है, लेकिन यह अनिवार्य रूप से वही पुराना होर्डिंग या बिलबोर्ड है। भारतीय ओओएच उद्योग अभी भी होर्डिंग द्वारा चलाया जा रहा है, जो पूरे ओओएच मीडिया का 60 प्रतिशत है। विश्व स्तर पर, यह संरचना इस पर निर्भर करती है कि आप किस देश या कंपनी के बारे में बात कर रहे हैं। उदाहरण के लिए, अमेरिका में इस उद्योग का 74 प्रतिशत होर्डिंग है, जबकि यूरोप में स्ट्रीट फर्नीचर ने आधे से ज्यादा बाजार घेरा हुआ है।

गैर–पारंपरिक ओओएच मीडिया : गैर–पारंपरिक आउटडोर मीडिया तीन प्रकार के हैं, तो खसतौर से स्थान के अनुसार समूहबद्ध किये गए हैं। ये हैं:

स्ट्रीट फर्नीचर– स्ट्रीट फर्नीचर में बस स्टॉप, स्ट्रीट लाइट, कूड़ेदान, अखबार स्टैंड, बेंच, दुकानें और फोन बूथ एवं तमाम ऐसे अन्य स्थान शामिल हैं। ओओएच मीडिया का इस रूप में सड़क पर लगी कोई भी चीज शामिल हो सकती है, जिसे प्रदर्शन या विज्ञापन के लिए इस्तेमाल किया जा सके। स्ट्रीट फर्नीचर कारोबार की 1962 में फ्रांस से शुरुआत हुई और इसका 'आविष्कार' जेसीडीकॉक्स ने किया। यह कंपनी यूरोप में सबसे बड़ी स्ट्रीट फर्नीचर ऑपरेटर बनी हुई है[22]। इसके पीछे आइडिया यह है कि शहरों में बुनियादी निकाय ढांचा उपलब्ध कराना और पूरे अनुबंध के दौरान इसका मुफ्त में रखरखाव करना। यह प्रक्रिया इन निर्माणों पर विज्ञापन स्थल बेचने के अधिकार द्वारा प्रतिसंतुलित है। स्ट्रीट फर्नीचर का अनुबंध आम तौर पर 8–25 साल का होता है। इस स्वरूप के सबसे बड़े बाजार फ्रांस में अनुबंध की अवधि सामान्यतः 10–15 साल होती है। स्ट्रीट फर्नीचर के ठेके आमतौर पर नीलामी के जरिए दिये जाते हैं।

ट्रांजिट मीडिया– इसमें ऐसा कोई भी मीडिया शामिल हो सकता है जो उपभोक्ताओं के पारगमन के दौरान उनका ध्यान आकर्षित करता हो; तो इसमें हवाई अड्डे पर, रेलगाड़ी और लिफ्ट के अंदर लगे पोस्टर और होर्डिंग एवं अन्य ऐसे ही स्थानों को ट्रांजिट मीडिया के रूप में परिभाषित किया जाता है। ट्रांजिट प्राधिकारियों के साथ अनुबंध 5–10 साल तक का होता है और

जिसको इन स्थानों का ठेका मिलता है उसके साथ आय शेयरिंग या न्यूनतम गारंटियां शामिल हैं। ट्रांजिट मीडिया में थोड़ा अपव्यय भी होता है, क्योंकि किसी बस पर कोई संदेश चुनिंदा क्षेत्रों के लिए है, लेकिन कभी–कभी बस ऐसी जगह भी जा सकती है, जहां के लिए संदेश बना ही नहीं है।

एम्बिएंट मीडिया– यह ओओएच मीडिया का अब तक सबसे दिलचस्प उभरता हुआ स्वरूप है। यह उन विभिन्न गतिविधियों के परिवेश में लगाये गए मीडिया को संदर्भित करता है, जो एक उपभोक्ता पूरे दिन में करता है। यह खुदरा दुकान के अंदर, भवन में (कैफे, एक चिकित्सक के क्लिनिक, एक आवासीय भवन, फिल्म थिएटर), एक एटीएम और अन्य तमाम जगहों पर लगाए जाने वाला मीडिया है। उदाहरण के लिए, फ्यूचर मीडिया और ओओएच मीडिया ऐसी कंपनियां हैं, जो एम्बिएंट मीडिया की मालिक हैं।

स्थान

रीयल एस्टेट की तरह आउटडोर मीडिया में भी स्थान का महत्व प्रमुख है। यह कीमत से लेकर नियमन तक सब कुछ निर्धारित करता है। दत्ता कहते हैं, 'ओओएच रीयल एस्टेट की तरह है, आप जमीन लेते है, अनुबंध करते है। विज्ञापन से राजस्व आता है, तो इसमें मीडिया से भी संबंध है, अन्यथा इसमें मीडिया से कोई समानता नहीं है'। सिम्बॉयसिस एडवर्टाइजिंग के निदेशक और प्रबंधन के वेलिंगकर संस्थान के एसोसिएट डीन मंगेश बोर्से कहते हैं, 'आप ओओएच के बारे में जो भी निर्णय करना चाहते हैं, वह एक नक्शे पर कर सकते हैं'। तो, मुंबई के सभी प्रसिद्ध स्थानों, जैसे हाजी अली और मरीन ड्राइव की सबसे बढ़िया कीमतें लगेंगी, क्योंकि यहां ऐसे दर्शक रहते हैं, जिनके लिए हर विज्ञापनदाता तरसता है और उन विज्ञापन खर्चों पर निर्णय लेने वाले भी यहां रहते हैं।

स्थान एक शहर के अंदर ही नहीं, बल्कि एक देश के अंदर या दुनिया में, भी प्रमुख होता है। उदाहरण के लिए, ऐसे स्थल, जो तूफान प्रवृत्त क्षेत्रों में हैं, वहां कारोबार में छूट दी जाती है। क्लीयर चैनल का कारोबारी संचालन न्यू ऑरलिएन्स और मियामी जैसे बाजारों में, जहां भारी तूफान आए। भारत में भी, छोटे कस्बों में स्थलों के दर, बड़े शहर की तुलना में सस्ते होते हैं।

विनियमन

क्योंकि आउटडोर एक स्थानीय माध्यम है, इसलिए विनियमन शहर दर शहर और वतन दर वतन बदलता रहता है। विश्लेषक ऐसी ओओएच मीडिया कंपनियों को पसंद नहीं करते जो अंतर्राष्ट्रीय बाजारों काम करती हैं, क्योंकि

नियमनों में अत्यन्त विविधताएं होती हैं। उदाहरण के लिए अमेरिका में किसी प्रदर्शन स्थल पर विज्ञापन मांगने के लिए ओओएच मीडिया कंपनी को परमिट दिया जाता है, न कि उस स्थल या जमीन का मालिक को जिस पर होर्डिंग लगाया जाता है। जब एक पट्टा खत्म होता है, तो ओओएच मीडिया कंपनी के पास ही सारी शक्तियां होती हैं। यदि उस स्थल का जमींदार या स्थल मालिक, जहां पर विज्ञापन प्रदर्शित किया गया है, पट्टे की शर्तों से खुश नहीं है, तो कंपनी अपने होर्डिंग को सकती है, क्योंकि परमिट उसके पास है। इस प्रकार स्थल मालिक को किराया आना बंद हो जाता है।

यूरोप में इसका विपरीत होता है– किसी डिस्प्ले पर विज्ञापन मांगने के लिए स्थल मालिक को परमिट दिया जाता है। जब एक पट्टा समाप्त होती है, जमीनदार बोली लगाने के लिए नई ओओएच मीडिया कंपनी को बुला सकता है। फलस्वरूप, मीडिया कंपनियां विज्ञापन समय बेचने के अधिकार के लिए प्रतिस्पर्धा करती हैं, लेकिन उस संपत्ति की मालिक नहीं होतीं, जो उन्हें ऐसा करने का अधिकार देती हैं। कई मामलों में, आउटडोर मीडिया कंपनियां सौदे अपने हक में करने के लिए स्थल मालिकों को कमाई में भागीदारी या आय की गारंटी देती हैं। विनियमन में यह भिन्नता समझाती है कि क्यों पट्टे या किराए का खर्च एक ओओएच मीडिया कंपनी के लिए अमेरिका में 5 से 10 प्रतिशत के विपरीत यूरोप में अक्सर राजस्व का 20 प्रतिशत तक होता है।

अनुबंध की अवधि

राजस्व की स्थिरता के निर्धारण और अंततः ओओएच मीडिया कंपनी के मूल्यांकन में अनुबंध की अवधि एक महत्वपूर्ण चर वस्तु है। दीर्घकालिक अनुबंध अन्य मीडिया के मुकाबले इस उद्योग की अस्थिरता को घटाता है। अनुबंध की अवधि प्रारूप पर भी निर्भर करती है। उदाहरण के लिए, स्ट्रीट फर्नीचर के अनुबंधों में 8 से 25 वर्षों की अवधि हो सकती हैं। सबसे बड़े बाजार फ्रांस में, सामान्य अवधि 10 से 15 साल होती है। अमेरिका में, आम तौर पर अनुबंध एक, छह या 12 महीनों के लिए होता है। ब्रिटेन में, विज्ञापन अनुबंधों की अवधि भारत की तरह आम तौर पर 7 से 15 दिन होती है। यह बाजार को और अधिक अस्थिर बनाता है।

तकनीक

अब तक, बिलबोर्ड और आउटडोर मीडिया के अन्य प्रारूपों में विनायल का इस्तेमाल किया जाता है, इस माध्यम में यह अंतिम बड़ा तकनीकी बदलाव था। ये स्थिर रहते हैं। यानि अनुबंध अवधि के दौरान न हटते हैं और न बदलते हैं। जबकि दूसरी तरफ एक डिजिटल बिलबोर्ड[24], छह सेकंड के लिए एक

स्थिर संदेश दिखाता है और फिर परिवर्तित होकर उस पर दूसरा विज्ञापन आ जाता है। डिजिटल बिलबोर्ड कम ऊर्जा में काम करते हैं और देखने में विनायल या कागज पर छपे विज्ञापन की तरह होते है। ये इलेक्ट्रॉनिक संचार के द्वारा नियंत्रण किए जाते है और एक सुरक्षित नेटवर्क पर होते है। विज्ञापन का संदेश एक कंप्यूटर पर बनाया जाता है।

स्थिर डिस्प्ले को डिजिटल में बदलना बड़ी संभावनाओं को खोल देता है। किसी स्थाान पर यह एक के बजाय अनेक विज्ञापनदाताओं को जगह देता है। प्रत्येक स्थल पर इससे बहुल विज्ञापनदाताओं को जगह मिलती है, जिससे बहुल राजस्व प्राप्त होता है। वर्ष 2005 में, जब क्लीयर चैनल कुछ बाजारों में डिजिटल डिस्प्ले के साथ प्रयोग कर रहा था, तो प्रति स्थल राजस्व तीन गुणा तक बढ़ गया, जबकि बेचने के लिए अब भी जगह उपलब्ध थी। जब एक अमेरिकी कंपनी लैमर, ने अपने कुछ बाजारों में डिजिटल डिस्प्ले लगाए, तो एक महीने की प्रति स्थल आय 5000 से 40000 यूएस डॉलर तक आठ गुणा बढ़ गई। ब्रिटेन में, आउटडोर विज्ञापन राजस्व का 20 प्रतिशत डिजिटल से ही आता है। विज्ञापनदाता अधिक भुगतान करने के लिए तैयार हैं, क्योंकि डिजिटल डिस्प्ले उनकी अंतिम–क्षणों में बिक्री के अवसरों को समायोजित करने के लिए विज्ञापन में बदलाव करने या दिन के विभिन्न हिस्सों में विभिन्न उत्पादों का विज्ञापन करने में मदद करते हैं। उदाहरण के लिए, एक ही बोर्ड पर सुबह के वक्त एक मीडिया कंपनी अपने अखबार का प्रचार कर सकती है और शाम के वक्त एक शराब कंपनी उसी बोर्ड पर एक व्हिस्की ब्रैंड का प्रचार कर सकती है।

मूल्य श्रृंखला

इन चर वस्तुओं को देखते हुए, कारोबार की संरचना कैसी है? ओओएच मीडिया कारोबार को एक ऐसी मल्य श्रृंखला के तौर पर जानिए जिसमें चार खिलाड़ी हैं, प्रत्येक की अपने स्व–व्यापार की गतिशीलता है। श्रृंखला मे पहली कड़ी स्थल मालिक है, दूसरी ओओएच मीडिया कंपनी, तीसरी मीडिया एजेंसी और चौथा विज्ञापनदाता।

स्थल मालिक

ओओएच मीडिया के स्वरूप– बिलबोर्ड, ट्रांजिट या एम्बिएंट के हिसाब से, उस स्थान का स्वामित्व जहां होर्डिंग या मीडिया लगाया गया है, बदल जाएगा। उदाहरण के लिए, यदि ओओएच मीडिया (कंपनी) एक रेस्तरां में तीन स्क्रीन

लगाना चाहती है, तो उसको रेस्तरां के मालिक से सौदा करना होगा। यदि ईएनआईएल अपने विज्ञापनदाताओं के लिए हवाई अड्डे प्रदान करना चाहती है, तो उसे दिल्ली के लिए दिल्ली अंतर्राष्ट्रीय हवाई अड्डा प्राधिकरण के साथ समझौता करना होगा और मुंबई के लिए भी ऐसे ही निकाय के साथ सौदा करेगी[25]। स्ट्रीट फर्नीचर के मामले में, सामान्यतः मालिक नगर निकाय होता है, इसलिए निविदाएं मंगाई जाती हैं। एक कंपनी जो एक भवन या आवासीय परिसर में एक बिलबोर्ड लगाना चाहती है, तो इसके लिए कंपनी को हाउसिंग सोसायटी या आवासीय संस्था के साथ सौदा करना होता है। स्थान और समझौतों के अनुसार स्थल स्वामी का स्वरूप बदलता रहता है। स्थल स्वामियों के लिए राजस्व के निम्न प्रकार हो सकते हैः

विज्ञापनः मान लीजिए, यदि क्रिएशन के पास मुंबई में 65 स्थल की मालिक है, तो वह खुद इन्हें वोडाफोन या रिलायंस जैसे विज्ञापनदाताओं को स्वयं बेच सकती है। या दूसरे विकल्प के तौर पर, वह जेडब्ल्यूटी की पोर्टलैंड जैसी एजेंसी के माध्यम से काम उठा सकती है, जो विज्ञापनदाताओं की तरफ से बिलबोर्ड स्थान खरीदती है।

किरायाः यह छोटी ओओएच मीडिया कंपनियों के लिए सबसे बड़ा राजस्व का स्रोत है। उदाहरण के लिए, यदि क्रिएशन के पास अपने विज्ञापनदाताओं के लिए बान्द्रा में पर्याप्त सीन नहीं है, तो यह सिम्बॉयसिस जैसे छोटी कंपनियों के स्थलों को पट्टे पर ले सकती है। सिम्बॉयसिस अपने होर्डिंगों पर विज्ञापन जगह मुश्किल से ही बेचती है, यह क्रिएशन जैसे बड़े खिलाड़ी को जगह किराए पर देती है, और क्रिएशन ऐसे कुछ 100 होर्डिंगों को एकत्र कर अपने विज्ञापनदाता या एजेंसियों को बेचता है। यह सिम्बॉयसिस के लिए एक वार्षिक आय का व्यापार बनाता है, जिसे कोई जोखिम नहीं उठाना और अधिक मुनाफा होने पर कोई हिस्सा भी नहीं मिलता। जब तक कि यह क्रिएशन के साथ अपने समझौते में तय नहीं करती कि 200,000 रुपये की कमाई के बाद– जो निश्चित है– सिम्बॉयसिस को आय में से कुछ प्रतिशत हिस्सा दिया जाएगा। इसे कहते हैं न्यूनतम गारंटी सौदा। किसी एक मामले में– सामान्य किराया या न्यूनतम गारंटी सौदा– स्थल के बुनियादी ढांचे और रखरखाव मालिक की जिम्मेदारी होती है, इस मामले में सिम्बॉयसिस की होगी। विपणन और राजस्व क्रिएशन का काम होगा।

सिम्बॉयसिस एडवर्टाजिंग के मंगेश कहते है, बिलबोर्ड के मामलों में, किराया इस बात पर निर्भर करता है कि सौदा कब हुआ था। मुंबई में प्रमुख स्थानों में कुछ पुराने होर्डिंग पुराने किराए समझौते के साथ बंधें हैं, जो अब चले आ रहे हैं। ट्रांजिट, एम्बिएंट या स्ट्रीट फर्नीचर में किराया केवल राजस्व का मात्र एक पहलू है। यह इसलिए क्योंकि इन मामलों में स्थल मालिक आवासीय

परिसर या नगर निकाय होता है, जिनके पास बहुल राजस्व स्रोत होते है। बम्बई इलेक्ट्रिक और राज्य परिवहन (बेस्ट), जो मुम्बई में बसें चलाता है[26], ने 2006 में टाइम्स ओओएच और पृथ्वी एसोसिएट्स को निविदाएं जारी कर लगभग 60 करोड़ रुपये कमाये। जबकि 2006–07 में शहर में बसें चलाने से इसकी कुल आय लगभग 1200 करोड़ थी।

किराया + विज्ञापनः यह सिम्बायोसिस जैसे खिलाड़ियों पर लागू होगा। यह अपने बहुत सारे स्थलों को किराए पर देता है और कुछ स्थलों को सीधे विज्ञापनदाताओं को भी बेच देता है।

लीड जेनरेशनः टैगिट, एक टैगिंग सॉफ्टवेयर है, जो मोबाइल फोन उपयोगकर्ताओं को विज्ञापनों विज्ञापनों पर प्रतिक्रया देने का अधिकार देता है। यह अखबार, टेलीविजन या बिलबोर्ड में अंकीकृत 2–डी बार कोड के साथ किसी ब्रांड विज्ञापन की 'टैगिंग' करने देता है। टैगिट किसी को भी एक मल्टी–मीडिया फोन पर कोई भी विषय उठाने देता है। इन संभावनाओं के बारे में सोचकर देखिए कि आप किसी होर्डिंग (या एक टेलीविजन या थिएटर स्क्रीन) की तरफ फोन करके एक विज्ञापन पर प्रतिक्रिया दे रहे हैं या किसी प्रतियोगिता में भाग ले रहे हैं। इसी तरह, ब्रिटेन में ब्लू–टूथ अभियान भी तेजी से बढ़ रहा है, जो उपभोक्ताओं को राह चलते विज्ञापन चिन्हों से कंटेंट को डाउनलोड करने देता है। एक प्रायोगिक चरण में ऐसी बहुत सारी तकनीक हैं। जो मोबाइल कंपनियां होर्डिंग को देखने वाले ग्राहकों द्वारा भेजे गए संदेशों से पैसा बनाती हैं और/या वे कंपनियां जो इस माध्यम से उपभोक्ताओं पर पकड़ बनाती हैं, उनकी इस कमाई का कुछ प्रतिशन स्थल मालिक को मिलेगा। उदाहरण के लिए, एचडीएफसी–स्टैंडर्ड लाइफ के विज्ञापन होर्डिंग को देखने के बाद एक बीमा पॉलिसी के बारे में जानने के लिए यदि 100 लोगों ने फोन किया, तो फिर स्थल मालिक को प्रति पूछताछ पर तय की गई राशि मिलेगी।

एक स्थल मालिक द्वारा लगाई जाने वाली लागत इस प्रकार हैः

पूंजी लागतः ये ट्रांजिट और स्ट्रीट फर्नीचर के मामले में बहुत ज्यादा होती है। एक सामान्य बस स्टैंड के लिए 6 से 8 लाख रुपये तक का निवेश चाहिए[27]। एक वर्ष में परिचालन लागत लगभग 35000 से 50000 रुपये तक होती है और मासिक राजस्व यही कुछ 45000 से 2,50,000 रुपये तक हो सकता है। यह लागत मुंबई से लेकर नागपुर तक समान रहती है, भले ही मुंबई एक बड़ा बाजार है। इसके अलावा, मोटा पैसा बस स्टैंड खड़ा करने या एक पार्क या धरोहर भवन को सुंदर बनाने के लिए जरूरी निवेश करने में खर्च होता है। बाकी सब इसका ऊपरी खर्च है। अधिक लागत का समायोजन करने के लिए मीडिया कंपनियां आम तौर पर अपना निवेश

निकालने और पैसा बनाने के लिए 20 से 30 वर्षों के दीर्घ–कालिक अनुबंध करने का प्रयास करती हैं।

किरायाः यदि बिलबोर्ड बेचने वाली कंपनी उसकी मालिक नहीं है, तो उसके लिए किराया भी लागत होगा (जैसे पूर्व खंड में क्रिएशन और सिम्बॉयासिस के उदाहरण में बताया गया)। यह कुल लागत का 30 से 40 प्रतिशत हो सकता है।

कर, लाइसेंस और अन्यः ये किसी भी शहर में व्यापार का परिचालित करने के पर्यावरणीय लागत है, और कुल लागत का 30 प्रतिशत तक हो सकता सकता है।

अन्य ऊपरी खर्चः इसमें स्टाफ से लेकर प्रशासन लागत तक सब कुछ शामिल है और कुल लागतों का 10 से 15 प्रतिशत हो सकता है।

परिचालन लाभ वस्तुओं चर के संयोजन पर निर्भर रहता है और यही कोई 30 से 50 प्रतिशत (15 प्रतिशत शुद्ध) के बीच हो सकता है। बिलबोर्ड परिचालन लाभ आम तौर पर परिपक्व बाजार में 13 से 20 प्रतिशत के बीच हो सकता है, जबकि ट्रांजिट में 5 से 10 प्रतिशत हो सकता है।

ओओएच मीडिया कंपनी

देखने में ऐसा लग सकता है कि स्थल मालिक और ओओएच मीडिया कंपनी दोनों एक ही हैं। हालांकि यह हमेशा सही नहीं होता। पूर्व उदाहरण में क्रिएशन ओओएच मीडिया कंपनी है और सिम्बॉयासिस भी। उदाहरण के लिए, टाइम्स ओओएच का अपने बनाए बस स्टैंड पर स्वामित्व नहीं है, उसको यह स्टैंड मुंबई के नगर निकाय से किराए पर मिले हैं। जागरण एंगेज स्थलों को सिम्बॉयासिस जैसे तमाम छोटे खिलाड़ियों से किराए पर ले सकता है। अब तक, इस उद्योग में स्थल मालिकों की भरमार रही, जो आउटडोर मीडिया कंपनी भी चलाते हैं। लेकिन ज्यों इस कारोबार में बड़े खिलाड़ियों ने कदम रखा और व्यापार की संरचना बदली है– जरूरी नहीं कि स्थल मालिक का ही ओओएच मीडिया कंपनी होना आवश्यक नहीं है। साथ ही कुछ नए प्रारूप जैसे एम्बिएंट मीडिया ने देश भर में लाखों वर्ग फुट के मालिक रिटेलरों के लिए नयी श्रेणी बना दी है, और वे आम तौर पर अपने ही स्टोर के अंदर मीडिया स्थल को बेचते हैं।

अधिक स्पष्टता के लिए, हम ओओएच मीडिया कंपनी को एग्रीगेटर्स के रूप में परिभाषित कर सकते हैं, जो स्थलों का स्वामी हो भी सकता है और नहीं भी। आउटडोर कंपनियों के लिए राजस्व प्रवाह स्थल मालिकों के समान ही होता है। हालांकि अनुपात बदल सकता है। उदाहरण के

लिए, फ्यूचर ग्रुप के लिए, उसके मूल खुदरा व्यापार के राजस्व का अनुपात मीडिया व्यापार की तुलना में कहीं अधिक होगा। लागत भी बदल सकती है और लाभ भी। मीडिया कंपनियों के लिए ऊपरी खर्च का अधिक हो सकता है, लाभ कम हो सकता है, लेकिन एक बड़े स्तर पर, क्योंकि अधिकांश राष्ट्रीय स्तर पर कार्य करती हैं।

ओओएच एजेंसी

ओओएच मीडिया एजेंसी भारतीय संदर्भ में अपेक्षाकृत नई संस्था है। अधिकांश बमुश्किल 5 से 7 साल पुरानी हैं। वे मार्केटिंग उद्देश्यों पर आधारित कैम्पेन में आउटडोर की भूमिका का पता लगाने में मदद करती हैं। फिर आती है योजना और खरीद, जिसके लिए उन्हें खर्च का 1 से 2 प्रतिशत मीडिया एजेंसी के रूप में भुगतान किया जाता है। उदाहरण के लिए, मुद्रा या माइलस्टोन ब्रैंडकॉम अपने टोलीकॉम, मीडिया ऑटोमोबाइल और अन्य वर्गों के ग्राहकों की ओर से ओओएच मीडिया की योजना और खरीद करते हैं।

विज्ञापनदाता

अन्य मीडिया की तरह विज्ञापनदाता, किसी भी बाजार में व्यापक रूप से उपभुक्त उत्पादों और सेवाओं की श्रेणियों में से हो सकते हैं। केवल एक ही भिन्नता है, स्थानीय विज्ञापन आउटडोर के लिए एक बड़ा घटक हो सकता हैं। भारत में, ब्रिटेन की तरह, बड़े विज्ञापनदाता वे हैं, जिनकी एक राष्ट्रीय पहचान है। खरीद का एक बड़ा हिस्सा 'नेटवर्क' खरीद होती है। हालांकि, विज्ञापनदाता ओओएच मीडिया को किस तरह देखता है, यह ज्यादातर मात्रा से निर्धारित होता है। यह दुनिया के अन्य हिस्सों की तरह भारत में भी एक विवादपूर्ण और समस्याग्रस्त क्षेत्र है।

मेट्रिक्स

ओओएच मीडिया में प्रति हजार, पहुंच, आवृत्ति और व्यमीत समय की लागत पर मेट्रिक्स की आवश्यकता किसी अन्य मीडिया की तरह समान है। दर्जनों प्रारूपों के लिए अलग–अलग तरह के हजारों इलाकों में, सैकड़ों कस्बों और शहरों में होर्डिंग, बिलबोर्ड और आउटडोर के अन्य प्रारूप की क्षमता को मापना भारत जैसे देश में एक दुःस्वप्न जैसा है। यह मिश्रित है, क्योंकि यह उद्योग अब भी खंडित है। अपने विज्ञापन बजट की लड़ाई में, ओओएच मीडिया की कोई ऐसा प्रचलन नहीं है, जैसे रैटिंग (टेलीविजन पर विज्ञापन समय को

खरीदने के लिए प्रयुक्त) अथवा रीडरशिप (प्रिंट मीडिया को मापने के लिए प्रयुक्त), जिसे विज्ञापनदाताओं द्वारा आसानी से स्वीकार किया जा सके।

वैश्विक बाजार परिदृश्य

परिपक्व बाजारों के पास साधन उनलब्ध हैं क्योंकि वे बहुत लंबे समय से इसमें हैं। यूरोप में उद्योग के अंदर बुनियादी ढांचा और समेकन की गुणवत्ता मेट्रिक्स को सही ढंग से प्रदर्शित करती है। उदाहरण के लिए, यूके में, दर्शकों को मापने का प्रयास 1990 में आरंभ हो गया था। ओओएच मीडिया उद्योग के अंदर यह दृढ़ भावना थी कि टेलीविजन, रेडियो या अन्य मीडिया के साथ प्रतिस्पर्धा करने के लिए इन मापदंडों का होना आवश्यक है। जब माप तैयार किये गए और इनका इस्तेमाल किया गया, तो कुल विज्ञापन खर्च में ओओएच मीडिया का हिस्सा 5–6 प्रतिशत से बढ़कर 10–11 प्रतिशत हो गया। यह अधित्तर बाजारों के लिए सत्य है– एक बार मेट्रिक्स आ जाने से ओओएच मीडिया पर खर्च आम तौर पर दुगुना हो गया।

ब्रिटेन में पोस्टार[28] (पोस्टर ऑडिएंस रिसर्च) ओओएच विज्ञापन उद्योग की आधिकारिक दर्शक माप प्रणाली के रूप में स्थापित हुआ। विश्व स्तर पर, यह एक मजबूत कार्यप्रणाली के रूप में स्वीकृत है, जो विस्तृत पैनल गुणवत्ता वर्गीकरण के साथ लोगों के आवागमन को सर्वेक्षण से जोड़ता है। यह बदले में किसी विशेष होर्डिंग को देख रहे व्यक्ति की संभावना का माप उपलब्ध कराने में उपयोग किया जाता है। अधिकांश उपलब्ध अनुसंधान सामग्री के अनुसार, पोस्टार ओओएच मीडिया के लिए 'देखने के अवसर' और 'यथार्थ में देखने' के बीच संबंध का सबसे अधिक निकटता से आंकलन करता है।

अमेरिका, इटली और स्विट्जरलैंड जैसे देशों में, दर्शक माप प्रणालियो ने ओओएच मीडिया के समक्ष गुजरने वाले दर्शकों का आवागमन मापने के लिए जीपीएस तकनीक को शामिल किया है।

भारतीय परिदृश्य

मंगेश बताते हैं कि भारत में 'ओओएच के लिए कोई मेट्रिक्स नहीं है, यह केवल पर्यवेक्षण करना, देखना और पढ़ना है। यह केवल एक परखने का कारोबार है'। चित्र, तारीख, कुछ प्रमाणीकरण और ट्रैफिक संख्याओं के अलावा और कुछ ज्यादा नहीं किया जाता। इसके परिणामस्वरूप, कई मीडिया खरीदने वाली एजेंसियों के पास अपनी व्यवस्थाएं होती हैं या वे अपने शोध करती हैं। इन्हें विज्ञापनदाताओं के लिए योजना बनाने या ओओएच मीडिया खरीदने में मदद चाह रहे नए ग्राहकों की सहायता करने के लिए उपयोग किया जाता

है। इनमें से कुछ अध्ययनों को मीडिया मालिकों द्वारा भी कराया जाता है, ताकि वे अपने स्थल विज्ञापनदाताओं को बेच सकें। मैंने इस तरह के तीन उदाहरण देखे हैं।

जो सर्वप्रथम प्रयासों में से एक बताया जाता है, वह है ऑस्कर (आउटडोर साइट क्लासिफिकेशन एंड ऑडियंस रिसर्च)– 1993 में मुंबई में मोड, आरेन और ओ एंड एम द्वारा एक अध्ययन किया गया था। शहर में प्रमुख स्थलों का मूल्यांकन करने का विचार था और दृश्यता, कोण, प्रतियोगिता, विक्षेपण, रुकावट, ऊंचाई और प्रकाश जैसी चर वस्तुओं पर एक वजन–आधारित सूचकांक विकसित किया जाए। सूचकांक का उद्देश्य था प्रत्येक होर्डिंग के लिए कुल 'देखने का अवसर' (ऑपर्च्युनिटी टू सी) का आंकलन करना था। इसका मतलब था, पैदल चलनेवालों की संख्या, दृष्टिकोण, गुजरते वाहन, अन्य विज्ञापनों की निकटता, परिवेश और प्रकाशन जैसी चीजों के लिए लेखांकन करना[29]।

इसके बाद दूसरा प्रयत्न मुद्रा के प्राइम साइट के तत्कालीन सीईओ, इंद्रजीत सेन द्वारा किया गया[30]। उनका दावा है कि उन्होंने कुछ मौलिक गृह–व्यवस्था उपायों को गति प्रदान की। ये उपाय थे, विज्ञापन लगने के बाद होर्डिंग की फोटोग्राफी करना, ताकि यह सबूत रहे कि अभियान वास्तव में धरातल पर उतरा। (एक ही समय में एक होर्डिंग के लिए दो या तीन बुकिंग को स्वीकार कर लेना एजेंसियों और मीडिया कंपनियों के लिए आम बात है)। फिर यह जांचना कि लाइट काम कर रही हैं या नहीं, उन्हें ठीक करवाना, जब किसी शाम कम रोशनी के कारण होर्डिंग ठीक से न दिखाई दें तो उसका मुआवजा लेने पर जोर देना। प्राइम साइट ने दूसरों की तुलना में कुछ स्थलों की प्रभावशीलता पर भी शोध करवाए, जैसे ट्रैफिक संख्या, प्रतीक्षा समय आदि। सभी मापदंडों– आकार, रोशनी, कोण और दृश्यता का आंकलन किया गया और एक संयुक्त मूल्यांकन निकाला गया। इसके बाद इनमें वजन जोड़ा गया। इससे यह पता चला कि लोकेशन और सर्जनात्मकता, प्रभावशीलता निर्धारित करने में अत्यधिक महत्वपूर्ण है।

1990 के दशक के मध्य में, तत्काली चैत्रा लिओ बर्नेट द्वारा बीओटीएस या बर्नेट आउटडोर ट्रैकिंग सिस्टम, आउटडोर मीडियम का एक अध्ययन था, जिसने बेंगलुरु, दिल्ली और मुंबई में अनुसंधान के निष्कर्षों का उपयोग किया। यह लिओ बर्नेट द्वारा विदेशों में किये गए समान अध्ययनों पर आधारित था[31]।

हालांकि, ये सभी छिट–पुट व्यक्तिगत प्रयास थे। वर्ष 2007 में जाकर आईआरएस करने वाले उद्योग निकाय एमयूआरसी[32], ने आउटडोर मीडिया की प्रभावशीलता को मापने के लिए एक शोध उत्पाद लाने का निर्णय लिया। इस शोध के तीन उद्देश्य हैं। एक, विज्ञापनदाताओं और विज्ञापन एजेंसियों

द्वारा इस्तेमाल करने के लिए एक आउटडोर मीडिया योजना का साधन विकसित करना। दूसरा, दृश्यता सूचकांक के माध्यम से एक आउटडोर स्थल की गुणवत्ता की परख प्रदान करना। तीसरा, सभी शहरों में, स्थान और शहर के हिसाब से किसी आउटडोर अभियान के लिए कवरेज और आवृत्ति की जानकारी उपलब्ध कराना। हालांकि अप्रैल–2013 तक इस शोध की स्थिति स्पष्ट नहीं थी।

संभव मेट्रिक्स

आउटडोर मीडिया के विभिन्न प्रारूपों के लिए मेट्रिक्स अन्य कारकों के अलावा, लोकेशन के हिसाब से अलग होती हैं। ज्यादातर दिनों में हवाईअड्डों, शॉपिंग मॉल या थिएटर चेन के लिए अलग–अलग अध्ययन है। प्रभावशीलता जांचने के लिए विश्व स्तर पर उद्योग जिन मेट्रिक्स पर नजर रखता है, वह इस प्रकार हैं:

लोगों का आवागमन

चाहे वह गली, राजमार्ग, मॉल या खुदरा दुकान हो, लोगों का आवागमन यह जानने का एक बुनियादी चर है कि किस तरह के संभावित दर्शकों के आकार के बारे में बात हो रही है। यह सभी प्रकार के ओओएच मीडिया के लिए उपयुक्त है।

वाहनों का यातायात

चाहे वह रेलगाड़ियां हों, बसें हों या कार हो, वाहनों का यातायात ओओएच मीडिया की प्रभावशीलता को समझने में सबसे प्रमुख है। उदाहरण के लिए, रफ्तार, तादाद, दैनिक यात्रियों की संख्या, ट्रैफिक जाम, क्या लोगों का बड़ा प्रतिशत वाहन खुद चला रहा है या ड्राइवर द्वारा चालित हैं, वे किस प्रकार का वाहन चला रहे हैं– ये सब पहुंच और प्रभावशीलता का माप निकलाने लिए उपयोग किए जाते है। जैसे, पीओस्टार के तहत, वाहन यातायात के अंदर भी मापदंड होते हैं, सड़क के कोण, दृष्टि की सीध, रुकावटें, रोशनी आदि। कई बाजारों पर हुए अध्ययनों से पता चला है कि यात्रा के माध्यम का दिखने की संभाव्यता पर सीधा असर पड़ता है। पैदल यात्रियों और कार में यात्रा करने वालों को नहीं देखने के लिए 50 प्रतिशत तक छूट दी जाती है, जबकि बस यात्रियों के लिए 75 प्रतिशत तक की छूट है।

आवागमन के लिए समय और दूरी

यह मुख्य रूप से वाहन संबंधी यातायात की निगरानी से उपजा है। उदाहरण के लिए, कनाडाई अध्ययन बताते हैं कि यात्रियों की आबादी कुल आबादी की तुलना में बहुत तेजी से बढ़ रही है। सामान्य तौर पर, लोग एक दिन में 65 मिनट 50 से 90 किलोमीटर से भी अधिक आवागमन करने में बिताते है। वाहन का औसत माइलेज, आवागमन का समय, ये सभी बाहर बिताये गये समय के सूचक हैं, अन्य किसी मीडिया पर बिताये समय गए के नहीं। दूसरी शोध, जो अमेरिका में हुई, दर्शाती है कि बड़ी संख्या में ऐसे लोग जो लंबा समय आवागमन में बिताते हैं, उतना अखबार नहीं पढ़ते जितने अन्य लोग पढ़ते हैं। यह ट्रांजिट मीडिया के लिए एक अवसर पेश करता है।

घर के बाहर बिताया गया समय

आमतौर पर एक हफ्ते में, कनाडाई लोग अपने समय का 35 प्रतिशत हिस्सा घर से बाहर किसी न किसी गतिविधि में बिताते हैं, जैसे यात्रा करना, पब में जाना या शॉपिंग करना आदि[33]। इसलिए यह ओओएच मीडिया के लिए संभावनाओं का सूचक है।

प्रदर्शन की अवधि

एक बिलबोर्ड जब नया–नया लगाया जाता है, तब अधिक शक्तिशाली होती है। समय बीतने के साथ वह वहां से गुजरने वाले लोगों के लिए अदृश्य हो जाता है, क्योंकि दिमाग उसे देखने का अभ्यस्त हो जाता है। परिपक्व बाजारों पर हुई शोध कहती है कि बिलबोर्ड 30 दिनों के उपरांत अदृश्य हो जाता है। इस मेट्रिक को अलग–अलग तरह के ओओएच मीडिया द्वारा अलग–अलग तरह से इस्तेमाल किया जाता है। उदाहरण के लिए, एक इलाके में, विज्ञापनदाता ताजगी बनाए रखने के लिए जल्दी–जल्दी विज्ञापनों को बदल सकता है। हवाई अड्डों पर जहां दर्शक प्रति घंटा बदलते हैं, वहां अभियान की जरूरत को देखते हुए लंबे समय तक विज्ञापन चल सकता है।

प्रति हजार पर मूल्य

मेट्रिक्स होने के बावजूद, आउटडोर मीडिया सामान्य तौर पर अन्य प्रतिस्पर्धी मीडिया से कमतर आंका जाता है। अमेरिका में, ओओएच मीडिया सीपीएम आमतौर पर अन्य मीडिया का पांचवा हिस्सा है[34]। क्योंकि परंपरागत रूप से

आउटडोर मीडिया टीवी, रेडियो या प्रिंट की तरह दर्शकों का वास्तविक डाटा प्रदान करने में सक्षम नहीं रहा है। साथ ही, इसका असर एक सफल शो या फिल्म में दिये गए विज्ञापन की तुलना में कम होता है।

सभी आउट ऑफ होम नेटवर्क बड़े नेटवर्क नहीं बन जाते हैं, जो प्रभावशीलता प्रदान करें। उदाहरण के लिए, भारत में सिनेमा और रिटेल चेन को छोड़कर, राष्ट्रीय पैमाने पर ओओएच मीडिया खरीदने की चाह रखने वाले विज्ञापनदाता के पास बहुत सारे विकल्प नहीं हैं। उसको दर्जनों व्यक्तिगत खिलाड़ियों के साथ सौदा करना पड़ता है। यह स्पष्टतयाः दुनिया भर में क्रमागत उन्नति की एक प्राकृतिक प्रक्रिया है।

विनियमन[35]

मूल बातें

प्रत्येक राज्य की सरकारें ओओएच विज्ञापनों को नियंत्रित करने के लिए कानून, नियम और विनियमन लागू कर सकती हैं, जिसमें विज्ञापनों के स्थान, स्थापना, शुल्क या कर और सामान्य नियम व शर्तें भी शामिल हैं। चूंकि राज्य जिलों में और जिले कस्बों/तहसीलों में बंटे होते हैं, जिनमें से प्रत्येक अपनी नगर पालिका या प्रशासनिक निकाय द्वारा शासित होते हैं, इसलिए स्थानीय नगर पालिकाओं द्वारा निर्धारित विनियमन ओओएच मीडिया के विस्तार और नियंत्रण के प्रकार को तय करते हैं। शहरों और खासतौर से मेट्रो परिषद के स्थानीय कानून व विनियमन, महत्वपूर्ण हैं, क्योंकि कैसे, किस प्रकार और किस दाम पर ओओएच मीडिया को अधिकार दिये जाएंगे, इन विवरणों को वही शासित करते हैं।

इसलिए, दिल्ली नगर निगम या बीएमसी के विनियमन और नीति निर्धारण सामने आते हैं। यह इस सिद्धांत पर भी आधारित है कि सार्वजनिक स्थलों या कोई भी चीज जो जनता पर असर डालती है वह सार्वजनिक निकायों के आधीन है, इसलिए उनके पास नियंत्रण की एक आंतरिक शक्ति होती है। ऐसा कोई अति महत्वपूर्ण विनियमन नहीं है, जो ओओएच मीडिया को पूरे भारत में नियंत्रित करता हो, यहां के कुछ सामान्य कानूनों के तहत उठने वाले मामलों को छोड़कर, जैसे संवैधानिक प्रतिबंध या भारत के उच्चतम न्यायालय द्वारा प्रतिपादित और लागू किए गए सिद्धांत।

उदाहरण के लिए 1997 में, भारत के उच्चतम न्यायालय ने राष्ट्रीय राजधानी क्षेत्र में ट्रैफिक मामलों से संबद्ध जनहित याचिका की सुनवाई में—एमसी मेहता बनाम भारत सरकार— निर्देशित दिए कि कोई भी विज्ञापन, जो मोटर चालकों का ध्यान भटकाता है, उसको दिल्ली में अनुमति नहीं दी जाए। दिल्ली विकास

प्राधिकरण, रेलवे, पुलिस और परिवहन अधिकारियों के साथ नगर निकाय अधिकारियों को सड़क के पास सभी होर्डिंग, जिन्हें खतरनाक माना जाता था, उन्हें चिन्हित करके हटाने को निर्देश दिये गए।

दिल्ली नीति

यह मामला उच्चतम न्यायालय समक्ष दोबारा आया। 24 अप्रैल 2007 के अपने आदेश में उच्चतम न्यायालय ने विभिन्न प्राधिकरणों को चार सप्ताह के अंदर राष्ट्रीय राजधानी क्षेत्र के लिए पर्यावरणय प्रदूषण (रोकथाम और नियंत्रण) एजेंसी (ईपीसीए) प्राधिकरण के समक्ष अपनी नीतियां प्रस्तुत करने के निर्देश दिये। इसके बाद, अक्टूबर 2007 के आदेश में, सर्वोच्च न्यायालय ने एमसीडी द्वारा तैयार दिशा निर्देशों को स्वीकार किया और उन्हें लागू करने के निर्देश दिये। हालांकि निजी विज्ञापनदाताओं, जनहित संगठनों, रेलवे और दिल्ली मेट्रो रेल निगम (डीएमआरसी) द्वारा विभिन्न आपत्तियां दायर की गईं। इन्हें ध्यान में रखते हुए, ईपीसीए ने दिल्ली एवं एनसीआर में आउटडोर विज्ञापन नीति पर अपनी अंतिम रिपोर्ट प्रस्तुत की और अगस्त 2008 में न्यायालय के समक्ष पेश की। यह ओओएच विज्ञापन सिद्धांतों और नागरिक मुद्दों पर इसके प्रभाव को देखने के लिए भारत में सबसे व्यापक प्रयास है।

रिपोर्ट की कुछ प्रमुख विशेषताएं इस प्रकार हैं:

- ओओएच विज्ञापन के लिए नीति राजस्व अनिवार्यताओं से नहीं, बल्कि शहर के विकास की अनिवार्यताओं द्वारा संचालित होंगी।
- यह नीति स्पष्ट रूप से दृश्यात्मक अव्यवस्था को हतोत्साहित करने के लिए काम करेगी। इसके लिए बिलबोर्डों के बीच स्थान बढ़ाया जाएगा और बड़े बिलबोर्डों को शहर के चुनिंदा क्षेत्रों जैसे व्यावसायिक केंद्रो तक ही सीमित किया जाएगा।
- यह नीति व्यावसायिक क्षेत्रों में बड़े आकार के बिलबोर्डों को सक्रिय रूप से बढ़ावा देगी। इन्हें मास्टर प्लान में मेट्रोपॉलिटन सिटी सेंटर, जिला केंद्र/उप केंद्रीय कारोबारी जिला और सामुदायिक केंद्र/स्थानीय शॉपिंग केंद्र जैसे अन्य स्थलों के रूप में परिभाषित किया गया है। इस मामले में, नगर निकाय राजस्व लाभ को बढ़ाने के लिए काम करेगा, जिसे शहर के विकास में लगाया जा सकता है।
- यह नीति उन स्थलों पर विज्ञापन के उपयोग को बढ़ावा देगी, जिन्हें सामान्यतः स्ट्रीट फर्नीचर के रूप में जाना जाता है। ये वे साधन है जिन्हें जन सेवा सुविधाओं पर लगाया जाता है, जैसे रेल के डिब्बे, बसें, मेट्रो रेल, व्यावसायिक यात्री वाहन, बस स्टॉप, मेट्रो स्टॉप, सार्वजनिक शौचालय और सार्वजनिक कचरा स्थल आदि।

- नई दिल्ली नगरपालिका परिषद (एनडीएमसी) ने ईपीसीए को दी गई अपनी प्रस्तुती में स्पष्ट किया है कि उसका अपने क्षेत्र की ऐतिहासिक धरोहर के स्वरूप को ध्यान में रखते हुए उन क्षेत्रों में होर्डिंग लगाने की अनुमति देने का कोई इरादा नहीं है और वैसे होर्डिंग भी नहीं लगाने देगा जिसका शहरी सौंदर्यीकरण पर सीधा प्रभाव पड़ सकता है। बल्कि विज्ञापनों को स्ट्रीट फर्नीचर, स्ट्रीट लाइट के खंभों और अन्य उपयोगिताओं जैसे, बस स्टॉप, जन सुविधाओं इत्यादि तक सीमित किया गया है।
- कोई भी संकेत इस प्रकार न लगाया जाए कि उससे प्राकृतिक रोशनी या फिर किसी भवन व खुले स्थान की हवा में रुकावट उत्पन्न हो।
- गति में बाधा डालने के लिए कोई संकेत नहीं लगाया जाए। न ही इसे इस प्रकार या तकनीक से लगाया जाए कि जिंदगी को खतरा उत्पन्न हो या संचालन में जोखिम हो।
- नकारात्मक विज्ञापन जैसे नग्नता, यौन मकसद, हिंसा व हथियारों का महिमामंडन करना या मनोविकृतिकारी या जो औषधि और प्रसाधन सामग्री अधिनियम 1940 के तहत अवैध हों, उनका प्रदर्शन निषिद्ध होगा।
- एमसीडी द्वारा तैयार दिशानिर्देश, विज्ञापन साधनों को संरचना और आकार के आधार पर चार वर्गों मे विभाजित करता है। यह दिशा निर्देश विज्ञापन साधन के प्रत्येक वर्ग के लिए सामग्री, रंग, आकार और स्थान को नियंत्रित करता है। संक्षिप्त में, चार वर्ग इस प्रकार हैं:

  क. बिलबोर्ड, एकिकखंभे, द्विखंभे, रेलवे पुल के पैनल, फ्लाईओवर पैनल और भवन पर लगने वाले साधन।

  ख. जन सुविधाओं से जुड़े साधन जैसे खंभे वाले कियोस्क, सुरक्षा स्क्रीन/नाले की पुलिया वाले विज्ञापन साधन, अनौपचारिक विज्ञापन प्रदर्शन बोर्ड, बैनर, पोस्टर, वाहनों पर लगे साधन, हवा में लगने वाले साधन, छतों पर लगने वाले साधन और प्रदर्शन स्थल।

  ग. बस स्टॉप, पार्किंग परिदृश्य विज्ञापन साधन और यातायात रुकावट।

  घ. प्रावरणी संकेत, शामियाना संकेत व परियोजना संकेतों पर स्व विज्ञापन, स्व विज्ञापन के लिए फुट–वे व सड़कों पर लगने वाले वेंडर संकेत, स्व विज्ञापन के लिए रीयल एस्टेट विज्ञापन, स्वागत संकेत व निर्माण संकेत।

इस पॉलिसी को न्यायालय द्वारा अपनाया गया और एमसीडी पर लागू किया गया। सर्वोच्च न्यायालय के आदेश के बाद, आउटडोर विज्ञापन पॉलिसी

को केंद्रीय प्रदूषण नियंत्रण बोर्ड द्वारा भी लागू किया गया। इसलिए यह पूरे भारत पर लागू होता है[36]।

अंतर्राष्ट्रीय सबक

ईपीसीए द्वारा अंतर्राष्ट्रीय स्तर पर अपनाए गए कुछ अन्य नीतियों का भी आकलन किया गया। उनकी रिपोर्ट में उल्लिखित कुछ बिंदु इस प्रकार हैं:

- ऑस्ट्रेलियाई सरकार की सड़क सुरक्षा समिति की ड्राइवर विकर्षण के बारे में हुई जांच रिपोर्ट स्पष्ट बताती है कि दृश्यात्मक अव्यवस्था ड्राइवर सुरक्षा पर प्रभाव डालती है। इसमें यह भी उल्लेख है कि एक मोटर बीमा कंपनी ने अपनी जांच अन्वेषण में पाया कि सड़क संकेत और विज्ञापन की अव्यवस्था कई दुर्घटनाओं का कारण बने हैं।
- उदाहरण के लिए न्यूजीलैंड का मलबरो शहर अपनी ओओएच विज्ञापन पॉलिसी में बताता है कि संकेतों की जरूरत है, लेकिन उसका दृश्य सुविधाओं और यातायात सुरक्षा पर प्रतिकूल प्रभाव पड़ सकता है। यह ये भी बताता है कि विशेषकर यातायात सुरक्षा की दृष्टि से उन प्रमुख मार्गों पर संकेत की लोकेशन, डिजाइन, आकार या प्रकार पर सावधानी पूर्वक विचार करना चाहिए, जहां यातायात सुरक्षा में संघर्ष की संभाव्यता अत्यधिक हो। उनकी पॉलिसी है उन ओओएच विज्ञापनों को प्रदर्शित करने से बचना जो मोटर चालक और पैदल चलने वालों को भ्रम या विकर्षण के कारण या देखने में बाधा होने से यातायात सुरक्षा पर प्रतिकूल असर डालते हैं।
- बीजिंग ने शहर के अंदर के सभी होर्डिंगों को हटाने का निर्णय लिया। उनके अधिकारी कहते हैं कि यह शहर की 'छवि को स्वच्छ' बनाने के लिए किया जा रहा है और क्रेन ने शहर की सड़कों पर पंक्ति में खड़े तकरीबन 90 बिलबोर्डों को उखाड़ डाला। शहर भर में विज्ञापन पर एक विस्तृत प्रतिबंध जैसा लगा दिया गया। शहर के अधिकारी बीजिंग को एक अन्य बड़ा टाइम्स स्कावयर नहीं बनने देना चाहते। अब बिलबोर्डों को केवल शहर को घेरने वाली पांचवीं रिंग रोड पर ही अनुमति दी जाएगी, जो शहर के केंद्र से कई मील दूर है।
- ब्रिटेन के कई शहरों में, स्थानीय परिषदों ने दृश्य परिवेश और छवि को बेहतर बनाने हेतु होर्डिंगों को हटाया है। ये शहर बताते हैं कि ओओएच विज्ञापन पॉलिसी का उद्देश्य है 'शहर की भौतिक विशेषता और दृश्यात्मक प्रकटन में वृद्धि की कोशिश करना'। ये शहर तर्क देते हैं कि 'प्रोमोशन संकेत'– होर्डिंग जो उत्पादों का विज्ञापन करते

है, किसी इलाके में दृश्यात्मक अव्यवस्था को बढ़ावा दे सकते हैं और इसलिए इन्हें प्रोत्साहित नहीं किया जाता।

पूर्व वृत्त

आउटडोर मीडिया से जुड़े कुछ मुख्य मामले इस प्रकार हैं:

नोवा विज्ञापन बनाम सचिव: यह तर्क दिया जाता है कि ओओएच विज्ञापन पर कोई भी प्रतिबंध 'वाणिज्यिक अभिव्यक्ति' पर प्रतिबंध जैसा है और इसलिए इसे भारतीय संविधान के अनुच्छेद 19(2) द्वारा निर्धारित तर्कसंगतता के अंतर्गत आना चाहिए[37]। हालांकि नोवा विज्ञापन बनाम सचिव के मामले में सर्वोच्च न्यायालय ने इस दावे को नकारा दिया, जहां न्यायालय ने कहा कि 'इस तथ्य से कि होर्डिंग एक इमारत या निजी जमीन पर लगा है, होर्डिंगों से संबंधित विनियमन से नहीं बच सकता। ऐसे मामले हो सकते है जहां आकार और ऊंचाई के कारण, यह जनता के लिए खतरनाक और संकटकारक बन सकते है। ऐसे होर्डिंगों के संबंध में कोई संरचनात्मक रक्षा कवच नहीं है। विनियामक उपाय होने जरूरी हैं। विज्ञापन के नियम विज्ञापन का नियमन नहीं करते। वे ऐसे होर्डिंग लगाने का विनियमन करते हैं जो आपत्तिजनक, विनाशकारी या प्रतिरोधी पाये जाते हैं। यह नहीं कहा जा सकता कि ये अभिव्यक्ति की स्वतंत्रता का उल्लंघन है'।

पी नारायण भट्ट बनाम तमिलनाडु राज्य: इस मामले में सर्वोच्च न्यायालय ने कहा 'कि संबद्ध अधिकारी को अधिकार है कि वह मौजूदा होर्डिंगों के मामले में तभी लाइसेंस/नवीकरण प्रदान करने से इंकार कर सकता है या फिर उन्हें हटवा सकता है, अगर वह होर्डिंग सुरक्षित यातायात गति के लिए खतरनाक और विघ्नकारी हों'।

मूल्यांकन मानदंड

पिछले कुछ वर्षों के दौरान भारत में हुए तकरीबन आधा दर्जन सौदों का अर्थ है कि मूल्यांकन के लिए पर्याप्त मानदंड हैं। किसी भी तरह ओओएच मूल्यांकन करने के लिए उचित रूप से सीधा माध्यम है।

प्रभावित करनेवाली वस्तुएं

एक ओओएच मीडिया कंपनी का मूल्यांकन आम तौर पर निम्नलिखित प्रभावित करनेवाली वस्तुओं को ध्यान में लेता है:

बाजार का परिमाण

भारतीय आउटडोर मीडिया बाजार का परिमाण किसी भी प्रौढ़ बाजार का मुश्किल से एक छोटा सा अंश मात्र है। अब तक इसकी वृद्धि दर थी, जिसने विश्लेषकों को प्रोत्साहित किया। लेकिन जैसे ही इसमें गिरावट आई, तब से कोई प्रमुख सौदे नहीं किए गए हैं।

राजस्व मिश्रण

परंपरागत बिलबोर्ड व्यवसाय, प्रविष्टि की उच्च रुकावटों और उच्च परिचालन मार्जिन के साथ, घरेलू ओओएच मीडिया उद्योग का सर्वश्रेष्ठ खंड माना गया है।

राष्ट्रीय विज्ञापन से संपर्क

कुछ बाजारों में यदि एक ओओएच मीडिया कंपनी के राजस्व का बड़ा अनुपात राष्ट्रीय विज्ञापन से आता है, तो उसको एक फायदा है। यह इसलिए क्योंकि राष्ट्रीय विज्ञापनदाता बड़ी मात्रा में बुकिंग करने को प्रवृत्त होते है, और एक लंबी समयावधि तक ऑर्डर बुक भरते रहते हैं।

सामान्य बाजार का हिस्सा

30 से 40 प्रतिशत या अधिक का हिस्सा विश्लेषकों को हमेशा संतुष्ट करता है। यह धारणा है कि मूल्य निर्धारण को संभालना तब आसान होता है, जब आप प्रत्येक बाजार में सबसे बड़े प्रदाता हों। एक कठिन आपूर्ति बाजार में यह अवश्य ही सच है। जब आपूर्ति अभी भी बढ़ रही हो और लीडर्स फिर भी स्थापित नहीं हुए हैं, तो यह सभी के लिए मुफ्त है।

तकनीक

एक आउटडोर मीडिया कंपनी की जितनी ज्यादा डिजिटाइज होर्डिंगों का नेटवर्क होगा, उतना ही बेहतर उसका मूल्यांकन होता है। डिजिटल तकनीक अनेक विज्ञापनदाताओं को अलग–अलग समय पर एक ही स्थल लेने का अवसर देता है। यानि प्रत्येक स्थल पर बहुत सारा राजस्व देने वाले विभिन्न विज्ञापनदाता। यदि एक ओओएच मीडिया कंपनी के पास टैगिंग सॉफ्टवेयर

या कुछ अन्य लीड जेनरेशन व्यवस्था हो, तो वह राजस्व की अन्य एक धारा को खोलती है, और इसलिए उसका बेहतर मूल्यांकन होगा।

बाजार मिश्रण

घरेलू बाजार के बाहर विस्तार सामान्यतः अधिकतम वैश्विक ओओएच कंपनियों के लिए मूल्यांकन घटाता है। जेसीडीकॉक्स और क्लियर चैनल जब अपने घरेलू बाजार से बाहर विस्तार करते हैं तो विनियामक ढांचे की अनिश्चितता के कारण अपने प्रमुख अंकों को खो देते हैं। यह खासतौर से तब सही साबित होता जब एक कंपनी विदेशी बाजारों में अधिग्रहण के बजाय आंतरिक वृद्धि को देखती है। मजेदार बात ये है कि लक्ष्य मीडिया को तीन सालों में 467 करोड़ रुपये का निवेश प्राप्त होने के पीछे सबसे बड़ा कारण यह है कि वह केवल भारत में ही नहीं बल्कि श्रीलंका, यूएई, अफ्रीका और दक्षिणपूर्व एशिया जैसे देशों में भी विस्तार कर रही है।

अनुबंधों की अवधि

इसके लिए, 'व्यवसाय कैसे काम करता है' अनुभाग देखिए।

अधिभोग

एक बिलबोर्ड का अधिभोग या एक साल में उसकी बुकिंग के समय की मात्रा व्यवसाय के स्वास्थ्य को सूचित करती है और विश्लेषकों को भविष्य के राजस्व का अनुमान लगाने में मदद करती है। कुछ अनुमानों के अनुसार, मुम्बई में सामान्य अधिभोग एक साल में नौ महीने या कुल लगभग समय का तकरीबन 75 प्रतिशत है। अमेरिका या ब्रिटेन में 70 से 80 प्रतिशत अधिभोग को एक अच्छी संख्या माना जाता है।

मीडिया मिश्रण

दूसरे मीडिया में एक ओओएच मीडिया कंपनी की उपस्थिति भी मूल्यांकन को प्रभावित करती है। उदाहरण के लिए, रेडियो, आउटडोर मीडिया एक दूसरे के पूरक हैं। आउटडोर को घर के बाहर ही देखा जा सकता है। एक–तिहाई से ज्यादा रेडियो सुनना सफर के दौरान ही होता है। अतः दोनों मीडिया के लिए, उपभोक्ता द्वारा आने–जाने में बिताया जाने वाला समय विज्ञापनदाताओं द्वारा

प्राइम टाइम माना जाता है। इसलिए, स्थानीय जुड़ाव और फलतः स्थानीय विज्ञापन के साथ जुड़ाव बहुत मजबूत होता है। यह शायद केवल समाचार पत्र में ही मेल खाता है। इसलिए, रेडियो में एक मजबूत उपस्थिति वाली एक ओओएच मीडिया कंपनी को बिना रेडियो स्टेशन वाले प्रतियोगी की तुलना में एक बेहतर मूल्यांकन मिलेगा।

अन्य मीडिया पर निर्भरता

यदि एक ओओएच मीडिया कंपनी के पास कोई दूसरा व्यवसाय नहीं है, तो उन कंपनियों की तुलना में यह एक समस्या है जिनके पास दूसरे कारोबार हैं, विशेषतः एकल खिलाड़ी होने के कारण एक उच्चतर पूंजी व्यय होगी। जेसीडीकॉक्स के वैश्विक प्रतियोगी हैं क्लीयर चैनल और वायकॉम हैं। इन दोनों अमेरिकी कंपनियों के लिए, ओओएच विज्ञापन उनके समग्र व्यापार के छोटे भाग का प्रतिनिधित्व करता है। जेसीडीकॉक्स के लिए, एकमात्र यही व्यापार है। तो, अन्य मीडिया कंपनियों के संबंध में, एक प्रत्यक्ष तुलना मुश्किल है।

तालिका 7.1 भारतीय आउटडोर बाजार का आकार

प्रारूप	खिलाड़ी			
	साइट मालिक	**आउटडोर मीडिया कंपनी**	**मीडिया खरीद एजेंसी**	**विज्ञापनदाता/ग्राहक**
परंपरिक				
बुलेटिन	सेल्वेल	जागरण एंगेज	ओगिल्वी लैंडस्केप्स	वोडाफोन
पोस्टर	क्रिएशन	रिलायंस (बिग स्ट्रीट)	पोर्टलैण्ड (जेडब्ल्यूटी)	आईसीआईसीआई बैंक
वृहद डिस्प्ले	पायनियर	सर्व एंड वॉली आउटडोर		टाटा स्काई
दीवार भित्ति चित्र	सिम्बॉयसिस एडवर्टाइजिंग	पायनियर		
विनायल से बने पोस्टर	ब्राइट विज्ञापन	प्राइम साइट		
	रोशन पब्लिसिटी	सेल्वेल		
		क्रिएशन		
गैर परंपरागत				
स्ट्रीट फर्नीचर				
बस शेल्टर्स	नागरिक निकाय/सरकार	क्लियर चैनल		
कियोस्क		जेसीडीकॉक्स		
गैंट्रीज		टाइम्स इनोवेटिव मीडिया		
मोबाइल बिलबोर्ड		सर्व एंड वॉली आउटडोर		
न्यूज स्टैंड		लक्ष्य मीडिया		
फोन बूथ				

(तालिका 7.1 जारी)

(तालिका 7.1 जारी)

प्रारूप	खिलाड़ी			
	साइट मालिक	**आउटडोर मीडिया कंपनी**	**मीडिया खरीद एजेंसी**	**विज्ञापनदाता/ग्राहक**
टेलीफोन और बिजली के खंभे				
ट्रांजिट				
बसें/ट्राम	सिविक/परिवहन अधिकारी	टीडीए इंटरनेशनल		
एयरपोर्ट/प्लेन				
सबवे/रेल		लक्ष्य मीडिया		
ट्रकों की साइड				
टैक्सी डिस्प्ले				
लिफ्ट, एलिवेटर्स				
ऑटो रिक्शा				
गैस स्टेशन				
जहाज/नौकाएं				
(गैर परंपरागत) एम्बिएंट				
रिटेल स्टोर्स	फ्यूचर मीडिया	फ्यूचर मीडिया		
शॉपिंग मॉल	ओओएच मीडिया	ओओएच मीडिया		

एरिनाज/स्टेडियम		लक्ष्य मीडिया		
रिसॉर्ट्स/अवकाश क्षेत्र				
रेस्टोरेंट/पब/कैफे				
हेल्थ क्लब/स्पा				
कॉलेज/विश्वविद्यालय परिसर				
फिल्म थिएटर				
अस्पताल/चिकित्सकों के क्लीनिक				
कार्यालय भवन				
आवासीय भवन				
हेयर सैलून/पार्लर				
एटीएम				
किताब की दुकानें				

स्रोतः लेखक स्वयं

नोटः 1. विभिन्न खिलाड़ियों के समक्ष दी गई कंपनियों की सूची उस जगह काम करने वालों के उदाहरण हैं। वो दुसरी जगहों पर हो सकते है या नहीं भी हो सकते। उदाहरण के लिए, क्रिएशन एक आउटडोर मीडिया कंपनी और साइट मालिक भी है।

2. एजेंसीज और विज्ञापन दाताओं का सूची केवल एक विषय को समझाने के लिए है और किसी भी तरह से संपूर्ण माध्यम नहीं है।

डाटा वनिता कोहली–खंडेकर द्वारा संकलित विश्लेषित किया गया है। इस टेबल का पुनःउत्पादन इंडियन मीडिया बिज़नेस या वनिता कोहली–खांडेकर को उपयुक्त श्रेय देकर ही किया जा सकता है।

केसलेट 7क आउटडोर मीडिया को दुनिया क्यों नापसंद करती है?

विश्वभर में, ओओएच मीडिया उपहास, क्रोध और विरोध झेलता है। अमेरिका में, संघीय राजमार्ग प्रशासन को 2007 में यह कहने पर कड़ी आलोचना का सामना करना पड़ा कि बिलबोर्ड दुर्घटनाओं का कारण नहीं हैं। 2007 में ब्राज़ील के सबसे बड़े शहर साओ पाउलो में प्राधिकारियों ने सभी ओओएच मीडिया पर प्रतिबंध लगाने का विचार प्रस्तुत किया। इससे एक बहस की शुरुआत हुई। शहर नियोजक, आर्किटेक्ट और पर्यावरण प्रेमियों ने तर्क दिया कि यह निषेध इस समृद्ध दक्षिण अमेरिकी शहर को एक कल्पित शहरी आदर्श की ओर अग्रसर करेगा। बहस के दूसरे पक्ष में विज्ञापनदाता और कॉर्पोरेट जगत था, जिन्होंने इस प्रस्ताव को समाज के लिए घातक और अभिव्यक्ति की स्वतंत्रता पर हमला बताया, और 133 मिलियन डॉलर के उस उद्योग के लिए खतरा बताया जो 20000 नौकरियां प्रदान करता है। उनके अनुसार, उपभोक्ताओं को कम जानकारी मिलेगी जिसके आधार पर वह खरीदारी का निर्णय लेते हैं और रात्रि में ओओएच विज्ञापन की रोशनी लोप से सड़कें कम सुरक्षित हो सकती हैं। (शहर में अंततः निषेध को लागू किया गया और इस समय साओ पाउलो आउटडोर मीडिया से मुक्त है।)

ओओएच मीडिया की समर्थक लॉबी की बात में भी तर्क है। बहस के दौरान आउटडोर मीडिया के सकारात्मक प्रभाव को बड़े आराम से अनदेखा कर दिया जाता है, यहां भारत में भी। ओओएच विज्ञापन कंपनियां, सैकड़ो, हजारों डॉलर का दान और परोपकार व संस्थाओं को मुफ्त विज्ञापन स्थान प्रदान करती हैं और सार्वजनिक बुनियादी ढांचा प्रदान करती हैं, जिससे करदाताओं के लाखों डालरों की बचत होती है। प्रत्येक पैदल यात्री पुल जिसे ओओएच विज्ञापन के लिए उपलब्ध कराया जाता है और उनके द्वारा ही अनुरक्षित किया जाता है, इसका सामान्य मतलब है एक स्थानीय या राज्य सरकार निकाय बचा हुआ पैसा किसी और मद में लगा सकता है।

ऐसे बाजार भी हैं जहां ओओएच मीडिया को जनता द्वारा सकारात्मक रूप से देखा जाता है। विशेषतः जहां स्थानीय संगठन समाज के साथ संपर्क बनाने में सक्रिय हैं और उन्हें ओओएच मीडिया के फायदों और इसका नागरिक बुनियादी ढांचे के निर्माण में योगदान के बारे में बताते हैं। दि आउटडोर मीडिया एसोसिएशन ऑफ ऑस्ट्रेलिया के जनवरी 2008 के आंकड़ों के अनुसार विज्ञापनदाताओं ने विज्ञापन परिषद सेवाओं

(केसलेट जारी)

(केसलेट जारी)

> या सड़क सुरक्षा संदेशों में प्रयोग करने के लिए बस आश्रय, ट्रैम आश्रय, सड़क कियोस्क, पार्क बेंच, बिन और बिलबोर्ड सहित ऑस्ट्रेलिए में समुदाय बुनियादी ढांचे के लिए 205 मिलियन ऑस्ट्रेलियाई डॉलर (तकरीबन 182 यूएस डॉलर) मूल्य उपलब्ध कराया। इसमें भी आश्चर्य नहीं होगा कि सितंबर 2007 में जारी एक एसी नील्सन की अध्ययन रिपोर्ट में समाने आया कि 87 प्रतिशत ऑस्ट्रलियाई जनता सोचती थी कि बुनियादी ढांचे को वित्तीय पोषण जारी रखना ओओएच विज्ञापन के लिए महत्वपूर्ण था[38]।

टिप्पणियां

1. आउटडोर, आउटडोर मीडिया और OOH को इस किताब में अदल–बदल कर संदर्भित किया गया है। उनका मतलब वही है। OOH में क्या शामिल है इसकी एक विस्तृत सूची के लिए तालिका 7.1 देखिए। और ये शब्दावली भारतीय OOH व्यापार को संदर्भित करती है, जब तक अन्यथा निर्दिष्ट न हो।
2. अगस्त 2008 में न्यूज आउटडोर ग्रूप अपनी वेबसाइट के अनुसार दुनिया में छठी सबसे बड़ी आउटडोर मीडिया कंपनी थी। न्यूज कॉर्पोरेशन का वित्तीय वर्ष जून–जुलाई है। दत्ता अब, मध्य पूर्व, अफ्रीका और पाकिस्तान, के स्टार समूह के राष्ट्रीय प्रमुख हैं।
3. 2008 वर्ष के अंत तक, न्यूज कॉर्पोरेशन ने अपने आउटडोर व्यापार के लिए खरीददार खोजने शुरू किए। लेकिन तीन साल बाद, जुलाई 2011 में, न्यूज कार्पोरेशन ने अंततः न्यूज आउटडोर रूस को अपनी मांगी गई कीमत से 1/5 में बेच पाई। और उसने न्यूज आउटडोर रोमानिया को बेच दिया।
4. मार्च 2008 में जब मैंने इस अध्याय के लिए उनका इंटरव्यू लिया, तब वह स्ट्रोअर आउट ऑफ होम मीडिया भारत के सीईओ थे।
5. स्रोतः जेनिथ ऑप्टिमीडिया।
6. ईएनआईएल– एंटरटेनमेंट नेटवर्क इंडिया लिमिटेड है, जो बेनेट, कोलमैन एंड कंपनी की रेडियो, ओओएच और इवेंट अनुषंगी है।
7. अधिकांश प्रौढ़ बाजारों में आउटडोर मीडिया पर सबसे बड़ा विज्ञापनदाता रिटेल है। उदाहरण के लिए कुछ साल पहले यूरोप की सबसे बड़ा ओओएच मीडिया कंपनी जेसी डीकॉक्स को रिटेल कारोबारियों से फ्रांस (अपना गृह बाजार) में अपने राजस्व का लगभग 10 प्रतिशत हिस्सा मिला। जब फ्रांस की सरकार ने 2007 में एक आदेश पारित कर खुदरा कारोबारियों को टीवी पर विज्ञापन दिखाने की अनुमति प्रदान की तो विश्लेषक, जेसी डीकॉक्स के टॉपलाइन और मूल्यांकन पर इसके प्रभाव की आकलन करने में जुट गए।
8. यूएफओ मूवीज डिजिटल थिएटरों की एक श्रृंखला है, जिसकी पूरे भारत में 3192 स्क्रीन (अप्रैल 2013 में) हैं।
9. अधिक जानकारी के लिए टेलीविजन पर अध्याय 2 देखें।

10. यह कुछ मायनों में अद्भुत है, क्योंकि केबल उन विनियमन से अप्रभावित रहकर मुक्त रूप से बढ़ा, जो विकास के वर्षों में उसकी वृद्धि को अवरुद्ध कर सकते थे। अधिक जानने के लिए टेलीविजन पर अध्याय 2 देखें।
11. डिस्प्ले एक आउटडोर विज्ञापन को संदर्भित करता है, बिल्कुल एक टीवी या ऑनलाइन विज्ञापन की तरह।
12. 'अंतर्राष्ट्रीय अतीत' के अंतर्गत पूरी जानकारी ओएएए वेबसाइट से ली गई है।
13. आर्बिट्रान इंक एक अंतर्राष्ट्रीय मीडिया और मार्केटिंग अनुसंधान कंपनी है, जो अमेरिका और यूरोप में ओओएच मीडिया, रेडियो प्रसारकों, केबल कंपनियों, विज्ञापनदाताओं और विज्ञापन एजेंसियों को चलाती है।
14. वंदना बोर्से मेरी बहन हैं। वह और उनके पति मंगेश सिम्बायोसिस एडवर्टाइजिंग चलाते हैं। सिम्बायोसिस उन चुनिंदा उदाहरणों में से एक है, जिससे इस किताब को सत्यापित किया जा सकता है।
15. बृहनमुम्बई नगर निगम।
16. इसमें ज्यादातर मुम्बई केंद्रित है, क्योंकि केवल यही बाजार है जहां हमने ओओएच मीडिया मालिकों के साक्षात्कार लिए। साथ ही यह देश का सबसे बड़ा ओओएच मीडिया बाजार है।
17. हालांकि एक बड़े आधार पर, 2012 में यह 5.5 प्रतिशत तक गिर गया।
18. बोर्से की टिप्पणियां केवल मुम्बई ओओएच मीडिया बाजार के संदर्भ में हैं, जहां उनकी कंपनी संचालन करती है।
19. ऐसा अभी भी कई कंपनियों में है।
20. एक 360 डिग्री समाधान का वस्तुतः अर्थ है, एक उपभोक्ता को संचार के सभी विकल्प पेश किये जाएं। इस तरह, चाहे एक मीडिया कंपनी सीधे या किसी के साथ भागीदार बनकर निवेश करे, वह ओओएच, रेडियो, इंटरनेट, मोबाइल इत्यादि का विकल्प प्रदान करें, ताकि विज्ञापनदाताओं को प्रतियोगी के पास जाने के कम कारण हों। एजेंसियों के मामले में (सृजनात्मक और मीडिया), इसका मतलब है विज्ञापन बनाने, योजना करने और विभिन्न मीडिया में स्थल या समय खरीदने की क्षमता है।
21. पाठकों को तालिका 7.1 बार–बार देखते रहना चाहिए, जहां इस खंड को बेहतर समझने के लिए ओओएच मीडिया के विभिन्न प्रकार दिये गए हैं।
22. अप्रैल 2013 में उपलब्ध आंकड़ों के अनुसार।
23. एटीएम मशीनें बैंकों द्वारा नगद भुगतान के लिए प्रयोग होती हैं।
24. सेक्सी साइनेज, दि इकोनॉमिस्ट, 26 जनवरी 2013।
25. मुंबई और दिल्ली अब निजी कंपनियों द्वारा संचालित हैं। भारत के अधिकांश हिस्सों में, भारत हवाईपत्तन प्राधिकरण या एएआई हवाई अड्डों को संचालित करता है।
26. और साथ ही बिजली नेटवर्क भी।
27. ये आकलन अप्रैल 2013 के अनुसार हैं।
28. ब्रिटेन के आउटडोर विज्ञापन संघ की वेबसाइट से लिया गया है।
29. ऑस्कर के विवरण सुप्रिया मदान (1998) से उद्भव है।
30. सेन अप्रैल 2000 से 2005 तक प्राइम साइट के सीईओ थे। बाद में उन्होंने स्ट्रोअर और लक्ष्य सहित कई अन्य कंपनियों में भी काम किया। वह फिलहाल भारतीय आउटडोर विज्ञापन संघ के उपाध्यक्ष है।
31. अब, लिओ बर्नेट। यह भारत में प्रमुख विज्ञापन कंपनियों में से एक है।
32. मीडिया अनुसंधान उपयोगकर्ता परिषद।
33. कनाडा का आउट–ऑफ–होम विपणन संघ द्वारा 2006 में कराया गया अध्ययन।

34. प्रति मील लागत या प्रति हजार लागत या लागत प्रतिशत। लैटिन में मिले का अर्थ है हजार।
35. भारत के उच्चतम न्यायालय में अधिवक्ता और मीडिया व मनोरंजन कानून के विशेषज्ञ अनीश दयाल द्वारा 2008 वर्ष में इस अनुभाग को तीसरे संस्करण के लिए तैयार किया गया था। तब से अब तक कोई प्रमुख बदलाव नहीं आया है।
36. बेंगलुरु में नंदन कामथ की लॉ फर्म में सहयोगी अभिनव श्रीवास्तव द्वारा यह जानकारी उपलब्ध कराई गई है। स्रोत' http://www-cpcb-nic-in/upload/ NewItems/ NewItem_119_Delhi_outdoor_advt_policy2008-pdf
37. *टाटा प्रेस लिमिटेड बनाम एमटीएनएल और अन्य 1999 (5) एससीसी 139* के मामले में सर्वोच्च न्यायालय द्वारा विज्ञापनों को 'वाणिज्यिक भाषण' के रूप में वर्गीकृत किया गया।
38. उस अध्ययन पर कोई और जानकारी नहीं है। लेकिन यह ओओएच के समाज के साथ विवादास्पद संबंधों का एक रोचक उदाहरण है।

अध्याय 8

इवेंट्स

हर चीज एक आयोजन है।

आयोजन (इवेंट) को आप किस तरह परिभाषित करते हैं? क्या यह किसी खचाखच भरे कमरे में विक्रेताओं को दी जाने वाली एक प्रस्तुति है; क्या यह एक शादी है; या एक मॉल में किसी उत्पाद का प्रमोशन है; या संगीत समारोह या पुरस्कार वितरण समारोह है? ऐसे हजारों 'आयोजन' हैं। क्या ये सब मिलकर एक कारोबार का अवसर प्रदान करते हैं? वैसे, यह कारोबार कितना बड़ा है? इवेंट बिजनस पर पकड़ बनाना कोई आसान काम नहीं है और मैंने जो कुछ वैश्विक शोध पत्र पढ़े हैं, वे इसकी पुष्टि करते हैं।

इसलिए, भारतीय आयोजन उद्योग के लिए सबसे बड़ी जीत ये है कि इस व्यवसाय में एक संरचनात्मक विकास हो रहा है, और आमदनी दृष्टिगोचर हो रही है (देखिए, व्यवसाय ऐसे चलता है और तालिका 8.1)। इसका कुछ श्रेय भारतीय इवेंट उद्योग के बड़े खिलाड़ियों को जाता है, जैसे– विजक्राफ्ट, परसेप्ट डी'मार्क, एनकम्पास या शोटाईम। तीव्र वृद्धि के बीच, ज्यादातर खिलाड़ियों ने कड़े परिश्रम किए हैं।

उदाहरण के लिए, 2008 में, इवेंट मैनेजमेंट क्षेत्र की सबसे बड़ी कंपनी विजक्राफ्ट ने कंसल्टिंग फर्म ईवाई की सेवाएं लीं। इसके पीछे मंशा यह जानने की थी कि इस समय कंपनी की स्थिति क्या है और यहां से वह आगे किस दिशा में बढ़ सकती है। विकास की आपा–धापी में, विजक्राफ्ट को ऐसी आवश्यकता महसूस हुई, जो इस सबका अंदाजा लगा सके। उसी वर्ष कई बड़ी कंपनियों ने हाथ मिलाया और इवेंट एंड इंटरटेनमेंट मैनेजमेंट एसोसिएशन ऑफ इंडिया (ईईएमए) की स्थापना की। इसका मुख्य उद्देश्य अपने सदस्यों के लिए लॉबी करना था।

तेज विकास ने भारत में आयोजन प्रबंधन कंपनियों का आकार बढ़ाकर 0.3 से 1 अरब रुपये के बीच ला दिया है। इसने इन कंपनियों को इतना आकर्षक बनया दिया कि या तो उन्हें खरीद लिया जाता है या उनके साथ कारोबार किया जाता है। वर्ष 2008 से 2012 के बीच इवेंट जगत में नौ बड़े सौदे हुए। उदाहरण के लिए, 2008 में जेडब्ल्यूटी ने एनकम्पास इवेंट्स को खरीदा और 2012 में इसने हंगामा डिजिटल को एक अज्ञात कीमत में खरीद लिए[1]।

सार्वजनिक तौर पर इस बात के आंकड़े उपलब्ध नहीं हैं कि कुल मिलाकर या व्यक्तिगत रूप से कितने पैसे के सौदे हुए, लेकिन गतिविधियां साफ संकेत दे रही हैं कि आयोजन बाजार में मजबूती आई है और इस क्षेत्र में निवेशक रुचि ले रहे हैं। इसके अलावा, कुछ विदेशी कंपनियां– रीड इल्सवियर, ईमैप और जॉर्ज पी. जॉनसन ने भी भारत में अपनी दुकानें खोली हैं।

निवेश के आंकड़ों की तरह ही, आकार और वृद्धि के भी आंकड़े बहुत स्पष्ट नहीं हैं। इंटरटेनमेंट कंसल्टेंट, शाजु इग्नैशियस कहते हैं, 'इस व्यवसाय का लेखा–जोखा मुश्किल है, इसका बड़ा हिस्सा निजी आयोजन होते हैं और वे भी इस व्यवसाय के संरचनात्मक अंग नहीं है'। ईवाई के मुताबिक, आयोजन और सक्रियण व्यवसाय ने 2012 में 28 अरब रुपये का कारोबार किया। हालांकि, एक अनुमान के मुताबिक इस उद्योग का महज 40 प्रतिशत हिस्सा ही संगठित है। इसका अर्थ है कि इस व्यवसाय का वास्तविक आकार करीब 70 अरब रुपये का है। इसके बावजूद, संपूर्ण भारतीय मीडिया और मनोरंजन उद्योग का यह महज अंश मात्र ही है (देखें तालिका 0.1)।

फिर से बता दें, वैश्विक स्तर पर आयोजन प्रबंधन (इवेंट मैनेजमेंट) की जो स्थिति है, उसमें भारत कहीं नहीं ठहरता[2]। इसलिए इस दिशा में हमें अभी लंबी यात्रा करनी है। विकास की बात करें, तो भारतीय बाजार सामान्यतः अच्छा कर रहा है। ईवाई की रिपोर्ट के मुताबिक, भारतीय आयोजन बाजार औसतन 20 प्रतिशत की रफ्तार से विकास कर रहा है। ईवाई ने जितनी भी कंपनियों का सर्वेक्षण किया, अमूमन सभी का दावा था कि वे करीब 19 प्रतिशत के मुनाफे की स्थिति में है।

ये उस व्यवसाय के लिए खराब स्थिति नहीं है, जिसे कुछ साल पहले तक लोग 'केटरर' और टेंट सप्लायर्स का व्यवसाय समझते थे। प्रशांत पवार अफ्रीका में स्कैनग्रुप के राउंडट्रिप इवेंट्स एंड प्रोडकशन तंजानिया के महाप्रबंधक हैं। स्कैनग्रुप, विश्व के सबसे बड़े मार्केटिंग सेवा समूह डब्ल्यूपीपी, का अंग है। प्रशांत कहते हैं–

> "जब मैंने इस क्षेत्र में अपना करियर शुरू किया तो लोग मुझसे पूछते थे कि आयोजन प्रबंधन क्या होता है? आज ये मनमोहक और रोमांचक क्षेत्र समझा जाता है। कार्य के अनियमि घंटों और कड़ी मेहनत के बावजूद, जिस तेजी के साथ यह उद्योग उभरा है, वो सबसे बड़ा और ज्यादा संतोष देने वाला बदलाव है"

संरचनात्मक बदलाव के बाद ये दूसरा सबसे बड़ा बदलाव है। आयोजन प्रबंधन, जिसे बहुत आशाजनक और विश्वसनीय पेशा नहीं माना जाता था, आज उन लोगों के लिए सर्वश्रेष्ठ करियर विकल्पों में से एक है, जो मीडिया बिजनेस में आना चाहते हैं। कई जनसंचार स्कूल और कॉलेज अपने पाठ्यक्रम में आयोजन प्रबंधन को शामिल कर रहे हैं।

इस व्यवसाय में तेज वृद्धि के दो मौलिक कारक हैं।

पहला, बिलो–द–लाईन (बीटीएल) में निवेश ने उल्लेखनीय रूप से छलांग लगाई है[4]। 2012 में भारत में जो कंपनियां 8 अरब डॉलर मार्केटिंग पर खर्चा करती थीं, उसका तीस प्रतिशत गैर–विज्ञापन या बीटीएल विकल्पों पर खर्च होता था। एक परिपक्व बाजार में, कुल खर्च का करीब आधा या इससे भी ज्यादा बीटीएल मार्केटिंग पर खर्च होता है। भारत में यह खर्च 2003 में 10–15 प्रतिशत के मुकाबले अब बढ़कर 30–40 प्रतिशत हो गया है। अधिक बीटीएल, आवश्यक रूप से आयोजन पर अधिक खर्च के तौर पर रूपांतरित हो जाता है, क्योंकि ज्यादातर बीटीएल में किसी ने किसी रूप में आयोजन शामिल होता है– चाहे एक्टिवेशन, कंटेस्ट या प्रोमोशन के तौर पर या अन्य किन्हीं चीजों में। शोध के मुताबिक, प्रयोगात्मक मार्केटिंग में लाइव ब्रांड एक्सपिरिएंस ज्यादा सशक्त हथियार साबित हो रहा है। बीटीएल खर्च में ज्यादा खर्च का प्रचलन पूरी दुनिया में है। यह अक्सर मास मीडिया विखंडीकरण से पैदा होता है, जो एबव–द–लाइन (एटीएल) के लिए छोटा होता है, भारत में भी यह एक वास्तविकता है।

दूसरा है, छोटे शहरों के बाजारों में वृद्धि[6]। तमाम उत्पाद श्रेणियों, जैसे दूरसंचार, वित्तीय सेवाएं और टिकाऊ उत्पाद आदि में मेट्रो शहरों में मंदी देखी जा रही है, जबकि छोटे शहरों में यह तेजी से बढ़ रहे हैं। पहले, इस वृद्धि तक पहुंचना शीर्ष 100 गैर–मेट्रो शहरों में भी एक समस्या था। मुंबई, दिल्ली या बेंगलुरु जैसे मेट्रो शहरों के मुकाबले, हिसार, तिरुनलवेल्ली या सांगली में जनसंचार के विकल्प सीमित थे– स्थानीय केबल चैनल, स्थानीय डीडी स्टेशन, स्थानीय समाचार पत्र और आकाशवाणी। इसलिए, छोटे शहरों तक पहुंच बनाने के लिए बेताब विक्रेताओं ने आऊटडोर विज्ञापन और आयोजनों का इस्तेमाल शुरू किया। अब हालांकि, रेडियो, केबल टीवी, डीटीएच और अन्य मीडिया के विस्तार के कारण जनसंचार के विकल्प बढ़े हैं, इसके बाजवूद गैर–मेट्रो भारत में अब भी आयोजन पर खर्च का हिस्सा काफी अहम है।

ये दोनों कारण मिलकर, आयोजन को मजबूत गति प्रदान करते हैं और इस व्यवसाय के विकास में अहम योगदान देते हैं।

व्यवसाय का स्वरूप, अब

बड़े मुद्दे

जब पवार से मैंने पूछा कि क्या विदेशी आयोजन प्रबंधन कंपनियां भारत में व्यवसाय कर सकती हैं और भारतीय बाजार की संरचना में बदलाव ला सकती हैं, तो उन्होंने इस कारोबार की प्रकृति के बारे में बेहद संक्षेप में समझा दिया।

मेरे विचार में विदेशी कंपनियों को भारत में व्यवसाय करने में काफी कठिनाई आएगी। वो समय की पाबंदी, कुशल मानवशक्ति और लक्ष्य के अनुरूप काम करने के आदि होते हैं, जबकि भारतीय सुनियोजित अव्यवस्था में काम करने के आदि होते हैं। विदेशों में काम करने के बाद मैंने देखा कि भारत में अनियमित रूप से देर तक काम करने का जो नया चलन तेजी से विकसित हो रहा है, वो विदेशों में कभी कभार ही देखने को मिलता है। भारत में कड़ी प्रतिस्पर्धा को देखते हुए लोग अपने निजी जीवन से समझौता कर रहे हैं और ज्यादा से ज्यादा समय घर के बजाय काम को दे रहे हैं। साथ ही, विदेशी कंपनियों के पास बेहतर भौतिक संसाधन होते हैं, लेकिन उन भारतीय कंपनियों के पास ये संसाधन काफी सीमित होते हैं, जो स्थानीय इवेंट कंपनियों के लिए काम करते हैं। हर प्रोजेक्ट के लिए अंतर्राष्ट्रीय वेंडर को आउटसोर्स करना संभव नहीं है। इसके अलावा, मेरे हिसाब से भारत में कई स्थापित और सफल कंपनियां पहले से ही मौजूद हैं, ऐसे में विदेशी कंपनियों के लिए प्रतिस्पर्धा में टिक पाना और बाजी मारना काफी कठिन होगा। यह मुश्किल जरूर है, पर असंभव नहीं।

मांग बहुत अधिक है और चीजें सकारात्मक दिशा की ओर अग्रसर हैं। लेकिन पवार कई मुद्दों की ओर ध्यान दिलाते हैं जो इस उद्योग को परेशान कर रही हैं। कुछ मसलों का समाधान विकास के साथ स्वतः हो जाएगा, जबकि अन्य बातों के लिए एक नियामक या उद्योग–निर्धारित समाधान की जरूरत है। एक–एक कर हम इनकी चर्चा करेंगे।

विखंडन

पहला मुद्दा, विखंडन, और कुछ हद तक अव्यवस्थित संरचना, भारत में अधिकतर दूसरे मीडिया सेगमेंट्स को प्रभावित कर रहा है। तुलनात्मक रूप से कंपनियां अब भी काफी छोटी हैं। वर्ष 2012 में देश की सबसे बड़ी आयोजन प्रबंधन कंपनी, विजक्राफ्ट का अनुमानित राजस्व 2.43 अरब डॉलर रहा। इसकी तुलना सबसे बड़ी आयोजन कंपनियों में से एक इंफोर्मा से कीजिए, जिसका राजस्व वर्ष 2012 में 536 अरब पाउंड रहा[7]। आप इस फर्क को मुद्रा, क्रयशक्ति और अर्थव्यवस्था के आकार में अंतर से भी समझ सकते हैं। विश्लेषक ये भी बताते हैं कि आयोजनों की संख्या, आकार की तुलना करने का सबसे बेहतर पैमाना है। यह इसलिए कि मजदूरी, अर्थव्यवस्था के आकार और प्रति आयोजन औसत खर्च के साथ ही प्रति आयोजन राजस्व में अंतर होता है। ऐसे कई कारक हैं, जो इस उद्योग के विकास में बाधक है, उनमें सबसे बड़ा है, प्रवेश अवरोधक का अभाव। जैसा कि काई भी चीज आयोजन हो सकती है, वैसे ही कोई भी आयोजन प्रबंधक होने का दावा कर सकता है।

तनावपूर्ण व्यवसाय

विखंडन का मतलब सिर्फ कीमत और समय की प्रतिस्पर्धा नहीं है, बल्कि यह अति तनाव वाला व्यवसाय है। शोटाइम इवेंट्स के प्रबंध निदेशक माइकल मिनिजेज मानते हैं 'बाकी दुनिया जिस समय सीमा को स्वीकार नहीं करती है, वो हम करते हैं। हम शोषित होने के लिए तैयार रहते हैं और अंत में तनावग्रस्त हो जाते हैं'। वर्ष 2007 में, अतुल्य भारत की 60वीं वर्षगांठ पर होने वाले आयोजन से तीन महीने पूर्व जब उनकी टीम अमेरिका पहुंची, जिसे शोटाइम संभाल रही थी, तो उनको लगा था कि अभी उनके पास बहुत समय है। मिनिजेज याद करते हैं कि 'तभी अमेरिका वालों ने कहना शुरू कर दिया कि आप किसी भी तरह इसे नहीं कर सकते, क्योंकि बहुत कम समय रह गया है'[8]। शोटाइम ने किसी तरह आयोजन को सफलतापूर्वक संपन्न किया, लेकिन तनाव अप्रत्याशित था।

इस व्यवसाय से जुड़ा करीब–करीब हर व्यक्ति उनकी इस बात से सहमत है– व्यवसाय तनावपूर्ण है और ये सिर्फ इसलिए नहीं कि ये विखंडित प्रकृति का है। सिनेयुग ग्रुप ऑफ कंपनीज के निदेशक मोहम्मद मोरानी कहते हैं, 'यह बहुत ज्यादा तनावपूर्ण व्यवसाय है क्योंकि इसमें अत्यधिक संभाव्यता है'। पवार कहते हैं–

> बाजार में बहुत ज्यादा आयोजन कंपनियां होने के कारण, एक कंपनी से परिकल्पना प्रस्तुति ले ली जाती हैं और काम किसी दूसरी कंपनी को दे दिया जाता है। इसमें अक्सर कोई गोपनीयता या पारदर्शिता नहीं होती, यही वजह है कि बहुत सारी कंपनियों ने परिकल्पना प्रस्तुति के लिए एक बेसिक शुल्क लेना शुरू कर दिया है।

प्रतिभा की कमी

आयोजन प्रबंधन व्यवसाय के बढ़ते सम्मान के बावजूद, यह व्यवसाय लोगों की कमी की गंभीर समस्या से जूझ रहा है। एक बार फिर यह सच्चाई भारत के अधिकतर मीडिया व्यवसायों (वास्तव में सभी व्यवसायों) पर लागू होता है। हालांकि इसकी छवि बदल रही है, सुमित चटर्जी कहते हैं, 'कुछ साल पहले तक जो बातें रिटेल या रेडियो के लिए सही थीं, वो आज आयोजन प्रबंधन व्यवसाय पर भी लागू हैंः लोग इस व्यवसाय में नहीं आना चाहते हैं। रेडियो अब आकर्षक हो गया है, लेकिन आयोजन प्रबंधन व्यवसाय अभी तक आकर्षक नहीं बन पाया है'[9]। आयोजन प्रबंधन मुख्यरूप से व्यक्तियों से जुड़ा व्यवसाय है। आपके पास जितने ज्यादा लोग होंगे, आप उतने ही ज्यादा आयोजनों का प्रबंधन कर पाएंगे। ईएमडीआई इंस्टीट्यूट ऑफ मीडिया एंड कम्युनिकेशन

के प्रबंध निदेशक दीपक चौधरी कहते हैं कि लोगों की कमी का ठीक–ठीक अनुमान नहीं लगाया जा सका है। वो याद करते हैं कि भारत में करीब 6000 मीडिया प्रबंधन कंपनियां हैं, जिनमें कुछ तो इतनी छोटी हैं कि उनमें चार लोग ही काम करते हैं। इससे, अन्य बातों के अलावा, वेतन में बढ़ोत्तरी दर्ज की गई। ईवाई की रिपोर्ट के अनुसार, आयोजन प्रबंधन व्यवसाय में कुल लागत का 13 प्रतिशत वेतन में जाता है। यह मीडिया और मनोरंजन व्यवसाय के दूसरे सेगमेंट के औसतन 10 प्रतिशत की अपेक्षा ज्यादा है।

बुनियादी ढांचे का अभाव

ऊपर बताए गए सभी मसले विकासमूलक हैं जो धीरे–धीरे हल कर लिए जाएंगे। तथापि, बुनियादी ढांचे की कमी के लिए कुछ नियामक सहायता की आवश्यकता होगी। भारत में संगीत समारोह के लिए कोई स्थल नहीं है और न ही ऐसे ऑडिटोरियम हैं, जिनमें बड़ी संख्या में दर्शक जमा हो सकें। उदाहरण के लिए, मुंबई में अंधेरी स्पोर्ट्स कॉम्पलेक्स और मुंबई मेट्रोपॉलिटन रीजन डेवलपमेंट अथॉरिटी (एमएमआरडीए) ग्राउंड को छोड़कर दूसरा कोई संगीत समारोह (कंसर्ट) स्थल नहीं है। अमेरिका या ब्रिटेन में, कोई भी एजेंसी कलाकारों को जुटाकर, तुरंत कार्यक्रम शुरू कर सकता है। वहां कंसर्ट और आयोजन प्रबंधन के लिए हाइड्रोलिक स्टेज, हटाने लायक सीटें और छत जैसी अनेक सुविधाएं हैं। उदाहरण के लिए, ब्रिटेन में ऑटो प्रदर्शनी सिर्फ वहीं हो सकती है, जहां ग्राहक कार की टेस्ट ड्राइविंग भी कर सकें। अमेरिका में, विशिष्ट इंडोर कंसर्ट स्थल बने हुए हैं।

भारत में, उपयोग के लिए वाणिज्यिक, आवासीय और फुटकर भूमि की मांग बहुत ज्यादा है और लाइव इंटरटेनमेंट और स्पोर्ट्स स्थल के मुकाबले ज्यादा कमाई देती है, इसलिए कार्यक्रम स्थल के लिए बुनियादी ढांचे के विकास की संभावना बहुत कम रह जाती है, जब तक कि इसके विकास को प्रोत्साहित न किया जाए। इसके समानांतर मल्टीप्लेक्स पर विचार कीजिए। जब ये बनाए गए, तब ये महाराष्ट्र जैसे कुछ राज्यों में पांच साल के लिए करमुक्त थे। इसने मल्टीप्लेक्स के विकास में रियल एस्टेट और फिल्म कंपनियों को निवेश के लिए प्रोत्साहित किया। नतीजा यह निकला कि इनकी सफलता ने मल्टीप्लेक्स के विकास को उन राज्यों में भी प्रोत्साहित किया जहां ये टैक्स फ्री नहीं थे।

तकनीक

तकनीक की उपलब्धता का मतलब ये भी होता है कि परिपक्व बाजार कम मानवशक्ति के साथ तीव्र गति से काम करे। उदारहण के लिए, विकसित बाजारों की अपेक्षा भारत में सेट लगाने में दोगुना समय लगता है। इसका कुछ

हिस्सा अनुभव पर निर्भर करता है, तो दूसरा हिस्सा तकनीक के आयात और उसे आसानी से लागू करना है। भारत का आयोजन व्यवसाय ऐसा नहीं कर सकता है क्योंकि यहां की कर संरचना और लाइसेंस व्यवस्था ऐसे उपकरणों को मंगाना जटिल बना देती है, जो आयोजन में जान फूंकते हैं। इसका दूसरा पक्ष ये भी है कि भारत में प्रबंधन व्यवसाय का आकार बहुत छोटा है और इससे होने वाली आमदनी होती है वह बहुत निश्चित नहीं होती। बेशक आप यह तर्क कर सकते हैं कि किसी को तो इसकी शुरुआत करनी ही होगी।

नौकरशाही और कर प्रणाली

इस मसले पर भी नियामक सहायता की जरूरत है। तकरीबन सभी आयोजन प्रबंधन कंपनियां मानती है कि अनुमति और कर यहां सबसे बड़ा 'सिरदर्द' हैं। मिनिजेज कहते हैं, 'भारत में विभिन्न अनुमतियों की व्यवस्था अनोखी है'। एक अनुमान के मुताबिक, भारत में एक सार्वजनिक आयोजन करने के लिए कुछ सत्रह अनुमतियों की जरूरत होती है। उदाहरण के लिए, हर राज्य में अलग–अलग मनोरंजन कर होते हैं, साथ ही किसी होटल में कॉर्पोरेट आयोजन से लेकर खुले आकाश में आयोजन करने तक हर चीज पर कई और अलग–अलग तरह के कर हैं। महाराष्ट्र में मनोरंजन कर 50 फीसदी है, तो दिल्ली में 20 फीसदी। सेवाकर भी होते हैं और कलाकारों को दिए जाने वाले शुल्क पर भी टैक्स है। व्यवसाय में हर मोड़ पर टैक्स है– केवल शुरूआत या अंत में ही नहीं।

एक अनुमान के मुताबिक, आयोजन प्रबंधन कंपनी की लागत का 13–20 प्रतिशत कर में ही खर्च हो जाता है। इनमें घूस का पैसा भी शामिल है, बावजूद इसके कि, आयोजन विधि सम्मत तरीक से आयोजित किया जा रहा है। एक आयोजन कंपनी के संस्थापक याद करते हैं कि किस तरह उन्होंने अपने ग्राहक के बिल में 'घूस' को बतौर खर्च दर्शाया था। अकाउंटेंट ने इसे विविध खर्च के रूप में दिखाया था। इन सब समस्याओं का एक मात्र समाधान– करों को सुसंगत बनाना और एकल–खिड़की कार्य निष्पादन व्यवस्था।

आगे की राह

आयोजन कंपनियों का मूल्यांकन ऊंचा नहीं रहने (देखें 'मूल्यांकन') का ये कारण है कि उनके पास कोई ऐसी प्रत्यक्ष क्षमता या संपत्ति नहीं है, जिसका मूल्य किया जा सके। अगर दो बराबर क्षमता की आयोजन प्रबंधन कंपनियां हो तो आप उनका मूल्यांकन कैसे करेंगे? एक विज्ञापन एजेंसी की तरह, उनके पास कोई स्थायी ग्राहक संबंध नहीं है। ज्यादातर मामलों एक बार जो ग्राहक बनते हैं, वे दुबारा नहीं आते हैं।

अधिकतर कंसल्टेंट और निवेशक मानते हैं कि मौलिक आयोजनों का अधिकार या बौद्धिक संपदा का अधिकार इन कंपनियों को अलग करता है। एक कंपनी जिसने बौद्धिक संपदा का अधिकार (जैसे विजक्राफ्ट ने आईआईएफए में) में निवेश किया या कोर कंपिटेंसी बनाई, जिसकी आसानी से नकल नहीं की जा सकती (जैसे प्रोमोशनल मार्केटिंग में किड्स्टफ है[11]), तो इनका मूल्यांकन गंभीरतापूर्वक होगा। आयोजन प्रबंधन कंपनियों के विश्वास में तीव्र वृद्धि तब होगी जब वे खुद को आयोजक या साजो–सामान मुहैया कराने वाली कंपनी से आयोजन के मामले में रचनात्मक कंपनियां के समान बनेंगी। या उनका अपना ब्रांडेड आयोजन करना, जिसमें विज्ञापनदाता जुड़ना चाहें। यह नीचे दिए गये कारणों से मुश्किल जान पड़ता है।

पहला, प्रायः मीडिया कंपनियां, स्पोर्ट्स बॉडी या कोई अन्य उन्हीं कंपनियों को काम देते हैं, जिनके पास आईपीआर यानी बौद्धिक संपदा का अधिकार हो (देखें 'व्यवसाय ऐसे चलता है')। आईपीआर बनाना किसी भी आयोजन प्रबंधन कंपनी के लिए काफी खर्चीली और कमर–तोड़ मेहनत वाली प्रक्रिया है। आयोजन प्रबधन उद्योग वैसी कंपनियों से पटा पड़ा है जो एक जैसे आयोजन करती हैं–जैसे फिल्म फेयर अवॉर्ड। इनमें एक दूसरे से विभेद करना करीब–करीब असंभव है। ऐसे में इस बात की कोई गारंटी नहीं कि किसी ब्रांडेड आयोजन को ज्यादा पैसा मिलेगा। विजक्राफ्ट के व्यवसाय का सबसे लाभदायक हिस्सा उसके कॉर्पोरेट इवेंट्स हैं। कंपनी की ऑर्डर बुक इसी से भरी होती है। हालांकि वह आईआईएफए है, जिसकी बदौलत विजक्राफ्ट की पहचान बनी है और यही निवेशकों को इसके प्रति उत्साहित करता है।

दूसरा, अगर एक बार किसी ब्रांड का आईपीआर मजबूती से स्थापित हो जाता है, तब भी प्रायोजक इसमें शामिल होने से हिचकिचाते हैं, क्योंकि उनका मानना ये होता है कि आयोजन अपने आप में एक प्रबल ब्रांड है। जैसे, कई बार अपने प्रायोजक बदलने के बावजूद ज्यादातर लोग *अंताक्षरी* को *क्लोज–अप अंताक्षरी*, या *सारेगामा* को *टीवीएस सारेगामा* मानते हैं। ब्रांड कनेक्शन वर्षों में जाकर बनता है, जिसके सांचे को तोड़ पाना काफी मुश्किल होता है। शक्तिशाली मीडिया आयोजन संपत्ति, जैसे फिल्मफेयर अवार्ड, प्रायोजक ब्रांड के लिए अभेद्य होता है। इसलिए, चाहे *आइडिया* या *माणिकचंद* भी उसके साथ आ जाएं, तब भी ब्रांड के रूप में फिल्मफेयर अधिक मजबूत रहेगा। पवार सोचते हैं कि 'मूलतः निवेशकों को ऐसी संपत्ति में पैसा लगाने की जरूरत होती है जो आयोजन कंपनियों की हो, जैसे आईआईएफए। ऐसे आयोजन हर कुछ सालों पर अपने निवेशकों को बदलने की कूव्वतत रखते हैं और प्रायोजक को भरपूर मुनाफे की गारंटी देते हैं'।

तीसरा, भारतीय कंपनियों में मुख्य क्षमताओं का अभाव है, क्योंकि प्रायोजक अधिकतम दो साल अवधि की प्रतिबद्धता करते हैं, जबकि कम से कम पांच साल के प्रायोजन समझौते की जरूरत होती है। बहुत कम मामलों में लंबा

करार होता है। पवार उदारहण देते हुए कहते हैं कि कुछ साल पहले फैशन जगत में उत्कृष्टता को प्रोत्साहित करने के लिए 'एफ अवार्ड' की शुरुआत हुई थी। लेकिन प्रायोजकों या निवेशकों के अभाव में यह तीसरे साल ही खत्म हो गया। वह कहते हैं, 'यह एक विचित्र स्थिति है– जहां क्षमता है वहां निवेशक नहीं हैं और जहां निवेशक हैं वहां क्षमता नहीं है'।

अतीत

शुरुआत

आयोजन प्रबंधन उद्योग के लिए मजाक में कहा जाता है कि इसकी शुरुआत तंबू–बंबू वालों से हुई– यानि जो आयोजनों के लिए टेंट और बांस देते हैं। खाना आपूर्ति से लेकर खाना परोसने वालों या सजावट करने वालों तक, छोटे–मोटे आयोजनों से बढ़कर विशाल कॉर्पोरेट आयोजन या बड़े संगीत समारोह प्रबंधन तक पहुंच गया। कुछ– जैसे विजक्राफ्ट या शोटाइम जैसी कंपनियों ने काफी नाम और पैसा कमाया, जबकि ज्यादार ऐसा नहीं कर पाए। चटर्जी कहते हैं, 'तमाम तथाकथित आयोजन प्रबंधन कंपनियां उपकरणों के भाव बताने में अच्छी हैं'। इग्नेशियस कहते हैं, 'वेंडर, आयोजन प्रबंधन कंपनियों के रूप में तब्दील हो रहे हैं'। इतिहास की दृष्टि से कुछ ऐसे लोगों की कहानियां बताना रोचक होगा जिन्होंने ऐसा किया।

सिनेयुग की कहानी

मोहम्मद मोरानी के पिता भारतीय फिल्म उद्योग के लिए आतिशबाजी की आपूर्ति करते थे[14]। उनके भाई करीम ने स्कूल में अभिनेता सनी देओल के साथ पढ़ाई की थी। उन्होंने सनी देओल के लिए 'बेताब' समेत कई फिल्में बनाईं। इसलिए, उनका भारतीय फिल्म व्यवसाय और इसके खिलाड़ियों से अच्छा संपर्क था। 1988 में मोरानी बंधु किसी अन्य के द्वारा आयोजित एक शो के सिलसिले में भारतीय अभिनेताओं (जिसमें देओल के पिता अभिनेता धर्मेंद्र भी शामिल थे) के साथ लंदन गए। आयोजन की याद करते हुए मोहम्मद कहते हैं, 'शो का आयोजन बेहद खराब और गैर–पेशेवर तरीके से किया गया था'। इसलिए उन्होंने फैसला किया कि वो भारतीय अभिनेताओं के साथ विदेश में अच्छे शो करेंगे। लंदन के वेम्बले एरिना में उनका पहला शो हुआ, जो काफी अच्छा रहा। जल्द ही वे लोगों के शो में अभिनेताओं को लाने में मदद करने लगे। मोहम्मद कहते हैं, 'विजक्राफ्ट के लिए बॉलीवुड पार्श्व में वही होते थे'।

मोरानी बंधुओं द्वारा आयोजित प्रत्येक शो एक फिल्म प्रोडक्शन जैसा होता था। उस समय उनकी 80 लोगों की टीम हर साल 12 शो करती थी। संचालन के अर्थों में वे एक फिल्म इकाई की तरह काम करते थे, ये लोग ही शो के निर्माता, निर्देशक और पटकथा लेखक होते थे। एक शो को करने में 10 से 12 लाख अमेरिकी डॉलर का खर्च आता था। मोरानी बंधुओं की कंपनी सिनेयुग, नेपथ्य में काम करती थी, इसलिए शो की सफलता या विफलता का असर उन पर नहीं पड़ता था। 1997 में मोरानी बंधुओं ने खुद अपना एक शो आयोजित किया। अब ये कंपनी दोनों काम करती थी– ज़ी सिने अवार्ड के लिए बैक–एंड का काम और अपने शो का आयोजन।

शो टाइम की कहानी

माइकल मिनिजेज की कहानी अलग है। इनके पास माध्यम नामक एक विज्ञापन एजेंसी थी, जिसे उन्होंने 20 साल तक चलाया। 1997 में जब इन्होंने हीरो होंडा और केएलएम जैसे ग्राहकों के लिए कुछ आयोजन किये तो उन्हें लगा कि ये विज्ञापन से ज्यादा उत्साहजनक है। उदारहण के लिए, हीरो होंडा के लिए, माध्यम को भारत के 34 शहरों में हीरो होंडा स्ट्रीट को लांच करना था। इसके लिए उनकी टीम तीन महीने तक सड़कों पर रही और हर तीसरे दिन एक शो करती रही। मिनिजेज कहते हैं, 'बहुराष्ट्रीय कंपनियां, खासकर जो लोग ऑटो सेक्टर से जुड़े थे, उन्होंने आयोजनों को समझा'। 2001 में जब उन्होंने माध्यम को पब्लिसिस के हाथों बेचा तो शोटाइम इवेंट्स की स्थापना की, जो इस समय देश की शीर्षस्थ आयोजन प्रबंधन कंपनियों में से एक हैं।

फाउंटेनहेड की कहानी

1980 के दशक में, एक एयरलाइन के सेल्स एग्जिक्यूटिव, ब्रायन टेलिस, एक संगीतकार और एक रंगकर्मी भी थे। संगीत व रंगकर्म में उनकी रुचि थी, जबकि एयरलाइन्स की नौकरी से उनकी रोजी–रोटी चलती थी। इसलिए खाली समय में वो रेडियो शो में सूत्रधार की भूमिका निभाते और गाते भी थे। 1993 में जब भारत में निजी एफएम रेडियो का प्रसारण शुरू हुआ तो टेलिस भी ऑन–एयर हुए। जब दोनों काम एक साथ करने असंभव हो गये तो उन्होंने दोनों में से किसी एक पेशे को चुनने का मन बनाया। उसी समय उन्होंने अपने दोस्तों– ओटिस डिसूजा और नील मर्रे से बातचीत की और 1995 में तीनों की साझेदारी में फाउंटेनहेड नामक आयोजन प्रबंधन कंपनी की स्थापना का रास्ता साफ हुआ। टेलिस याद करते हैं, 'हमें अच्छी गुणवत्ता वाले आयोजनों की जरूरत महसूस हुई; जो कंपनियां आयोजन कर रही थीं, उनका संचालन प्रशासन विभाग करता था'।

विकास के वर्ष

इग्नेशियस याद करते हैं कि 1995–96 में इस उद्योग में 4–5 मुख्य खिलाड़ी थे। विजक्राफ्ट आयोजनों में, डीएनए नेटवर्क्स कंसर्ट आयोजन और अंतर्राष्ट्रीय कलाकारों को लाने के व्यवसाय में था। '1998–2000 आते–आते इस क्षेत्र में विशेषज्ञों का आना शुरू हो गया, और एनकम्पास, शोटाइम जैसी कंपनियां आईं'। चार कारण आयोजन प्रबंधन उद्योग को बढ़ावा दे रहे थे। वे कारण हैं:

तेज़ी से बढ़ती अर्थव्यवस्था

पहला और सबसे महत्वपूर्ण कारण था, तेजी से बढ़ती हुई अर्थव्यवस्था। कंपनियां प्रशिक्षण से लेकर अधिष्ठापन तक हर चीज पर तेजी से पैसा खर्च कर रही थीं। इस तरह बहुत सारी चीजें कॉर्पोरेट आयोजनों के दायरे में आ गईं, जिनका वास्तव में मार्केटिंग से ज्यादा ताल्लुक नहीं था। इसका एक उदाहरण, उत्प्रेरण या कॉर्पोरेट रणनीति कार्यशालाएं हैं, जो आमतौर पर बाहरी एजेंसियों द्वारा ही आयोजित करवाई जाती हैं। एक अनुमान के मुताबिक, बड़ी कंपनियां 30 से 40 करोड़ रुपये आंतरिक कॉर्पोरेट आयोजनों पर खर्च करती हैं।

बीटीएल का उदय

किड्स्टफ प्रोमोज के संस्थापक पंकज वाधवा कहते हैं कि 2003 से सक्रियण बड़ा हो गया[15]। विक्रेता, विज्ञापनों से होने वाली कम आमदनी से ऊब चुके थे, वे ग्राहकों के करीब जाना चाहते थे और ग्राहकों को ब्रांड का संपूर्ण आभास देना चाहते थे। ब्रांड प्रबंधकों ने आयोजनों के दौरान सीधे अपने संभावित ग्राहकों से मिलने और सीधे उन तक अपनी बात पहुंचाने का लाभ देखना शुरू कर दिया। इसलिए नोकिया, पेप्सी या एयरटेल जैसी कंपनियां अगर युवा ग्राहकों से जुड़ना चाहती थीं, तो वे म्यूजिक कंसर्ट प्रायोजित करतीं या रंगमंच महोत्सव का आयोजन करतीं। अंततः अनेक तरह के आयोजनों के प्रस्ताव बढ़ने लगे– विशेषतः बिजनेस से बिजनेस के लिए, खास बिजनस से ग्राहक के लिए, विशुद्ध रूप से बिजनेस से ग्राहक के लिए। इससे विज्ञापनदाताओं के समक्ष कई विकल्प खुल गए। मोरानी, टेलिस व उनके साथी या मिनिजेज जैसे लोग रंगमंच या सार्वजनिक स्थल या कॉलेज उत्सव या कंसर्ट में ब्रांड प्रोमोशन के जरिए दर्शकों या संभावित ग्राहकों को आकर्षित कर विज्ञापनदाताओं की आवश्यकताओं को पूरा कर रहे थे।

विज्ञापन एजेंसियां उस वक्त तक ब्रांड की संरक्षक होती थीं। वो उस तरह से विज्ञापनदाताओं की मदद नहीं कर सकती थीं, क्योंकि, साफ–साफ कहें

तो आयोजनों की बाजार में अच्छी नजर से नहीं देखा जाता था। आयोजन बीटीएल के अंतर्गत आते थे, जबकि एजेंसियां केवल एटीएल को ही संभालती थीं। 2004 तक यह नजर आने लगा कि सिर्फ विज्ञापन खर्च को देखना ही पर्याप्त नहीं है, मार्केटिंग खर्च को भी देखना होगा, और बीटीएल अधिकांश प्रमुख विज्ञापनदाताओं के खर्च के बड़े हिस्से पर दावा करने लगी। यह भी साफ था कि क्रिएटिव एजेंसियों की इस क्षेत्र में कोई क्षमता नहीं थी। यह ऐसी चीज थी, जिसे सिर्फ विशेषज्ञ ही कर सकते थे। यहीं से विज्ञापन एजेंसियों को लगने लगा कि उन्हें कुछ करना होगा– चाहे वो अपना अलग अनुभाग बनाएं– जैसे ओगिलवी एंड मैदर ने बनाया या फिर किसी कंपनी का अधिग्रहण करें। वर्ष 2005 में, मुद्रा ने किड्स्टफ प्रोमोज़ को अधिग्रहित किया और पब्लिसिस ने सोल्यूशन इंटीग्रेटेड मार्केटिंग सर्विसेज (अब सोल्यूशन डिजिटाज़) का अधिग्रहण कर लिया। अन्य सेवाओं के अलावा सोल्यूशन, प्रत्यक्ष, डिजिटल और प्रोत्साहन मार्केटिंग सेवा भी प्रदान करती है।

टेलीविजन का विकास

हमेशा से कुछ ऐसे आयोजन होते रहे हैं, जो टेलीविजन पर काफी लोकप्रिय रहे– जैसे फिल्मफेयर अवार्ड, द फेमिना मिस इंडिया कंटेस्ट आदि। हालांकि 1990 में दो चैनलों के साथ भारत में हुई शुरुआत, 10 सालों के अंदर, यही संख्या 2006 तक बढ़ कर 160 हो गई[16]। ज्यादातर लोग हर दिन 8–10 घंटे मौलिक सामग्री चाहते थे। बड़े–बड़े आयोजनों, खासकर जो फिल्म और सौंदर्य पर आधारित थे, उन्होंने दर्शकों के साथ–साथ विज्ञापन राजस्व को भी खूब आकर्षित किया। इसलिए प्रसारकों ने सभी संबंधित बड़े आयोजनों के प्रसारण अधिकार खरीदने शुरू कर दिए, जैसे फिल्म, म्यूजिक, बिजनेस, स्पोट्र्स आदि। कईयों ने खुद समारोहों का आयोजन किया या आयोजनों का अपना ब्रांड बनाया, जैसे स्टार परिवार अवाड्र्स, दि ज़ी सिने अवाड्र्स, सीएनबीसी के लिए उनकी पूरी श्रृंखला। इन स्वनिर्मित आयोजनों ने प्रसारण सामग्री तैयार करने और आयोजन के प्रत्यक्ष–परोक्ष प्रसारण व विज्ञापन का समय बेचकर बड़ा राजस्व कमाने में मदद की।

बड़े मीडिया घरानों का आयोजनों में प्रवेश

जल्द ही मीडिया कंपनियों को लगा कि उनकी प्रसारण सामग्री के कुछ हिस्से को आयोजनों में तब्दील करना उनके व्यवसाय के लिए अच्छा है। ईएनआईएल[17], ब्रांड 360 डिग्री के अंतर्गत आयोजन प्रबंधन व्यवसाय संचालित करती है, जो अब एबसोल्यूट ब्रांड सॉल्युशंस बन गई है। ईएनआईएल,

जो द टाइम्स ऑफ इंडिया ग्रुप का हिस्सा है, वह मिस इंडिया, फिल्मफेयर अवार्ड्स जैसे बड़े राष्ट्रीय आयोजनों का प्रबंधन करती है। बड़े लाभ की उम्मीद में ईएनआईएल आयोजन प्रबंधन में अपनी खुद की संपत्ति तैयार कर रही है। यही बात नेटवर्क–18, एनडीटीवी, ज़ी, स्टार और अन्य मीडिया कंपनियों के मामले में भी सही है। इनमें से अधिकांश के पास आधा दर्जन या इससे ज्यादा आयोजन हैं, जो अन्य मीडिया से सामग्री का दोहन करते हैं और इनका इस्तेमाल अपना राजस्व बढ़ाने और नए विज्ञापनदाता पाने में करते हैं। उदारहण के लिए, नेटवर्क 18 के पास सीएनबीसी ब्रांड के तहत अनेक वार्षिक निवेशक सम्मेलन हैं और पर्यटन या सर्वश्रेष्ठ राज्य का सम्मान भी देते हैं।

कॉर्पोरेट इंडिया, विज्ञापनदाताओं, टेलीविजन चैनलों और व्यक्तिगत स्तर पर आयोजनों की मांग लगातार बढ़ रही है। लेकिन एक ढांचागत विकास में निर्णायक सहारा कॉर्पोरेट और मार्केटिंग की अगुवाई वाले आयोजनों के बढ़ने से हुआ।

व्यवसाय ऐसे चलता है

मोरानी समझाते हैं, 'आयोजन व्यवसाय सत्कार, रचनात्मकता और तकनीक का समन्वित रूप है'। ऐसा कोई भी औपचारिक तरीका नहीं है, जिससे इस व्यवसाय का अध्ययन किया जा सके। जो संरचना आप तालिका 8.1 में देख रहे हैं, वह मैंने अपने समझने के लिए तैयार की थी। मोटेतौर पर इस व्यवसाय के ढांचे को जानने के लिए यह अच्छा तरीका लगता है। इस व्यवसाय को समझने के लिए मुख्य रूप से दो तत्व हैं– आयोजन के प्रकार और और मूल्य श्रृंखला। यह लागत और मुनाफ से लेकर मूल्यांकन तक सब कुछ निर्धारित करता है।

आयोजन के प्रकार

आयोजन मुख्य रूप से तीन प्रकार के होते हैं:

निजी

जैसा कि शब्द से ही स्पष्ट है कि ऐसे आयोजन निजी तौर पर आयोजित किए जाते हैं और इनका उद्देश्य पैसा कमाना नहीं होता है। इसलिए शादी, पार्टी, स्नेह मिलन आदि सभी निजी आयोजन हैं। अब तक, हमने किन्हीं पेशेवर लोगों से अपने लिए इस तरह के आयोजन करवाने के बारे में नहीं सोचा था। हालांकि अब, चीजों के पैमाने बदल रहे हैं, मसलन, चमक–दमक,

सामाजिक स्तर का ख्याल, खर्च और परेशानियां। इसलिए अब पेशेवर मदद की मांग उठने लगी है। इसकी शुरुआत बड़े–बड़े व्यवसायिक घरानों की हाई प्रोफाइल शादियों से शुरू हुई। अब तो उच्च मध्यम वर्गीय परिवारों में होने वाली शादियों में भी विवाह–आयोजकों की सेवाएं लेने का चलन हो गया है। इनमें से कुछ तो वास्तव में एक कंपनी द्वारा ही आयोजित कर दिए जाते हैं। ज्यादातर बड़ी आयोजन प्रबंधन कंपनियां तो ऐसे निजी आयोजनों को लेना पसंद भी नहीं करती हैं। अगर, कभी ऐसा आयोजन करना भी पड़े तो इसके पीछे ग्राहक से संबंध बनाए रखने का कारण होता है। अपनी प्रकृति के अनुसार, निजी आयोजन, इस व्यवसाय का सबसे अनियोजित हिस्सा होता है।

सार्वजनिक

ऐसा कोई भी आयोजन जिसमें आम दर्शकों के विपरीत, एक खास दर्शक समूह शामिल होता है, सार्वजनिक आयोजन में आता है। ऐसे आयोजनों में प्रदर्शनियां, पुरस्कार समारोह, अनुदान संचयन, खेल महोत्सव, मैराथन या संगीत समारोह आदि शामिल होते हैं। आयोजन उद्योग के अनुमान के मुताबिक, ऐसे आयोजनों में फिल्मफेयर अवार्ड समारोह सबसे ज्यादा लाभदायक है। विजक्राफ्ट के आईआईएफए में तकरीबन 12 से 13 करोड़ का कुल राजस्व है। सिनेयुग को फिल्म शो कराने में विशेषज्ञता हासिल है, फिर चाहे वह दूसरी कंपनियों के लिए हो या खुद अपने लिए। इनमें से कई टेलीविजन कार्यक्रमों का अहम हिस्सा होते हैं।

कॉर्पोरेट आयोजन

आयोजन उद्योग में जो वृद्धि दिख रही है, उसमें कॉर्पोरेट आयोजनों का सबसे बड़ा संरक्षण है। सामान्यतः कॉर्पोरेट आयोजनों का आकार पांच लाख से 50 लाख रुपये के बीच होता है। कॉर्पोरेट आयोजन न सिर्फ इस उद्योग के लिए सतत राजस्व का स्रोत है, बल्कि यह सतत लाभदायक भी हैं। कुछ बड़े आयोजन प्रबंधन कंपनियों के राजस्व में कॉर्पोरेट आयोजन की हिस्सेदारी 70 प्रतिशत और लाभ में हिस्सेदारी 80 फीसदी तक होती है। ये आयोजन लगातार बढ़ते बीटीएल खर्च के महत्व की ओर इंगित करते हैं।

अपनी प्रकृति के कारण, कॉर्पोरेट आयोजनों ने सबसे ज्यादा विशेषज्ञता और विलय व अधिग्रहण की गतिविधियां देखी हैं। उदाहरण के लिए, किड्स्टफ प्रोमोज, जिसे मुद्रा समूह ने 2005 में अधिग्रहीत कर लिया था, ब्रांड प्रोमोशन और उत्प्रेरण कार्य में मजबूत है। एनकम्पास का 60 प्रतिशत राजस्व कॉर्पोरेट

आयोजनों जैसे सेल्स मीट, डीलर्स सम्मेलन आदि से आता है। शेष तीस प्रतिशत ब्रांड उत्प्रेरण से आता है। इस तरह कुल मिलाकर कॉर्पोरेट राजस्व की हिस्सेदारी 90 प्रतिशत बनती है।

कॉरपोरेट आयोजनों निम्नलिखित तीन श्रेणियों में उप–वर्गीकृत किया जा सकता है:

ब्रांड उत्प्रेरण– इसका मतलब, किसी ऐसे आयोजन से है, जिसका उद्देश्य ग्राहकों के संपर्क में आना हो– चाहे यह किसी मॉल, मल्टीप्लेक्स या अन्य किसी स्थान पर लॉयल्टी प्रोग्राम, प्रदर्शन, प्रतियोगिता, प्रोमोशन के जरिए हो या किसी अन्य माध्यम से। इसके पीछे की सोच ब्रांड को सक्रिय करना, ग्राहकों को प्रत्यक्ष तौर पर जोड़ना और प्रतियोगिता या प्रदर्शन के जरिए उन्हें ब्रांड के अनुभव का अवसर देना है। ग्राहक से जुड़ने के स्थल– मल्टीप्लेक्स, मॉल, हाऊसिंग सोसायटी, पार्क, स्कूल, कॉलेज या कॉर्पोरेट हाउस आदि कोई भी हो सकते हैं।

किड्स्टफ के वधवा का कहना है, 'ब्रांड पर उत्प्रेरण हावी हो गया है'। कंपनी ने 4 से 40 शहरों में प्रोमोशन की शुरुआत की थी। वो कहते हैं कि आजकल सभी प्रमुख प्रोमोशन 400–600 शहरों और कस्बों में होते हैं। हालांकि यह अभी भी शहरों में दृष्टिगोचर है। वृहद पैमाने के कारण इसका संचालन कठिन होता है। दूसरा यह काफी महंगा है। संचार माध्यमों की तुलना में प्रति संपर्क लागत (सीपीसी) 20–25 प्रतिशत ज्यादा होती है।

आंतरिक आयोजनः आंतरिक दर्शकों या संभावित ग्राहकों, जैसे कर्मचारी, वितरक, खुदरा विक्रेता, वेंडर आदि की जरूरतों को पूरा करने के लिए किये जाने वाले आयोजन इस श्रेणी में आते हैं। रणनीतिक कार्यशाला, विक्रेता गोष्ठी, वितरक गोष्ठी, प्रेरक कार्यशाला, चिकित्सक सम्मेलन ये सभी आंतरिक आयोजन का हिस्सा हैं।

बाह्य आयोजनः ग्राहकों की जरूरतों को पूरा करने के लिए होने वाले ऐसे आयोजन जो संस्था से बाहर आयोजित किए जाते हैं– जैसे शिखर सम्मेलन, सम्मेलन, संगोष्ठी, प्रदर्शनी, एक्पो आदि बाह्य आयोजन का हिस्सा होते हैं। यह सुनने में सार्वजनिक आयोजन जैसे लग सकते हैं, लेकिन ये उनसे भिन्न हैं। बाह्य कार्पोरेट आयोजन सुपरिभाषित ग्राहकों को लक्षित करते हैं। निवेशक सम्मेलन, निवेशकों के लिए, चिकित्सक सम्मेलन डॉक्टरों या चिकित्सा क्षेत्र से जुड़े लोगों के लिए होते हैं। उदाहरण के लिए, ओएनजीसी द्वारा पेट्रोटेक के नाम से, साल में दो बार भव्य आयोजन करती है। बताया जाता है कि यह बहुत ही मुनाफ़े वाला आयोजन है। बाह्य आयोजनों का सबसे अहम पहलू होता है आयोजन प्रबंधन कंपनी का व्यापार संगठनों और सरकारी संगठनों से संबंध।

लागत और राजस्व

आयोजन का कुल बजट 5000 से पांच करोड़ तक हो सकता है। हालांकि उद्योग में कुछ ही आयोजनों का आकार एक करोड़ से ज्यादा का होता है। ज्यादातर आयोजन 20 से 40 लाख के बीच होते हैं। आयोजनों का एक समूह दस लाख और उससे कम वाला भी होता है। यह श्रेणी ज्यादा मुनाफा देने वाली है और ज्यादातर उत्प्रेरण कार्य इसी श्रेणी के अंतर्गत आते हैं। इसमें मुनाफा 2–30 प्रतिशत के बीच हो सकता है। आमतौर पर प्रदर्शनियों में कुल मुनाफा 20 प्रतिशत के आसपास रहता है। मिनिजेज कहते हैं, 'अगर आप 25–30 प्रतिशत संचालन मुनाफा नहीं कमाते हैं, तो आप पैसा नहीं बना सकते'।

राजस्व के प्रकार

आयोजनों के प्रकार और आकार के मुताबिक, आयोजन प्रबंधन कंपनियों के राजस्व के तीन प्रकार हैं–

विज्ञापन राजस्वः परंपरागत रूप से यह 60–70 प्रतिशत होता है और अधिकांश आयोजनों के लिए यह ज्यादा भी हो सकता है। यह सार्वजनिक आयोजनों, जैसे फिल्मों और म्यूजिक शो के लिए अधिक प्रासंगिक होते हैं।

टिकट बिक्रीः यह आयोजन के राजस्व का 20–30 प्रतिशत ही होता है। टेल्लिस कहते हैं, 'हर कोई मुफ्त का टिकट या आयोजन का निमंत्रण चाहता है'। हालांकि विदेशी बाजारों में टिकट की बिक्री से भारी राजस्व आता है, खासकर फिल्म–केंद्रित शो या कंसर्ट में।

प्रतिधारण शुल्कः यह अक्सर कॉर्पोरेट आयोजनों में काम आता है। यह शुल्क आयोजन के आकार पर निर्भर करता है। ये प्रत्येक व्यक्ति से एक जैसा या अलग–अलग समूहों के आधार पर लिए जा सकता है। अब्बास के अनुसार, टिकट साइज में प्रतिशत के हिसाब से हिस्सेदारी वृहत आकार के आयोजनों में ही काम करती है, जैसे, तीस लाख रुपये से ज्यादा बड़े आयोजन में। अगर आयोजन का आकार तीस लाख रुपये से कम है, उसका समय भी कम है, तो सपाट शुल्क बेहतर काम करता है। शुल्क लेने का दूसरा तरीका प्रति घंटे के हिसाब से भी होता है, जो कंसल्टेंट या वकील लेते हैं। हालांकि, ज्यादातर ग्राहक समय के आधार पर भुगतान करने में अनिच्छुक रहते हैं।

टेलीविजनः आयोजन कंपनियों के लिए राजस्व का चौथा स्रोत जो तेजी से उभर रहा है, वो है टेलीविजन कंटेंट का उत्पादन। अक्सर टेलीविजन चैनल

के लिए आयोजन हेतु आयोजन कंपनियों को ठेके दिए जाते हैं– जैसे ज़ी सिने अवाड्र्स। वैकल्पिक रूप से, आयोजन कंपनियां अपने आयोजन का अधिकार टेलीविजन स्टेशनों को बेचती हैं, जैसे विजक्राफ्ट अपने आईआईएफए के साथ करती है। इसकी जगह, विजक्राफ्ट शो का आयोजन करती है और इसे टेलीविजन चैनल को बेच देती है। विजक्राफ्ट, एनकम्पास जैसी कई कंपनियों ने टेलीविजन के लिए रिएलिटी शो बनाना उचित समझा। उदाहरण के लिए, विजक्राफ्ट ने स्टार टेलीविजन के लिए नच बलिए सीजन 3 और 4 का निर्माण किया।

लागत

आयोजन प्रबंधन कंपनियों की लागत कई बातों पर निर्भर करती हैं। उदाहरण के लिए, कॉर्पोरेट आयोजन की लागत उसके साजो–सामान की आवश्यकताओं, कलाकारों और आयोजन के उद्देश्य पर निर्भर करती है। इग्नैशियस कहते हैं, 'आयोजन प्रबंधन चीजों के अनुकूलन से जुड़ा मामला है, इसलिए दर नियत नहीं है। इसलिए 50 हजार रुपये के आयोजन और एक करोड़ रुपये के आयोजन में बहुत अंतर होता है, यह अंतर प्रकाश व्यवस्था, साउंड, स्टेज, कलाकारों और तकनीक में होता है...'। प्रत्यक्ष परिवर्तनीय लागत हैं ध्वनि, प्रकाश व्यवस्था, वीडिया आदि। अनेक तरह के तकनीकी विकल्प बाजार में मौजूद हैं, जिनकी लागत बदलती रहती है। कुछ प्रमुख लागत हैं–

तकनीक और बुनियादी ढांचा– ये हैं स्टेज सेटिंग, सजावट, प्रकाशव्यवस्था और बुनियादी ढांचे, जो कुल लागत का 30 प्रतिशत तक होता है।

कलाकारः ये कुल लागत का 20–25 प्रतिशत होता है।

अनुमतियां या नियमन की लागत– आम तौर पर अनुमतियों पर आयोजन प्रबंधन कंपनी कुल लागत का 13–20 प्रतिशत के बीच खर्च करती हैं।

म्यूजिक लाइसेंसिंग लागत– यह आयोजनों में संगीत के उपयोग के लिए म्यूजिक कंपनी या संकलनकर्ता सोसायटी को दी जाने वाली रॉयल्टी होती है। इसमें 3–5 प्रतिशत तक की लागत आती है।

मूल्य श्रृंखला

पहले बताए गए आयोजनों के प्रकार के आधार पर मूल्य श्रृंखला में तीन खिलाड़ी होते हैंः

ग्राहक (क्लाइंट)

ग्राहक हर चीज तय करता है, मसलन, आयोजन का प्रकार, पैमाना, लागत, शुल्क की प्रकृति समेत सबकुछ। यह एक प्रकार का विज्ञापन है, अगर ग्राहक सही ढंग से नहीं बताएगा तो विज्ञापन ठीक नहीं बनेगा। ग्राहक कोई भी हो सकता है, एक निजी परिवार, उद्योग परिसंघ, सरकार का मंत्रालय, एक कंपनी आदि। विज्ञापनदाता आयोजन व्यवसाय में राष्ट्रीय उपस्थिति चाहता है, वो उस कंपनी के साथ जाना चाहेंगे, जिसका आधार उसी शहर में है जहां उनका आयोजन हो रहा है। उदाहरण के लिए, अगर वोडाफोन भोपाल स्थित किसी शॉपिंग सेंटर में ब्रांड का प्रोमोशन करना चाहता है, तो वह भोपाल स्थित किसी कंपनी के ही साथ कार्यक्रम आयोजन के लिए सौदा करना पसंद करेगा।

आयोजन प्रबंधन कंपनी

आयोजन कंपनी ही पूरा आयोजन करती है। वह इस आयोजन पर स्वामित्व रख सकती है या नहीं भी। अगर वह विजक्राफ्ट के आईआईएफए की तरह करती है तो– ग्राहक भी आयोजक कंपनी ही होगी। हालांकि भारत में अधिकांश आयोजनों का क्रियान्वयन आयोजन कंपनी ही करती हैं।

विज्ञापनदाता और प्रायोजक

प्रायोजक अक्सर आयोजन के कई तत्वों या घटकों के लिए वित्तीय सहयोग प्रदान करते हैं– जैसे एयर टिकट, होटल का खर्च, कपड़े आदि। अगर आप मंच पर पढ़ेंगे कि एयरलाइन पार्टनर जेट एयरवेज है, तो इसका अर्थ है कि जेट एयरवेज ने वक्ताओं, कलाकारों और आयोजकों के टिकट का खर्च उठाया है। विज्ञापनदाता अपना विज्ञापन लगाने के लिए अक्सर आयोजन स्थल पर स्थान रखीदते हैं या आयोजन के टेलीविजन प्रसारण पर समय खरीदते हैं। कुछ आयोजनों में विज्ञापन नहीं भी होते हैं। उदारहण के लिए निजी आयोजन, ब्रांड उत्प्रेरण या आंतरिक कॉर्पोरेट आयोजन– ये राजस्व जुटाने के लिए नहीं होते हैं।

पैमाना

पहले कंपनियों के अंदर अक्सर ये प्रतिक्रिया सुनने को मिलती थी– 'आयोजन प्रबंधन कंपनियां ही क्यों, हम स्वयं ये काम क्यों नहीं कर सकते?' आयोजन प्रबंधन कंपनियों के बारे में ज्यादा संदेह इसके फायदे मापने की अक्षमता से

पैदा होता है; ग्राहकों के मन में अनिश्चितता रहती है कि कहीं उनसे ज्यादा पैसा तो नहीं लिए जा रहे या उनकी पाई–पाई वसूल हो रही है। वैश्विक स्तर पर भी कमोबेश यही स्थिति है।

इस व्यवसाय में जिस तरह के पैमाना है या जिसकी जरूरत है, उसे निम्नलिखित भागों में बांटा जा सकता है:

ग्राहकों के लिए पैमाना

ग्राहक इस प्रकार का पैमाना ढूंढते हैं

दर्शक या टिकटों की बिक्री

सार्वजनिक आयोजनों जैसे कंसर्ट या फिल्म अवार्ड के लिए दर्शकों की संख्या और टिकटों की बिक्री एक पैमाना हो सकता है।

प्रति संपर्क लागत

अधिकतर ग्राहकों, खासकर जो ब्रांड उत्प्रेरण का इस्तेमाल करते हैं, के लिए सबसे आवश्यक पैमाना वह लागत और दर्शक होंगे, जो दूसरे मीडिया के मुकाबले आयोजन द्वारा आकर्षित किए जाएंगे। यहां प्रति संपर्क लागत का उपयोग किया जाएगा।

आंतरिक मापदंड

जो ग्राहक आयोजन का इस्तेमाल आंतरिक उद्देश्यों– रणनीति कार्यशाला या प्रेरक कार्यशाला– यहां प्रदर्शन या कार्यशैली पर असर पर कंपनी ही आंतरिक मूल्यांकन कर सकती है। यह लोगों की उत्पादकता में सुधार और बेहतर राजस्व के रूप में हो सकता है।

रेटिंग प्वाइंट

चूंकि आज ज्यादातर आयोजन टेलीविजन के लिए होते हैं, इसलिए आयोजन की रेटिंग इस बात पर भी निर्भर करती है कि भविष्य में विज्ञापनदाता इस पर कितना खर्च करेंगे। इसलिए ऐतिहासिक टीवी रेटिंग (टीवीआर) ग्राहकों के लिए कार्यक्रम प्रायोजन में पैसा लगाने का एक पैमाना बन गया है[18]।

व्यवसाय कौशल मापने का पैमाना

ये एक आवश्यक पैमाना है जिस पर आयोजन प्रबंधन कंपनियों को यह जानने के लिए नजर रखनी चाहिए कि वे कैसा काम कर रही हैं। इसे उन प्रधान चर वस्तुओं (वेरिएबल) का हिस्सा होना चाहिए जो आयोजन प्रबंधन कंपनियों का मूल्यांकन निर्धारित करती हैं और 'मूल्यांकन' के अंतर्गत आती हैं ('राजस्व–खर्च अनुपात' से लेकर 'अनुबंधों' तक)।

नियमन[19]

अनुमतियां

आयोजनों की प्रकृति और कार्यक्षेत्र में जन्मदिन पार्टी और शादी से लेकर खेल आयोजनों जैसे बड़े और विभिन्न प्रकार के निजी व सार्वजनिक आयोजन शामिल होते हैं। चूंकि इनका आयोजन सार्वजनिक स्थलों पर होता है, इसलिए नगरपालिका और स्थानीय कानून, नियमन और नियम इन पर लागू होते हैं।

जहां कहीं भी सार्वजनिक संपत्ति का इस्तेमाल होता है, उसके लिए स्थानीय नगर पालिका प्राधिकरण, पुलिस आदि विभिन्न स्थानीय निकायों की अनुमतियों की आवश्यकता होती है। हालांकि ऐसे नियमनों की संपूर्ण सूची देना और आयोजन–दर–आयोजन, नगर–दर–नगर और राज्य–दर–राज्य ये कैसे अलग होते हैं, ये बताना असंभव है। फिर भी आवश्यक अनुमतियों की प्रकृति की एक उदाहरण सहित सूची ये बताएगी कि किन–किन चीजों की आवश्यकता होती है। कुछ आवश्यक अनुमतियां इस प्रकार हैं–

- स्थानीय कलेक्टर या समकक्ष जिला प्रशासन प्रमुख से अनापत्ति प्रमाणपत्र।
- स्थानीय पुलिस (शहर के पुलिस आयुक्त) से अनापत्ति प्रमाणपत्र।
- अग्निशमन विभाग से अनापत्ति प्रमाणपत्र। साथ ही आयोजन स्थल का ले–आउट, अग्निशमन कर्मियों की स्थिति और अग्निशमन यंत्रों की संख्या की जानकारी भी देनी होती है।
- यातायात व्यवस्था के लिए यातायात पुलिस से अनुमति की जरूरत होती है, खासकर, जुलूसों, जनसभाओं, बैठकों, जन अभियानों, फिल्म शूटिंग, मोर्चा और प्रतियोगिताओं के लिए।
- इलेक्ट्रिक जेनरेटर लगाने के लिए नगरपालिका के निर्माण विभाग से अनापत्ति प्रमाणपत्र।
- टेंट आदि लगाने के लिए स्थानीय नगरपालिका से अनापत्ति प्रमाणपत्र।
- अगर आयोजन में शराब परोसी जानी है तो इसके लिए आबकारी विभाग से मद्य लाइसेंस लेना आवश्यक है।

- स्टेज परफॉर्मेंस के लिए सेंसर प्रमाणपत्र की जरूरत पड़ सकती है। जैसे मुंबई में, स्टेज परफॉर्मेंस स्क्रूटनी बोर्ड, महाराष्ट्र सरकार से सेंसर सर्टिफेकेट लेना होता है।
- पुलिस से परफॉर्मेंस लाइसेंस।
- अगर आयोजन के लिए पार्क बुक करने की जरूरत है, तो हॉर्टिकल्चर विभाग की अनुमति आवश्यक है।
- अगर आयोजन में विदेशी कलाकार भाग ले रहे हों तो राज्य सरकार के गृह मंत्रालय से अतिरिक्त अनापत्ति प्रमाण लेने की आवश्यकता होती है और सभी जरूरी दस्तावेज जैसे पासपोर्ट, वीजा, कांट्रेक्ट आदि की प्रतियां जमा करने होते हैं।

सभी नगरपालिका और पुलिस अधिकारियों को किसी भी प्रकार के उपद्रव को रोकने का अधिकार है। उदारहण के लिए, दिल्ली नगर निगम अधिनियम–1957 की धारा–397, गाने या लाउडस्पीकर से होने वाली अशांति समेत सार्वजनिक स्थल या सड़क पर किसी भी तरह के उपद्रव को प्रतिबंधित करता है। विभिन्न अन्य धाराएं दिल्ली महानगर पालिका के आयुक्त को उपद्रव हटाने और विधिसम्मत उपयोग के लिए लाइसेंस प्रदान करने का अधिकार देता है। ठीक इसी तरह, दिल्ली पुलिस अधिनियम–1978 पुलिस आयुक्त को सार्वजनिक आयोजनों, वाहनों और लोगों की आवाजाही और अव्यवस्था रोकने के लिए नियम बनाने की अनुमति देता है। अधिनियम में उन लोगों के लिए जुर्माने और सजा का भी प्रावधान है, जो बिना लाइसेंस इस तरह के आयोजन करते हैं। नगर निगम के अधिकारियों को ऐसे आयोजनों पर टैक्स लगाने का भी अधिकार है।

कॉपीराइट लाइसेंस

अगर किसी लाइव परफॉर्मेंस में किसी कॉपीराइट वाले संगीत या प्रि–रिकॉर्डेड संगीत का इस्लेमाल होता है, तो इसके लिए कॉपीराइट सोसाइटी से लाइसेंस लेने की जरूरत होती है। मुख्य रूप से संग्रह सोसाईटी होती हैं, जो कॉपीराइट धारकों द्वारा कॉपीराइट के उचित प्रबंधन के लिए स्थापित की जाती हैं। भारत में संगीत उद्योग से जुड़ी मुख्यरूप से दो सोसाइटियां हैं– आईपीआरएस और पीपीएल[20]।

मूल्यांकन के नियम

अब तक करीब आधे दर्जन सौदे हो चुके हैं जिसमें आयोजन कंपनियां बड़े मार्केटिंग समूहों के हाथों बिक चुकी हैं। इस बारे में बहुत सी सामग्री उपलब्ध है कि खरीदार किन पहलुओं पर ध्यान देते हैं। चटर्जी कहते हैं कि सामान्य

तौर पर, आयोजन कंपनियों की कीमत ईबीआईटीडीए की 4–6 गुनी होती है। यह 10–13 गुना तक जा सकती है।

चर कारक

कई ऐसे कारक हैं जो कंपनी के अच्छे मूल्यांकन को सुनिश्चित करते हैं। वे निम्नलिखित हैं:

साफ–सुथरी बैलेंस शीट

जब एनकम्पास किसी बड़े मार्केटिंग सेवा समूह से जुड़ने की कोशिश कर रही थी, तो एक चीज जो उसके पक्ष में गई वह थी उसकी साफ सुथरी बैलेंस शीट। एनकम्पास का मूल्यांकन उसके ऐतिहासिक परफॉर्मेंस के आधार पर हुआ, क्योंकि उसके पास कोई दीर्घकालिक अनुबंध (कांट्रैक्ट) या ब्रांडेड संपत्ति नहीं थी। विश्व के सबसे बड़े मार्केटिंग सेवा समूह डब्ल्यूपीपी ने 2008 में एनकम्पास की 60 प्रतिशत साझेदारी खरीद ली, जो कुछ ही सालों में 90 प्रतिशत हो गई (देखें केसलेट 8क)।

आईपीआर या ब्रांडेड आयोजन

चटर्जी कहते हैं, 'आयोजनों के मामले में विजक्राफ्ट नंबर एक पर है, लेकिन उसका मूल्यांकन आईआईएफए के आधार पर होता है'। उनका कहना है कि बाजार में प्रतियोगी श्रेष्ठता हासिल करने के लिए आईपीआर या अपना एक ब्रांडेड आयोजन होना आवश्यक है, क्योंकि इस क्षेत्र में प्रवेश अवरोध बहुत कम है। चटर्जी कहते हैं अगर किसी स्पोर्ट्स बॉडी या मीडिया कंपनी के पास आयोजन करने का अधिकार है, तो वो अपनी संपत्ति बनाने की बेहतर स्थिति में होता है। (अधिक जानकारी के लिए देखें 'व्यवसाय का आकार, अब'।) चटर्जी कहते हैं, 'आउटडोर में अधिग्रहण का खेल है, और आयोजन में अपना ब्रांड बनाने का खेल'।

सामग्री

जो आयोजन कंपनी आयोजन–दर–आयोजन बेहतर प्रसारण सामग्री तैयार कर लेती है, वो ज्यादा राजस्व कमाती है, और इसलिए उसका मूल्यांकन भी बेहतर होता है। यह खासकर उन कंपनियों के लिए सही है, जो कॉर्पोरेट इवेंट्स जैसे बिजनस सेमिनार या निवेशक शिखर सम्मेलन का आयोजन करती हैं,

जहां वक्ताओं की गुणवत्ता बहुत अहम होती है। यही वजह है कि अगर कोई मीडिया कंपनी इवेंट्स का आयोजन करती हैं, तो उन्हें विज्ञापनदाताओं से बेहतर पैसा मिलता है।

रेवेन्यू मिक्स

कई बड़े आयोजन कुल कारोबार में अच्छा योगदान देते हैं, लेकिन मुनाफा कम रहता है, इसलिए इसमें पैसा बनाने की क्षमता कम होती है। एनकम्पास और विजक्राफ्ट ज्यादातर कमाई अपने नियमित कॉर्पोरेट इवेंट्स से करती हैं।

राजस्व–खर्च अनुपात

यह अनुपात बतलाता है कि कंपनी उतने ही पैसों में किस दक्षता से अधिक राजस्व कमाने के लिए अपने संसाधनों का इस्तेमाल करती है। 2008 में, विश्व की सबसे बड़ी आयोजन कंपनी, पीको का राजस्व–खर्च अनुपात 6.9 गुना था। यह बतलाता है कि अतिरिक्त राजस्व कमाने में कंपनी अपने संसाधनों का इस्तेमाल किस तरह करती है।

प्रति व्यक्ति राजस्व

चूंकि सॉफ्टवेयर की तरह आयोजन एक मानव केंद्रित व्यवसाय है, इसलिए व्यवसाय की दक्षता मापने का यह एक अच्छा पैमाना है।

प्रति आयोजन राजस्व

आयोजन की प्रकृति के कारण, इसकी टिकट साइज और मुनाफे में काफी अंतर होता है, इसलिए प्रति आयोजन से औसतन कमाई भी कंपनी की दक्षता मापने का अच्छा पैमाना है। कहने की आवश्यकता नहीं कि इस संख्या को लाभप्रदता के साथ संतुलित करके देखना होगा।

अनुंबध

अनुबंध की अवधि और उसकी नवीकरणीयता भी कंपनी की मजबूती का पैमाना है। कई बड़ी–बड़ी अंतर्राष्ट्रीय कंपनियों के साथ, औसत अनुबंध चार साल या इससे ज्यादा का होता है और इसकी नवीकरणीयता 80 प्रतिशत तक होती है। इसके विपतरीत भारत में वही अनुबंध महज एक आयोजन के लिए होता है।

तालिका 8.1 भारतीय इवेंट व्यवसाय का आकार

आयोजन के प्रारूप	संभावित ग्राहक	आयोजन प्रबंधन कंपनियां	विज्ञापनदाता
निजी			
शादी, जन्मदिन पार्टी, वृहत निजी आयोजन	व्यक्ति, परिवार	विजक्राफ्ट, परसेप्ट, डी'मार्क	अक्सर कोई विज्ञापनदाता नहीं होता
सार्वजनिक			
ग्राहक प्रदर्शनी, पुरस्कार समारोह (उदाहरण के लिए फिल्म, टीवी, बैंकिंग, किसी भी तरह का पुरस्कार), कंसर्ट, मैराथन, खेल आयोजन, फिल्म महोत्सव, अनुदान संचयन (राजनेताओं, किसी सामाजिक कार्य आदि के लिए)	मीडिया, शराब, ऑटो, वित्तीय सेवाएं, अन्य कंपनियां, म्यूजिक बैण्ड	विजक्राफ्ट, फाउंटेनहेड, परसेप्ट, डीएनए नेटवर्क, 360 डिग्री आरएएम, सिनेयुग	वोडाफोन, स्टैंडर्ड चार्टर्ड, माणिकचंद, वीडियोकॉन, नोकिया, आईसीआईसीआई बैंक
कॉर्पोरेट			
ब्रांड उत्प्रेरण (प्रोमोशन, कंटेस्ट, प्रदर्शन, डायरेक्ट मार्केटिंग, लॉयल्टी प्रोग्राम) आंतरिक कार्यशालाएं (रणनीति, मार्केटिंग, सेल्स मीट, डीलर्स मीट, डॉक्टर्स कांफ्रेंस), बाह्य आयोजन (शिखर सम्मेलन, कांफ्रेंस, सेमिनार, एक्पो) व्यापार प्रदर्शनी, निवेशक सम्मेलन आदि	दूरसंचार, एफएमसीजी, वित्तीय सेवाएं, ऑटो, शराब और अन्य कंपनियां, उद्योग परिसंघ, सरकारी व्यापार निकाय	एनकम्पास, विजक्राफ्ट, फाउंटेनहेड, परसेप्ट, डीमार्क, शोटाईम, डिड्स्टफ, प्रोमोज कैंडिड मार्केटिंग सोल्युशन, डिजिटाज रीड, इंफोर्मा ईमैप	अक्सर कोई विज्ञापनदाता नहीं होता। यहां ग्राहक ही विज्ञापनदाता होता है।

स्रोतः लेखक

नोटः 1. रीड एंड इंफोर्मा विदेशी कंपनियां हैं, जो आयोजन क्षेत्र में काम करती हैं।

2. ग्राहक, आयोजन कंपनी और विज्ञापनदाताओं की सूची संपूर्ण नहीं है बल्कि संकेत मात्र है।

3. विश्लेषण और संकलन– वनिता कोहली–खांडेकर। चार्ट की पुनःप्रस्तुति द इंडियन मीडिया बिजनेस या वनिता कोहली खांडेकर को उचित क्रेडिट देकर की जा सकती है।

केसलेट 8क एनकम्पास की कहानी

रोशन अब्बास ने जामिया मिलिया विश्वविद्यालय से जनसंचार में स्नातक किया। छात्र जीवन में उन्होंने रेडियो शो आयोजित किए, टीवी कार्यक्रमों में एंकरिंग की, फैशन शो और गजल नाइट्स में सूत्रधार बने और 90 के दशक के मध्य में रंगमंच पर भी काम किया। वो कहते हैं, 'उस समय आयोजन कंपनियां, इस तरह की कंपनियां नहीं थीं, बल्कि वे बिचौलिया थीं। आयोजनों के लिए जरूरी सामग्री की काफी कमी होती थी और जरूरी सामग्री की 15–20 प्रतिशत भी नहीं आपूर्ति की जाती थी'। अब्बास कहते हैं कि ग्राहकों के लाइव इवेंट से बचा जाता था। ऐसा इसलिए, 'टीवी और प्रिंट विज्ञापनों की चर वस्तुएं (बदलने वाले कारक) नियंत्रित थे। जबकि सीधे आयोजनों में चर वस्तुएं इतनी ज्यादा थीं कि उनको संभाला नहीं जा सकता था'।

1996 में, रिडिफ्यूजन ने सिंगेर के लिए एक सेल्स मीट की। इस बैठक में बदलाव पर 15 मिनट की प्रस्तुति देनी थी। अब्बास ने स्क्रिप्ट तैयार की, गायकों और डांसरों को निर्देशित कियाः 'इस तरह मैंने एक आयोजन किया', अब्बस हंसते हैं। इसके बाद एक और शो करने को मिले। इस तरह अब्बास और उनके दोस्त सुकृत सिंह वास्तव में उन विज्ञापनदाताओं के लिए आयोजन प्रबंधक बन गए जो प्रोमोशन, सैंपलिंग और बीटीएल में मदद चाहते थे। चूंकि अब्बास कई शो कर चुके थे, इसलिए वो जानते थे कि क्या दिक्कतें आ सकती हैं और उनसे कैसे बचा जा सकता है। इसी साल सिंह और अब्बास ने एनकम्पास की बुनियाद रखी।

1997 में एनकम्पास ने अपना पहला बड़ा शो किया, भारत में मोटोरोला द्वारा फ्लेक्सी–पेजिंग की लांचिग। इस आयोजन का बिल 20 लाख रुपये था और ये एनकम्पास कारोबार में आ गया। एक–दो आयोजनों में घाटा उठाने के बाद अब्बास और सिंह ने फैसला किया कि वो अब कॉर्पोरेट आयोजनों पर ही ध्यान केंद्रित करेंगे। दोनों ही अपने दूसरे करियर में सफल थे– अब्बास टेलीविजन व रेडियो में, जबकि सिंह रंगमंच में– इसलिए अगर आयोजन व्यवसाय से उन्हें पैसा नहीं भी मिलता, तब भी वो गुजर–बसर कर सकते थे। जब उनको कोई आयोजन मिलता तो अब्बास अपने ग्राहकों के लिए मुफ्त मेजबानी करते।

अब्बास कहते हैं, 'हमें कोलगेट, फ्यूजी, ओपेल, मोटोरोला, जिलेट आदि जैसे बड़े क्लाइंट मिले। हम वास्तव में एक एड एजेंसी थे जो

(केसलेट जारी)

(केसलेट जारी)

हर अनुभवजन्य मार्केटिंग नुस्खे का लाइव प्रयोग कर रहे थे'। सफल आयोजन का कोई पैमाना नहीं था। 2001–2002 की शुरुआत में बड़ी–बड़ी भारतीय शादियों की धूम थी, लेकिन एनकम्पास इससे दूर रही। तब हमने यह निर्णय किया कि एनकम्पास का सिद्धांत ब्रांड को अनुभवों की तरह जीवन में उतारना है।

चूंकि आयोजन टेलीविजन के लिए कार्यक्रमों का वाहक बन रहा था, इसलिए टेलीविजन कंटेंट से जुड़ना सार्थक लगा। 2000 में केबीसी लांच हुआ, स्टार को सीधे दर्शकों से जुड़ने के लिए धरातल पर प्रोमोशन की जरूरत थी[22]। कई आइडिया सुझाए गए– नुक्कड़ नाटक और रोड शो करना, उनमें से एक था। हालांकि सभी दस शहरों में एक ही दिन, एक साथ और पूरे सृजनात्मक तारतम्य के साथ इसे करना मुश्किल था। साथ ही इससे उन्माद भी पैदा नहीं होता या इससे शो के असल पैमाने के बारे में भी पता नहीं चलता। आखिरकार विचार आया कि दस शहरों में एक प्रोमोशन किया जाए और लोगों पर एक करोड़ रुपये के नकली नोटों बरसाएं जाए, इस घोषणा के साथ कि अगर लोग ये रुपये कमाना चाहते हैं तो उनको केबीसी देखना होगा। अब्बास कहते हैं, 'आइडिया यह था कि लोगों को रुपये का अनुभन कराया जाए'। तभी हमें यह एहसास हुआ कि 'हम प्रोमोशनल मार्केटिंग कर रहे थे'।

वो 1996 से 2006 के अपने समय को 'लाइव एमबीए' कहते हैं। 2008 में दुनिया की दूसरी सबसे बड़ी मार्केटिंग सेवा कंपनी डब्ल्यूपीपी ने एनकम्पास का बड़ा हिस्सा खरीद लिया, और फिर जल्द ही उनकी हिस्सेदारी बढ़ कर 90 प्रतिशत हो गई। एनकम्पास अब जेडब्ल्यूटी से जुड़ी है, एक विज्ञापन कंपनी जो डब्ल्यूपीपी नेटवर्क का हिस्सा है।

टिप्पणियां

1. सौदों तथा आकार, वृद्धि आदि के बारे में तमाम अन्य विवरण के आंकड़ों को The Business of Experiences से लिया गया है, जो कि EY द्वारा वर्ष 2012 में इवेंट्स तथा एक्टिवेसन उद्योग के बारे में जारी की गई थी। रिपोर्ट फर्म द्वारा इवेंट कारोबार से जुड़े 32 मुख्य कार्यकारी अधिकारियों के साथ किए गए साक्षात्कार पर आधारित थी।
2. मैंने जो भी रिपोर्ट पढ़ी उनमें इवेंट कारोबार के बारे में अन्य चीजों के साथ जानकारी दी गई थी। इस वजह से वैश्विक स्तर पर व्यापार का कुल आकार पता करना बहुत मुश्किल है।
3. पोवार पहले विजक्राफ्ट तथा परसेप्ट में उच्च पदों पर कार्यरत थे।

4. बीटीएल गैर–मास मीडिया कम्यूनिकेशन का कोई स्वरूप होता है। अन्य चीजों के साथ बीटीएल का संबंध इवेंट्स, जन संपर्क, प्रोडक्ट डिजाइन तथा प्रत्यक्ष मार्केटिंग से है।
5. वैश्विक सर्वे दि इंटरनेशनल एक्सपीरिएंशियल मार्केटिंग एसोसिएशन (देखें www.ixma.org) तथा इसके न्यूज ग्रुप दि एक्सपीरिएंशियल मार्केटिंग फोरम (देखें www.experientialforum.com) द्वारा करवाया गया था। अनौपचारिक सर्वे में 159 देशों के सदस्यों ने अपना मत प्रदान किया, यह सर्वे मुख्यतः इस बात का आकलन करने के लिए किया गया था कि वैश्विक स्तर पर सबसे सफल अनुभवजन्य मार्केटिंग तरीका क्या रहा, साथ ही वह तरीका भी जानने का प्रयास किया गया जिसका ब्रांड के ऊपर सबसे नकारात्मक असर पड़ने की संभाना है। कुल मत के 58 फीसदी सदस्यों ने कहा अनुभवजन्य मार्केटिंग तकनीक का का सर्वश्रेष्ठ अनुभव लाइव ब्रांड एक्सपीरिएंशियल है (एक्सपीरिएंशियल मार्केटिंग फोरम 2007)।
6. यह ग्रामीण भारत नहीं है बल्कि छोटे–छोटे शहर हैं। उनको आप गैर–मेट्रो भारत तथा शेष भारत के रूप में सोच सकते हैं। ये वे शहर हैं जिनकी औसत आबादी 1 लाख से 40 लाख के बीच में होती है। बहुत सारे बाजार नीतिज्ञ इसमें 50 हजार की आबादी वाले शहरों को भी शामिल करते हैं।
7. इनफोरमा का 2012 में कुल सामूहिक राजस्व 1.23 अरब पाउण्ड था। हालांकि इवेंट बिजनेस से इसको 53.6 करोड़ पाउण्ड की कमाई हुई। बाकी का पैसा समूह के वाणिज्यिक, शैक्षणिक तथा व्यावसायिक सूचना बाजार से आया।
8. यह संयोगवश भारत के ज्यादातर कारोबारों के बारे में सच है। प्रौढ़ बाजार के मानकों की तुलना में, हमारी अंदर आधारहीन डेडलाइन को स्वीकार करने और उसके लिए कुछ भी कर गुजरने की प्रकृति बहुत अधिक होती है।
9. चटर्जी पहले बीसीसीएल के इवेंट शाखा, 360 डिग्री के प्रमुख थे। वर्तमान में वो आरपीजी के ब्रांड तथा कम्यूनिकेशन के प्रमुख हैं।
10. फिल्म या संगीत की तरह, किसी ब्रांड के नाम के तहत, जैसे आईआईएफए, इवेंट कराने का अधिकार या कॉपीराइट विजक्राफ्ट का होता है। इस तरह फिल्म तथा म्यूजिक की तरह ही ये एक संपत्ति का निर्माण करता है।
11. किड्स्टफ प्रोमोज एंड इवेंट्स मुद्रा द्वारा 2005 में लाया गया था।
12. आईआईएफए विजक्राफ्ट द्वारा सृजित एक वार्षिक फिल्म पुरस्कार सामारोह है। यह हर साल भारत के बाहर आयोजित किया जाता है जहां सिनेमा जगत की बहुत सारी हस्तियां जुटती हैं। एमस्टर्डम, बैंकॉक, दुबई, यॉर्कशायर कुछ ऐसे शहर हैं जहां अब तक आईआईएफए का समारोह हो चुका है।
13. ये भारतीय टेलीविजन पर प्रसारित होने वाले कुछ बहुत लोकप्रिय कार्यक्रमों में से थे।
14. मोहम्मद मोरानी सिनेयुग समूह कंपनी के निदेशक हैं। इस फर्म का निर्माण उन्होंने अपने पारिवारिक सदस्यों के साथ किया है।
15. इसे 2005 में मुद्रा को बेच दिया गया था।
16. अप्रैल 2013 में प्रकाशित ट्राई के आंकड़ों के अनुसार अब 800 से ज्यदा चैनल हैं।
17. ईएनआईएल भारत के एक प्रमुख मीडिया समूह द टाइम्स ग्रुप की अनुषंगी के रूप में सूचीबद्ध है।
18. टीवीआर– टेलीविजन रैटिंग फॉर एन इवेंट होता है।
19. इस खंड को 2008 में अनीश दयाल द्वारा तैयार किया गया, जो उच्चतम न्यायालय में अधिवक्ता हैं तथा मीडिया और मनोरंजन कानूनों के विशेषज्ञ हैं। इस संस्करण में कोई महत्वपूर्ण बदलाव नहीं हुआ है।

20. आईपीआरएस– इंडियन परफॉरमिंग राइट्स सोसायटी। पीपीएल–फोनोग्राफिक परफॉरमेंस लिमिटेड। (अधिक जानकारी के लिए अध्याय 4 देखें।)
21. अर्निंग बिफोर इंट्रेस्ट, टैक्सेस, डेपरिसीएशन एंड अमोर्टाइजेशन।
22. 'हू वांट्स टू बी ए मिलियेनेयर' का अधिकृत शो स्टार प्लस पर बहुत बड़ा हिट साबित हुआ।

संदर्भ और चयनित ग्रंथसूची

A Correspondent (1991). 'Looming Shortage', *Businessworld*, 27 February, 10(22): 52.

A&M (1993–97). *A&M* magazine archives.

Acharya, Rabi Narayan (1987). *Television in India, a Sociological Study of Policies and Perspectives*. Delhi: Manas Publications.

Afaqs.com, archives.

Ahluwalia, Bharat (1998). 'Too Much Static on the Mobile Line', *Businessworld*, 22 May, 18(4): 50.

Albarran, Alan B. and W. Lawrence Patrick (2005). 'Assessing Radio Station Value: A Review of Academic Literature and Analysis of Contemporary Industry Models', *Journal of Radio Studies*, May.

allaboutnewspapers.com, archives 2008.

Anand M. and Vanita Kohli (2000). 'Cable Wars', *Businessworld*, 13 November, 20(27): 24–30.

Anthony, Scott D. (2006). 'Creating Innovation Driven Growth', Innosight LLC, Newspaper Association of America (NAA), February.

Audit Bureau of Circulations (ABC) (1998). 'Code for Publicity by Publisher Members, Notification 658', 6 October.

——— (2001). ABC date, July–December.

Bansal, Shuchi (1993). 'A New Note', *Businessworld*, 20 October–2 November, 13(15): 58–59.

——— (1999). 'Oh, To Be a Hawker', *Businessworld*, 7–21 April, 19(1).

Berry, Richard (2006). 'Will the iPod Kill the Radio Star? Profiling Podcasting as Radio', *Convergence: The International Journal of Research into New Media Technologies*.

Bhandari, Bhupesh (1994). 'A Paperless Chase', *Businessworld*, 30 November–13 December, 14(18).

Bhandari, M.G. (2001). 'Taxation of TV Channels', in K. Shivaram (ed.), *Entertainment Industry*, 1st Edition. The Chamber of Income Tax Consultants.

Bhaumik, Debolina (2003). 'Outdoor Advertising: Its Effectiveness in Brand Building'. Ahmedabad: MICA.

Business Standard (2011). 'India's Broken News Business', *Business Standard*, 25 March.

Business Standard (2011). 'The Case for making fewer films', *Business Standard*, 24 May.

——— (2011). 'Q&A: Siddarth Roy Kapur', *Business Standard*, 4 June.

——— (2012). 'Cinema Advertising: Rising from the Ashes', *Business Standard*, 31 January.

——— (2012). 'Rise of the Aggregators', *Business Standard*, 10 April.

——— (2012). 'Trouble with Ratings', *Business Standard*, 17 August.

——— (2012) 'Coping with Consolidation', *Business Standard*. 18 December.

——— (2013). 'What is Ailing the Radio Industry?' *Business Standard*, 1 January.

——— (2013). 'The New Rules of Content', *Business Standard*, 5 March.

——— (2013). 'Kai Po Che and other Stories', *Business Standard*, 12 March.

——— (2013). 'Lunch with BS, Ajay Bijli', 20 April.

Businessworld (1981–2002). *Businessworld* magazine archives.

Cable and Satellite Broadcasting Association of Asia (2008). 'A Digital Vision: India 2012'. CASBAA.

CASBAA (2013). 'Easing India's Capacity Crunch', a report released by CASBAA, March. Report out together by PricewaterhouseCoopers.

Chatterji, P.C. (1987a). *Broadcasting in India*. New Delhi: Sage Publications, in association with the International Institute of Communications.

——— (1987b). *Broadcasting in India, Case Studies on Broadcasting Systems*. New Delhi: SAGE Publications, in association with the International Institute of Communications.

Chisolm, Jim. 'Size Matters, But for Who?' Available online at futureofthenewspaper.com Bear Sterns Equity Research on Clear Channel, January 2006.

Confederation of Indian Industry (2003). 'India Broadband Economy—Vision 2010', Discussion Paper supported by the Department of Information Technology and Departmentof Telecommunications, based on Interim Report submitted by IBM Business Consulting Services, India.

——— (2008). Cygnus Business Consulting, Industry Monitor, Media and Entertainment, May 2008.

Das, Samar with Pradeep Kakkar and Nirmal Gupta K. under the guidance of M.B. Athreya (1993). 'Gramophone Company of India Limited,' Case study by the ManagementDevelopment Institute, Gurgaon.

Das Gupta, Surajeet (2005). 'Why Indian Music's Rocking India's Mobile Business?' *Business Standard*, 22 September. Available online at www.rediff.com

Davidson, Paul (2008). 'Comcast, Time Warner, Cry Foul on Verizon'. Available online at usatoday.com (accessed in April 2008).

Desai, Ashok V., Ramneet Goswami and Archana Jaba (2004). 'Telecommunications in India, History, Analysis and Diagnosis', Study prepared for the National Council for Applied Economic Research (NCAER).

Desai, M.V. and Sevanti Ninan (1996). *Beyond those Headlines: Insiders on the Indian Press*. New Delhi: The Media Foundation, Allied Publishers.

Dhawan, Radhika (2003). 'A Fine Balance', *Businessworld*, 26 May, 22(52): 54–56.

Doordarshan (DD) (2000 and 2001). DD's Annual Report.

Dubey, Rajeev (2000). 'Changing Times', *Businessworld*, 15 May, 20(1).

Durga Das Basu, Acharya (1996). *Law of the Press*. 3rd Edition. New Delhi: Prentice-Hall of India Private Limited.

Editorsweblog.org (2008). '*NYT* Digital News Editor on Integration: Gradual is Successful'. Available online at www.editorsweblog.org

Enam India Research (2007). 'Print Media Sector Report', Enam India Research, October.

Entertainment Network India Limited (ENIL) (2005). ENIL Draft Prospectus, November.

——— (2007). 'Initiating Coverage, ICICI Securities', December 2007.

Entermedia (2001). A CII-Ernst & Young Report on Entertainment and Media Industry.

Ernst & Young (2007). 'Indian Content on the Move', October. Ernst & Young.

——— (2008). 'India's FM Radio Sector, Understanding the Growth Imperatives', IndiaRadio Forum.

——— (2012). 'The Business of Experiences', Ernst & Young.

——— (2012). 'Poised for Growth, FM Radio in India', Ernst & Young. Report released at a Confederation of Indian Industry (CII) roundtable, December.

European Audiovisual Observatory (2012). *Focus 2012, World Film Market Trends*, European Audiovisual Observatory.

Eventia (2007). 'The National Meetings Challenge—How Should We Rise to it?—Sustainable BusinessTourism White Paper', Eventia, Event Industry Association of UK.

Eventindustry alliance.com, archives.

Experiential Marketing Forum (2007). Available online at www.ixma.org (accessed in February 2007).

Felix Albuquerque (1988). 'Notes on Commercial Broadcasting over All India Radio (AIR)', Mumbai.

Film Federation of India (2001). Pre-budget memorandum to the Finance Minister.

Film Federation of India, archives.

Ghosh Roy, Mahashweta (1995). 'Man of the Times', *Businessworld*, 22 February–7 March, 14(24).

Ghosh, Sanjukta (2004). 'Analysing the Growth of Delhi and Mumbai Print Market over the Last 10 Years in Terms of Advertisement Revenue'. Ahmedabad: Mudra Institute of Communication Ahmedabad (MICA).

Gillies, David and Roger Marshall (1997). *Telecom Law*. London: Butterworths.

Ginocchio, Paul. 'A Roadmap for the Transition'. Available online at www.naa.org

Goettler, Ronald L. and Phillip Leslie (2004). 'Cofinancing to Manage Risk in the Motion Picture Industry', August.

Goldman Sachs (2007). 'CME Investment Strategy (Americas)', September.

Gomes, Janina (2003). *Internationalisation of the Indian Film Industry*. Indo-Italian Chamber of Commerce and Industry.

Grover, Ron (2007). 'Satellite Radio Falls on Deaf Ears', *Businessweek*, 27 February. Available online at http://www.businessweek.com/bwdaily/dnflash/content/feb2007/db20070221_580780.htm

Grover, Ronald (2006). 'Disney's Internet Adventure', 11 April, *BusinessWeek*.

Gupta, Sujoy (1986). 'The Paper Industry's Hour of Despair', *Businessworld*, 3–16 February, 5(23): 62–70.

Gupte, Ajay. (2008). 'Advertising Opportunities in SMS and Voice, Mobile Conversations', Event by afaqs, OnMobile Global, June.

Hatts, James (2005). 'An Introduction to Newspapers in the UK', in Media UK's *The Knowledge*, August 2005. Available online at www.mediauk.com

Helsingin Sanomat's Hyperlocalism: Close to the Readers' Minds. Available online ateditorsweblog.org/analysis/2008

Holahan, Catherine (2007). 'The Case for Freeing the WSJ Online', Businessweek News Analysis, *Businessweek*, 10 August.

——— (2007). 'The EU Delays Google's Ad Buy', Businessweek News Analysis, *Businessweek*, 14 November.

IAMAI and eTechnology Group @IMRB (2008). 'Mobile Value Added Services in India', Report by IAMAI and eTechnology Group @IMRB, August.

IAMAI (2013) 'Digital Advertising in India' IAMAI—Internet and Mobile Association of India.

IFPI (2013). IFPI digital Music Report.

J., Preethi (2005). 'Back Talk to your TV'. Available online at thehindubusinessline.com(accessed in November 2005).

——— (2007). 'In a Mood to Play.' Available online at thehindubusinessline.com

Jagannathan, N.S. (1996). 'Ownership Patterns and Functional Relationships' in 'Beyond those Headlines, Insiders on the Indian Press', The Media Foundation, New Delhi: Allied Publishers.

———. (1999). 'Independence and the Indian Press, Heirs to a Great Tradition', Annexure, Major newspapers, pp. 139–150, Delhi: Konark Publishers.

Jayaram, Anup (2003). 'King under Attack', *Businessworld*, 13 October, 23(20):28–33.

——— (2004). 'Birth of a New Industry', *Businessworld*, 6 September, 24(15): 102–04.

Jayaram, Anup and T. Surendar (2003). 'Clever Airthmetic', *Businessworld*, 21 July, 23(8): 58–60.

Jayaram, Anup, Seetha and Bhupesh Bhandari (1999). 'Murder on the Information Highway', *Businessworld*, 16 August, 19(14): 20–26.

Jeffrey, Robin (1997). 'Indian Language Newspapers', *Economic and Political Weekly*, January–March. Special reference to 'Telugu; Ingredients of Growth and Failure,' 1 February.

——— (2000). *India's Newspaper Revolution—Capitalism, Politics and the Indian Language Press—1977–1999*. New Delhi: Oxford University Press.

Joshi, Priyanka (2008). 'Online Advertising Takes off Finally', *Business Standard*, January.

JP Morgan (2004). 'European Equity Research', October.

Internet Advertising Bureau (IAB) (2005). 'Internet Advertising Revenue Report', A survey conducted by PricewaterhouseCoopers and sponsored by IAB.

INS (2000–01). Annual Report and website.

Kalra, Nonita (1993). 'Radio Active', *Businessworld*, 20 October–November, 13(15): 58–59.

Kaur, Karanjeet and Sonali Raj (2007). 'Outdoor Brouhaha', The Brand Reporter, 1–15 February, Sensory Logic Inc, 2000.

Keenan, David (2007). 'Newsprint Changes', Nexpo, Orlando, April.

Khan, Tarana. 2009. 'Slumdog Millionaire Generates ₹37.5 Lakh for Tata-Sky in Three Days', 25 February. Available online at afaqs.com.

Khanna, Vidhu and Wilma Braganza (1995). 'These Little Firms Went to the Market', *Businessworld*, 22 March–4 April, 14(26): 140–41.

Khandwala Research Indian Film Industry—An Insight (2001).

Kharif, Olga (2007). 'The Last Days of Internet Radio', *Businessweek*, 7 March. Available online at http://www.businessweek.com.

Kharif, Olga (2007). 'Traditional Radio to Pay for Play?' *Businessweek*, 4 July.

Kinnear, Michael (1999). 'Indian Music History in the Earlier Part of the Twentieth Century', downloaded from the Internet.

Kiss, Jemima (2008). 'Newspaper Website Audits Come under Close Scrutiny', *The Guardian*, May.

Kogen, Lauren (2005). 'The Spanish Film Industry: New Technologies, New Opportunities', *The International Journal of Research into New Media Technologies*.

Kohli, Vanita (2003). 'The Making of India's Biggest Media House', *Businessworld*, 2 June.

Kohli-Khandekar, Vanita (1993). 'Marketing Comes to the Movies', *A&M*, June, 5(3): 40–46.

——— (1999). 'Change in Rhythm', *Businessworld*, 30 August, 19(16): 30–34.

——— (2000). 'Sixty Minutes that Saved Star', *Businessworld*, 25 September, 20(20): 22–30.

——— (2000). 'The Sound of a Business', *Businessworld*, 20 November, 20(28): 36–42.

——— (2001). 'Testing Times', *Businessworld*, 28 May, 21(3): 28–29.

——— (2002). 'Agony', *Businessworld*, 9 September, 22(15): 32–40.

——— (2002). 'The Rise of the Locals', *Businessworld*, 20 May, 21(51): 28–33.

——— (2003). 'License to Kill', *Businessworld*, 24 March, 22(43): 52–53.

——— (2003). 'Push for Pay', *Businessworld*, 13 January, 22(33): 30–35.

——— (2003). 'The Sun TV Sequel', *Businessworld*, 28 April, 22(48): 36–40.

——— (2003). 'The Future of Broadcasting', *Businessworld*, 15 December.

——— (2005). 'Breaking News', *Businessworld*, 28 March, 24(44): 40–52.

——— (2005). 'The Big Finn', *Businessworld*, 7 March, 24(41): 36–42.

——— (2005). 'The Broadcasting Logjam', *Businessworld*, 16 May, 24(51): 32–40.

——— (2007). 'The Tear-Jerkers on Television', *Business Standard*, 7 October.

Kohli-Khandekar, Vanita and T.E. Narasimhan (2012). 'The Mumbai Studios Regional Gambit', *Business Standard*, 5 April.

Kumar, Sheila (1983). 'Filmland's High Stake Casinos', *Businessworld*, 28 February–13 March, 2(25): 38–48.

LaFontaine, David (2007). 'Growing Audience, Innovation in Action, Schibsted Media: A Model for Global Innovation', NAA Case Study, NAA and American Society of Newspaper Editors, December 2007. Available online at http://www.davidlafontaine.com/case-studies/Schibsted-case-study-for-NAA.pdf

Lawton, Beth (2007). 'Newspapers Online Operations Report, Performance Report 2006', Digital Edge Report, Digital Media Federation, Newspaper Association of America, October.

Leiner, Barry M., Vinton G. Cerf, David D. Clark, Robert E. Kahn, Leonard Kleinrock, Daniel C. Lynch, Jon Postel, Lawrence G. Roberts and Stephen Wolff. *A Brief History of the Internet*. Available online at www.isoc.org

Levitt, Leon (Year). 'Aggregating and Segmenting Audiences', Cox Newspapers, Newspaper Association of America (NAA).

Leyden, Johm (2007). 'Oz Government Pushes Mandatory Net Filters, Yellow brick road blocks', December.

Lodestar Media Research.

Lowry, Tom (2006). 'Fox's Crafty New Media Deal', *BusinessWeek*, 13 April.

Luthra, H.R. (1986). *Indian Broadcasting* Publications Division. Government of India: Ministry of Information and Broadcasting.

MacMillan, Douglas (2007). 'Trying to Figure out HD Radio', *Businessweek*, 29 May.

Madan, Supriya. 1998. 'Outdoors, A Study to Identify and Explore the Factors Affecting the Advertising Recall of Hoarding'. Ahmedabad: Mudra Institute of Communication.

Manorama Year Book (2002).

Manto, Saadat Hasan (1998). *Stars from Another Sky: The Bombay Film World of the 1940's*. India: Penguin Books.

Market summary – Outdoor, UK market, downloaded from the net.

Mathai, Palakunnathu G. (1995). 'Is this Really the Final Episode?' *Businessworld*, 8–21 March, 14(25).

Mid-Day (2013). 'This Digital Snobbery', *Mid-Day*, 22 March.

Ministry of Information and Broadcasting, Government of India (1982). 'Mass Media in India' (1980–81), compiled and edited by the Research and Reference Division. Government of India: The Director Publications Division.

——— (2000). 'Information Technology and Communications', final draft report of the sub-group on convergence.

——— (2001–02). Annual Report.

——— (2002). 'Entry of Foreign Print Media and Foreign Direct Investment in Print', Standing Committee on Information Technology, 32nd Report presented to the 13th Lok Sabha, 22 March.

National Readership Survey (2001). Round 213, All India. A.C. Nielsen, IMRB and Taylor Nelson Sofres Mode (TNS Mode).

New Technologies in OOH, Australia, October 2006

Newspaper Association of America (NAA) (2007a). 'Newspaper Online Operations: Performance Report 2006', NAA, October.

——— (2007b). 'Newspaper Footprint, Total Audience in Print and Online', NAA.

——— (2008a). 'The Online Community Cookbook, Recipes for Building Audience Interaction on Newspaper Websites', Digital Edge Report, NAA, March 2008. Available online at www.naa.org.

——— (2008b). 'Eight Trends to Track in 2008: From Measuring Total Audience to Hyperlocal News Coverage, Newspapers are Auditioning New Business Practices in 2008', PRESSTIME staff writers, NAA.

——— (2008c). 'The Online Community Cookbook, Recipes for Building Audience Interaction on Newspaper Websites', Digital Edge Report, NAA, March.

Newspaper Association of America (NAA) and American Society of Newspaper Editors (2007). 'Growing Audience, A New Approach to Product Development', December, Clark, Martire & Bartolomeo, Inc.

——— (2008). 'Growing Audience, Innovation in Action—Nordjyske Medier Integrates Ad Sales', Editorial Production, April 2008.

Growing Audience—Schibsted Media, a model for global innovation, Newspaper Association of America (NAA) and American Society of Newspaper Editors, December 2007.

Out-of-home Marketing Association of Canada study conducted in 2006.

Outdoor Advertising Association of America (OAAA) 'History of Outdoor Advertising'. Available online at http://www.oaaa.org/outdoor/sales/history.asp

——— (2003) 'Industry Practices Paper'.

——— (2007). 'Regulating Digital Billboards'.

Outdoor Media Association Inc, Australia, media release, January 2008.

Page, Will (2007). 'Article name', *Music Ally*.

Parks Associates. 'Internet Radio Advertising Impact Study', a Parks Associates white paper for TargetSpot (endorsed by the Internet Advertising Bureau and the Radio Advertising Bureau in the US).

Pavarala, Vinod and Kanchan K. Malik (2007) *Other Voices: The Struggle for Community Radio in India*. Delhi: SAGE Publications.

Phillips, Leigh (2008). 'European Media in the Digital Age', *EU observer*.

Portrayal of Women Advisory Committee (2002). 'Report on The Portrayal of Women in Outdoor Advertising', Australia.

Prabhudas Lilladher (2008a). 'PVR: Leveraging on Core Business', July.

——— (2008b). 'Entertainment Network India Limited', August.

——— (2008c). 'UTV Software Communications', Annual Report analysis, August.

Prasad, Shishir (1999). 'Satyam's Prize Bid', *Businessworld*, 13 December, 19(31): 44–47.

Prasar Bharati (2000, 2002, 2003). Annual Report, from Doordarshan, Delhi, and http://mib.nic.in

Press Information Bureau (PIB) (2005). 'Regulation of News and Entertainment Channels', 8 August. Government of India: PIB.

Press in India (2001). Registrar of Newspapers in India (RNI).

Press Institute of India, archives.

PricewaterhouseCoopers (2002–06, 2003–07, 2008–12). Global Media and Entertainment Outlook.

PricewaterhouseCoopers and FICCI (2008). 'The Indian Entertainment and Media Industry'.

Profitable Channels LLC (2006). 'Adding Out-of-Home Digital Advertising Networks To The Marketing & Media Mix', August.

Radar (2002). 'IMRB's Syndicated Establishment Plus Listenership Studies'. IMRB International, Outlook.

Radio Ad Lab (2004–05). 'Radio's ROI Advantage, Radio's Return on Investment Compared to Television', A study by Millward Brown and Information Resources Inc.

——— (2007). 'Radio and the Internet: A New Study of How Radio Ad Can Complement Internet Campaigns', Study conducted by Harris Interactive.

Radio Marketing Guide and Fact Book for Advertisers (2000–01). Radio Advertising Bureau.

Rajadhyaksha, Ashish and Paul Willemen (1994). *Encyclopaedia of India Cinema*. Delhi: Oxford University Press, in arrangement with the British Film Institute. New revised edition, 1999.

Reserve Bank of India (2004). Foreign Exchange Management Act (FEMA), 1999—Current Account Transactions—Liberalisation—A.P. (DIR Series) Circular No. 76, 24 February.

Report of the First Press Commission appointed in 1951.

Report of the First Press Commission 1953. 'Capital Investment and Turnover', Chapter III, pp. 40–48 and 'Economics of Daily Newspapers,' Chapter IV, pp. 49–59.

Report of the Indian Banks Association (1999). Working Group on Bank Finance for the Film Industry.

Saffo, Paul (Year). 'From Gutenberg to Galaxy: There Has Never Been a Better Time to be a News Entrepreneur', Newspaper Association of America (NAA). Available online at http://www.naa.org/Resources/Articles/FON-From-Gutenberg-to-Galaxy/FON-From-Gutenberg-to-Galaxy.aspx?

Samuel Raja D. http://www.business-standard.com/india/news/tata-sons%5C-fy08-net-rises-13/335899/

Saregama India (1999–2000 and 2001–02). Annual Report.

Satellite & Cable TV magazine, archives.

Schenker, Jennifer L. (2007). 'Babelgum's Big Bet on Internet TV', *BusinessWeek*, 11 June.

Shankar, Kumud (2008). 'Bhojpuri Cinema, A Journey through the Heart of India', Dissertation, Mudra Institute of Communication Ahmedabad, Ahmedabad.

Shekhar, Shashi and Vijay Srinivas. 1990. 'Music Mughal', *Businessworld*, 7–20 November, 10(15): 62–69.

Sinha, Supriya (1999). 'Outdoor Tracking'. Ahmedabad: MICA.

Swendner, Sharon (2006). 'Real Estate Advertising, A Look into the Future', NAA, February.

Tewari, Santosh Kumar (2001). 'Provisional Press Councils Needed', *Vidura*, (Magazine of the Press Institute of India), July–September, 38(3): 6–7.

The Brand Reporter (2008). 'The Single TV Home', *The Brand Reporter*, 16–31 May.

The Economic Times (2006). 'Indiatimes 8888 and Soundbuzz Launch 23,000 MP3 Ringtones', November.

The Economist (2005). 'How the Internet Killed the Phone Business', 15 September.

——— (2005). 'The War of the Wires', *The Economist*, 28 July.

——— (2011). 'The Winning Streak', *The Economist*, 20 August.

——— (2012). 'Battle of the Internet Giants', *The Economist*, 1 December.

——— (2013). 'Sexy Signage', *The Economist*, January 26.

The Hindu and *The Hindu Business Line*—archives.

The Kelsey Group (2006). 'Competing with Free Classifieds', Presentation from The Kelsey Group, February.

The Press and Registration of Books Act (1867). Available online at http://mib.nic.in

The Press in India, RNI (2003–04).

Telecom Regulatory Authority of India (TRAI) (2005a). 'Digitalisation of Cable Television', Consultation Paper No. 1/1005, 3 January.

Telecom Regulatory Authority of India (TRAI) (2005b). 'Financial Analysis of Telecom Industry in China and India', Study paper No. 1/2005, 16 June.

——— (2005c). 'Indicators for Telecom growth', Study paper No. 2/2005.

——— (2005d). 'Next Generation Networks', Study Paper, 15 July.

——— (2007). Consultation Paper on Issues Relating to Mobile Television Service, 18 September.

——— (2008a). Consultation Paper on Growth of Value Added Services and Regulatory Issues, 28 May.

——— (2008b). 'Study Paper on Measures to Improve Telecom Penetration in Rural India—The Next 100 Million Susbscribers', 16 December.

Samuel Raja D, John (2008). 'Tata Sons FY08 Net Rises 13%', *Business Standard*, 30 September.

Shekhar, Meenu (1994). 'Enter Big Bucks in the Cable Industry' *Businessworld*, 30 November–13 December, 14(18): 138–43.

Shekhar, Shashi and Vijay Srinivas (1990). 'Music Mughal', *Businessworld*, 7–20 November, 10(15): 62–69.

Sinha, Pramath Raj (2008). 'Time to Grow Up, Indian Media,' *Mint*, 22 September.

Thoraval, Yves (2000). *The Cinemas of India 1896–2000*. India: Macmillan India.

UBS Investment Research (2005), JCDecaux, September 2005.

Vidura—Press Institute of India's magazine archives.

Vishwanathan, Vidya (1999). 'Masters of the Web', *Businessworld*, 24 May, 19(3): 30–35.

Vogel, Harold L. (2004). *Entertainment Industry Economics: A Guide for Financial Analysts*. 4th edition. USA: Cambridge University Press.

Williams, Roy (2003). 'Outdoor Ads that Get Results', August. Available online at entrepreneur.com

Willmore, Larry (2001). *Government Policies toward Information and Communication Technologies; A Historical Perspective*. United Nations.

World Press Trends (2007). World Association of Newspapers.

——— (2008). World Association of Newspapers.

Websites

www.Afaqs.com

www.eventia.org.uk

www.eventfaqs.com

All India Radio (AIR). www.allindiaradio.org

Audit Bureau of Circulations (ABC). www.auditbureau.org

Community Radio India. http://www.communityradioindia.org/index.html.

Experiential Marketing Forum. http://www.experientialforum.com

International Federation of Phonographic Industries. www.ifpi.org

Indian Performing Rights Society. http://www.indiavibes.com/iprs/

Internet Advertising Bureau .www.IAB.net

Ministry of Information and Broadcasting. http://mib.nic.in

Ministry of Information and Broadcasting website. http://mib.nic.in/default.aspx

Motion Picture Association of America (MPAA)

News Broadcasters Association

Media Research Users Council (MRUC). http://mruc.net/
Newspaper Association of America. www.naa.org
Outdoor Advertising Association. http://www.oaa.org.uk/
Outdoor Advertising Association of America
The Indian broadcasting Foundation
Zee Television. www.zeetelevision.com

लेखक परिचय

वनिता कोहली–खांडेकर एक मीडिया विषेशज्ञ और लेखिका हैं। वह एक दशक से लंबे समय से भारतीय मीडिया और मनोरंजन व्यवसाय पर नजर बनाए हुए हैं। वर्तमान में वह बिजनेस स्टैंडर्ड और मिड–डे अखबार में स्तंभकार और लेखिका हैं। उसके पहले वह बिजनेसवर्ल्ड और ईवाय में कार्यरत रहीं। कैम्ब्रिज विश्वविद्यालय की फेलो (2000) रहीं वनिता भारत के कुछ शीर्ष संचार स्कूलों में पढ़ाती हैं।